Michael Laube

Einstieg in SQL

Liebe Leserin, lieber Leser,

Sie haben vielleicht schon einmal mit einer relationalen Datenbank und *SQL* zu tun gehabt. Denn egal ob bei der Webentwicklung, der Programmierung oder der Systemadministration: Überall wo große Datenmengen verarbeitet werden, werkelt ganz sicher eine Datenbank im Hintergrund. Eine zentrale Rolle spielt dabei die *Structured Query Language* und ihre verschiedenen Dialekte, die seit Jahrzehnten bei der Arbeit mit Datenbanken eingesetzt wird.

Daher ist es eine sehr gute Entscheidung, dass Sie sich mit den Grundlagen von SQL, der richtigen Datenverarbeitung und der korrekten Datenmodellierung beschäftigen, denn dieses Wissen wird Ihnen in vielen Bereichen weiterhelfen.

Dabei steht Ihnen Michael Laube zur Seite, der als erfahrener Datenbankentwickler schon lange mit SQL arbeitet. Er erklärt Ihnen schrittweise und detailliert, wie Sie die Beispieldatenbank auf Ihrem Rechner einrichten, Rohdaten von Redundanzen befreien und effiziente Abfragen formulieren. Übungen und Musterlösungen aus der Praxis runden das Angebot ab und sorgen dafür, dass Ihnen die Syntax der Befehle leicht von der Hand geht und auch große Datenmengen keine Probleme bereiten. So ist dieser Leitfaden ideal für das Selbststudium, die Lehre oder für den täglichen Einsatz in der Praxis geeignet.

Um die Qualität unserer Bücher zu gewährleisten, stellen wir stets hohe Ansprüche an Autoren und Lektorat. Sollten Sie dennoch Fehler finden oder inhaltliche Anregungen haben, scheuen Sie sich nicht, mit mir Kontakt aufzunehmen. Ihre Fragen und Änderungsvorschläge sind jederzeit willkommen.

Ihr Christoph Meister
Lektorat Rheinwerk Computing

christoph.meister@rheinwerk-verlag.de
www.rheinwerk-verlag.de
Rheinwerk Verlag · Rheinwerkallee 4 · 53227 Bonn

Auf einen Blick

1	Grundlagen kennenlernen und verstehen	17
2	Los geht's: Die Grundfunktionen der Tabellenabfrage	53
3	Zeilen einfügen (INSERT), ändern (UPDATE) und löschen (DELETE, TRUNCATE)	149
4	Tabellen mit CREATE TABLE anlegen	181
5	Mengenoperationen anwenden	249
6	Datenbanken modellieren	279
7	Datenmodelle optimieren (Normalisierung)	309
8	Datenmodelle in Tabellen überführen	325
9	Einfüge-, Abfrage-, Änderungs-, und Löschoperationen auf Tabellen anwenden, die in Beziehungen stehen	343
10	Transaktionen	415
11	Mit SQL rechnen	429
12	Skalarfunktionen anwenden	443
13	Bedingungslogik	469
14	Mit Zeit und Datum arbeiten	477
15	Spaltenwerte mit GROUP BY gruppieren	511
16	Mächtiges Werkzeug: Die Unterabfragen (Subqueries)	535
17	Views: Abfragen in virtuellen Tabellen speichern	559
18	Performance von Abfragen optimieren (Index)	583

Impressum

Wir hoffen, dass Sie Freude an diesem Buch haben und sich Ihre Erwartungen erfüllen. Ihre Anregungen und Kommentare sind uns jederzeit willkommen. Bitte bewerten Sie doch das Buch auf unserer Website unter www.rheinwerk-verlag.de/feedback.

An diesem Buch haben viele mitgewirkt, insbesondere:

Lektorat Christoph Meister
Gutachter Jürgen Sieben
Korrektorat Petra Biedermann, Reken
Herstellung Norbert Englert
Typografie und Layout Vera Brauner
Einbandgestaltung Barbara Thoben, Köln
Satz SatzPro, Krefeld
Druck und Bindung Beltz Bad Langensalza

Dieses Buch wurde gesetzt aus der TheAntiquaB (9,35/13,7 pt) in FrameMaker.
Gedruckt wurde es auf chlorfrei gebleichtem Offsetpapier (90 g/m²).
Hergestellt in Deutschland.

Das vorliegende Werk ist in all seinen Teilen urheberrechtlich geschützt. Alle Rechte vorbehalten, insbesondere das Recht der Übersetzung, des Vortrags, der Reproduktion, der Vervielfältigung auf fotomechanischen oder anderen Wegen und der Speicherung in elektronischen Medien.

Ungeachtet der Sorgfalt, die auf die Erstellung von Text, Abbildungen und Programmen verwendet wurde, können weder Verlag noch Autor, Herausgeber oder Übersetzer für mögliche Fehler und deren Folgen eine juristische Verantwortung oder irgendeine Haftung übernehmen.

Die in diesem Werk wiedergegebenen Gebrauchsnamen, Handelsnamen, Warenbezeichnungen usw. können auch ohne besondere Kennzeichnung Marken sein und als solche den gesetzlichen Bestimmungen unterliegen.

Bibliografische Information der Deutschen Nationalbibliothek:
Die Deutsche Nationalbibliothek verzeichnet diese Publikation in der Deutschen Nationalbibliografie; detaillierte bibliografische Daten sind im Internet über *http://dnb.d-nb.de* abrufbar.

ISBN 978-3-8362-4563-0

1. Auflage 2017, 1., korrigierter Nachdruck 2018
© Rheinwerk Verlag, Bonn 2017

Informationen zu unserem Verlag und Kontaktmöglichkeiten finden Sie auf unserer Verlagswebsite **www.rheinwerk-verlag.de**. Dort können Sie sich auch umfassend über unser aktuelles Programm informieren und unsere Bücher und E-Books bestellen.

Inhalt

1 Grundlagen kennenlernen und verstehen ... 17

1.1	Eine kurze Einführung ...	17
	1.1.1 Die Tabelle steht im Zentrum von SQL ...	17
	1.1.2 Tabellen und ihre Struktur kennenlernen ...	18
	1.1.3 Eine kleine Historie von SQL ...	19
1.2	Datenbanksysteme ...	20
1.3	SQL – ein Standard und seine Umsetzung ...	21
1.4	Zu diesem Buch ...	23
1.5	MySQL 5.6 unter Windows installieren ...	24
	1.5.1 Die Systemvariable PATH ergänzen ...	34
	1.5.2 Den Pfad für die MySQL-Kommandozeilen-Tools ermitteln ...	38
1.6	Die Übungsdatenbank auf einem MySQL-Datenbanksystem anlegen ...	40
	1.6.1 Vorbereitungen zum Import der Übungsdatenbank unter Windows	40
	1.6.2 Importieren der Übungsdatenbank in einem MySQL-Datenbanksystem ...	41
	1.6.3 Die MySQL Workbench nutzen ...	43
	1.6.4 Die Oberfläche der MySQL Workbench ...	43
	1.6.5 SQL-Anweisungen mit der MySQL Workbench senden ...	45
1.7	SQL-Anweisungen speichern ...	47
1.8	Beispiele und Übungen kommentieren ...	47
	1.8.1 Informationen, die in Kommentaren hinterlegt werden können ...	47
	1.8.2 Kommentare in der Praxis nutzen ...	48
	1.8.3 Übungen zum Thema »einzeilige und mehrzeilige Kommentare« ...	49

2 Los geht's: Die Grundfunktionen der Tabellenabfrage ... 53

2.1	Mit einer SELECT-Anweisung Tabellen abfragen ...	53
	2.1.1 Die Tabelle »mitarbeiter« ...	53
	2.1.2 Wie frage ich eine Tabelle ab? (SELECT ... FROM) ...	54
	2.1.3 Spalten einer Tabelle abfragen ...	54
	2.1.4 Alle Spalten einer Tabelle abfragen ...	56
	2.1.5 Übungen zur einfachen Abfrage von Tabellen ...	57

2.2	**Zeilen in einer Abfrage mit WHERE filtern**		**58**
	2.2.1	SQL-Vergleichsoperatoren	59
	2.2.2	Spaltenwerte auf Gleichheit prüfen	62
	2.2.3	Spaltenwerte auf Ungleichheit prüfen	65
	2.2.4	Spaltenwerte auf kleiner/gleich prüfen	68
	2.2.5	Spaltenwerte auf größer/gleich prüfen	70
	2.2.6	Bedingungen mit dem NOT-Operator verneinen	72
	2.2.7	Spaltenwerte auf ein Intervall prüfen (BETWEEN)	75
	2.2.8	Spaltenwerte auf ein Muster prüfen (LIKE)	79
	2.2.9	Spaltenwerte auf Mengenzugehörigkeit prüfen	86
	2.2.10	Fehlende Spaltenwerte (NULL-Value)	88
	2.2.11	Spaltenwerte auf NULL prüfen	92
	2.2.12	Spaltenwerte auf »ist nicht NULL« prüfen	93
	2.2.13	Spaltenwerte mit Spaltenwerten vergleichen	94
	2.2.14	Übungen zum Thema »Datensätze nach Bedingungen filtern«	95
2.3	**Filterbedingungen mit AND (NOT) und OR (NOT) logisch verknüpfen**		**100**
	2.3.1	Der logische Verknüpfungsoperator AND	101
	2.3.2	SQL-Bedingungen mit dem logischen AND-Operator verknüpfen	102
	2.3.3	Der logische Verknüpfungsoperator OR	105
	2.3.4	SQL-Bedingungen mit dem logischen OR-Operator verknüpfen	106
	2.3.5	Der logische Verknüpfungsoperator AND NOT	108
	2.3.6	SQL-Bedingungen mit dem AND NOT-Operator logisch verknüpfen	109
	2.3.7	Der logische Verknüpfungsoperator OR NOT	110
	2.3.8	SQL-Bedingungen mit dem logischen OR NOT-Operator verknüpfen	111
	2.3.9	Logische Verknüpfungsoperatoren kombiniert anwenden	112
	2.3.10	Den Vorrang von Verknüpfungsoperatoren beachten	113
	2.3.11	Übungen zum Thema »logisches Verknüpfen von Filterbedingungen«	117
2.4	**Ergebniszeilen einer SELECT-Anweisung einschränken**		**120**
	2.4.1	Ergebniszeilen mit FETCH, LIMIT und TOP eingrenzen	120
	2.4.2	Übungen zum Thema »Ergebniszeilen mit FETCH, LIMIT und TOP eingrenzen«	122
2.5	**Datensätze sortiert abfragen**		**123**
	2.5.1	Aufsteigende Sortierung gemäß einer Spaltenangabe	124
	2.5.2	Auf- und absteigende Sortierung mehrerer Spalten	127
	2.5.3	Nach numerischen Spaltenwerten sortieren	128
	2.5.4	Nach Datumswerten sortieren	129
	2.5.5	Nicht definierte Werte in einer Sortierung beachten	130
	2.5.6	ORDER BY mit einer WHERE-Klausel verwenden	131
	2.5.7	Übungen zum Thema »Datensätze sortiert abfragen«	133

2.6		Konstanten in die Spaltenauswahlliste aufnehmen	136
	2.6.1	Abfrage eines konstanten Textes	137
	2.6.2	Konstanten und Spalten einer Tabelle gleichzeitig abfragen	137
	2.6.3	Übungen zum Thema »Konstanten abfragen«	138
2.7		Spalten einen Alias zuordnen	139
	2.7.1	Spalten in einer Abfrage mit einem Alias versehen	140
	2.7.2	Ausgewählten Spalten einer Abfrage einen Alias zuordnen	140
	2.7.3	Spalten und Konstanten einen Alias zuordnen	141
	2.7.4	Übungen zum Thema »Spaltenaliasse«	143
2.8		Gleiche Ergebniszeilen ausschließen (DISTINCT)	144
	2.8.1	Übungen zum Thema »gleiche Ergebniszeilen ausschließen«	146

3 Zeilen einfügen (INSERT), ändern (UPDATE) und löschen (DELETE, TRUNCATE) — 149

3.1		Zeilen mit einer INSERT-Anweisung einfügen	150
	3.1.1	Spaltenwerte mit expliziter Spaltenangabe einfügen	151
	3.1.2	Spaltenwerte ohne Spaltenangabe einfügen	154
	3.1.3	Übungen zum Thema »Zeilen mit einer INSERT-Anweisung einfügen«	158
3.2		Zeilen mit einer UPDATE-Anweisung ändern	160
	3.2.1	Einen Spaltenwert einer Zeile ändern	161
	3.2.2	Mehrere Spaltenwerte einer Zeile gleichzeitig ändern	163
	3.2.3	Spaltenwerte einer Spalte für mehrere Zeilen gleichzeitig ändern	164
	3.2.4	Allen Spaltenwerten einer Spalte einen Wert zuordnen	165
	3.2.5	Spaltenwerten mit einer UPDATE-Anweisung einen NULL-Wert zuweisen	167
	3.2.6	Schlüsselwertspalten mit UPDATE einen neuen Wert zuweisen	168
	3.2.7	Übungen zum Thema »Spaltenwerte einer Tabelle aktualisieren«	170
3.3		Zeilen mit einer DELETE-Anweisung löschen	172
	3.3.1	Eine Zeile einer Tabelle löschen	173
	3.3.2	Mehrere Zeilen einer Tabelle gleichzeitig löschen	174
	3.3.3	Alle Zeilen einer Tabelle gleichzeitig löschen	175
	3.3.4	Übungen zum Thema »Zeilen mit einer DELETE-Anweisung löschen«	176
3.4		Alle Zeilen einer Tabelle mit einer TRUNCATE-Anweisung löschen	177
	3.4.1	Die TRUNCATE-Anweisung anwenden	178
	3.4.2	Übungen zum Thema »alle Zeilen einer Tabelle mit einer TRUNCATE-Anweisung löschen«	179

4 Tabellen mit CREATE TABLE anlegen 181

- **4.1 Datentypen** 181
  - 4.1.1 Datentypen für ganze Zahlen 185
  - 4.1.2 Datentypen für rationale Zahlen 187
  - 4.1.3 Datentypen für Datum und Zeit 188
  - 4.1.4 Datentypen für Zeichenketten 190
  - 4.1.5 Übungen zum Thema »Datentypen« 194
- **4.2 Datentypen umwandeln** 197
- **4.3 Explizite und implizite Typkonvertierung** 198
  - 4.3.1 Explizite Typkonvertierung 198
  - 4.3.2 Implizite Typkonvertierung 200
  - 4.3.3 Übungen zum Thema »Datentypen umwandeln« 203
- **4.4 Einfache Tabellen mit CREATE TABLE erstellen** 204
  - 4.4.1 Zielstruktur der Tabelle 204
  - 4.4.2 Tabellen mit der CREATE TABLE-Anweisung anlegen 206
  - 4.4.3 Tabellen mit einer DROP-Anweisung löschen 209
  - 4.4.4 Eine Tabelle mit einem Primärschlüssel ausstatten 210
  - 4.4.5 Automatisch hochzählende numerische Primärschlüsselspalten festlegen 213
  - 4.4.6 Reservierte Schlüsselwörter 216
  - 4.4.7 Übungen zum Thema »Tabellen mit CREATE TABLE erstellen« ... 217
- **4.5 Spalten Einschränkungen (CONSTRAINTS) zuordnen** 219
  - 4.5.1 Spalten als Pflichtfelder (NOT NULL) definieren 219
  - 4.5.2 Spalten mit einer UNIQUE-Einschränkung versehen 222
  - 4.5.3 Standardwerte mit DEFAULT für Spalten festlegen 225
  - 4.5.4 Bedingungen mit einer CHECK-Einschränkung für Spalten festlegen 227
  - 4.5.5 Übungen zum Thema »Spalten Einschränkungen zuordnen« 230
- **4.6 Spalten auf Tabellenebene Einschränkungen (CONSTRAINT) zuordnen** ... 234
  - 4.6.1 Einen Primärschlüssel auf Tabellenebene festlegen 234
  - 4.6.2 Eine UNIQUE-Einschränkung auf Tabellenebene festlegen 238
  - 4.6.3 Eine CHECK-Einschränkung auf Tabellenebene festlegen 241
  - 4.6.4 Übungen zum Thema »Spalten auf Tabellenebene Einschränkungen zuordnen« 244

5 Mengenoperationen anwenden — 249

5.1 Mengenoperationen auf Ergebnistabellen anwenden — 249
- 5.1.1 Eine Vereinigungsmenge aus zwei Mengen bilden — 250
- 5.1.2 Eine Schnittmenge bilden — 254
- 5.1.3 Eine Differenzmenge bilden — 256

5.2 Funktionsweise von Mengenoperationen mit UNION — 258
- 5.2.1 Übungen zum Thema »Funktionsweise von Mengenoperationen mit UNION« — 265

5.3 Die Schnittmenge von Ergebnistabellen bilden (INTERSECT) — 266
- 5.3.1 Schnittmengen von Ergebnistabellen — 266
- 5.3.2 Übungen zum Thema »Schnittmengen von Ergebnistabelle bilden« — 268

5.4 Eine Differenzmenge aus Ergebnistabellen bilden (EXCEPT) — 269
- 5.4.1 Differenzmenge von Ergebnismengen bilden — 270
- 5.4.2 Übungen zum Thema »Differenzmengen aus Ergebnistabellen bilden« — 271

5.5 Mengenoperationen in Kombination mit einer WHERE-Klausel verwenden — 272
- 5.5.1 Vor einer Vereinigungsoperation mit UNION filtern — 272
- 5.5.2 Übungen zum Thema »vor einer Mengenoperation filtern« — 273

5.6 Vereinigungsmengen in Kombination mit einer ORDER BY-Klausel — 275
- 5.6.1 Übungen zum Thema »Vereinigungsmengen in einer Kombination mit einer ORDER BY-Klausel verwenden« — 276

6 Datenbanken modellieren — 279

6.1 Anforderungskatalog — 279

6.2 Entitäten identifizieren und modellhaft abbilden — 280
- 6.2.1 Entitäten identifizieren — 281
- 6.2.2 Informationen zu den Entitäten ermitteln — 281
- 6.2.3 Schlüsselattribute für Entitäten identifizieren — 282
- 6.2.4 Die Wertebereiche von Attributen erkennen — 285
- 6.2.5 Zwischen Pflichtattributen und optionalen Attributen unterscheiden — 287

6.3 Beziehungen zwischen Entitäten festlegen — 288
- 6.3.1 Beziehungen im Entity-Relationship-Modell definieren — 289
- 6.3.2 Kardinalitäten von Beziehungen erkennen — 290

	6.3.3	Eine besondere 1:n-Beziehung, oder Entitäten, die auf sich selbst verweisen	298
	6.3.4	Starke und schwache Entitäten unterscheiden	299
6.4		Datenmodelle in der UML-Notation darstellen	303
6.5		Übungen zum Thema »Datenbanken modellieren«	307

7   Datenmodelle optimieren (Normalisierung)   309

7.1		Redundanzen erkennen	309
	7.1.1	Was ist eine Redundanz?	309
	7.1.2	Was bedeutet Normalisierung?	311
7.2		Die 1. Normalform anwenden	312
7.3		Die 2. Normalform anwenden	315
7.4		Die 3. Normalform anwenden	317
7.5		Denormalisierung	319
7.6		Übungen zum Thema »Datenmodelle optimieren«	321

8   Datenmodelle in Tabellen überführen   325

8.1		Die Ausbildungsdatenbank anlegen	325
	8.1.1	Eine neue Datenbank mit UTF-8-Zeichensatz anlegen (MySQL)	326
	8.1.2	Eine neue Datenbank mit UTF-8-Zeichensatz anlegen (PostgreSQL)	326
	8.1.3	Eine neue Datenbank mit Unicode-Zeichensatz anlegen (MS SQL Server)	326
	8.1.4	Übung zum Thema »Datenbanken anlegen«	327
	8.1.5	Lösung zur Übung	327
8.2		Tabellen mit Beziehungen zu anderen Tabellen erstellen	327
	8.2.1	Die Ausbildungsdatenbank im Modell erfassen	328
	8.2.2	Tabellen erstellen, die in einer 1:1-Beziehung stehen	329
	8.2.3	Tabellen erstellen, die in einer 1:n-Beziehung stehen	331
	8.2.4	Tabellen erstellen, die in einer m:n-Beziehung stehen	332
	8.2.5	Tabellen erstellen, die zu sich selbst in Beziehung stehen	334
8.3		Übung zum Thema »Datenmodell in Tabellen überführen«	335
8.4		Die referentielle Integrität verstehen	337

9 Einfüge-, Abfrage-, Änderungs-, und Löschoperationen auf Tabellen anwenden, die in Beziehungen stehen — 343

9.1 Zeilen in Tabellen einfügen, die in Beziehung zueinander stehen — 343
- 9.1.1 Zeilen in die Tabelle »auszubildender« einfügen — 343
- 9.1.2 Zeilen in die Tabelle »ausbildungsberuf« einfügen — 344
- 9.1.3 Zeilen in die Tabelle »lehrfach« einfügen — 344
- 9.1.4 Zeilen in die Tabelle »adresse« (inklusive der Beziehungen) einfügen — 345
- 9.1.5 Zeilen in die Tabelle »ausbildungsvertrag« (inklusive der Beziehungen) einfügen — 346
- 9.1.6 Zeilen in die Tabelle »beruflehrfach« (inklusive der Beziehungen) einfügen — 347
- 9.1.7 Zeilen in die Tabelle »mitarbeiterausbildungsbetrieb« (inklusive der Beziehungen) einfügen — 348
- 9.1.8 Übungen zum Thema »Zeilen in Tabellen einfügen, die in Beziehung zueinander stehen« — 349

9.2 Zeilen aus Tabellen, die in Beziehung stehen, mit JOIN verbunden abfragen — 353
- 9.2.1 Zeilen mit einem INNER JOIN verbinden — 354
- 9.2.2 Zeilen mit einem LEFT OUTER JOIN verbinden — 356
- 9.2.3 Zeilen mit einem RIGHT OUTER JOIN verbinden — 359
- 9.2.4 Zeilen mit einem FULL OUTER JOIN verbinden — 362
- 9.2.5 Einen FULL OUTER JOIN unter MySQL nachbilden — 365
- 9.2.6 Zeilen mit einem CROSS JOIN verbinden — 370
- 9.2.7 Zeilen von drei Tabellen mit einem INNER JOIN verbinden — 372
- 9.2.8 Spalten in einem JOIN über Tabellennamen referenzieren — 374
- 9.2.9 Spalten in einem JOIN über Tabellenaliasse referenzieren — 377
- 9.2.10 Zeilen mit einem SELF JOIN verbinden — 379
- 9.2.11 Zeilen mit einem INNER JOIN ohne Schlüsselvergleiche verbinden — 382
- 9.2.12 Übungen — 384

9.3 Beziehungen (Schlüsselbeziehungen) ändern — 392
- 9.3.1 Beziehungen aus Zeilen aus einer Kindtabelle ändern — 393
- 9.3.2 Beziehungen aus Zeilen einer Elterntabelle ändern (ON UPDATE CASCADE) — 395
- 9.3.3 Übungen zum Thema »Beziehungen (Schlüsselbeziehungen) ändern« — 399

9.4 Beziehungen (Schlüsselbeziehungen) aufheben oder löschen — 404
- 9.4.1 Zeilen aus Kindtabellen auf NULL setzen — 404
- 9.4.2 Zeilen aus Kindtabellen löschen — 407
- 9.4.3 Zeilen aus Elterntabellen löschen — 408
- 9.4.4 Übungen zum Thema »Beziehungen (Schlüsselbeziehungen) aufheben oder löschen« — 412

10 Transaktionen — 415

10.1 Forderungen an relationale Datenbanksysteme — 416
10.2 Transaktionen verstehen — 418
- 10.2.1 Allgemeiner Aufbau einer Transaktion — 418
- 10.2.2 Einen atomaren Datenzustand mit Transaktionen sicherstellen — 420
- 10.2.3 Transaktionen mit ROLLBACK rückgängig machen — 420
- 10.2.4 Operationen mit Transaktionen isoliert ausführen — 423

10.3 Übungen zum Thema »Transaktionen« — 426

11 Mit SQL rechnen — 429

11.1 Spaltenwerte addieren — 431
11.2 Spaltenwerte subtrahieren — 432
11.3 Spaltenwerte multiplizieren — 433
11.4 Spaltenwerte dividieren — 434
11.5 Den Restwert einer Division von Spaltenwerten berechnen — 435
11.6 Nach dem Ergebnis einer Berechnung filtern — 436
11.7 Nach dem Ergebnis einer Berechnung sortieren lassen — 437
- 11.7.1 Übungen zum Thema »mit SQL rechnen« — 438

12 Skalarfunktionen anwenden — 443

12.1 Funktionen für Textwerte — 444
- 12.1.1 Zeichenkette in Kleinbuchstaben umwandeln (LOWER) — 445
- 12.1.2 Spaltenwerte in Großbuchstaben umwandeln (UPPER) — 446
- 12.1.3 Spaltenwerte von führenden und endenden Leerzeichen befreien (TRIM) — 446
- 12.1.4 Text aus Spaltenwerten extrahieren (SUBSTRING) — 450

	12.1.5	Textspaltenwerte verkettet ausgeben	452
	12.1.6	Übungen zum Thema »Funktionen für Textwerte«	455
12.2		**Funktionen für Zahlenwerte**	457
	12.2.1	Die Länge einer Zeichenkette ermitteln (CHAR_LENGTH, LEN)	458
	12.2.2	Die Startposition einer Zeichenkette in einem Textwert ermitteln (POSITION, CHARINDEX)	459
	12.2.3	Potenzen berechnen (POWER)	460
	12.2.4	Eine Quadratwurzel berechnen (SQRT)	462
	12.2.5	Übungen zum Thema »Funktionen für Zahlenwerte«	462
12.3		**Verschachtelte Funktionsaufrufe**	464
12.4		**Übungen zum Thema »verschachtelte Funktionsaufrufe«**	467
12.5		**Zusammenfassung**	467

13 Bedingungslogik 469

13.1		**Die CASE-Klausel**	469
13.2		**Bedingungslogik in einer Spaltenauswahlliste einer SELECT-Anweisung anwenden**	470
13.3		**Bedingungslogik in einer ORDER BY-Klausel anwenden**	472
13.4		**Übungen zum Thema »Logik in SQL-Anweisungen verwenden«**	475

14 Mit Zeit und Datum arbeiten 477

14.1		**Datumsformate**	478
14.2		**Skalarfunktionen für Zeit- und Datumsangaben in SQL nutzen**	478
	14.2.1	Datum, Zeit und Zeitstempel vom Datenbankserver ermitteln lassen	479
	14.2.2	Ergebnislisten mit einem Berichtsdatum versehen	480
	14.2.3	Übungen zum Thema »Skalarfunktionen für Zeit- und Datumsangaben«	481
14.3		**Zeit- und Datumsangaben formatieren**	482
	14.3.1	Datumsformatierung unter MySQL (DATE_FORMAT)	482
	14.3.2	Datumsformatierung unter PostgreSQL (TO_CHAR)	487
	14.3.3	Datumsformatierung unter MS SQL Server (FORMAT)	492
	14.3.4	Übungen zum Thema »Zeit- und Datumsangaben formatieren«	495
14.4		**Datumsangaben extrahieren (EXTRACT)**	497
	14.4.1	Übungen zum Thema »Zeit- und Datumsangaben extrahieren«	501

14.5	Mit Datumsangaben rechnen	502
	14.5.1 Mit Datumswerten rechnen unter MySQL	503
	14.5.2 Mit Datumswerten rechnen unter PostgreSQL	505
	14.5.3 Mit Datumswerten rechnen unter MS SQL Server	506
	14.5.4 Übungen zum Thema »mit Datumsangaben rechnen«	509

15 Spaltenwerte mit GROUP BY gruppieren   511

15.1	Die Aggregatfunktion COUNT anwenden	513
	15.1.1 Übungen zum Thema »die Aggregatfunktion COUNT anwenden«	517
15.2	Die Aggregatfunktion SUM anwenden	518
	15.2.1 Übungen zum Thema »die Aggregatfunktion SUM anwenden«	519
15.3	Die Aggregatfunktion AVG anwenden	520
	15.3.1 Übungen zum Thema »die Aggregatfunktion AVG anwenden«	521
15.4	Die Aggregatfunktion MAX anwenden	521
	15.4.1 Übungen zum Thema »die Aggregatfunktion MAX anwenden«	522
15.5	NULL-Werte berücksichtigen	523
	15.5.1 Übungen zum Thema »NULL-Werte berücksichtigen«	528
15.6	Nach aggregierten Werten einer Gruppierung filtern (HAVING)	528
	15.6.1 Übungen zum Thema »nach aggregierten Werten einer Gruppierung filtern«	530
15.7	Nach zwei oder mehr Spalten gruppieren	531
	15.7.1 Übungen zum Thema »nach mehreren Spalten gruppieren«	533

16 Mächtiges Werkzeug: Die Unterabfragen (Subqueries)   535

16.1	Unterabfragen, die in Korrelation zueinander stehen	536
	16.1.1 Übungen zum Thema »Unterabfragen, die in Korrelation zueinander stehen«	541
16.2	Unterabfragen, die nicht in Korrelation zueinander stehen	543
	16.2.1 Übungen zum Thema »Unterabfragen, die nicht in Korrelation zueinander stehen«	547
16.3	Vergleichsoperatoren auf Unterabfragen mit ANY, SOME und ALL anwenden	549
	16.3.1 Übungen zum Thema »Vergleichsoperatoren auf Unterabfragen mit ANY, SOME und ALL anwenden«	552

16.4 Auf die Existenz von Ergebniszeilen aus Unterabfragen prüfen (EXISTS) 554

    16.4.1 Übungen zum Thema »auf die Existenz von Ergebniszeilen aus Unterabfragen prüfen« 557

17 Views: Abfragen in virtuellen Tabellen speichern   559

17.1 Einfache Views anlegen 560
    17.1.1 Übungen zum Thema »einfache Views anlegen« 563

17.2 Views und ORDER BY 565
    17.2.1 Übungen zum Thema »Views und ORDER BY« 567

17.3 INSERT, UPDATE und DELETE auf Views anwenden 568
    17.3.1 Eine INSERT-Anweisung auf Views anwenden 569
    17.3.2 Eine UPDATE-Anweisung auf Views anwenden 572
    17.3.3 Eine DELETE-Anweisung auf Views anwenden 574
    17.3.4 Views, auf die keine INSERT-, DELETE-, UPDATE-Anweisung angewendet werden kann 576
    17.3.5 Übungen zum Thema »INSERT, UPDATE und DELETE auf Views anwenden« 578

17.4 Views entfernen oder ersetzen 580
    17.4.1 Übungen zum Thema »Views entfernen oder ersetzen« 581

18 Performance von Abfragen optimieren (Index)   583

18.1 Einführung 583
18.2 Syntax: Index erstellen 585
18.3 Eine Tabelle mit vielen Zeilen generieren 586
18.4 Einen Index für eine Tabelle anlegen 588
18.5 Einen Index über mehrere Spalten anlegen 590
18.6 Den Index einer Tabelle löschen 592
18.7 Fremdschlüsselspalten indizieren 593
18.8 Übungen zum Thema »Index« 597

Index 601

Ich danke allen in meinem privaten Umfeld, die mich während der Erstellung des Buches so umfangreich unterstützt haben und mir auch in schwierigen Phasen beigestanden haben.

An dieser Stelle möchte ich mich bei allen Mitwirkenden des Verlags für die gute Zusammenarbeit bedanken. Mein Dank gilt Fachgutachter Herr Sieben, Korrektorin Frau Biedermann und natürlich meinem Lektor Christoph. Herausgekommen ist ein Fachbuch über SQL, das Einsteigern Schritt für Schritt erklärt, was es mit SQL auf sich hat. Der »Einstieg in SQL« ist das Ergebnis einer hervorragenden Teamarbeit und nicht das Werk eines einzelnen.

Ich wünsche Ihnen viel Spaß beim Lesen, Verstehen und Ausprobieren. Und nochmal vielen Dank Christoph und Sebastian!

Michael Laube

Kapitel 1
Grundlagen kennenlernen und verstehen

Datenbanken und SQL haben in der Informatik die Aufgabe, Daten auf eine einfache Art und Weise zu verwalten. Zentrale Elemente sind hier die Abfragesprache SQL selbst, die Tabellen, in denen die Daten gespeichert werden, und schließlich die Datenbanksysteme, in denen die Tabellen und Daten hinterlegt sind.

1.1 Eine kurze Einführung

Sie haben sich dazu entschieden, die Datenbankabfragesprache SQL zu lernen. Mit SQL haben Sie eine gute Wahl getroffen, und zwar aus folgenden Gründen: SQL und Datenbanken, die diese Abfragesprache unterstützen, sind weit verbreitet und werden in vielen Unternehmen oder Institutionen verwendet, um Daten bzw. Informationen zu strukturieren und effektiv zu verwalten. Denken Sie nur an Versicherungen, an Banken, an Behörden und viele weitere Institutionen, die darauf angewiesen sind, Informationen sicher zu verwalten und dauerhaft zu speichern.

Ach ja, vermutlich interessiert Sie auch wofür SQL steht: Es handelt sich um die Abkürzung für *Structured Query Language*.

SQL

S → Structured (englisch für »strukturiert«)

Q → Query (englisch für »Abfrage«)

L → Language (englisch für »Sprache«)

SQL ist eine *strukturierte Abfragesprache* für Datenbanken.

1.1.1 Die Tabelle steht im Zentrum von SQL

Im Zentrum der Sprache SQL steht die *Tabelle*. Mit SQL können Sie folgende Hauptfunktionen auf eine Tabelle anwenden:

- Daten aus einer Tabelle abfragen
- Daten in eine Tabelle einfügen

1 Grundlagen kennenlernen und verstehen

- Daten in einer Tabelle löschen
- Daten in einer Tabelle aktualisieren

Beginnen werden Sie in diesem Buch mit einfachen Befehlen, sogenannten SELECT-Abfragen, die auf eine Tabelle angewendet werden können. Die in ihrer Grundstruktur einfachen Abfragen ermöglichen es Ihnen, z. B. Lösungen zu entwickeln, mit denen Sie die Daten einer Tabelle abrufen bzw. abfragen können. Außerdem hält SQL alles bereit, was nötig ist, um Daten in Tabellen einzufügen, zu ändern und natürlich auch zu löschen.

Sie merken: Die Tabelle ist das zentrale Element von SQL. Im nächsten Abschnitt stelle ich Ihnen die Tabelle in ihrer Struktur anhand eines sehr bekannten Beispiels ganz kurz vor.

1.1.2 Tabellen und ihre Struktur kennenlernen

Wahrscheinlich haben Sie bereits einmal in einem anderen Zusammenhang mit Tabellen zu tun gehabt. Sicherlich kennen Sie beispielsweise Excel. Dann wissen Sie, dass die Struktur einer Tabelle grundsätzlich sehr einfach ist: Eine Tabelle besteht aus Zeilen und Spalten. Eine Zeile, die auch als *Datensatz* bezeichnet wird, enthält Werte, die wiederum Spalten zugeordnet sind.

Betrachten wir zur Illustration ein Beispiel. In Abbildung 1.1 sehen Sie die von der Öffentlichkeit vermutlich meistdiskutierte Tabelle: die Tabelle der ersten Fußballbundesliga.

Abbildung 1.1 Diese Tabelle enthält die für viele Mitbürger essenziellen Daten zur schönsten Nebensache der Welt. (Quelle: http://www.bundesliga.de/de/liga/tabelle/)

Hier sehen Sie auf den ersten Blick, dass BORUSSIA DORTMUND am 31. Spieltag vor BAYERN MÜNCHEN steht (zugegeben: Dieser Stand ist nicht mehr taufrisch). Die Informationen, die uns die Spalten der Tabelle liefern, sind:

- PLATZ, der Platz, auf dem sich Ihr Lieblingsclub befindet
- CLUB, die Bezeichnung des Clubs
- SPIELE, die Anzahl der gespielten Spiele
- S*, die Anzahl der Siege
- U*, die Anzahl der unentschieden gespielten Spiele
- N*, die Anzahl der Niederlagen
- TORE, die Anzahl der bisher erzielten Tore
- TD, die Tordifferenz
- PUNKTE, die Anzahl der bis dato geholten Punkte

Die Bundesliga-Tabelle aus Abbildung 1.1 enthält alle Elemente einer Tabelle, die ich Ihnen aufgezählt habe: Oben, im Kopf, die Spaltenbezeichnungen wie z. B. PLATZ, CLUB, SPIELE, S* für Siege etc. Sie stehen für die *Eigenschaften* der Tabelle und sorgen dafür, dass der Analyst die Zahl der Spiele und die Zahl der Niederlagen auseinanderhalten kann. Darunter die dazugehörigen Zeilen, die die Tabelle mit Inhalt füllen. Einen Wert in einer Tabelle ermitteln Sie, indem Sie den Schnittpunkt der Zeile und der Spalte betrachten. Sie wollen wissen, welcher Club auf Platz 1 ist? Kein Problem: Betrachten Sie Zeile 1 und die Spalte CLUB, und ermitteln Sie den Schnittpunkt. Hier ist der Wert BORUSSIA DORTMUND zu finden.

> **Zusammenfassung: Definition einer Tabelle**
>
> Eine Tabelle besteht aus einem Namen, der die Eigenschaften (Spalten), die in einer Tabelle hinterlegt sind, zusammenfasst. Der Name einer Tabelle beschreibt, welche Informationenen in einer Tabelle gespeichert werden. Die Informationen über Mitarbeiter könnten daher in einer Tabelle mit dem sprechenden Namen *mitarbeiter* gespeichert werden. Die Eigenschaften einer Tabelle bilden eine Struktur, in der Informationen geordnet gespeichert werden. Die Informationen (die Daten) einer Tabelle sind in den Zeilen zu finden. Ein Wert innerhalb einer Zeile wird gelesen, indem der Schnittpunkt zwischen einer Zeile und einer Spalte ermittelt wird.

1.1.3 Eine kleine Historie von SQL

Eine Tabelle habe ich Ihnen bereits vorgestellt. Jetzt widmen wir uns der Frage, wer auf die Idee kam, Tabellen zur Speicherung großer Datenmengen zu nutzen, und auch die Grundlagen für SQL schuf.

Edgar F. Codd entwickelte in den siebziger Jahren ein mathematisches Modell auf Grundlage der Mengenlehre. Die Struktur einer Tabelle wie der Bundesligatabelle kann auf dieser Grundlage beschrieben werden: Wir betrachten eine Menge. Diese Menge bezeichnen wir als »Bundesligatabelle« und statten sie mit Elementen wie *Platz* und *Club* aus.

Dies lässt sich in folgender Kurzschreibweise darstellen:

`Bundesligatabelle={Platz,Club,S,U,N,...}`

Mathematisch betrachtet bedeutet das nichts anderes als eine Definition der Struktur der Bundesligatabelle. In den geschweiften Klammern ist die Menge der Elemente (Spalten) aufgelistet, die für die Informationen der Bundesligatabelle erforderlich sind. Mit der mathematischen Beschreibung einer Tabelle ist es in der Datenverarbeitung natürlich nicht getan. Das Ganze musste noch zum Leben erweckt werden.

Deshalb entwickelte Edgar F. Codd auch eine Sprache, mit der Daten basierend auf einfachsten Operationen abgefragt, eingefügt, gelöscht oder geändert werden können. Das Resultat dieser Überlegungen bildete schließlich die Grundlage für das relationale Datenbankmodell und die Sprache SQL. Die Arbeit von Edgar F. Codd wurde schließlich dadurch gekrönt, dass sie zu einem Standard erhoben wurde. Diese Standards werden heute von der *ISO (International Organization for Standardization)* festgelegt, erweitert und publiziert. In Abschnitt 1.3 erfahren Sie mehr über den SQL-Standard und seine Umsetzung durch unterschiedliche Datenbanksysteme.

1.2 Datenbanksysteme

Es gibt zahlreiche Datenbanksysteme von den unterschiedlichsten Anbietern, die SQL unterstützen und Daten bzw. Informationen in Tabellen speichern. Datenbanksysteme, die Informationen in Tabellen speichern, werden als *relationale Datenbanksysteme* bezeichnet. Zu den bekanntesten Vertretern gehören:

- *IBM DB2*
- *Oracle DB*
- *Microsoft SQL Server*
- *Oracle MySQL*
- *MariaDB*
- *PostgreSQL*

Hierbei handelt es sich nur um eine kleine Auswahl von SQL-Datenbanken. Die Auswahl der Datenbanken habe ich bewusst getroffen, um Ihnen einerseits *kommerzielle Anbieter* und andererseits *Open-Source-Vertreter* von Datenbanksystemen vorstellen zu können.

Als führendes Datenbanksystem verwenden wir in diesem Buch die MySQL-Datenbank. MySQL-Datenbanken sind sehr weit verbreitet. Das liegt unter anderem daran, dass die MySQL-Datenbank kostenlos angeboten und oft im Verbund mit der Web-Programmiersprache PHP verwendet wird. Außerdem steht Ihnen die MySQL-Datenbank für die wichtigsten Betriebssysteme (beispielsweise unterschiedliche Linux-Distributionen, Windows-Systeme, Apple macOS Sierra) zur Verfügung. Ein weiterer Vorteil ist die umfangreiche Dokumentation, die Sie jederzeit online unter *http://dev.mysql.com/doc* abfragen können.

Dennoch: Falls Sie stattdessen lieber mit einer PostgreSQL- oder einer Microsoft-SQL-Server-Datenbank SQL lernen möchten, dann wird es Sie freuen zu erfahren, dass ich Ihnen für alle drei genannten Datenbanken jeweils eine Übungsdatenbank zur Verfügung stelle.

Die Datenbankserver *PostgreSQL* und *Microsoft SQL* Server sind ebenfalls sehr gut dokumentiert. Die Dokumentationen finden Sie unter:

- *http://www.postgresql.org/docs*
- *https://msdn.microsoft.com/de-de/library/bb510741.aspx*

> **MariaDB**
>
> *MariaDB* ist ein recht neues Datenbanksystem, über das es sich lohnt, einige Worte zu verlieren. Es ist ein sogenanntes *Fork* von MySQL, also eine Abspaltung von diesem Projekt. Das MariaDB-Projekt bemüht sich, die volle Kompatibilität mit MySQL zu bewahren – die Unterschiede zwischen den beiden Datenbanken sind wirklich mit der Lupe zu suchen und betreffen hauptsächlich Lizenzfragen. Alle Erläuterungen, die Sie in diesem Buch zu MySQL finden, gelten also auch für MariaDB.
>
> Sie finden das Projekt unter: *https://mariadb.org*.

1.3 SQL – ein Standard und seine Umsetzung

Der SQL-Standard der ISO wurde in der Vergangenheit als *ANSI-SQL-Standard* (American National Standards Institute) bezeichnet. Der ISO-SQL-Standard soll auch international sicherstellen, dass Ihre Abfragen auf allen konformen Datenbanken zuverlässig funktionieren.

> **SQL: Ein Standard**
>
> Die Abfragesprache SQL ist im Standard ISO/IEC 9075-1 festgelegt. Die Spezifikation kann unter *www.iso.org* gegen ein Entgelt bezogen werden.

Sie können davon ausgehen, dass unabhängig vom verwendeten Datenbanksystem der SQL-Sprachschatz zum größten Teil so umgesetzt wird, wie er im SQL-Standard beschrieben ist. Der kleinere Teil des Sprachumfangs, der nicht so realisiert wird, wie es der SQL-Standard vorsieht, wird als *SQL-Dialekt* bezeichnet. Alle drei hier behandelten Datenbanken haben einen eigenen Dialekt, der sich durch minimale Unterschiede zum SQL-Standard-Sprachumfang bemerkbar macht.

Aus diesem Grund stelle ich Ihnen hier SQL anhand von drei unterschiedlichen Datenbanksystemen vor, um Ihnen einerseits darzustellen, dass SQL ein Standard ist und sich daher das Gelernte auf unterschiedliche Datenbanken anwenden lässt. Andererseits möchte ich Sie dafür sensibilisieren, dass SQL in einem minimalen Umfang abhängig vom jeweiligen Hersteller unterschiedlich ist. Da es sich aber nur um kleine Unterschiede handelt, können Sie die hier vermittelten Grundlagen also etwa auch nutzen, um auf einer DB2-Datenbank von IBM oder einer Oracle-Datenbank mit SQL zu arbeiten.

Zusammenfassung: SQL-Dialekte

SQL ist ein Standard, der durch die ISO (International Standardization Organisation) vorgegeben wird. Dennoch gibt es im Sprachschatz jeweils abhängig von der verwendeten Datenbank Abweichungen vom Standard. Diese Unterschiede werden als *SQL-Dialekte* bezeichnet.

Für uns gilt also: Grundsätzlich gehen wir in diesem Buch vom Standard aus. Bezogen auf die hier behandelten Datenbanksysteme werde ich Sie stets auf die kleinen Unterschiede (in der Regel in einer grauen Box) aufmerksam machen. Den Grundsprachschatz, den Sie im Rahmen dieses Einstiegs in SQL lernen, können Sie also universal auf allen SQL-Datenbanken anwenden. Und wenn Sie einmal auf den Fall stoßen, dass ein hier beschriebenes Beispiel bei Ihnen nicht funktioniert, weil Sie ein besonderes Feature einer bestimmten Datenbank einsetzen wollen: Glückwunsch, dann sind Sie wahrscheinlich kein Einsteiger mehr und spezialisieren sich für ein Datenbanksystem eines Anbieters. Achten Sie in diesem Fall besonders auf die Dokumentation der von Ihnen eingesetzten Datenbank.

In Abschnitt 1.5 gebe ich Ihnen einen Leitfaden an die Hand, der Sie bei der Installation der MySQL-Datenbank unterstützt. In Abschnitt 1.6 zeige ich Ihnen anschließend, wie Sie die Übungsdatenbank auf den hier besprochenen Systemen anlegen und die Daten importieren. In Abschnitt 1.6.3 erfahren Sie, wie Sie die *MySQL Workbench* nutzen, um mit SQL zu beginnen.

Der Leitfaden zur Installation enthält ausschließlich Hinweise, die für die Installation der jeweiligen Datenbank von Bedeutung sind. Von einer gewissen Affinität zu Windows- und Linux-Systemen gehe ich in diesem Fachbuch aus. Unter Windows können Sie die hier vorgestellten Datenbanken sehr einfach installieren. In den

Materialien zum Buch sind die jeweiligen Installationsprogramme hinterlegt. Hierbei handelt es sich um folgende Versionen der jeweiligen Datenbanken:

- MySQL 5.6.25 Community Edition, MySQL Workbench 6.3.3
- PostgreSQL 9.4.4-1, pgAdmin III
- MS SQL Server 2014, SQL Server Managementstudio

Gerne würde ich Ihnen für alle drei hier behandelten Datenbanken die Installation, den Import der Übungsdatenbank und die Nutzung der SQL-Clients erläutern. Das würde jedoch dieses Kapitel sprengen. Ausführlich werde ich Ihnen die Installation einer *MySQL*-Datenbank unter Windows beschreiben.

Die Leser, die lieber eine PostgreSQL- oder MS-SQL-Server-Datenbank verwenden oder eine PostgreSQL- oder MySQL-Datenbank unter Ubuntu Linux nutzen möchten, finden entsprechende Installationsanleitungen zum Download auf der Webseite dieses Buchs unter *www.rheinwerk-verlag.de/4389*.

1.4 Zu diesem Buch

Sie werden in diesem Buch viele Kästen und SQL-Beispiele finden. In Hinweiskästen befinden sich besonders wichtige Tipps, die Sie sich unbedingt anschauen sollten. Außerdem werde ich am Ende jedes Abschnitts die wichtigsten Informationen noch einmal für Sie zusammenfassen. Dies wird immer mit einem besonderen Icon [*] gekennzeichnet.

In den SQL-Listings dieses Buchs finden Sie sowohl eine kürzere Schreibweise auf einer Zeile als auch die etwas längere, aber übersichtlichere Fassung über mehrere Zeilen:

```
SELECT
   name,
   vorname,
   bonus
FROM
   mitarbeiter
WHERE bonus>500;
```

Listing 1.1 Ein auf mehrere Zeilen verteilter SQL-Befehl

Für die Datenbank bedeutet diese Anweisung genau das Gleiche wie der folgende Befehl:

```
SELECT name,vorname,bonus FROM mitarbeiter WHERE bonus>500
```

Listing 1.2 Das gleiche Beispiel in der Kurzschreibweise

Wenn Sie nur rasch eine SQL-Anweisung ausprobieren wollen, reicht Ihnen die Kurzschreibweise wahrscheinlich aus. Bei längeren, komplexeren Anweisungen wird dies jedoch schnell unübersichtlich. Dann ist es hilfreich, die einzelnen Schritte in der übersichtlichen Schreibweise aufzuschlüsseln. Dabei ist es sinnvoll, jedes SQL-Schlüsselwort auf eine Zeile zu schreiben. Egal, ob Kurzschreibweise oder ausführliche Darstellung: Die SQL-Schlüsselwörter finden Sie hier im Buch immer gefettet und durch Großbuchstaben hervorgehoben. So können Sie sich rasch einen Überblick über die Beispiele verschaffen.

Was diese Schlüsselwörter genau bedeuten, erfahren Sie in den folgenden Kapiteln. Kümmern wir uns aber zunächst darum, die MySQL-Datenbank zu installieren.

1.5 MySQL 5.6 unter Windows installieren

Zur Installation von MySQL 5.6 gehen Sie wie folgt vor:

Schritt 1: Starten Sie die Installationsanwendung *mysql-installer-community-5.6.25.0.msi*, die bei den Materialien zum Buch im Verzeichnis *Windows_Datenbanken/Mysql* mitgeliefert wird. Unter Windows wird Ihnen gegebenenfalls ein Dialogfenster mit einer Warnung angezeigt, in der Sie gefragt werden, ob Sie die Datei tatsächlich ausführen wollen. Bestätigen Sie diese Warnung mit einem Klick auf AUSFÜHREN.

Gleich im Anschluss werden Sie von Windows ein weiteres Mal gefragt, ob Sie zulassen wollen, dass das Installationsprogramm Software installiert. Bestätigen Sie diese Frage ebenfalls mit JA.

Abbildung 1.2 Windows fragt, ob Sie die Installationsdatei ausführen wollen.

Schritt 2: Zunächst öffnet sich wie in Abbildung 1.3 dargestellt ein LICENSE AGREEMENT-Fenster. Nachdem Sie die Lizenzbedingungen aufmerksam gelesen haben (und damit einverstanden sind), bestätigen Sie sie mit einem Haken in der Checkbox I ACCEPT THE LICENSE TERMS, um mit der Installation der MySQL-Datenbank zu beginnen. Klicken Sie auf den NEXT-Button, um mit der Installation fortzufahren.

1.5 MySQL 5.6 unter Windows installieren

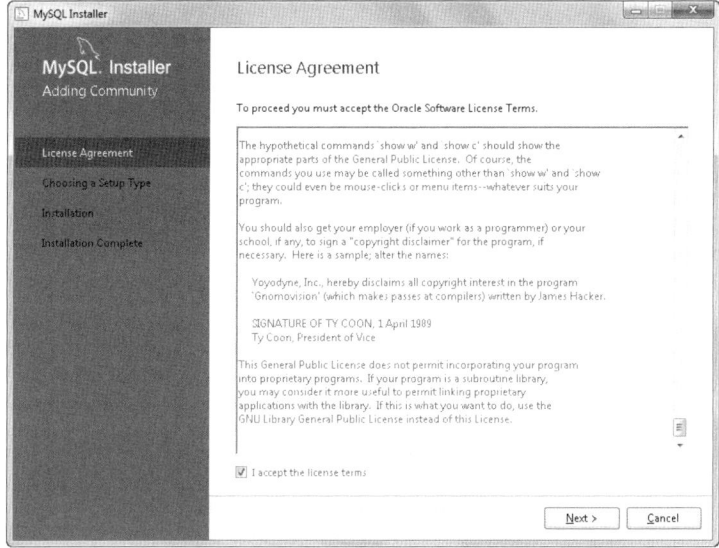

Abbildung 1.3 Die Lizenzbedingungen der MySQL-Datenbank

Schritt 3: Im Fenster CHOOSING A SETUP TYPE sehen Sie, wie in Abbildung 1.4 gezeigt, fünf mögliche Installationsvarianten vom Installationsprogramm. Wählen Sie die erste Variante, DEVELOPER DEFAULT. Diese Variante enthält den MySQL Server und die MySQL Workbench. Die DEVELOPER DEFAULT-Variante enthält zahlreiche Erweiterungen für Excel, Visual Studio und Konnektoren für Programmiersprachen. Klicken Sie wieder auf den NEXT-Button, um mit der Installation fortzufahren.

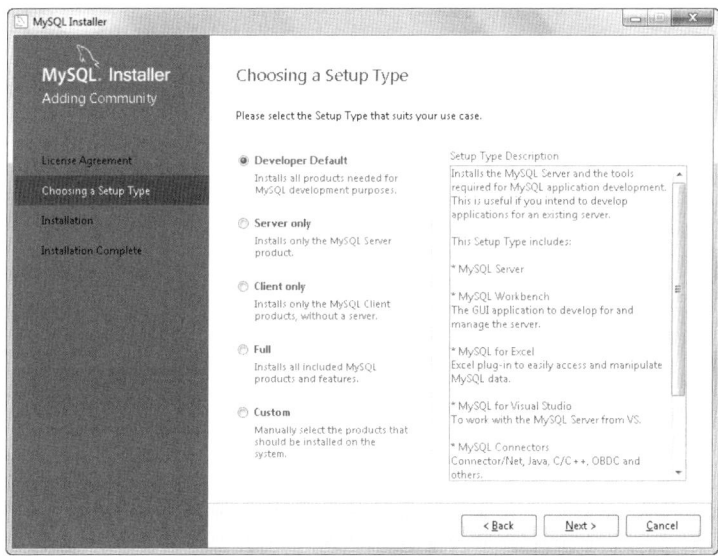

Abbildung 1.4 Installationstyp auswählen

25

Schritt 4: Im Fenster INSTALLATION (Abbildung 1.5) sehen Sie eine Zusammenfassung der Softwarekomponenten, die durch das Installationsprogramm installiert werden. Klicken Sie auf den Button EXECUTE, um mit der Installation fortzufahren.

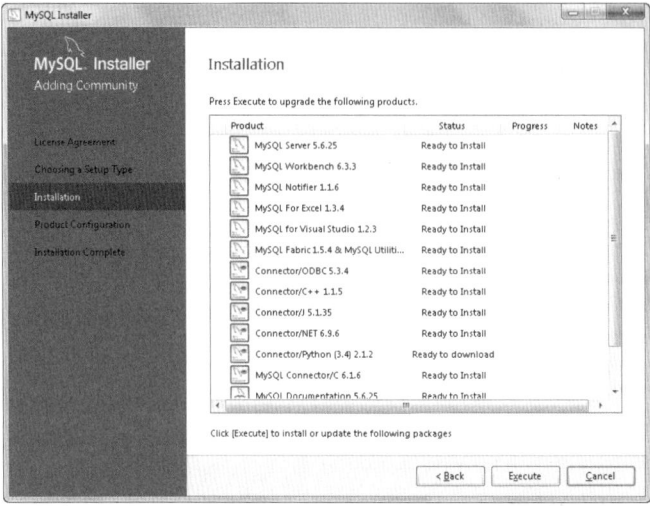

Abbildung 1.5 Die zu installierenden Softwarekomponenten werden aufgelistet.

Das Installationsprogramm installiert Schritt für Schritt die einzelnen Softwarekomponenten, wie in Abbildung 1.6 gezeigt. Der Installationsfortschritt wird Ihnen für jede Komponente angezeigt. Wenn eine Komponente installiert ist, wird für sie ein grüner Haken angezeigt. Das kann um die fünf Minuten dauern und hängt von der Leistungsfähigkeit Ihres Computers ab. Klicken Sie wieder auf den Button NEXT, um mit der Installation fortzufahren.

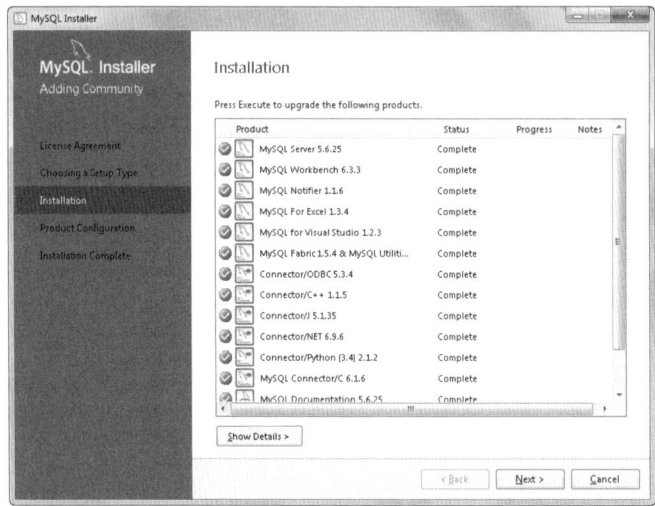

Abbildung 1.6 Alle Komponenten wurden erfolgreich installiert.

Schritt 5: Das Installationsprogramm bietet Ihnen im Fenster PRODUCT CONFIGURATION (Abbildung 1.7) eine Produktkonfiguration an. Führen Sie die Produktkonfiguration durch, und klicken Sie dann auf den Button NEXT.

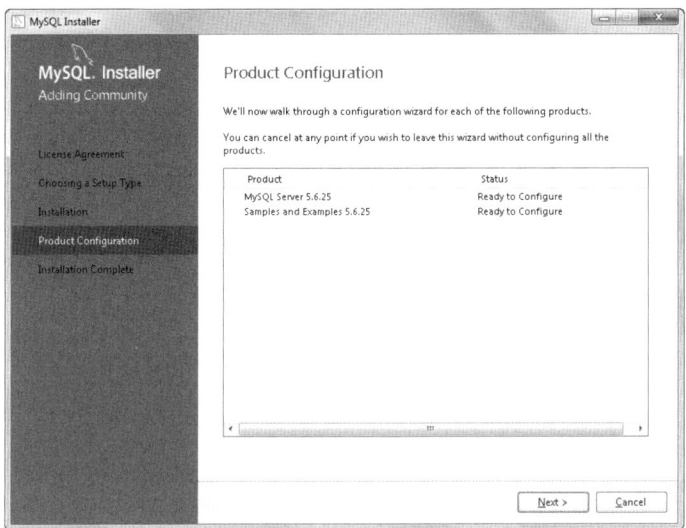

Abbildung 1.7 Den MySQL Server und die Beispiele konfigurieren

Schritt 6: Nach einem erneuten Klick auf NEXT öffnet sich das Fenster TYPE AND NETWORKING, wie in Abbildung 1.8 zu sehen ist. Der Konfigurationsdialog enthält einige Einstellungen. Ich empfehle, die vorgeschlagenen Einstellungen so zu belassen. Um mit der Installation fortzufahren, klicken Sie auf den Button NEXT.

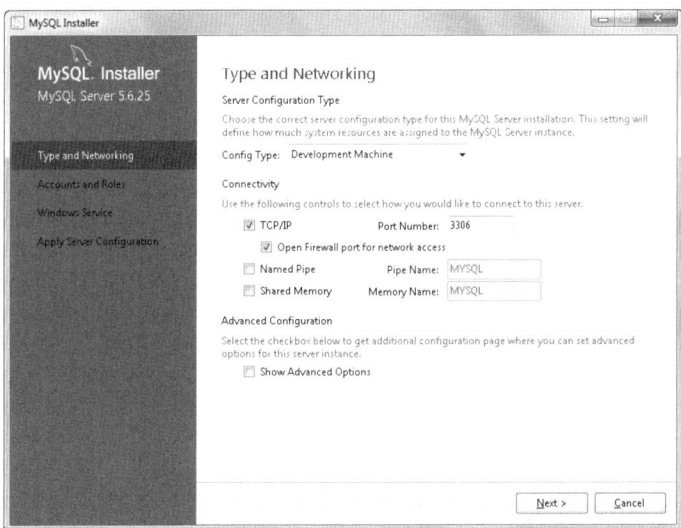

Abbildung 1.8 Netzwerkeinstellungen festlegen

Schritt 7: Jetzt wird das Dialogfenster ACCOUNTS AND ROLES (Abbildung 1.9) angezeigt, in dem Sie für den Supernutzer root ein Passwort vergeben können. Wählen Sie hier ein einfaches Passwort, das Sie sich gut merken können, und geben Sie es in das Textfeld MYSQL ROOT PASSWORD und das Wiederholungsfeld REPEAT PASSWORT ein. Sie haben hier auch die Möglichkeit, weitere Datenbanknutzer einzutragen. Wir verzichten darauf und gehen direkt mit einem Klick auf den Button NEXT zum nächsten Schritt über.

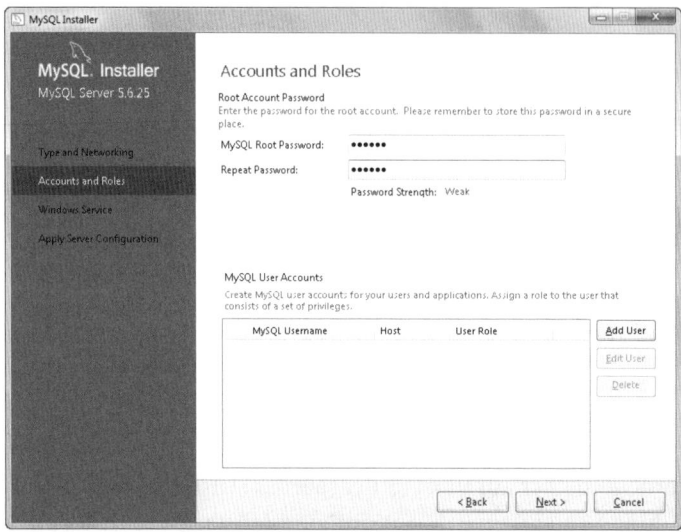

Abbildung 1.9 Passwort für den Datenbankadministrator-Account »root« vergeben

> **Hinweis zur Nutzung des Administrators »root«**
>
> An dieser Stelle bin ich Ihnen noch einen Hinweis schuldig: Ich habe entschieden, Sie für den Übungsbetrieb mit dem administrativen root-Nutzer der MySQL-Datenbank auszustatten, damit es Ihnen zu Beginn erspart bleibt, einen weiteren Nutzer auf dem MySQL-Datenbankserver anzulegen.
>
> Im Produktivbetrieb einer Datenbank würden Sie aus Sicherheitsgründen niemals mit dem administrativen Nutzer root arbeiten, wenn Sie SQL nutzen, um z. B. eine Tabelle abzufragen. Aber das Lernen von SQL wird einfacher, wenn Sie sich nicht um die Berechtigungen der Datenbank kümmern müssen.

Schritt 8: In diesem Konfigurationsschritt haben Sie die Möglichkeit, im Dialogfenster WINDOWS SERVICE (Abbildung 1.10) auszuwählen, ob die MySQL-Server-Datenbank beim Start des Computers als Dienst gestartet werden soll. Markieren Sie hier die Checkbox START THE MYSQL SERVER AT SYSTEM STARTUP mit einem Haken. Die anderen Einstellungen belassen Sie so, wie das Installationsprogramm sie vorschlägt. Um zum nächsten Schritt zu gelangen, klicken Sie wieder auf den Button NEXT.

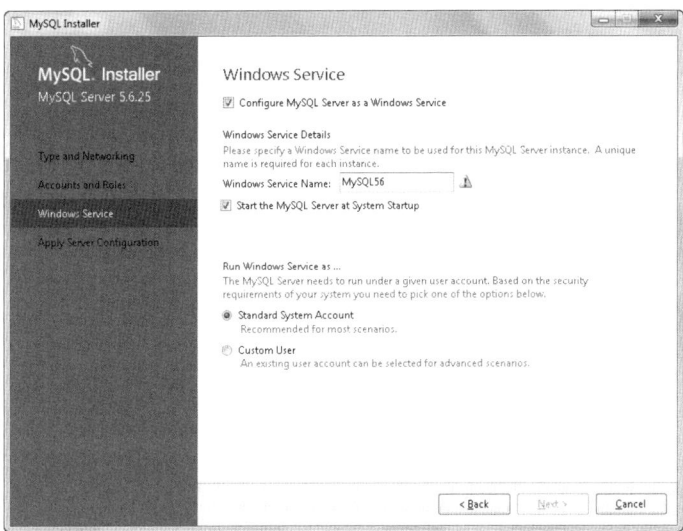

Abbildung 1.10 Die MySQL-Dienst-Einstellungen festlegen

Schritt 9: Im nächsten Fenster, APPLY SERVER CONFIGURATION, wie in Abbildung 1.11 dargestellt, werden Ihnen die Änderungen aufgelistet, die die Serverkonfiguration vornehmen wird. Klicken Sie auf den Button EXECUTE, um die Serverkonfiguration zu starten.

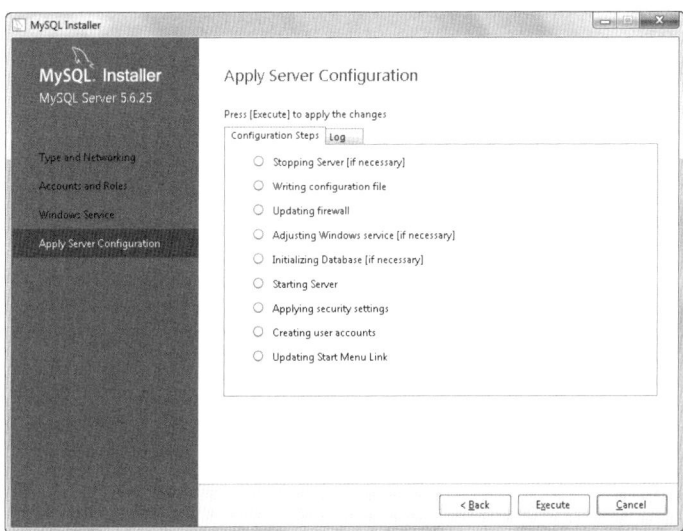

Abbildung 1.11 Der Serverkonfiguration zustimmen

Wenn im Fenster APPLY SERVER CONFIGURATION jedem Konfigurationsschritt ein grüner Haken zugeordnet ist und die Meldung CONFIGURATION FOR MYSQL SERVER 5.6.25 HAS SUCCEEDED angezeigt wird, klicken Sie auf den Button FINISH.

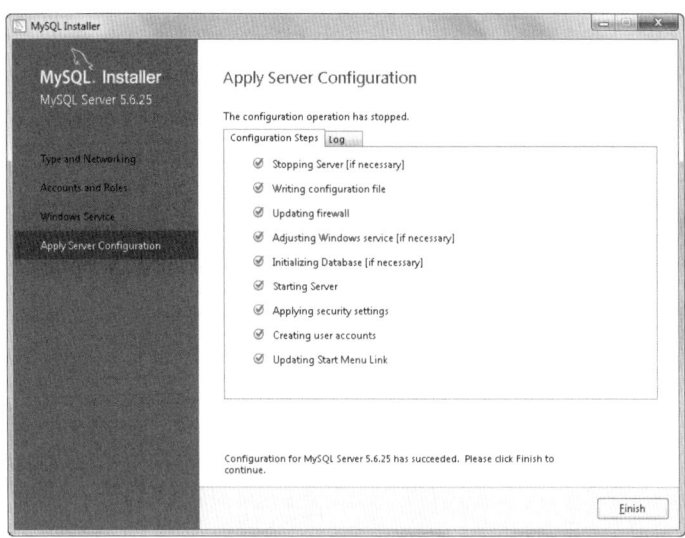

Abbildung 1.12 Die Konfiguration wurde erfolgreich abgeschlossen.

Schritt 10: Nach dem Klick erscheint noch einmal das Konfigurationsfenster. Es zeigt an, dass die Konfiguration für den MySQL Server 5.6.25 abgeschlossen ist. Als Nächstes wird angeboten, die MySQL-Server-Beispieldatenbank zu installieren. Klicken Sie auf den Button NEXT, um auch die Beispieldatenbank zu konfigurieren, die dem MySQL-Datenbankserver als Standard zur Verfügung steht.

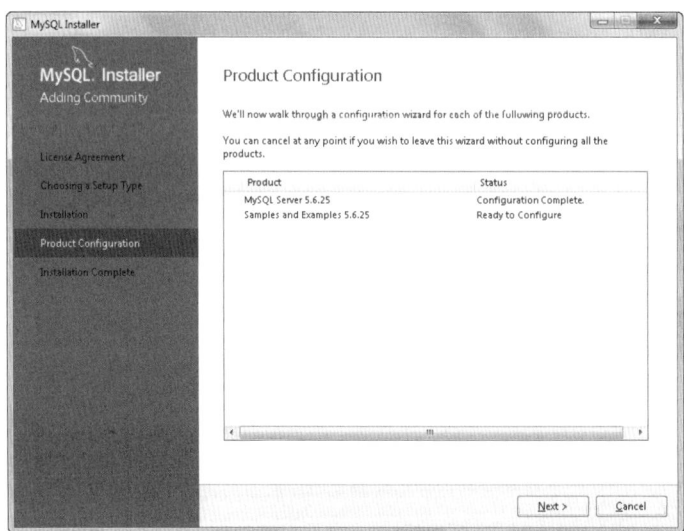

Abbildung 1.13 Die Beispieldatenbank von MySQL konfigurieren

Als Nächstes müssen Sie auswählen, welcher MySQL Server verwendet werden soll. Hier ist nur der lokal installierte Datenbankserver aufgelistet. Die Einstellung können Sie also so übernehmen. Als Datenbanknutzer wird hier root vorgeschlagen. Belassen Sie diese Einstellung ebenfalls so wie in Abbildung 1.14 dargestellt. Klicken Sie dann auf den Button CHECK, um zu überprüfen, ob der Server erreichbar ist.

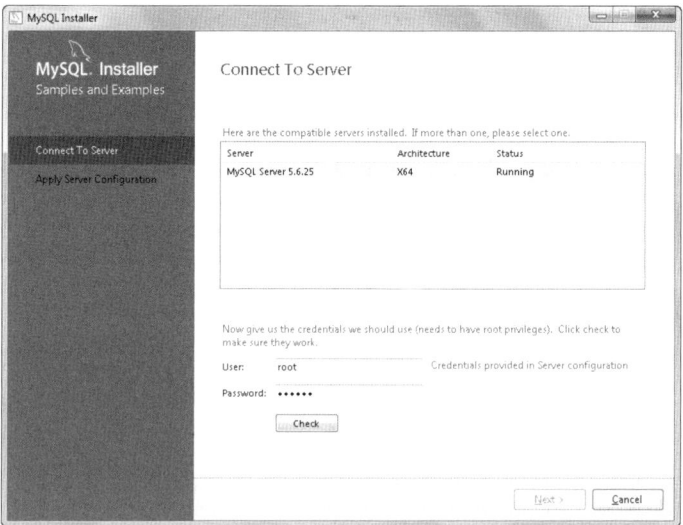

Abbildung 1.14 Verbindung für die Beispieldatenbank einrichten

Nachdem Sie auf den Button CHECK geklickt haben, wird die Verbindung überprüft. In Abbildung 1.15 war der Verbindungscheck erfolgreich. Klicken Sie auf den Button NEXT, um zum nächsten Schritt zu gelangen.

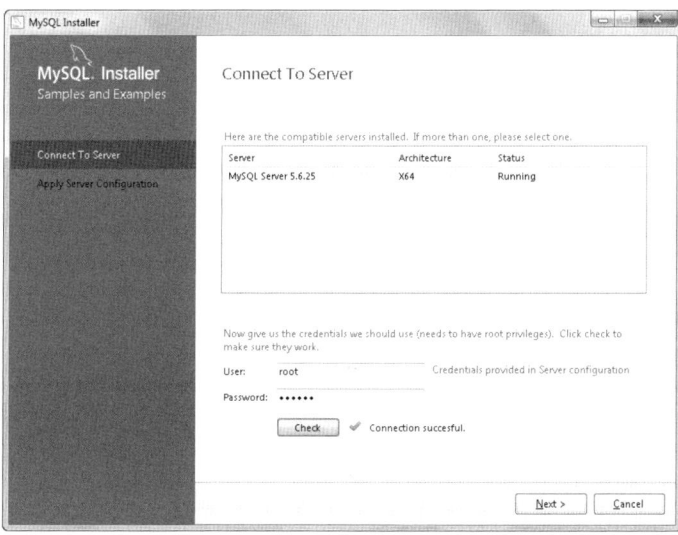

Abbildung 1.15 Die Verbindung wurde erfolgreich geprüft.

Klicken Sie im Fenster aus Abbildung 1.16 auf den Button EXECUTE, um nun folgende Serverkonfiguration auszuführen.

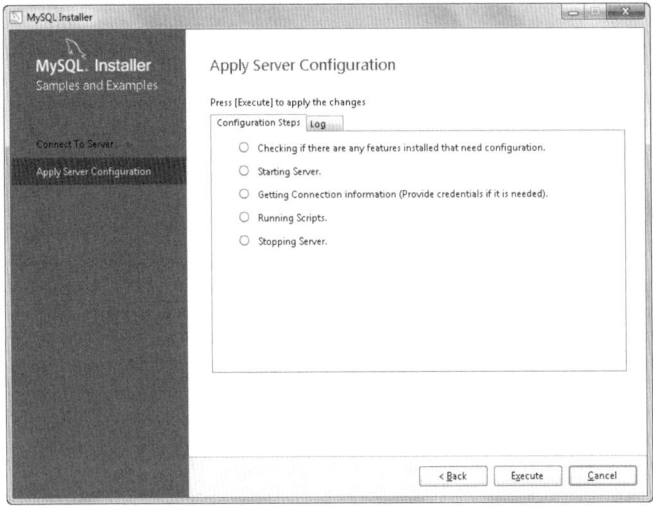

Abbildung 1.16 Den Server konfigurieren

Wenn die Serverkonfiguration für die Beispiele abgeschlossen ist, sind sämtliche Konfigurationsschritte mit einem grünen Haken versehen. Klicken Sie auf den Button FINISH, um die Konfiguration abzuschließen.

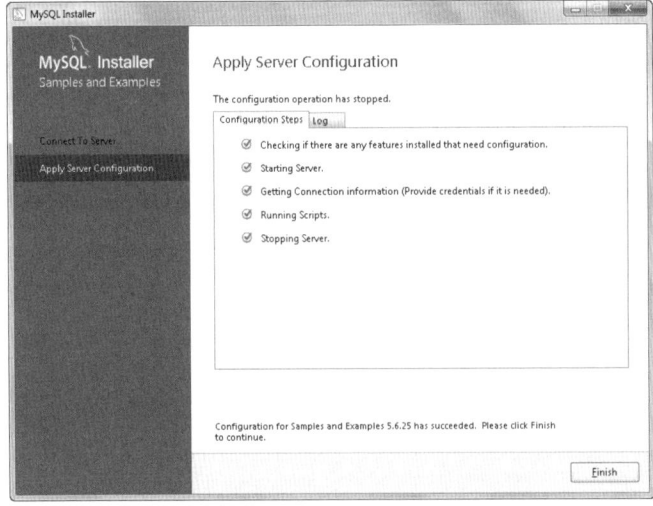

Abbildung 1.17 Die Serverkonfiguration war erfolgreich.

Abschließend sehen Sie wie in Abbildung 1.18 eine Zusammenfassung der Produktkonfiguration. Klicken Sie dann auf den Button NEXT, um zum nächsten Schritt zu gelangen.

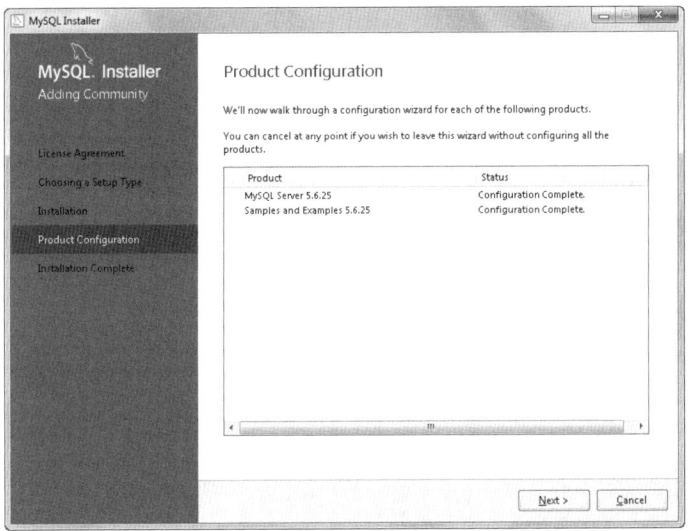

Abbildung 1.18 Der Status der Konfiguration wird noch einmal zusammengefasst dargestellt.

Schritt 11: Im nächsten Schritt informiert Sie das Fenster INSTALLATION COMPLETE (Abbildung 1.19) darüber, dass die Installation für den MySQL Server erfolgreich abgeschlossen wurde. Die Checkbox START MYSQL WORKBENCH AFTER SETUP können Sie wie vorgeschlagen aktiviert lassen, um einen ersten Eindruck von der MySQL Workbench (das Programm, mit dem Sie SQL lernen) zu erhalten. Klicken Sie hier wieder auf den Button FINISH, um das Installationsprogramm zu beenden.

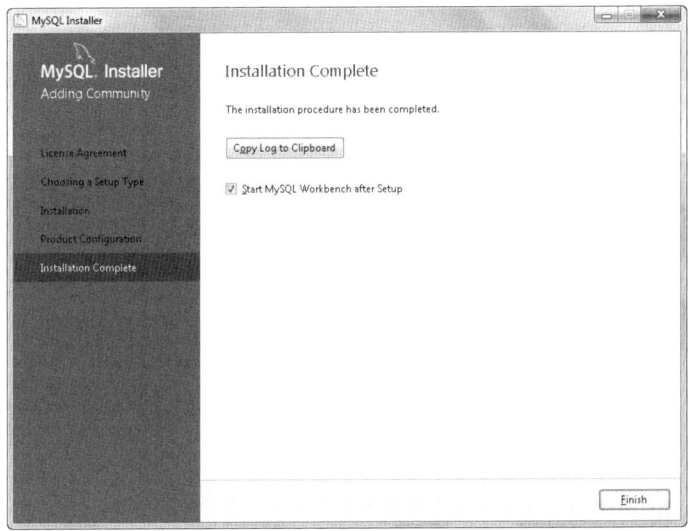

Abbildung 1.19 Die Installation ist abgeschlossen.

Die MySQL Workbench öffnet sich automatisch. Wie Sie sie verwenden, um SQL zu lernen, erfahren Sie in Abschnitt 1.6.5.

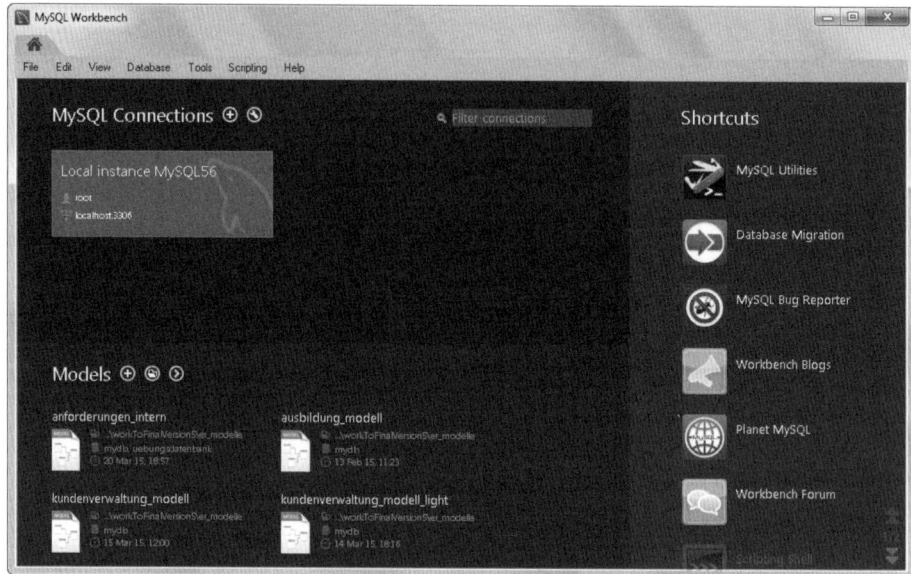

Abbildung 1.20 Die MySQL Workbench

Schritt 12: Damit beim Import der Übungsdatenbank alles reibungslos verläuft, müssen Sie die Systemvariable PATH um den Eintrag C:\Program Files\MySQL\MySQL Server 5.6\bin ergänzen. Wie Sie die PATH-Variable unter Windows ergänzen, erkläre ich im Detail in Abschnitt 1.5.1. Wenn Sie die PATH-Variable ergänzt haben, können Sie zu Abschnitt 1.6 übergehen, in dem ich Ihnen beschreibe, wie Sie die Übungsdatenbank anlegen und die Daten importieren.

1.5.1 Die Systemvariable PATH ergänzen

Um die Kommandozeilen-Tools der MySQL-Datenbank nutzen zu können, ist es erforderlich, die PATH-Variable für Ihr Windows-Betriebssystem zu ergänzen. Das ist notwendig, um die Übungsdatenbank erfolgreich anzulegen. Diese Beschreibung zum Bearbeiten der PATH-Variablen habe ich für Windows 7 erstellt. Unter Windows 8, 8.1 oder 10 ist die Vorgehensweise ähnlich.

Unter Windows 10 reicht es, im Suchfeld den Begriff »Systemumgebungsvariablen« einzugeben. Wählen Sie in der Ergebnisliste den Eintrag SYSTEMUMGEBUNGSVARIABLEN BEARBEITEN, um die Variable PATH anzupassen.

Unter Windows 7 klicken Sie als Erstes auf die Windows-Flagge unten links, um das Startmenü zu öffnen, wie in Abbildung 1.22 zu sehen. Dann klicken Sie mit der rechten Maustaste auf COMPUTER.

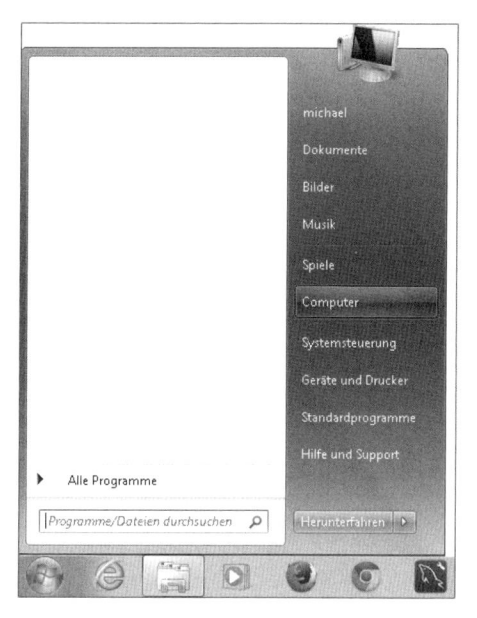

Abbildung 1.21 Einstieg zum Setzen der PATH-Variablen.

Nach dem Klick auf die rechte Maustaste öffnet sich wie in Abbildung 1.22 dargestellt ein Dialogfenster, in dem Ihnen mehrere Optionen zur Verfügung stehen. Klicken Sie auf den Eintrag EIGENSCHAFTEN.

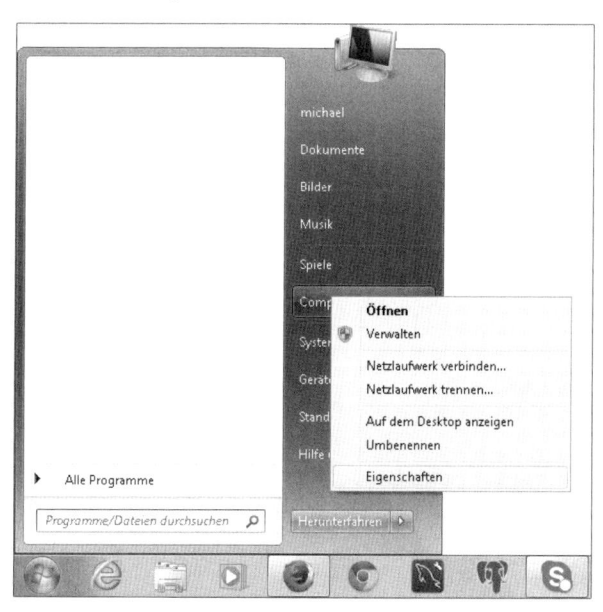

Abbildung 1.22 Auswahldialog

Es öffnet sich ein Fenster mit der Überschrift BASISINFORMATIONEN ÜBER DEN COMPUTER ANZEIGEN, das Sie in Abbildung 1.23 sehen. Klicken Sie hier auf ERWEITERTE SYSTEMEINSTELLUNGEN.

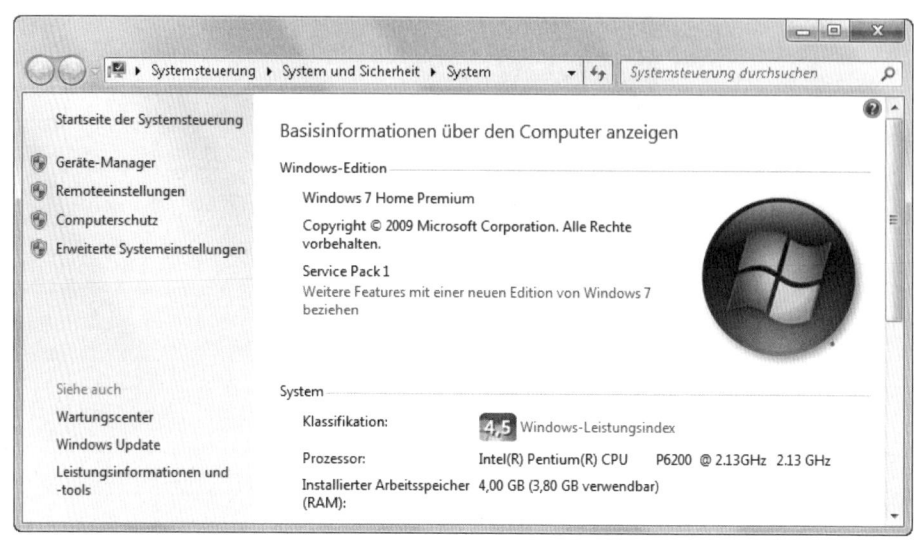

Abbildung 1.23 Basisinformationen über Ihren Computer

Es öffnet sich, wie in Abbildung 1.24, das Fenster SYSTEMEIGENSCHAFTEN. Auf der Registerkarte ERWEITERT findet sich der Button UMGEBUNGSVARIABLEN. Klicken Sie auf diesen Button.

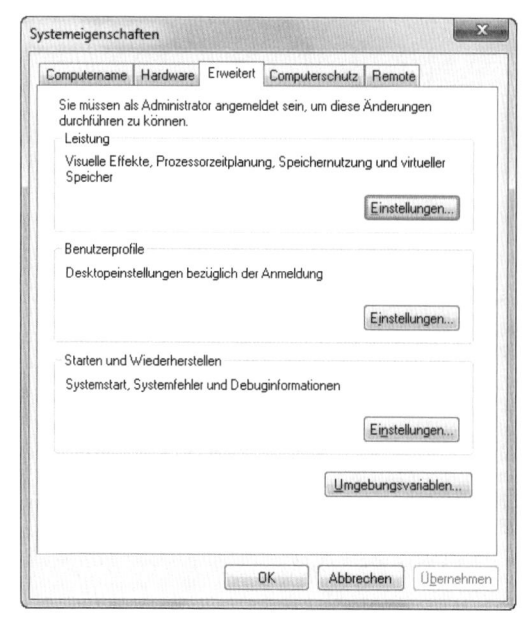

Abbildung 1.24 Systemeigenschaften

Es öffnet sich wie in Abbildung 1.25 dargestellt ein weiteres Fenster mit der Überschrift UMGEBUNGSVARIABLEN. Hier finden Sie die BENUTZERVARIABLEN und die SYSTEMVARIABLEN. Sie müssen die Systemvariable PATH bearbeiten. Scrollen Sie im Bereich der SYSTEMVARIABLEN gegebenenfalls nach unten, um den Eintrag der Systemvariablen PATH auswählen zu können. Um den Pfad zu den Importtools (Kommandozeilentools) der jeweiligen Datenbanken an die Systemvariable PATH anzufügen, klicken Sie auf die Schaltfläche BEARBEITEN.

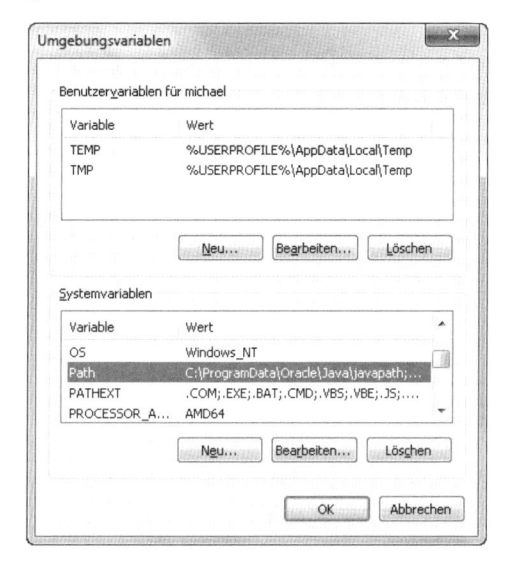

Abbildung 1.25 Umgebungsvariablen

Es öffnet sich, wie in Abbildung 1.26 gezeigt, ein Fenster mit der Überschrift SYSTEMVARIABLE BEARBEITEN.

> **Achtung: Vorsicht bei Änderungen an Systemvariablen**
> Seien Sie vorsichtig, wenn Sie Systemvariablen ändern. Verändern Sie auf keinen Fall den bereits bestehenden Wert der Systemvariablen PATH. Wenn Sie hier versehentlich eine Änderung vorgenommen haben, klicken Sie auf den Button ABBRECHEN, um die Änderung nicht zu vollziehen. Nicht beabsichtigte Änderungen können die Funktion Ihres Computers erheblich stören oder Ihre Windows-Installation dauerhaft schädigen.

Wir möchten lediglich hinter dem letzten Eintrag einen weiteren Eintrag anfügen. Klicken Sie also in das Textfeld WERT DER VARIABLEN, und betätigen Sie die Taste [Ende], um hinter das letzte Zeichen zu gelangen.

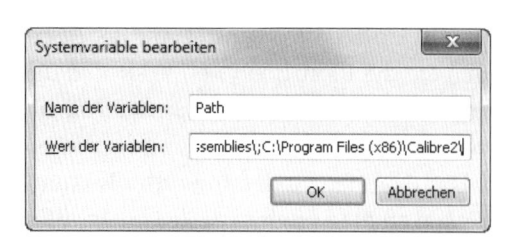

Abbildung 1.26 Systemvariable bearbeiten

Hier ergänzen Sie wie in Abbildung 1.27 ein Semikolon, das als Trennzeichen für die unterschiedlichen Einträge der PATH-Variablen dient.

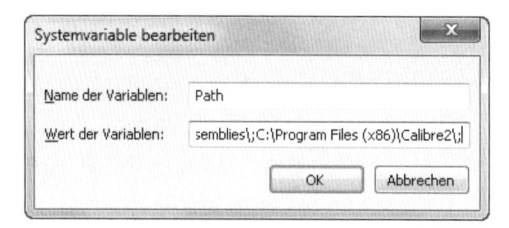

Abbildung 1.27 Ein Semikolon als Trennzeichen hinzufügen

Im nächsten Schritt müssen wir uns den Pfad zu den Kommandozeilen-Tools der MySQL-Datenbank beschaffen. Hierzu öffnen Sie ein Explorer-Fenster. Ein Explorer-Fenster können Sie sehr schnell mit der Tastenkombination ⊞ + [E] öffnen.

1.5.2 Den Pfad für die MySQL-Kommandozeilen-Tools ermitteln

Die Vorgehensweise zur Ermittlung eines solchen Pfades ist immer gleich: Als Erstes navigieren Sie in das *bin*-Verzeichnis der MySQL-Datenbank-Software. Auf meinem Rechner ist das *bin*-Verzeichnis unter folgendem Pfad zu finden:

C:\Program Files\MySQL\MySQL Server 5.6\bin

Die Pfadangabe weicht bei Ihnen gegebenenfalls etwas ab, falls Sie bei der Installation etwas anderes angegeben haben. Wenn das der Fall ist, so suchen Sie im Verzeichnis *Program Files* bzw. *Programme* nach dem Eintrag *MySQL*. Die Wahrscheinlichkeit, dass Sie in diesem Verzeichnis fündig werden, ist sehr groß, es sei denn, Sie haben die Software der MySQL-Datenbank an einem ganz anderen Ort installiert. Das Verzeichnis *MySQL* enthält wiederum das Verzeichnis *MySQL Server 5.6*, in dem Sie das Verzeichnis *bin* vorfinden. Wechseln Sie in dieses Verzeichnis.

Klicken Sie als Nächstes, wie in Abbildung 1.29 dargestellt, in das Adressfeld, in dem der Pfad ausgeschrieben angezeigt wird. Der Hintergrund der Pfadangabe ist blau hinterlegt, wenn Sie in das Adressfeld klicken.

1.5 MySQL 5.6 unter Windows installieren

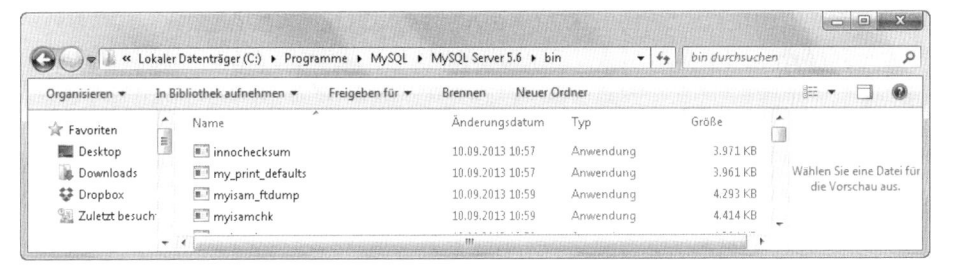

Abbildung 1.28 Das »bin«-Verzeichnis der MySQL-Datenbank

Nutzen Sie jetzt die die Tastenkombination [Strg] + [C], um den Pfad in die Zwischenablage zu kopieren.

Abbildung 1.29 Pfad kopieren (MySQL)

Der Pfad des *bin*-Verzeichnisses Ihrer MySQL-Datenbank befindet sich jetzt in der Zwischenablage. Mit der Tastenkombination [Strg] + [V] fügen Sie ihn hinter dem Semikolon des Variablenwerts der PATH-Variablen ein, wie es in Abbildung 1.30 dargestellt ist. Abschließend notieren Sie einen Backslash (\) hinter dem eingefügten Pfad. Schließen Sie die Bearbeitung der Pfadangabe ab, indem Sie auf den Button OK klicken, um die Änderung zu übernehmen.

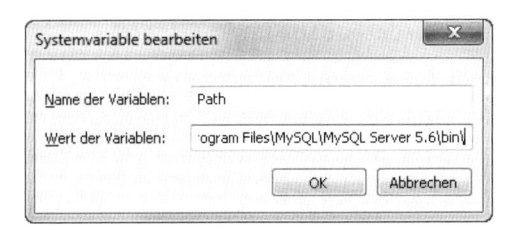

Abbildung 1.30 Pfad anfügen

Wenn Sie die Pfadvariable erfolgreich ergänzt haben, steht dem Import der Übungsdatenbank nichts mehr im Wege. In Abschnitt 1.6 erläutere ich, wie Sie die MySQL-Übungsdatenbank unter dem Betriebssystem Windows importieren.

1.6 Die Übungsdatenbank auf einem MySQL-Datenbanksystem anlegen

Im Downloadbereich finden Sie in den Materialien zum Buch eine Übungsdatenbank in Form eines SQL-Skripts für die MySQL-Datenbank. Die Übungsdatenbank enthält die Tabellen und die dazugehörigen Beispieldaten, mit denen Sie SQL lernen werden.

Die Übungsdatenbank trägt den für sich sprechenden Namen *uebungsdatenbank*. Beachten Sie, dass der Name vollständig kleingeschrieben ist. Der deutsche Umlaut »Ü« wird in der Bezeichnung durch die Buchstaben »ue« ersetzt, da es in der Programmierung zum guten Stil gehört, Bezeichner stets ohne Umlaute zu verwenden. Das hängt damit zusammen, dass sich sonst Probleme mit Zeichensätzen ergeben können. Eine wichtige Bemerkung vorab: Um die Übungsdatenbank anzulegen, benötigen Sie *Administratorrechte* für die verwendete Datenbank.

Administratoren-Nutzer unter MySQL

Unter MySQL heißt der Nutzer, der über administrative Rechte verfügt, root.

Um die Übungsdatenbank erfolgreich anzulegen, benötigen Sie Datenbank-Administrator-Rechte oder die Berechtigungen, die es Ihnen erlauben, Datenbanken anzulegen, Tabellen anzulegen und natürlich Daten in die Tabellen einzufügen.

Wenn Sie die MySQL-Datenbank wie in Abschnitt 1.5 installiert haben, sind bereits alle Voraussetzungen erfüllt. Während der Installation haben Sie für den Nutzer root ein Passwort vergeben.

An dieser Stelle gehe ich davon aus, dass Sie, wie beschrieben, die MySQL-Datenbank installiert haben. Kommen wir jetzt zu den Vorbereitungen, die für das Importieren der Übungsdatenbank notwendig sind.

1.6.1 Vorbereitungen zum Import der Übungsdatenbank unter Windows

Für die MySQL-Datenbank sind die benötigten Dateien im Verzeichnis *importskripte/mysql* hinterlegt. Legen Sie ein Verzeichnis mit der Bezeichnung *tmp* (für »temporär«) auf dem Laufwerk *C:* an. Kopieren Sie anschließend das heruntergeladene Verzeichnis *mysql* in das soeben erstellte Verzeichnis *tmp*.

Die Importskripte werden jeweils über die Kommandozeile gestartet. Betätigen Sie die Tastenkombination ⊞ + R, um die Kommandozeile von Windows zu öffnen. Geben Sie das Kommando cmd ein, und bestätigen Sie das Kommando mit ↵ oder mit einem Mausklick auf die Schaltfläche OK. Es öffnet sich der Kommandozeilenmodus, wie in Abbildung 1.31 dargestellt.

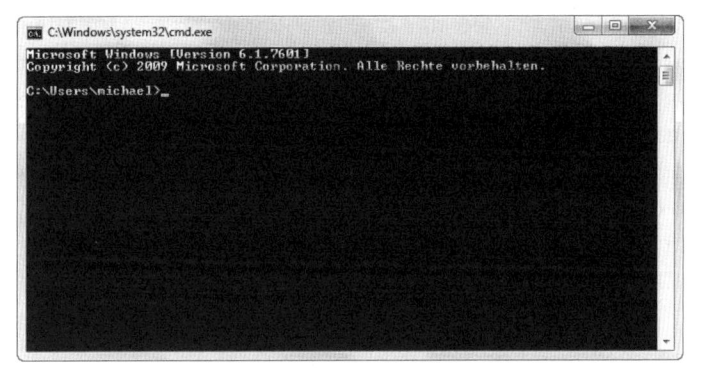

Abbildung 1.31 Geöffneter Kommandozeileninterpreter

Wenn Sie das Verzeichnis *tmp* erstellt und den Ordner *mysql* dorthin kopiert haben, fahren wir mit Abschnitt 1.6.2 fort, in dem ich Ihnen zeige, wie Sie die Übungsdatenbank importieren.

1.6.2 Importieren der Übungsdatenbank in einem MySQL-Datenbanksystem

Beginnen wir jetzt, die *uebungsdatenbank* mit ihren Tabellen und Daten zu importieren. Wechseln Sie auf der Kommandozeile mit dem Kommando cd C:\tmp\mysql in das Verzeichnis *C:\tmp\mysql*. Um den Import der Übungsdatenbank zu starten, geben Sie startimport.bat auf der Kommandozeile ein und bestätigen die Ausführung der Batch-Datei mit ⏎.

Abbildung 1.32 Die Batch-Datei »startimport.bat« aufrufen

Als Nächstes werden Sie aufgefordert, Ihren Administrator-Benutzernamen einzugeben. Nutzen Sie hier die Benutzerkennung root, die Sie während der Installation mit einem Passwort ausgestattet haben. Geben Sie also als Ihre Benutzerkennung root ein und bestätigen Sie die Eingabe mit ⏎. Geben Sie Ihr Passwort ein, und bestätigen Sie die Eingabe wieder mit ⏎. Die Übungsdatenbank wird so angelegt.

Jetzt müssen nur noch die Tabellen angelegt und die Daten importiert werden. Hierzu ist es ein weiteres Mal erforderlich, das Passwort für den Administratorenaccount root einzugeben. In Abbildung 1.33 sehen Sie, dass abermals die einmalige Eingabe des Administratorenaccounts und die zweimalige Eingabe des Passworts erforderlich sind, um die Übungsdatenbank vollständig anzulegen. Während des Imports wird lediglich ein blinkender Unterstrich angezeigt. Solange der Unterstrich blinkt, ist der Import noch nicht abgeschlossen. Es dauert etwa fünf bis acht Minuten, bis der Import beendet ist. Die Dauer des Importvorgangs hängt von der Leistungsfähigkeit Ihres Computers ab.

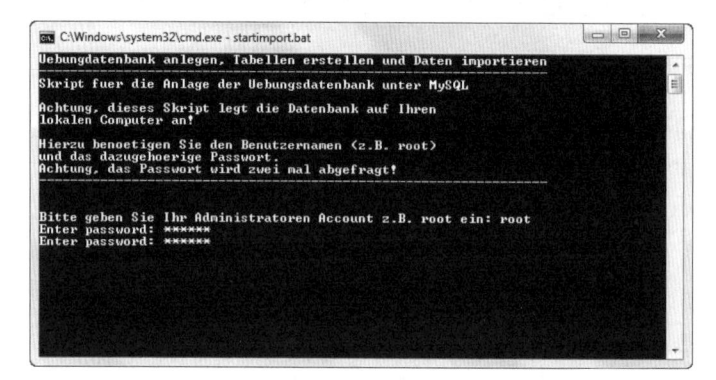

Abbildung 1.33 Benutzerkennung und Passwort zum Anlegen der Übungsdatenbank und Importieren der Daten eingeben

Wenn der Import der Daten abgeschlossen ist, meldet sich die Kommandozeile wie in Abbildung 1.34 dargestellt zurück.

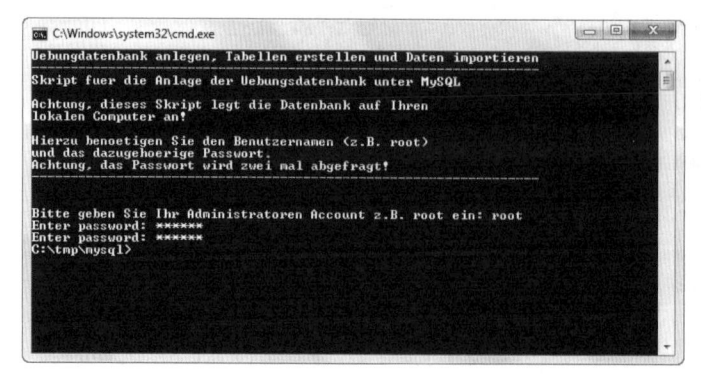

Abbildung 1.34 Rückmeldung der Kommandozeile nach der Anlage der Übungsdatenbank

Die Übungsdatenbank mit der Bezeichnung *uebungsdatenbank* und die Tabellen wurden nun angelegt. Dabei wurden bereits sämtliche Daten importiert, die Sie benötigen, um dieser Einführung zu folgen und die Beispiele und Übungsaufgaben auszuprobieren.

1.6 Die Übungsdatenbank auf einem MySQL-Datenbanksystem anlegen

In Abschnitt 1.6.3 erfahren Sie, wie Sie die *MySQL Workbench* mit der Übungsdatenbank *uebungsdatenbank* mit dem MySQL-Datenbankserver verbinden. Dort zeige ich Ihnen auch, welche Funktionen der MySQL Workbench Sie benötigen werden, um mit SQL zu starten.

1.6.3 Die MySQL Workbench nutzen

Bis hierher haben Sie eine Datenbank installiert und die Übungsdatenbank mit den Tabellen und den dazugehörigen Daten angelegt bzw. importiert. Nun wollen wir aber wirklich damit anfangen, SQL-Anweisungen auszuprobieren und Datensätze abzufragen. Hierzu bietet uns die MySQL-Datenbank die komfortabel zu nutzende *MySQL Workbench* an, mit der Sie SQL-Anweisungen formulieren und an die Datenbank senden werden. In Abschnitt 1.6.5 zeige ich Ihnen, wie Sie mit der MySQL Workbench SQL-Anweisungen an die MySQL-Datenbank richten.

1.6.4 Die Oberfläche der MySQL Workbench

Sie starten die MySQL Workbench unter Windows, indem Sie im Startmenü über den folgenden Pfad navigieren und die MySQL Workbench aufrufen: ALLE PROGRAMME • MYSQL • MYSQL WORKBENCH 6.3 CE.

Abbildung 1.35 zeigt einen Teil des Anwendungsfensters der MySQL Workbench. Unter der Überschrift MYSQL CONNECTIONS sehen Sie ein hellgrau hinterlegtes Rechteck. Dieses Rechteck mit der Bezeichnung LOCAL INSTANCE MYSQL56 stellt eine Verbindung zu Ihrer lokal installierten MySQL-Datenbank her. Klicken Sie darauf, um sich mit der Datenbank auf Ihrem Computer zu verbinden.

Abbildung 1.35 Aktive Verbindungen der MySQL Workbench

Danach öffnet sich ein Reiter mit der Bezeichnung LOCAL INSTANCE MYSQL56, wie in Abbildung 1.36 dargestellt.

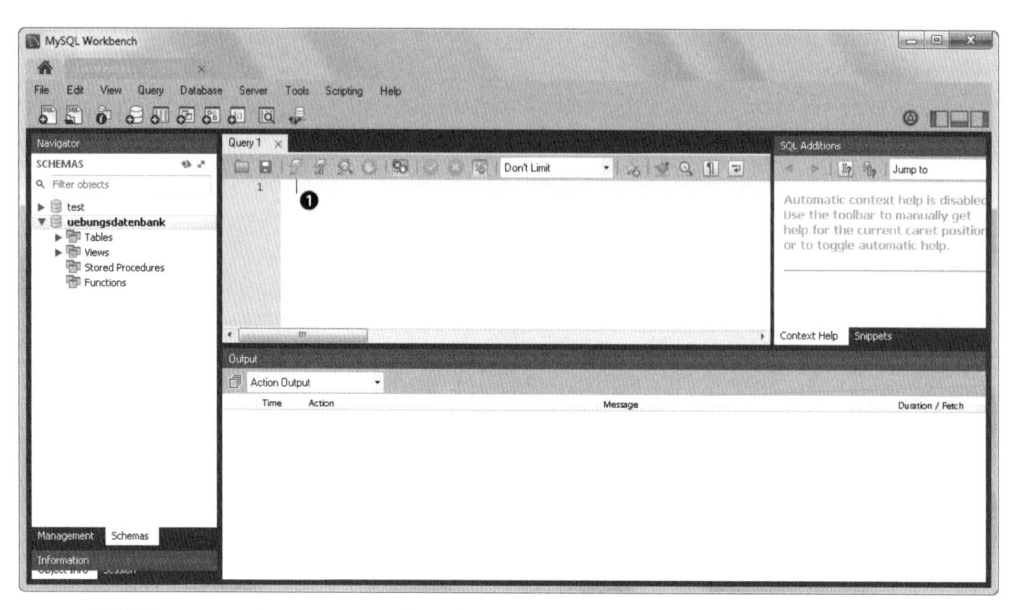

Abbildung 1.36 Die MySQL Workbench mit hergestellter Verbindung zum Datenbankserver

Im NAVIGATOR-Fenster links finden Sie die Datenbanken, die auf Ihrem Datenbankserver liegen. Wenn die Datenbank *uebungsdatenbank* bei Ihnen noch nicht in Fettschrift erscheint, klicken Sie einfach doppelt auf den Eintrag. Der Knoten UEBUNGSDATENBANK öffnet sich, und es werden vier weitere Unterknoten sichtbar. Für uns ist an dieser Stelle der Knoten TABLES interessant, da unter diesem Knoten sämtliche Tabellen verfügbar sind, die in der *uebungsdatenbank* zu finden sind.

Wenn Sie zu einem späteren Zeitpunkt mit mehreren Datenbanken auf Ihrem MySQL-Datenbanksystem arbeiten, können Sie mit der MySQL Workbench auch auf diese zugreifen. Sie erkennen die jeweils aktiv genutzte Datenbank daran, dass der Name in Fettschrift angezeigt wird. Wir möchten hier mit der Datenbank *uebungsdatenbank* arbeiten. Achten Sie daher darauf, dass sie aktiv ist.

Jetzt sind Sie dazu in der Lage, der MySQL Workbench mitzuteilen, mit welcher Datenbank Sie arbeiten möchten. Wo geben wir aber unsere SQL-Anweisungen ein? Rechts vom Fenster NAVIGATOR sehen Sie einen Reiter mit der Bezeichnung QUERY 1. Unter der Bezeichnung finden sich ein paar Icons, auf die ich später eingehen werde. Unter der Iconleiste sehen Sie einen blinkenden Cursor ❶. Wenn das nicht der Fall ist, dann reicht ein Mausklick auf die weiße Editorfläche, damit der Cursor an Position 1 in Zeile 1 zur Verfügung steht, um Eingaben entgegenzunehmen.

Sie befinden sich jetzt in dem Editor, in dem Sie SQL-Anweisungen formulieren werden, um diese an die jeweils ausgewählte Datenbank (z. B. *uebungsdatenbank*) zu richten.

In der oberen Leiste finden Sie eine Reihe mit Icons (siehe Abbildung 1.37), mit denen Sie das Programm bedienen. Ihre Funktionen sind rasch erklärt.

Abbildung 1.37 Die Programmleiste der SQL-Workbench

❶ Mit dem Ordnersymbol-Icon öffnen Sie eine gespeicherte .*sql*-Datei, in der Sie SQL-Anweisungen notiert haben.

❷ Mit dem Disketten-Icon speichern Sie Ihre aktuell bearbeiteten SQL-Anweisungen in einer Datei mit der Endung .*sql*.

❸ Das Blitz-Icon dient zur Ausführung von SQL-Anweisungen. Diese Version des Blitzes führt alle SQL-Anweisungen aus, die im SQL-Editor notiert wurden, es sei denn, Sie haben explizit eine Anweisung mit der Maus markiert.

❹ Das zweite Blitz-Icon (mit einem Cursor-Symbol) führt die SQL-Anweisung aus, die sich unterhalb des Cursors befindet.

❺ Das Icon, das ebenfalls durch einen Blitz (mit einer Lupe) dargestellt ist, führt die SQL-Anweisung aus und liefert Ihnen eine Beschreibung dessen, was die Datenbank mit dieser Anweisung an Arbeitspaketen zu bewältigen hat. Dieser Punkt ist für Sie im Augenblick nicht von Bedeutung.

❻ Das Symbol mit dem Halt-Zeichen bricht eine länger andauernde SQL-Anweisung ab. Diese Funktion werden Sie erst einmal nicht benötigen. Sie werden sie aber zu schätzen lernen, wenn Sie mit großen Datenvolumen zu tun haben.

❼ Über das Symbol eines Abbruchzeichens mit einer stoppenden Hand bestimmen Sie, ob SQL-Anweisungen weiter ausgeführt werden sollen, wenn eine SQL-Anweisung einen Fehler während der Ausführung zurückliefert.

1.6.5 SQL-Anweisungen mit der MySQL Workbench senden

Steigen wir gleich ein und probieren eine Anweisung in einem Beispiel aus. Geben Sie dazu die SQL-Anweisung aus Listing 1.3 in Ihren Editor ein. Sie müssen an dieser Stelle noch nicht verstehen, was diese **SELECT**-Anweisung bewirkt, denn es kommt erst einmal nur darauf an, wie Sie SQL-Anweisungen eingeben und ausführen, um ein Ergebnis von der Datenbank zu erhalten.

```
SELECT name,vorname FROM mitarbeiter;
```

Listing 1.3 Eine SQL-Anweisung an die Datenbank richten

Abbildung 1.38 zeigt Ihnen die fertige Anweisung im SQL-Editor-Fenster.

1 Grundlagen kennenlernen und verstehen

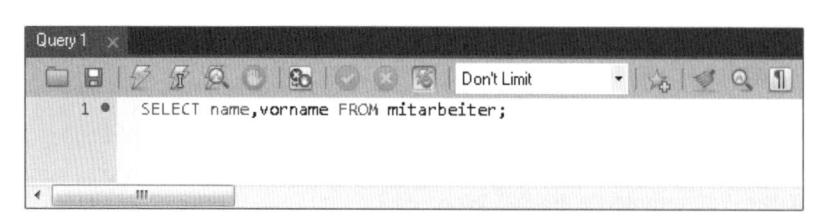

Abbildung 1.38 SQL-Anweisungen im Editor eingeben

Jetzt müssen wir die im SQL-Editor notierte SQL-Anweisung nur noch an die Datenbank senden, um ein Ergebnis zu erhalten. Hierzu nutzen Sie die Iconleiste über dem Eingabeeditor, die Sie ja bereits kennengelernt haben. Nutzen Sie das Blitz-Icon ❸ aus Abbildung 1.37, um die SQL-Anweisung, die im SQL Editor notiert ist, an die Datenbank zu richten. Anstelle des Symbols können Sie alternativ auch eine Tastenkombination verwenden, um Ihre SQL-Anweisungen an das MySQL-Datenbanksystem zu senden: Halten Sie die Taste [Strg] gedrückt, und betätigen Sie die [↵]-Taste, um die SQL-Anweisung im Editor auszuführen.

Führen Sie also Ihre erste SQL-Anweisung aus, indem Sie sie an den MySQL-Datenbankserver senden. Sie erhalten dann von der Datenbank wie in Abbildung 1.39 gezeigt eine Ergebnistabelle zurück:

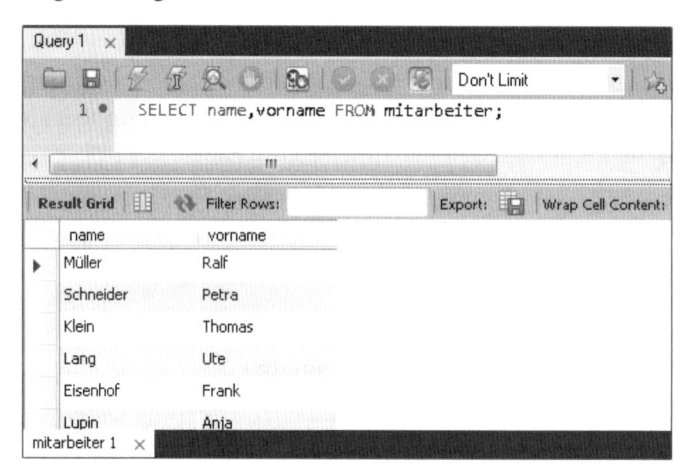

Abbildung 1.39 Ergebnistabelle nach der Ausführung einer SQL-Anweisung

Unterhalb der Ergebnistabelle sehen Sie in Abbildung 1.40 ein Ausgabefenster. In diesem Fenster wird Ihnen das Feedback der Datenbank zu den jeweiligen SQL-Anweisungen mitgeteilt. Der Haken in der ersten Spalte zeigt Ihnen, dass die jeweilige SQL-Anweisung erfolgreich ausgeführt wurde. Insgesamt hält das Ausgabefenster folgende Informationen für Sie bereit:

- der Zeitpunkt der Ausführung
- die SQL-Anweisung, die ausgeführt wurde

- eine Nachricht, die z. B. ausgibt, wie viele Zeilen zurückgeliefert wurden
- (nicht in der Abbildung enthalten) die Dauer, die zur Ausführung der SQL-Anweisung benötigt wurde

	Time	Action	Message
✓	1 14:44:02	SELECT name,vorname FROM mitarbeiter	46 row(s) returned
✓	2 14:47:55	SELECT name,vorname FROM mitarbeiter	46 row(s) returned
✓	3 14:48:56	SELECT name,vorname FROM mitarbeiter	46 row(s) returned
✓	4 14:49:01	SELECT name,vorname FROM mitarbeiter	46 row(s) returned

Abbildung 1.40 Statusmeldungen zu den SQL-Anweisungen

1.7 SQL-Anweisungen speichern

Natürlich können Sie die komplexen SQL-Anweisungen, die Sie entwickeln werden, auch speichern. Auf diese Weise können Sie Abfragen sichern und zu einem späteren Zeitpunkt erneut ausführen oder bearbeiten.

Die SQL Workbench bietet Ihnen dazu unter dem Reiter FILE den Menüpunkt SAVE AS. Den Dateien sollten Sie einen eindeutigen und nachvollziehbaren Namen geben, damit Sie sie später einfach zuordnen können. Dazu gehört die Dateiendung *.sql*.

1.8 Beispiele und Übungen kommentieren

Eine weitere wichtige Technik im Umgang mit SQL-Dateien sind Kommentare. So können Sie Ihre Anweisungen, die Sie dauerhaft speichern möchten, mit erklärenden Notizen versehen, die beschreiben, was Ihr SQL-Code tut.

1.8.1 Informationen, die in Kommentaren hinterlegt werden können

SQL bietet zwei Möglichkeiten an, Notizen oder Kommentare in Ihrem SQL-Code unterzubringen. Bei komplexeren SQL-Anweisungen ist das sehr hilfreich: So können Sie auch nach längerer Zeit noch nachvollziehen, wie Sie die Anweisung programmiert und auf welchen Wegen Sie das Ergebnis herbeigeführt haben.

Beispielhaft liste ich Ihnen einige Informationen auf, die Ihren SQL-Code bereichern und Ihnen in Zukunft die Arbeit damit vereinfachen werden. Ihre Kommentare können Sie über verschiedene Dinge informieren:

- die anfordernde Stelle
- die Funktion der Abfrage

- das Datum der Fertigstellung
- die Durchführung von Änderungen und den Grund der Änderung
- der Name des Programmierers

Grundsätzlich verfügt SQL über zwei unterschiedliche Arten von Kommentaren. Es gibt einzeilige Kommentare, die mit einem doppelten Bindestrich -- eingeleitet werden, auf die der Text des Kommentars folgt. Des Weiteren gibt es Kommentare, die Sie über mehrere Zeilen laufen können. Diese Kommentare beginnen mit den Zeichen /* und enden mit den Zeichen */. Alles, was dazwischen ist, wird vom Datenbanksystem ignoriert.

1.8.2 Kommentare in der Praxis nutzen

Sehen wir uns an, wie Sie einen einzeiligen Kommentar in der Praxis verwenden. Hierzu setzen wir einfach vor der **SELECT**-Abfrage einen einzeiligen Kommentar ein, wie in Listing 1.4 aufgeführt. Wenn Sie die Anweisung in Ihrem SQL-Client ausführen, ignoriert das Datenbanksystem den Kommentar und liefert Ihnen stattdessen nur das Ergebnis der **SELECT**-Abfrage als eine Ergebnistabelle zurück.

```
-- Spaltenauswahl: name, vorname der Tabelle mitarbeiter
SELECT name,vorname FROM mitarbeiter;
```

Listing 1.4 Einen einzeiligen Kommentar im SQL-Code anwenden

Einzeilige Kommentare sind zu Dokumentationszwecken nur eingeschränkt verwendbar, da Ihnen ja nur eine Zeile zur Verfügung steht. Aber dafür gibt es ja die mehrzeiligen Kommentare. Die nächste **SELECT**-Anweisung dokumentieren wir in Listing 1.5 mit einem mehrzeiligen Kommentar, um sie mit verschiedenen Informationen anzureichern. Erläutert wird so, wer der Autor war, wann der Befehl erstellt wurde und noch einige weitere nützliche Informationen.

```
/*
Autor: Michael Laube
Erstellungsdatum: 01.08.2016
Funktion: Liste mit den Namen und Vornamen der Mitarbeiter
Funktion geprüft: ja
Funktion erfüllt: ja
Nutzergruppen der Abfrage: Personalabteilung
*/
SELECT name,vorname FROM mitarbeiter;
```

Listing 1.5 Einen mehrzeiligen Kommentar im SQL-Code anwenden

Die Datenbank ignoriert bei der Ausführung der SQL-Anweisung auch den mehrzeiligen Kommentar. Wenn Sie den gesamten Inhalt einer *.sql*-Datei auskommentieren, passiert übrigens einfach gar nichts. Bei der Ausführung der leeren Anweisung wird Ihnen einfach kein Ergebnis zurückgeliefert, weil ja keine SQL-Anweisung vorhanden ist.

> **Zusammenfassung: SQL-Anweisungen kommentieren**
>
> Kommentare werden zu Dokumentationszwecken verwendet.
>
> In SQL haben Sie zwei Möglichkeiten, Kommentare zu Ihren SQL-Anweisungen zu verfassen: Die erste Möglichkeit besteht darin, einzeilige Kommentare zu verfassen, die mit einem doppelten Bindestrich (--) eingeleitet werden. Die zweite Möglichkeit besteht darin, mehrzeilige Kommentare zu verfassen. Diese beginnen stets mit einem Slash gefolgt von einem Sternchen (/*) und enden mit einem Sternchen gefolgt von einem Slash (*/).

Bisher haben Sie schon eine ganze Menge gelernt. Sie wissen nun, was es mit dem SQL-Standard auf sich hat und dass es verschiedene SQL-Dialekte gibt. Außerdem haben Sie den MySQL-Datenbankserver installiert und die *uebungsdatenbank* importiert, mit der Sie im weiteren Verlauf dieses Buchs arbeiten werden.

Außerdem haben Sie in diesem Abschnitt erfahren, wie Sie SQL-Anweisungen mit der MySQL Workbench ausführen, um ein Ergebnis von der MySQL-Datenbank zu erhalten. Zu guter Letzt haben Sie gelernt, wie Sie SQL-Anweisungen in einer Datei speichern und mit Kommentaren anreichern. Im nächsten Kapitel starten wir dann richtig mit SQL. Eine **SELECT**-Anweisung haben Sie ja schon an die Datenbank gesandt; in Kapitel 2, »Los geht's: Die Grundfunktionen der Tabellenabfrage«, schauen wir uns genauer an, wie sie aufgebaut ist und was sie leistet.

1.8.3 Übungen zum Thema »einzeilige und mehrzeilige Kommentare«

Übung 1

Geben Sie die SQL-Anweisung wie in Listing 1.6 gezeigt in Ihre MySQL-Workbench ein. Vor der **SELECT**-Anweisung soll folgender einzeiliger Kommentar notiert werden:

Alle Spalten der Tabelle mitarbeiter abfragen

```
SELECT * FROM mitarbeiter;
```

Listing 1.6 Alle Spalten einer Tabelle abfragen

Führen Sie die Abfrage in Ihrem SQL-Client aus, um die Auswirkungen des einzeiligen Kommentars auf das Ergebnis der Abfrage und die Auswirkungen des Kommentars zu ermitteln.

1 Grundlagen kennenlernen und verstehen

Übung 2

In dieser Übung sollen sämtliche Mitarbeiter ermittelt werden, die der Abteilung *einkauf* zugehörig sind. Bitte schreiben Sie die SQL-Anweisung wie in Listing 1.7 angegeben in Ihr Editor-Fenster.

```
SELECT
  name,vorname,abteilung
FROM
  mitarbeiter
WHERE
  abteilung='einkauf';
```

Listing 1.7 Eine weitere SQL Abfrage, die mit einem mehrzeiligen Kommentar versehen werden muss

Vor der **SELECT**-Anweisung notieren Sie einen Kommentar, der so strukturiert ist:

Programmierer: Ihr Name

Datum: Das aktuelle Datum

Funktion: Filtern aller Mitarbeiter, die der Abteilung Einkauf zugehörig sind.

Beachten Sie auch die Zeilenumbrüche.

Führen Sie die Abfrage aus, und ermitteln Sie, welche Auswirkungen der mehrzeilige Kommentar auf das Ergebnis der Abfrage hat.

Lösung zu Übung 1

```
-- Alle Spalten der Tabelle mitarbeiter abfragen
SELECT * FROM mitarbeiter;
```

Listing 1.8 Verwendung eines einzeiligen Kommentars in SQL

Der einzeilige Kommentar hat keine Auswirkungen auf das Ergebnis der Abfrage. Die Datenbank liefert Ihnen wie gewohnt eine Ergebnistabelle gemäß Ihrer **SELECT**-Abfrage zurück.

Lösung zu Übung 2

```
/*
Programmierer: Ihr Name
Datum: Das aktuelle Datum
Funktion: Filtern aller Mitarbeiter, die der Abteilung Einkauf zugehörig sind.
*/
```

```sql
SELECT
  name,vorname,abteilung
FROM
  mitarbeiter
WHERE
  abteilung='einkauf';
```

Listing 1.9 Verwendung eines mehrzeiligen Kommentars in SQL

Der mehrzeilige Kommentar hat bei der Ausführung der **SELECT**-Anweisung keinerlei Auswirkungen auf das Ergebnis der Abfrage.

Kapitel 2
Los geht's: Die Grundfunktionen der Tabellenabfrage

Nachdem wir nun die Voraussetzungen geschaffen haben, freue ich mich darauf, mit Ihnen in das Basiswissen von SQL einzusteigen. Sie werden sehen, es macht viel Spaß, mit SQL zu arbeiten.

Das folgende Kapitel vermittelt Ihnen die Grundkenntnisse in SQL. Sie werden lernen, Abfragen zu formulieren und an die Datenbank zu senden, um Ergebnislisten zu erhalten. Ich werde Sie Schritt für Schritt an die einzelnen Themen heranführen.

2.1 Mit einer SELECT-Anweisung Tabellen abfragen

Zuerst beginnen Sie mit einfachen SQL-Abfragen. Für den Einstieg stellen wir die Tabelle *mitarbeiter* in den Fokus, die sehr einfach ist und mit der wir schon viel unternehmen können. Schauen wir uns hierzu an, welche Spalten Sie in ihr vorfinden werden.

2.1.1 Die Tabelle »mitarbeiter«

Die Tabelle *mitarbeiter* speichert Datensätze von Mitarbeitern eines Unternehmens. So stehen uns die Daten immer zentral in der Datenbank zur Verfügung und sind für uns abrufbar, wenn wir sie benötigen. Die Tabelle enthält Spalten, die den Mitarbeiter identifizieren, seinen Wohnort speichern, die Bankdaten enthalten und noch einiges mehr. Die Spaltenwerte können etwa Lang, Ute, 1985-07-19 oder wahr sein. Folgende Spalten gibt es in der in der Tabelle *mitarbeiter* der Beispieldatenbank:

- *mitarbeiterid*
- *name*
- *vorname*
- *gebdatum*
- *eintrittsdatum*
- *austrittsdatum*
- *austrittsgrund*
- *strasse*
- *hausnummer*
- *ort*

Jetzt werden wir uns mit der ersten SQL-Anweisung beschäftigen, nämlich einer einfachen Abfrage. Sie werden sehen: Abfragen zu formulieren und an eine Datenbank zu senden, ist gar nicht schwer.

2.1.2 Wie frage ich eine Tabelle ab? (SELECT ... FROM)

Wir beginnen mit der einfachsten aller Abfragen: Sie werden im Folgenden die Spalten *name* und *vorname* der Tabelle *mitarbeiter* abfragen. Eine Auswahl von Spalten einer Tabelle wird dabei als *Projektion* bezeichnet. Sie können es sich tatsächlich so vorstellen, dass die ausgewählten Spalten der Tabelle von der Datenbank in Tabellenform auf Ihren Rechner projiziert werden.

2.1.3 Spalten einer Tabelle abfragen

Das Ziel ist, die Spalten *name* und *vorname* der Tabelle *mitarbeiter* auszuwählen und abzufragen, um eine Ergebnistabelle mit den Werten zurück zu erhalten. Wir beginnen mit dem Schlüsselwort **SELECT**, um eine Abfrage einzuleiten. In Listing 2.1 sehen Sie eine vollständige **SELECT**-Anweisung, wie Sie sie bereits verwendet haben:

```
SELECT name,vorname FROM mitarbeiter;
```

Listing 2.1 Unsere erste SELECT-Anweisung mit den ausgewählten Spalten »name« und »vorname« der Tabelle »mitarbeiter«

Hinter dem Wort **SELECT** folgen die Spaltenbezeichnungen, die jeweils durch ein Komma separiert werden. Das Schlüsselwort **FROM** teilt der Datenbank mit, aus welcher Tabelle die Spalten abgefragt werden. Schließlich wird die Tabelle hinter der **FROM**-Klausel namentlich genannt. In unserem Beispiel handelt sich um die Tabelle *mitarbeiter*.

Als Ergebnis erhalten Sie Tabelle 2.1, in deren Zeilen die Namen und Vornamen der Mitarbeiter zu finden sind.

name	vorname
Müller	Ralf
Schneider	Petra
Klein	Thomas
Lang	Ute

Tabelle 2.1 Ergebnistabelle einer einfachen SELECT-Abfrage

Hinweis: Ausgabe der Abfragen

Aus Gründen der Übersichtlichkeit zeige ich Ihnen hier immer die ersten vier Zeilen einer Ergebnistabelle, außer es ist für das Verständnis erforderlich, mehr Zeilen anzuzeigen. Die Beispiele, die ich Ihnen erläutere, können Sie in der *uebungsdatenbank* jederzeit nachvollziehen.

Wenn Sie nur eine Spalte abfragen wollen, benötigen Sie kein Komma, da Sie ja keine ganze Liste von Spalten abfragen. Die nächste **SELECT**-Anweisung enthält ausschließlich eine Spalte, die in der Spaltenauswahlliste einer **SELECT**-Abfrage ausgewählt wird.

`SELECT name FROM mitarbeiter;`

Listing 2.2 Eine Spalte einer Tabelle abfragen

Als Ergebnis erhalten Sie Tabelle 2.2 zurück, die nur eine Spalte enthält, und zwar die Spalte *name* der Tabelle *mitarbeiter*.

name
Müller
Schneider
Klein
Lang

Tabelle 2.2 Ergebnistabelle für eine Spalte in der Spaltenauswahlliste

Sie können die Spalten natürlich in beliebiger Reihenfolge abfragen. So, wie Sie die Spalten in der Spaltenauswahlliste der **SELECT**-Anweisung angeben, werden sie auch in der Ergebnisliste zurückgeliefert. Die Spalten einer Tabelle können Sie auch doppelt abfragen, wenn es erforderlich ist. Vergessen Sie hier aber nicht das Komma, da es sich bei zwei Spalten ja wieder um eine Liste handelt, die mit Kommas unterteilt werden muss. Probieren Sie die Dinge, die ich hier erläutere, ruhig praktisch aus. So bekommen Sie ein gutes Gefühl für SQL.

Hinweis: SQL ist case insensitive

Die Abfragesprache SQL ist *case insensitive*. Das heißt, es spielt überhaupt keine Rolle, ob Sie eine SQL-Anweisung in Großbuchstaben, in Kleinbuchstaben oder auch gemischt in Klein- und Großbuchstaben notieren. Mit allen hier aufgeführten SQL-Anweisungen können Sie also eine Abfrage an eine Datenbank senden:

```
SELECT name,vorname FROM mitarbeiter;
select name,vorname from mitarbeiter;
sEleCt nAme,vorName fRom mitaRbeiter;
```

2.1.4 Alle Spalten einer Tabelle abfragen

Wie sieht es aus, wenn Sie alle Spalten einer Tabelle mit einer SELECT-Anweisung abfragen wollen? Im umständlichsten Fall schreiben Sie alle Spalten der Tabelle in die Spaltenauswahlliste der SELECT-Anweisung. Je nach Anzahl der Spalten kann das sehr mühsam sein. SQL stellt dafür das Sternchen * (Asterisk) als Platzhalter für alle Spalten einer Tabelle bereit. Probieren Sie dies einfach einmal aus, indem Sie alle Spalten der Tabelle *mitarbeiter* mit dem Asterisk auswählen. Verwenden Sie hierzu die SELECT-Abfrage aus Listing 2.3, die ein Asterisk enthält:

```
SELECT * FROM mitarbeiter;
```

Listing 2.3 Alle Spalten der Tabelle »mitarbeiter« abfragen

Als Ergebnis erhalten Sie von der Datenbank wie in Tabelle 2.3 sämtliche Spalten der Tabelle *mitarbeiter* zurück.

mitarbeiterid	name	vorname	gebdatum
1	Müller	Ralf	1970-12-20
2	Schneider	Petra	1965-03-07
3	Klein	Thomas	1970-12-20
4	Lang	Ute	1985-07-19

Tabelle 2.3 Alle Spalten der Tabelle »mitarbeiter« abfragen

Alle Spalten einer Tabelle auswählen

SQL bietet Ihnen eine komfortable Möglichkeit, alle Spalten einer Tabelle abzufragen. Es handelt sich um ein Stellvertreterzeichen, den **Asterisk (*)**, mit dem Sie in der Spaltenauswahlliste festlegen, dass alle Spalten einer Tabelle ausgegeben werden sollen. Vielleicht kommt Ihnen das Wort »Asterisk« etwas fremd vor und erinnert Sie an eine bekannte Comic-Figur – das Wort hat aber nichts damit zu tun. Asterisk bedeutet schlicht und ergreifend »Sternchen«.

> **Zusammenfassung: Tabellen abfragen (SELECT)** [*]
>
> Der Aufbau einer **SELECT**-Anweisung entspricht folgendem Muster:
>
> **SELECT** spalte1,spalte2, **FROM** tabelle1;
>
> In einer **SELECT**-Abfrage wählen Sie Spalten aus, indem Sie sie in einer Spaltenauswahlliste explizit die Spaltennamen notieren. Wollen Sie alle Spalten einer Tabelle mit **SELECT** abfragen, verwenden Sie das Stellvertreterzeichen *, das stellvertretend für alle Spalten steht.
>
> SQL-Anweisungen sind case insensitive. SQL-Anweisungen können also mit Großbuchstaben, Kleinbuchstaben oder gemischt formuliert werden.

Bisher haben Sie gelernt, wie Sie Spalten aus einer Tabelle selektieren. Auch haben Sie erfahren, wie Sie auf einfachem Wege alle Spalten einer Tabelle in einer **SELECT**-Abfrage auswählen können. Wie sieht es aber aus, wenn Sie an Zeilen interessiert sind, deren Spaltenwerte ein bestimmtes Kriterium erfüllen? Diesem Thema widmen wir uns im folgenden Abschnitt 2.2.

2.1.5 Übungen zur einfachen Abfrage von Tabellen

Übung 1

In der ersten Übung interessieren wir uns dafür, wann ein Mitarbeiter eingestellt wurde und wann ein Mitarbeiter das Unternehmen verlassen hat. Formulieren Sie hierzu eine **SELECT**-Abfrage, in der Sie die Spalten *name*, *vorname*, *eintrittsdatum* und *austrittsdatum* der Tabelle *mitarbeiter* abfragen.

Übung 2

In der ersten Übung haben Sie eine Abfrage formuliert, in der Sie das Eintrittsdatum und Austrittsdatum in Tabellenform angefordert haben. Es folgt eine kleine Erweiterung der Abfrage: Uns interessiert jetzt auch der Austrittsgrund der Mitarbeiter. Ergänzen Sie die Abfrage der ersten Übung um die Spalte *austrittsgrund*.

Übung 3

In der nächsten Übung sollen sämtliche Spalten der Tabelle *mitarbeiter* abgefragt werden. Ich gebe Ihnen einen kleinen Tipp: Um das zu realisieren, nutzen Sie den oben vorgestellten Platzhalter.

Lösung zu Übung 1

```
SELECT
    name,
    vorname,
    eintrittsdatum,
    austrittsdatum
FROM
    mitarbeiter;
```

Listing 2.4 Spaltenauswahlabfrage zur Ermittlung des Eintritts- und Austrittsdatums

Lösung zu Übung 2

```
SELECT
    name,
    vorname,
    eintrittsdatum,
    austrittsdatum,
    austrittsgrund
FROM
    mitarbeiter;
```

Listing 2.5 Spaltenauswahlabfrage, die um die Spalte »austrittsgrund« erweitert wurde

Lösung zu Übung 3

```
SELECT * FROM mitarbeiter;
```

Listing 2.6 Lösung zur Auswahl sämtlicher Spalten einer Tabelle

2.2 Zeilen in einer Abfrage mit WHERE filtern

Sie wollen eine bestimmte Mitarbeiterin mit sämtlichen Kontaktdaten aus der Tabelle *mitarbeiter* ermitteln. Der Name der Mitarbeiterin lautet Ute Lang. Sie könnten sich mit einer SELECT-Abfrage sämtliche Mitarbeiterdatensätze der Tabelle *mitarbeiter* anzeigen lassen. Dann könnten Sie die Tabelle Zeile für Zeile durchgehen und jeweils prüfen, ob in der Zeile die Daten zur Mitarbeiterin Ute Lang enthalten sind. Dies ist natürlich sehr zeitaufwendig und mühsam. Wenn Sie es mit der Mitarbeiterliste eines Großkonzerns mit 9 000 Mitarbeitern zu tun haben, wird es sogar unmöglich sein, auf diesem Weg die Daten eines Mitarbeiters zu finden. In unserem Fall wäre es doch gut, wenn es eine Möglichkeit gäbe, dass die Datenbank gezielt nach der Mitarbeiterin Ute Lang sucht und uns das Ergebnis in einer Zeile präsentiert.

Im Grunde müsste die Datenbank die Tabelle *mitarbeiter* ja nur Zeile für Zeile durchgehen und prüfen, ob der Spaltenwert der Spalte *name* gleich Lang ist. Dies ist vergleichbar mit Rechenoperationen. Jede Zeile wird nach dem Ausdruck ausgewertet, wobei das Ergebnis wahr oder falsch sein kann. Geprüft wird in diesem Beispiel folgende Bedingung:

name='Lang'

Für diesen Fall hält der Sprachschatz von SQL natürlich eine Option bereit, nämlich die `WHERE`-Klausel. Wir könnten also auch sagen:

»Gib mir den Datensatz der Tabelle *mitarbeiter* zurück, wo (= *where*) der Name gleich Lang ist.«

Um eine Bedingung zu formulieren, die auf Gleichheit prüft, verwenden wir wie in der Mathematik den Vergleichsoperator (=). Das Auffinden von Zeilen anhand von Spaltenwerten, die ein bestimmtes Filterkriterium erfüllen, gehört zu den wichtigsten Aufgaben, die Sie in SQL durchführen werden. Erst wenn Sie eine Ergebnistabelle auf die Zeilen einschränken können, die Sie wirklich benötigen, haben Sie die Basis, um weitere Operationen vornehmen zu können. So werden etwa das Sortieren anhand einer bestimmten Spalte oder die Durchführung von Berechnungen und viele weitere Operationen erst mit der `WHERE`-Klausel sinnvoll durchführbar.

Diese Auswertung einer Bedingung, die zum Ziel hat, Zeilen in der Ergebnistabelle einzugrenzen, wird als *Selektion* bezeichnet.

Sehen wir uns in Abschnitt 2.2.1 an, welche Vergleichsoperatoren Ihnen zum Filtern zur Verfügung stehen.

2.2.1 SQL-Vergleichsoperatoren

Sie können zahlreiche unterschiedliche Vergleiche vornehmen. Hierzu zählen:

- numerische Werte vergleichen
- Texte vergleichen
- Textmuster vergleichen
- Datumsangaben vergleichen
- auf Intervalle prüfen
- auf Existenz in Teilmengen prüfen
- auf »Wert ist definiert« prüfen

In der Abfragesprache SQL ist es glücklicherweise möglich, diese Vergleiche mit einer übersichtlichen Anzahl von Vergleichsoperatoren durchzuführen. In Tabelle 2.4 biete ich Ihnen einen Überblick und eine Beschreibung zu den Vergleichsoperatoren.

Vergleichsoperator	Funktion
Wert1=Wert2	Prüft auf Gleichheit zweier Werte. Die Aussage ist wahr, wenn der linke Wert1 gleich dem rechten Wert2 ist.
Wert1<>Wert2 oder Wert1!=Wert2	Prüft auf Ungleichheit zweier Werte. Die Aussage ist wahr, wenn der linke Wert1 ungleich dem rechten Wert2 ist. Die Aussage ist also immer wahr, wenn Ungleichheit zwischen den Werten besteht. Alternativ zum <>-Operator kann der !=-Vergleichsoperator zur Prüfung der Ungleichheit zweier Werte verwendet werden.
Wert1<Wert2	Prüft, ob der linke Wert1 kleiner ist als der rechte Wert2. Die Aussage ist also wahr, wenn der linke Wert1 kleiner als der rechte Wert2 ist.
Wert1<=Wert2	Prüft, ob der linke Wert1 kleiner oder gleich dem rechten Wert2 ist. Die Aussage ist also wahr, wenn der linke Wert1 kleiner oder gleich dem rechten Wert2 ist.
Wert1>Wert2	Prüft, ob der linke Wert1 größer als der rechte Wert2 ist. Die Aussage ist also wahr, wenn der linke Wert1 größer als der rechte Wert2 ist.
Wert1>=Wert2	Prüft, ob der linke Wert1 größer oder gleich dem rechten Wert2 ist. Die Aussage ist also wahr, wenn der linke Wert1 größer oder gleich dem rechten Wert2 ist.
Wert **BETWEEN** Wert1 **AND** Wert2	Prüft, ob sich ein Wert innerhalb eines gegebenen Wertebereiches befindet, der durch Wert1 und Wert2 definiert ist. Die Aussage ist wahr, wenn der Wert innerhalb der begrenzenden Werte, die mittels **AND** angegeben werden, liegt.
Wert **NOT BETWEEN** Wert1 **AND** Wert2	Prüft, ob sich ein Wert nicht innerhalb des Wertebereiches befindet, der durch Wert1 und Wert2 definiert ist. Die Aussage ist wahr, wenn sich der Wert außerhalb der begrenzenden Werte, die mittels **AND** angegeben werden, befindet.
Wert **LIKE** Muster	Prüft, ob ein Wert mit einem Textmuster übereinstimmt. Die Aussage ist wahr, wenn der Wert links vom **LIKE**-Operator dem Muster rechts vom **LIKE**-Operator entspricht.

Tabelle 2.4 Vergleichsoperatoren in SQL

Vergleichsoperator	Funktion
Wert NOT LIKE Muster	Prüft, ob ein Wert nicht mit einem Muster übereinstimmt. Die Aussage ist wahr, wenn der Wert links vom NOT LIKE-Operator ungleich dem Muster rechts vom NOT LIKE-Operator ist, also keine Übereinstimmung mit dem Muster erkannt werden kann.
Wert IN (Wert1,Wert2,...)	Prüft, ob ein Wert in einer umklammerten Liste vorkommt. Die Aussage ist wahr, wenn der Wert links vom IN-Operator in der umklammerten Liste rechts vom IN-Operator enthalten ist.
Wert NOT IN (Wert1,Wert2,...)	Prüft, ob ein Wert nicht in einer umklammerten Liste vorkommt. Die Aussage ist wahr, wenn der Wert links vom NOT IN-Operator nicht in der Liste rechts vom NOT IN-Operator enthalten ist.
Wert IS NULL	Prüft, ob ein Wert nicht definiert ist. Die Aussage ist wahr, wenn der Wert nicht definiert ist, also NULL ist.
Wert IS NOT NULL	Prüft, ob der Wert definiert ist, also nicht leer ist. Die Aussage ist wahr, wenn der Wert definiert ist, also nicht leer ist.

Tabelle 2.4 Vergleichsoperatoren in SQL (Forts.)

Das sehen wir uns einmal auf dem Trockenen etwas genauer an. Hierzu werden wir den Wahrheitsgehalt mehrerer Aussagen prüfen. Die Aussagen werden mit relationalen Vergleichsoperatoren mit ganzen Zahlen wie 1, 2, 3 etc. formuliert. Betrachten Sie die in der Tabelle angegebenen Aussagen, und vollziehen Sie das Ergebnis nach.

Aussage	Operator in SQL	Ergebnis der Aussage
1 ist gleich 1.	1=1	wahr
1 ist gleich 2.	1=2	falsch
2 ist ungleich 1.	2<>1	wahr
1 ist ungleich 1.	1<>1	falsch
2 ist ungleich 1.	2!=1	wahr
1 ist ungleich 1.	1!=1	falsch
1 ist kleiner als 2.	1<2	wahr

Tabelle 2.5 Aussage auf wahr oder falsch prüfen

Aussage	Operator in SQL	Ergebnis der Aussage
3 ist kleiner als 3.	3<3	falsch
2 ist kleiner als 2.	2<2	falsch
2 ist kleiner oder gleich 3.	2<=3	wahr
3 ist kleiner oder gleich 3.	3<=3	wahr
4 ist kleiner oder gleich 3.	4<=3	falsch
2 ist größer als 1.	2>1	wahr
0 ist größer als 1.	0>1	falsch
1 ist größer als 1.	1>1	falsch
3 ist größer oder gleich 2.	3>=2	wahr
2 ist größer oder gleich 2.	2>=2	wahr
1 ist größer oder gleich 2.	1>=2	falsch
2 liegt zwischen 1 und 3.	2 BETWEEN 1 AND 3	wahr
5 liegt zwischen 1 und 3.	5 BETWEEN 1 AND 3	falsch
0 ist zwischen 1 und 3.	0 between 1 and 3	falsch

Tabelle 2.5 Aussage auf wahr oder falsch prüfen (Forts.)

Eine WHERE-Klausel macht nichts anderes. Sie prüft, ob die Ergebnisse von Ausdrücken wahr oder falsch sind. In die Ergebnisliste schaffen es nur die Zeilen einer Tabelle, die einer Bedingung entsprechen, deren Aussage wahr ist.

2.2.2 Spaltenwerte auf Gleichheit prüfen

Wir haben bereits nach einem Mitarbeiter mit dem Namen Lang gesucht. Hieran knüpfen wir gleich an. Unser Ziel ist, die telefonischen Kontaktdaten der Mitarbeiterin zu ermitteln. Hierzu formulieren wir eine SELECT-Anweisung mit einer WHERE-Klausel und einer Bedingung, in der die Spaltenwerte der Spalte *name* der Tabelle *mitarbeiter* auf Gleichheit mit dem Wert Lang verglichen werden.

Die Spalte *name* der Tabelle *mitarbeiter* speichert sogenannte *Zeichenketten*, die Sie in Abschnitt 4.1.4 noch viel genauer kennenlernen werden. Betrachten Sie den Namen Lang. Er entspricht einer Kette von Zeichen, die vier Zeichen lang ist. Solche Zeichenketten werden in SQL immer mit einfachen Hochkommata umschlossen.

> **Zeichenkette**
>
> Zeichenketten sind nichts anderes als eine Aneinanderreihung von beliebigen Zeichen. Eine Zeichenkette kann Buchstaben, Zahlen oder Sonderzeichen enthalten. Zu beachten ist, dass Zeichenketten, die Nummern enthalten, nicht als Zahlen betrachtet werden, sondern als eine Folge von einzelnen Zeichen. Mehr zu dieser Unterscheidung finden Sie in Kapitel 4, wenn wir uns mit Datentypen beschäftigen.
>
> Beispiele für Zeichenketten:
>
> - Meier
> - 1. FC Köln
> - 1323
> - erde@mars.de
> - Geheim12/_@7

Die korrekte Schreibweise in der WHERE-Klausel ist 'Lang'. In unserem Filterkriterium in Listing 2.7 werden die Spaltenwerte der Spalte *name* mit der Zeichenkette 'Lang' verglichen.

```
SELECT
  name,
  vorname,
  festnetz,
  mobilnetz
FROM
  mitarbeiter
WHERE
  name='Lang';
```

Listing 2.7 Auf Gleichheit prüfen und filtern

In Tabelle 2.6 sehen Sie das Ergebnis der SELECT-Abfrage aus Listing 2.7.

name	vorname	festnetz	mobilnetz
Lang	Ute	8977/9999999999999	2345/55555555555555

Tabelle 2.6 Ergebnistabelle einer SELECT-Abfrage mit Filterfunktion

Es wird nur der Datensatz, der der Bedingung entspricht, in die Ergebnisliste aufgenommen. In diesem Fall wird die Zeile der Mitarbeiterin Ute Lang zurückgeliefert.

Wie sieht es aus, wenn Sie eine Bedingung für eine Spalte numerischen Typs formulieren wollen? Wir könnten ja an den Mitarbeitern interessiert sein, die im Postleitzahlenbereich 50000 wohnhaft sind.

Formulieren wir also eine **SELECT**-Abfrage, die in der Spaltenauswahlliste die Spalten *name*, *vorname* und *plz* der Tabelle *mitarbeiter* enthält. Außerdem teilen wir der Datenbank in einer **WHERE**-Klausel mit, dass wir nur an den Mitarbeitern interessiert sind, die im Postleitzahlenbereich 50000 wohnhaft sind. Spaltenwerte der Spalte *plz* sind in der *uebungsdatenbank* numerischer Art, sie enthalten ausschließlich ganzzahlige Werte. Wenn Sie ganzzahlige Werte mit Spaltenwerten vergleichen, benötigen Sie keine umschließenden Hochkommata. Das gilt für jegliche Art von numerischen Werten, also auch für Dezimalzahlen.

Unsere Abfrage sehen Sie in Listing 2.8:

```
SELECT
  name,
  vorname,
  plz
FROM
  mitarbeiter
WHERE
  plz=50000;
```

Listing 2.8 Numerische Werte auf Gleichheit prüfen und filtern

Als Ergebnis liefert ihnen die **SELECT**-Abfrage wie in Tabelle 2.7 alle Zeilen zurück, in der die Spaltenwerte der Spalte *plz* gleich 50000 sind.

name	vorname	plz
Müller	Ralf	50000
Klein	Thomas	50000
Lang	Ute	50000
Eisenhof	Frank	50000

Tabelle 2.7 Ergebnistabelle für eine SELECT-Abfrage mit einer WHERE-Klausel, in der die Spaltenwerte der Spalte »plz« auf Gleichheit mit 50000 geprüft werden

Wie sieht es mit Datumswerten aus? Eventuell interessieren uns nur die Mitarbeiter, die am 1. Januar 1985 eingestellt wurden. Somit haben Sie die Gelegenheit, in einer **WHERE**-Klausel Spaltenwerte nach einem Datumswert zu filtern. In der Spaltenauswahlliste wählen Sie die Spalten *name*, *vorname* und *eintrittsdatum* aus und formulieren eine **WHERE**-Klausel, in der die Bedingung eintrittsdatum='1985-01-01' lautet. Beachten Sie hier das Datumsformat, das in der Form Jahr-Monat-Tag oder yyyy-mm-dd notiert ist. Dieses Datumsformat entspricht der Norm ISO 8601, die einen internationalen Standard für die Schreibweise von Datumswerten festlegt. Auch Datumswerte werden in SQL wie Zeichenketten immer von Hochkommata umschlossen. Das gilt auch für unser Filterkriterium, dessen Wert ja einem Datum entspricht.

```
SELECT
    name,
    vorname,
    eintrittsdatum
FROM
    mitarbeiter
WHERE
    eintrittsdatum='1985-01-01';
```

Listing 2.9 Datumswerte auf Gleichheit prüfen und filtern

Sie erhalten Tabelle 2.8 mit zwei Datensätzen zurück. Die Mitarbeiter Inge Sebastiansen und Sebastian Paulus hatten am 1. Januar 1985 ihren ersten Arbeitstag.

name	vorname	eintrittsdatum
Sebastiansen	Inge	1985-01-01
Paulus	Sebastian	1985-01-01

Tabelle 2.8 Ergebnistabelle der Mitarbeiter, die am 1. Januar 1985 eingestellt wurden

Bis jetzt haben Sie Spaltenwerte auf Gleichheit mit von Ihnen vorgegebenen Filterkriterien verglichen. Damit haben Sie schon einen mächtigen Vergleichsoperator kennengelernt, den Sie sicherlich sehr oft einsetzen werden, um auf Gleichheit zu prüfen. Sehen wir uns jetzt an, wie Sie auf Ungleichheit prüfen.

2.2.3 Spaltenwerte auf Ungleichheit prüfen

Auf Gleichheit zu prüfen, ist einfach. Spaltenwerte auf Ungleichheit zu prüfen, ist allerdings nicht schwieriger. Sie verwenden lediglich einen anderen Vergleichsoperator, der aus zwei spitzen Klammern besteht: <>. Alternativ können Sie auch ein Ausrufezeichen gefolgt von einem Gleichheitszeichen, !=, als Vergleichsoperator verwenden. Dieser Operator prüft ebenfalls auf Ungleichheit. Es werden also zwei Vergleichsoperatoren für einen Zweck angeboten.

Im nächsten Beispiel ermitteln wir alle Mitarbeiter, die nicht verheiratet sind. Hierzu prüfen wir die Spalte *verheiratet* der Tabelle *mitarbeiter*, in der die Werte ja und nein vorkommen können, auf Ungleichheit mit dem Wert ja. In der Spaltenauswahlliste wählen wir die Spalten *name*, *vorname*, *steuerklasse* und *verheiratet* aus.

```
SELECT
    name,
    vorname,
    steuerklasse,
    verheiratet
FROM
    mitarbeiter
WHERE
    verheiratet<>'Ja';
```

Listing 2.10 Auf Ungleichheit prüfen und filtern

Als Ergebnis erhalten Sie wie in Tabelle 2.9 die Zeilen der Mitarbeiter, die gemäß unserer vorgegebenen Filterbedingung nicht verheiratet sind. Probieren Sie die **SELECT**-Abfrage auch mit dem alternativen !=-Vergleichsoperator aus. Ersetzen Sie hierzu einfach den Vergleichsoperator <> durch den !=-Vergleichsoperator. Das Filterergebnis ist bei der Verwendung dieses Operators absolut identisch.

name	vorname	steuerklasse	verheiratet
Lang	Ute	1	nein
Lupin	Anja	2	nein
Schmidt	Werner	1	nein
Funke	Doris	1	nein

Tabelle 2.9 Mit einem Filterkriterium auf Ungleichheit prüfen

In der letzten **SELECT**-Abfrage haben Sie Spalten mit Textwerten auf Ungleichheit geprüft. Jetzt werden wir eine weitere Abfrage formulieren, in der Sie die numerischen Werte, die in der Spalte *steuerklasse* enthalten sind, auf Ungleichheit mit dem Wert 3 prüfen. Hierzu nutzen wir die Spalte *steuerklasse* der Tabelle *mitarbeiter* in der **WHERE**-Klausel und formulieren die Bedingung steuerklasse<>3.

```
SELECT
    name,
    vorname,
    steuerklasse,
    verheiratet
FROM
    mitarbeiter
WHERE
    steuerklasse<>3;
```

Listing 2.11 Numerische Werte auf Ungleichheit prüfen und filtern

Ihr Ergebnis wird Tabelle 2.10 entsprechen, in der ausschließlich die Datensätze derjenigen Mitarbeiter enthalten sind, die die Bedingung *steuerklasse* ungleich 3 erfüllen.

name	vorname	steuerklasse	verheiratet
Lang	Ute	1	nein
Lupin	Anja	2	nein
Lempe	Dirk	1	ja
Schmidt	Werner	1	nein

Tabelle 2.10 Numerische Werte auf Ungleichheit prüfen

Natürlich können Sie auch Datumsangaben in einer Bedingung auf Ungleichheit prüfen. Dies werden wir mit einer **SELECT**-Anweisung probieren, die in einer **WHERE**-Klausel die Spalte *eintrittsdatum* auf Ungleichheit mit dem Datumswert 13. Januar 1990 prüft. Auch hier müssen Sie auf die Datumsschreibweise achten. Wir verwenden die Schreibweise gemäß der Norm ISO 8601. Achten Sie auch darauf, Datumsangaben mit einfachen Hochkommata zu umschließen.

```
SELECT
    name,
    vorname,
    eintrittsdatum
FROM
    mitarbeiter
WHERE
    eintrittsdatum<>'1990-01-13';
```

Listing 2.12 Datumswerte auf Ungleichheit prüfen und filtern

Das Ergebnis der **SELECT**-Abfrage mit der Bedingung `eintrittsdatum ungleich '1990-01-13'` liefert Ihnen in Tabelle 2.11 sämtliche Mitarbeiter, die nicht an diesem Tag eingestellt wurden.

name	vorname	eintrittsdatum
Schneider	Petra	1995-08-27
Lang	Ute	2005-06-07
Eisenhof	Frank	1982-07-08
Lupin	Anja	1998-02-17

Tabelle 2.11 Datumsangaben auf Ungleichheit prüfen

2.2.4 Spaltenwerte auf kleiner/gleich prüfen

Der Vergleichsoperator *kleiner als* < prüft, ob der linke Wert in einer Bedingung kleiner ist als der rechte Wert. Der Vergleichsoperator *kleiner/gleich* <= prüft, ob der linke Wert kleiner oder gleich dem rechten Wert ist.

Das wollen wir uns gleich zunutze machen, um die Mitarbeiter zu ermitteln, die einen Bonus von weniger als 500 € erhalten haben.

```
SELECT
    name,
    vorname,
    bonus
FROM
    mitarbeiter
WHERE
    bonus<500;
```

Listing 2.13 Numerische Werte auf »kleiner als« prüfen und filtern

Die Datenbank liefert uns auf die **SELECT**-Abfrage mit der Bedingung bonus < 500 ein Ergebnis mit zwei Zeilen zurück.

name	vorname	bonus
Lang	Ute	280.50
Ludwig	Heinz	127.45

Tabelle 2.12 Ergebnistabelle einer numerischen Prüfung mit dem Kleiner-als-Operator

Das probieren wir jetzt auch mit einem Datumswert aus. Mit dem Kleiner-als-Operator können wir Zeilen herausfiltern, deren Datumswerte kleiner sind als ein von uns vorgegebener Wert. Wir blicken also von unserem Vergleichsdatumswert in die Vergangenheit. Ermitteln wir doch einfach mal alle Mitarbeiter, die vor dem 1978-01-01 eingestellt wurden.

```
SELECT
    name,
    vorname,
    eintrittsdatum
FROM
    mitarbeiter
WHERE
    eintrittsdatum<'1978-01-01';
```

Listing 2.14 Datumswerte auf »kleiner als« prüfen und filtern

Tabelle 2.13, zurückgeliefert von der Abfrage mit der Bedingung *eintrittsdatum* kleiner als 1978-01-01, enthält vier Mitarbeiter. Diese Mitarbeiter haben eines gemeinsam: Sie wurden alle vor dem 1. Januar 1978 eingestellt.

name	vorname	eintrittsdatum
Müller	Iris	1970-03-15
Schmidt	Werner	1970-03-01
Jule	Stefanie Roll	1975-01-05
Serenius	Ingo	1972-04-11

Tabelle 2.13 Gefilterte Ergebnistabelle, deren Zeilen nach einem Datum gefiltert wurden, das in der Vergangenheit liegt

Wir haben uns bereits die Frage gestellt, welche Mitarbeiter vor dem 1978-01-01 eingestellt wurden. Wenn der 1. Januar 1978 als Stichtag in die Suche einbezogen werden soll, können Sie eine **WHERE**-Klausel formulieren, die exakt diese Mitarbeiter filtert, indem Sie den Kleiner/gleich-Operator <= verwenden.

Das Eintrittsdatum wird so begrenzt, dass alle Datensätze der Tabelle *mitarbeiter* abgefragt werden, die einen Datumswert entsprechen, der gleich oder kleiner dem Datumswert 1978-01-01 ist.

```
SELECT
  name,
  vorname,
  eintrittsdatum
FROM
  mitarbeiter
WHERE
  eintrittsdatum<='1978-01-01';
```

Listing 2.15 Datumswerte auf »kleiner/gleich« prüfen und filtern

Tabelle 2.14, das Ergebnis der Abfrage mit dem neuen Filterkriterium, enthält jetzt einen weiteren Mitarbeiter, nämlich Herbert Bücher. Der Mitarbeiter Herbert Bücher wurde exakt am 1978-01-01 eingestellt. Dank dem Vergleichsoperator <= ist er jetzt auch in der Ergebnisliste enthalten.

name	vorname	eintrittsdatum
Schmidt	Werner	1970-03-01
Jule	Stefanie Roll	1975-01-05
Serenius	Ingo	1972-04-11
Bücher	Herbert	1978-01-01

Tabelle 2.14 Ergebnistabelle für ein Filterkriterium, das ein Datum auf »kleiner/gleich« prüft

2.2.5 Spaltenwerte auf größer/gleich prüfen

Sie haben einige SELECT-Abfragen mit dem Kleiner-als- bzw. Kleiner/gleich-Vergleichsoperator durchgeführt. Der *Größer-als*-Operator > und *Größer/gleich*-Operator >= wird nach dem gleichen Prinzip in der WHERE-Klausel angewendet.

Jetzt prüfen wir, welche Mitarbeiter eine Bonuszahlung von mehr als 500 € erhalten haben.

```
SELECT
    name,
    vorname,
    bonus
FROM
    mitarbeiter
WHERE
    bonus>500;
```

Listing 2.16 Numerische Werte auf »größer als« prüfen und filtern

Das Ergebnis in Tabelle 2.15 enthält sämtliche Mitarbeiter, die einen Bonus erhalten haben, der größer als 500 € ist. Sie sehen auf einen Blick die Spitzenreiter, die in den Bonuszahlungen besonders gut darstehen.

name	vorname	bonus
Eisenhof	Frank	888.00
Lupin	Anja	2000.00

Tabelle 2.15 Ergebnistabelle für eine WHERE-Klausel, die einen numerischen Wert auf »größer als« prüft

name	vorname	bonus
Lempe	Dirk	1800.00
Müller	Iris	7800.00

Tabelle 2.15 Ergebnistabelle für eine WHERE-Klausel, die einen numerischen Wert auf »größer als« prüft (Forts.)

Welche Mitarbeiter wurden nach dem 1. Januar 1978 eingestellt? Um die Frage zu beantworten, formulieren wir eine `WHERE`-Klausel, deren Bedingung nur die Mitarbeiter filtert, die nach dem 1978-01-01 eingestellt wurden. Hierzu verwenden wir in der `WHERE`-Klausel den Größer-als-Operator wie in Listing 2.17 dargestellt. Der Vergleichsoperator prüft, ob die Spaltenwerte der Spalte *eintrittsdatum* größer sind als der Datumswert 1978-01-01.

```
SELECT
  name,
  vorname,
  eintrittsdatum
FROM
  mitarbeiter
WHERE
  eintrittsdatum>'1978-01-01';
```

Listing 2.17 Datumswerte auf »größer als« prüfen und filtern

Als Ergebnis erhalten Sie wie in Tabelle 2.16 alle Mitarbeiter zurück, die nach dem 1978-01-01 ihren ersten Tag im Unternehmen hatten.

name	vorname	eintrittsdatum
Müller	Ralf	1990-01-13
Schneider	Petra	1995-08-27
Klein	Thomas	1990-01-13
Lang	Ute	2005-06-07

Tabelle 2.16 Ergebnistabelle für eine Bedingung in einer WHERE-Klausel, die prüft, ob Datumswerte größer als 1978-01-01 sind

Verändern wir die Abfrage aus Listing 2.17 ein wenig, indem wir den Vergleichsoperator »größer/gleich« >= in der `WHERE`-Klausel verwenden.

```
SELECT
    name,
    vorname,
    eintrittsdatum
FROM
    mitarbeiter
WHERE
    eintrittsdatum>='1978-01-01';
```

Listing 2.18 Datumswerte auf »größer/gleich« prüfen und filtern

Das Ergebnis in Tabelle 2.17 enthält jetzt aufgrund der zusätzlichen Gleichheitsprüfung mit Herbert Bücher einen weiteren Mitarbeiter, der exakt am 1. Januar 1978 eingestellt wurde. Wir kennen diesen Mitarbeiter bereits aus der Prüfung »kleiner/gleich«.

name	vorname	eintrittsdatum
Santus	Cornelia	1992-05-22
Oberscheidt	Michael	1984-07-31
Dorsten	Klaus	1997-04-21
Bücher	Herbert	1978-01-01

Tabelle 2.17 Ergebnistabelle nach Filterung von Datumsangaben mit Hilfe eines Größer/gleich-Ausdrucks

2.2.6 Bedingungen mit dem NOT-Operator verneinen

Die Überschrift hört sich zugegebenermaßen etwas merkwürdig an. Aber tatsächlich bietet SQL Ihnen die Möglichkeit, Bedingungen wie etwa spalte1=wert1 oder spalte2>wert2 in der WHERE-Klausel zu verneinen, um damit eine negierte Ergebnisliste zu erreichen. Eine derartige Negierung bedeutet die Umkehrung des Aussageergebnisses. Sie realisieren sie, indem Sie hinter dem Schlüsselwort WHERE einfach NOT notieren.

Eine Bedingung wie WHERE NOT name='Schulze' würde die Datenbank wie folgt interpretieren: Prüfe sämtliche Spaltenwerte der Spalte *name* auf Gleichheit mit dem Text Schulze und gebe die Zeilen zurück, wo der Spaltenwert der Spalte *name* nicht gleich Schulze ist. Die Aussage der Bedingung der WHERE-Klausel wird also negiert ausgewertet.

Die `WHERE`-Klausel in Listing 2.19 filtert also die Zeilen der Mitarbeiter heraus, deren Name ungleich Winter ist, obwohl die Filterbedingung die Spaltenwerte der Spalte *name* auf Gleichheit mit dem Namen Winter prüft.

```
SELECT
  name,
  vorname
FROM
  mitarbeiter
WHERE NOT
  name='Winter';
```

Listing 2.19 Das Ergebnis einer Bedingung negiert auswerten

Das Ergebnis in Tabelle 2.18 enthält sämtliche Datensätze der Tabelle *mitarbeiter* bis auf die Mitarbeiterin Elise Winter, da das Ergebnis der Bedingung wahr ist und dieser Datensatz mit dem `NOT`-Operator in der `WHERE`-Klausel ausgeschlossen wurde.

name	vorname
Müller	Ralf
Schneider	Petra
Klein	Thomas
Lang	Ute

Tabelle 2.18 Ergebnistabelle für eine negierte Bedingung einer WHERE-Klausel (gekürzt)

Im nächsten Schritt formulieren wir eine Bedingung, die die Spaltenwerte der Spalte *name* auf Ungleichheit mit dem Namen Winter prüft. Gleich im Anschluss negieren wir das Ergebnis der Prüfung mit dem `NOT`-Operator.

```
SELECT
  name,
  vorname
FROM
  mitarbeiter
WHERE NOT
  name<>'Winter';
```

Listing 2.20 Einen Textwert auf Ungleichheit prüfen und das Ergebnis negieren

Als Ergebnis erhalten Sie wie in Tabelle 2.19 eine Zeile zurück, in der die Spalte *name* den Wert Winter enthält:

name	vorname
Winter	Elise

Tabelle 2.19 Ergebnistabelle einer negierten Aussage einer Bedingung in einer WHERE-Klausel

In diesem Fall haben wir also für die WHERE-Klausel eine Bedingung formuliert, die auf Ungleichheit mit dem Namen Winter prüft, und die Aussage der Bedingung mit dem NOT-Operator der WHERE-Klausel wieder umgekehrt. Folglich erhalten wir exakt den Datensatz, den wir in der Bedingung ausgeschlossen haben.

In Listing 2.13 haben Sie bereits eine Bedingung in der WHERE-Klausel verwendet, in der die Spalte *bonus* auf kleiner als 500 geprüft wird. Exakt dieses Listing werden wir nun in leicht abgewandelter Form mit dem NOT-Operator verwenden, um die Zeilen zu ermitteln, deren Werte in der Spalte *bonus* gleich oder größer als 500 € sind:

```
SELECT
    name,
    vorname,
    bonus
FROM
    mitarbeiter
WHERE NOT
    bonus<500;
```

Listing 2.21 Eine numerische Bedingung auswerten und in der WHERE-Klausel negieren

In Tabelle 2.20 werden jetzt sämtliche Mitarbeiter ausgegeben, die einen Bonus erhalten, der gleich 500 € oder höher ist. Die Verneinung NOT einer Bedingung in einer WHERE-Klausel können Sie natürlich auch für die bereits eingeführten Operatoren <=, >, >= und die noch folgenden Vergleichsoperatoren anwenden, ganz unabhängig davon, ob Sie numerische Werte, Textwerte oder Datumswerte vergleichen. Es handelt sich ja lediglich um eine Negierung der Bedingung, die Sie formuliert haben.

name	vorname	bonus
Schneider	Petra	500.00

Tabelle 2.20 Ergebnistabelle für eine negierte Auswertung einer Bedingung, die einen numerischen Wert auf »kleiner als« prüft

name	vorname	bonus
Klein	Thomas	500.00
Eisenhof	Frank	888.00
Lupin	Anja	2000.00

Tabelle 2.20 Ergebnistabelle für eine negierte Auswertung einer Bedingung, die einen numerischen Wert auf »kleiner als« prüft (Forts.)

2.2.7 Spaltenwerte auf ein Intervall prüfen (BETWEEN)

SQL bietet einen weiteren nützlichen Vergleichsoperator, der es uns ermöglicht, Bedingungen zu formulieren, die auf Intervalle prüfen. Halten wir uns einmal kurz vor Augen, was ein Intervall überhaupt ist. Bisher haben Sie Spaltenwerte lediglich auf größer als, größer/gleich, kleiner als und kleiner/gleich gegen einen Wert geprüft. Ein Intervall hingegen hat nicht nur zu einer Seite eine Begrenzung. Stellen Sie sich vor, Sie würden gerne die Mitarbeiter ermitteln, die einen Umsatz von 200 000 € bis 600 000 € erzielen. Dann haben Sie schon ein numerisches Intervall festgelegt, dessen Grenzen bei 200 000 € und 600 000 € liegen. Um dies in einer WHERE-Klausel auszudrücken, verwenden Sie einfach das Schlüsselwort BETWEEN (englisch, »zwischen«), um auf ein Intervall zu prüfen.

In Listing 2.22 sehen Sie, wie Sie innerhalb einer WHERE-Klausel Spaltenwerte auf ein Intervall prüfen können. Zuerst geben Sie die Spalte an, deren Werte auf das Intervall geprüft werden sollen. Dann folgt das Schlüsselwort BETWEEN. Die Grenzen des Intervalls legen Sie danach fest. Zwischen den Werten, die das Intervall begrenzen, notieren Sie das Schlüsselwort AND. Die Datenbank interpretiert das Ganze dann wie folgt: »Filtere alle Ergebniszeilen, wo der Wert der Spalte *spalte1* zwischen dem Wert wert1 und wert2 liegt.«

Sie können auch eine Bedingung aufstellen, die auf Werte prüft, die sich außerhalb eines Intervalls befinden. Hierzu verwenden Sie einfach die NOT BETWEEN-Klausel.

```
WHERE spalte1 BETWEEN wert1 AND wert2;
WHERE spalte1 NOT BETWEEN wert1 AND wert2;
```

Listing 2.22 Spaltenwerte auf ein Intervall prüfen

Wie wären z. B. die Mitarbeiter zu ermitteln, deren Umsatz 200 000 € bis 600 000 € beträgt? In Listing 2.23 prüft dazu eine SELECT-Anweisung mit einer WHERE-Klausel auf dieses Intervall. Hier wenden wir die WHERE-Klausel in Verbindung mit dem BETWEEN-Vergleichsoperator an. Hinter das Wort BETWEEN schreiben Sie einfach das Intervall, das Sie wünschen, in unserem Beispiel also 200 000 € und 600 000 €.

```
SELECT
    name,
    vorname,
    umsatz
FROM
    mitarbeiter
WHERE
    umsatz
BETWEEN 200000 AND 600000;
```

Listing 2.23 Auf ein numerisches Intervall prüfen und filtern

Tabelle 2.21, die wir von der Datenbank zurückerhalten, liefert tatsächlich nur die Mitarbeiter, die einen Umsatz im Bereich von 200 000 € bis 600 000 € erzielt haben. Beachten Sie hier die linke und rechte Begrenzung des Intervalls. Das bedeutet, wenn ein Mitarbeiter einen Umsatz von exakt 200 000 € oder 600 000 € erzielt hätte, wäre er auch in der Ergebnisliste enthalten.

name	vorname	umsatz
Nolte	Reinhard	355000.80
Sebastiansen	Inge	570000.00
Haier	Peter	347000.89
Klein	Bärbel	234000.00

Tabelle 2.21 Ergebnistabelle für eine Werteprüfung gegen ein Intervall in einer WHERE-Klausel

Den **BETWEEN**-Vergleichsoperator können Sie auch hervorragend nutzen, um Datumsintervalle zu prüfen. Sehen wir uns die Abfrage in Listing 2.13 genauer an. Hier werden die Mitarbeiter ermittelt, die im Zeitraum 1981-01-01 bis 1984-12-31 eingestellt wurden.

```
SELECT
    name,
    vorname,
    eintrittsdatum
FROM
    mitarbeiter
WHERE
    eintrittsdatum
```

```
BETWEEN
  '1981-01-01' AND '1984-12-31';
```

Listing 2.24 Auf ein Datumsintervall prüfen und filtern

Als Ergebnis erhalten Sie wie in Tabelle 2.22 ausschließlich die Mitarbeiter zurück, die im mit den beiden Datumsangaben definierten Zeitraum eingestellt wurden. Mit der BETWEEN-Klausel können Sie also hervorragend Intervallprüfungen gegen Datumswerte realisieren.

name	vorname	eintrittsdatum
Eisenhof	Frank	1982-07-08
Haier	Peter	1984-09-07
Blume	Siegmar	1982-02-12
Kanis	Herbert	1984-10-15

Tabelle 2.22 Ergebnistabelle für Spaltenwerte mit einem Datum, die gegen ein Datumsintervall geprüft werden

Als Sie die einfachen Vergleichsoperatoren kennengelernt haben, haben Sie bereits Verneinungen einer Bedingung angewendet. Eine Bedingung, die auf ein Intervall prüft, können Sie auch verneinen. Hierzu modifizieren wir die SELECT-Abfrage aus Listing 2.23 und fügen vor dem Schlüsselwort BETWEEN einfach den NOT-Operator ein. Wörtlich gesprochen bedeutet das so viel wie »nicht innerhalb von zwei vorgegebenen Intervallbegrenzungen«. Wir werden also die Mitarbeiter ermitteln, die weniger als 200 000 € und mehr als 600 000 € Umsatz erzielt haben. Soll heißen, wir filtern nur die Zeilen, deren Wert der Spalte *umsatz* außerhalb des Bereichs von 200000 bis 600000 liegt.

```
SELECT
  name,
  vorname,
  umsatz
FROM
  mitarbeiter
WHERE
  umsatz
NOT BETWEEN
  200000 and 600000;
```

Listing 2.25 Auf ein Datumsintervall prüfen, das Ergebnis negieren und filtern

Es gibt hier eine kleine Besonderheit: Verwenden wir den **BETWEEN**-Operator ohne **NOT**-Einschränkung, so prüfen wir gegen ein definiertes Intervall. Das Ergebnis in Tabelle 2.23 zeigt Ihnen, dass es jetzt anders ist, denn Sie haben es mit zwei Intervallen zu tun.

name	vorname	umsatz
Jule	Stefanie Roll	700000.00
Petersen	Hans	156000.00
Steinmacher	Ilse	700898.03
Überall	Georg	678000.54

Tabelle 2.23 Ergebnistabelle für eine negierte Intervallbedingung in einer WHERE-Klausel

Das erste Intervall prüft die Spaltenwerte der Spalte *umsatz* auf 0 bis kleiner als 200000, und das zweite Intervall prüft die Werte der Spalte *umsatz* von größer 600000 bis zum Maximalwert der gezahlten Bonuszahlungen. Liegt ein Spaltenwert der Spalte *umsatz* innerhalb einer der beiden Prüfintervalle, so wird die Zeile in die Ergebnistabelle übernommen. Diese Besonderheit tritt nur auf, wenn Sie eine Bedingung auf ein Intervall prüfen und das Ergebnis der Bedingung negieren.

In der letzten **SELECT**-Abfrage haben Sie einen Wertebereich negiert und dadurch eine Ergebnisliste erhalten, in der Sie Werte innerhalb der beiden Begrenzungen von 0 bis 199999 und von 600001 bis zum maximalen Umsatzeintrag eingegrenzt haben. Nun werden wir diese Negierung negieren und damit aufheben. Es ist vielleicht etwas widersprüchlich, da wir damit ja im Grunde die von uns erwünschte Bedingung wieder rückgängig machen. Vermutlich gibt es für die jetzt folgende **SELECT**-Abfrage, in der ich den **NOT**-Operator hinter dem **WHERE**-Schlüsselwort hinzugefügt habe, kaum einen Anwendungsfall in der Praxis. Die Möglichkeit besteht aber dennoch, und das möchte ich Ihnen nicht vorenthalten.

In Listing 2.26 negieren wir also das Ergebnis der folgenden Bedingung: Gebe mir sämtliche Datensätze der Mitarbeiter zurück, deren Umsatz nicht zwischen 200 000 € und 600 000 € liegt. Mit der Negierung dieser Gesamtaussage erreichen wir, dass wir eben doch die Mitarbeiter ermitteln, deren Umsatz zwischen 200 000 € und 600 000 € liegt.

```
SELECT
    name,
    vorname,
    umsatz
```

```
FROM
  mitarbeiter
WHERE NOT
  umsatz
NOT BETWEEN
  200000 and 600000;
```

Listing 2.26 Negiert auf ein numerisches Intervall prüfen und die Negierung mit einer Negierung aufheben und das Ergebnis filtern

Als Ergebnis erhalten Sie wie in Tabelle 2.24 nun sämtliche Zeilen derjenigen Mitarbeiter, die einen Umsatz von 200 000 € bis 600 000 € erzielen.

name	vorname	umsatz
Nolte	Reinhard	355000.80
Sebastiansen	Inge	570000.00
Haier	Peter	347000.89
Klein	Bärbel	234000.00

Tabelle 2.24 Ergebnistabelle für eine doppelt negierte Aussage einer WHERE-Klausel

Sie sehen also, dass eine bestehende Negierung eines NOT BETWEEN-Vergleichsoperators mit einer WHERE NOT-Klausel wieder aufgehoben werden kann. Sie werden im weiteren Verlauf noch andere Vergleichsoperatoren kennenlernen, die Sie auf die gleiche Art und Weise negieren können. Die bereits vorgestellten Vergleichsoperatoren können Sie natürlich auch auf diese Art und Weise anwenden und die aus den Vergleichen resultierenden Aussagen negieren.

2.2.8 Spaltenwerte auf ein Muster prüfen (LIKE)

Innerhalb einer WHERE-Klausel haben Sie die Möglichkeit, Spaltenwerte, die einen Text enthalten, mit einem Muster zu vergleichen und nur die Zeilen zu filtern, deren Spaltenwerte dem Muster entsprechen. Für diese Musterprüfungen wird der LIKE-Vergleichsoperator verwendet. Der Vergleichsoperator LIKE bedeutet *wie* oder *gleich*. Wenn Sie also ein Muster mit Werten einer Spalte vergleichen, prüft der LIKE-Operator, ob das Muster mit den Spaltenwerten übereinstimmt. Um Muster zu formulieren, bietet SQL Ihnen zwei Platzhalter an, die auf Text-Spaltenwerte angewendet werden können. Der Platzhalter %, auf Englisch auch *wildcard* oder *joker* genannt, steht für eine beliebige Anzahl beliebiger Zeichen in einer Zeichenkette.

Wenn Sie z. B. eine Textspalte in der WHERE-Klausel mit einem Muster auswerten möchten, dann könnte dieses Vergleichsmuster etwa wie folgt aussehen: '%strasse%' oder '%weg%'.

Wie sind diese Muster zu interpretieren? Das Muster lässt sich so verstehen: Prüfe, ob eine Spalte Textwerte enthält, die mit beliebigen Zeichen beginnen, gefolgt von der Zeichenkette strasse, und die mit beliebigen Zeichen enden. Das zweite Muster lässt sich genauso lesen: Beliebige Zeichen umschließen die Zeichenkette weg.

Oder gehen wir davon aus, dass Sie alle Mitarbeiter ermitteln möchten, deren Name mit m beginnt. Das Textmuster hierzu sähe wie folgt aus: 'm%'. Übersetzt heißt dies: Wähle alle Werte aus, die mit einem m beginnen und mit einer beliebigen Anzahl beliebiger Zeichen endet.

Den Platzhalter % können Sie auch mehrfach in Ihrem Textmuster verwenden. Betrachten Sie das Textmuster '%leistung%gut%'. Das Textmuster entspricht folgender Filteraussage: Die Zeichenkette beginnt mit beliebigen Zeichen, gefolgt von der Zeichenkette leistung. Es folgen wieder beliebige Zeichen. Hinter der beliebigen Zeichenkette folgt die Zeichenkette gut, und der Textwert endet mit beliebigen Zeichen. Mit dem Platzhalter % können Sie also sehr detaillierte Ähnlichkeitsprüfungen durchführen, die sich auf die Textspaltenwerte beziehen.

Es gibt noch einen Platzhalter, mit dem Sie Ähnlichkeiten in Textwerten prüfen können: der Underscore, oder anders gesagt, der Unterstrich _. Der Unterstrich steht für exakt ein beliebiges Zeichen. Ein Textmuster wie 'd_i%' bedeutet, dass alle Spaltenwerte auf ein Muster, das mit einem d beginnt, gefolgt von einem beliebigen Zeichen, gefolgt von einem i, gefolgt von beliebigen Zeichen, auf Übereinstimmung geprüft werden.

Groß- und Kleinschreibung in der Musterkennung

Die Leser, die eine MySQL-Datenbank verwenden, müssen beachten, dass die Muster, mit denen Werte verglichen werden, unabhängig von der Groß- und Kleinschreibung ausgewertet werden.

Das Muster 'A%' führt also zum gleichen Ergebnis wie das Muster 'a%'.

Die Leser, die eine PostgreSQL Datenbank nutzen, müssen bei der Formulierung eines Musters hingegen die Groß- und Kleinschreibung beachten. In diesem Fall würden die Muster 'A%' und 'a%' also zu unterschiedlichen Ergebnissen führen.

Sie nutzen eine MS-SQL-Server-Datenbank? Die Formulierung der Muster kann dann ebenfalls unabhängig von Groß- und Kleinschreibung erfolgen. Jede Schreibweise würde zum gleichen Ergebnis führen.

> **Zusammenfassung: Ähnlichkeitsprüfung mit den Platzhaltern % und _**
> - %-Platzhalter für eine beliebige Anzahl von beliebigen Zeichen
> - _-Platzhalter für exakt ein beliebiges Zeichen
> - Je nach verwendetem Datenbanksystem wird bei der Prüfung eines Musters zwischen Groß- und Kleinschreibung unterschieden. Hier ist gegebenenfalls die Dokumentation Ihres Datenbanksystems zu Rate zu ziehen.

Schauen wir uns in den folgenden Beispielen an, wie diese Platzhalter in Abfragen verwendet werden.

Die Syntax der nächsten WHERE-Klausel zeigt Ihnen, wie Sie auf Spaltenwerte prüfen, die mit einem a beginnen und einer beliebigen Anzahl von beliebigen Zeichen enden.

```
WHERE spalte1 LIKE 'a%'
```

Listing 2.27 Syntax für Nutzung des %-Platzhalters in einem Muster

Wenn Sie nur ein Zeichen in einer Zeichenkette als Platzhalter verwenden wollen, nutzen Sie den Underscore wie in Listing 2.28 dargestellt:

```
WHERE spalte1 LIKE 'a_ton'
```

Listing 2.28 Syntax für die Nutzung des Underscores _ als Platzhalter in einem Muster

Negiert sieht das Ganze dann wie in Listing 2.29 aus:

```
WHERE spalte1 NOT LIKE 'a%'
```

oder

```
WHERE spalte1 NOT LIKE 'a_ton'
```

Listing 2.29 Ähnlichkeitsprüfung mit den Platzhaltern % und _

Hier liefert die Datenbank sämtliche Zeilen zurück, die nicht dem Textmuster entsprechen. In diesem Fall also Werte, die nicht mit einem a beginnen beziehungsweise nicht ein beliebiges Zeichen zwischen einem a und der Zeichenkette ton aufweisen.

Sehen wir uns Listing 2.30 genauer an. Hier werden die Spaltenwerte der Spalte *vorname* gemäß dem Muster 'k%' auf Übereinstimmung geprüft. Das Muster trifft zu, wenn der Vorname mit einem k beginnt und auf eine beliebige Zeichenkette endet. An dieser Stelle sei noch einmal erwähnt, dass der LIKE-Vergleichsoperator ausschließlich Texte miteinander vergleicht.

```
SELECT
  name,
  vorname
```

```
FROM
  mitarbeiter
WHERE
  vorname LIKE 'k%';
```

Listing 2.30 Mit dem Platzhalter % auf ein Muster prüfen und filtern

In Tabelle 2.25 sehen Sie, dass lediglich ein Vorname eines Mitarbeiters mit einem k beginnt.

name	vorname
Dorsten	Klaus

Tabelle 2.25 Ergebnistabelle einer Übereinstimmungsüberprüfung mit LIKE

Natürlich können Sie das Stellvertreterzeichen % auch am Anfang eines Textmusters anwenden. Hierzu passen Sie die Abfrage aus Listing 2.30 ein wenig an, indem Sie das Textmuster in '%r' ändern. Die Interpretation des Textmusters in Listing 2.31 lautet: Prüfe alle Werte der Spalte *vorname* darauf, ob sie mit einer beliebigen Zeichenkette beginnen und mit dem Zeichen r enden.

```
SELECT
  name,
  vorname
FROM
  mitarbeiter
WHERE
  vorname LIKE '%r';
```

Listing 2.31 Mit dem Stellvertreterzeichen % ein Vergleichsmuster beginnen und filtern

In diesem Fall haben wir mehr Glück. In Tabelle 2.26 gibt es insgesamt fünf Mitarbeiter, deren Vornamen mit einer beliebigen Zeichenkette beginnen und auf das Zeichen r enden. Vier davon sehen Sie in der Ergebnistabelle.

name	vorname
Schmidt	Werner
Haier	Peter
Blume	Siegmar
Gelz	Oliver

Tabelle 2.26 Ergebnistabelle für eine Prüfung eines Textmusters

Bis jetzt haben wir einen Platzhalter – oder *Joker* – am Anfang und am Ende einer Zeichenkette angewendet. Sie werden sich nun sicherlich fragen, wie es aussieht, wenn Sie den Platzhalter mitten in einem Textmuster verwenden möchten. Sehen wir uns an, wie wir so etwas machen können.

Unser nächstes Ziel besteht darin, ein Vergleichsmuster zu entwerfen, das die Spaltenwerte der Spalte *strasse* prüft. Wir formulieren das Textmuster 's%straße', um es mit den Werten der Spalte *strasse* zu vergleichen. Mit dem in Listing 2.32 verwendeten Suchmuster ermitteln wir die Straßen, die mit einem s beginnen und mit der Zeichenkette straße enden. Mit dem Prozentzeichen legen wir für das Muster außerdem fest, dass zwischen dem s und der Zeichenkette straße beliebige Zeichen in beliebiger Anzahl erlaubt sind.

```
SELECT
    name,
    vorname,
    strasse,
    hausnummer
FROM
    mitarbeiter
WHERE
    strasse LIKE 's%straße';
```

Listing 2.32 Mit dem Platzhalter % innerhalb einer Zeichenkette auf ein Muster prüfen und filtern

Mit dem formulierten Suchmuster für die Spaltenwerte der Spalte *strasse* stimmen vier Straßenbezeichnungen überein. In Tabelle 2.27 sehen Sie, dass Sie alle Einträge zurückerhalten, deren Straßenname mit einem s beginnt und mit der Zeichenkette straße endet. Dazwischen sind beliebige Zeichen in beliebiger Anzahl vorzufinden. Das Suchmuster hat unser erwartetes Ergebnis also herbeigeführt.

name	vorname	strasse	hausnummer
Schneider	Petra	Sonnenstraße	189
Funke	Doris	Spiralstraße	75
Nolte	Reinhard	Sombrerostraße	34z
Steinmacher	Ilse	Supernovastraße	346

Tabelle 2.27 Ergebnistabelle für eine Musterprüfung, die innerhalb einer Zeichenkette auf beliebige Zeichen prüft

Wir haben schon einige Vergleiche mit dem Platzhalter % durchgeführt, die Sie in den Übungen sicherlich noch mehrfach anwenden werden. Nicht ignorieren wollen wir aber auch die Beispiele zum Platzhalter _.

Der Underscore ist ein Platzhalter, der ein einzelnes beliebiges Zeichen repräsentiert. Er kann in dem zu vergleichenden Textmuster ebenfalls mehrfach vorkommen. Zu Beginn formulieren wir ein Vergleichsmuster, das mit einem beliebigen Zeichen beginnt, gefolgt von der Zeichenkette eltstraße. In Listing 2.33 sehen Sie, wie Sie den Underscore in einem Vergleichsmuster verwenden:

```
SELECT
  name,
  vorname,
  strasse,
  hausnummer
FROM
  mitarbeiter
WHERE
  strasse LIKE '_eltstraße';
```

Listing 2.33 Zu Beginn einer Zeichenkette auf das Stellvertreterzeichen Underscore prüfen und filtern

In Tabelle 2.28 sehen Sie die Zeilen, die zurückgeliefert werden.

name	vorname	strasse	hausnummer
Sternental	Marlene	Weltstraße	97
Heinrich	Hans	Geltstraße	65

Tabelle 2.28 Ergebnistabelle für ein Vergleichsmuster, das mit einem beliebigen Zeichen beginnt und mit einer definierten Zeichenkette endet

Es handelt sich lediglich um zwei Zeilen, bei denen der Spaltenwert der Spalte *strasse* mit dem Vergleichsmuster übereinstimmt, das wir formuliert haben. Die Spaltenwerte beginnen jeweils mit den Zeichen W und G und enden auf die von uns vorgegebene Zeichenkette eltstraße.

Die Ähnlichkeitsprüfung mit dem **LIKE**-Vergleichsoperator können Sie ebenfalls wie Vergleichsausdrücke mit **WHERE** negieren. Hierzu wenden Sie einfach das Schlüsselwort **NOT** vor dem Schlüsselwort **LIKE** an.

> **Achtung: Verwechslungsgefahr**
> Verwechseln Sie diese Verneinung nicht mit der Verneinung, die Sie auf eine gesamte Bedingung anwenden können.

Stellen Sie sich vor, Sie möchten aus der Spalte *strasse* nur die Werte erhalten, die nicht auf straße enden. Sehen Sie sich hierzu die `SELECT`-Anweisung in Listing 2.34 an. In der `WHERE`-Klausel sehen Sie, dass die `LIKE`-Klausel zunächst die Spaltenwerte ermittelt, die dem Muster '%straße' entsprechen. Mit dem Schlüsselwort `NOT` vor der `LIKE`-Klausel (`NOT LIKE`) kehren wir die Aussage wieder um und erhalten so alle Zeilen in der Ergebnisliste, in der die Spaltenwerte der Spalte *strasse* nicht diesem Muster entsprechen.

```
SELECT
  name,
  vorname,
  strasse,
  hausnummer
FROM
  mitarbeiter
WHERE
  strasse
NOT LIKE
  '%straße';
```

Listing 2.34 Auf ein Muster prüfen, die Aussage negieren und filtern

Tabelle 2.29 enthält die zurückgelieferten Zeilen, deren Werte der Spalte *strasse* nicht auf die Zeichenfolge straße enden. Alles, was auf weg endet oder eine Straße mit der Bezeichnung Uranus ist, hat es in diesem Beispiel in die Ergebnisliste geschafft.

name	vorname	strasse	hausnummer
Lupin	Anja	Saturnweg	1
Lempe	Dirk	Venusweg	100
Müller	Iris	Merkurweg	770
Ludiwig	Heinz	Uranus	27c

Tabelle 2.29 Ergebnistabelle für eine negierte Textmusterprüfung

2.2.9 Spaltenwerte auf Mengenzugehörigkeit prüfen

In der `WHERE`-Klausel einer `SELECT`-Abfrage gibt es noch eine weitere Möglichkeit, Bedingungen zu formulieren, um Spaltenwerte auf Zugehörigkeit in einer Liste zu prüfen. Hierzu notieren Sie einfach hinter dem Schlüsselwort `WHERE` die auszuwertende Spalte und das Schlüsselwort `IN` (englisch, »in etwas enthalten«), gefolgt von einer öffnende Klammer und einer kommaseparierten Liste mit Werten. Hinter dem letzten Wert schließen Sie die Klammer und signalisieren so, dass die Liste von Werten vollständig ist.

```
WHERE spalte1 IN ('wert1','wert2',...)
```

Listing 2.35 Syntax für die Prüfung von Spaltenwerten auf Zugehörigkeit in einer Liste mit Text-, Zahlen- oder Datumswerten

In Listing 2.36 sehen Sie, wie Sie die Mitgliedschaftsaussage von Spaltenwerten negiert auswerten können. Hierzu schreiben Sie einfach vor die `IN`-Klausel das Schlüsselwort `NOT`. Das bedeutet, dass Zeilen, deren Spaltenwert einer auszuwertenden Spalte in der Liste enthalten ist, nicht mit in die Ergebnisliste aufgenommen werden.

```
WHERE spalte1 NOT IN ('wert1','wert2',...)
```

Listing 2.36 Negierung der Zugehörigkeitsaussage

Stellen Sie sich vor, Sie bilden eine Arbeitsgruppe von Mitarbeitern, die einem bestimmten Projekt zugeordnet sind. Zu Ihrem Projektteam gehören folgende Mitarbeiter:

- Ralf Müller
- Petra Schneider
- Frank Eisenhof
- Simone Klarfeld
- Werner Schmidt
- Doris Funke
- Rolf Stein
- Bärbel Klein

Aus den Nachnamen bilden Sie eine kommaseparierte Liste, die wie folgt aussieht: Müller, Schneider, Eisenhof, Klarfeld, Schmidt, Funke, Stein, Klein. Wenn Sie eine `SELECT`-Abfrage an die Datenbank senden und diese prüft, wo die Spalte *name* einem Wert in Ihrer Liste entspricht, erhalten Sie sämtliche Zeilen der Mitarbeiter, die sich in Ihrer umklammerten Liste befinden. Vorausgesetzt natürlich, es finden sich diese Mitarbeiter Werte der Spalte *name* in der Tabelle *mitarbeiter*.

```sql
SELECT
  *
FROM
  mitarbeiter
WHERE
  name
    IN (
      'Müller',
      'Schneider',
      'Eisenhof',
      'Klarfeld',
      'Schmidt',
      'Funke',
      'Stein',
      'Klein'
    );
```

Listing 2.37 WHERE-Klausel, die Spaltenwerte auf Mitgliedschaft in einer Liste prüft

Tabelle 2.30 zeigt uns nur die Mitarbeiter, die in der Liste hinter dem IN-Vergleichsoperator enthalten sind. Sie können so eine Liste, die auf Zugehörigkeit prüft, auch für numerische Werte oder Datumswerte verwenden, um die Spaltenwerte einer ausgewählten Spalte mit einer Liste von Spaltenwerten zu vergleichen.

mitarbeiterid	name	vorname	gebdatum
1	Müller	Ralf	1970-12-20
2	Schneider	Petra	1965-03-07
3	Klein	Thomas	1970-12-20
5	Eisenhof	Frank	1962-05-15

Tabelle 2.30 Ergebnistabelle für eine Zugehörigkeitsprüfung mit dem IN-Vergleichsoperator

Den Mitgliedschaftsvergleich mit Hilfe einer Liste können Sie auch negiert anwenden. Die Aussage der Bedingung zu negieren heißt, dass die Datenbank sämtliche Ergebniszeilen ermittelt, wo die zu prüfenden Spaltenwerte nicht in der Liste hinterlegt sind. Hierzu formulieren wir eine SELECT-Abfrage, die sämtliche Mitarbeiter der Tabelle *mitarbeiter* ermittelt, die nicht in den Abteilungen Personal, Vertrieb, Controlling und Verkauf beschäftigt sind. Um das zu erreichen, notieren Sie einfach das Schlüsselwort NOT vor dem IN-Operator, der ja auf Mengenzugehörigkeit prüft. Ziel ist es, sämtliche Mitarbeiter zu ermitteln, die in der Abteilung Einkauf tätig sind.

```
SELECT
  name,
  vorname,
  abteilung
FROM
  mitarbeiter
WHERE
  abteilung
    NOT IN
    (
      'personal',
      'vertrieb',
      'controlling',
      'verkauf'
    );
```

Listing 2.38 Negiert auf Mitgliedschaft in einer Liste prüfen

Das Ergebnis der Abfrage aus Listing 2.38 ist in Tabelle 2.31 dargestellt. Es werden ausschließlich die Mitarbeiter ermittelt und in die Ergebnisliste aufgenommen, die nicht in den Abteilungen Personal, Vertrieb, Controlling und Verkauf tätig sind. In der Liste enthalten sind also nur die verbleibenden Mitarbeiter der Abteilung Einkauf, die nicht in der Zugehörigkeitsauflistung enthalten ist.

name	vorname	abteilung
Müller	Ralf	Einkauf
Schneider	Petra	Einkauf
Klein	Thomas	Einkauf
Lang	Ute	Einkauf

Tabelle 2.31 Ergebnistabelle für eine Prüfung mit dem NOT IN-Vergleichsoperator

2.2.10 Fehlende Spaltenwerte (NULL-Value)

In Abschnitt 2.2.11 werden wir nach Werten filtern, die nicht definiert bzw. nicht vorhanden sind. Um sich mit fehlenden Spaltenwerten vertraut zu machen, halten Sie sich Ihr Adressbuch – sei es auf Papier oder in einer Adressverwaltung – vor Augen.

Mit Kontaktdaten wird in der Regel auf unterschiedlichste Art und Weise umgegangen. Die einen geben Ihnen ihre Telefonnummer, die anderen geben Ihnen ihre E-Mail-Adresse. Auf einem Blatt Papier bleiben hier einfach die Felder frei, denen kein

Eintrag zugeordnet ist. Es ist eben keine Information in der Spalte »Telefonnummer« oder »E-Mail« enthalten. Der Platz für die Informationen ist jedoch in der Tabelle durch leere Kästchen reserviert. Wenn Sie die Informationen erhalten, können Sie sie einfach nachtragen.

In Tabellen relationaler Datenbanksysteme wird dieser Zustand als NULL beschrieben. NULL heißt im Grunde nichts anderes, als dass der Wert nicht bekannt ist oder schlicht und ergreifend nicht zur Verfügung steht, da er nicht existent ist. In einer Zeile, in der Daten vorhanden sind, jedoch das eine oder andere Feld keine Einträge enthält, wird diesem Feld der Eintrag NULL, also nicht definiert, zugeordnet.

Besonders wichtig ist, dass ein NULL-Wert nichts mit dem numerischen Wert 0 zu tun hat. Bei dem Wert 0 handelt es sich um einen konkreten Wert, während NULL einen fehlenden Wert darstellt. Wichtig ist auch, dass Sie zwischen leeren Zeichenketten und NULL-Werten unterscheiden können. Eine leere Zeichenkette stellt wieder einen konkreten Wert dar, nämlich eben den einer leeren Zeichenkette.

Unsichtbare Zeichen wie ein Leerzeichen, Tab oder ein Zeilenumbruch haben auch nichts mit einem NULL-Wert gemein, da es sich hierbei ja auch wieder um Zeichen handelt, die Sie zwar nicht als Zeichen optisch wahrnehmen können, die aber dennoch existent sind.

Betrachten wir NULL im Zusammenhang mit der WHERE-Klausel, so haben NULL-Werte Auswirkungen auf die Auswertung von Bedingungen. Das Ergebnis einer Bedingung in einer WHERE-Klausel kann wahr (true) oder falsch (false) sein. Wie wir eben festgestellt haben, gibt es Werte, die nicht bekannt bzw. nicht definiert sind. Sollten Sie also auf die Idee kommen, Spaltenwerte mit Vergleichsoperatoren wie =, <>, < oder > zu vergleichen, so wird dies immer zu einem nicht definierten Ergebnis führen. Das Ergebnis ist also weder wahr noch falsch, sondern nicht bekannt. Wie wir wissen, wird ein nicht bekannter bzw. nicht definierter Wert in SQL als NULL-Wert bezeichnet. Das soll uns dazu ermuntern, einfach einmal einen Vergleich, wie wir ihn in der WHERE-Klausel verwenden könnten, in die Spaltenauswahlliste mit aufzunehmen, um zu sehen, welches Ergebnis ein Ausdruck liefert, der auf Gleichheit mit NULL prüft. Bedenken Sie, wie eben beschrieben, dass wir eigentlich Werte wie wahr oder falsch erwarten würden, die ein Ausdruck ja als logische Aussage zur Folge haben kann.

```
SELECT
  name,
  name=NULL,
  name='Klein'
FROM
  mitarbeiter;
```

Listing 2.39 Auswertung von nicht definierten Werten in einer Spaltenauswahlliste

Sehen wir uns Tabelle 2.32 an.

name	name=NULL	name='Klein'
Müller	NULL	0
Schneider	NULL	0
Klein	NULL	1
Lang	NULL	0

Tabelle 2.32 Ergebnistabelle für einen Vergleich mit NULL

Die Abfrage in Listing 2.39 enthält in der Spaltenauswahlliste zwei Ausdrücke, die ausgewertet werden.

Der eine Ausdruck vergleicht die Spaltenwerte der Spalte *name* auf Gleichheit mit NULL. In der dritten Spalte sehen Sie das Ergebnis eines Ausdrucks, der die Spaltenwerte der Spalte *name* auf Gleichheit mit der Zeichenkette Klein prüft. In der Programmierung werden die Zahlen 0 und 1 synonym für falsch beziehungsweise wahr verwendet. Das Ergebnis der ersten Auswertung in der zweiten Spalte überrascht uns ein wenig: Es wird NULL zurückgegeben. Die Aussage des Vergleichs ist also weder wahr noch falsch, denn die Aussage ist einfach nicht definiert. Das Ergebnis in der zweiten Auswertung in der dritten Spalte ist da schon eher wie erwartet. Sie sehen hier also, dass der Vergleich mit der Zeichenkette Klein einmal zu einer wahren Aussage führt. Die restlichen Vergleiche führen zu einer unwahren Aussage.

> **[»] NULL in Bedingungen**
>
> Also kommen wir an dieser Stelle zu dem Schluss, dass es in der Logik nicht nur zu einer wahren oder falschen Aussage kommen kann. Dies ist für die Beschäftigung mit SQL von großer Bedeutung, da es Auswirkungen darauf hat, wie Bedingungen ausgewertet werden. Wenn Sie also komplexe Bedingungen formulieren, sollte Sie sich dies unbedingt vor Augen führen.

> **[*] Zusammenfassung: Drei-Werte-Logik**
>
> Es gibt neben wahr und falsch einen dritten Wert, der das Ergebnis einer Aussage repräsentieren kann. Dabei handelt sich um einen nicht definierten Wert bzw. einen nicht vorhandenen Wert, den wir in SQL als NULL bezeichnen. Dieses Phänomen wird als *Drei-Werte-Logik* bezeichnet.
>
> Beachten Sie, dass in einer WHERE-Klausel nur Bedingungen, die als wahr ausgewertet werden, in der Ergebnistabelle Berücksichtigung finden.

Sehen Sie sich die SELECT-Abfrage aus Listing 2.40 an, die in der Spaltenauswahlliste lediglich zwei NULL-Werte auf Gleichheit prüft. Diese Abfrage funktioniert leider nur auf einer MySQL- oder PostgreSQL-Datenbank.

```
SELECT NULL=NULL;
```

Listing 2.40 Zwei NULL-Werte auf Gleichheit überprüfen

In Tabelle 2.33 sehen Sie das Ergebnis der Abfrage. NULL-Werte sind nie gleich, denn ein NULL-Wert bedeutet, dass kein Wert definiert ist. Ein nicht definierter Wert kann natürlich nicht mit irgendetwas auf Gleichheit geprüft werden.

Wenn Sie NULL-Werte auf Gleichheit prüfen, so werden Sie, wie in Tabelle 2.33, einen NULL-Wert als Ergebnis des Vergleichs anstelle von wahr oder falsch erhalten. Dieses Ergebnis zeigt also noch einmal deutlich, dass es eine Drei-Werte-Logik gibt und nicht nur eine Zwei-Werte-Logik mit den Werten wahr oder falsch.

NULL=NULL
NULL

Tabelle 2.33 Ergebnis für eine Gleichheitsprüfung zwischen zwei NULL-Werten

Wir kennen jetzt die Auswirkungen von NULL-Werten auf die Aussagen von Bedingungen. Dies ist aber nicht ihr einziger Anwendungszweck. NULL-Werte können auch als Reservierung von Speicherplatz im Sinne einer Adresszuordnung für eine fehlende Information betrachtet werden. Die Reservierung gilt, bis eine Information eingetragen wird. Den Speicherbedarf von Werten werden wir uns in Abschnitt 4.1 noch genauer ansehen.

Wie Sie sehen, ist das Verständnis der NULL-Werte wirklich wichtig, und es gibt viel zu beachten. Also, noch einmal zusammengefasst:

> **Zusammenfassung: Nicht definierte Werte (NULL)** [*]
>
> Spaltenwerte, die nicht definiert sind, werden als NULL-Werte bezeichnet. NULL-Werte können also als Platzhalter für einen echten Wert betrachtet werden. Beachten Sie Folgendes bei der Auswertung von Bedingungen in einer WHERE-Klausel:
>
> ▸ NULL-Werte haben nichts mit dem realen numerischen Wert 0 zu tun.
> ▸ NULL-Werte haben nichts mit leeren Zeichenketten gemein.
> ▸ NULL-Werte führen in einem Ausdruck zu einem dritten, nicht logischen Zustand (nicht bekannt, nicht definiert).

Es gibt noch einige andere Auswirkungen, die zu beachten sind, wenn NULL-Werte als Spaltenwerte vorkommen. In Abschnitt 2.5 beschreibe ich Ihnen, was Sie bei Sortierungen beachten müssen, wenn die zu sortierende Spalte NULL-Werte enthält.

2.2.11 Spaltenwerte auf NULL prüfen

In diesem Abschnitt werden Sie Zeilen filtern, in denen Spaltenwerte einer Spalte nicht definiert sind, also dem Wert NULL entsprechen. Die Syntax zum Vergleichen von Spaltenwerten mit NULL ist einfach: Hinter der WHERE-Klausel geben Sie die Spalte an, deren Spaltenwerte Sie mit NULL vergleichen wollen. Um diese Werte auf NULL zu prüfen, notieren Sie einfach hinter der zu prüfenden Spaltenbezeichnung den IS NULL-Vergleichsoperator. In Listing 2.41 sehen Sie die dazugehörige Syntax.

```
WHERE spalte IS NULL;
```

Listing 2.41 Syntax zur Prüfung auf nicht definierte Werte einer Spalte

Jetzt formulieren wir eine Abfrage mit einer WHERE-Klausel, in der wir genau nach diesen nicht definierten Spaltenwerten filtern werden. Mitarbeitern, die nicht in den Abteilungen Verkauf oder Vertrieb beschäftigt sind, wird kein Umsatz zugeordnet. Dies wollen wir prüfen, indem wir in der WHERE-Klausel die Spalte *umsatz* auf den Wert NULL filtern.

```
SELECT
    name,
    vorname,
    abteilung,
    umsatz
FROM
    mitarbeiter
WHERE
    umsatz IS NULL;
```

Listing 2.42 Auf Spaltenwerte prüfen, die nicht definiert sind

Das Ergebnis der Abfrage liefert Ihnen Tabelle 2.34 zurück, in der sämtliche Mitarbeiter aufgelistet sind, denen keine Vertriebs- oder Verkaufsaktivitäten zugeordnet sind. Nachvollziehen können Sie dies in der Spalte *abteilung*. Hier finden Sie Abteilungen wie die Einkaufsabteilung, deren Mitarbeitern in der Spalte *umsatz* jeweils ein NULL-Wert zugewiesen ist.

name	vorname	abteilung	umsatz
Müller	Ralf	Einkauf	NULL
Schneider	Petra	Einkauf	NULL
Klein	Thomas	Einkauf	NULL
Lang	Ute	Einkauf	NULL

Tabelle 2.34 Ergebnistabelle für eine NULL-Wert-Überprüfung in einer WHERE-Klausel

2.2.12 Spaltenwerte auf »ist nicht NULL« prüfen

In Abschnitt 2.2.11 habe ich Ihnen gezeigt, wie Sie nach Spaltenwerten filtern können, die gleich NULL sind. Nun werde ich Ihnen erläutern, wie Sie nach Spaltenwerten filtern können, die nicht NULL sind. In Listing 2.43 sehen Sie die Syntax zur Anwendung des IS NOT NULL-Vergleichsoperators. Der Vergleichsoperator IS wird hier um das Schlüsselwort NOT erweitert, um eine Negation der Bedingung zu erreichen. Umgangssprachlich könnten Sie das mit »ist nicht NULL« übersetzen.

```
WHERE spalte IS NOT NULL
```

Listing 2.43 Spaltenwerte auf »nicht NULL« prüfen

Nachdem wir die Spalte *umsatz* der Tabelle *mitarbeiter* auf den Wert NULL geprüft haben, bietet es sich jetzt an, sie auf »nicht NULL« zu prüfen und zu filtern. Hierzu modifizieren wir die SELECT-Abfrage aus Listing 2.42 so, dass wir die Datensätze abfragen, in denen die Spaltenwerte der Spalte *umsatz* ungleich NULL sind.

```
SELECT
  name,
  vorname,
  abteilung,
  umsatz
FROM
  mitarbeiter
WHERE
  umsatz IS NOT NULL;
```

Listing 2.44 SELECT-Anweisung, deren Bedingung die
Spalte »umsatz« auf ungleich NULL, also nicht NULL, prüft

Die Datenbank sendet Ihnen als Ergebnis auf Ihre Anfrage wie in Tabelle 2.35 alle Mitarbeiter, die den Abteilungen Vertrieb und Verkauf angehören und einen Umsatz erzielt haben. Hier werden aus Platzgründen wieder nur die ersten vier Zeilen dargestellt.

name	vorname	abteilung	umsatz
Nolte	Reinhard	Vertrieb	355000.80
Jule	Stefanie Roll	Vertrieb	700000.00
Petersen	Hans	Vertrieb	156000.00
Sebastiansen	Inge	Vertrieb	570000.00

Tabelle 2.35 Ergebnistabelle für eine Prüfung auf IS NOT NULL in der WHERE-Klausel

2.2.13 Spaltenwerte mit Spaltenwerten vergleichen

Bisher haben Sie Spaltenwerte mit Zahlen-, Datums- und Textwerten verglichen. Sie können auch die Spaltenwerte einer Zeile miteinander vergleichen. Hierzu formulieren wir eine SELECT-Abfrage wie in Listing 2.45 dargestellt, in der wir prüfen, wo die Bonuszahlungen der Mitarbeiter größer sind als die erzielten Umsätze, um zu vermeiden, dass zukünftig nicht gerechtfertigte Bonuszahlungen ausgezahlt werden.

```
SELECT
    name,
    vorname,
    umsatz,
    bonus
FROM
    mitarbeiter
WHERE
    bonus>umsatz;
```

Listing 2.45 SELECT-Anweisung, deren Bedingung prüft, ob der Spaltenwert von »bonus« größer ist als der von »umsatz«

In Tabelle 2.36 wird uns eine Zeile zurückgeliefert. Der Mitarbeiter Michael Oberscheidt erhält einen Bonus, der größer ist als der von ihm erwirtschaftete Umsatz.

name	vorname	umsatz	bonus
Oberscheidt	Michael	150000.00	200000.00

Tabelle 2.36 Ergebnistabelle für einen Vergleich von Spaltenwerten einer Zeile

2.2 Zeilen in einer Abfrage mit WHERE filtern

> **[*]**
>
> **Zusammenfassung: WHERE-Klausel**
>
> Die WHERE-Klausel wird immer dann verwendet, wenn Sie nur Ergebniszeilen wünschen, die einem bestimmten Filterkriterium entsprechen. Hierzu werden die Spaltenwerte einer Spalte mittels eines Vergleichsoperators mit einem oder mehreren anderen Werten verglichen. Ist der Spaltenwert oder sind die Spaltenwerte identisch mit dem Vergleichswert oder den Vergleichswerten, so wird der Datensatz, also die Zeile, mit in die Ergebnisliste aufgenommen.
>
> Folgende Vergleichsoperatoren (in rechteckigen Klammern mit optionalen Zusätzen) können Sie in einer WHERE-Klausel verwenden:
>
> - = prüft auf Gleichheit.
> - <> und != prüfen beide auf Ungleichheit.
> - < prüft auf »kleiner als«.
> - <= prüft auf »kleiner/gleich«.
> - > prüft auf »größer als«.
> - >= prüft auf »größer/gleich«.
> - **NOT** negiert eine Aussage oder ein Ergebnis einer Bedingung.
> - **[NOT] BETWEEN** prüft, ob ein Wert in einem Intervall enthalten ist.
> - **[NOT] LIKE** prüft auf ein Muster.
> - **[NOT] IN** prüft, ob ein Wert in einer Menge enthalten ist.
> - **IS [NOT] NULL** prüft, ob ein Wert definiert ist.

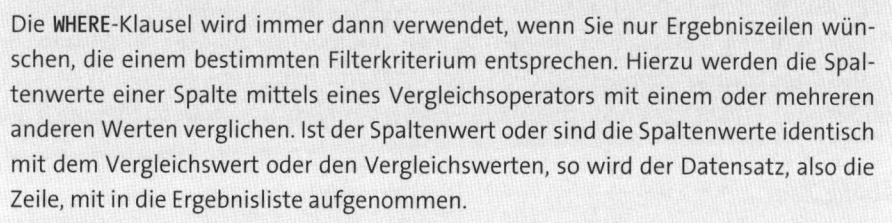

In diesem Abschnitt haben Sie erfahren, wie Sie mit einer WHERE-Klausel Bedingungen nutzen können, um nach Zeilen zu filtern, in der die Bedingungen erfüllt sind. In Abschnitt 2.3 widmen wir uns dem Thema der logischen Verknüpfung von mehreren Bedingungen in einer WHERE-Klausel. Sie werden lernen, wie Sie mit den logischen Operatoren AND und OR verknüpfte Aussagen von zwei oder mehreren Bedingungen in einer Gesamtaussage auswerten können.

2.2.14 Übungen zum Thema »Datensätze nach Bedingungen filtern«

Übung 1

Ermitteln Sie die Mitarbeiter, die in der Abteilung Vertrieb tätig sind. Formulieren Sie hierzu eine WHERE-Klausel, die die Spaltenwerte der Spalte *abteilung* auf Gleichheit mit dem Textausdruck `'vertrieb'` prüft. In der Spaltenauswahlliste wählen Sie sämtliche Spalten der Tabelle *mitarbeiter* mit dem Stellvertreterzeichen Asterisk (*) aus.

Übung 2

Überprüfen Sie, welche Mitarbeiter bereits 30 Tage ihres Urlaubs in Anspruch genommen haben. Vergleichen Sie hierzu in einer **WHERE**-Klausel die Spaltenwerte der Spalte *urlaubgenommen* der Tabelle *mitarbeiter* mit dem numerischen Wert 30. In der Ergebnistabelle geben Sie die Spalten *name, vorname* und *urlaubgenommen* aus.

Übung 3

Ihnen fällt prompt nicht der Mitarbeiter ein, den Sie am '1978-05-22' eingestellt haben? Formulieren Sie dazu eine **SELECT**-Abfrage, in der Sie die Werte der Spalte *eintrittsdatum* der Tabelle *mitarbeiter* auf Gleichheit mit dem genannten Datumswert prüfen. In die Spaltenauswahlliste nehmen Sie die Spalten *name, vorname* und *eintrittsdatum* auf.

Übung 4

Im Rahmen einer Datenermittlung soll aufgelistet werden, welche Mitarbeiter ihr Konto nicht bei der Stadtsparkasse Köln haben. Formulieren Sie eine **WHERE**-Klausel, in der Sie die Spaltenwerte der Spalte *bankinstitut* der Tabelle *mitarbeiter* auf Ungleichheit mit der Zeichenkette 'Stadtsparkasse Köln' prüfen. In der Ergebnistabelle der **SELECT**-Abfrage sollen die Spalten *name, vorname* und *bankinstitut* enthalten sein.

Übung 5

Ermitteln Sie alle Mitarbeiter, die keine Überstunden oder Minusstunden auf dem Stundenkonto aufweisen. In der Ergebnisliste sollen die Spalten *name, vorname* und *ueberstunden* der Tabelle *mitarbeiter* enthalten sein.

Übung 6

Natürlich interessiert uns auch, wer Überstunden auf seinem Arbeitskonto angehäuft hat. Prüfen Sie diesen Sachverhalt mit Hilfe einer Bedingung, in der die Werte der Spalte *ueberstunden* auf größer 0 verglichen werden. In der Ergebnisliste der **SELECT**-Abfrage sollen die Spalten *name, vorname* und *ueberstunden* der Tabelle *mitarbeiter* enthalten sein.

Übung 7

Formulieren Sie eine **WHERE**-Klausel, die die Mitarbeiter ermittelt, die seit dem '2000-01-01' in dem Unternehmen beschäftigt sind. Nutzen Sie für den Vergleich die Spalte *eintrittsdatum* der Tabelle *mitarbeiter*, und geben Sie die Spalten *name, vorname* und *eintrittsdatum* in der Ergebnistabelle aus.

Übung 8

Fragen Sie sämtliche Mitarbeiter ab, die ein oder mehrere Kinder haben. In Ihrer Bedingung verwenden Sie den Vergleichsoperator (=) und den **NOT**-Operator. Dazu ein kleiner Hinweis: Die Bedingung soll die Spaltenwerte der Spalte *anzahlkinder* auf Gleichheit mit dem Wert 0 prüfen. Die Bedingung verneinen Sie im Anschluss in der **WHERE**-Klausel gleich wieder mit dem **NOT**-Operator. In der Spaltenauswahlliste nehmen Sie die Spalten *mitarbeiterid*, *name*, *vorname* und *anzahlkinder* der Tabelle *mitarbeiter* auf.

Übung 9

Formulieren Sie als Nächstes eine **SELECT**-Abfrage, die die Mitarbeiter ermittelt, die zwischen dem '1990-01-01' und '2000-01-01' eingestellt wurden. In der **WHERE**-Klausel verwenden Sie zum Filtern die Spalte *eintrittsdatum*, deren Spaltenwerte Sie gegen das Datumsintervall prüfen. In der Ergebnisliste sind die Spalten *mitarbeiterid*, *name*, *vorname* und *eintrittsdatum* der Tabelle *mitarbeiter* mit aufzunehmen.

Übung 10

Formulieren Sie ein Textmuster, das die Spalte *geschlecht* auf ein beliebiges Zeichen prüft. In die Spaltenauswahl nehmen Sie die Spalten *name*, *vorname* und *geschlecht* der Tabelle *mitarbeiter* auf.

Lösung zu Übung 1

```
SELECT
  *
FROM
  mitarbeiter
WHERE
  abteilung='vertrieb';
```

Listing 2.46 Datensätze nach einem Textwert auf Gleichheit filtern

Lösung zu Übung 2

```
SELECT
  name,
  vorname,
  urlaubgenommen
FROM
  mitarbeiter
```

```
WHERE
    urlaubgenommen=30;
```

Listing 2.47 Datensätze nach einem numerischen Literal auf Gleichheit filtern

Lösung zu Übung 3

```
SELECT
    name,
    vorname,
    eintrittsdatum
FROM
    mitarbeiter
WHERE
    eintrittsdatum='1978-05-22';
```

Listing 2.48 Datensätze nach einem Datumsliteral auf Gleichheit filtern

Lösung zu Übung 4

Sie erhalten eine leere Ergebnisliste zurück, da kein Mitarbeiter bei einem anderen Institut ein Konto hat. Alternativ zum <>-Ungleichheitsoperator können Sie natürlich auch den !=-Ungleichheitsoperator verwenden.

```
SELECT
    name,
    vorname,
    bankinstitut
FROM
    mitarbeiter
WHERE
    bankinstitut<>'Stadtsparkasse Köln'
```

Listing 2.49 Datensätze mit einem Ungleich-Vergleichsoperator gegen ein Textliteral prüfen und filtern

Lösung zu Übung 5

```
SELECT
    name,
    vorname,
    ueberstunden
FROM
```

```
  mitarbeiter
WHERE
  ueberstunden<=0;
```

Listing 2.50 Datensätze mit einem Kleiner/gleich-Vergleichsoperator gegen ein numerisches Literal prüfen und filtern

Lösung zu Übung 6

```
SELECT
  name,
  vorname,
  ueberstunden
FROM
  mitarbeiter
WHERE
  ueberstunden>0;
```

Listing 2.51 Datensätze mit einem Größer/gleich-Vergleichsoperator gegen ein numerisches Literal prüfen und filtern

Lösung zu Übung 7

```
SELECT
  name,
  vorname,
  eintrittsdatum
FROM
  mitarbeiter
WHERE
  eintrittsdatum >= '2000-01-01';
```

Listing 2.52 Datensätze mit einem Größer/gleich-Vergleichsoperator gegen ein Datumsliteral prüfen und filtern

Lösung zu Übung 8

```
SELECT
  mitarbeiterid,
  name,
  vorname,
  anzahlkinder
FROM
  mitarbeiter
```

```
WHERE NOT
  anzahlkinder=0;
```

Listing 2.53 Datensätze mit einem negierten Vergleich auf einen Wert ungleich 0 filtern

Lösung zu Übung 9

```
SELECT
  name,
  vorname,
  eintrittsdatum
FROM
  mitarbeiter
WHERE
  eintrittsdatum
    BETWEEN '1990-01-01' AND '2000-01-01';
```

Listing 2.54 Datensätze auf ein Datumsintervall zwischen zwei Datumsangaben filtern

Lösung zu Übung 10

```
SELECT
  name,
  vorname,
  geschlecht
FROM
  mitarbeiter
WHERE
  geschlecht like '_';
```

Listing 2.55 Datensätze mit einem einstelligen Platzhalter filtern

2.3 Filterbedingungen mit AND (NOT) und OR (NOT) logisch verknüpfen

Sie haben in Abschnitt 2.2 Filterbedingungen mit einer WHERE-Klausel in einer SELECT-Abfrage verwendet. Wir haben Bedingungen der Art name='Meier' formuliert, um die Datenbank anzuweisen, uns ausschließlich die Datensätze aus der Tabelle *mitarbeiter* herauszufiltern, in denen der Wert der Spalte *name* gleich Meier ist. Sie haben also eine Bedingung formuliert, die in einer WHERE-Klausel einer SELECT-Anweisung ein Filterkriterium definiert. Die Datenbank nimmt Ihre SELECT-Abfrage entgegen und prüft in jeder Zeile, ob der Spaltenwert der Spalte *name* Meier lautet. Bei jeder Überprüfung kommt es zu einer Aussage, die wahr oder falsch sein kann. Wenn Sie wahr ist, liefert Ihnen die Datenbank den Datensatz in der Ergebnisliste zurück.

Sie haben schon einige Vergleichsoperatoren kennengelernt und können schon etliche Filterkriterien formulieren. Der nächste Schritt ist, zwei Bedingungen in Ihrer WHERE-Klausel zu verwenden und sie logisch miteinander zu verknüpfen. SQL bietet Ihnen hierzu die logischen Verknüpfungsoperatoren AND (englisch, »und«) und OR (englisch, »oder«), mit denen Sie in einer WHERE-Klausel gleich mehrere Bedingungen verwenden können. An dieser Stelle noch der Hinweis, dass für die Verknüpfungsoperatoren, die Sie kennenlernen werden, die Gesetze der *booleschen Algebra* gelten. Die am häufigsten verwendeten Szenarien dieser Algebra stelle ich Ihnen im Zusammenhang mit der Formulierung von zusammengesetzten Filterkriterien vor. Sehen wir uns zunächst an, wie Sie zwei Bedingungen mit dem AND-Operator logisch verknüpfen.

2.3.1 Der logische Verknüpfungsoperator AND

Der logische Verknüpfungsoperator AND verknüpft innerhalb einer WHERE-Klausel Bedingungen und ist dann wahr, wenn sämtliche Aussagen der Bedingungen, die Sie mit AND verknüpfen, wahr sind. Eine derartige Verknüpfung von Bedingungen wird als *Konjunktion* bezeichnet. Das Wort Konjunktion stammt aus dem Lateinischen und bedeutet so viel wie »verbinden«. Sie verbinden so zwei Aussagen von Bedingungen. Ausschließlich wenn Bedingung 1 und Bedingung 2 gleichzeitig wahr sind, ist die Gesamtaussage ebenfalls wahr. Betrachten Sie hierzu Tabelle 2.37.

Bedingung 1	Bedingung 2	Ergebnis
wahr	wahr	wahr
falsch	falsch	falsch
falsch	wahr	falsch
wahr	falsch	falsch

Tabelle 2.37 Wahrheitstabelle für die AND-Verknüpfung

Das Ergebnis der Gesamtaussage ist nur dann wahr, wenn die Aussagen von Bedingung 1 und Bedingung 2 wahr sind. Die übrigen drei verknüpften Bedingungen können nicht in ihrer Gesamtaussage wahr sein, da sie dieser Anforderung nicht genügen. Eine solche Tabelle, die wir hier verwendet haben, um logische Aussagen mit AND zu verknüpfen, wird als *Wahrheitstabelle* bezeichnet.

Zum besseren Verständnis der AND-Verknüpfung von logischen Aussagen betrachten Sie Abbildung 2.1. Sie sehen eine Batterie, zwei Schalter und eine Glühbirne, die durch

Symbole dargestellt werden. Die Schalter 1 und 2 sind beide nicht betätigt. Es kann also kein Strom fließen, um die Glühbirne zum Leuchten zu bringen. Schließen Sie nur Schalter 1 oder nur Schalter 2, so bringt uns das auch nicht weiter. Die Glühbirne würde nicht leuchten.

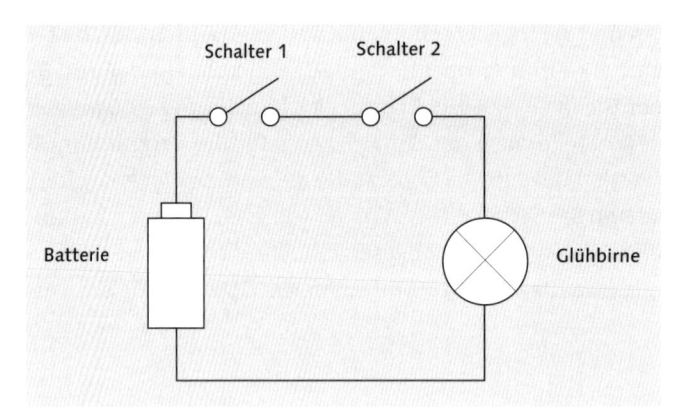

Abbildung 2.1 Logische UND-Verknüpfung mit zwei geöffneten Schaltern in einer elektrischen Schaltung

Damit geben wir uns natürlich nicht zufrieden. Wir wollen die Glühbirne zum Leuchten bringen. In Abbildung 2.2 sind Schalter 1 **und** Schalter 2 geschlossen. Der Strom kann also fließen, und die Glühbirne leuchtet.

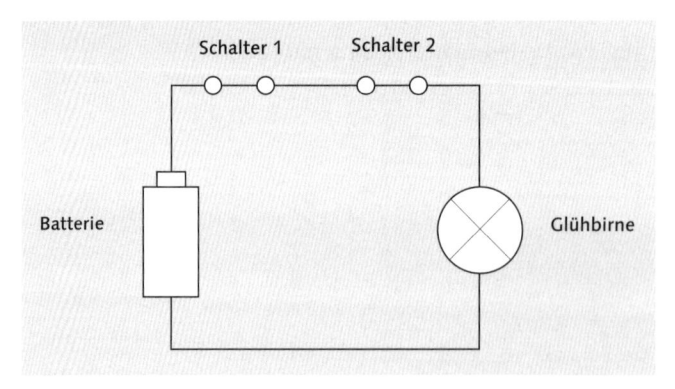

Abbildung 2.2 Logische UND-Verknüpfung mit zwei geschlossenen Schaltern in einer elektrischen Schaltung

2.3.2 SQL-Bedingungen mit dem logischen AND-Operator verknüpfen

Schauen wir uns nun an, wie sich diese logische Bedingung in SQL darstellen lässt.

Als Erstes sollen die Mitarbeiter, die Kinder haben und trotzdem Überstunden leisten, ermittelt werden, um ihnen einen Bonus von 1 000 € zuzuordnen. Hierzu formulieren wir eine **SELECT**-Abfrage, die in der Spaltenauswahlliste die Spalten *name*, *vorname*, *ueberstunden* und *anzahlkinder* enthält. Außerdem formulieren wir eine WHERE-Klausel, die prüft, ob die Spaltenwerte der Spalte *ueberstunden* und die Spaltenwerte der Spalte *anzahlkinder* größer als 0 sind. Es handelt sich also um zwei Bedingungen, die mit einem AND-Verknüpfungsoperator (ueberstunden>0 AND anzahlkinder>0) verbunden werden. Ausschließlich dann, wenn beide Bedingungen erfüllt sind – also nur wenn die Aussagen der Bedingungen ueberstunden>0 und anzahlkinder>0 wahr sind –, schafft es eine Zeile in die Ergebnistabelle.

```
SELECT
    name,
    vorname,
    ueberstunden,
    anzahlkinder
FROM
    mitarbeiter
WHERE
    ueberstunden>0 AND anzahlkinder>0;
```

Listing 2.56 Zwei Ergebnisse von Bedingungen in der WHERE-Klausel mit einem logischen AND verknüpfen

In Tabelle 2.38 erhalten Sie die Zeilen sämtlicher Mitarbeiter, die Überstunden machen und Kinder haben. Für uns ist hier von Bedeutung, dass Sie die Ergebnisse zweier Bedingungen, also die Aussagen, mit einem logischen AND-Operator verbunden haben. Das heißt, dass in unserer Ergebnisliste tatsächlich nur die Mitarbeiter enthalten sind, die beide Bedingungen erfüllen.

name	vorname	ueberstunden	anzahlkinder
Müller	Ralf	3	4
Lupin	Anja	15	2
Müller	Iris	80	2
Jule	Stefanie Roll	21	1

Tabelle 2.38 Ergebnistabelle für eine WHERE-Klausel, in der zwei Bedingungen mit AND verknüpft ausgewertet werden

Natürlich können Sie auch mehr als zwei Bedingungen miteinander verknüpfen, wie Ihnen das nächste Beispiel zeigt, in dem drei Bedingungen mit dem logischen AND-Operator verknüpft werden. Hierzu wollen wir die Mitarbeiter der Abteilung Verkauf ermitteln, um ihnen einen Sonderbonus zukommen zu lassen. Neben dieser Bedingung sollen ausschließlich die Mitarbeiter ausgegeben werden, die einen Umsatz von mehr als 500 000 € erzielen und Überstunden zu leisten. In die Spaltenauswahlliste nehmen wir die Spalten *name*, *vorname*, *umsatz*, *ueberstunden* und *abteilung* auf. Wir haben es hier also mit drei Bedingungen zu tun, die wir sprachlich wie folgt auswerten können: Die Gesamtaussage in der WHERE-Klausel ist erfüllt, wenn die Aussage der Bedingung umsatz>500000 und die Aussage der Bedingung ueberstunden>0 und die Aussage der Bedingung abteilung='Verkauf' wahr sind. Es müssen also alle drei Aussagen der Bedingungen wahr sein, damit die Gesamtaussage der WHERE-Klausel wahr ist.

```
SELECT
    name,
    vorname,
    umsatz,
    ueberstunden,
    abteilung
FROM
    mitarbeiter
WHERE
    umsatz>500000 AND ueberstunden>0 AND abteilung='Verkauf';
```

Listing 2.57 Drei Bedingungen mit dem logischen AND-Operator in der WHERE-Klausel verknüpfen

Das Ergebnis Ihrer Abfrage ist in Tabelle 2.39 dargestellt.

name	vorname	umsatz	ueberstunden	abteilung
Sonnenfeld	Udo	650000.00	10	Verkauf
Dorsten	Klaus	600000.00	2	Verkauf
Bücher	Herbert	1200000.80	48	Verkauf
Sternental	Marlene	600000.00	5	Verkauf

Tabelle 2.39 Ergebnistabelle für eine Auswertung von drei mit AND verknüpften Bedingungen

Es werden nur die Mitarbeiter in der Ergebnisliste aufgeführt, die einen Umsatz von mehr als 500 000 € erzielen, Überstunden leisten und der Abteilung Verkauf zugehörig sind. Sie haben jetzt drei Bedingungen mit einem logischen AND-Operator verknüpft. Sie können eine beliebige Anzahl von Bedingungen mit dem logischen AND-Operator in einer WHERE-Klausel verknüpfen und somit komplexe Filterbedingungen formulieren.

2.3.3 Der logische Verknüpfungsoperator OR

Der logische Verknüpfungsoperator OR verknüpft ebenfalls wie der logische AND-Operator zwei oder mehrere Bedingungen in einer WHERE-Klausel. Hier besteht natürlich ein Unterschied: Wie es das Wort schon vermuten lässt, ist bei Bedingungen die Gesamtaussage wahr, wenn Bedingung 1 **oder** Bedingung 2 wahr ist. Wenn beide Bedingungen erfüllt sind, ist die Gesamtaussage der mit OR verknüpften Bedingungen ebenfalls wahr. Nur dann, wenn keine der Bedingungen 1 oder 2 wahr sind, ist die logische Gesamtaussage falsch. Eine derartige Verknüpfung wird als *Disjunktion* bezeichnet. Das Wort Disjunktion kommt aus dem Lateinischen und bedeutet so viel wie »trennen« oder »unterscheiden«. Die passende Wahrheitstabelle zeigt Ihnen die verschiedenen Möglichkeiten im Überblick:

Bedingung 1	Bedingung 2	Ergebnis
wahr	falsch	wahr
falsch	wahr	wahr
wahr	wahr	wahr
falsch	falsch	falsch

Tabelle 2.40 Wahrheitstabelle für die OR-Verknüpfung

Nutzen wir auch hier einen Schaltkreis, um zu prüfen, wann eine Glühlampe leuchtet. Betrachten wir also Abbildung 2.3. Die Anordnung der Schalter in unserer elektrischen Schaltung hat sich etwas geändert. Sie sehen, dass keiner der Schalter geschlossen ist. Aber schon hier ist ersichtlich, dass, wenn Sie einen der beiden Schalter betätigen, der Stromkreis sich schließen wird und unsere Glühbirne leuchtet.

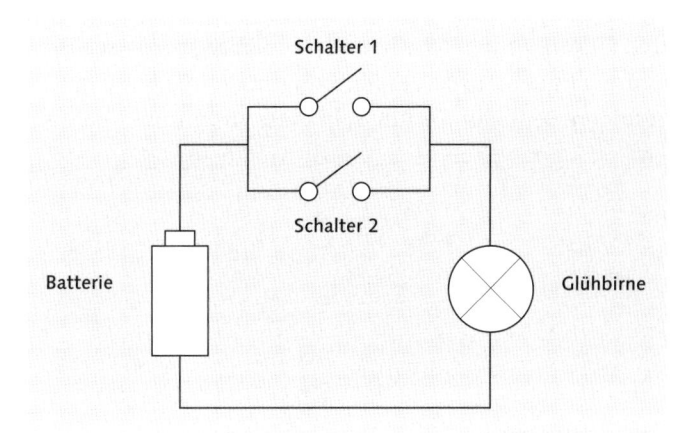

Abbildung 2.3 Logische ODER-Verknüpfung mit zwei offenen Schaltern in einer elektrischen Schaltung

In Abbildung 2.4 sehen Sie Schalter 1 betätigt. Der Stromkreis ist geschlossen, und die Glühbirne leuchtet. Das Gleiche erreichen Sie, wenn sie ausschließlich Schalter 2 betätigen – die Glühbirne würde ebenfalls leuchten. Sie könnten also Schalter 1 oder Schalter 2 betätigen, damit die Glühbirne leuchtet. Betätigen Sie beide Schalter, ist der Stromkreis ebenfalls geschlossen.

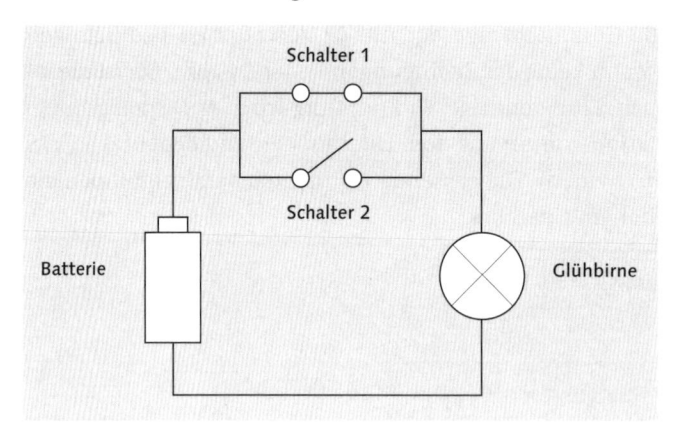

Abbildung 2.4 Logische ODER-Verknüpfung mit einem betätigten Schalter in einer elektrischen Schaltung

Sie haben logische UND- und ODER-Beziehungen anhand von elektrischen Schaltkreisen kennengelernt. Wie sieht das Ganze in einer WHERE-Klausel in SQL aus?

2.3.4 SQL-Bedingungen mit dem logischen OR-Operator verknüpfen

Die Mitarbeiter der Abteilungen Personal und Einkauf sollen nun auch mit Bonuszahlungen bedacht werden. Bei dem Filterkriterium, das wir formulieren, handelt es sich um zwei Bedingungen, die die Spaltenwerte der Spalte *abteilung* auf Gleichheit mit den Werten *Personal* und *Einkauf* prüfen. Wie in Listing 2.58 dargestellt, realisieren wir die logische Verknüpfung mit einem OR-Verknüpfungsoperator, da entweder die eine Bedingung oder die andere Bedingung erfüllt sein muss, um zu einer wahren Gesamtaussage zu kommen.

```
SELECT
    name,
    vorname,
    abteilung
FROM
    mitarbeiter
WHERE
    abteilung='Einkauf' OR abteilung='Personal';
```

Listing 2.58 Zwei Bedingungen mit dem logischen OR-Operator verknüpfen

In Tabelle 2.41 sehen Sie das Resultat der SELECT-Abfrage und einer WHERE-Klausel, die die Aussagen von zwei Bedingungen mit einem OR-Operator logisch auswertet. Es wurden nur die Zeilen mit in die Ergebnistabelle aufgenommen, in der die Mitarbeiter den Abteilungen Einkauf oder Personal angehören.

name	vorname	abteilung
Eisenhof	Frank	Einkauf
Lupin	Anja	Einkauf
Lempe	Dirk	Personal
Müller	Iris	Personal

Tabelle 2.41 Ergebnistabelle für eine WHERE-Klausel, die Aussagen von Bedingungen mit einem OR-Verknüpfungsoperator logisch auswertet

Wir haben eine Abteilung vergessen und wollen das natürlich nicht so im Raum stehen lassen. Hierzu formulieren wir eine SELECT-Abfrage, in der wir auch sämtliche Mitarbeiter berücksichtigen, die der Abteilung Controlling zugeordnet sind. Die Spaltenauswahlliste enthält die Spalten *name*, *vorname* und *abteilung*.

```
SELECT
  name,
  vorname,
  abteilung
FROM
  mitarbeiter
WHERE
  abteilung='Einkauf' OR
  abteilung='Personal' OR
  abteilung='Controlling';
```

Listing 2.59 Drei Bedingungen mit dem logischen OR-Operator verknüpfen

Die Daten, die uns die Datenbank zurückliefert, enthalten wie in Tabelle 2.42 nun auch die Mitarbeiter der Abteilung Controlling. Der logische OR-Operator zur Verknüpfung von Bedingungen ist in einer WHERE-Klausel ebenfalls beliebig oft nutzbar.

name	vorname	abteilung
Schneider	Ralf	Einkauf
Schneider	Petra	Einkauf

Tabelle 2.42 Ergebnistabelle für eine WHERE-Klausel, in der Bedingungen mit drei OR-Verknüpfungsoperatoren logisch ausgewertet werden

name	vorname	abteilung
Lempe	Dirk	Personal
Müller	Iris	Personal
Stein	Rolf	Controlling
Groß	Vera	Controlling

Tabelle 2.42 Ergebnistabelle für eine WHERE-Klausel, in der Bedingungen mit drei OR-Verknüpfungsoperatoren logisch ausgewertet werden (Forts.)

2.3.5 Der logische Verknüpfungsoperator AND NOT

Sie haben bereits zwei oder drei Bedingungen mit dem AND- und dem OR-Operator logisch miteinander verknüpft. Eine weitere Möglichkeit besteht darin, eine Bedingung mit dem AND NOT-Verknüpfungsoperator mit einer anderen Bedingung zu verknüpfen. Das bedeutet, wenn die eine Aussage wahr ist und die folgende Aussage nicht wahr ist, ist die Gesamtaussage wahr. Sehen wir uns hierzu Tabelle 2.43 an, die die Wahrheitswerte auflistet.

Bedingung 1	Bedingung2	Ergebnis
wahr	wahr	falsch
wahr	falsch	wahr
falsch	wahr	falsch
falsch	falsch	falsch

Tabelle 2.43 Wahrheitstabelle für den logischen AND NOT-Operator

Es gibt nur eine Kombination, die im Ergebnis wahr ist, nämlich dann, wenn Bedingung 1 wahr ist und Bedingung 2 nicht wahr ist. Um das Ganze besser nachvollziehen zu können, sehen wir uns Abbildung 2.5 an.

In unserem elektrischen Schaltkreis hat sich etwas verändert. Schalter 2 ist kein schließender Schalter mehr, sondern ein öffnender Schalter. Soll heißen, wenn Sie ihn betätigen, wird der Stromkreis unterbrochen, und die Glühbirne leuchtet nicht. Ist also der Schalter 1 betätigt und damit analog gesehen zu einer Aussage wahr und der Schalter 2 nicht betätigt und damit analog gesehen zu einer Aussage falsch, so ist der Stromkreis geschlossen, und die Glühbirne leuchtet. Die Gesamtaussage der logischen Verknüpfung ist also wahr.

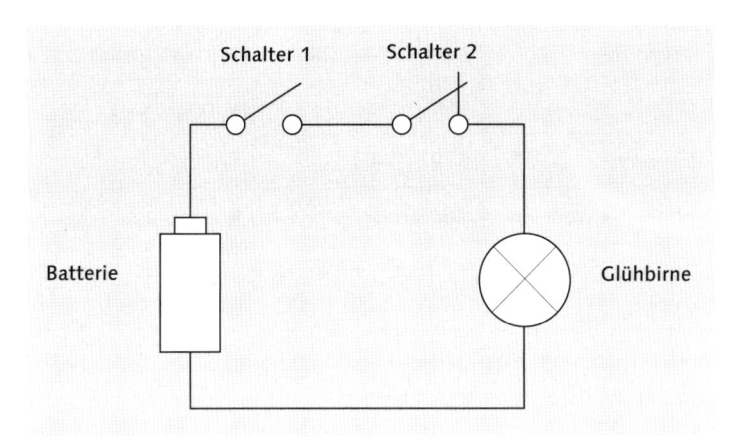

Abbildung 2.5 Logische AND NOT-Verknüpfung in einer elektrischen Schaltung

2.3.6 SQL-Bedingungen mit dem AND NOT-Operator logisch verknüpfen

Kommen wir zur Praxis. Wir werden die Mitarbeiter ermitteln, deren Spaltenwerte der Spalte *austrittsdatum* nicht gleich NULL sind, die also aus der Firma ausgetreten sind. In einer weiteren Bedingung prüfen wir die Werte der Spalte *austrittsgrund* auf Gleichheit mit dem Wert 'ruhestand'. Diese Bedingung ist also in ihrer logischen Aussage wahr, wenn der Wert gleich 'ruhestand' ist. Uns interessieren in diesem Fall aber alle Mitarbeiter, die über ein Austrittsdatum verfügen und deren Austrittsgrund nicht ruhestand ist. Um unser Filterergebnis zu realisieren, verknüpfen wir die zwei Bedingungen und damit ihre Aussagen mit dem **AND NOT**-Verknüpfungsoperator. Hier wird die Aussage der Bedingung austrittsgrund gleich ruhestand also negiert verknüpft. Wenn die Aussage der Bedingung falsch ist, wird sie durch den logischen Verknüpfungsoperator **AND NOT** zu einer wahren Gesamtaussage führen.

```
SELECT
  name,
  vorname,
  austrittsdatum,
  austrittsgrund
FROM
  mitarbeiter
WHERE
  austrittsdatum IS NOT NULL AND NOT austrittsgrund='ruhestand';
```

Listing 2.60 Zwei Bedingungen mit dem AND NOT-Operator verknüpfen

Die Daten, die uns die Datenbank zurückgibt (siehe Tabelle 2.44), enthalten nun sämtliche Mitarbeiter, deren Spaltenwerte in der Spalte *austrittsdatum* nicht NULL sind und für die die Spalte *austrittsgrund* nicht den Spaltenwert ruhestand aufweist.

name	vorname	austrittsdatum	austrittsgrund
Lempe	Dirk	2002-01-31	veränderung
Klarfeld	Simone	1997-01-31	veränderung
Haier	Peter	2011-07-31	abfindungs-programm
Groß	Vera	2005-03-31	veränderung

Tabelle 2.44 Ergebnistabelle für eine WHERE-Klausel, in der Bedingungen mit dem AND NOT-Verknüpfungsoperator logisch ausgewertet werden

2.3.7 Der logische Verknüpfungsoperator OR NOT

Sie haben soeben den AND NOT-Operator verwendet. Jetzt lernen Sie den OR NOT-Verknüpfungsoperator kennen. Eine wahre Gesamtaussage einer ODER NICHT-Verknüpfung aus zwei Bedingungen ergibt sich entweder aus einer wahren Aussage einer Bedingung 1 oder aus einer nicht wahren Aussage einer Bedingung 2, wie in Tabelle 2.45 dargestellt:

Bedingung 1	Bedingung 2	Ergebnis
wahr	falsch	wahr
falsch	wahr	falsch
wahr	wahr	wahr
falsch	falsch	wahr

Tabelle 2.45 Wahrheitstabelle für den logischen OR NOT-Operator

Sehen Sie sich zum besseren Verständnis Abbildung 2.6 an.

Hier handelt es sich wieder um eine elektrische Schaltung, in der Sie eine logische OR NOT-Verknüpfung mit einem einfachen elektrischen Schaltkreis nachgebildet sehen. Beide Schalter sind nicht betätigt, wobei es sich bei Schalter 2 wieder um einen Ausschalter handelt. Für uns bedeutet das also, dass Aussage 1 falsch und Aussage 2 falsch ist. Da es sich bei Schalter 2 um einen Ausschalter handelt, ist der Stromkreis dennoch geschlossen. Die Gesamtaussage ist also wahr, obwohl Aussage 2 falsch ist; die Glühbirne leuchtet. Die OR NOT-Verknüpfung könnten wir also wie folgt sprachlich formulieren: Die Gesamtaussage ist wahr, wenn Schalter 1 betätigt wird (wahr ist) oder Schalter 2 nicht betätigt wird (die Aussage also falsch ist).

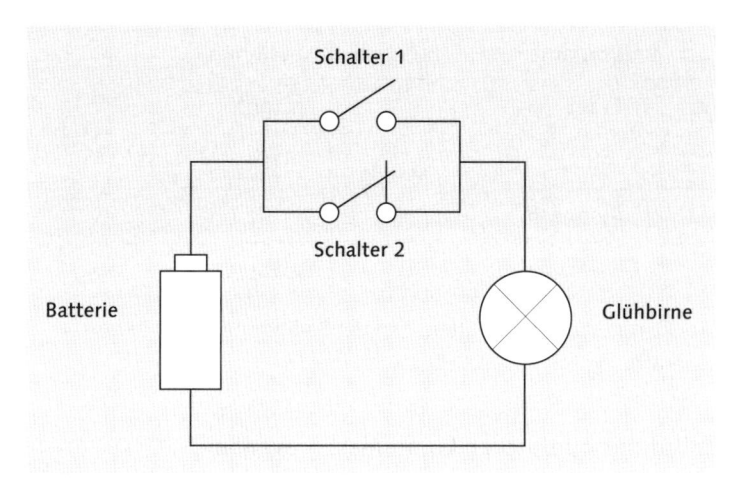

Abbildung 2.6 Logische ODER NICHT-Verknüpfung mit einem nicht betätigten einfachen Schalter und einem Öffner in einer elektrischen Schaltung

2.3.8 SQL-Bedingungen mit dem logischen OR NOT-Operator verknüpfen

Kommen wir zur Praxis. Unser Ziel ist es, alle Mitarbeiter zu ermitteln, die der Abteilung Einkauf angehören. Außerdem soll sichergestellt sein, dass die Mitarbeiter, die der Abteilung Personal angehören, nicht ausgegeben werden. Wir ermitteln also alle Mitarbeiter, die der Abteilung Einkauf angehören oder nicht der Abteilung Personal zugehörig sind.

```sql
SELECT
    name,
    vorname,
    abteilung
FROM
    mitarbeiter
WHERE
    abteilung='Einkauf' OR NOT abteilung='Personal';
```

Listing 2.61 Zwei Bedingungen mit dem logischen OR NOT-Operator verknüpfen

Tabelle 2.46 liefert uns nun alle Mitarbeiter, die entweder der Abteilung Einkauf zugehörig sind oder nicht zur Abteilung Personal gehören. Dem aufmerksamen Leser entgeht hier sicher nicht, dass die Aussage der ersten Bedingung bereits in der Aussage der zweiten Bedingung enthalten ist.

name	vorname	abteilung
Eisenhof	Frank	Einkauf
Lupin	Anja	Einkauf
Nolte	Reinhard	Vertrieb
Jule	Stefanie Roll	Vertrieb

Tabelle 2.46 Ergebnistabelle für eine WHERE-Klausel, in der Bedingungen mit dem OR NOT-Verknüpfungsoperator logisch ausgewertet werden

2.3.9 Logische Verknüpfungsoperatoren kombiniert anwenden

Logische Verknüpfungsoperatoren wie AND, OR, AND NOT oder OR NOT lassen sich auch kombiniert für die Verknüpfung unterschiedlichster Bedingungen in einer WHERE-Klausel anwenden.

Das sehen wir uns jetzt näher an. Vollzeitbeschäftigte Mitarbeiter verfügen im Jahr über 30 Urlaubstage. Teilzeitbeschäftigte erhalten hingegen 15 Urlaubstage. Wenn das Jahr zu Ende geht, ist sicher zu stellen, dass Vollzeitbeschäftigte mindestens 20 Tage ihres Urlaubs in Anspruch genommen haben. Zudem ist sicherzustellen, dass Teilzeitbeschäftigte mindestens 10 Tage genutzt haben. Es sind also sämtliche Mitarbeiter zu ermitteln, die entweder über 30 Urlaubstage verfügen und weniger als 20 Tage davon genommen haben, oder 15 Urlaubstage zur Verfügung hatten und davon weniger als 10 Tage genommen haben.

In der Tabelle *mitarbeiter* finden Sie die Spalten *urlaubstage* und *urlaubgenommen*. Diese beiden Spalten eignen sich hervorragend für die Bedingungen urlaubstage=30 und urlaubgenommen<20 oder ulaubstage=15 und urlaubgenommen<10.

In Listing 2.62 sehen Sie die gemischte Anwendung der logischen Verknüpfungsoperatoren AND und OR, um die hier geschilderten Anforderungen umzusetzen.

Im nächsten Abschnitt werde ich noch detaillierter auf die Reihenfolge der Auswertung der mit logischen Operatoren verknüpften Bedingungen eingehen.

```
SELECT
    name,
    vorname,
    urlaubstage,
    urlaubgenommen
FROM
    mitarbeiter
```

```
WHERE
  urlaubstage=30 AND urlaubgenommen<20
  OR
  urlaubstage=15 AND urlaubgenommen<10;
```

Listing 2.62 Vier Bedingungen und ihre Ergebnisse mit den logischen Operatoren AND und OR verknüpfen

In Tabelle 2.47 sehen Sie das Resultat der Abfrage. Die Datenbank liefert Ihnen sämtliche Mitarbeiter, die entweder Anspruch auf 30 Urlaubstage hatten und davon weniger als 20 Tage genommen haben oder die Anspruch auf 15 Urlaubstage hatten und davon weniger als 10 Tage genommen haben.

name	vorname	urlaubstage	urlaubgenommen
Sommer	Werner	15	8
Oberscheidt	Michael	15	7
Heinrich	Hans	15	8
Groß	Vera	30	19
Friedrichs	Martin	30	14
Kanis	Herbert	30	18

Tabelle 2.47 Ergebnistabelle, die mit einer Kombination der Verknüpfungsoperatoren AND und OR in einer WHERE-Klausel erstellt wurde

2.3.10 Den Vorrang von Verknüpfungsoperatoren beachten

Sie kennen die alte Regel, dass in einer Berechnung, in der eine Multiplikation und eine Addition vorkommen, immer die Punkt- vor der Strichrechnung durchzuführen ist. Was hat das mit den logischen Verknüpfungsoperatoren zu tun?

Ganz einfach: Wenn Sie mehr als zwei Bedingungen logisch miteinander verknüpfen, so wird immer die **AND**-Verknüpfung vor der **OR**-Verknüpfung ausgewertet. Die logische **AND**-Verknüpfung hat also Vorrang vor der **OR**-Verknüpfung.

Es gibt nur eine Ausnahme: Durch Klammersetzung können Sie die Reihenfolge der Auswertung für Bedingungen ändern. Auch hier kennen Sie die alte Regel aus der Mathematik, dass Sie durch Klammersetzung der Strichrechnung Vorrang vor der Multiplikation gewähren können. Diese einfachen Vorrangregeln der Mathematik finden Sie in Abbildung 2.7 dargestellt. In der Logik haben sie vergleichbare Auswirkungen auf das Ergebnis.

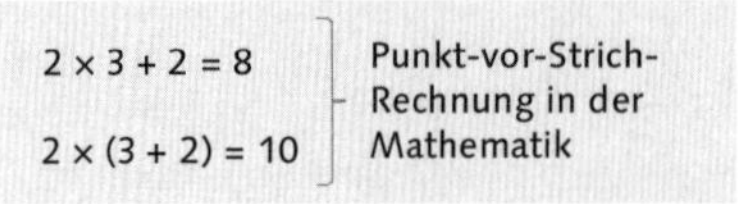

2 × 3 + 2 = 8   Punkt-vor-Strich-
                     Rechnung in der
2 × (3 + 2) = 10   Mathematik

Abbildung 2.7 Multiplizieren hat Vorrang vor einer Addition.

In Tabelle 2.48 wird die Aussage A1 einer Bedingung mit der Aussage A2 einer Bedingung mit dem **AND**-Operator verknüpft. Diese Verknüpfung wird immer zuerst ausgewertet. Die Aussage der **AND**-Verknüpfung wird dann mit dem nachrangigen **OR**-Operator mit der Aussage A3 logisch verknüpft. Im letzten Schritt kommen wir zur Gesamtaussage A4.

A1	A2	A3	A4 = A1 AND A2 OR A3
F	F	F	F
F	F	W	W
F	W	F	F
F	W	W	W
W	F	F	F
W	F	W	W
W	W	F	W
W	W	W	W

Tabelle 2.48 Wahrheitstabelle für eine AND- mit einer OR-Verknüpfung

Sehen wir uns jetzt an, welche Auswirkungen der Vorrang des **AND**-Operators in der Auswertung von mehreren verknüpften Bedingungen in einer **WHERE**-Klausel hat. Hierzu ermitteln wir die Mitarbeiter, die einer falschen Steuerklasse zugeordnet sind. Zunächst ist es erforderlich, die Steuerklasse zu prüfen. In diesem Fall prüfen wir in einer Bedingung die Werte der Spalte *steuerklasse* auf Gleichheit mit dem Wert 1. Mit einem logischen **AND** verknüpfen wir das Ergebnis dieser Prüfung mit einer weiteren Bedingung, die prüft, ob die Anzahl der Kinder größer als 0 ist. Zuletzt werten wir eine dritte Bedingung aus, nämlich ob die gefundenen Mitarbeiter verheiratet sind. Die Aussage dieser Bedingung verknüpfen wir mit einem logischen **OR**-Operator mit dem Ergebnis aus der logischen **AND**-Verknüpfung. In die Spaltenauswahlliste nehmen wir die Spalten *name*, *vorname*, *steuerklasse*, *anzahlkinder* und *verheiratet* auf.

```
SELECT
    name,
```

```
  vorname,
  steuerklasse,
  anzahlkinder,
  verheiratet
FROM
  mitarbeiter
WHERE
  steuerklasse=1
AND
  anzahlkinder>0
OR
  verheiratet='ja';
```

Listing 2.63 Auswirkungen der Auswertungsreihenfolge von Bedingungen, die mit AND und OR verknüpft sind

In Tabelle 2.49 sehen Sie das Resultat unserer Abfrage.

name	vorname	steuerklasse	anzahlkinder	verheiratet
Müller	Ralf	3	4	ja
Schneider	Petra	3	3	ja
Klein	Thomas	3	4	ja
Eisenhof	Frank	3	4	ja

Tabelle 2.49 Ergebnistabelle für eine WHERE-Klausel mit einer kombinierten Anwendung der logischen Verknüpfungsoperatoren AND und OR unter Berücksichtigung des Vorrangs der Auswertung der Ergebnisaussagen

Ihnen fällt sofort auf, dass auch Mitarbeiter mit der Steuerklasse 3 in der Ergebnisliste enthalten sind. Das entspricht nicht der Anforderung, die wir gestellt hatten. Ich habe Sie hier bewusst in eine Konjunktionsfalle gelockt, um Ihnen darzustellen, dass Sie die Vorrangregeln immer berücksichtigen müssen.

Was ist hier passiert? In der ersten Bedingung wird auf die Steuerklasse geprüft. Hier ist nur der Wert 1 zulässig. Daraus folgt, dass das Ergebnis bzw. die Aussage der Bedingung nur dann wahr ist, wenn die Steuerklasse gleich 1 ist. Dieses Ergebnis wird mit dem logischen **AND**-Operator mit der Bedingung verknüpft, die prüft, ob die Anzahl der Kinder größer 0 ist. So weit, so gut. Zuletzt folgt eine Bedingung, die mit dem **OR**-Operator verknüpft wird. Sie prüft, ob der Mitarbeiter verheiratet ist. Sie wissen bereits, dass die **AND**-Verknüpfungen von Bedingungen zuerst ausgewertet werden und zu einer wahren oder falschen Aussage führen. Mit der **AND**-Verknüpfung werden die Bedingungen »Steuerklasse ist gleich 1« und »Anzahl der Kinder ist größer 0« verknüpft. Ist eine der Aussagen der Bedingungen nicht wahr, so ist die Gesamtaussage der **AND**-Verknüpfung ebenfalls nicht wahr. Jetzt hilft uns nur noch die **OR**-Verknüpfung zu dem Ergebnis der zuvor ausgeführten Konjunktion. Hier gibt es leider nun einen Haken: Ist die Aussage der Konjunktion falsch, wird nur noch die Bedingung der **OR**-Klausel ausgewertet. In die Ergebnisliste schaffen es dann alle Mitarbeiter, die verheiratet sind und somit auch der Steuerklasse 3 zugeordnet sind.

Mit diesem Ergebnis wollen wir uns natürlich nicht zufriedengeben. In Listing 2.64 sehen Sie eine modifizierte **WHERE**-Klausel, in der hinter der **AND**-Verknüpfung die Auswertung einer **OR**-Verknüpfung in einem Klammerausdruck steht. Hier wird jetzt zuerst der Wert der Steuerklasse ausgewertet. Dann wird die **AND**-Verknüpfung mit dem Ergebnis der **OR**-Verknüpfung in der Klammer ausgewertet, um das gewünschte Ergebnis zu erzielen.

```
WHERE
   steuerklasse=1
AND
(
   anzahlkinder>0
   OR
   verheiratet='ja'
);
```

Listing 2.64 Vorrang einer Auswertung von verknüpften Bedingungen durch Klammern beeinflussen

Das Resultat in Tabelle 2.50 sieht schon besser aus.

name	vorname	steuerklasse	anzahlkinder	verheiratet
Lempe	Dirk	1	2	ja
Paulus	Sebastian	1	1	nein
Serenius	Ingo	1	7	nein

Tabelle 2.50 Ergebnistabelle für eine Auswertung von Bedingungen, deren Vorrang durch Klammersetzung geändert wurde

Hier sehen Sie nur die Mitarbeiter, denen fälschlicherweise die Steuerklasse 1 zugeordnet wurde. Alle Spaltenwerte der Spalte *anzahlkinder* sind größer als 0. Neben dieser Tatsache ist der Mitarbeiter Dirk Lempe auch verheiratet.

> **Zusammenfassung: Bedingungen mit logischen Operatoren verknüpfen**
>
> Filterabfragen können aus mehreren Bedingungen bestehen, die mittels logischer Operatoren miteinander verknüpft werden. Folgende Verknüpfungsoperatoren stehen Ihnen zur Verfügung:
>
> - AND
> - OR
> - AND NOT
> - OR NOT
>
> Mit diesen Operatoren lassen sich zwei oder beliebig viele Bedingungen miteinander logisch verknüpfen.
>
> Die Verknüpfungsoperatoren können auch in Kombination verwendet werden. Es kommt ganz auf die Anforderung der Filterfunktionalität an, die zu realisieren ist.
>
> Eine **AND**-Verknüpfung wird immer vorrangig vor einer **OR**-Verknüpfung ausgewertet.
>
> Mittels Klammersetzung können Sie, wie in der Mathematik, den Vorrang ändern.

Die Anwendung der WHERE-Klausel haben Sie in etlichen Ausprägungen kennengelernt. Sie sind jetzt auch dazu in der Lage, mehrere Bedingungen in einer WHERE-Klausel mit logischen Verknüpfungsoperatoren auszuwerten. In Abschnitt 2.4 werden Sie erfahren, wie Sie die Anzahl der von einer Abfrage zurückgelieferten Zeilen gemäß einem von Ihnen vorgegebenen Wert eingrenzen können.

2.3.11 Übungen zum Thema »logisches Verknüpfen von Filterbedingungen«

Übung 1

In der Abteilung Vertrieb soll geprüft werden, ob eine geschlechterspezifische Verteilung in den Abteilungen gewährleistet ist. Dafür sollen zuerst sämtliche Mitarbeiter ermittelt werden, die männlich sind und der Abteilung Vertrieb angehören. Prüfen Sie hierzu in der Bedingung der WHERE-Klausel die Spalte *abteilung* auf Gleichheit mit dem Wert vertrieb. Die erste Bedingung verknüpfen Sie mit einem AND-Operator mit einer Bedingung, die die Spalte *geschlecht* auf Gleichheit mit dem Wert 'm' prüft. In der Spaltenauswahlliste sollen die Spalten *name*, *vorname*, *geschlecht*, *abteilung* der Tabelle *mitarbeiter* ausgewählt werden. In der zweiten Abfrage formulieren Sie die Bedingung so, dass die Spalte *geschlecht* auf Gleichheit mit 'w' geprüft wird.

Übung 2

Die Personalabteilung fordert Sie aus statistischen Erhebungsgründen auf, sämtliche Mitarbeiter zu ermitteln, die entweder der Krankenkasse »MH Plus Bonn« oder der

Krankenkasse »IKK gesund plus« angehören. In die Spaltenauswahlliste sind die Spalten *name*, *vorname* und *krankenkasse* aufzunehmen. In den Bedingungen prüfen Sie die Spalte *krankenversicherung* auf Gleichheit mit den Werten `MH Plus Bonn` bzw. `IKK gesund plus` und verknüpfen die Bedingungen mit dem `OR`-Verknüpfungsoperator.

Übung 3

In einer weiteren Angelegenheit bittet Sie die Personalabteilung, die Mitarbeiter zu ermitteln, die vor dem 1955-01-01 geboren wurden und noch nicht im Ruhestand sind, um ihnen ein attraktives Angebot für eine Vorruhestandsregelung anzubieten. In der Ergebnisliste nehmen Sie hierzu die Spalten *name*, *vorname*, *gebdatum* und *austrittsgrund* auf. Formulieren Sie erstens eine Bedingung, die die Spalte *gebdatum* auf kleiner als `'1955-01-01'` prüft. Verknüpfen Sie die erste Bedingung mit dem logischen Verknüpfungsoperator `AND`, und prüfen Sie in einer weiteren Bedingung, ob die Spalte *austrittsgrund* nicht definiert ist, also einen `NULL`-Wert besitzt.

Übung 4

Die Personalabteilung möchte alleinerziehende Mütter mit einen Bonus von 5 000 € unterstützen. Darum bittet Sie die Personalabteilung, alle Mitarbeiterinnen zu ermitteln, die nicht verheiratet sind und Kinder haben. Um diese Anforderung zu erfüllen, formulieren Sie eine `SELECT`-Abfrage, die in der `WHERE`-Klausel die Spalten *geschlecht*, *verheiratet* und *anzahlkinder* auf Gleichheit mit dem Wert `'w'`, auf Gleichheit mit dem Wert `'nein'` und auf einen Wert größer 0 prüft. Verknüpfen Sie die einzelnen Bedingungen mit dem logischen `AND`-Operator. In der Spaltenauswahlliste nehmen Sie die Spalten *name*, *vorname*, *verheiratet*, *geschlecht*, *anzahlkinder* und den numerischen Wert 5000 auf.

Lösung zu Übung 1

```
SELECT
   name,
   vorname,
   geschlecht,
   abteilung
FROM
   mitarbeiter
WHERE
   abteilung='Vertrieb'
```

```
AND
  geschlecht='m';
/* geschlecht='w';*/
```

Listing 2.65 Nach Bedingungen, die mit AND verknüpft sind, filtern

Lösung zu Übung 2

```
SELECT
  name,
  vorname,
  krankenversicherung
FROM
  mitarbeiter
WHERE
  krankenversicherung='MH Plus Bonn'
OR
  krankenversicherung='IKK gesund plus';
```

Listing 2.66 Nach Bedingungen, die mit OR verknüpft sind, filtern

Lösung zu Übung 3

```
SELECT
  name,
  vorname,
  gebdatum,
  austrittsgrund
FROM
  mitarbeiter
WHERE
  gebdatum<'1955.01.01' AND austrittsgrund IS NULL;
```

Listing 2.67 Bedingungen mit dem logischen AND-Operator verknüpfen

Lösung zu Übung 4

```
SELECT
  name,
  vorname,
  verheiratet,
  geschlecht,
  anzahlkinder,
  5000
```

```
FROM
  mitarbeiter
WHERE
  geschlecht='w'
  AND
  verheiratet='nein'
  AND
  anzahlkinder>0;
```

Listing 2.68 Mehr als zwei Bedingungen in einer WHERE-Klausel miteinander verknüpfen

2.4 Ergebniszeilen einer SELECT-Anweisung einschränken

Manchmal ist es hilfreich, sich nur eine begrenzte Anzahl von Zeilen einer Tabelle von einer Datenbank als Liste zurückliefern zu lassen. Bereits so können Sie sehen, welche Werte die einzelnen Spalten enthalten.

Stellen Sie sich vor, Sie haben Ihren ersten Arbeitstag als SQL-Entwickler in einem Versandhaus und möchten sich mit den Daten vertraut machen, die in den Tabellen Ihres Unternehmens verwaltet werden. Da die Tabellen, die sich im Einsatz befinden, sehr große Datenmengen (z. B. Millionen von Zeilen von Kundendaten) enthalten können, sollten Sie die Anzahl der zurückzuliefernden Zeilen eingrenzen, um die Leistungsfähigkeit der Datenbank nicht allzu sehr zu beanspruchen. Der SQL-Standard hat 2008 diese Funktionalität mit der FETCH-Anweisung zum SQL-Sprachschatz hinzugefügt.

> **Unterschiede zwischen den Datenbanken**
> Die MySQL-Datenbank und der MS SQL Server setzen die Funktionalität leider nicht standardgemäß um.

Sehen wir uns als Nächstes in Abschnitt 2.4.1 an, wie Datenbanken die Begrenzung der Anzahl von Zeilen bereitstellen.

2.4.1 Ergebniszeilen mit FETCH, LIMIT und TOP eingrenzen

Als Erstes betrachten wir in Listing 2.69, wie Sie die Anzahl der Zeilen, die durch eine SELECT-Anweisung zurückgegeben werden, für eine MySQL-Datenbank einschränken.

```
SELECT name,vorname FROM mitarbeiter LIMIT 2;
```

Listing 2.69 Syntax zur Einschränkung der zurückzugebenden Zeilen
in einer Ergebnisliste einer MySQL-Datenbank

Hier gibt es etwas Neues zu entdecken: Hinter dem Tabellennamen *mitarbeiter* finden Sie das Schlüsselwort `LIMIT`. Limitieren heißt eingrenzen, was wir auf die Anzahl der Zeilen anwenden wollen. Das erreichen wir, indem wir hinter dem Schlüsselwort `LIMIT` die Anzahl der Zeilen angeben, die in der Ergebnisliste enthalten sein sollen. Wenn Sie die Anzahl der Zeilen in der Ergebnisliste auf fünf Zeilen reduzieren möchten, schreiben Sie einfach `LIMIT` 5 hinter die Tabellenangabe. In diesem Beispiel begrenzen wir die Anzahl der Zeilen, die von der `SELECT`-Abfrage zurückgegeben werden, auf den Wert 2.

Wenn Sie mit dem Microsoft SQL Server arbeiten, können Sie leider ebenfalls nicht nach dem SQL-Standard die Anzahl der zurückzuliefernden Zeilen begrenzen. Hier verwenden Sie wie in Listing 2.70 dargestellt die `TOP` n-Klausel, um die Anzahl der Zeilen z. B. mit `TOP` 5 auf fünf zu begrenzen. Die `TOP`-Klausel notieren Sie vor der Spaltenauswahlliste einer `SELECT`-Anweisung. Auch hier begrenzen wir die Anzahl der Zeilen, die durch die `SELECT`-Anweisung zurückgegeben werden, auf den Wert 2.

```
SELECT TOP 2 name,vorname FROM mitarbeiter;
```

Listing 2.70 Syntax zur Einschränkung der zurückzugebenden Zeilen
in einer Ergebnisliste eines Microsoft SQL Servers

Die Leser, die mit einer PostgreSQL-Datenbank arbeiten, finden ein SQL-konformes Beispiel zur Begrenzung der Anzahl der zurückzuliefernden Zeilen in Listing 2.71. Hinter der Tabellenbezeichnung steht die `FETCH`-Klausel. Mit `FETCH FIRST 2 ROWS ONLY` teilen Sie der Datenbank mit, dass nur die ersten zwei Zeilen aus der Tabelle *mitarbeiter* abgefragt werden. Hier begrenzen wir die Anzahl der Zeilen wieder auf 2.

```
SELECT name,vorname FROM mitarbeiter FETCH FIRST 2 ROWS ONLY;
```

Listing 2.71 Syntax zur Einschränkung der zurückzugebenden Zeilen in einer Ergebnisliste einer PostgreSQL-Datenbank

---

Zusammenfassung: Zeilen einer Abfrage einer Ergebnisliste begrenzen [*]

Der SQL-Standard bietet mit der `FETCH`-Klausel die Möglichkeit, die Zeilen einer Ergebnisliste einer Abfrage zu begrenzen. Nicht alle Datenbanken realisieren die Funktion so, wie sie im SQL-Standard festgelegt wurde.

- Bei der MySQL-Datenbank nutzen Sie die `LIMIT`-Klausel, um die Anzahl der Zeilen der Ergebnisliste zu begrenzen.
- Bei der MS-SQL-Server-Datenbank nutzen Sie die `TOP`-Klausel, um die Anzahl der Zeilen der Ergebnisliste zu begrenzen.
- Bei der *PostgreSQL*-Datenbank nutzen Sie die `FETCH`-Klausel, um die Anzahl der Zeilen der Ergebnisliste zu begrenzen.

In diesem Kapitel haben Sie gelernt, wie Sie die Anzahl der Zeilen, die Ihnen eine SELECT-Anweisung zurückliefert, eingrenzen. In Abschnitt 2.5 werden Sie erfahren, wie Sie Zeilen gemäß einer von Ihnen festgelegten Reihenfolge nach einer oder mehreren Spalten sortieren.

2.4.2 Übungen zum Thema »Ergebniszeilen mit FETCH, LIMIT und TOP eingrenzen«

Übung 1

Mit welchem Schlüsselwort begrenzen Sie, bezogen auf den von Ihnen verwendeten SQL-Dialekt, die Anzahl der Zeilen, die eine SELECT-Abfrage zurückliefern soll, auf einen von Ihnen festgelegten Wert?

Übung 2

Fragen Sie in einer SELECT-Anweisung alle Spalten der Tabelle *kreditinstitut* ab. Formulieren Sie für das von Ihnen verwendete Datenbanksystem eine SELECT-Anweisung, in der Sie die Anzahl der Ergebniszeilen auf 1 000 einschränken.

Lösung zu Übung 1

MySQL: LIMIT

PostgreSQL: FETCH

MS SQL Server: TOP

Lösung zu Übung 2

SELECT * FROM kreditinstitut LIMIT 1000;

Listing 2.72 In einer MySQL-Datenbank Zeilen begrenzen

SELECT * FROM kreditinstitut FETCH FIRST 1000 ROWS ONLY;

Listing 2.73 In einer PostgreSQL-Datenbank Zeilen begrenzen

SELECT TOP 1000 * FROM kreditinstitut;

Listing 2.74 In einer MS-SQL-Server-Datenbank Zeilen begrenzen

2.5 Datensätze sortiert abfragen

In diesem Abschnitt beschäftigen wir uns mit **SELECT**-Abfragen, die eine Ergebnistabelle anhand eines von Ihnen festgelegten Kriteriums sortiert zurückgeben. Sie kennen sicherlich bereits einen der bekanntesten Vertreter der aufsteigenden alphabetischen Sortierung, das Telefonbuch.

Die Spalten, die als Sortierkriterien verwendet werden, können Textwerte, Datumswerte oder auch numerische Werte enthalten. Dementsprechend werden folgende unterschiedliche Sortierregeln verwendet:

- alphabetische Sortierung
- numerische Sortierung
- kalendarische Sortierung

Auch müssen Sie beim Thema der Sortierung (englisch *collation*) berücksichtigen, nach welchem Zeichensatz sortiert werden soll. Ein Zeichensatz umfasst alle Zeichen, die von der Datenbank genutzt werden können. Im Zeichensatz, den wir verwenden, sind etwa die Ziffern 0 bis 9, die Buchstaben a–z und A–Z sowie einige Sonderzeichen enthalten. In Deutschland müssen Sie beispielsweise die Umlaute beachten. Sie werden bei der Sortierung wie folgt aufgelöst:

- aus ä wird ae
- aus ö wird oe
- aus ü wird ue

Es gibt auf der Welt eine Vielzahl von Alphabeten. Denken Sie nur an chinesische Schriftzeichen oder das arabische Alphabet. Und natürlich gibt es auch an eine Vielzahl weiterer Auflistungen von Zeichen, die die Grundlage für einen Sprachschatz bilden. Beachten Sie also, dass in diesen Fällen andere Sortierregeln gelten.

Die Anwendungsfälle für sortierte Abfragen sind vielfältig. Vielleicht führen Sie ein Haushaltsbuch, in dem Sie Ihre einzelnen Positionen, die Sie einkaufen, mit einer Bezeichnung, dem Einkaufsdatum und dem Einkaufspreis aufführen. Hier könnten Sie z. B. die Ausgaben, die die höchsten Kosten verursacht haben, interessieren, um zu ermitteln, wo Sie gegebenenfalls Kosten einsparen können.

Ein weiteres Beispiel wäre ein Adressbuch, das in der Regel aufsteigend alphabetisch sortiert unsere Kontakte verwaltet. Wir machen das schon ganz automatisch, indem wir die Reihenfolge des Alphabets (A, a, B, b etc.) anwenden. Auch ein Geschäftsführer eines Unternehmens wird eine Bilanz, in der die Quartals- und Umsatzzahlen sortiert sind, nützlicher finden als eine chaotische Auflistung.

Sie wissen, dass Sie Werte aufsteigend und absteigend sortieren können. Sehen wir uns ein Beispiel an, in dem aufsteigend nach den Werten der Spalte *umsatz* sortiert wurde. Sie sehen in der letzten Zeile sofort, dass das Unternehmen im 3. Quartal am meisten Umsatz gemacht hat. Ebenso ersichtlich ist, dass im 4. Quartal der schwächste Umsatz erzielt wurde.

Quartal	Umsatz
4	130 000 €
2	140 000 €
1	150 000 €
3	160 000 €

Tabelle 2.51 Die Umsatzzahlen eines Quartals aufsteigend sortiert auswerten

Betrachten wir jetzt die gleichen Umsatzzahlen in einer weiteren Tabelle absteigend sortiert.

Quartal	Umsatz
3	160 000 €
1	150 000 €
2	140 000 €
4	130 000 €

Tabelle 2.52 Die Umsatzzahlen eines Quartals absteigend sortiert auswerten

Auch hier sehen Sie sofort in der ersten Zeile, dass das Unternehmen im 3. Quartal den höchsten Umsatz verzeichnet hat. Ihnen stellt sich jetzt sicher die Frage, wie Sie eine Datenbank dazu veranlassen können, Ergebnislisten sortiert zurückzuliefern.

In SQL verwenden Sie in Ihren SELECT-Abfragen die Klausel ORDER BY (englisch, »sortiere nach«), um Ergebnislisten sortiert zurückzuerhalten. Sehen wir uns jetzt an, wie eine solche SELECT-Abfrage funktioniert.

2.5.1 Aufsteigende Sortierung gemäß einer Spaltenangabe

Wenden wir uns der Praxis zu und probieren die aufsteigende Sortierung mit der ORDER BY-Klausel in einer SELECT-Abfrage gleich einmal aus. Die Verwendung der ORDER BY-Klausel ist recht einfach. Fügen Sie sie hinter der Tabellenbezeichnung der SELECT-Abfrage an. Gleich im Anschluss müssen Sie nur noch die Spalte oder die Spalten angeben, nach der bzw. denen sortiert werden soll. In Listing 2.75 fragen wir mit einer einfachen **SELECT**-Abfrage eine Liste ab, in der die Spaltenwerte der Spalte *name* als aufsteigendes Sortierkriterium Verwendung finden.

```
SELECT
  name,
  vorname
FROM
  mitarbeiter
ORDER BY
  name;
```

Listing 2.75 Eine Ergebnisliste mit einer SELECT-Abfrage und einer ORDER BY-Klausel aufsteigend sortiert bei der Datenbank anfordern

In Tabelle 2.53 sehen Sie, dass die Zeilen, die Ihnen die Datenbank auszugsweise zurückliefert, gemäß den Spaltenwerten der Spalte *name* aufsteigend sortiert werden.

name	vorname
Engels	Sabine
Friedrichs	Martin
Funke	Doris
Funke	Andreas

Tabelle 2.53 Ergebnistabelle mit aufsteigender Sortierung gemäß den Spaltenwerten einer Spalte

Vielleicht stellen Sie sich jetzt die berechtigte Frage, ob es auch die Möglichkeit der absteigenden Sortierung gemäß den Spaltenwerten einer festgelegten Spalte gibt. Diese Frage beantworte ich mit einfachen »Ja« und komme damit zu den beiden Schlüsselwörtern **ASC** (*ascending*, englisch für »aufsteigend«) und **DESC** (*descending*, englisch für »absteigend«). Hierzu betrachten wir noch einmal das Codefragment aus Listing 2.75, das wir verwendet haben, um eine aufsteigend sortierte Liste anzufordern.

In Listing 2.76 sehen Sie drei Versionen einer **ORDER BY**-Klausel. Die erste Version haben Sie ja bereits verwendet, um aufsteigend gemäß den Spaltenwerten der Spalte *name* der Tabelle *mitarbeiter* sortieren zu lassen. Die zweite Version der **ORDER BY**-Klausel ist neu: Hinter der Spaltenangabe *name* finden Sie jetzt das Schlüsselwort **ASC**. Mit dem Schlüsselwort **ASC** teilen Sie der Datenbank explizit mit, dass Sie eine aufsteigende Sortierung wünschen. Wird hinter der Spaltenangabe das Schlüsselwort **ASC** nicht angegeben, so wird standardmäßig von einer aufsteigenden Sortierung ausgegangen.

Das dritte Codefragment zeigt Ihnen, wie Sie mit dem Schlüsselwort DESC die Datenbank dazu veranlassen, absteigend zu sortieren.

```
ORDER BY
    name;

ORDER BY
    name ASC;

ORDER BY
    name DESC;
```

Listing 2.76 ORDER BY mit expliziter Angabe für eine aufsteigende/absteigende Sortierung einer Spalte

Die soeben dargestellte Möglichkeit einer absteigenden Sortierung mittels der ORDER BY-Klausel wenden wir im nächsten Beispiel an. Hierzu erweitern wir die ORDER BY-Klausel um das Schlüsselwort DESC, um eine absteigende Sortierung zu erreichen:

```
SELECT
    name,
    vorname
FROM
    mitarbeiter
ORDER BY name DESC;
```

Listing 2.77 Eine Spaltenauswahl absteigend sortiert nach der Spalte »name« bei der Datenbank anfordern

Tabelle 2.54 zeigt Ihnen jetzt eine absteigende Sortierung der Werte der Spalte *name*. Dementsprechend wird Ihnen zuerst die Zeile angezeigt, deren Spaltenwert der Spalte *name* gleich Winter ist. Es folgt eine Zeile mit dem Spaltenwert Winscheidt. Wir haben es also hier mit einer absteigenden alphabetischen Sortierung zu tun.

name	vorname
Winter	Elise
Winscheidt	Elke
Überall	Georg
Trost	Elvira

Tabelle 2.54 Ergebnistabelle für eine absteigende Sortierung mit dem Schlüsselwort DESC der ORDER BY-Klausel

2.5.2 Auf- und absteigende Sortierung mehrerer Spalten

Wie fordern Sie eine Ergebnisliste an, die nach mehreren Spalten sortiert ist? Um das zu erreichen, fügen Sie einfach eine kommaseparierte Spaltenliste hinter die ORDER BY-Klausel ein. Die Abfrage in Listing 2.78 fordert eine Ergebnisliste bei der Datenbank an, die nach den Spalten *name* und *vorname* sortiert wird. Die Spalten, die das Sortierkriterium repräsentieren, sind einfach durch Kommas getrennt angegeben:

```
SELECT
    name,
    vorname
FROM
    mitarbeiter
ORDER BY
    name,
    vorname;
```

Listing 2.78 Eine Sortierung mehrerer Spalten bei der Datenbank anfordern

Tabelle 2.55 zeigt Ihnen das Ergebnis einer solchen Abfrage.

name	vorname
Blume	Siegmar
Blume	Tanja
Bücher	Herbert
Bücher	Ilse
Dorsten	Klaus
Dorsten	Stephanie
Eisenhof	Frank
Eisenhof	Linda

Tabelle 2.55 Ergebnistabelle für eine aufsteigende Sortierung zweier Spalten

Die zurückgelieferte Liste wurde nach den Werten der Spalten *name* und *vorname* aufsteigend sortiert ausgegeben. Hier wird zunächst nach den Werten der Spalte *name* sortiert. In der Sortierung wird der Name Blume also vor Bücher ausgeben. In diesem Fall wird nicht nur nach den Werten der Spalte *name* sortiert, sondern auch nach den Werten der Spalte *vorname*. Es gibt zwei Mitarbeiter mit dem Nachnamen Blume. Es handelt sich um Siegmar und Tanja. Da wir in der ORDER BY-Klausel nach Namen und Vornamen sortieren, erscheinen Siegmar und Tanja aufsteigend sortiert. Wenn Sie also der **ORDER BY**-Klausel in diesem Fall zwei Spalten gemäß Ihrer gewünschten Reihenfolge übergeben, so werden zuerst die Spaltenwerte der ersten Spalte alphabetisch sortiert. Diese Sortierung der ersten Spalte hat dann natürlich Vorrang in der Auswertung.

2.5.3 Nach numerischen Spaltenwerten sortieren

Sie haben die Möglichkeiten kennengelernt, **SELECT**-Abfragen zu formulieren, in denen Sie die Ergebnisliste nach einer oder mehreren Spalten alphabetisch sortiert anfordern. Bisher haben Sie ausschließlich Sortierkriterien formuliert, in denen Textwerte enthalten sind. Wie sieht es aus, wenn Sie eine **SELECT**-Abfrage formulieren möchten, die die Sortierung einer numerischen Spalte bei der Datenbank anfordert?

In der Tabelle *mitarbeiter* finden Sie einige numerische Spalten, darunter die Spalten *umsatz* und *monatslohn*. Im nächsten Beispiel wollen wir eine absteigende Sortierung der numerischen Spaltenwerte der Spalte *umsatz* erreichen. Mit der **SELECT**-Abfrage aus Listing 2.79 realisieren Sie genau dies. Um die absteigende Sortierung bei der Datenbank anzufordern, geben Sie wie zuvor das Schlüsselwort **DESC** hinter der Spaltengabe *umsatz* an.

```
SELECT
  name,
  vorname,
  umsatz
FROM
  mitarbeiter
ORDER BY
  umsatz
DESC;
```

Listing 2.79 Eine absteigend sortierte Ergebnisliste mit numerischen Werten anfordern

Die **ORDER BY**-Klausel hat in Verbindung mit dem Zusatz **DESC** die Datenbank veranlasst, die Daten wie in Tabelle 2.56 numerisch absteigend und sortiert nach den Spaltenwerten der Spalte *umsatz* zurückzugeben.

name	vorname	umsatz
Heinrich	Hans	1200000.80
Bücher	Herbert	1200000.80

Tabelle 2.56 Ergebnistabelle für eine absteigend numerische Sortierung einer Spalte

name	vorname	umsatz
Mey	Lisa	1000000.00
Steinmacher	Ilse	700898.03

Tabelle 2.56 Ergebnistabelle für eine absteigend numerische Sortierung einer Spalte (Forts.)

2.5.4 Nach Datumswerten sortieren

Was uns jetzt noch fehlt, ist ein Sortierkriterium, das nach Datumswerten sortiert. Die Tabelle *mitarbeiter* enthält gleich drei Spalten, in denen Datumswerte gespeichert werden:

- *gebdatum*
- *eintrittsdatum*
- *austrittsdatum*

Jetzt formulieren wir eine Abfrage, die eine Ergebnistabelle bei der Datenbank anfordert, die nach Datumswerten sortiert ist. In Listing 2.80 sehen Sie eine SELECT-Abfrage mit einer ORDER BY-Klausel, die eine aufsteigende Sortierung der Spaltenwerte der Spalte *eintrittsdatum* bei der Datenbank anfordert.

```
SELECT
  name,
  vorname,
  eintrittsdatum
FROM
  mitarbeiter
ORDER BY
  eintrittsdatum;
```

Listing 2.80 Eine ORDER BY-Klausel auf Datumsspalten anwenden

Tabelle 2.57 zeigt, dass uns die Datenbank sämtliche Mitarbeiter aufsteigend sortiert nach dem Sortierkriterium *eintrittsdatum* zurückliefert. Beachten Sie, dass Sie hier wieder eine andere Art von Sortierung verwenden: Es handelt sich um eine kalendarische Sortierung von Datumsangaben.

name	vorname	eintrittsdatum
Schmidt	Werner	1970-03-01
Müller	Iris	1970-03-15

Tabelle 2.57 Ergebnistabelle für eine aufsteigende Sortierung einer kalendarischen Spalte, die Datumswerte enthält

name	vorname	eintrittsdatum
Heinrich	Hans	1971-03-30
Serenius	Ingo	1972-04-11

Tabelle 2.57 Ergebnistabelle für eine aufsteigende Sortierung einer kalendarischen Spalte, die Datumswerte enthält (Forts.)

2.5.5 Nicht definierte Werte in einer Sortierung beachten

In Abschnitt 2.2.10 habe ich bereits den Wert **NULL** besprochen, der in der Spalte *austrittsdatum* wichtig ist, denn natürlich ist diese nicht immer mit einem Wert versehen. Wie wirkt sich das auf die Sortierung aus? Betrachten Sie hierzu die **SELECT**-Abfrage in Listing 2.81, die von der Datenbank eine Ergebnistabelle anfordert, die aufsteigend nach den Spaltenwerten der Spalte *austrittsdatum* sortiert ist.

```
SELECT
   name,
   vorname,
   austrittsdatum
FROM
   mitarbeiter
ORDER BY
   austrittsdatum;
```

Listing 2.81 NULL-Werte in einer aufsteigenden Sortierung berücksichtigen

Die Ergebnisliste in Tabelle 2.58 zeigt, dass **NULL**-Werte bei einer aufsteigenden Sortierung immer an erster Stelle stehen.

name	vorname	austrittsdatum
Überall	Georg	NULL
Steinmacher	Ilse	NULL
Schmidt	Werner	1975-03-31
Stein	Rolf	1985-01-31

Tabelle 2.58 Auswirkungen auf eine Sortierung einer Ergebnistabelle, wenn NULL-Werte in der zu sortierenden Spalte vorkommen

Bei absteigender Sortierreihenfolge würden die **NULL**-Werte zuletzt in der Liste auftauchen. Wenn Sie mit einer **ORDER BY**-Klausel die Datenbank nach einer Spalte sortieren lassen, die NULL-Werte enthält, findet bei den Spaltenwerten, die gleich NULL sind, natürlich keine Sortierung statt. Sie haben ja bereits gelernt, dass ein NULL-Wert kein definierter Wert ist.

Sie wissen jetzt, wie Sie Ergebnistabellen sortiert nach einer oder mehreren Spalten anfordern. In Abschnitt 2.5.6 zeige ich Ihnen, wie Sie die ORDER BY-Klausel in Kombination mit einer WHERE-Klausel verwenden.

2.5.6 ORDER BY mit einer WHERE-Klausel verwenden

Natürlich lassen sich Einträge auch durch Bedingungen filtern, bevor sie sortiert werden. Wenn Sie nur die Mitarbeiter der Abteilung Controlling in einer Ergebnistabelle darstellen und diese Zeilen nach den Namen der Mitarbeiter sortieren möchten, brauchen Sie genau diese beiden Arbeitsschritte.

Die ORDER BY-Klausel haben Sie bisher einfach hinter der Tabellenbezeichnung angegeben. Die WHERE-Klausel haben Sie ebenfalls direkt hinter der Tabellenbezeichnung notiert. Wenn wir die Sortierung und die Filterfunktion getrennt anwenden würden, sähe das Ganze wie in Listing 2.82 und Listing 2.83 aus:

```
SELECT
  name,
  abteilung
FROM
  mitarbeiter
ORDER BY
  name;
```

Listing 2.82 Eine sortierte Ergebnistabelle anfordern

```
SELECT
  name,
  abteilung
FROM
  mitarbeiter
WHERE
  abteilung='Controlling';
```

Listing 2.83 Eine gefilterte Ergebnistabelle anfordern

Natürlich geht das einfacher. Wir wollen die WHERE-Klausel und die ORDER BY-Klausel jetzt gleichzeitig in einer SELECT-Abfrage verwenden. Als Erstes müssen Sie die WHERE-Klausel angeben, denn erst dann, wenn die Datenbank die gefilterten Datensätze ermittelt hat, soll die soeben gefilterte Liste mit einer ORDER BY-Klausel sortiert und Ihnen als Ergebnistabelle zurückgeliefert werden. Die Lösung sehen Sie in Listing 2.84:

```
SELECT
    name,
    abteilung
FROM
    mitarbeiter
WHERE
    abteilung='Controlling'
ORDER BY
    name;
```

Listing 2.84 Eine SELECT-Abfrage gleichzeitig mit einer WHERE-Klausel und ORDER BY-Klausel verwenden

In Tabelle 2.59 sehen Sie, dass ausschließlich die Mitarbeiter enthalten sind, die der Abteilung Controlling angehören. Außerdem entnehmen Sie der Tabelle, dass die Zeilen sortiert nach den Spaltenwerten der Spalte *name* ausgegeben werden.

name	abteilung
Blume	Controlling
Engels	Controlling
Funke	Controlling
Gelz	Controlling

Tabelle 2.59 Ergebnistabelle, die nach der gleichzeitigen Verwendung einer WHERE- und einer ORDER BY-Klausel zurückgeliefert wird

Umgekehrt geht es nicht, da eine Abfrage wie in Listing 2.85 nicht sinnvoll wäre. Die Ausführung führt daher zu einem Fehler. Beachten Sie also stets, dass in einer **SELECT**-Abfrage die **WHERE**-Klausel zuerst angewendet wird. Erst dann folgt die **ORDER BY**-Klausel.

```
SELECT
    name,
    abteilung
FROM
    mitarbeiter
ORDER BY
    name
WHERE
    abteilung='Controlling';
```

Listing 2.85 Falsche Reihenfolge bei der Verwendung einer WHERE- und einer ORDER BY-Klausel

> **Zusammenfassung: Ergebnislisten bei der Datenbank sortiert anfordern**
>
> SQL bietet für SELECT-Anweisungen die ORDER BY-Klausel an, mit der Sie eine sortierte Liste bei der Datenbank anfordern. Sortiert wird nach den angegebenen Sortierkriterien.
>
> Mit den Schlüsselwörtern DESC und ASC fordern Sie eine absteigende oder eine aufsteigende Sortierung an. Geben Sie keines dieser Schlüsselwörter in der ORDER BY-Klausel an, so wird standardmäßig aufsteigend sortiert.
>
> Zu beachten ist, dass bei einer aufsteigenden Sortierung nicht definierte Werte (NULL-Werte) immer zuerst gelistet werden. Bei einer absteigenden Sortierung werden sie an das Ende der Ergebnisliste angefügt.
>
> Vor dem Sortieren filtert eine WHERE-Klausel in einer SELECT-Anweisung die gewünschte Tabelle. Dabei muss die ORDER BY-Klausel stets nach der WHERE-Klausel notiert werden.

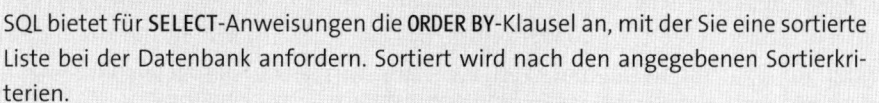

2.5.7 Übungen zum Thema »Datensätze sortiert abfragen«

Übung 1

Formulieren Sie eine SELECT-Abfrage, in der Sie die Spalten *name*, *vorname* und *abteilung* der Tabelle *mitarbeiter* auswählen. Als Sortierkriterium geben Sie die Spalte *abteilung* an. Die Mitarbeiter sollen aufsteigend sortiert nach den Abteilungen, denen sie angehören, in der Ergebnistabelle aufgeführt werden.

Übung 2

Ändern Sie die von Ihnen in Übung 1 erstellte Abfrage, und fordern Sie stattdessen eine absteigend sortierte Liste nach den Spaltenwerten der Spalte *abteilung* der Tabelle *mitarbeiter* bei der Datenbank an.

Übung 3

Formulieren Sie eine Abfrage, in der Sie die Inhalte der Spalten *name*, *vorname*, *abteilung* und die Spalte *bonus* der Tabelle *mitarbeiter* anfragen. Die Ergebnistabelle soll aufsteigend nach den Spaltenwerten der Spalten *abteilung* und *bonus* sortiert sein.

Übung 4

Jetzt sollen die Mitarbeiter, die das Unternehmen verlassen haben, absteigend sortiert nach den Spaltenwerten der Spalte *austrittsdatum* der Tabelle *mitarbeiter* in einer Ergebnistabelle ausgegeben werden. In die Spaltenauswahlliste nehmen Sie hierzu die Spalten *name*, *vorname* und *austrittsdatum* auf.

Übung 5

Erstellen Sie eine Übersicht über die Mitarbeiter, die sich bereits im Ruhestand befinden. Formulieren Sie ein Filterkriterium, das die Spaltenwerte der Spalte *austrittsgrund* auf Gleichheit mit dem Wert ruhestand vergleicht. Die Zeilen sollen in der Ergebnistabelle nach den Spaltenwerten der Spalte *austrittsdatum* aufsteigend sortiert sein.

Lösung zu Übung 1

```
SELECT
    name,
    vorname,
    abteilung
FROM
    mitarbeiter
ORDER BY
    abteilung;
```

Listing 2.86 SELECT-Abfrage mit aufsteigender Sortierung der Spalte »abteilung«

Lösung zu Übung 2

```
SELECT
    name,
    vorname,
    abteilung
FROM
    mitarbeiter
ORDER BY
    abteilung
DESC;
```

Listing 2.87 SELECT-Abfrage mit absteigender Sortierung der Spalte »abteilung«

Lösung zu Übung 3

```
SELECT
    name,
    vorname,
    abteilung,
    bonus
```

```
FROM
   mitarbeiter
ORDER BY
   abteilung,bonus;
```

Listing 2.88 SELECT-Abfrage mit einem aus zwei Spalten zusammengesetzten Sortierkriterium

Lösung zu Übung 4

```
SELECT
   name,
   vorname,
   austrittsdatum
FROM
   mitarbeiter
ORDER BY
   austrittsdatum
DESC;
```

Listing 2.89 SELECT-Abfrage, die eine Liste nach einer Datumsangabe absteigend sortiert bei der Datenbank anfordert

Lösung zu Übung 5

```
SELECT
   name,
   vorname,
   austrittsgrund,
   austrittsdatum
FROM
   mitarbeiter
WHERE
   austrittsgrund='ruhestand'
ORDER BY
   austrittsdatum;
```

Listing 2.90 Eine WHERE- und eine ORDER BY-Klausel gleichzeitig in einer SELECT-Abfrage verwenden

2.6 Konstanten in die Spaltenauswahlliste aufnehmen

Sie haben bestimmt bereits die eine oder andere Konstante kennengelernt. Wenn Sie sich Ihr Frühstücksei kochen, dann beginnt das Wasser bei einer Temperatur von 100 Grad zu kochen. Dann wissen Sie, dass Sie Ihr Frühstücksei in das Wasser geben können. Es handelt sich bei der Temperaturangabe um eine konstante Größe. Eine Konstante ist nichts anderes als ein Wert, der unverändert bleibt. In der Sprache SQL und in anderen Programmiersprachen wird ein solcher Wert, der sich nicht ändert, ebenfalls als *Konstante* bezeichnet. Viele Dinge können bei SQL eine Konstante sein:

- ein Datum, z. B. ein Geburtsdatum wie '01.03.1960'
- eine ganze Zahl, z. B. eine konstante Anzahl von 20 in einer Verpackung
- ein Text, z. B. 'Herzlichen Glückwunsch zum Geburtstag'
- eine Kommazahl, z. B. 20.99 % Rabatt auf alles für Geburtstagskinder

Datums- und Textwerte umschließen Sie, wie Sie bereits wissen, mit einem einfachen Hochkomma. Das gilt auch für Konstanten, die Datums- und Textwerte enthalten.

Sie haben die Schreibweise bereits bei der Verwendung von Textsuchkriterien in einer WHERE-Klausel kennengelernt.

Zahlen notieren Sie ohne Hochkomma. Auch hier haben Sie Zahlen bereits in einer WHERE-Klausel verwendet. Auch Kommazahlen wie 3,5 werden einfach so in die Spaltenauswahlliste übernommen. Dabei müssen Sie aber beachten, dass Kommazahlen in SQL nicht mit dem in der deutschen Sprache bekannten Kommazeichen verwendet werden. Stattdessen wird ein einfacher Punkt anstelle des Kommas verwendet – aus 3,5 wird also 3.5.

Passen Sie unbedingt auf, wenn Sie doch Zahlen mit einfachen Anführungszeichen umschließen, denn dadurch ändert sich ihre Bedeutung für die Datenbank grundlegend. Sie interpretiert diesen Eintrag nun als Textwert, was große Auswirkungen auf Sortier- und Rechenoperationen hat. Kurz gesagt: '3.5' stimmt nicht mit 3.5 überein. Zu diesem Thema komme ich in Kapitel 4, »Tabellen mit CREATE TABLE anlegen«, noch genauer.

[*] **Zusammenfassung: Konstanten**

Es gibt unterschiedliche Arten von Konstanten bzw. Werten, die in der Spaltenauswahlliste und an anderer Stelle verwendet werden können. Zu ihnen zählen Textwerte, Datumswerte und numerische Werte.

Text- und Datumswerte werden in SQL immer von Hochkommata umschlossen.

Dezimalzahlen werden mit einem Punkt anstelle eines Kommas notiert.

2.6.1 Abfrage eines konstanten Textes

Probieren wir das Arbeiten mit Konstanten gleich aus, indem wir eine **SELECT**-Abfrage wie in Listing 2.91 formulieren, in der lediglich eine Glückwunschformel in der Spaltenauswahlliste hinterlegt ist:

```
SELECT 'Herzlichen Glückwunsch zum Geburtstag';
```

Listing 2.91 Konstanten verwenden

In Tabelle 2.60 sehen Sie das Resultat Ihrer Abfrage aus Listing 2.9.

Herzlichen Glückwunsch zum Geburtstag
Herzlichen Glückwunsch zum Geburtstag

Tabelle 2.60 Ergebnistabelle für eine Konstante in der Spaltenauswahlliste

> **Unterschiede zwischen den Datenbanken**
>
> Verschiedene SQL-Werkzeuge reagieren unterschiedlich auf diese Eingabe. Die *MySQL Workbench* verwendet den Textwert sogar als Überschrift für die Spaltenbezeichnung. Wenn Sie andere Programme einsetzen, sieht dies jedoch unterschiedlich aus. Der *Microsoft SQL Server Editor* würde hier keine Spaltennamen ausgeben. Der SQL Editor des *pgAdminIII* Tool würde uns eine Spaltenbezeichnung *column unknown* (englisch, »Spalte unbekannt«) bieten. Die Spaltenbezeichnung kann also je nach verwendetem Datenbanksystem unterschiedlich sein.

In Abschnitt 2.7 werden Sie sehen, wie Sie einer Spalte oder einer Konstanten einen Spitznamen zuordnen, um den Ergebnisspalten von Ihnen festgelegte Bezeichner in der Ergebnisliste zuzuordnen.

2.6.2 Konstanten und Spalten einer Tabelle gleichzeitig abfragen

Stellen Sie sich vor, Sie möchten den Mitarbeitern einen guten Morgen wünschen. In SQL könnten Sie dies mit der Abfrage aus Listing 2.92 einfach realisieren, indem Sie eine konstante Zeichenkette, die Guten Morgen lautet, vor der Spalte *name* in die Spaltenauswahlliste aufnehmen.

```
SELECT
  'Guten Morgen ',
  name
FROM
  mitarbeiter;
```

Listing 2.92 Literale und die Spalte »name« der Tabelle »mitarbeiter« abfragen

Sie erhalten ein Ergebnis wie in Tabelle 2.61, in der Sie jeden Mitarbeiter begrüßen.

Guten Morgen	name
Guten Morgen	Müller
Guten Morgen	Schneider
Guten Morgen	Klein
Guten Morgen	Lang

Tabelle 2.61 Ergebnistabelle für eine Konstanten- und Spaltenabfrage

[*] **Zusammenfassung: Konstanten in der Spaltenauswahlliste verwenden**
In eine Spaltenauswahlliste einer SELECT-Anweisung können Sie beliebige Konstanten aufnehmen, um sie sich in der Ergebnisliste anzeigen zu lassen. Hierbei kann es sich um einen Text, eine Zahl oder auch ein Datum handeln.

In diesem Abschnitt haben Sie gelernt, wie Sie Konstanten in der Spaltenauswahlliste einer SELECT-Abfrage verwenden. In Abschnitt 2.7 werden Sie erfahren, wie Sie Spalten und Konstanten einen Alias zuordnen können. Wie Sie in diesem Abschnitt gesehen haben, ist es für Konstanten sehr hilfreich, einen alternativen Spaltennamen zuzuordnen, da für Konstanten keine Spaltenbezeichnungen definiert sind.

2.6.3 Übungen zum Thema »Konstanten abfragen«

Übung 1
Formulieren Sie eine SELECT-Abfrage, in der Sie ausschließlich folgende Konstanten ausgeben: 'Hallo' gefolgt von ' Du'. Diese Abfrage bezieht sich auf keine Tabelle.

Übung 2
Formulieren Sie eine SELECT-Abfrage, in der Sie die Spalten *name* und *vorname*, gefolgt von der Textkonstanten ' hat am ', der Spalte *gebdatum* und der Textkonstanten ' Geburtstag' abfragen. Die Spalten sollen der Tabelle *mitarbeiter* entstammen.

Übung 3
Aufgrund ihrer besonderen Leistungen erhalten sämtliche Mitarbeiter jeweils 120 Leistungspunkte. Formulieren Sie für die Tabelle *mitarbeiter* eine Abfrage, die den Namen, den Vornamen, den Textwert ' erhält ' und die 120 Bonuspunkte als konstante Zahl in der Ergebnisliste ausgibt.

Lösung zu Übung 1

```
SELECT 'Hallo',' Du';
```

Listing 2.93 Konstanten (Literale) in einer SELECT-Abfrage

Lösung zu Übung 2

```
SELECT
  name,
  vorname,
  ' hat am ',
  gebdatum,
  ' Geburtstag'
FROM
  mitarbeiter;
```

Listing 2.94 Konstanten in Verbindung mit Spaltenwerten abfragen

Lösung zu Übung 3

```
SELECT
name,
vorname,
' erhält ',
120,
' Bonuspunkte'
FROM
mitarbeiter;
```

Listing 2.95 Lösung zur Abfrage von Konstanten- und Spaltenwerten

2.7 Spalten einen Alias zuordnen

Jetzt zeige ich Ihnen, wie Sie den Spalten und Konstanten in einer Spaltenauswahlliste einer **SELECT**-Abfrage einen Alias zuordnen. Ein sogenannter Alias (englisch für »Deckname«) wird verwendet, um Spalten oder Literalen einen sprechenden Namen zuzuordnen. Gehen wir das einfach mal gedanklich anhand der drei Spalten *name*, *vorname* und *gebdatum* der Tabelle *mitarbeiter* durch. Für die Spaltenbezeichnung *name* könnten Sie beispielsweise die Bezeichnung *namemitarbeiter* vergeben, dementsprechend der Spalte *vorname* die Bezeichnung *vornamemitarbeiter* zuordnen und die Spalte *gebdatum geburtsdatummitarbeiter* nennen.

Bei Konstanten sind Aliasse sehr nützlich, da sie ja über keinen definierten Spaltennamen verfügen und auf diese Weise eindeutig bezeichnet werden können. Der Einsatz von Aliassen kann auch sinnvoll sein, um Spaltenbezeichnungen in der Ergebnisliste abzukürzen. Und zu guter Letzt kann so auch ein sprechenderer Name für eine Spalte einer Tabelle vergeben werden, um den Inhalt der Spaltenwerte besser zu beschreiben.

2.7.1 Spalten in einer Abfrage mit einem Alias versehen

Probieren wir es einfach aus. In Listing 2.96 sehen Sie eine Spaltenauswahlliste, in der sämtlichen Spalten, die abgefragt werden, Spaltenaliasse zugeordnet sind. Ein Spaltenalias wird hinter der Spalte notiert, auf die er Anwendung finden soll. Dazwischen geben Sie noch das Schlüsselwort **AS** an. Sie könnten also z. B. eine Spalte mit der Bezeichnung *name* in eine Spalte mit der Bezeichnung *mitarbeitername* umbenennen. Das Schlüsselwort **AS** können Sie optional verwenden. Das heißt, die Angabe ist nicht unbedingt erforderlich.

```
SELECT
    name AS mitarbeitername,
    vorname AS mitarbeitervorname,
    gebdatum AS mitarbeitergeburtsdatum
FROM
    mitarbeiter;
```

Listing 2.96 Alle Spalten einer SELECT-Abfrage mit einem Alias versehen

Tabelle 2.62 zeigt die Ergebnisliste für die Abfrage aus Listing 2.96 mit den alternativen Aliassen zu den eigentlichen Spaltenbezeichnungen der Tabelle *mitarbeiter*.

mitarbeitername	mitarbeitervorname	mitarbeitergeburtsdatum
Müller	Ralf	1970-12-20
Schneider	Petra	1965-03-07
Klein	Thomas	1970-12-20
Lang	Ute	1985-07-19

Tabelle 2.62 Ergebnistabelle für eine Spaltenauswahlabfrage mit Spaltenaliassen

2.7.2 Ausgewählten Spalten einer Abfrage einen Alias zuordnen

Sie müssen nicht unbedingt sämtlichen Spalten oder Werten in der Spaltenauswahlliste einen Alias zuordnen. Sie könnten auch die Spalten *name* und *vorname* ohne

Alias in der Spaltenauswahlliste angeben und lediglich die Spalte *gebdatum* mit einem Alias versehen. Listing 2.97 zeigt eine Anwendung, in der nur einer ausgewählten Spalte ein Alias zugeordnet wird:

```
SELECT
  name,
  vorname,
  gebdatum AS mitarbeitergebdatum
FROM
  mitarbeiter;
```

Listing 2.97 Nur bestimmten Spalten in einer Abfrage einen Alias zuordnen

Tabelle 2.63, die Sie von der Datenbank zurückerhalten, enthält wie in Listing 2.97 angegeben für die Spalte *gebdatum* einen Spaltenalias *mitarbeitergebdatum*.

name	vorname	mitarbeitergebdatum
Müller	Ralf	1970-12-20
Schneider	Petra	1965-03-07
Klein	Thomas	1970-12-20
Lang	Ute	1985-07-19

Tabelle 2.63 Ergebnistabelle für eine explizite Aliaszuweisung an eine Spalte

Die Spalten, denen Sie keinen Alias zugeordnet haben, werden in der Ergebnisliste mit den jeweiligen Spaltenbezeichnungen aus der Tabelle *mitarbeiter* ausgegeben. Hier haben wir also die Spaltenbezeichnungen *name* und *vorname* aus der Tabelle *mitarbeiter* in der ursprünglichen Form belassen und ihnen keinen Alias zugeordnet.

2.7.3 Spalten und Konstanten einen Alias zuordnen

Spalten haben Sie bereits eine alternative Bezeichnung mittels eines Alias zugeordnet. In Listing 2.98 sehen Sie nun einerseits Spalten, denen ein Alias zugeordnet wurde, und andererseits Konstanten, die einen Text repräsentieren, denen ein Alias zugeordnet wurde. Bei Konstanten – egal, ob es sich um Text-, Zahlen- oder Datumskonstanten handelt – ist die Verwendung von Spaltenaliassen besonders sinnvoll, da ihnen keine Spaltenüberschriften zugeordnet sind.

```
SELECT
  name AS Name,
  vorname AS Vorname,
  ' hat am ' AS hatam,
```

```
    gebdatum AS Geburtstag,
    ' Geburtstag!' AS Happybirthday
FROM
    mitarbeiter;
```

Listing 2.98 Spalten und Konstanten mit Aliassen versehen

In Tabelle 2.64 werden Ihnen jetzt auch für die Konstanten in der Spaltenauswahlliste die Spaltenaliasse *hatam* und *Happybirthday* angezeigt, die Sie ihnen zugeordnet haben.

name	vorname	hatam	Geburtstag	Happybirthday
Müller	Ralf	hat am	1970-12-20	Geburtstag!
Schneider	Petra	hat am	1965-03-07	Geburtstag!
Klein	Thomas	hat am	1970-12-20	Geburtstag!
Lang	Ute	hat am	1985-07-19	Geburtstag!

Tabelle 2.64 Konstanten und Spalten einen Alias für die Ergebnisliste zuordnen

[*] **Zusammenfassung: Verwendung von Aliassen in der Spaltenauswahlliste**
Den einzelnen Spalten einer Spaltenauswahlliste können Sie alternative Bezeichner zuordnen, die als Alias bezeichnet werden. Das ist dann hilfreich, wenn Sie die Spalten mit sprechenderen Spaltenüberschriften ausstatten wollen oder gerne individuelle Abkürzungen für die Spaltenüberschriften verwenden möchten. Bei Text-, Zahlen- und Datumswerten können Sie Spaltenaliasse verwenden, um ihnen eine feste Spaltenbezeichnung zuzuordnen.

Nachdem Sie gelernt haben, wie Sie Konstanten und Spaltenbezeichnungen in einer Ergebnistabelle mit alternativen Bezeichnern versehen, werde ich Ihnen im folgenden Abschnitt 2.8 zeigen, wie Sie Ergebniszeilen einer SELECT-Anweisung eindeutig ermitteln.

[*] **Zusammenfassung: Spalten einen Alias zuordnen**
Spalten oder Konstanten aus einer Spaltenauswahlliste einer SELECT-Abfrage können mit einem Alias versehen werden, der in der Ergebnistabelle anstelle des Spaltennamens ausgegeben wird. Der zu vergebende Alias wird in der Spaltenauswahlliste direkt hinter der jeweiligen Spalte oder Konstante notiert.
```
SELECT spalte1 spalte1_alias, spalte2 spalte2_alias
FROM tabelle1
```

Optional können Sie auch folgende Schreibweise verwenden, um Spaltenaliasse zu vergeben:

```
SELECT spalte1 AS spalte1_alias, spalte2 AS spalte2_alias
FROM tabelle1
```

Zwischen der Spalte und dem Alias wird hier das optional zu verwendende Schlüsselwort **AS** angegeben, um noch deutlicher zu machen, dass es sich um einen Alias für eine Spalte handelt.

2.7.4 Übungen zum Thema »Spaltenaliasse«

Übung 1

Formulieren Sie eine **SELECT**-Abfrage, die die Spalten *name, vorname, strasse, hausnummer, plz, ort* aus der Tabelle *mitarbeiter* abfragt und den jeweiligen Spalten folgende Spaltenaliasse zuordnet:

name → Alias: *Name*

vorname → Alias: *Vorname*

strasse → Alias: *Strasse*

hausnummer → Alias: *Hausnummer*

plz → Alias: *Postleitzahl*

ort → Alias: *Ort*

Übung 2

Formulieren Sie eine **SELECT**-Abfrage, in der Sie mittels einer Textkonstanten sämtliche Mitarbeiter aus der Tabelle *mitarbeiter* willkommen heißen. Ordnen Sie diesem Textwert den Alias Begruessung zu. In der Spaltenauswahlliste sollen auch die Spalten *name* und *vorname* enthalten sein.

Lösung zu Übung 1

```
SELECT
  name AS Name,
  vorname AS Vorname,
  strasse AS Strasse,
  hausnummer AS Hausnummer,
  plz AS Postleitzahl,
  ort AS Ort
```

```
FROM
  mitarbeiter;
```

Listing 2.99 Spalten in einer SELECT-Abfrage Ersatznamen zuordnen

Lösung zu Übung 2

```
SELECT
  'Herzlich willkommen ' as Begruessung,
  name,
  vorname
FROM
  mitarbeiter;
```

Listing 2.100 Einem Zeichenketten-Literal in einer SELECT-Abfrage einen Spaltenalias zuordnen

2.8 Gleiche Ergebniszeilen ausschließen (DISTINCT)

Wenn Sie eine Abfrage für eine Tabelle formulieren, kann es je nach Spaltenauswahl zu gleichen Ergebniszeilen kommen. Sie möchten die Zeilen jedoch eindeutig ermitteln. Betrachten Sie als Erstes die Tabelle *mitarbeitergleich*, die 6 Zeilen enthält. Jeweils 3 Zeilen sind identisch.

name	vorname
Müller	Ralf
Müller	Ralf
Müller	Ralf
Klein	Thomas
Klein	Thomas
Klein	Thomas

Tabelle 2.65 Die Tabelle »mitarbeitergleich« enthält nicht eindeutige Zeilen.

Eine SELECT-Abfrage wie in Listing 2.101 würde also zu ebendieser Ergebnistabelle führen.

```
SELECT name,vorname FROM mitarbeitergleich;
```

Listing 2.101 Zeilen mit gleichem Inhalt abfragen

2.8 Gleiche Ergebniszeilen ausschließen (DISTINCT)

Zeilen sind dann gleich, wenn alle Spaltenwerte einer Zeile mit allen Spaltenwerten einer oder mehrerer Zeilen exakt übereinstimmen. Je nach Auswertung kann dieses Abfrageergebnis durchaus gewünscht sein. Wenn jedoch eine eindeutige Ergebnistabelle gefordert ist, ist es wünschenswert, mit einer SELECT-Anweisung eine Abfrage formulieren zu können, bei der ausschließlich eindeutige Zeilen als Ergebnistabelle zurückgegeben werden. Eindeutig bedeutet, dass die Ergebnistabelle nur Zeilen enthält, die in allen Spaltenwerten nicht mehrfach vorkommen.

SQL sieht für diese Anforderung die DISTINCT-Klausel vor. Die DISTINCT-Klausel notieren Sie vor der Spaltenauswahlliste oder dem Asterisk-Operator. In Listing 2.102 sehen Sie eine SELECT-Abfrage, in der eine DISTINCT-Klausel verwendet wird. Das Schlüsselwort DISTINCT wurde hier vor der Auswahl der Spalten *name* und *vorname* notiert.

```
SELECT DISTINCT name,vorname FROM mitarbeitergleich;
```

Listing 2.102 Zeilen eindeutig abfragen

Tabelle 2.66 zeigt das Ergebnis der Abfrage aus Listing 2.102. Die Mitarbeiter Ralf Müller und Thomas Klein werden jetzt eindeutig ausgegeben.

name	vorname
Müller	Ralf
Klein	Thomas

Tabelle 2.66 Abfrageergebnis unter Verwendung einer DISTINCT-Klausel

In der Tabelle *mitarbeitergleich* sind die Spalten *name* und *vorname* enthalten. Wenn Sie sich Schreibarbeit sparen möchten, können Sie natürlich auch den Asterisk-Spaltenauswahloperator verwenden, den Sie in Abschnitt 2.1.4 kennengelernt haben. Die Abfrage aus Listing 2.103 führt also exakt zu dem gleichen Ergebnis wie die Abfrage aus Listing 2.102. Die DISTINCT-Klausel wurde hier vor dem Asterisk notiert, der stellvertretend sämtliche Spalten der Tabelle *mitarbeitergleich* auswählt.

```
SELECT DISTINCT * FROM mitarbeitergleich;
```

Listing 2.103 Den Asterisk-Operator mit der DISTINCT-Klausel verwenden

---

Zusammenfassung: Zeilen eindeutig abfragen

Wenn eine eindeutige Ergebnistabelle benötigt wird, können Sie die DISTINCT-Klausel verwenden um gleiche Ergebniszeilen eindeutig abzufragen. Die DISTINCT-Klausel wird in einer SELECT-Anweisung vor der Spaltenauswahlliste oder dem Asterisk-Operator notiert.

[*]

In diesem Kapitel haben Sie erfahren, wie Sie eine **SELECT**-Anweisung verwenden, um Spalten abzufragen, Zeilen zu filtern, Filterbedingungen logisch zu verknüpfen, Ergebniszeilen einzuschränken, Datensätze sortiert abzufragen, Konstanten zu verwenden, Spalten einen Alias zuzuordnen und gleiche Ergebniszeilen auszuschließen.

In Kapitel 3, »Zeilen einfügen (INSERT), ändern (UPDATE) und löschen (DELETE, TRUNCATE)«, zeige ich Ihnen, wie Sie Zeilen in Tabellen einfügen, aktualisieren und natürlich auch daraus löschen können.

2.8.1 Übungen zum Thema »gleiche Ergebniszeilen ausschließen«

Übung 1

Tabelle 2.67 (*produktgleich*) enthält zwei verschiedene Produkte, die jeweils in drei Zeilen enthalten sind. Formulieren Sie eine **SELECT**-Anweisung, mit der Sie die Spalten *produkt*, *beschreibung* und *marktbewertung* eindeutig abfragen.

produkt	beschreibung	marktbewertung
Schraube 1	3×20	1
Schraube 1	3×20	1
Schraube 1	3×20	2
Schraube 2	5×30	2
Schraube 2	5×30	2
Schraube 2	5×30	2

Tabelle 2.67 Mehrfach vorkommende Zeilen in der Tabelle »produktgleich«

Übung 2

Tabelle 2.68 zeigt Ihnen das Ergebnis der Abfrage aus Übung 1. Aus welchem Grund werden Ihnen zwei Ergebniszeilen für das Produkt Schraube 1 zurückgegeben?

produkt	beschreibung	marktbewertung
Schraube 1	3×20	1
Schraube 1	3×20	2
Schraube 2	5×30	2

Tabelle 2.68 Ergebniszeilen, die nicht exakt identisch sind

Lösung zu Übung 1

```
SELECT DISTINCT produkt,beschreibung,marktbewertung
FROM produktgleich;
```

Listing 2.104 Zeilen eindeutig mit der DISTINCT-Klausel abfragen

Lösung zu Übung 2

Die Zeilen für das Produkt Schraube 1 sind nicht exakt identisch. Die Spaltenwerte der Spalte *marktbewertung* sind verschieden. Also sind die beiden Zeilen für das Produkt Schraube 1 in der Gesamtheit der Spaltenwerte nicht gleich.

Kapitel 3
Zeilen einfügen (INSERT), ändern (UPDATE) und löschen (DELETE, TRUNCATE)

Zeilen einer Tabelle können Sie mit einer SELECT-Anweisung abfragen. Aber wie sieht es mit Einfügeoperationen, Änderungsoperationen oder Löschoperationen aus? SQL bietet für diese drei Operationen die Anweisungen INSERT, UPDATE und DELETE. Mit INSERT fügen Sie Zeilen bzw. Datensätze in Tabellen ein. Mit der UPDATE-Anweisung aktualisieren Sie die Spaltenwerte von Zeilen, und mit der DELETE-Anweisung löschen Sie Zeilen einer Tabelle. Wenn das Löschen sehr schnell gehen soll, bietet SQL die TRUNCATE-Anweisung.

In Kapitel 2, »Los geht's: Die Grundfunktionen der Tabellenabfrage«, haben wir uns mit der Abfrage von Tabellen befasst. Jetzt ist es an der Zeit, uns damit zu beschäftigen, wie Sie Datensätze in Tabellen einfügen, ändern und löschen.

In diesem Kapitel werden Sie die Grundlagen für diese Operationen kennenlernen. In Kapitel 4, »Tabellen mit CREATE TABLE anlegen«, werden Sie erfahren, wie Sie einfache Tabellen erstellen. In Abschnitt 4.5 lernen Sie zudem auch, was Sie in Bezug auf Einfüge-, Änderungs- und Löschoperationen zu beachten haben, wenn die Tabellen mit Einschränkungen versehen wurden.

Wenn Sie in diesem Kapitel mit INSERT, UPDATE, DELETE und TRUNCATE arbeiten und diese auf einen Datensatz anwenden, so ist die Verwendung natürlich nicht kritisch. Wir arbeiten ja in unserer Übungsdatenbank, wo es nicht so schlimm ist, wenn einige Daten überschrieben oder gelöscht werden. In produktiven Datenbanken müssen Sie diese Anweisungen mit Bedacht anwenden und sehr vorsichtig sein. Besonders die UPDATE-, DELETE- und TRUNCATE-Anweisungen können bei fehlerhafter Anwendung einen großen Schaden anrichten.

Bisher haben Sie Tabellen mit einer SELECT-Anweisung abgefragt. Jetzt beginnen wir in Abschnitt 3.1 mit einer INSERT-Anweisung, mit der Sie neue Zeilen in Tabellen einfügen können. In Abschnitt 3.2 erfahren Sie, wie Sie Zeilen einer Tabelle ändern können. Zu guter Letzt zeige ich Ihnen in Abschnitt 3.3 und Abschnitt 3.4, wie Sie Zeilen einer Tabelle löschen.

3.1 Zeilen mit einer INSERT-Anweisung einfügen

Bestimmt haben Sie sich bisher schon häufiger die Frage gestellt, wie die Datensätze, mit denen wir arbeiten, in die Tabellen kommen. SQL sieht dafür die einfache Einfügeanweisung INSERT vor. Immer wenn Sie einen neuen Datensatz in eine bestehende Tabelle einfügen möchten, wenden Sie die INSERT-Anweisung an.

Sie können sich daher bestimmt vorstellen, dass Einfügeoperationen sehr häufig zum Einsatz kommen. Wenn etwa ein Mitarbeiter in einem Unternehmen eingestellt wird, gibt es eine Menge neuer Informationen, die in einer oder mehreren Tabellen abgespeichert werden müssen. Wir nutzen die Tabelle *qualifikationen*, um die INSERT-Anweisung kennenzulernen. Die Tabelle *qualifikationen* finden Sie in der Übungsdatenbank. Sie ist sehr einfach strukturiert und eignet sich hervorragend, um Sie mit der Einfügeanweisung INSERT vertraut zu machen. Sie ist leer und sieht wie Tabelle 3.1 aus.

qid	bezeichnung	kuerzel	kategorie

Tabelle 3.1 Die Tabelle »qualifikationen«

Die erste Spalte mit der Bezeichnung *qid* (Qualifikations-ID) stellt einen sogenannten *Primärschlüssel* dar. Mit Primärschlüsseln werden wir uns in Abschnitt 4.4 noch ausführlicher befassen. Um Datensätze in die Tabelle *qualifikationen* einzufügen, ist es jedoch erforderlich, dass Sie ein paar Eigenschaften eines Primärschlüssels kennen. Ich werde also ein paar nützliche Informationen vorziehen.

Ein Primärschlüssel identifiziert eine Zeile einer Tabelle eindeutig. Es ist unbedingt empfehlenswert, jede Tabelle mit einem Primärschlüssel zu versehen, um Zeilen in einer Tabelle eindeutig ermitteln zu können. Sie haben es hier mit einem numerischen Primärschlüssel zu tun, den Sie einfach hochzählen können, wenn Sie neue Zeilen in die Tabelle *qualifikationen* einfügen.

Ich muss noch eine weitere Zusatzinformation erwähnen: Wenn Sie neue Zeilen in eine Tabelle einfügen, kann es passieren, dass Sie eine Fehlermeldung erhalten, da Sie die maximal zulässige Zeichenanzahl überschreiten. Hier sind für die Spalten *bezeichnung*, *kuerzel* und *kategorie* jeweils 500, 3 und 200 Zeichen erlaubt.

Für Spalten, die Text oder Zeichenketten speichern, können Sie bei der Tabellenerstellung definieren, wie viele Zeichen zur Verfügung stehen. Warum dies sinnvoll ist und wie es genau funktioniert, werde ich in Abschnitt 4.1 erklären.

Kommen wir zur Praxis und fügen Datensätze in die Tabelle *qualifikationen* ein. Diese Tabelle verfügt über Spalten, die Texte oder ganze Zahlen enthalten können. Wir beginnen in Abschnitt 3.1.1 mit dem Einfügen von Datensätzen mit expliziter Spaltenangabe.

3.1.1 Spaltenwerte mit expliziter Spaltenangabe einfügen

In Listing 3.1 sehen Sie die erste Einfügeoperation mit einer **INSERT**-Anweisung.

```
INSERT INTO qualifikationen (qid,bezeichnung,kuerzel,kategorie)
VALUES (1,'Word','msw','Office');
```

Listing 3.1 Datensätze in eine Tabelle einfügen

Diese Anweisung beginnt mit dem Schlüsselwort **INSERT**. So teilen Sie der Datenbank mit, dass Sie eine Zeile in eine Tabelle einfügen. Es folgt das Schlüsselwort **INTO**. Mit dem Schlüsselwort **INTO** und der Tabellenbezeichnung geben Sie an, in welche Tabelle Sie eine Zeile einfügen werden. Darauf folgt die Angabe der Spalten, in die Sie Werte eintragen werden. Die Spalten werden einfach in einer Auflistung angegeben und mit Kommas voneinander abgetrennt. Die komplette Liste der Spaltenbezeichnungen wird mit einem einfachen Klammerpaar ( ) umschlossen.

Was jetzt noch fehlt, sind die Werte zu den Spalten. Diese geben Sie hinter der Liste der Spalten an, indem Sie das Schlüsselwort **VALUES** verwenden. Hinter dem Schlüsselwort **VALUES** folgt wieder eine Liste, die mit Kommas unterteilt und von einem Klammerpaar umschlossen ist. Diesmal stehen in dieser Liste die Werte, die Sie den Spalten in der Spaltenliste zuordnen wollen. Die Spaltenwerte werden gemäß der Reihenfolge der Spaltenliste, die Sie hinter der Tabellenbezeichnung notiert haben, in die Werteliste eingetragen.

Wenn Sie die **INSERT**-Anweisung aus Listing 3.1 ausführen, wird die erste Zeile mit den von Ihnen vorgegebenen Spaltenwerten in die Tabelle *qualifikationen* eingetragen.

Um zu prüfen, ob die Zeile auch tatsächlich in die Tabelle *qualifikationen* eingefügt wurde, formulieren wir eine einfache **SELECT**-Abfrage, in der wir die Spalten *qid*, *bezeichnung*, *kuerzel* und *kategorie* abfragen:

```
SELECT qid,bezeichnung,kuerzel,kategorie
FROM qualifikationen;
```

Listing 3.2 Prüfabfrage zum Einfügen einer Zeile in die Tabelle »qualifikationen«

In Tabelle 3.2 sehen Sie das Ergebnis der Prüfabfrage. Die neue Zeile wurde mit Ihrer ersten **INSERT**-Anweisung in die Tabelle *qualifikationen* eingefügt.

qid	bezeichnung	kuerzel	kategorie
1	Word	msw	Office

Tabelle 3.2 Ergebnistabelle zu der Prüfabfrage

Ein Vorteil der expliziten Spaltenangabe in einer INSERT-Anweisung ist, dass Sie die Reihenfolge der Spalten, die Sie hinter der Tabellenbezeichnung umklammert angeben, frei bestimmen können. Wir machen uns das zunutze und fügen einen weiteren Datensatz in die Tabelle *qualifikationen* ein. Diesmal verwenden wir allerdings eine geänderte Reihenfolge der Spaltenangaben in der Spaltenliste und müssen dabei natürlich darauf achten, dass wir die gleiche Reihenfolge in der VALUES-Klausel anwenden. Beachten Sie, dass wir den Datensatz wieder mit einem eindeutigem Schlüsselwert versehen müssen. In Listing 3.3 sehen Sie die beliebig festgelegte Spaltenreihenfolge der Spaltenliste, die wie folgt lautet: *kuerzel, qid, kategorie* und *bezeichnung*. Die Spaltenwerte hinter dem VALUES-Schlüsselwort werden jetzt in exakt dieser Reihenfolge angegeben, um die neue Zeile erfolgreich in die Tabelle *qualifikationen* einzufügen.

```
INSERT INTO qualifikationen (kuerzel,qid,kategorie,bezeichnung)
VALUES ('mex',2,'Office','Excel');
```

Listing 3.3 Eine neue Zeile in die Tabelle »qualifikationen« einfügen, mit einer geänderten Reihenfolge der Spaltenliste

In Tabelle 3.3 sehen Sie, dass jetzt zwei Datensätze in der Tabelle *qualifikationen* enthalten sind. Hier haben wir wieder die Prüfabfrage aus Listing 3.2 verwendet, um die Ergebnistabelle zu erhalten.

qid	bezeichnung	kuerzel	kategorie
1	Word	msw	Office
2	Excel	mex	Office

Tabelle 3.3 Ergebnistabelle mit einem zusätzlichen Datensatz, der unter der Verwendung einer geänderten Spaltenreihenfolge mit einer INSERT-Anweisung eingefügt wurde

Sie müssen auch nicht alle Spaltenwerte gleichzeitig eintragen. Das ist ein großer Vorteil der expliziten Spaltenangabe in einer INSERT-Anweisung. In Listing 3.4 sehen Sie, wie Sie einen Datensatz in die Tabelle *qualifikationen* mit einer INSERT-Anweisung einfügen, der lediglich die Werte für die Spalten *qid* und *bezeichnung* übergeben werden.

```
INSERT INTO qualifikationen (qid,bezeichnung)
VALUES (3,'Outlook');
```

Listing 3.4 Eine Zeile mit ausgewählten Spaltenwerten in die Tabelle »qualifikationen« einfügen

In Tabelle 3.4 sehen Sie das Ergebnis der Einfügeoperation.

qid	bezeichnung	kuerzel	kategorie
1	Word	msw	Office
2	Excel	mex	Office
3	Outlook	NULL	NULL

Tabelle 3.4 Ergebnistabelle für einen Einfügevorgang mit einer Spaltenauswahl

Für uns von Interesse ist die Zeile mit dem Wert 3 in der Spalte *qid*. Sie sehen hier, dass für die Spalten, die wir ausgelassen haben, automatisch NULL-Werte eingefügt wurden. Unter *kuerzel* und *kategorie* hatten wir ja keine konkreten Werte für die Spalten angegeben, daher sind diese Werte nun NULL und somit nicht definiert.

Im nächsten Beispiel formulieren wir eine INSERT-Anweisung, die eine Zeile ausschließlich mit der Spalte und dem Wert für die Spalte *Qid* einfügt:

```
INSERT INTO qualifikationen (qid)
VALUES (4);
```

Listing 3.5 Eine Zeile einfügen, die nur einen Primärschlüsselwert enthält

Die Spaltenwerte, die wir nicht angegeben haben, würde die Datenbank wieder mit NULL-Werten füllen, wie Sie in Tabelle 3.5 erkennen.

qid	bezeichnung	kuerzel	kategorie
1	Word	msw	Office
2	Excel	mex	Office
3	Outlook	NULL	NULL
4	NULL	NULL	NULL

Tabelle 3.5 Ergebnistabelle für ein Einfügen mit INSERT, bei dem lediglich der Primärschlüsselwert eingetragen wurde

Sie haben bereits Zeilen in Tabellen eingefügt und nur eine Auswahl von Spalten in der INSERT-Anweisung berücksichtigt. Die Spalten, die nicht in der INSERT-Anweisung angegeben wurden, wurden automatisch mit NULL-Werten befüllt. Für uns ist also der Weg frei, NULL-Werte in die Tabelle *qualifikationen* explizit mit einer INSERT-Anweisung einzufügen.

Fügen wir also eine weitere Qualifikation in die Tabelle *qualifikationen* ein, indem wir sowohl einen Wert für den Primärschlüssel und die Spalte *bezeichnung* als auch NULL für die Spalten *kuerzel* und *kategorie* eintragen:

```
INSERT INTO qualifikationen (qid,bezeichnung,kuerzel,kategorie)
VALUES (5,'MS Project',NULL,NULL);
```

Listing 3.6 Explizite Angabe von NULL-Werten in einer INSERT-Anweisung

In Tabelle 3.6 sehen Sie die Zeile mit dem Spaltenwert 5 für unsere Primärschlüsselspalte *qid*. Für die Spalten *kuerzel* und *kategorie* wurden NULL-Werte eingetragen.

qid	bezeichnung	kuerzel	kategorie
1	Word	msw	Office
2	Excel	mex	Office
3	Outlook	NULL	NULL
4	NULL	NULL	NULL
5	MS Project	NULL	NULL

Tabelle 3.6 Ergebnistabelle für ein explizites Einfügen von NULL-Werten

Sie haben gelernt, wie Sie mit INSERT-Anweisungen unter Anwendung von Spaltenlisten Zeilen in Tabellen einfügen. Als Nächstes zeige ich Ihnen, wie Sie Zeilen ohne explizite Spaltenangabe in der INSERT-Anweisung in eine Tabelle einfügen.

3.1.2 Spaltenwerte ohne Spaltenangabe einfügen

Wie Sie mit Hilfe einer expliziten Spaltenangabe in einer INSERT-Anweisung Zeilen in eine Tabelle einfügen, haben Sie gelernt. Wenn Sie für alle Spalten Werte eintragen, ist es nicht erforderlich, die Spalten in einer Liste hinter der Tabellenbezeichnung anzugeben. In diesem Fall ist die VALUES-Klausel mit der entsprechenden Angabe der Spaltenwerte ausreichend. An dieser Stelle ist allerdings die Reihenfolge der Spaltenwerte wichtig, die in die neue Zeile eingetragen werden sollen. Sie muss der Reihenfolge entsprechen, die bei der Tabellenerstellung festgelegt wurde.

Unsere erste Aufgabe ist also, die Reihenfolge der Spalten herauszufinden. Wie kommen wir an diese Information?

Glücklicherweise hat die International Standardization Organisation (ISO) einen Standard verabschiedet, der festlegt, dass relationale Datenbanken sogenannte *Views* (oder auch *Sichten*) mit Metadaten zur Verfügung stellen sollen. Auf das Thema Sichten bzw. Views werde ich in Kapitel 17 ausführlich eingehen und Ihnen dort beschreiben, wozu Sie Views verwenden können.

An dieser Stelle benötigen wir diese Information jedoch schon, um die Reihenfolge der Spalten zu ermitteln. Auf Views können Sie wie auf eine Tabelle zugreifen. Sie sind zudem einem *Schema* mit der Bezeichnung *information_schema* zugeordnet. Das Wort »Schema« wird ja nach verwendeter Datenbank unterschiedlich genutzt. Im Kontext einer MySQL-Datenbank ist der Begriff »Schema« synonym mit dem Begriff »Datenbank« zu sehen. Informationen über Datenbanken sind also in der Datenbank *information_schema* hinterlegt.

Schema (MS SQL Server und PostgreSQL)

MS SQL Server

Vor der Version 2005 des MS SQL Servers entsprach ein Schema einem Datenbankbenutzer. Das hat sich seit dem MS SQL Server 2005 geändert. Ein Schema stellt einen Behälter dar, der Datenbankobjekte wie z. B. Tabellen enthält. Ein Schema existiert unabhängig von einem Datenbankbenutzer. Ein Schema ist ein Namensraum, dem Sie beliebige Datenbankobjekte zuordnen können. Ein Schema wiederum wird einem oder mehreren Datenbanknutzern zugeordnet. Einer oder mehreren Datenbanken können wiederum ein oder mehrere Schemas zugewiesen werden.

PostgreSQL

Eine PostgreSQL-Datenbank fasst ebenfalls Datenbankobjekte wie beispielsweise Tabellen unter einem Namen zusammen. Es handelt sich also auch um einen Behälter, in dem z. B. mehrere Tabellen zusammengefasst werden können. Diese Behälter können ebenfalls einem oder mehreren Nutzern zugeordnet werden. Auch hier ist die Möglichkeit gegeben, einer oder mehreren Datenbanken ein oder mehrere Schemas zuzuweisen, um sie Datenbanknutzern zuzuordnen.

Die Sicht, die für uns interessant ist, hat den Namen *columns*; wir lesen sie mit einer SELECT-Abfrage wie in Listing 3.7 aus:

```
SELECT
  table_name,column_name,ordinal_position
FROM
  information_schema.columns
WHERE
  table_name ='qualifikationen'
```

```
ORDER BY
  ordinal_position;
```

Listing 3.7 Metadaten von Spalten einer Tabelle abfragen

SELECT fragt in diesem Fall nur die Spalten ab, die für uns von Interesse sind. Dies sind die Einträge *table_name*, *column_name* und *ordinal_position*. In der FROM-Klausel geben wir die View *information_schema.columns* an. Sie enthält Informationen zu den Spalten aller Tabellen, die in Ihrer Datenbank enthalten sind. Abschließend grenzen Sie das Ergebnis mit einer WHERE-Klausel ein, damit Sie nur Spalten der Tabelle *qualifikationen* erhalten. Zu guter Letzt wenden Sie eine ORDER BY-Klausel an, um nach der Position (*ordinal_position*) zu sortieren.

In Tabelle 3.7 sehen Sie das Ergebnis der Abfrage.

table_name	column_name	ordinal_position
qualifikationen	qid	1
qualifikationen	bezeichnung	2
qualifikationen	kuerzel	3
qualifikationen	kategorie	4

Tabelle 3.7 Ergebnistabelle für die Metainformationen von Spalten einer Tabelle

Sie sehen also die Tabellenbezeichnung (*table_name*), die Spaltennamen (*column_name*) und die Positionen der Spalten (*ordinal_position*). Aus diesem letzten Wert lässt sich die Reihenfolge der Spalten ablesen. *qid* ist an erster Position, *bezeichnung* an zweiter, *kuerzel* an dritter und *kategorie* ganz am Ende an vierter Position.

Mit den Informationen, die uns jetzt zur Verfügung stehen, können wir eine INSERT-Anweisung formulieren, die nur die Spaltenwerte für die VALUES-Klausel enthält. So können wir einen weiteren Datensatz in die Tabelle *qualifikationen* einfügen.

```
INSERT INTO qualifikationen
VALUES (6,'SAP Basis Know How','SAP','Office');
```

Listing 3.8 Zeilen ohne Spaltenangaben mit einer INSERT-Anweisung einfügen

In Tabelle 3.8 sehen Sie in der letzten Zeile den neuen Datensatz mit dem Schlüsselwert 6 zur Spalte *qid*.

qid	bezeichnung	kuerzel	kategorie
1	Word	msw	Office
2	Excel	mex	Office
3	Outlook	NULL	NULL
4	NULL	NULL	NULL
5	MS Project	NULL	NULL
6	SAP Basis Know How	SAP	Office

Tabelle 3.8 Ergebnistabelle nach dem Einfügen einer Zeile mit einer INSERT-Anweisung ohne Spaltenliste

Zusammenfassung: Neue Zeilen mit INSERT in eine Tabelle einfügen

Die INSERT-Anweisung sieht zwei Varianten vor, Zeilen einzufügen:

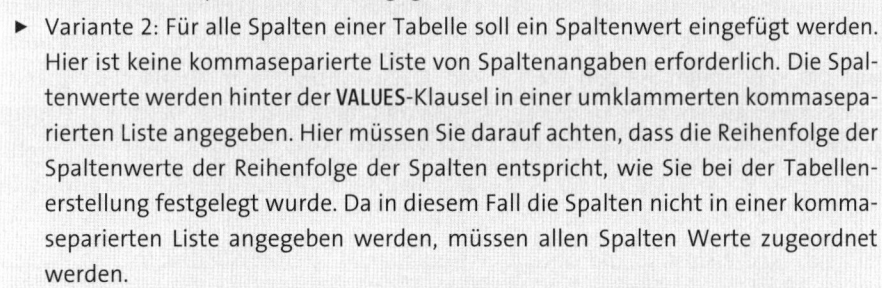

- Variante 1: Die Spalten, in die Werte eingefügt werden sollen, werden einzeln in einer kommaseparierten Liste angegeben.
- Variante 2: Für alle Spalten einer Tabelle soll ein Spaltenwert eingefügt werden. Hier ist keine kommaseparierte Liste von Spaltenangaben erforderlich. Die Spaltenwerte werden hinter der VALUES-Klausel in einer umklammerten kommaseparierten Liste angegeben. Hier müssen Sie darauf achten, dass die Reihenfolge der Spaltenwerte der Reihenfolge der Spalten entspricht, wie Sie bei der Tabellenerstellung festgelegt wurde. Da in diesem Fall die Spalten nicht in einer kommaseparierten Liste angegeben werden, müssen allen Spalten Werte zugeordnet werden.

Für beide Varianten gilt, dass Spaltenwerte, die nicht bekannt sind, explizit mit einem NULL-Wert in der VALUES-Klausel versehen werden können.

Ebenfalls für beide Varianten gilt, dass Schlüsselwertspalten immer mit einem eindeutigen Wert versehen werden müssen, der noch nicht in der Schlüsselwertspalte eingefügt wurde.

Für die Variante 1 gilt, dass Spalten, die nicht in der Spaltenliste enthalten sind und denen demzufolge keine Spaltenwerte zugeordnet sind, automatisch von der Datenbank mit einem NULL-Wert versehen werden.

Für die Variante 1 gilt auch, dass Spalten in der Spaltenliste in beliebiger Reihenfolge angegeben werden können. Die Werte in der VALUES-Klausel müssen der Reihenfolge entsprechen.

Sie haben gelernt, wie Sie neue Zeilen in Tabellen einfügen, und können Ihr neues Wissen in folgenden Übungen testen. Im nächsten Abschnitt 3.2 erfahren Sie, wie Sie Zeilen und ihre Spaltenwerte mit einer **UPDATE**-Anweisung aktualisieren.

3.1.3 Übungen zum Thema »Zeilen mit einer INSERT-Anweisung einfügen«

Übung 1

Sie sollen eine weitere Qualifikation in die Tabelle *qualifikationen* aufnehmen. Die neue Zeile soll mit einer expliziten Spaltenangabe in die Tabelle eingefügt werden. In die Spaltenliste soll Folgendes aufgenommen werden: *qid*, *bezeichnung*, *kuerzel* und *kategorie*. Wir möchten die Qualifikation SQL eintragen, die mit dem Kürzel ITE in der Kategorie Informatik aufgenommen werden soll. Wenn Sie das Kapitel praktisch nachvollzogen haben, sollten Sie den Schlüsselwert 7 für die Spalte *qid* nutzen, um die neue Zeile mit einem eindeutigen Schlüssel in die Tabelle *qualifikationen* einzutragen. Sie können hier natürlich auch jeden anderen ganzzahligen eindeutigen Schlüsselwert verwenden, sofern dieser noch nicht in der Tabelle vorhanden ist.

Übung 2

In jedem größeren Unternehmen gibt es Administratoren. Diese Qualifikation werden wir als Nächstes in die Tabelle *qualifikationen* eintragen. Für die Schlüsselwertspalte *qid* verwenden Sie den Wert 8. Als Bezeichnung geben Sie die Zeichenkette Administrator an. Hier sollen das Kürzel ADA und die Kategorie Support eingetragen werden. In der ersten Übung haben Sie in der **INSERT**-Anweisung folgende Spaltenliste genutzt: *qid*, *bezeichnung*, *kuerzel* und *kategorie*. In dieser Übung verwenden Sie die folgende Spaltenliste, deren Reihenfolge der Spalten sich von der ersten Liste unterscheidet: *bezeichnung*, *qid*, *kategorie* und *kuerzel*. Achten Sie darauf, dass Sie die Spaltenwerte auch gemäß der neuen Spaltenliste hinter der **VALUES**-Klausel notieren.

Übung 3

Bei expliziter Angabe von Spalten in einer **INSERT**-Anweisung haben Sie die Möglichkeit, nur eine Auswahl von Spaltenwerten in die Tabelle *qualifikationen* einzufügen. Das machen wir uns jetzt zunutze, indem wir eine neue Zeile eintragen, in der lediglich der Schlüsselwert und die Bezeichnung für die zu ergänzende Qualifikation bekannt sind. Als Schlüsselwert verwenden Sie den Wert 9. Als Bezeichnung tragen Sie für die Spalte *bezeichnung* den Wert Catering ein. Es handelt sich also nur um zwei Spaltenwerte, die eingetragen werden. Welche Beobachtung machen Sie in Bezug auf die Spaltenwerte der Spalten *kuerzel* und *kategorie*, wenn Sie die Tabelle *qualifikationen* nach dem Einfügen mit einer **SELECT**-Anweisung abfragen?

Übung 4

In dieser Übung soll eine zusätzliche Qualifikation erfasst werden, von der wir nur die Bezeichnung wissen. Die Bezeichnung soll Projektleitung lauten. Als eindeutigen Schlüssel weisen wir für die Spalte *qid* den Wert 10 zu. In der Spaltenliste geben Sie folgende Spalten an: *qid*, *bezeichnung*, *kuerzel* und *kategorie*. Für die **VALUES**-Klausel nutzen Sie die beiden genannten Spaltenwerte sowie **NULL**-Werte für die übrigen Spalten *kuerzel* und *kategorie*, für die keine Spaltenwerte bekannt sind.

Übung 5

In diesem Kapitel haben Sie auch eine Form der **INSERT**-Anweisung kennengelernt, in der auf eine Spaltenliste verzichtet wird. Diese Form der **INSERT**-Anweisung werden wir jetzt nutzen, um eine weitere Qualifikation in die Tabelle *qualifikationen* einzutragen. Die Qualifikation soll die Bezeichnung Personalverwaltung erhalten. PEV soll als Abkürzung verwendet werden, und die Kategorie lautet Personal. Als eindeutigen Schlüsselwert können Sie den Wert 11 für die Spalte *qid* verwenden. Denken Sie daran, in der **VALUES**-Klausel die Werte gemäß der Reihenfolge der Spalten einzutragen, die Sie erst noch ermitteln müssen, um die Spaltenwerte korrekt in die Tabelle *qualifikationen* einzutragen.

Lösung zu Übung 1

```
INSERT INTO qualifikationen (qid,bezeichnung,kuerzel,kategorie)
VALUES (7,'SQL','ITE','Informatik');
```

Listing 3.9 Eine Zeile mit expliziter Spaltenangabe in eine Tabelle einfügen

Lösung zu Übung 2

```
INSERT INTO qualifikationen (bezeichnung,qid,kategorie,kuerzel)
VALUES ('Administrator',8,'Support','ADA');
```

Listing 3.10 Eine neue Zeile mit einer anders sortieren Spaltenliste mittels einer INSERT-Anweisung in eine Tabelle einfügen

Lösung zu Übung 3

```
INSERT INTO qualifikationen (qid,bezeichnung)
VALUES (9,'Catering');

/* Prüfabfrage */
SELECT qid, bezeichnung, kuerzel, kategorie
FROM qualifikationen;
```

Listing 3.11 Nicht alle Spaltenwerte für eine Zeile in eine Tabelle einfügen

Sie beobachten nach der Prüfabfrage, dass die Datenbank für die Spaltenwerte *kuerzel* und *kategorie* automatisch NULL-Werte in die neue Zeile eingetragen hat.

Lösung zu Übung 4

```
INSERT INTO qualifikationen (qid,bezeichnung,kuerzel,kategorie)
VALUES (10,'Projektleitung',NULL,NULL);
```

Listing 3.12 Fehlende Spaltenwerte in einer INSERT-Anweisung durch NULL-Werte ersetzen

Lösung zu Übung 5

```
/* Spaltenreihenfolge für die INSERT-Anweisung ermitteln */
SELECT
  table_name,column_name,ordinal_position
FROM
  information_schema.columns
WHERE
  table_name ='qualifikationen'
ORDER BY
  ordinal_position;
/* Datensatz gemäß der ermittelten Spaltenreihenfolge einfügen */
INSERT INTO qualifikationen
VALUES (11,'Personalverwaltung','PEV','Personal');
```

Listing 3.13 Eine neue Zeile ohne eine Spaltenliste mit einer INSERT-Anweisung eintragen

3.2 Zeilen mit einer UPDATE-Anweisung ändern

In diesem Abschnitt lernen Sie, wie Sie die Spaltenwerte einer Zeile aktualisieren.

Natürlich wissen Sie, dass Daten nicht statisch sind. Es könnte z. B. das erfreuliche Ereignis einer Heirat einer Mitarbeiterin oder eines Mitarbeiters bevorstehen. Ebenso könnte es vorkommen, dass ein Mitarbeiter in den Ruhestand geht oder sich beruflich anderweitig orientiert. Die Informationen, die die Spaltenwerte von Zeilen in Tabellen ausmachen, können sich also ändern. SQL sieht hierfür eine UPDATE-Anweisung vor, die ebendies leistet. Um uns mit Aktualisierungsanweisungen vertraut zu machen, verwenden wir die Tabelle *qualglobal*, in der die Qualifikationen multinational verwaltet werden sollen. Einen Ausschnitt finden Sie in Tabelle 3.9. Sie hat die gleiche Spaltenstruktur wie die Tabelle *qualifikationen* und enthält 7 Zeilen, an denen wir das Aktualisieren von Werten mit einer UPDATE-Anweisung üben können.

qid	bezeichnung	kuerzel	kategorie
1	Datenbankprogrammierung	DAT	Informatik
2	Second Level Support	SLS	Informatik
3	First Level Support	FLS	Informatik
4	SAP Help Desk	SHD	Office
5	Excel	EXC	Office
6	Word	WOR	Office
7	Power Point	POW	Office

Tabelle 3.9 Die Tabelle »qualglobal« mit Datensätzen zum Aktualisieren mit einer UPDATE-Anweisung

In Abschnitt 3.2.1 werden wir auf einen alten Bekannten treffen: Im Zusammenhang mit der Aktualisierungsanweisung UPDATE spielt nämlich die WHERE-Klausel eine wichtige Rolle, damit Sie gezielt einzelne Zeilen aktualisieren können.

3.2.1 Einen Spaltenwert einer Zeile ändern

In der ersten Zeile von Tabelle 3.9 sehen Sie, dass der Qualifikation Datenbankprogrammierung das Kürzel DAT zugeordnet ist. Dieses Kürzel soll jetzt durch das Kürzel SQL ersetzt werden. Hierzu ist es erforderlich, die erste Zeile der Tabelle zu aktualisieren und den Spaltenwert der Spalte *kuerzel* in SQL zu ändern. Die Aktualisierungsanweisung in Listing 3.14 leistet genau das:

```
UPDATE qualglobal SET kuerzel='SQL' WHERE kuerzel='DAT';
```

Listing 3.14 Einen Spaltenwert einer Zeile mit UPDATE aktualisieren

Sehen wir genauer hin, um zu verstehen, wie Sie die UPDATE-Anweisung verwenden. Eingeleitet wird die Anweisung mit dem Schlüsselwort UPDATE. Es folgt die Bezeichnung der Tabelle, deren Spaltenwert (oder auch Spaltenwerte) Sie aktualisieren wollen.

Hinter der Tabellenbezeichnung, die hier *qualglobal* lautet, notieren wir das Schlüsselwort SET, mit dem wir der Datenbank mitteilen, dass wir jetzt für eine Spalte eine Wertzuweisung vornehmen werden. Umgangssprachlich könnten Sie formulieren, dass Sie einen neuen Wert für eine Spalte festlegen. Die Wertzuweisung wiederum besteht aus einer Spaltenangabe, die die Spalte definiert, der ein neuer Wert zugewiesen werden soll. Dies geschieht mit einem Gleichheitszeichen, das hier als Wertzuweisungsoperator genutzt wird, und einem konkreten Wert. In diesem Beispiel ordnen wir dem Spaltenwert der Spalte *kuerzel* die neue Zeichenkette SQL zu.

Wir müssen natürlich sichergehen, dass wir auch die richtige Zeile aktualisieren. Die WHERE-Klausel haben Sie bereits genutzt, um Zeilen mit einer SELECT-Abfrage zu filtern und nur die Zeilen in einer Ergebnistabelle auszugeben, die bestimmten Kriterien entsprachen. Wir nutzen hier ebenfalls die WHERE-Klausel, um das gleiche Ziel zu erreichen wie bei der SELECT-Abfrage, diesmal allerdings mit der Absicht, die Spaltenwerte gefilterter Zeilen zu aktualisieren. Durch die WHERE-Klausel wird also eine Bedingung ausgewertet. Wenn die Bedingung erfüllt ist, aktualisiert die Datenbank die Zeile. In unserem Fall bedeutet das: Wenn die Bedingung kuerzel='DAT' erfüllt ist, wird die Aktualisierung in der SET-Klausel durchgeführt. Das führt dazu, dass der Spaltenwert der Spalte *kuerzel* auf SQL gesetzt wird.

Wenn Sie die UPDATE-Anweisung aus Listing 3.14 ausgeführt haben, können Sie eine einfache Prüfabfrage wie in Listing 3.15 schreiben, um sich zu vergewissern, dass die Aktualisierung erfolgreich verlaufen ist. Wenn die Aktualisierung nicht erfolgreich war, wird natürlich keine Ergebniszeile ausgegeben, da wir ja in der WHERE-Klausel auf den aktualisierten Wert prüfen.

```
SELECT qid, bezeichnung, kuerzel, kategorie
from qualglobal
WHERE kuerzel='SQL';
```

Listing 3.15 Prüfabfrage für das Ergebnis einer Aktualisierung mit UPDATE

Als Ergebnis der Prüfabfrage erhalten Sie Tabelle 3.10. Sie sehen dort, dass der Wert für die Spalte *kuerzel* von DAT in SQL geändert wurde. Betrachten Sie noch einmal die WHERE-Klausel aus Listing 3.15. Gäbe es hier mehr als eine Zeile, in der die Bedingung erfüllt wäre, so würden sämtliche Zeilen, die diese Bedingung erfüllen, aktualisiert werden.

qid	bezeichnung	kuerzel	kategorie
1	Datenbankprogrammierung	SQL	Informatik

Tabelle 3.10 Ergebnistabelle mit einer aktualisierten Zeile

Sie haben einen Spaltenwert einer Zeile aktualisiert. Wie sieht es aus, wenn Sie zwei Spaltenwerte einer Zeile gleichzeitig aktualisieren wollen? Dieser Frage widmen wir uns im nächsten Abschnitt.

3.2.2 Mehrere Spaltenwerte einer Zeile gleichzeitig ändern

In Tabelle 3.9 sehen Sie in der vierten Zeile die Qualifikation SAP Help Desk. In der Zeile sehen Sie auch, dass der Spalte *kuerzel* der Wert SHD und der Spalte *kategorie* der Wert Office zugeordnet ist. Die Werte der Spalte *kuerzel* und *kategorie* sollen geändert werden. Der Spaltenwert der Spalte *kuerzel* soll in den Wert SAP und der Spaltenwert der Spalte *kategorie* in den Wert Informatik geändert werden.

Sehen wir uns die UPDATE-Anweisung aus Listing 3.16 genauer an.

```
UPDATE qualglobal
SET kuerzel='SAP',kategorie='Informatik'
WHERE kuerzel='SHD';
```

Listing 3.16 Mehrere Spaltenwerte gleichzeitig mit einer UPDATE-Anweisung aktualisieren

Als Erstes betrachten wir die SET-Klausel der UPDATE-Anweisung. Hier finden Sie zwei Wertzuweisungen, die durch ein Komma separiert wurden. So wird der Spalte *kuerzel* der Spaltenwert SAP und der Spalte *kategorie* der Wert Informatik zugewiesen. Falls Sie noch weiteren Spalten Werte zuordnen möchten, fügen Sie ein weiteres Komma gefolgt von einer weiteren Wertzuweisung an die Liste der SET-Klausel an.

Die WHERE-Klausel sorgt auch hier dafür, dass wir die richtige Zeile aktualisieren. In diesem Fall wird nur die Zeile aktualisiert, und zwar diejenige, deren Spaltenwert der Spalte *kuerzel* gleich SHD ist.

Tabelle 3.11 zeigt die geänderte Zeile in der Tabelle *qualglobal*.

qid	bezeichnung	kuerzel	kategorie
4	SAP Help Desk	SAP	Informatik

Tabelle 3.11 Ergebnistabelle für eine Aktualisierung von zwei Spalten

Die Spaltenwerte für die Spalten *kuerzel* und *kategorie* wurden in die Werte SAP und Informatik geändert. Sie können hier wieder die Prüfabfrage aus Listing 3.15 verwenden, um das Ergebnis darzustellen. Sie müssen nur die WHERE-Klausel dahingehend anpassen, dass die Spaltenwerte der Spalte *kuerzel* gegen den Wert SAP geprüft werden, um die aktualisierte Zeile zurückzuerhalten.

In diesem Beispiel haben Sie erfahren, wie Sie zwei Spaltenwerte einer Zeile gleichzeitig aktualisieren. In Abschnitt 3.2.3 werde ich Ihnen zeigen, wie Sie Spaltenwerte für mehrere Zeilen gleichzeitig ändern.

3.2.3 Spaltenwerte einer Spalte für mehrere Zeilen gleichzeitig ändern

Wenn in einer Spalte über mehrere Zeilen die gleichen Werte enthalten sind, können Sie diese Werte ebenfalls mit einer UPDATE-Anweisung ändern. Die wichtigste Rolle spielt in diesem Fall die Filterfunktion der WHERE-Klausel, mit der Sie bestimmen, für welche Zeilen die Spaltenwerte mit der UPDATE-Anweisung aktualisiert werden sollen. In den ersten vier Zeilen von Tabelle 3.9 sind in der Spalte *kategorie* die Spaltenwerte Informatik eingetragen. Diese vier Spaltenwerte sollen mit dem Wert Informationstechnologie aktualisiert werden.

Sehen wir uns dazu die UPDATE-Anweisung in Listing 3.17 genauer an.

```
UPDATE qualglobal
SET kategorie='Informationstechnologie'
WHERE kategorie='Informatik';
```

Listing 3.17 Mehrere Spaltenwerte einer Spalte gleichzeitig ändern

Hier ist nichts Neues zu sehen. Es handelt sich um eine UPDATE-Anweisung mit einer Wertzuweisung in der SET-Klausel und einer WHERE-Klausel, die für die Spaltenwerte der Spalte *kategorie* mittels einer Bedingung überprüft, ob sie dem Wert Informatik entsprechen. Die WHERE-Klausel legt also mit ihrer Filterfunktion fest, welche Zeilen aktualisiert werden. In diesem Fall erfüllen vier Zeilen die Bedingung der WHERE-Klausel, und exakt diesen Zeilen wird der Spaltenwert Informationstechnologie der Spalte *kategorie* in der SET-Klausel zugewiesen. Wichtig ist an dieser Stelle, dass Sie erkennen, dass es ganz von der Bedingung in der WHERE-Klausel abhängt, ob Sie eine oder mehrere Zeilen einer Tabelle aktualisieren.

In Tabelle 3.12 sehen Sie das Ergebnis der UPDATE-Anweisung. In der Prüfabfrage müssen Sie lediglich die Bedingung der WHERE-Klausel wieder ein wenig anpassen. Alle vier Spaltenwerte der Spalte *kategorie*, die zuvor der Bedingung kategorie='Informatik' entsprachen, wurden auf den Wert Informationstechnologie aktualisiert.

qid	bezeichnung	kuerzel	kategorie
1	Datenbankprogrammierung	SQL	Informationstechnologie
2	Second Level Support	SLS	Informationstechnologie
3	First Level Support	FLS	Informationstechnologie
4	SAP Help Desk	SAP	Informationstechnologie

Tabelle 3.12 Ergebnistabelle für die Aktualisierung von mehreren Spaltenwerten einer Spalte

Es können natürlich auch mehrere unterschiedliche Spaltenwerte über mehrere Spalten aktualisiert werden. In der Zeile 5 bis 7 von Tabelle 3.9 sind Qualifikationen von Microsoft-Office-Produkten enthalten. Diesen Qualifikationen sind folgende Kürzel in der Spalte *kuerzel* als Werte zugeordnet: EXC, WOR und POW. Die Spaltenwerte der Spalte *kuerzel* sollen jetzt in den Wert MSO geändert werden. Es soll also keine unterschiedlichen Kürzel mehr für die unterschiedlichen Office-Anwendungen geben. Die Spaltenwerte der Spalte *kategorie* sollen hingegen in den Spaltenwert Microsoft Office geändert werden. Hier noch ein kleiner Hinweis: Falls Sie Listing 3.9 nicht ausgeführt haben, werden Sie die Qualifikation SAP Help Desk ebenfalls mit den neuen Spaltenwerten für die Spalten *kuerzel* und *kategorie* versehen.

```
UPDATE qualglobal
SET kuerzel='MSO',kategorie='Microsoft Office'
WHERE kategorie='Office';
```

Listing 3.18 Mehrere Spaltenwerte mehrerer Zeilen gleichzeitig aktualisieren

In Tabelle 3.13 sehen Sie die geänderten Werte für die Spalten *kuerzel* und *kategorie*.

qid	bezeichnung	kuerzel	kategorie
5	Excel	MSO	Microsoft Office
6	Word	MSO	Microsoft Office
7	Power Point	MSO	Microsoft Office

Tabelle 3.13 Ergebnistabelle für mehrere aktualisierte Spaltenwerte über mehrere Zeilen hinweg

Die Spaltenwerte wurden für alle Zeilen gemäß den Wertzuweisungen in der SET-Klausel aktualisiert. Für die betroffenen Datensätze bedeutet das, dass die Anwendungen Word, Excel und Power Point jetzt mit dem Kürzel MSO und der Kategorie Microsoft Office ausgestattet sind.

Im nächsten Abschnitt 3.2.4 zeige ich Ihnen, wie Sie alle Spaltenwerte einer Spalte gleichzeitig ändern.

3.2.4 Allen Spaltenwerten einer Spalte einen Wert zuordnen

Sämtliche Spaltenwerte einer Spalte auf einen von Ihnen vorgegebenen Wert zu ändern, ist mit einer UPDATE-Anweisung sehr einfach zu realisieren. Sie lassen einfach die einschränkende WHERE-Klausel weg, und schon aktualisiert die UPDATE-Anweisung gemäß der Wertzuweisung in der SET-Klausel alle Spaltenwerte der Spalte, der Sie in der Wertzuweisung einen Wert zugewiesen haben.

Die UPDATE-Anweisung in Listing 3.19 ist so aufgebaut, dass sie alle Spaltenwerte der Spalte *kategorie* in den Wert Derzeit keine Kategorie ändert.

```
UPDATE qualglobal
SET kategorie='Derzeit keine Kategorie';
```

Listing 3.19 Allen Spaltenwerten einer Spalte einen neuen Wert zuweisen

Sie können das leicht an der Wertzuweisung der SET-Klausel nachvollziehen. Da ja alle Spaltenwerte der Spalte *kategorie* geändert werden sollen, benötigt die UPDATE-Anweisung keine eingrenzende WHERE-Klausel, mit der Datensätze gezielt für eine Aktualisierung gefiltert werden.

In Tabelle 3.14 sehen Sie, dass sämtliche Spaltenwerte der Spalte *kategorie* mit dem Wert Derzeit keine Kategorie versehen wurden.

qid	bezeichnung	kuerzel	kategorie
1	Datenbankprogrammierung	SQL	Derzeit keine Kategorie
2	Second Level Support	SLS	Derzeit keine Kategorie
3	First Level Support	FLS	Derzeit keine Kategorie
4	SAP Help Desk	SAP	Derzeit keine Kategorie
5	Excel	MSO	Derzeit keine Kategorie
6	Word	MSO	Derzeit keine Kategorie
7	Power Point	MSO	Derzeit keine Kategorie

Tabelle 3.14 Ergebnistabelle für eine Aktualisierungsanweisung, die alle Spaltenwerte einer Spalte auf einmal ändert

Es handelt sich wirklich um eine einfache Methode, sämtliche Spaltenwerte einer Spalte zu ändern. Beachten Sie, dass so eine UPDATE-Anweisung ohne eingrenzende WHERE-Klausel schnell ausgeführt ist. Es kann so ein großer Schaden entstehen, wenn fälschlicherweise alle Spaltenwerte einer oder mehrerer Spalten auf einen Wert gesetzt werden. Aber selbst wenn Sie eine WHERE-Klausel in einer UPDATE-Anweisung anwenden, kann es gefährlich werden. Was halten Sie von einer Bedingung, die folgt aussieht: WHERE 8=8?

Richtig, diese WHERE-Klausel ist für die UPDATE-Anweisung von keinerlei Bedeutung, da sie immer wahr ist. Die bloße Existenz einer WHERE-Klausel reicht also nicht aus, um sicherzustellen, dass nur die richtigen Datensätze aktualisiert werden.

> **WHERE-Klausel prüfen**
>
> Hier ein kleiner Tipp von mir: Immer wenn Sie vorhaben, einen oder mehrere Werte einer Spalte zu aktualisieren, wenden Sie zuvor die von Ihnen formulierte WHERE-Klausel mittels einer SELECT-Anweisung an, um zu sehen, ob tatsächlich nur die Datensätze gefiltert werden, die Sie wirklich aktualisieren möchten.

Es ist auch möglich, den Spaltenwerten einer Spalte einen nicht definierten Wert zuzuweisen. Das funktioniert tatsächlich. Im nächsten Abschnitt 3.2.5 erfahren Sie, wie Sie das machen können.

3.2.5 Spaltenwerten mit einer UPDATE-Anweisung einen NULL-Wert zuweisen

In der Wertzuweisung einer UPDATE-Klausel können Sie Spalten auch einen NULL-Wert zuweisen. In Listing 3.20 sehen Sie in der SET-Klausel der UPDATE-Anweisung eine Wertzuweisung, die der Spalte *kategorie* den nicht definierten Wert NULL zuweist:

```
UPDATE qualglobal
SET kategorie=NULL;
```

Listing 3.20 Spaltenwerten in einer UPDATE-Anweisung NULL-Werte zuweisen

Tabelle 3.15 zeigt Ihnen, dass nach der Aktualisierung mit der UPDATE-Anweisung die Spaltenwerte der Spalte *kategorie* der Tabelle *qualglobal* jeweils einen NULL-Wert zugewiesen bekommen haben.

qid	bezeichnung	kuerzel	kategorie
1	Datenbankprogrammierung	SQL	NULL
2	Second Level Support	SLS	NULL
3	First Level Support	FLS	NULL
4	SAP Help Desk	SAP	NULL
5	Excel	MSO	NULL
6	Word	MSO	NULL
7	Power Point	MSO	NULL

Tabelle 3.15 Ergebnistabelle nach einer Aktualisierung mit einer Zuweisung von NULL-Werten

In diesem Beispiel haben wir ebenfalls keine einschränkende WHERE-Klausel verwendet. Diese UPDATE-Anweisung funktioniert an dieser Stelle nur, weil die Tabelle bis auf die Schlüsselwertspalte über keinerlei Einschränkung verfügt. Diese Art von Einschränkungen werden Sie in Abschnitt 4.5 kennenlernen. Nur so viel vorab: Es gibt eine Einschränkung für Tabellen, die bereits während der Tabellenerstellung angegeben werden kann und die festlegt, dass eine Spalte niemals mit einem NULL-Wert versehen werden darf. Eine derartige Einschränkung ist dann hilfreich, wenn Sie verhindern wollen, dass NULL-Werte anstelle echter Spaltenwerte eingetragen werden. Vielleicht haben Sie sich ja die Frage gestellt, ob Sie auch Schlüsselwertspalten in einer Tabelle mit einer UPDATE-Anweisung ändern können. Ja, Sie können auch Schlüsselwerte in einer Schlüsselwertspalte ändern, sollten aber auf ein paar Dinge aufpassen. Was Sie beachten müssen, erfahren Sie in Abschnitt 3.2.6.

3.2.6 Schlüsselwertspalten mit UPDATE einen neuen Wert zuweisen

Die Tabelle *qualglobal* hält sich an die Empfehlung, dass jede Tabelle mit einer Schlüsselwertspalte ausgestattet sein sollte. Darin werden die eindeutigen Schlüsselwerte gespeichert, die die Zeilen der Tabelle identifizieren. Wenn Sie Spaltenwerte von Schlüsselwertspalten aktualisieren möchten, haben Sie ein paar Dinge zu beachten.

Was nicht geht, ist, einer Schlüsselwertspalte einen NULL-Wert zuzuweisen. Ich denke, dass ist nachvollziehbar, da Werte von Schlüsselwertspalten immer eindeutig sein müssen und nicht mit Werten versehen werden können, die nicht definiert sind.

Auch ist es nicht möglich, einen Schlüsselwert mit einer UPDATE-Anweisung in einen bereits bestehenden Schlüsselwert zu ändern, der in einer anderen Zeile einem Datensatz zugeordnet ist. Das funktioniert natürlich auch nicht, da ein Schlüsselwert nicht mehrfach vorkommen darf. Sonst würde er seine Eindeutigkeit verlieren. Die Datenbank würde einen derartigen Versuch mit einer Fehlermeldung quittieren.

Bisher habe ich Ihnen dargestellt, was nicht geht. Kommen wir jetzt dazu, was wir machen können. Sie können einen Wert einer Schlüsselwertspalte in jeden Wert ändern, der sich von den bereits bestehenden Schlüsselwerten unterscheidet.

Das probieren wir gleich aus. In Tabelle 3.15 haben Sie bereits gesehen, dass die Schlüsselwerte 1 bis 7 Verwendung finden. Die numerischen Werte von 1 bis 7 könnten Sie also nicht in der Wertzuweisung einer SET-Klausel zuweisen. In Listing 3.21 weisen wir der Schlüsselwertspalte *qid* daher den Wert 100 zu.

```
UPDATE qualglobal
SET qid=100
WHERE qid=5;
```

Listing 3.21 Einen Wert einer Schlüsselwertspalte mit einer UPDATE-Anweisung ändern

Dieser Wert unterscheidet sich von allen Werten, die bereits Verwendung finden. In der WHERE-Klausel teilen wir der Datenbank mit, dass wir die Zeile mit dem Spaltenwert 5 in der Spalte *qid* aktualisieren wollen.

So ganz nebenbei lernen Sie hier, dass Sie Schlüsselwerte hervorragend in der WHERE-Klausel einer UPDATE-Anweisung verwenden können, um einen beliebigen Spaltenwert einer Tabelle zu aktualisieren, da ein Schlüsselwert ja immer eindeutig ist und exakt eine Zeile identifiziert.

Das Ergebnis der Aktualisierung sehen Sie in Tabelle 3.16. Die Qualifikation Excel hat einen neuen Schlüsselwert 100 für die Spalte *qid* erhalten. Folglich gibt es den Schlüsselwert 5 jetzt nicht mehr, und er kann zu gegebener Zeit als eindeutiger Schlüsselwert neu verwendet werden.

qid	bezeichnung	kuerzel	kategorie
1	Datenbankprogrammierung	SQL	NULL
2	Second Level Support	SLS	NULL
3	First Level Support	FLS	NULL
4	SAP Help Desk	SAP	NULL
6	Word	MSO	NULL
7	Power Point	MSO	NULL
100	Excel	MSO	NULL

Tabelle 3.16 Ergebnistabelle nach einer Schlüsselwertaktualisierung mit einer UPDATE-Anweisung

Zusammenfassung: Spaltenwerte mit einer UPDATE-Anweisung aktualisieren [*]

Mit einer UPDATE-Anweisung aktualisieren Sie Spaltenwerte einer Tabelle. Hier können folgende Szenarien Anwendung finden:

- eine Spaltenwert in einer Zeile ändern
- mehrere Spaltenwerte einer Zeile gleichzeitig ändern
- Spaltenwerte einer Spalte über mehrere Zeilen ändern
- allen Werten einer Spalte einen Wert zuweisen
- Spaltenwerten einen NULL-Wert zuweisen
- Schlüsselwertspalten aktualisieren

> Wenn bestehende Spaltenwerte einer oder mehrerer Zeilen mit einer **UPDATE**-Anweisung geändert werden sollen, wird die **WHERE**-Klausel mit einem Filterkriterium angewendet. So wird sichergestellt, dass nur die ausgewählten Zeilen aktualisiert werden.
>
> Eine Aktualisierung mit der **UPDATE**-Anweisung wird oft zusammen mit der **WHERE**-Klausel genutzt. Stellen Sie zudem immer mit einer **SELECT**-Anweisung sicher, dass in der später auszuführenden **UPDATE**-Anweisung nur die Zeilen geändert werden, die auch geändert werden sollen.
>
> Sollen alle Spaltenwerte einer oder mehrerer Spalten mit neuen Werten versehen werden, ist keine **WHERE**-Klausel erforderlich. Sie benötigen nur die **SET**-Klausel und die Wertzuweisungsliste. Auch hier müssen Sie unbedingt sicherstellen, dass auch tatsächlich eine derartige Aktualisierung stattfinden soll. Passen Sie auf, dass Sie nicht ungewollt Daten in Ihrer Tabelle überschreiben.

In diesem Abschnitt haben Sie einige Grundlagen für die Verwendung einer **UPDATE**-Anweisung zur Aktualisierung von Datensätzen kennengelernt. Abschnitt 3.3 zeigt Ihnen, wie Sie Zeilen einer Tabelle löschen können. Wenn Sie prüfen möchten, ob Sie die grundlegenden Operationen mit einer **UPDATE**-Anweisung nun beherrschen, versuchen Sie sich an den folgenden Übungen.

3.2.7 Übungen zum Thema »Spaltenwerte einer Tabelle aktualisieren«

Übung 1

Die Zeile mit dem Schlüsselwert 2 der Spalte *qid* der Tabelle *qualglobal* identifiziert einen Datensatz, in dem der Spalte *bezeichnung* der Wert Second Level Support zugeordnet ist. Ändern Sie den Wert der Spalte *bezeichnung* mittels einer **UPDATE**-Anweisung in den Wert Second Level Helpdesk. Achten Sie darauf, dass Sie den bereits angegebenen Schlüsselwert der Spalte *qid* in der **WHERE**-Klausel verwenden, um die richtige Zeile zu aktualisieren. Formulieren Sie auch eine Prüfabfrage, die ausschließlich die Zeile mit dem Schlüsselwert 2 der Spalte *qid* ermittelt, um das Ergebnis der Aktualisierung mit einer **UPDATE**-Anweisung zu prüfen.

Übung 2

Jetzt soll die Zeile mit den Schlüsselwert 3 der Spalte *qid* geändert werden. Der Wert First Level Support der Spalte *bezeichnung* soll in den Wert First Level Helpdesk geändert werden. Der Spalte *kuerzel* ist der Wert FLS zugeordnet. Ändern Sie den Wert in der gleichen **UPDATE**-Anweisung, und weisen Sie der Spalte *kuerzel* den Wert FLH zu. Formulieren Sie hier ebenfalls eine Prüfabfrage, die die geänderte Zeile mit Hilfe einer passenden **WHERE**-Klausel ermittelt, um die Aktualisierung zu prüfen.

Übung 3

Das Unternehmen beabsichtigt, auf eine freie Office-Suite umzusteigen. Daher soll den Werten der Spalte *kuerzel*, die derzeit dem Wert MSO entsprechen, einen NULL-Wert zugewiesen werden. Ermitteln Sie zur Überprüfung der aktualisierten Werte in einer WHERE-Klausel einer SELECT-Abfrage die Spaltenwerte der Spalte *kuerzel*, die gleich NULL sind.

Übung 4

Allen Werten der Spalte *kategorie* sind derzeit NULL-Werte zugeordnet. In dieser Übung soll ebenfalls allen Spaltenwerten der Spalte *kategorie* der Wert Wird überarbeitet zugewiesen werden. Hier können Sie mit einer einfachen SELECT-Abfrage das Ergebnis Ihrer Aktualisierung überprüfen. Sie benötigen keine einschränkende WHERE-Klausel, da wir ja alle Zeilen der Tabelle *qualglobal* aktualisieren wollen.

Übung 5

In dieser Übung soll ein Wert der Schlüsselwertspalte *qid* geändert werden. Setzen Sie den Schlüsselwert 100 der Spalte *qid* wieder auf den Wert 5 zurück.

Lösung zu Übung 1

```
UPDATE qualglobal
SET bezeichnung='Second Level Helpdesk'
WHERE qid=2;

SELECT qid,bezeichnung,kuerzel,kategorie
FROM qualglobal
WHERE qid=2;
```

Listing 3.22 Einen Spaltenwert einer Zeile mit einer UPDATE-Anweisung ändern

Lösung zu Übung 2

```
UPDATE qualglobal
SET bezeichnung='First Level Helpdesk',kuerzel='FLH'
WHERE qid=3;

SELECT qid,bezeichnung,kuerzel,kategorie
FROM qualglobal
WHERE qid=3;
```

Listing 3.23 Zwei Spaltenwerte gleichzeitig mit einer UPDATE-Anweisung aktualisieren

Lösung zu Übung 3

```
UPDATE qualglobal
SET kuerzel=NULL
WHERE kuerzel='MSO';

SELECT qid,bezeichnung,kuerzel,kategorie
FROM qualglobal
WHERE kuerzel IS NULL;
```

Listing 3.24 Einem Spaltenwert NULL zuweisen

Lösung zu Übung 4

```
UPDATE qualglobal
SET kategorie='Wird überarbeitet';

SELECT qid,bezeichnung,kuerzel,kategorie
FROM qualglobal;
```

Listing 3.25 Alle Spaltenwerte einer Spalte ändern

Lösung zu Übung 5

```
UPDATE qualglobal
SET qid=5
WHERE qid=100;

SELECT qid,bezeichnung,kuerzel,kategorie
FROM qualglobal
WHERE qid=5;
```

Listing 3.26 Einen Wert einer Schlüsselspalte ändern

3.3 Zeilen mit einer DELETE-Anweisung löschen

Bisher haben Sie Zeilen in die Tabelle *qualglobal* eingefügt und Spaltenwerte geändert. Es fehlt noch eine grundlegende Operation in SQL, nämlich die DELETE-Anweisung. Mit der DELETE-Anweisung können Sie gezielt einzelne Zeilen, mehrere Zeilen oder alle Zeilen einer Tabelle löschen. Die ersten beiden Löschoperationen werden ähnlich wie bei der UPDATE-Anweisung unter Zuhilfenahme der WHERE-Klausel durchgeführt, die sicherstellt, dass auch die richtigen Zeilen gelöscht werden. Wenn Sie alle

Zeilen einer Tabelle zu löschen beabsichtigen, dann findet die WHERE-Klausel ähnlich wie in der UPDATE-Anweisung keine Verwendung.

Beginnen wir mit Abschnitt 3.3.1, in dem wir gezielt eine Zeile einer Tabelle löschen.

3.3.1 Eine Zeile einer Tabelle löschen

Die Qualifikation SAP Help Desk ist nicht mehr erforderlich. Betrachten wir Listing 3.27, in der eine DELETE-Anweisung verwendet wird, um die eben genannte Qualifikation aus der Tabelle zu entfernen.

```
DELETE FROM qualglobal
WHERE qid=4;
```

Listing 3.27 Eine Zeile in einer Tabelle löschen

Die Anweisung beginnt mit dem Wort DELETE, das der Datenbank mitteilt, dass eine Löschoperation durchgeführt werden soll. Wir müssen der Datenbank natürlich auch noch mitteilen, aus welcher Tabelle wir eine Zeile löschen werden. Hierzu notieren Sie das Schlüsselwort FROM hinter dem DELETE-Schlüsselwort und geben direkt danach die Bezeichnung der Tabelle an. In diesem Fall beabsichtigen wir, eine Zeile aus der Tabelle *qualglobal* zu löschen.

Jetzt müssen wir nur noch die Zeile eingrenzen, damit auch nur die Zeile mit der Qualifikation SAP Help Desk gelöscht wird. Das machen wir ähnlich wie in der UPDATE-Anweisung, indem wir hinter dem Tabellennamen *qualglobal* eine WHERE-Klausel mit einer Bedingung angeben. In diesem Fall lautet die Bedingung qid=4. Das Ergebnis dieser Löschoperation mit einer DELETE-Anweisung sehen Sie in Tabelle 3.17.

qid	bezeichnung	kuerzel	kategorie
1	Datenbankprogrammierung	SQL	Wird überarbeitet
2	Second Level Helpdesk	SLS	Wird überarbeitet
3	First Level Helpdesk	FLH	Wird überarbeitet
5	Excel	NULL	Wird überarbeitet
6	Word	NULL	Wird überarbeitet
7	Power Point	NULL	Wird überarbeitet

Tabelle 3.17 Ergebnistabelle nach dem Löschen einer Zeile

Die Zeile mit dem Spaltenwert 4 der Spalte *qid* existiert nicht mehr, da sie erfolgreich aus der Tabelle gelöscht wurde.

Bei der Anwendung von DELETE-Anweisungen müssen Sie sehr vorsichtig agieren. Achten Sie darauf, dass Sie die WHERE-Klausel mit Bedacht formulieren, um Ihre Anforderung an die Löschoperation zu erfüllen. Auch in diesem Fall empfiehlt es sich, die Bedingungen der WHERE-Klausel vorher mit einer SELECT-Anweisung zu überprüfen, um sicherzugehen, dass in der Löschoperation tatsächlich nur die Datensätze gelöscht werden, die auch gelöscht werden sollen.

Im nächsten Abschnitt werden Sie lernen, wie Sie mehrere Zeilen einer Tabelle mit einer DELETE-Anweisung löschen. Ihnen wird schnell auffallen, dass sich an der DELETE-Anweisung wenig ändert.

3.3.2 Mehrere Zeilen einer Tabelle gleichzeitig löschen

Wenn Sie beabsichtigen, mehrere Zeilen in einer Tabelle mit einer DELETE-Anweisung zu löschen, spielt der Spaltenwert eine Rolle, der in der Bedingung der WHERE-Klausel geprüft wird. Wenn die Bedingung in mehreren Zeilen erfüllt ist, so werden auch mehrere Zeilen gelöscht.

In Listing 3.28 werden diejenigen Zeilen mit einer DELETE-Anweisung gelöscht, die aufgrund der Einführung einer alternativen Office-Suite obsolet geworden sind. In der WHERE-Klausel formulieren wir hierzu eine Bedingung, die die Zeilen filtert, deren Spaltenwerte der Spalte *kuerzel* gleich NULL sind.

```
DELETE FROM qualglobal
WHERE kuerzel IS NULL;
```

Listing 3.28 Mehrere Zeilen einer Tabelle löschen

In Tabelle 3.18 sind nach der Ausführung der DELETE-Anweisung die Zeilen mit den Qualifikationen der obsolet geworden Office-Suite nicht mehr enthalten.

qid	bezeichnung	kuerzel	kategorie
1	Datenbankprogrammierung	SQL	Wird überarbeitet
2	Second Level Helpdesk	SLS	Wird überarbeitet
3	First Level Helpdesk	FLH	Wird überarbeitet

Tabelle 3.18 Ergebnistabelle nach dem Löschen mehrerer Zeilen

Sie wissen jetzt, dass die WHERE-Klausel für das gezielte Löschen einer oder mehrerer Zeilen von großer Bedeutung ist. Um genauer zu sein, die ausgewertete Bedingung der WHERE-Klausel ist von großer Bedeutung. Im nächsten Abschnitt benötigen Sie die WHERE-Klausel nicht mehr, da Sie dort lernen, alle Zeilen einer Tabelle zu löschen.

3.3.3 Alle Zeilen einer Tabelle gleichzeitig löschen

Wenn Sie eine Tabelle mit aktuelleren Daten versehen wollen, kann es erforderlich sein, alle enthaltenen Zeilen zu löschen. Das könnte dann der Fall sein, wenn monatlich aktuelle Daten aus einer Datei importiert werden.

Sie löschen alle Zeilen einer Tabelle, indem Sie eine DELETE-Anweisung ausschließlich mit der FROM-Klausel und den darauf folgenden Tabellennamen verwenden. In Listing 3.29 werden mit der DELETE-Anweisung alle Zeilen aus der Tabelle *qualglobal* entfernt.

```
DELETE FROM qualglobal;
```

Listing 3.29 Alle Zeilen einer Tabelle löschen

Hier ist keine einschränkende WHERE-Klausel erforderlich. Wie Sie sich denken können, sollte eine DELETE-Anweisung ohne WHERE-Klausel ebenfalls nur ausgeführt werden, wenn Sie ganz sicher sind, dass alle Zeilen einer Tabelle gelöscht werden sollen.

In Tabelle 3.19 sehen Sie, dass alle Zeilen der Tabelle *qualglobal* durch die DELETE-Anweisung gelöscht wurden.

qid	bezeichnung	kuerzel	kategorie

Tabelle 3.19 Ergebnistabelle nach dem Löschen aller Zeilen mit einer DELETE-Anweisung

> **Zusammenfassung: Datensätze einer Tabelle mit einer DELETE-Anweisung löschen**
>
> Mit einer DELETE-Anweisung löschen Sie eine, mehrere oder alle Zeilen einer Tabelle. Wenn Sie eine oder mehrere Zeilen gezielt aus einer Tabelle entfernen wollen, ist die WHERE-Klausel sehr wichtig. Dort legen Sie die Bedingung für das Löschen fest.
>
> Vor der Durchführung einer DELETE-Anweisung mit einer WHERE-Klausel ist stets sicherzustellen, dass die WHERE-Klausel tatsächlich nur die Zeilen für die DELETE-Anweisung filtert, die gelöscht werden sollen. Eine einfache Möglichkeit, dies zu überprüfen, besteht in der Ausführung einer SELECT-Anweisung mit der WHERE-Klausel. So können Sie testen, ob die DELETE-Anweisung nur auf die gewünschten Daten angewendet wird.
>
> Wenn alle Zeilen einer Tabelle mit einer DELETE-Anweisung gelöscht werden sollen, so ist vorher ebenfalls zu prüfen, ob dies tatsächlich so erwünscht ist! Es ist in der Regel nicht möglich, eine Löschoperation rückgängig zu machen.

In diesem Abschnitt haben Sie erfahren, wie Sie gezielt eine oder mehrere Zeilen einer Tabelle mittels einer DELETE-Anweisung löschen. Sie haben auch gelernt, wie Sie mit einer einfachen DELETE-Anweisung ohne einschränkende WHERE-Klausel alle Zeilen aus einer Tabelle entfernen.

Abschnitt 3.4 widmet sich ebenfalls dem Löschen von Datensätzen einer Tabelle. Hier lernen Sie die TRUNCATE-Anweisung kennen, die es Ihnen ermöglicht, sämtliche Datensätze einer Tabelle sehr schnell zu entfernen. Aber zuvor gibt es wieder die Gelegenheit, mit drei Übungen das Erlernte zu überprüfen.

3.3.4 Übungen zum Thema »Zeilen mit einer DELETE-Anweisung löschen«

Wenn Sie die Beispiele nachvollzogen haben, enthält die Tabelle *qualglobal* jetzt keine Datensätze mehr. Eine denkbar schlechte Voraussetzung, um Übungen durchzuführen. Abhilfe schafft hier die für diesen Zweck angelegte Tabelle *qualglobalarchiv*, in der archivierte Qualifikationen gespeichert sind.

Übung 1

Als Erstes soll die Zeile mit dem Schlüsselwert 2 der Spalte *qid* der Tabelle *qualglobalarchiv* mit einer DELETE-Anweisung gelöscht werden. Gleich im Anschluss überprüfen Sie mit einer SELECT-Abfrage die noch vorhandenen Zeilen der Ergebnistabelle.

Übung 2

In dieser Übung sollen mehrere Zeilen der Tabelle *qualglobalarchiv* gleichzeitig mit einer DELETE-Anweisung gelöscht werden. Die Werte der Spalte *qid* für die zu löschenden Zeilen lauten: 5, 6 und 7.

Ein Tipp für Sie: Es gibt mehrere Möglichkeiten, die Bedingung der WHERE-Klausel zu formulieren. Eine davon ist, Spaltenwerte auf Mitgliedschaft in einer Werteliste zu prüfen. Alternativ könnten Sie auch eine Bedingung für die WHERE-Klausel formulieren, in der Sie einzelne Bedingungen auf Gleichheit mit einem der hier vorgegebenen Werte prüfen und die einzelnen Bedingungen mit einem logischen OR-Operator auswerten.

Prüfen Sie auch hier das Ergebnis Ihrer Löschoperation mit einer SELECT-Abfrage, um das Ergebnis der Löschoperation nachzuvollziehen.

Übung 3

Löschen Sie alle verbleibenden Zeilen der Tabelle *qualglobalarchiv*. Überprüfen Sie das Ergebnis dieser Löschoperation mit einer SELECT-Abfrage.

Lösung zu Übung 1

```
DELETE FROM qualglobalarchiv WHERE qid=2;
```

```
SELECT qid, bezeichnung, kuerzel, kategorie FROM qualglobalarchiv;
```

Listing 3.30 Gezielt eine Zeile in einer Tabelle mit einer DELETE-Anweisung löschen

Lösung zu Übung 2

```
/* Variante 1 */
DELETE FROM qualglobalarchiv WHERE qid=5 OR qid=6 OR qid=7;
/* Variante 2 */
DELETE FROM qualglobalarchiv WHERE qid IN (5,6,7);
```

```
SELECT qid, bezeichnung, kuerzel, kategorie FROM qualglobalarchiv;
```

Listing 3.31 Mehrere Zeilen einer Tabelle gleichzeitig mit einer DELETE-Anweisung löschen

Lösung zu Übung 3

```
DELETE FROM qualglobalarchiv;
```

```
SELECT qid, bezeichnung, kuerzel, kategorie FROM qualglobalarchiv;
```

Listing 3.32 Alle Zeilen einer Tabelle mit einer DELETE-Anweisung löschen

3.4 Alle Zeilen einer Tabelle mit einer TRUNCATE-Anweisung löschen

Die TRUNCATE-Anweisung wird genutzt, um alle Zeilen einer Tabelle zu löschen. Sie haben richtig gelesen: Wenn Sie die TRUNCATE-Anweisung für eine Tabelle ausführen, werden in der Regel alle Zeilen einer Tabelle gelöscht. Ob das Löschen wirklich unwiederbringlich Ihre Daten entfernt, hängt von der verwendeten Datenbank ab.

Was ist der Nutzen einer solchen rabiaten SQL-Anweisung? Die Durchführung einer TRUNCATE-Anweisung ist viel schneller, da Sie keine Informationen speichert, die es ermöglichen, das Löschen wieder rückgängig zu machen. Dies hat Auswirkungen auf das Thema *Transaktionen*, mit dem wir uns in Kapitel 10 befassen werden. Dort werden Sie dann auch erfahren, was es mit dem Rückgängigmachen auf sich hat.

3.4.1 Die TRUNCATE-Anweisung anwenden

Sehen wir uns jetzt an, wie Sie mit der TRUNCATE-Anweisung alle Zeilen einer Tabelle löschen. Für diesen Zweck enthält die Übungsdatenbank die Tabelle *hardwarearchiv*. In Tabelle 3.20 sehen Sie die Tabellenstruktur und die enthaltenen Datensätze. Ziel ist es, alle Datensätze bzw. Zeilen der Tabelle zu löschen.

hardwareid	hardwarebezeichnung	name	vorname
1	Drucker	Lempe	Dirk
2	PC	Lempe	Dirk
3	Notebook	Lempe	Dirk
4	Drucker	Müller	Ralf
5	PC	Müller	Ralf
6	Notebook	Müller	Ralf

Tabelle 3.20 Die Tabelle »hardwarearchiv«

In Listing 3.33 wird die TRUNCATE-Anweisung auf die Tabelle *hardwarearchiv* angewendet.

`TRUNCATE TABLE hardwarearchiv;`

Listing 3.33 Alle Zeilen einer Tabelle mit TRUNCATE löschen

Die Anwendung der TRUNCATE-Anweisung ist sehr einfach. Eingeleitet wird die TRUNCATE-Anweisung mit dem Schlüsselwort TRUNCATE. Es folgt das Schlüsselwort TABLE und schließlich der Name der Tabelle, die Sie beabsichtigen zu löschen.

Wenn Sie diese Anweisung ausgeführt haben, enthält die Tabelle *hardwarearchiv* keine Datensätze mehr. Sämtliche Datensätze aus Tabelle 3.21 wurden entfernt.

hardwareid	hardwarebezeichnung	name	vorname

Tabelle 3.21 Die Tabelle »hardwarearchiv« nach der Löschoperation mit einer TRUNCATE-Anweisung

> **Zusammenfassung: Alle Datensätze einer Tabelle mit einer TRUNCATE-Anweisung löschen**
>
> Wenn eine Tabelle sehr viele Datensätze bzw. Zeilen enthält, wird die **TRUNCATE**-Anweisung genutzt, um sämtliche Zeilen zu löschen.
>
> **TRUNCATE** ist sehr effizient, da bei der Ausführung keine Informationen gespeichert werden, die ermöglichen, das Löschen wieder rückgängig zu machen.
>
> Dieses Verhalten hängt jedoch vom verwendeten Datenbanksystem ab. *MySQL-* und *MS-SQL-Server-Datenbanken* erlauben es nicht, die Löschoperation mit **TRUNCATE** wieder rückgängig zu machen. Die MySQL-Datenbank löscht die alte Tabelle einfach und legt eine neue Tabelle mit der alten Struktur wieder an. Die MS-SQL-Server-Datenbank schreibt keine Änderungsprotokolle und erreicht somit eine hohe Effizienz des Löschvorgangs. Wenn eine PostgreSQL-Datenbank verwendet wird, ist die Ausführung einer **TRUNCATE**-Anweisung unter bestimmten Bedingungen wieder rückgängig zu machen.
>
> Die **TRUNCATE**-Anweisung ist aus dem genannten Grund mit besonderer Vorsicht zu verwenden!

3.4.2 Übungen zum Thema »alle Zeilen einer Tabelle mit einer TRUNCATE-Anweisung löschen«

Übung 1

Die Zeilen der Tabelle *hardwarearchiv* stehen uns leider nicht mehr zur Verfügung. Um diese Übung durchzuführen, enthält die Übungsdatenbank die Tabelle *hardware*, in der exakt die gleichen Zeilen enthalten sind wie in der Tabelle *hardwarearchiv*. Löschen Sie alle Zeilen der Tabelle *hardware* unter Verwendung der **TRUNCATE**-Anweisung.

Übung 2

Warum ist die Anwendung der **TRUNCATE**-Anweisung sehr effizient, wenn sie auf Tabellen mit sehr vielen Zeilen angewendet wird?

Lösung zu Übung 1

```
TRUNCATE TABLE hardware
```

Listing 3.34 Alle Zeilen einer Tabelle mit einer TRUNCATE-Anweisung löschen

Lösung zu Übung 2

Die TRUNCATE-Anweisung sichert in der Regel keine Informationen über die gelöschten Datensätze bzw. Zeilen. Es besteht also keine Möglichkeit, eine TRUNCATE-Anweisung wieder rückgängig zu machen.

Kapitel 4
Tabellen mit CREATE TABLE anlegen

Mit der CREATE TABLE-Anweisung legen Sie fest, welche Spalten eine neu zu erstellende Tabelle enthalten soll. Den Spalten wiederum ordnen Sie bestimmte Eigenschaften zu, die bestimmen, welche Art von Spaltenwerten sie enthalten können. Zu den Eigenschaften zählen z. B. Text, ganze Zahlen, rationale Zahlen oder Datums- und Zeitangaben. Mit der CREATE TABLE-Anweisung weisen Sie den Spalten außerdem wichtige Eigenschaften wie Schlüssel-, Pflichtfeld- oder Eindeutigkeitseigenschaften zu.

Bisher haben Sie Tabellen abgefragt, Datensätze bzw. Zeilen in Tabellen eingefügt und aus Tabellen gelöscht. Vielleicht haben Sie sich auch schon die Frage gestellt, wie die Tabellen erstellt wurden, mit denen wir bisher gearbeitet haben. Denn natürlich ist es gar nicht ungewöhnlich, dass in einer Datenbank neue Tabellen angelegt werden müssen.

Sie wissen bereits, dass Tabellen stets über eine eindeutige Tabellenbezeichnung verfügen, und Sie wissen auch, dass Tabellen unterschiedliche Spalten enthalten können, die unterschiedliche Informationsarten wie ganze Zahlen, rationale Zahlen, Text oder Datumsangaben aufnehmen können. Was es mit den unterschiedlichen Informationsarten auf sich hat, werden wir im folgenden Abschnitt 4.1 klären.

4.1 Datentypen

Ein *Datentyp* besteht aus Elementen, die einem Wertebereich zugeordnet sind, und Operatoren, die auf diese Elemente angewendet werden können. Mit Operatoren sind mathematische Operatoren wie +, -, *, / gemeint, die auf nummerische Wertebereiche angewendet werden können. Einer Spalte, die in einer Tabelle angelegt werden soll, muss immer ein Datentyp zugeordnet werden. Dieser Datentyp enthält Informationen darüber, welche Elemente die Spalte speichern kann.

Sehen wir uns hierzu einen ganzzahligen Datentyp des MySQL-Datenbanksystems an. Der Datentyp `TINYINT` ordnet einer Spalte einen ganzzahligen Wertebereich von –128 bis 127 zu. Wenn ausschließlich positive ganze Zahlen (also ohne Vorzeichen) als

Spaltenwerte gespeichert werden, so lässt der Datentyp eine Zahl aus dem Wertebereich von 0 bis 255 für einen Spaltenwert zu.

Einer Spalte vom Datentyp `TINYINT UNSIGNED` können Spaltenwerte im Bereich von 0 bis 255 zugewiesen werden. `UNSIGNED` bedeutet, dass der Wert ohne Vorzeichen gespeichert wird und daher nicht negativ werden kann. Wenn Sie stattdessen nur den Datentyp `TINYINT` verwenden, können Sie auch negative Zahlen darstellen. Dazu brauchen Sie dann ein Vorzeichen.

Sie merken schon, wenn Sie den Datentypen `TINYINT` mit einem Vorzeichen verwenden, so teilt sich der Wertebereich von –128 bis 127 auf.

Wozu brauchen wir unterschiedliche Datentypen? Machen sie die Verwaltung von Tabellen nicht viel komplizierter?

Die Antwort liegt in den Anforderungen, die große Datenmengen an die Hardware haben. Können Sie sich vorstellen, wie viel Speicherplatz der Wert 200 benötigt, um ihn als Information speichern zu können? Die Antwort beruht auf dem verwendeten Datentyp. Beim Datentyp `TINYINT` haben Sie 1 Byte zur Verfügung. Mit diesem Byte, das exakt aus 8 Bit besteht, können Sie also Werte von –128 bis 127 bzw. 0 bis 255 abbilden. Jede Zahl, die innerhalb dieser Wertebereiche gespeichert wird, benötigt also ein Byte Speicherplatz. Um zu verstehen, warum das so ist, müssen wir uns kurz ansehen, wie ein Computer Daten verarbeitet und speichert.

In der Informatik werden jegliche Arten von Informationen im *Dualsystem* gespeichert. Ein anderer Begriff dafür ist *Binärsystem*.

Wie kommt eine Zahl 200 in verschiedenen Zahlensystemen zustande? Das hat zwar nicht direkt etwas mit Datenbanken zu tun, ist für das bessere Verständnis von Datentypen jedoch wichtig.

Im täglichen Leben arbeiten Sie mit dem Dezimalsystem, also betrachten wir dieses zuerst. Das Dezimalsystem arbeitet mit der Basis 10. Halten wir uns noch einmal vor Augen, wie Sie die Zahl 200 im Dezimalsystem auf Basis der Zahl 10 herleiten können. In Tabelle 4.1 wird die Zahl 200 im Dezimalsystem dargestellt.

Potenz	10^3	10^2	10^1	10^0
Wert der Potenz	1000	100	10	1
Multiplikator	0	2	0	0

Tabelle 4.1 Den Wert 200 im Dezimalsystem ermitteln

Die Zahl 200 wird hier aus der Potenz zur Basis 10 und dem jeweiligen Exponenten 0, 1, 2, ... und letztendlich der Summe der Potenzwerte gebildet. In der ersten Zeile sind die Potenzen mittels der Basis und des Exponenten dargestellt. Die Werte, die sich jeweils ergeben, sind in der zweiten Zeile zu finden. Wenn Sie also den Wert 200 im Dezimalsystem abbilden wollen, wählen Sie nullmal den Wert der Potenz 10^0, nullmal den Wert der Potenz 10^1 und zweimal den Wert der Potenz 10^2. Wenn Sie die Potenzen von der rechten Spalte beginnend betrachten, sehen Sie, dass zuerst die Anzahl der Einer, dann die Anzahl der Zehner, gefolgt von der Anzahl der Hunderter angegeben wird. Zuerst werden die Werte multipliziert, die sich aus dem Multiplikator 0 bis 9 bezogen auf eine Potenz ergeben. Abschließend wird die Summe aus den einzelnen Werten gebildet, um den Dezimalwert zu berechnen.

Das hört sich viel komplizierter an, als es eigentlich ist, denn jeder kann den Wert 200 nachvollziehen. Ähnlich sieht es aus, wenn wir den Wert 1526 im Dezimalsystem nachvollziehen wollen. Tabelle 4.2 zeigt Ihnen, wie Sie ihn ermitteln. Wieder wählen wir die Multiplikatoren zu den jeweiligen Potenzen, errechnen den Wert und ermitteln schließlich die Summe der Werte, die sich aus den Multiplikationen ergeben.

Potenz	10^3	10^2	10^1	10^0
Wert der Potenz	1000	100	10	1
Multiplikator	1	5	2	6

Tabelle 4.2 Den Wert 1526 im Dezimalsystem ermitteln

Während wir im Dezimalsystem zehn Ziffern verwenden (nämlich 0 bis 9), haben wir im Dualsystem nur zwei Ziffern zur Verfügung. Dabei handelt es sich um die 0 und die 1. Ein Bit kann den Wert 1 oder 0 annehmen und ist damit die kleinste Einheit. Um die Größe von Festplatten anzugeben, wird meistens ein Vielfaches der Einheit Byte verwendet. Ein Byte besteht aus 8 Bit.

Computer sind grundsätzlich nur dazu in der Lage, mit dem Dualsystem zu arbeiten, und speichern Daten in diesen beiden Zuständen 0 und 1. Auch die Datenverarbeitung funktioniert so. Die Recheneinheiten, also die Central Processing Units (CPU), bestehen aus Transistoren, wie sie in elektrischen Schaltkreisen schon lange ihre Arbeit verrichten. Diese kennen nur zwei Zustände: an und aus. Das Dualsystem nutzt ebendiese beiden Zustände und ordnet ihnen die 1 und die 0 zu.

Zahlen werden im Dualsystem genauso dargestellt wie im Dezimalsystem, auch wenn es auf den ersten Blick nicht so scheint. Der Wert 11001000 steht also für die gleiche Zahl wie der Wert 200, nur in unterschiedlichen Systemen. Wie sich der Wert 200 im Dualsystem genau aufschlüsselt, zeigt Ihnen Tabelle 4.3.

Potenz	2^7	2^6	2^5	2^4	2^3	2^2	2^1	2^0
Wert der Potenz	128	64	32	16	8	4	2	1
Multiplikator	1	1	0	0	1	0	0	0

Tabelle 4.3 Den Wert 200 im Dualsystem bzw. Binärsystem ermitteln

Was hat das nun mit den Datentypen zu tun?

Zu Anfang dieses Kapitels habe ich bereits den Datentyp `TINYINT` einer MySQL-Datenbank eingeführt. Dieser Datentyp hat 1 Byte, also 8 Bit, zur Verfügung, um ganze Zahlen zu speichern. Daher liegt sein Wertebereich zwischen 0 und 255. Um den maximalen Wertebereich nachvollziehen zu können, betrachten Sie die folgende Tabelle.

Potenz	2^7	2^6	2^5	2^4	2^3	2^2	2^1	2^0
Wert der Potenz	128	64	32	16	8	4	2	1
Multiplikator	1	1	1	1	1	1	1	1

Tabelle 4.4 Den Maximalwert eines Bytes im Dualsystem bzw. Binärsystem ermitteln

Uns stehen 8 Bit zur Verfügung, denen wiederum die Potenzen von 2^0 bis 2^7 zugeordnet sind. Ordnen wir den acht Potenzen jeweils eine 1 zu, so erhalten wir den maximalen Zahlenbereich, der mit einem Byte dargestellt werden kann. Wir bilden also die Summe aus den Werten 128, 64, 32, 16, 8, 4, 2 und 1 und erhalten den maximal darstellbaren Wert 255 des Datentyps `TINYINT`.

Den Maximalwert haben wir ermittelt. Kommen wir zum Minimalwert. Um die Zahl 0 darzustellen, setzen wir einfach sämtliche Bits des Bytes auf den Wert 0.

Potenz	2^7	2^6	2^5	2^4	2^3	2^2	2^1	2^0
Wert der Potenz	128	64	32	16	8	4	2	1
Multiplikator	0	0	0	0	0	0	0	0

Tabelle 4.5 Der Minimalwert in der Dualdarstellung

> **[*] Zusammenfassung: Berechnung eines maximalen Werts im Dualsystem**
>
> Im Dualsystem lassen sich zwei Zustände darstellen. Dieser Wert bildet die Basis unserer Rechnung. Der Exponent ist die Anzahl der Bits, die wir zur Verfügung haben. Sie berechnen den Maximalwert, indem Sie die Basis mit dem Exponenten potenzieren und vom Wert der Potenz den Wert 1 subtrahieren. Die Formel lautet also:

$2^{Bits} - 1$

Bei 8 Bit bzw. 1 Byte ergibt dies:

$2^8 - 1 = 255$

Bei 16 Bit bzw. 2 Byte ergibt dies:

$2^{16} - 1 = 65\,535$

Bei 32 Bit bzw. 4 Byte ergibt dies:

$2^{32} - 1 = 4\,294\,967\,295$

Jetzt haben Sie einen Einblick darüber erhalten, wie Datentypen die Zahlen repräsentieren, die einen bestimmten Wertebereich darstellen.

Wenn wir einen sehr großen Wert wie etwa 1 000 000 speichern wollen, brauchen wir dafür einen Datentyp, der mindestens vier Byte groß ist. Gleichzeitig wäre es Verschwendung, den kleinen Wert 4 in einen so großen Datentyp zu stecken. Hier würde uns auch ein Byte mehr als ausreichen.

Es ist also wichtig, dass Sie einen Überblick über die verschiedenen Datentypen gewinnen. Daher sehen wir uns in den folgenden Abschnitten an, welche Datentypen uns die Datenbanksysteme zur Verfügung stellen.

4.1.1 Datentypen für ganze Zahlen

Für ganze Zahlen sieht die MySQL-Datenbank folgende Datentypen vor:

- TINYINT
- SMALLINT
- MEDIUMINT
- INT
- BIGINT

In Tabelle 4.6 sehen Sie jeweils zu den Datentypen den Speicherbedarf eines Wertes und den Minimal- sowie Maximalwert, den der Wertebereich zulässt.

Datentyp	Speicherbedarf	minimaler Wert bis maximaler Wert
TINYINT mit Vorzeichen	1 Byte	−128 bis 127
TINYINT ohne Vorzeichen	1 Byte	0 bis 255
SMALLINT mit Vorzeichen	2 Byte	−32 768 bis 32 767

Tabelle 4.6 Datentypen für ganze Zahlen und ihre Wertebereiche für eine MySQL-Datenbank

Datentyp	Speicherbedarf	minimaler Wert bis maximaler Wert
SMALLINT ohne Vorzeichen	2 Byte	0 bis 65 535
MEDIUMINT mit Vorzeichen	3 Byte	−8 388 608 bis 8 388 607
MEDIUMINT ohne Vorzeichen	3 Byte	0 bis 16 777 215
INT mit Vorzeichen	4 Byte	−2 147 483 648 bis 2 147 483 647
INT ohne Vorzeichen	4 Byte	0 bis 4 294 967 295
BIGINT mit Vorzeichen	8 Byte	−9 223 372 036 854 775 808 bis 9 223 372 036 854 775 807
BIGINT ohne Vorzeichen	8 Byte	0 bis 18 446 744 073 709 551 615

Tabelle 4.6 Datentypen für ganze Zahlen und ihre Wertebereiche für eine MySQL-Datenbank (Forts.)

> [!]
> **Achtung: Unterschiede zwischen den Datenbanksystemen**
>
> Nicht alle Datenbanksysteme verwenden die hier aufgezählten Datentypen gleich. So können die ganzzahligen Datentypen, die *MySQL* anbietet, mit den Vorzeichen SIGNED oder ohne Vorzeichen UNSIGNED zur Anwendung kommen. Bei *PostgreSQL* ist hingegen zu beachten, dass es dort nur die drei Datentypen SMALLINT, INTEGER und BIGINT gibt. Der *MS SQL*-Server kennt zusätzlich TINYINT. Es ist auch möglich, dass andere Datenbanksysteme nicht alle Datentypen einsetzen, die hier aufgelistet wurden. Schauen Sie in der Dokumentation Ihres Datenbanksystems nach, welche Datentypen Ihnen zur Verfügung stehen.

Da wir nun einige Datentypen kennen, können wir uns noch einmal mit der Frage beschäftigten, warum es sie überhaupt gibt.

Wir sollten mit der Frage anfangen, wann welcher Datentyp für eine Spalte in einer Datenbank genutzt werden sollte. Klar ist natürlich, dass wir ganzzahlige Informationen in einer Spalte speichern wollen.

Als Nächstes stellen wir uns die Frage, welchen Wertebereich wir benötigen. Wenn Sie die Mitarbeiter eines Unternehmens mit eindeutigen Personalnummern versehen möchten, dann können Sie sich ungefähr an der Mitarbeiterzahl orientieren. Wenn das Unternehmen 1 500 Mitarbeiter hat, könnten Sie einer Spalte *personalnummer* den Datentyp SMALLINT zuordnen. Ohne Vorzeichen ermöglicht Ihnen dieser Datentyp einen ganzzahligen numerischen Bereich von 0 bis 65 535. Das passt.

Wenn Sie hingegen eine Volkszählung in Deutschland vornehmen wollen, reicht dieser Wertebereich nicht mehr aus. Der Datentyp INT ohne Vorzeichen wäre hingegen geeignet, um bis zu 4 294 967 295 Bürger zu erfassen. Deutschland hat um die 80 000 000 Einwohner. Der Wertebereich des Datentyps INT wäre also mehr als ausreichend.

Warum ordnen wir nun nicht einfach jeder Spalte, die ganzzahlige numerische Werte speichern soll, immer den Datentyp INT zu? So könnte man ja auf Nummer sicher gehen, und es würde eigentlich immer passen.

Die Antwort habe ich bereits angedeutet: Der Platz wird sehr schnell knapp. Nun werden Sie vielleicht einwenden, dass Festplatten heute groß sind und Speicherplatz billig ist. Das mag sein, auch wenn es einmal Zeiten gab, in denen der Speicherplatz auf Datenträgern sehr begrenzt war. Auch der Arbeitsspeicher, der Computern zur Verfügung stand, war nicht gerade üppig. Aber auch aktuelle Hardware kann schnell an ihre Grenzen kommen, wenn wir die Datentypen falsch wählen.

Ganz bewusst habe ich mit Ihnen einen maximalen Wertebereich ermittelt. Wie wir gesehen haben, hängt der maximale Wert einer Ganzzahl von der Anzahl der Bytes ab, die zur Verfügung stehen. Der Datentyp INT einer MySQL-Datenbank benötigt vier Byte, um eine Zahl darzustellen. Bleiben wir bei unserem Beispiel der Volkszählung. Wir multiplizieren 80 000 000 Einwohner mit 4 Byte. Das ergibt 320 000 000 Byte, oder ungefähr 320 Megabyte. Und im Moment betrachten wir hier nur eine Spalte, in der die Einwohner durchnummeriert würden. Wenn noch andere Spalten hinzukommen, würde der Speicherbedarf enorm ansteigen und auch moderne Festplatten schnell füllen. Sie sollten daher unbedingt im Voraus planen, mit welchen Werten Sie arbeiten werden, und darauf achten, passende Datentypen auszuwählen.

In diesem Abschnitt haben Sie Datentypen kennengelernt, die ganze Zahlen repräsentieren. In Abschnitt 4.1.2 sehen wir uns an, welche Datentypen uns für rationale Zahlen zur Verfügung stehen.

4.1.2 Datentypen für rationale Zahlen

Rationale Zahlen begegnen Ihnen täglich. Es handelt sich um Zahlen, die sich eindeutig durch einen Bruch darstellen lassen. Rationale Zahlen können in SQL grundsätzlich durch zwei verschiedene Kategorien von Datentypen abgebildet werden: die Fließkomma-Datentypen und die Fixkomma-Datentypen. In der Tabelle stelle ich Ihnen die Fixkomma-Datentypen vor. Sie werden dann eingesetzt, wenn eine große Genauigkeit erforderlich ist.

Datentyp
DECIMAL(p,s)
NUMERIC(p,s)

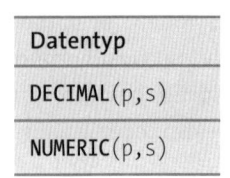

Tabelle 4.7 Fixkomma-Datentypen

Wenn ich hier die Bezeichnungen *Fixkomma* und *Fließkomma* verwende, ist das ausschließlich der Tatsache geschuldet, dass wir im Deutschen das Komma anstelle eines Punktes für Darstellung des gebrochenen Anteils einer rationalen Zahl verwenden. Im Englischen ist der entsprechende Begriff für »Fließkomma« *floating point*.

Die beiden Datentypen `DECIMAL` und `NUMERIC` gehören zu den Fixkomma-Datentypen und unterscheiden sich nicht, denn sie speichern exakt die gleichen numerischen Werte. Der Datentyp `NUMERIC` wurde für die MySQL-Datenbank aus dem Datentyp `DECIMAL` implementiert. Sie können beide Typen also synonym verwenden, um rationale Zahlen abzubilden. Was für die MySQL-Datenbank gilt, muss natürlich nicht für andere Datenbanken gelten. Hier ist es durchaus möglich, dass es in der Implementierung der Datentypen Unterschiede gibt.

Hinter der Datentypbezeichnung `DECIMAL` sehen Sie die Buchstaben p (*precision*) und s (*scale*). Die Variable p gibt die Gesamtanzahl der Ziffern des numerischen Wertes an. Die Variable s nennt uns die Stellen rechts vom Dezimalpunkt. Die Gehaltsangabe 60 000,35 € könnte in einer Spalte des Datentyps `DECIMAL` gespeichert werden, der 7 Gesamtstellen und 2 Stellen hinter dem Komma vorsieht. Die korrekte Angabe wäre also `DECIMAL(7,2)`.

In diesem Abschnitt haben Sie Fixkomma-Datentypen kennengelernt. Als Nächstes stelle ich Ihnen in Abschnitt 4.1.3 Datentypen vor, die Spalten Datums- und Zeitwertebereiche zuordnen.

4.1.3 Datentypen für Datum und Zeit

Für Datums- und Zeitangaben bietet MySQL folgende Datentypen an:

- DATE
- DATETIME
- TIMESTAMP
- TIME
- YEAR

In Tabelle 4.8 sind die jeweiligen Wertebereiche für die Datums- und Zeitdatentypen der MySQL-Datenbank beschrieben.

Datentyp	Wertebereich	
	von	bis
DATE	1000-01-01	9999-12-31
DATETIME	1000-01-01 00:00:00.000000	9999-12-31 23:59:59.999999
TIMESTAMP	1970-01-01 00:00:01.000000	2038-01-19 03:14:07.999999
TIME	-838:59:59.000000	838:59:59.000000
YEAR	1901	2155

Tabelle 4.8 Datentypen für Datums- und Zeitangaben und ihre Wertebereiche für eine MySQL-Datenbank

> **Unterschiede zwischen den Datenbanken**
> Auch hier gibt es wieder einige Unterschiede zwischen den einzelnen Datenbanken. Sowohl die PostgreSQL-Datenbank als auch die MS-SQL-Server-Datenbank stellen Ihnen einige weitere Zeit-Datentypen zur Verfügung. Auch sind abhängig von der Lokalisierung der Datenbank andere Schreibweisen möglich.

Beachten Sie, dass MySQL für Datumsangaben konsequent den Standard ISO 8601 nutzt. PostgreSQL und MS SQL Server verwenden ebenfalls diese Schreibweise.

Dieser Standard sieht folgende Schreibweise vor:

yyyy-mm-dd (Jahr, Monat, Tag)

Die Zeichenkette yyyy steht für das Jahr, mm steht für den Monat und dd steht für den Tag des jeweiligen Datums. Aus dem 16. März 2016 wird also 2016-03-16.

Auch die Zeitangaben werden diesem Standard folgend formatiert:

hh:mm:ss.f

Die Zeichenkette hh steht für die Stunden, die Zeichenkette mm für die Minuten, die Zeichenkette ss für die Sekunden, und das Zeichen f wird für den gebrochenen Anteil einer Sekunde verwendet. Aus Viertel nach elf wird also 11:15:12.5.

Vielleicht stolpern Sie ein wenig über den Wertebereich des Datentyps TIME. Ein Tag hat doch nur 24 Stunden und keine 838 Stunden. Die Entwickler von MySQL haben sich dabei allerdings etwas gedacht. Schließlich ist es möglich, Intervalle über eine Anzahl von Stunden zu definieren, die länger als die 24 Stunden eines Tages dauern.

Datums-Datentypen werden oft genutzt. Denken Sie nur an die Spalten *gebdatum*, *eintrittsdatum* oder *austrittsdatum* der Tabelle *mitarbeiter*. Als Nächstes werde ich Ihnen in Abschnitt 4.1.4 Datentypen vorstellen, die Zeichenketten speichern.

4.1.4 Datentypen für Zeichenketten

Sie haben bereits etliche Spalten mit einer SELECT-Anweisung abgefragt, die Zeichenketten enthielten. So haben wir in den vorherigen Beispielen oftmals die Spaltenwerte der Spalten *name* und *vorname* der Tabelle *mitarbeiter* ausgelesen.

Diese Spalten speichern Zeichenketten. Zeichenketten bestehen aus einer Aneinanderreihung von einzelnen Zeichen, die sich zu Wörtern, Namen oder Bezeichnungen zusammensetzen. Wenn ich hier von Zeichenketten spreche, können Sie umgangssprachlich an *Wörter* denken.

Wenn Sie Zeichenketten speichern, ist der verwendete Zeichensatz von großer Bedeutung. Die Übungsdatenbank wurde mit einem Zeichensatz UTF-8 angelegt. Die UTF-8-Kodierung ist die am weitesten verbreite Implementierung für Unicode-Standardzeichen. Der Unicode-Standard legt für beinah jedes nur vorstellbare Zeichen eine eindeutige Nummer fest.

Sie können sich vorstellen, dass es sehr viele Zeichen gibt. Zunächst einmal fallen uns die Zeichen der europäischen Sprachen ein. Hinzu kommen die Sprachen des asiatischen Raums, die eine Vielzahl von Zeichen verwenden. Und schließlich gibt es eine ganze Anzahl von Zeichen, die in keinem Alphabet vorkommen, aber für die Arbeit mit Computern sehr wichtig sind. Denken Sie nur an das @.

Hier liegt die Stärke von Unicode. Die unterschiedlichen Codelisten enthalten für diese Vielzahl von Sprachen und Dialekten Zeichensätze, in denen die Zeichen einer Sprache hinterlegt sind. Solche Zeichensätze stellen für uns die Basis dar, um mit Zeichenketten arbeiten zu können. Für die deutsche Sprache sind die Zeichencodelisten *Basic Latin* und *Latin 1 Supplement* wichtig, da hier sämtliche Zeichen hinterlegt sind, die wir brauchen. Hierzu zählen z. B. auch die Umlaute.

Tabelle 4.9 zeigt Ihnen einen Auszug aus dem Basic-Latin-Zeichensatz.

Dezimalwert	Hexadezimalwert	Zeichen	Dezimalwert	Hexadezimalwert	Zeichen
32	20		80	50	P
33	21	!	81	51	Q
34	22	"	82	52	R
35	23	#	83	53	S
36	24	$	84	54	T
37	25	%	85	55	U

Tabelle 4.9 Auszug aus dem Basic-Latin-Zeichensatz

Dezimal-wert	Hexadezimal-wert	Zeichen	Dezimal-wert	Hexadezimal-wert	Zeichen
38	26	&	86	56	V
39	27	'	87	57	W
40	28	(	88	58	X
41	29	)	89	59	Y
42	2a	*	90	5a	Z
43	2b	+	91	5b	[
44	2c	,	92	5c	\
45	2d	-	93	5d	]
46	2e	.	94	5e	^
47	2f	/	95	5f	_
48	30	0	96	60	`
49	31	1	97	61	a
50	32	2	98	62	b
51	33	3	99	63	c
52	34	4	100	64	d
53	35	5	101	65	e
54	36	6	102	66	f
55	37	7	103	67	g
56	38	8	104	68	h
57	39	9	105	69	i
58	3a	:	106	6a	j
59	3b	;	107	6b	k
60	3c	<	108	6c	l
61	3d	=	109	6d	m
62	3e	>	110	6e	n

Tabelle 4.9 Auszug aus dem Basic-Latin-Zeichensatz (Forts.)

Dezimal-wert	Hexadezimal-wert	Zeichen	Dezimal-wert	Hexadezimal-wert	Zeichen
63	3f	?	111	6f	o
64	40	@	112	70	p
65	41	A	113	71	q
66	42	B	114	72	r
67	43	C	115	73	s
68	44	D	116	74	t
69	45	E	117	75	u
70	46	F	118	76	v
71	47	G	119	77	w
72	48	H	120	78	x
73	49	I	121	79	y
74	4a	J	122	7a	z
75	4b	K	123	7b	{
76	4c	L	124	7c	|
77	4d	M	125	7d	}
78	4e	N	126	7e	~
79	4f	O			

Tabelle 4.9 Auszug aus dem Basic-Latin-Zeichensatz (Forts.)

Den Zeichen sind Dezimalwerte und Hexadezimalwerte zugeordnet, um sie im dualen Zahlensystem abbilden zu können. Alle Zeichen, die in der Tabelle enthalten sind, lassen sich mit nur einem Byte darstellen. Die Dezimalwerte, die den Zeichen zugeordnet werden, entsprechen dem Sortierkriterium für die **ORDER BY**-Klausel.

Sie haben nun gesehen, woraus Zeichenketten bestehen und wie sie verarbeitet werden. Was hat das aber mit Datentypen zu tun? Ganz einfach: Die Datentypen **CHAR** und **VARCHAR** bestimmen, wie viele Zeichen Sie in einer Zeichenkette als Wert speichern können.

Tabelle 4.10 zeigt Ihnen, wie diese Datentypen funktionieren. Mit der Variable L ordnen Sie **CHAR** oder **VARCHAR** die Länge der Zeichenkette zu, die Sie in einer Spalte speichern wollen. L ist dabei ein ganzzahliger numerischer Wert in einfachen Klammern. Der größtmögliche Wert, den Sie für **CHAR** (MySQL-Datenbank) vergeben können, ist 255.

Datentyp	maximale Zeichenkettenlänge
CHAR(L)	255
VARCHAR(L)	65535 (seit MySQL 5.0.3)

Tabelle 4.10 Datentypen für Zeichenketten, die in MySQL-Datenbanken genutzt werden können

Nehmen wir an, Sie wollen die Namen von Mitarbeitern speichern, und ordnen einer Spalte den Datentyp **CHAR**(100) zu. Der Spaltenwert Dirk, der ja nur vier der hundert zur Verfügung stehenden Zeichen nutzt, wird dann mit Leerzeichen aufgefüllt. Obwohl der eingegebene Wert nur vier Zeichen lang ist, würde der ganze Wert trotzdem 100 Byte verbrauchen.

In der MySQL-Datenbank merken Sie das allerdings nicht. Wenn die MySQL-Datenbank Spaltenwerte des Type **CHAR** speichert, werden die verbleibenden Zeichen nicht genutzt, jedoch der Speicherplatz, wie er festgelegt wurde (in diesem Fall 100 Byte), belegt.

Ähnlich funktioniert der Datentyp **VARCHAR**. Auch hier bestimmen Sie über eine Variable die Größe des Datentyps, die maximal 65 535 Zeichen umfassen darf. Wenn Sie Ihrer Spalte mit Mitarbeiterdaten jedoch den Datentyp **VARCHAR**(100) zuordnen, dann wäre der Wert Dirk zwar auch nur vier Zeichen lang, die verbleibenden 96 Zeichen werden dann allerdings nicht mit Leerzeichen aufgefüllt.

Achtung [!]

Wieder gibt es hier einige Unterschiede zwischen den verschiedenen Datenbanken. So speichern *PostgreSQL*-Datenbanken sowohl in **CHAR** als auch in **VARCHAR** ein Maximum von 10 485 760 Zeichen. *MS-SQL-Server*-Datenbanken können immerhin bis zu 8 000 Zeichen in den beiden Datentypen speichern.

Zusammenfassung: Datentypen, die Spalten zugeordnet werden können [*]

Datentypen werden verwendet, um Spalten Wertebereiche unterschiedlicher Elemente zuzuordnen. Solche Werte können ganze Zahlen, rationale Zahlen, Datums- und Zeitangaben oder Zeichenketten sein.

Diese Spaltenwerte werden im Dualsystem gespeichert. Beachten Sie bei der Planung einer Tabelle, wie groß die Werte sein werden, die Sie speichern möchten, und denken Sie daran, dass die umfangreichen Datenmengen schnell viel Speicherplatz und Rechenzeit benötigen.

Für eine MySQL-Datenbank stehen beispielsweise die folgenden Datentypen zur Verfügung:

- `TINYINT` mit und ohne Vorzeichen
- `SMALLINT` mit und ohne Vorzeichen
- `MEDIUMINT` mit und ohne Vorzeichen
- `INT` mit und ohne Vorzeichen
- `BIGINT` mit und ohne Vorzeichen
- `DECIMAL(p,s)`
- `NUMERIC(p,s)`
- `DATE`
- `DATETIME`
- `TIMESTAMP`
- `TIME`
- `YEAR`

Die in einer Datenbank verwendeten Zeichen sind in einem Zeichensatz hinterlegt. In einer MySQL-Datenbank können unter anderem folgende Zeichensätze verwendet werden:

- `latin1`, CP1252 West European
- `latin2`, ISO 8859-2 Central European
- `utf8`, UTF-8 Unicode

Ein sehr verbreiteter Zeichensatz für Unicode-Zeichen ist der UTF-8-Zeichensatz.

In diesem Kapitel haben Sie von der Darstellung von Dezimalzahlen im Dualssystem bis hin zu den Datentypen, die Sie Spalten zuordnen können, schon einiges gelernt. In Abschnitt 4.1.5 haben Sie jetzt die Gelegenheit, das Gelernte zu prüfen. In Abschnitt 4.4 werden Sie erfahren, wie Sie einfache Tabellen erstellen und Spalten Datentypen zuordnen.

4.1.5 Übungen zum Thema »Datentypen«

Übung 1

Zu Anfang dieses Kapitels habe ich Ihnen erläutert, wie Sie Dezimalzahlen im Dualsystem darstellen können. Stellen Sie in dieser Übung die Dezimalzahl 178 als Dualzahl dar. So viel vorweg: Sie kommen mit einem Byte aus.

Übung 2
In dieser Übung berechnen Sie den ganzzahligen Maximalwert, den Sie mit 3 Byte darstellen können.

Übung 3
Nennen Sie drei Datentypen, die Sie Spalten für ganzzahlige Spaltenwerte zuordnen können.

Übung 4
Welche Datentypen können Sie verwenden, um Spalten Wertebereiche mit rationalen Zahlen zuzuordnen?

Übung 5
Nennen Sie die Datentypen, die Sie Spalten zuordnen können, um Datums- und Zeitangaben zu speichern.

Übung 6
Mit welchen Datentypen können Sie Werte von Zeichenketten Spalten zuordnen? Wie unterscheiden sich die Datentypen?

Lösung zu Übung 1
Den Dezimalwert 178 erhalten Sie, wenn Sie zunächst den größten Wert mit dem höchstrangigen Bit betrachten. Das höchste Bit eines Bytes hat den Wert 128 und ist daher die Basis für die Summenbildung. Dem achten Bit können Sie also eine 1 zuordnen. Das siebte Bit kommt nicht in Frage, da die Summe, die sich ergeben würde, den geforderten Dezimalwert von 178 überschreitet. Wir ordnen dem siebten Bit also eine 0 zu. Das sechste Bit hingegen stellt mit der Potenz 2^6 den Wert 32 dar. Zusammen mit 128 erhalten Sie den Wert 160. Folglich können Sie dem sechsten Bit ebenfalls eine 1 zuordnen. Das fünfte Bit stellt mit der Potenz 2^4 den Wert 16 dar. In Summe erhalten Sie also den Wert 176. Auch diesem Bit können wir den Wert 1 zuordnen. Die Potenzen 2^3 und 2^2 mit den Werten 8 und 4 würden in der Summenbildung den geforderten Wert überschreiten. Folglich sind den Potenzen 2^3 und 2^2 eine 0 zuzuordnen. Die Potenz 2^1 mit dem Wert 2 führt uns letztendlich in der Summenbildung von 176 und 2 zum Ziel. Der Potenz 2^1 ordnen wir also eine 1 zu. Die letzte Potenz 2^0 benötigen Sie nicht zur Summenbildung und ordnen ihr eine 0 zu.

Die Dezimalzahl 178 entspricht also dem Dualwert 10110010.

Potenz	2^7	2^6	2^5	2^4	2^3	2^2	2^1	2^0
Wert der Potenz	128	64	32	16	8	4	2	1
Multiplikator	1	0	1	1	0	0	1	0

Lösung zu Übung 2

Der Maximalwert, der sich aus 3 Byte ergibt, lautet 16 777 215. Die Rechnung dazu sieht so aus:

$2^{24} - 1 = 16\,777\,215$

Lösung zu Übung 3

Für die *MySQL*-Datenbank kämen drei der folgenden Datentypen in Betracht: TINYINT, SMALLINT, MEDIUMINT, INT und BIGINT.

Für die *PostgreSQL*-Datenbank kämen die folgenden Datentypen in Betracht: SMALLINT, INTEGER und BIGINT.

Für die *MS-SQL-Server*-Datenbank kämen drei der folgenden Datentypen in Betracht: TINYINT, SMALLINT, INT und BIGINT.

Lösung zu Übung 4

DECIMAL und NUMERIC

Lösung zu Übung 5

Für die *MySQL*-Datenbank kämen drei der folgenden Datentypen in Betracht: DATE, TIME, DATETIME und TIMESTAMP.

Für die *PostgreSQL*-Datenbank kämen drei der folgenden Datentypen in Betracht: DATE, TIME, TIMESTAMP und INTERVAL.

Für die *MS-SQL-Server*-Datenbank kämen drei der folgenden Datentypen in Betracht: DATE, TIME, DATETIME und SMALLDATETIME.

Lösung zu Übung 6

CHAR und VARCHAR.

Mit dem Datentyp CHAR wird einer Spalte die Länge der Zeichenkette zugeordnet. Ist eine Zeichenkette kürzer, so werden die freien Zeichen mit Leerzeichen aufgefüllt. Der Datentyp VARCHAR bekommt ebenfalls die Länge der zu speichernden Zeichenkette übergeben. Dieser Datentyp füllt allerdings die nicht genutzten Zeichen nicht mit Leerzeichen auf. Demzufolge benötigt er weniger Speicherplatz, da er ja nur die Zeichen speichert, die tatsächlich vorhanden sind.

4.2 Datentypen umwandeln

Datenbanken müssen unterscheiden können, ob es sich bei den Daten um Textwerte, ganze Zahlen, Kommazahlen oder etwa Datumswerte handelt. Wenn eine Datenbank beispielsweise zwei Zahlenwerte miteinander addieren soll, muss sie anders handeln, als wenn zwei Datumswerte addiert werden. Und Sie haben ja bereits in Kapitel 3 gelernt, dass sich Textwerte, die mit Hochkommas gekennzeichnet werden, nicht zu Zahlen addieren lassen. Oder was würde bei dem Versuch passieren, eine Zahl vom Typ `INTEGER` mit einer Zahl vom Typ `SMALLINT` zu addieren? Wie geht eine Datenbank damit um? Im ersten Beispiel handelt sich ja um Text, der zu einer Zahl addiert werden soll, im zweiten Fall werden Datentypen mit unterschiedlichen Wertebereichen addiert. Hier kommen die sogenannten *Konvertierungsfunktionen* zum Einsatz, denen wir uns jetzt widmen werden.

SQL bietet die `CAST`-Konvertierungsfunktion an, mit der Sie einen Wert eines Datentyps in einen anderen Datentyp umwandeln. Das setzt allerdings voraus, dass die Werte tatsächlich in den Zieldatentyp umgewandelt werden können. Ein Datum lässt sich z. B. nicht in eine ganze Zahl umwandeln oder umgekehrt.

Die `CAST`-Funktion kann bei allen Operationen oder Wertzuweisungen mit `UPDATE` zum Einsatz kommen. Die folgende Auflistung zeigt Ihnen, wo es notwendig sein kann, eine Typkonvertierung vorzunehmen:

- bei der Verwendung von arithmetischen Operatoren (+ ,- , *, /, %)
- bei Einfügeoperationen mit `INSERT` oder `UPDATE`
- bei Vergleichen mittels einer Bedingung in einer `WHERE`-Klausel
- bei der Sortierung mit Hilfe einer `ORDER BY`-Klausel
- bei der Anwendung einer `UNION`-Klausel
- bei Aufrufen von Skalarfunktionen mit Parametern

Um die Additionen aus unserem Beispiel erfolgreich durchzuführen, muss die Datenbank entweder die Zahl, die dem Datentyp `SMALLINT` zugeordnet ist, in den Datentyp `INTEGER` konvertieren, oder Sie als Anwender müssten dafür Sorge tragen, dass die Zahl, die dem Datentyp `SMALLINT` zugeordnet ist, in den Datentyp `INTEGER` umgewandelt wird.

Eine Typkonvertierung muss sich immer an der Zahl orientieren, die über den größeren Wertebereich verfügt. Dies gilt sowohl für einzelne Werte als auch für ganze Spalten. Dies wird bereits durch das einfache Beispiel der Addition deutlich, das ich angesprochen habe. Beide Werte entsprechen nach der Konvertierung dem größeren Datentyp.

Wenn die Datenbank die Typkonvertierung automatisch übernimmt, wird dies als *implizite Typkonvertierung* bezeichnet. Wenn Sie hingegen in Ihren SQL-Anweisungen Konvertierungen vornehmen, nennt man dies *explizite Typkonvertierung*.

Bevor wir uns der praktischen Anwendung der Konvertierung widmen, werden wir uns in Abschnitt 4.3 mit expliziter und impliziter Typkonvertierung ausführlicher beschäftigen.

> [*] **Zusammenfassung: Typkonvertierung mit CAST**
>
> Eine Typkonvertierung ist immer dann erforderlich, wenn Wertebereiche, die Spalten zugeordnet werden, nicht identisch sind.
>
> Für die Typkonvertierung steht in SQL die Funktion **CAST** zur Verfügung, die Spaltenwerte in einen anderen Wertebereich umwandelt.

4.3 Explizite und implizite Typkonvertierung

Wie bereits angedeutet, müssen Sie zwischen zwei verschiedenen Typkonvertierungen unterscheiden.

4.3.1 Explizite Typkonvertierung

Der Begriff *explizit* ist Ihnen nicht neu. Er bedeutet soviel wie *ausdrücklich*. Wenn wir eine **CAST**-Funktion einsetzen, teilen Sie der Datenbank ausdrücklich mit, dass der Spalten- oder Literalwert in einen anderen Datentyp konvertiert werden soll.

In Listing 4.1 sehen Sie ein Beispiel für die Typkonvertierung:

`SELECT CAST(5 AS DECIMAL(6,3)) AS konvertierungsergebnis;`

Listing 4.1 Typkonvertierung mit der CAST-Funktion

Hier wird ein ganzzahliges numerisches Literal 5 mit dem Aufruf **DECIMAL(6,3)** konvertiert. Das bedeutet, dass eine ganze Zahl in einen Datentyp konvertiert werden soll, der maximal insgesamt sechsstellig ist und drei Nachkommastellen hat.

In der Spaltenauswahlliste der **SELECT**-Abfrage sehen Sie den Funktionsaufruf der **CAST**-Konvertierungsfunktion. Als Parameter übergeben wir als Erstes die Zahl 5, die in einen Zieldatentyp konvertiert werden soll. Es folgen das Schlüsselwort **AS** sowie der Zieldatentyp, in den konvertiert werden soll.

In der einzeiligen Ergebnisliste in Tabelle 4.11 sehen Sie, dass die Datenbank die **CAST**-Funktion erfolgreich ausgeführt hat. Der ganzzahlige Spaltenwert vom Typ **INTEGER** wurde in eine Dezimalzahl des Typs `DECIMAL` umgewandelt. Er verfügt über drei Nachkommastellen und eigentlich auch über drei Stellen vor dem Komma, von denen wir aber natürlich nur eine sehen.

konvertierungsergebnis
5.000

Tabelle 4.11 Die Konvertierung einer ganzen Zahl in eine Dezimalzahl

Wie sähe es nun aus, wenn Sie das Ganze umgekehrt versuchen würden? Probieren wir es doch einfach aus:

`SELECT CAST(3.4 AS INTEGER) AS vondezimalzuganzzahl;`

Listing 4.2 Eine Dezimalzahl in eine ganze Zahl umwandeln

Bereits in der Syntaxprüfung stellt die MySQL-Datenbank fest, dass Sie gerade versuchen, eine Dezimalzahl in eine ganze Zahl vom Typ `INTEGER` umzuwandeln. Eine MySQL-Datenbank gibt Ihnen eine Fehlermeldung zurück, wenn Sie die Abfrage aus Listing 4.2 ausführen.

Die Leser, die eine MS-SQL-Server- oder PostgreSQL-Datenbank nutzen, können die Abfrage ausführen und erhalten auch ein Ergebnis zurück. Diese beiden Datenbanken gehen davon aus, dass Sie beabsichtigen, eine Dezimalzahl in eine ganze Zahl umzuwandeln, und geben Ihnen lediglich den ganzzahligen Anteil der Dezimalzahl als Ergebnis zurück.

vondezimalzuganzzahl
3

Tabelle 4.12 Umwandlung einer Dezimalzahl in eine Ganzzahl
(PostgreSQL und MS SQL Server)

Sie sehen also, dass die Konvertierung von Datentypen nicht ganz einfach ist und zudem die verschiedenen Datenbanksysteme unterschiedlich damit umgehen. Der große Vorteil der expliziten Umwandlung ist aber, dass Sie selbst bestimmen können, in welche Datentypen konvertiert wird, und im Fall eines Fehlers sofort sehen, wenn eine Umwandlung nicht möglich ist.

Sie können diese Aufgabe allerdings auch der Datenbank überlassen, die versuchen wird, die Datentypen automatisch anzupassen, wenn keine Übereinstimmung von Datentypen gegeben ist. Dies wird *implizite Typkonvertierung* genannt.

4.3.2 Implizite Typkonvertierung

Das Wort *implizit* bedeutet so viel wie »bereits enthalten sein«. Gemeint ist, dass eine Datenbank automatisch versucht, eine entsprechende Konformität herzustellen, wenn bei einem Vergleich die beiden Typen nicht konform sind. Dies betrifft Wertzuweisungen oder mathematische Operationen z. B. in einer Spaltenauswahlliste.

Eine Typkonvertierung brauchen Sie beispielsweise, wenn Sie mit einer Zeichenkette rechnen wollen. Hier käme eine einfache Addition von Zahlen in Betracht, in der die Datenbank die Zeichenketten implizit umwandelt. Wenn Sie sich die Frage stellen, in welchen Datentyp implizit umgewandelt wurde, so ist diese Frage nicht so leicht zu beantworten. Es ist auch nicht garantiert, dass je nach Datenbank eine implizite Typkonvertierung immer erfolgreich funktioniert. Und leider gibt es hier wieder Unterschiede zwischen den einzelnen Datenbanken.

In Tabelle 4.13 sehen Sie in der Spalte »Abfrage« jeweils in Kurzform eine SELECT-Abfrage, die das Ergebnis eines Ausdrucks berechnet.

Abfrage	Ergebnis MySQL	Ergebnis PostgreSQL	Ergebnis MS SQL Server
SELECT 4 + '9';	13	13	13
SELECT 4 + '09';	13	13	13
SELECT 4 + ' 09 ';	13	13	13
SELECT 4 + '9.53';	13.53	Konvertierungsfehler!	Konvertierungsfehler!
SELECT 4.53 + '9';	13.530000000000001	13.53	13.53
SELECT '3.47' + '9.53';	13	Konvertierungsfehler!	Verbindet Zeichenketten: 3.479.53

Tabelle 4.13 Implizite Typkonvertierung in der MySQL-, PostgreSQL- und MS-SQL-Server-Datenbank

Die erste SELECT-Abfrage berechnet eine Addition aus der ganzen Zahl 4 und der Ziffer 9, die als Zeichenkettenliteral angegeben wird. Alle drei hier behandelten Datenbanken führen eine implizite Typkonvertierung durch und konvertieren die Zeichenkette 9 in eine ganze Zahl, um anschließend die Addition durchzuführen.

Die zweite SELECT-Abfrage unterscheidet sich durch eine vorangestellte 0, die vor der Ziffer 9 innerhalb der Zeichenkette notiert wurde. Auch hier kommen die hier behandelten Datenbanken zu dem Ergebnis 13.

Die dritte **SELECT**-Abfrage enthält sogar ein führendes und endendes Leerzeichen vor der Ziffer 09. Auch hier gehen die Datenbanken davon aus, dass wir eine Addition durchführen wollen, und wandeln die Zeichenkette in die ganze Zahl 9 um.

In der Spaltenauswahlliste der vierten **SELECT**-Abfrage addieren wir zu einer ganzen Zahl 4 eine Fließkommazahl 9.53, die als Zeichenkettenliteral angegeben ist. Die MySQL-Datenbank führt für den Wert 9.53, der als Zeichenkette notiert wurde, wieder eine implizite Typkonvertierung durch und kommt zu dem Ergebnis 13.53. Die PostgreSQL- und MS-SQL-Server-Datenbanken melden hingegen einen Konvertierungsfehler, da sie implizit versuchen, den zweiten Parameter in einen **INTEGER**-Datentyp umzuwandeln. Und auch wenn 9.53 wie eine Zahl aussehen mag: Hier ist es eine Zeichenkette, und die beiden Datenbanken tun sich schwer damit, eine solche Kette mit einem Komma (bzw. Punkt) in einen Zahlenwert umzuwandeln.

In der Spaltenauswahlliste der fünften **SELECT**-Abfrage versuchen wir, die Fließkommazahl 4.53 zur Ziffer 9 zu addieren, die als Zeichenkette notiert ist. Die MySQL-Datenbank führt die Addition aus und gibt eine Fließkommazahl zurück, die nicht exakt dem erwarteten Ergebnis entspricht. Die PostgreSQL und MS-SQL-Server-Datenbanken führen ebenfalls eine implizite Konvertierung durch und liefern Ihnen mit dem Wert 13.53 das Ergebnis, das exakt der Addition der beiden Werte entspricht.

In der letzten **SELECT**-Abfrage wird eine Addition von zwei Fließkommazahlen durchgeführt, die als Zeichenketten notiert sind. Die MySQL-Datenbank führt eine implizite Typkonvertierung durch und kommt zum erwarteten Ergebnis 13. Die PostgreSQL-Datenbank gibt einen Fehler aus, mit dem sie mitteilt, dass sie implizit keinen geeigneten Konvertierungstyp finden kann. Die MS-SQL-Server-Datenbank hingegen nutzt den +-Operator auch zum Verbinden von Zeichenketten. Genau das passiert hier. Die Datenbank geht davon aus, dass hier Zeichenketten verbunden werden sollen, und führt diese Verkettung aus. Darauf werde ich in Kapitel 12, »Skalarfunktionen anwenden«, noch genauer eingehen.

Implizite Typenkonvertierung

Für die implizite Typkonvertierung wendet jede Datenbank unterschiedliche Regeln an. Um ganz sicherzugehen, sollten Sie bei der bewussten Nutzung der impliziten Typkonvertierung die jeweilige Dokumentation der verwendeten Datenbank zu Rate ziehen.

Bei Berechnungen mit größeren Zahlen kann es durchaus zu Unschärfen in der Berechnung führen. Besonders in diesen Fällen sollten Sie die explizite Typkonvertierung nutzen. So haben Sie es selbst in der Hand, ob Sie beispielsweise eine Zahl, die als Zeichenkette in einer Datenbank gespeichert wurde, in einen **INTEGER**-, **DECIMAL**- oder **NUMERIC**-Typ umwandeln. Wenn Sie explizite Typkonvertierung einsetzen, müssen Sie aber darauf achten, die richtigen Datentypen zu wählen. Wenn Sie also

4 Tabellen mit CREATE TABLE anlegen

zwei Zahlen addieren, müssen Sie sicherstellen, dass die Zahl mit dem kleineren Wertebereich in den Wertebereich der Zahl umgewandelt wird, deren Wertebereich größer ist.

Exemplarisch zeige ich Ihnen in Tabelle 4.14 eine Übersicht über implizite und explizite Typwandlungen, die der Dokumentation der MS-SQL-Server-Datenbank entnommen ist.

From/To	binary	varbinary	char	varchar	nchar	nvarchar	datetime	smalldatetime	decimal	numeric	float	real	bigint	int(INT4)	smallint(INT2)	tinyint(INT1)	money	smallmoney	bit	timestamp	uniqueidentifier	image	ntext	text	sql_variant
binary		•	•	•	•	•	•	•	×	×	•	•	•	•	•	•	•	•	•	•	•	•	×	×	•
varbinary	•		•	•	•	•	•	•	×	×	•	•	•	•	•	•	•	•	•	•	•	•	×	×	•
char	△	△		•	•	•	•	•	•	•	•	•	•	•	△	△	•	△	•	•	•	•	•	•	•
varchar	△	△	•		•	•	•	•	•	•	•	•	•	•	△	△	•	△	•	•	•	•	•	•	•
nchar	△	△	•	•		•	•	•	•	•	•	•	•	•	△	△	•	△	•	•	×	•	•	•	•
nvarchar	△	△	•	•	•		•	•	•	•	•	•	•	•	△	△	•	△	•	•	×	•	•	•	•
datetime	△	△	•	•	•	•		•	△	△	△	△	△	△	△	△	△	△	△	△	×	×	×	×	•
smalldatetime	△	△	•	•	•	•	•		△	△	△	△	△	△	△	△	△	△	△	△	×	×	×	×	•
decimal	•	•	•	•	•	•				*	•	•	•	•	•	•	•	•	•		×	×	×	×	•
numeric	•	•	•	•	•	•			*		•	•	•	•	•	•	•	•	•		×	×	×	×	•
float	•	•	•	•	•	•			•	•		•	•	•	•	•	•	•	•		×	×	×	×	•
real	•	•	•	•	•	•			•	•	•		•	•	•	•	•	•	•		×	×	×	×	•
bigint	•	•	•	•	•	•			•	•	•	•		•	•	•	•	•	•		×	×	×	×	•
int(INT4)	•	•	•	•	•	•			•	•	•	•	•		•	•	•	•	•		×	×	×	×	•
smallint(INT2)	•	•	•	•	•	•			•	•	•	•	•	•		•	•	•	•		×	×	×	×	•
tinyint(INT1)	•	•	•	•	•	•			•	•	•	•	•	•	•		•	•	•		×	×	×	×	•
money	•	•	△	△	△	△			•	•	•	•	•	•	•	•		•	•		×	×	×	×	•
smallmoney	•	•	△	△	△	△			•	•	•	•	•	•	•	•	•		•		×	×	×	×	•
bit	•	•	•	•	•	•			•	•	•	•	•	•	•	•	•	•		•	×	×	×	×	•
timestamp	•	•	•	•	×	×			•	•	•	×	×	•	•	•	•	•	•		×	•	×	×	×
uniqueidentifier	•	•	•	•	•	•	×	×	×	×	×	×	×	×	×	×	×	×	×	×		×	×	×	•
image	•	•	×	×	×	×	×	×	×	×	×	×	×	×	×	×	×	×	×	•	×		×	×	×
ntext	×	×	△	△	•	•	×	×	×	×	×	×	×	×	×	×	×	×	×	×	×	×		•	×
text	×	×	•	•	△	△	×	×	×	×	×	×	×	×	×	×	×	×	×	×	×	×	•		×
sql_variant	△	△	△	△	△	△	△	△	△	△	△	△	△	△	△	△	△	△	△	×	△	×	×	×	

△ Explizite Typkonvertierung

- Implizite Typkonvertierung

× Typkonvertierung nicht erlaubt

* Benötigt ein explizites CAST, um Rundungsfehler und fehlende Genauigkeit einer impliziten Typkonvertierung zu verhindern.

Tabelle 4.14 Übersicht für implizite und explizite Typkonvertierungen für die MS-SQL-Server-Datenbank, Quelle: https://technet.microsoft.com/en-us/library/aa226054%28v=sql.80%29.aspx

Alle drei hier behandelten Datenbanken verwenden jedoch andere Regeln, um eine implizite Typkonvertierung durchzuführen. Das heißt, die Ergebnisse aus Tabelle 4.13 sind in keiner Form als Indikator für die Qualität der Datenbanken zu sehen. Sie sollen Sie lediglich darauf aufmerksam machen, dass Datenbanken unterschiedlicher Hersteller andere Regeln zur Typkonvertierung nutzen, und Sie zudem für dieses Thema sensibilisieren. Beachten Sie, dass es ja auch noch viele andere Hersteller von Datenbanken gibt, die ebenfalls möglicherweise andere Regeln für Typkonvertierungen umgesetzt haben.

> **Zusammenfassung: Spaltenwerte in andere Datentypen umwandeln** [*]
>
> Wenn Sie mit Spaltenwerten arbeiten, müssen Sie sicherstellen, dass sie zueinander passen. Dies kommt z. B. bei Berechnungen vor oder auch bei Vergleichen.
>
> SQL bietet die Möglichkeit, solche Unstimmigkeiten mit der **CAST**-Funktion zu bereinigen, die einen Wert eines Typs in einen anderen Typ umwandelt.
>
> Die umzuwandelnden Werte müssen allerdings auch tatsächlich konvertierbar sein. Sie können z. B. keine Kommazahl in eine ganze Zahl umwandeln. Hier gibt es allerdings Ausnahmen zu beachten, deren Verhalten von Datenbank zu Datenbank unterschiedlich sein kann.
>
> Es wird zwischen impliziter und expliziter Typkonvertierung unterschieden. Wenn die Datentypen innerhalb einer Operation oder eines Vergleichs in einer **WHERE**-Klausel nicht kompatibel sind und keine Konvertierungsfunktion verwendet wird, versucht eine Datenbank automatisch, die Datentypen passend zu machen. Die implizite Typkonvertierung birgt immer die Gefahr, dass Ungenauigkeiten entstehen.
>
> Eine explizite Typkonvertierung wird mit der Skalarfunktion **CAST** realisiert. Hier wird ein Spalten- oder Literalwert aus einem gegebenen Datentyp in einen Zieldatentyp konvertiert, der explizit angegeben werden muss.

In diesem Kapitel haben Sie die Typkonvertierung kennengelernt. Insbesondere haben Sie erfahren, dass es in manchen Fällen gut ist, eine explizite einer impliziten Typkonvertierung vorzuziehen. An dieser Stelle können Sie wieder das Gelernte in einigen Übungen anwenden.

4.3.3 Übungen zum Thema »Datentypen umwandeln«

Übung 1

Verwenden Sie die Kurzform einer SELECT-Anweisung ohne FROM-Klausel, um ein Textliteral mit dem Wert '5' zu einem ganzzahligen numerischen Literal 20 zu addieren. Wenden Sie hier die explizite Typkonvertierung nach INTEGER an.

Übung 2

Verwenden Sie in dieser Übung ebenfalls die Kurzform der **SELECT**-Anweisung, und addieren Sie zu einer ganzzahligen Zahl 1000000 den Textwert '5,8'. Hierbei verlassen Sie sich auf die implizite Typkonvertierung des Datenbanksystems. Schildern Sie, welches Ergebnis die Addition liefert, und begründen Sie, wie dieses Ergebnis zustande kommt.

Lösung zu Übung 1

SELECT CAST('5' **AS INTEGER**) + 20 **AS** summe;

Listing 4.3 Einen Textwert »5« in eine ganze Zahl umwandeln

Lösung zu Übung 2

SELECT 100000 + '5.8' **AS** summe;

Listing 4.4 Implizite Typkonvertierung verwenden

Leser, die mit PostgreSQL oder MS SQL Server arbeiten, werden die Beobachtung machen, dass die Datenbanken hier keine implizite Typkonvertierung durchführen, sondern eine Fehlermeldung ausgeben.

MySQL sieht das etwas anders. Es liefert Ihnen ein Ergebnis, wie Sie es von der Berechnung erwarten, und wendet eine implizite Typkonvertierung an.

4.4 Einfache Tabellen mit CREATE TABLE erstellen

In diesem Abschnitt widmen wir uns dem Thema der Tabellenerstellung mit der **CREATE TABLE**-Anweisung. Diese macht genau das, was ihr Name erwarten lässt.

Als Erstes betrachten wir in Abschnitt 4.4.1 die Zielstruktur einer einfachen Tabelle, die wir in der *uebungsdatenbank* anlegen werden.

4.4.1 Zielstruktur der Tabelle

Die anzulegende Tabelle wird die Bezeichnung *dienstwagen* erhalten. In dieser Tabelle werden wir einige Merkmale eines Fahrzeugs sowie die Merkmale von Mitarbeitern speichern, denen ein Dienstwagen zugeordnet ist. Die Struktur einer Tabelle legen wir fest, indem wir ihr die Spalten zuordnen, in der die jeweiligen Informationen gespeichert werden sollen.

In Kapitel 7, »Datenmodelle optimieren (Normalisierung)«, werden Sie erfahren, wie Sie Tabellen unter Berücksichtigung der Normalformen anlegen. In Kapitel 6, »Datenbanken modellieren«, werden Sie eine abstraktere Darstellungsweise kennenlernen, in der Sie mit einem *Entity-Relationship-Diagramm* nicht nur die Strukturen von Tabellen, sondern auch Beziehungen zwischen ihnen festlegen können. In diesem Beispiel geht es jedoch zunächst nur darum, eine einfache Tabelle mit einer CREATE TABLE-Anweisung in der Datenbank zu erstellen.

Die Struktur der anzulegenden Tabelle *dienstwagen* stelle ich in Tabelle 4.15 vor.

Spaltenbezeichnung	Datentyp	Primärschlüssel	Beispielwert
dienstwagenid	TINYINT	X	1
kennzeichen	CHAR(9)		BN-XX-000
erstzulassung	DATE		2014-01-21
kostenstelle	TINYINT		1
hersteller	VARCHAR(200)		Toyota
modell	VARCHAR(200)		Yaris
leistung	DECIMAL(5,2)		110.48
motor	VARCHAR(100)		Diesel
getriebe	VARCHAR(100)		Manuell
mitarbeiter	VARCHAR(300)		Meier

Tabelle 4.15 Struktur der Tabelle »dienstwagen«

Die zu erstellende Tabelle soll die Bezeichnung *dienstwagen* erhalten. Bei der Planung gehen wir davon aus, dass ein Dienstwagen einem Mitarbeiter fest zugeordnet wird. Außerdem gehen wir davon aus, dass jeder Dienstwagen, der einem Mitarbeiter zugeordnet wird, auch zur Kostenstelle des Mitarbeiters gehört.

So ergeben sich schon vier unterschiedliche Kategorien von Informationen, die für die Tabelle *dienstwagen* abgeleitet werden können, nämlich die Kategorien »Dienstwagen«, »Kostenstelle«, »Fahrzeugtyp« und »Mitarbeiter«. Aus diesen Kategorien ergeben sich die Informationen, die in den Spalten der zu erstellenden Tabelle gespeichert werden sollen.

Der Kategorie »Dienstwagen« ordnen wir die Spalten *dienstwagenid*, *kennzeichen* und *erstzulassung* zu. Zur Kategorie »Kostenstelle« gehört die Spalte *kostenstelle*. Der »Fahrzeugtyp« wird durch die Spalten *hersteller*, *modell*, *kw*, *motor* und *getriebe* abgebildet. Jetzt fehlt noch der »Mitarbeiter«, dem der Dienstwagen zugewiesen wird. Ihn bilden wir in der Spalte *mitarbeiter* ab.

In Abschnitt 4.1 haben Sie Datentypen kennengelernt. Den Spalten der zu erstellenden Tabelle *dienstwagen* müssen jetzt die passenden Datentypen zugeordnet werden, je nach Information, die gespeichert werden soll. In der zweiten Spalte der Tabelle sehen Sie die Zuordnung der Datentypen zu den jeweiligen Spaltenbezeichnungen. Die Datentypen wurden passend zu den Informationen ausgewählt, die in den Spalten gespeichert werden sollen.

Die dritte Spalte mit der Bezeichnung *primärschlüssel* legt den eindeutigen ganzzahligen Primärschlüssel der Tabelle *dienstwagen* fest. Der Spalte mit der Bezeichnung *dienstwagenid* wurde entsprechend ein X zugeordnet.

In der der vierten Spalte sehen Sie Beispielwerte für die jeweiligen Spalten.

Die Struktur der zu erstellenden Tabelle haben wir nun kennengelernt. Als Nächstes befassen wir uns in Abschnitt 4.4.2 mit der **CREATE TABLE**-Anweisung selbst und werden die Tabelle *dienstwagen* in der Übungsdatenbank *uebungsdatenbank* anlegen.

4.4.2 Tabellen mit der CREATE TABLE-Anweisung anlegen

In Listing 4.5 zeige ich Ihnen die erste **CREATE TABLE**-Anweisung, mit der wir die Tabelle *dienstwagen* anlegen werden:

```
CREATE TABLE dienstwagen(
    dienstwagenid TINYINT PRIMARY KEY,
    kennzeichen CHAR(9),
    erstzulassung DATE,
    kostenstelle TINYINT,
    hersteller VARCHAR(200),
    modell VARCHAR(200),
    leistung DECIMAL(5,2),
    motor VARCHAR(100),
    getriebe VARCHAR(100),
    mitarbeiter VARCHAR(300)
);
```

Listing 4.5 Eine einfache Tabelle mit einer CREATE TABLE-Anweisung erstellen

Die SQL-Anweisung beginnt mit den Schlüsselwörtern **CREATE TABLE**. Hinter diesen Schlüsselwörtern geben wir die Tabellenbezeichnung an. Es folgt eine geöffnete Klammer, hinter der wir die Spalten notieren, die die Tabelle enthalten soll. Hinter den Spaltenbezeichnungen geben wir jeweils den Datentyp an, wie wir ihn für die jeweilige Spalte festgelegt haben.

Außer in der Spalte *dienstwagenid* bestehen die Spaltendefinitionen bisher nur aus der Spaltenbezeichnung und dem Datentyp. Mehrere Angaben werden jeweils durch ein Komma separiert angegeben. So sehen Sie, dass in der ersten Spaltendefinition hinter der Datentypsangabe für die Spalte *dienstwagenid* die Schlüsselwörter **PRIMARY KEY** folgen, worüber Sie in Abschnitt 4.4.4 mehr erfahren. Hinter der letzten Spaltendefinition ist kein Komma erforderlich, da hier ja keine weitere Spaltendefinition in der Liste der Spaltendefinitionen angegeben wird.

Ganz am Ende steht eine schließende Klammer, die die **CREATE TABLE**-Anweisung abschließt. Kurz gesagt handelt es sich um eine klammerumschlossene Liste von Spaltendefinitionen, in der Spaltenbezeichnungen und Datentypen kommasepariert festgelegt werden.

> **Achtung**
>
> Die **CREATE TABLE**-Anweisung ordnet den Spalten *dienstwagenid* und *kostenstelle* den Datentyp **TINYINT** zu. Die MySQL-Datenbank und die MS-SQL-Server-Datenbank kennen diesen Datentyp. Hier ist also nichts weiter zu beachten. Die PostgreSQL-Datenbank kennt diesen Datentyp jedoch nicht. Verwenden Sie anstelle des Datentyps **TINYINT** den Datentyp **SMALLINT**, falls Sie PostgreSQL einsetzen. Dies gilt auch für spätere Beispiele, in denen dieser Datentyp vorkommt.

Wenn Sie die **CREATE TABLE**-Anweisung aus Listing 4.5 ausführen, wird die Tabelle *dienstwagen* in der *uebungsdatenbank* erstellt, und zwar mit der Struktur, die Sie in Tabelle 4.16 sehen.

dienstwagenid	kennzeichen	erstzulassung	kostenstelle	hersteller	...

Tabelle 4.16 Die Struktur der Tabelle »dienstwagen« in der Übungsdatenbank

Mit folgender **SELECT**-Anweisung können Sie überprüfen, ob die Tabelle auch tatsächlich erfolgreich angelegt wurde. Hierzu nutzen wir die Tabelle *tables* mit der vorangestellten Bezeichnung *information_schema*.

```
SELECT table_name FROM information_schema.tables
WHERE table_name='dienstwagen';
```

Listing 4.6 Prüfung, ob die Tabelle »dienstwagen« in der Datenbank erstellt wurde

Als Ergebnis erhalten Sie Tabelle 4.17 mit einer Spalte, in der die neu angelegte Tabelle *dienstwagen* als Spaltenwert enthalten ist.

TABLE_NAME
dienstwagen

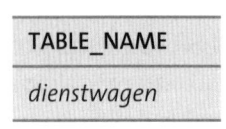

Tabelle 4.17 Ergebnistabelle für die Prüfabfrage auf die Tabelle information_schema.tables

In Kapitel 3 haben Sie gelernt, wie Sie Datensätze mit einer Spaltenangabe in Tabellen einfügen können. Wir möchten lediglich für die Spaltenwerte der Spalten *dienstwagenid*, *kennzeichen* und *erstzulassung* Werte einfügen. Wir führen also anschließend die INSERT-Anweisungen aus, in der für diese drei Spalten Spaltenwerte eingefügt werden.

```
INSERT INTO dienstwagen
    (dienstwagenid,kennzeichen,erstzulassung)
VALUES (1,'XX-XX-XX1','2014-05-04');

INSERT INTO dienstwagen
    (dienstwagenid,kennzeichen,erstzulassung)
VALUES (2,'XX-XX-XX1','2014-08-05');
```

Listing 4.7 Datensätze in die Tabelle »dienstwagen« einfügen

Beachten Sie, dass die Spaltenwerte in den INSERT-Anweisungen exakt den Datentypszuordnungen zu den Spalten entsprechen. Das bedeutet, dass der Spalte *dienstwagenid* auch ein Wert aus dem Wertebereich des Datentyps TINYINT zugeordnet wird. Der Spalte *kennzeichen* wird eine neunstellige Zeichenkette übergeben, die exakt der Datentypszuordnung CHAR(9) entspricht. Der Spalte *erstzulassung* übergeben wir ein Datum in der Form, wie es der Datentyp DATE von uns gemäß dem Standard ISO 8601 erwartet.

Wenn Sie die Datensätze mit den angegebenen INSERT-Anweisungen eingefügt haben, prüfen wir mit einer einfachen SELECT-Abfrage, wie in Listing 4.8 angegeben, den Inhalt der Tabelle *dienstwagen*.

```
SELECT dienstwagenid,kennzeichen,erstzulassung
FROM dienstwagen;
```

Listing 4.8 Datensätze der Tabelle »dienstwagen« abfragen

Als Ergebnis erhalten Sie Tabelle 4.18.

dienstwagenid	kennzeichen	erstzulassung
1	XX-XX-XX1	2014-05-04
2	XX-XX-XX1	2014-08-05

Tabelle 4.18 Ergebnistabelle der Prüfabfrage für zwei eingefügte Datensätze

Es wurden zwei Zeilen in die Tabelle *dienstwagen* eingefügt. Die Spaltenwerte wurden gemäß der **INSERT**-Anweisung in die jeweiligen Spalten eingetragen.

Was passiert, wenn wir einen ungültigen Wert für einen Datentyp eingeben? Das können wir ausprobieren, indem wir durch eine fehlerhafte Eingabe mit einer **INSERT**-Anweisung eine Datentypsverletzung provozieren.

In Listing 4.9 notieren wir in der **VALUES**-Klausel für die Spalte *erstzulassung* einen Spaltenwert, der der Zeichenkette abc entspricht. Obwohl die Datenbank ein Datum vom Typ **DATE** erwartet, ordnen wir also eine Zeichenkette zu.

```
INSERT INTO dienstwagen
  (dienstwagenid,kennzeichen,erstzulassung)
VALUES (3,'XX-XX-XX1','abc');
```

Listing 4.9 Datentypsverletzung mit einer INSERT-Anweisung provozieren

Die Datenbank antwortet Ihnen mit einer Fehlermeldung und beschwert sich, dass es sich bei abc nicht um einen korrekten Datumswert handelt:

```
Error Code: 1292.
Incorrect date value: 'abc' for column 'erstzulassung' at row 1
```

Achten Sie also stets darauf, dass Sie die richtigen Spaltenwerte in der **VALUES**-Klausel der **INSERT**-Anweisung eintragen, wenn Sie Datensätze einfügen. Das gilt einerseits für die inhaltliche Richtigkeit, aber natürlich andererseits auch für die Übereinstimmung der Spaltenwerte mit den Datentypsangaben, die Sie während der Tabellenerstellung den Spalten zugeordnet haben.

Als Nächstes werden Sie erfahren, wie Sie die soeben erstellte Tabelle *dienstwagen* wieder löschen. Im nächsten Abschnitt 4.4.3 zeige ich Ihnen, wie Sie für diesen Zweck die **DROP TABLE**-Anweisung nutzen können.

4.4.3 Tabellen mit einer DROP-Anweisung löschen

Der SQL-Sprachschatz hält für uns neben der **CREATE TABLE**-Anweisung auch die **DROP TABLE**-Anweisung bereit, mit der Sie Tabellen löschen. Die Anwendung ist einfach: Sie leiten die Anweisung mit den Schlüsselwörtern **DROP TABLE** ein und notieren dahinter die Bezeichnung der zu löschenden Tabelle. In Listing 4.10 zeige ich Ihnen auf, wie Sie beispielsweise die Tabelle *dienstwagen* löschen:

```
DROP TABLE dienstwagen;
```

Listing 4.10 Eine Tabelle mit der DROP TABLE-Anweisung löschen

Führen Sie die Anweisung aus, um die Tabelle *dienstwagen* zu entfernen. Wir werden sie gleich im Anschluss in Abschnitt 4.4.4 erneut erstellen.

Mit der DROP TABLE-Anweisung können Sie jede Tabelle Ihrer Übungsdatenbank löschen. Gehen Sie in produktiven Datenbanken sehr behutsam mit der DROP TABLE-Anweisung um. Verwenden Sie sie nur, wenn Sie ganz sicher sind, dass eine Tabelle nicht mehr benötigt wird.

Ich habe Ihnen bereits dargestellt, dass eine Tabelle immer mit einem eindeutigen Schlüssel ausgestattet sein muss. Er dient der Identifikation der einzelnen Zeilen bzw. Datensätze einer Tabelle. Sie haben bereits gelernt, wie Sie Tabellen mit einer Bezeichnung und einer Liste von Spaltenbezeichnungen und Datentypzuordnungen erstellen können. In Abschnitt 4.4.4 zeige ich Ihnen, wie Sie die Tabelle *dienstwagen* mit einer eindeutigen Schlüsselwertspalte erstellen, die jeder Zeile der Tabelle einen Schlüsselwert zuordnet und die Zeile damit identifizierbar macht.

4.4.4 Eine Tabelle mit einem Primärschlüssel ausstatten

Beim Einstieg in eine neue Sprache wie SQL halte ich viel von vollständigen Beispielen. Aus diesem Grund sehen Sie in Listing 4.11 noch einmal die vollständige CREATE TABLE-Anweisung, die zur Erstellung der Tabelle *dienstwagen* notwendig ist:

```
CREATE TABLE dienstwagen(
  dienstwagenid TINYINT PRIMARY KEY,
  kennzeichen CHAR(9),
  erstzulassung DATE,
  kostenstelle TINYINT,
  hersteller VARCHAR(200),
  modell VARCHAR(200),
  leistung DECIMAL(5,2),
  motor VARCHAR(100),
  getriebe VARCHAR(100),
  mitarbeiter VARCHAR(300)
);
```

Listing 4.11 Tabelle »dienstwagen« mit eindeutigem Primärschlüssel erstellen

Sie haben bereits eine Tabelle erstellt, die einen Primärschlüssel enthält. In der ersten Spaltendefinition, *dienstwagenid*, werden neben dem Datentyp `TINYINT` (bei PostgreSQL `SMALLINT`) die Schlüsselwörter `PRIMARY KEY` zugeordnet. Mit dieser Schlüsselwortfolge bestimmen Sie den eindeutigen Primärschlüssel einer Tabelle.

In der Praxis bedeutet das, dass Sie jeder Zeile nur einen eindeutigen ganzzahligen Wert in der Spalte *dienstwagenid* zuordnen können. Wenn Sie einer Spalte eine `PRIMARY KEY`-Einschränkung zuordnen, wacht die Datenbank darüber, dass die Schlüsselwerte immer eindeutig bleiben. Sollten Sie also versuchen, zwei Zeilen mit den gleichen Werten für die Spalte *dienstwagenid* einzufügen, so würde die Datenbank das Einfügen ablehnen.

Grundsätzlich können Sie jede beliebige Spalte eines beliebigen Datentyps als Primärschlüssel definieren. Hier ist natürlich darauf zu achten, dass Sie die Spalte auswählen, die als Schlüssel für die Zeilen einer Tabelle in Frage kommt.

Verwenden Sie die `CREATE TABLE`-Anweisung aus Listing 4.11 (die identisch ist mit derjenigen aus Listing 4.5), um die Tabelle *dienstwagen* in der Übungsdatenbank erneut anzulegen:

```
INSERT INTO dienstwagen (dienstwagenid,kennzeichen)
VALUES (1,'XX-XX-XX1');
INSERT INTO dienstwagen (dienstwagenid,kennzeichen)
VALUES (2,'XX-XX-XX2');
```

Listing 4.12 Zeilen mit eindeutigen Schlüsselwerten in die Tabelle »dienstwagen« einfügen

Unter Berücksichtigung des eindeutigen Primärschlüssels fügen wir zwei Zeilen mit den Primärschlüsselwerten 1 und 2 in der Spalte *dienstwagenid* in die Tabelle *dienstwagen* ein. Der Spalte *kennzeichen* ordnen wir die Werte XX-XX-XX1 und XX-XX-XX2 zu. Den anderen Spalten weisen wir keine Werte zu. Das ist hier auch nicht erforderlich, da für diese Spalten während der Tabellenerstellung keine weiteren Einschränkungen festgelegt wurden. Es ist nämlich möglich, den Eingaben noch weiter einzuschränken. Das wird in Abschnitt 4.5 behandelt.

Die soeben eingefügten Datensätze werden wir als Nächstes mit einem `SELECT`-Befehl aus der Tabelle *dienstwagen* abfragen:

```
SELECT dienstwagenid,kennzeichen FROM dienstwagen;
```

Listing 4.13 Zeilen einer Tabelle mit eindeutigem Schlüssel abfragen

In Tabelle 4.19 sehen das Ergebnis der Prüfabfrage. Den eingefügten Zeilen wurden für die Spalte *dienstwagenid* die Spaltenwerte 1 und 2 zugeordnet.

dienstwagenid	kennzeichen
1	XX-XX-XX1
2	XX-XX-XX2

Tabelle 4.19 Ergebnistabelle für eine Prüfabfrage, die eindeutige Schlüsselwerte zu einzelnen Zeilen abfragt

Ich habe Ihnen bereits geschildert, dass die Datenbank, wenn ein Primärschlüssel in der Tabellenerstellungsanweisung festgelegt wurde, darüber wacht, dass die Schlüsselwerte der Primärschlüsselspalte immer eindeutig sind. Im nächsten Schritt werden wir diese Garantie auf den Prüfstand stellen, indem wir versuchen, einen weiteren Datensatz mit dem Primärschlüsselwert 2 in die Tabelle *dienstwagen* einzufügen:

```
INSERT INTO dienstwagen (dienstwagenid,kennzeichen)
VALUES (2,'XX-XX-XX3');
```

Listing 4.14 Provokation einer Primärschlüsselverletzung

Die MySQL-Datenbank liefert Ihnen eine Fehlermeldung auf den Versuch, einen Primärschlüsselwert in die Tabelle *dienstwagen* einzutragen, der bereits existiert:

```
Error Code: 1062. Duplicate entry '2' for key 'PRIMARY'
```

Die Datenbank nimmt also die Aufgabe, über die Eindeutigkeit von Primärschlüsselwerten zu wachen, sehr gewissenhaft wahr.

Wie sieht es aus, wenn Sie versuchen, einen **NULL**-Wert als Primärschlüsselwert anzugeben? Das probieren wir im nächsten Beispiel aus, indem wir in Listing 4.15 versuchen, einen Datensatz einzufügen, dessen Primärschlüsselwert für die Spalte *dienstwagenid* in der **INSERT**-Anweisung gleich **NULL** ist:

```
INSERT INTO dienstwagen (dienstwagenid,kennzeichen)
VALUES (NULL,' XX-XX-XX3');
```

Listing 4.15 Versuch, einen NULL-Wert als Primärschlüsselwert einzufügen

Die Datenbank reagiert beim Versuch, einen **NULL**-Wert als Primärschlüsselwert in eine Primärschlüsselspalte einzufügen, mit der Fehlermeldung, dass der Spaltenwert der Spalte *dienstwagenid* nicht **NULL** sein darf:

```
Error Code: 1048. Column 'dienstwagenid' cannot be null
```

[*] **Zusammenfassung: Primärschlüssel**

Jede Zeile einer Tabelle sollte unbedingt über einen eindeutigen Schlüssel identifizierbar sein. Um dies sicherzustellen, werden die Spalten, die als Schlüsselspalten in

Frage kommen, bereits während der Tabellenerstellung mit einer **CREATE TABLE**-Anweisung als Primärschlüssel festgelegt.

Ein Primärschlüsselwert muss innerhalb der Primärschlüsselspalte immer eindeutig sein. Das bedeutet, dass er auf keinen Fall doppelt oder mehrfach vorkommen darf. Die Datenbank wacht über die Spaltenwerte, die als Primärschlüssel festgelegt wurden, und stellt sicher, dass jeder Primärschlüsselwert eindeutig ist.

NULL-Werte sind nicht als Primärschlüsselwert zulässig, da es sich hier um nicht definierte Werte handelt.

4.4.5 Automatisch hochzählende numerische Primärschlüsselspalten festlegen

Beim Thema Primärschlüssel sollten die sogenannten *Auto-Inkrement-Schlüssel* nicht fehlen. Wenn Sie eine numerische Spalte als Primärschlüsselspalte verwenden, die ganzzahlige Werte als Schlüsselwerte speichert, so können Sie in der **CREATE TABLE**-Anweisung einen Auto-Inkrement-Schlüssel verwenden, der beim Einfügen eines neuen Datensatzes in eine Tabelle den Wert dieser Spalte automatisch um den Wert 1 erhöht.

Beachten Sie dabei, dass diese automatische Hochzählung nur mit Zahlenwerten funktioniert. Eine Spalte, die mit Datums- oder Zeichenwerten gefüllt wird, können Sie zwar auch als Primärschlüsselspalte verwenden, müssen dann jedoch auf die automatische Hochzählung verzichten.

In Listing 4.16 zeige ich Ihnen, wie Sie für eine MySQL-Datenbank eine Auto-Inkrement-Primärschlüsselspalte festlegen:

```
CREATE TABLE dienstwagen(
  dienstwagenid TINYINT AUTO_INCREMENT PRIMARY KEY,
  kennzeichen CHAR(9),
  erstzulassung DATE
);
```

Listing 4.16 Eine Auto-Inkrement-Spalte für eine Tabelle festlegen (MySQL)

Unterschiede in PostgreSQL und MS SQL

Wenn Sie eine PostgreSQL-Datenbank verwenden, nutzen Sie die Tabellenerstellungsanweisung aus Listing 4.17, um die Tabelle *dienstwagen* mit einem automatisch hochzählenden eindeutigen Schlüssel zu versehen. Bei dem Datentyp **SERIAL** handelt es sich nicht um einen einfachen ganzzahligen Datentyp, sondern eben um einen automatisch hochzählenden ganzzahligen Datentyp.

```
CREATE TABLE dienstwagen(
  dienstwagenid SERIAL PRIMARY KEY,
  kennzeichen CHAR(9),
  erstzulassung DATE
);
```
Listing 4.17 Eine Auto-Inkrement-Spalte für eine Tabelle festlegen (PostgreSQL)

Die MS-SQL-Server-Datenbank bietet, wie in Listing 4.18 angegeben, das Schlüsselwort **IDENTITY**(startwert,inkrementwert). Das Schlüsselwort **IDENTITY** geben Sie zwischen dem Datentyp und der **PRIMARY KEY**-Festlegung an. In der Klammer notieren Sie den initialen numerischen Startwert und durch ein Komma getrennt die Schrittweite, die durch die automatische Schlüsselvergabe genutzt wird, um Werte hochzuzählen.

Löschen Sie die Tabelle *dienstwagen*, bevor Sie die neue Tabelle mit der Auto-Inkrement-Primärschlüsselspalte anlegen.

```
CREATE TABLE dienstwagen(
  dienstwagenid TINYINT IDENTITY(1,1) PRIMARY KEY,
  kennzeichen CHAR(9),
  erstzulassung DATE
);
```
Listing 4.18 Eine Auto-Inkrement-Spalte für eine Tabelle festlegen (MS SQL Server)

Wir nutzen hier eine etwas schlankere Version der Tabelle *dienstwagen*. Um für eine MySQL-Datenbank eine Auto-Inkrement-Spalte als Primärschlüsselspalte zu vereinbaren, nutzen Sie hinter der Datentypangabe das Schlüsselwort **AUTO_INCREMENT**. Dann erst folgen die Schlüsselwörter **PRIMARY KEY**.

Danach fügen wir zwei Datensätze mit den **INSERT**-Anweisungen aus Listing 4.19 ein. Beachten Sie, dass die Primärschlüsselwerte von der Datenbank automatisch eingetragen werden.

```
INSERT INTO dienstwagen (kennzeichen,erstzulassung)
VALUES ('XX-XX-XX1','2014-04-01');

INSERT INTO dienstwagen (kennzeichen,erstzulassung)
VALUES ('XX-XX-XX2','2014-06-20');
```
Listing 4.19 Datensätze in Tabellen mit Auto-Inkrement-Primärschlüsselspalte einfügen

Wenn Sie die Tabelle *dienstwagen* mit einer **SELECT**-Abfrage wie in Listing 4.20 verwenden, können Sie prüfen, ob die automatische Vergabe von Primärschlüsselwerten tatsächlich funktioniert hat:

```sql
SELECT dienstwagenid,kennzeichen,erstzulassung
FROM dienstwagen;
```

Listing 4.20 Prüfabfrage für automatisch vergebene Primärschlüsselwerte

In Tabelle 4.20 sehen Sie das Ergebnis der Abfrage aus Listing 4.20. Die Primärschlüsselwerte wurden jeweils automatisch durch die Datenbank hochgezählt.

dienstwagenid	kennzeichen	erstzulassung
1	XX-XX-XX1	2014-04-01
2	XX-XX-XX2	2014-06-20

Tabelle 4.20 Ergebnistabelle für eine Tabelle mit Auto-Inkrement-Spalte

> **Zusammenfassung: Automatische ganzzahlige Primärschlüsselwerte generieren** [*]
>
> Während der Tabellenerstellung können Sie mit einer CREATE TABLE-Anweisung festlegen, ob automatisch ein ganzzahlig hochzählender Primärschlüssel eingefügt werden soll.
>
> Um dies zu erreichen, wendet die Datenbank den folgenden Ausdruck an, um inkrementell die Primärschlüsselwerte hochzuzählen:
>
> X = X + 1
>
> Die automatische Schlüsselwertgenerierung wird von Datenbank zu Datenbank unterschiedlich umgesetzt. In den Tabellenerstellungsanweisungen werden für die hier behandelten Datenbanken die folgenden Schlüsselwörter angewendet:
>
> - AUTO_INCREMENT für eine MySQL-Datenbank
> - SERIAL für eine PostgreSQL-Datenbank
> - IDENTITY für eine MS-SQL-Server-Datenbank
>
> Wenn Sie Primärschlüsselspalten verwenden, die z. B. vom Typ **CHAR**, **VARCHAR** oder **DATE** sind, steht Ihnen die Auto-Inkrement-Funktionalität nicht zur Verfügung.

In diesem Abschnitt haben Sie erfahren, wie Sie einer Tabelle einen Primärschlüssel zuordnen und was Sie dabei zu beachten haben. Im nächsten Abschnitt geht es um reservierte Schlüsselwörter, die z. B. nicht als Tabellenbezeichnung benutzt werden dürfen.

4.4.6 Reservierte Schlüsselwörter

Jede Datenbank legt fest, welche Wörter nicht als Bezeichner für Datenbankobjekte verwendet werden dürfen. Das gilt auch für Datenbanken, die hier nicht explizit besprochen werden.

Wenn Sie die Beispiele dieses Buchs nachverfolgen, können Sie natürlich allen Datenbankobjekten andere Namen geben. Vielleicht gefallen Ihnen andere Tabellennamen besser als die hier vorgeschlagenen. Diese können Sie sicherlich ändern, obwohl ich Ihnen das nicht empfehlen würde. Wenn Sie im Rahmen dieser Einführung andere Tabellenbezeichnungen verwenden sollten, kann das beim praktischen Nachvollziehen der Übungen zu verwirrenden Nebeneffekten führen. Möglich ist es aber natürlich.

Bevor Sie beginnen, Tabellen anders zu benennen, als ich es hier vorschlage, muss ich Ihnen eine Liste von reservierten Schlüsselwörtern vorstellen, die Sie nicht verwenden dürfen. In der Regel handelt es sich dabei um Wörter, die dem SQL-Sprachschatz entstammen. Es ist also wirklich keine gute Idee, eine Tabelle *select* zu nennen.

Reservierte Schlüsselwörter (MySQL), Auszug:

- ACCESSIBLE
- ADD
- ALL
- ALTER
- ANALYSE
- AND
- AS
- ASC
- ASENSITIVE
- BEFORE
- BETWEEN
- BIGINT
- BINARY
- BLOB
- BOTH
- BY
- CALL
- CASCADE
- CASE
- CHANGE
- CHAR
- CHARACTER
- CHECK
- COLLATE
- COLUMN
- CONDITION
- CONSTRAINT
- CONTINUE
- CONVERT
- CREATE
- CROSS
- CURRENT_DATE
- CURRENT_TIME
- CURRENT_TIMESTAMP
- CURRENT_USER
- CURSOR
- DATABASE
- DATABASES

- DAY_HOUR
- DAY_MICROSECOND
- DAY_MINUTE
- DAY_SECOND
- DEC
- DECIMAL
- DECLARE

- DEFAULT
- DELAYED
- DELETE
- DESC
- DESCRIBE
- DETERMINISTIC
- DISTINCT

In Abschnitt 4.5 werden wir uns ansehen, wie Sie Spalten weitere Einschränkungen zuordnen können. Wir werden uns anschauen, wie Spalten zu Pflichtfeldern werden, und auch das Thema Primärschlüssel wird uns noch einmal begegnen.

Wenn Sie prüfen wollen, was Sie in diesem Abschnitt gelernt haben, empfehle ich Ihnen zuerst den Abschnitt 4.4.7, in dem Sie Übungen zum Thema der Tabellenerstellung finden und Ihr Wissen prüfen können.

> **Zusammenfassung: Tabellen mit einer CREATE TABLE-Anweisung erstellen** [*]
>
> Sie erstellen neue Tabellen in einer Datenbank mit der CREATE TABLE-Anweisung. Bevor eine Tabelle in einer Datenbank neu angelegt wird, sind einige Fragen zu beantworten. Hierzu zählen:
>
> - Welche Spalten soll die Tabelle enthalten?
> - Welche Datentypen sollen den Spalten zugeordnet werden?
> - Welche Spalte soll als Primärschlüsselspalte verwendet werden?
> - Soll die Primärschlüsselspalte mit einer Auto-Inkrement-Funktion (nur für numerische Datentypen möglich) versehen werden?
>
> Für den Tabellennamen und die Spaltenbezeichner dürfen keine reservierten Schlüsselwörter verwendet werden.
>
> Wenn eine Tabelle nicht mehr erforderlich ist, kann Sie mit einer DROP TABLE-Anweisung gelöscht werden.

4.4.7 Übungen zum Thema »Tabellen mit CREATE TABLE erstellen«

Übung 1

In dieser Übung erstellen Sie eine Tabelle, die sich aus der Tabelle *dienstwagen* ableiten lässt. Dort finden sich folgende Spalten: *hersteller*, *modell*, *leistung*, *motor* und *getriebe*. Hier bietet es sich an, eine Tabelle *fahrzeugtyp* anzulegen, in der die Eigenschaften einzelner Fahrzeugtypen zusammengefasst werden. In Tabelle 4.21 sehen Sie die Datentypen, die wir den Spalten zuordnen können.

Spaltenbezeichnung	Datentyp	Primärschlüssel	Beispielwert
typid	TINYINT	X	1
hersteller	VARCHAR(200)		Toyota
modell	VARCHAR(200)		Yaris
leistung	DECIMAL(5,2)		110.48
motor	VARCHAR(100)		Diesel
getriebe	VARCHAR(100)		Manuell

Tabelle 4.21 Tabellenstruktur für die anzulegende Tabelle »fahrzeugtyp«

Legen Sie mit einer CREATE TABLE-Anweisung eine Tabelle *fahrzeugtyp* an, die mit den Spalten und Datentypszuordnungen aus Tabelle 4.21 ausgestattet ist. Vergessen Sie auch nicht, der Spalte *typid* die Primärschlüsseleinschränkung zuzuweisen, so wie es in der Tabellenstruktur angegeben ist.

[!] **Achtung**

Die Leser, die eine PostgreSQL-Datenbank verwenden, müssen anstatt des TINYINT-Datentyps den SMALLINT-Datentyp verwenden. Das gilt auch für die nachfolgenden Übungen.

Übung 2

Fügen Sie zwei Zeilen mit beliebigen Fahrzeugtypen in die neu erstellte Tabelle *fahrzeugtyp* ein. Gleich im Anschluss fragen Sie mit einer SELECT-Abfrage die eingefügten Zeilen der Tabelle *fahrzeugtyp* ab.

Übung 3

Als Nächstes löschen Sie die soeben erstellte Tabelle *fahrzeugtyp* wieder.

Lösung zu Übung 1

```
CREATE TABLE fahrzeugtyp(
  typid TINYINT PRIMARY KEY,
  hersteller VARCHAR(200),
  modell VARCHAR(200),
  leistung DECIMAL(5,2),
```

```
  motor VARCHAR(100),
  getriebe VARCHAR(100)
);
```

Listing 4.21 Mit einer CREATE TABLE-Anweisung eine einfache Tabelle erstellen

Lösung zu Übung 2

```
INSERT INTO fahrzeugtyp
VALUES (1,'VW','Polo',100.78,'Benzin','Automatik');

INSERT INTO fahrzeugtyp
VALUES (2,'Toyota','Yaris',75.00,'Benzin','Manuell');

SELECT typid,hersteller,modell,leistung,motor,getriebe
FROM fahrzeugtyp;
```

Listing 4.22 Datensätze in die neue Tabelle einfügen und abfragen

Lösung zu Übung 3

```
DROP TABLE fahrzeugtyp;
```

Listing 4.23 Eine Tabelle mit einer DROP TABLE-Anweisung löschen

4.5 Spalten Einschränkungen (CONSTRAINTS) zuordnen

Bisher haben wir nur eine Einschränkung kennengelernt, die Sie Spalten zuordnen können. Es handelt sich um die **PRIMARY KEY**-Einschränkung, die einen eindeutigen Schlüsselwert pro Zeile bzw. Datensatz sicherstellt. Wie sieht es aus, wenn Sie wünschen, dass ein Spaltenwert immer eingetragen werden soll? Wie können Sie festlegen, dass ein Spaltenwert immer eindeutig ist, auch wenn es sich nicht um eine Schlüsselwertspalte handelt? Können wir bereits während der Tabellenerstellung Spalten mit Standardwerten ausstatten? Diese Fragen kann ich Ihnen mit einem klaren Ja beantworten. Wie das geht, erfahren Sie im folgenden Abschnitt. Fangen wir also mit Abschnitt 4.5.1 an, in dem Sie Spalten zu Pflichtfeldern erklären.

4.5.1 Spalten als Pflichtfelder (NOT NULL) definieren

Wir bleiben bei unserem Beispiel und nutzen wieder die Tabelle *dienstwagen*. Sie soll nun mit Pflichtfeldern versehen werden. Wenn Sie die Tabelle im Rahmen des Themas Primärschlüssel angelegt haben, löschen Sie sie mit einer einfachen **DROP**-Anweisung wieder.

Die Spalten *kennzeichen* und *erstzulassung* sollen in der Tabellenerstellungsanweisung als Pflichtfelder definiert werden. In Listing 4.24 sehen Sie in Zeile 3 und 4 die Definitionen der Spalten *kennzeichen* und *erstzulassung*:

```
CREATE TABLE dienstwagen(
  dienstwagenid TINYINT PRIMARY KEY,
  kennzeichen CHAR(9) NOT NULL,
  erstzulassung DATE NOT NULL,
  kostenstelle TINYINT NULL,
  hersteller VARCHAR(200) NULL,
  modell VARCHAR(200) NULL,
  leistung DECIMAL(5,2) NULL,
  motor VARCHAR(100) NULL,
  getriebe VARCHAR(100) NULL,
  mitarbeiter VARCHAR(300) NULL
);
```

Listing 4.24 Pflichtfelder in einer Tabellenerstellungsanweisung mit NOT NULL definieren

Um diese Spalten zu Pflichtfeldern zu machen, notieren Sie hinter dem Datentyp die Schlüsselwörter **NOT NULL**. Sie geben also an, dass die Spaltenwerte dieser Spalten nie undefiniert sein dürfen. Somit erzwingen Sie, dass in einer **INSERT**- oder **UPDATE**-Anweisung niemals **NULL**-Werte in diese Spalten eingefügt werden können. Oder denken Sie an einen Einfügevorgang mit einer **INSERT**-Anweisung, die mit einer expliziten Spaltenangabe verwendet wird. Spalten, die nicht explizit angegeben werden und somit auch keine Spaltenwertzuordnung erhalten, werden automatisch mit **NULL**-Werten ausgestattet.

Wie verhalten sich Spalten, denen keine **NOT NULL**-Einschränkung zugeordnet ist? Standardmäßig werden Spalten in einer **CREATE TABLE**-Anweisung mit der **NULL**-Einschränkung versehen. Diese Einschränkung muss nicht explizit angegeben werden und erlaubt **NULL**-Werte in Einfüge- und Änderungsoperationen mit einer **INSERT** oder einer **UPDATE**-Anweisung. In der Tabellenerstellungsanweisung in Listing 4.25 sind den Spalten, die **NULL**-Werte in einer **INSERT**- oder **UPDATE**-Anweisung zulassen, **NULL**-Einschränkungen hinter der Datentypzuordnung den Spalten zugewiesen. Eigentlich ist diese explizite Angabe einer **NULL**-Einschränkung nicht erforderlich, da sie standardmäßig angewendet wird, wenn keine explizite **NOT NULL**-Einschränkung angegeben wurde. Die **NULL**-Einschränkung gehört auch nicht zum SQL-Standard. Die meisten Datenbanken (auch die hier behandelten) nutzen diese Angabe, um die Spalten explizit auszeichnen zu können, die **NULL**-Werte zulassen sollen. In diesem Beispiel wird sie verwendet, um Ihnen den Unterschied zur **NOT NULL**-Anweisung zu zeigen.

Nachdem Sie die neue Tabelle *dienstwagen* mit der Tabellenerstellungsanweisung aus Listing 4.24 in der Übungsdatenbank *uebungsdatenbank* angelegt haben, werden

4.5 Spalten Einschränkungen (CONSTRAINTS) zuordnen

wir den Spalten *kennzeichen* und *erstzulassung* Datensätze zuordnen. Dies sehen Sie in Listing 4.25:

```
INSERT INTO dienstwagen (dienstwagenid,kennzeichen,erstzulassung)
VALUES (1,'XX-XX-XX1','2015-01-14');
INSERT INTO dienstwagen (dienstwagenid,kennzeichen,erstzulassung)
VALUES (2,'XX-XX-XX2','2015-01-14');
```

Listing 4.25 Zeilen unter Berücksichtigung einer NOT NULL-Einschränkung einfügen

Um zu überprüfen, ob die beiden Zeilen tatsächlich in die neue Tabelle *dienstwagen* eingefügt wurden, verwenden wir die Prüfabfrage aus Listing 4.26. In Tabelle 4.22 sehen Sie das Ergebnis der Prüfabfrage.

```
SELECT dienstwagenid, kennzeichen, erstzulassung FROM dienstwagen;
```

Listing 4.26 Prüfabfrage zur INSERT-Anweisung

dienstwagenid	kennzeichen	erstzulassung
1	XX-XX-XX1	2015-01-14
2	XX-XX-XX2	2015-01-14

Tabelle 4.22 Ergebnistabelle der Prüfabfrage zu einem Einfügevorgang unter Beachtung der NOT NULL-Einschränkung

Gemäß den **NOT NULL**-Einschränkungen haben wir für *kennzeichen* und *erstzulassung* Spaltenwerte eingefügt. Die nicht in der **INSERT**-Anweisung angegebenen Spalten wurden von der Datenbank mit **NULL**-Werten ausgestattet. Das können Sie einfach nachvollziehen, indem Sie die Prüfabfrage ein wenig ändern und alle Spalten der Tabelle *dienstwagen* abfragen.

Jetzt würden wir gerne wissen, ob die **NOT NULL**-Einschränkung erwartungsgemäß funktioniert. Um die **NOT NULL**-Einschränkung zu testen, lassen wir einfach die Spaltenangabe und den dazugehörigen Wert für die Spalte *erstzulassung* in der **INSERT**-Anweisung weg, obwohl wir die Spalte in der Tabellenerstellungsanweisung mit einer **NOT NULL**-Einschränkung zum Pflichtfeld gemacht haben.

```
INSERT INTO dienstwagen (dienstwagenid,kennzeichen)
VALUES (3,'XX-XX-XX1');
INSERT INTO dienstwagen (dienstwagenid,kennzeichen)
VALUES (4,'XX-XX-XX2');
```

Listing 4.27 INSERT-Anweisung zum Prüfen der NOT NULL-Einschränkung

Wenn Sie die Anweisung aus Listing 4.27 ausgeführt haben, werden Sie von der Datenbank eine Fehlermeldung erhalten:

Error Code: 1364. Field 'erstzulassung' doesn't have a default value

Sie sehen also, dass die Einhaltung der NOT NULL-Einschränkung, die Sie der Spalte *erstzulassung* zugeordnet haben, von der Datenbank bei INSERT-Anweisungen sichergestellt wird.

Die NOT NULL-Einschränkung hat auch Auswirkungen auf die Verwendung der Aktualisierungsanweisung mit UPDATE. Wir könnten auf die Idee kommen, die Zeile mit dem Wert 1 für die Spalte *dienstwagenid* zu aktualisieren. Das Kennzeichen bleibt gleich, aber da ein neues Auto angeschafft wird, ist in Kürze ein neuer Eintrag in der Spalte *erstzulassung* zu erwarten. Zwischenzeitlich soll der Spalte *erstzulassung* der Wert NULL zugewiesen werden. Wenn Sie die UPDATE-Anweisung aus Listing 4.28 ausführen, kommt es, wie zu erwarten, zu einer Fehlermeldung.

```
UPDATE dienstwagen SET erstzulassung=NULL
WHERE dienstwagenid=1;
```

Listing 4.28 Aktualisierung eines Spaltenwertes mit einer NULL-Wertzuweisung für eine Spalte mit NOT NULL-Einschränkung

Die MySQL-Datenbank reagiert auf Ihren Versuch, den Spaltenwert der Spalte *erstzulassung* mit einem NULL-Wert zu aktualisieren, mit folgender Fehlermeldung:

Error Code: 1048. Column 'erstzulassung' cannot be null

> [*] **Zusammenfassung: Pflichtfelder**
> Überall da, wo Spaltenwerte unbedingt erforderlich sind, können Sie bereits während der Tabellenerstellung mit einer NOT NULL-Einschränkung sicherstellen, dass hier immer Werte eingetragen werden. Das gilt für Einfügeoperationen mit INSERT wie für Aktualisierungsoperationen mit einer UPDATE-Anweisung.

Als Nächstes werden Sie in Abschnitt 4.5.2 die UNIQUE-Einschränkung kennenlernen, die es Ihnen ermöglicht, Spalten so einzuschränken, dass jeder Wert einmalig ist.

4.5.2 Spalten mit einer UNIQUE-Einschränkung versehen

Sie haben bereits Einschränkungen im Zusammenhang mit Primärschlüsseln kennengelernt, die sicherstellen, dass ein Wert in einer Spalte nur einmal vorkommt. Ähnlich funktioniert es, wenn Sie auch normalen Spalten eine Eindeutigkeitseinschränkung zuordnen möchten. Während der Tabellenerstellung nutzen Sie dazu die UNIQUE-Einschränkung.

Wenn es erforderlich ist, löschen Sie die Tabelle *dienstwagen* wieder, um sie diesmal mit einer `UNIQUE`-Einschränkung neu anzulegen.

In Listing 4.29 sehen Sie in der letzten Spaltendefinition, bei der Spalte *mitarbeiter*, hinter der Datentypsangabe das Schlüsselwort `UNIQUE`.

```
CREATE TABLE dienstwagen(
  dienstwagenid TINYINT PRIMARY KEY,
  kennzeichen CHAR(9) NOT NULL,
  erstzulassung DATE NOT NULL,
  kostenstelle TINYINT,
  hersteller VARCHAR(200),
  modell VARCHAR(200),
  leistung DECIMAL(5,2),
  motor VARCHAR(100),
  getriebe VARCHAR(100),
  mitarbeiter VARCHAR(200) UNIQUE
);
```

Listing 4.29 Eine Tabelle mit einer UNIQUE-Einschränkung anlegen

---

Normalform

An dieser Stelle noch ein kleiner Hinweis: Die Spalte *mitarbeiter* der Tabelle *dienstwagen* erfüllt nicht das Kriterium der ersten Normalform. Was das ist, werden Sie in Kapitel 7, »Datenmodelle optimieren (Normalisierung)«, kennenlernen.

Die `UNIQUE`-Einschränkung wird immer hinter einer `NULL`- oder `NOT NULL`-Einschränkung notiert, vorausgesetzt, diese Einschränkungen sind vorhanden.

Achtung: Unterschiede MySQL, PostgreSQL und MS SQL Server

Beachten Sie, dass die MS-SQL-Server-Datenbank `NULL`-Werte, die mit `UNIQUE` eingeschränkt werden, anders interpretiert, als es die MySQL- und PostgreSQL-Datenbanken tun. Für die MS-SQL-Server-Datenbank werden `NULL`-Werte als gleiche Werte betrachtet. Das bedeutet: Wenn Sie versuchen, mehrere `NULL`-Werte in die Spalte *mitarbeiter* einzufügen, so würde dies von der MS-SQL-Server-Datenbank abgelehnt. Die PostgreSQL- und MySQL-Datenbanken lassen mehrfache `NULL`-Werte für eine Spalte zu, die mit einer `UNIQUE`-Einschränkung versehen wurde.

Schauen Sie sich zunächst die `UNIQUE`-Einschränkung der Spalte *mitarbeiter* und ihre Auswirkungen auf `INSERT`- und `UPDATE`-Anweisungen an. Wenn Sie eine PostgreSQL-Datenbank verwenden, denken Sie wieder daran, den Datentyp `TINYINT` durch `SMALLINT` zu ersetzen.

Als Erstes fügen wir in der neu angelegten Tabelle wieder zwei Datensätze ein – den Mitarbeitern Petra Schneider und Ralf Müller ordnen wir einen Dienstwagen zu:

```
INSERT INTO dienstwagen (dienstwagenid,kennzeichen,erstzulassung,mitarbeiter)
VALUES (1,'XX-XX-XX1','2015-01-01','Ralf Müller');

INSERT INTO dienstwagen (dienstwagenid,kennzeichen,erstzulassung,mitarbeiter)
VALUES (2,'XX-XX-XX2','2015-01-01','Petra Schneider');
```

Listing 4.30 Datensätze unter Beachtung der UNIQUE-Einschränkung einfügen

Wenn Sie beide **INSERT**-Anweisungen ausgeführt haben, prüfen Sie mit der Abfrage aus Listing 4.31, ob die Datensätze eingefügt wurden:

```
SELECT dienstwagenid,kennzeichen,erstzulassung,mitarbeiter
FROM dienstwagen;
```

Listing 4.31 Prüfabfrage für die Datensätze, die unter Berücksichtigung der UNIQUE-Klausel eingefügt wurden

In Tabelle 4.23 sehen Sie das Ergebnis unserer Prüfabfrage: Die Datensätze wurden erfolgreich in die Tabelle *dienstwagen* eingefügt. Die Spaltenwerte, die der Spalte *mitarbeiter* zugewiesen wurden, sind eindeutig und entsprechen somit der **UNIQUE**-Einschränkung.

dienstwagenid	kennzeichen	erstzulassung	mitarbeiter
1	XX-XX-XX1	2015-01-01	Ralf Müller
2	XX-XX-XX2	2015-01-01	Petra Schneider

Tabelle 4.23 Ergebnistabelle einer Prüfabfrage für eine Einfügeoperation unter Berücksichtigung einer UNIQUE-Einschränkung

Jetzt werden wir die **UNIQUE**-Einschränkung herausfordern und prüfen, ob sie tatsächlich keine doppelten Werte für die Spalte *mitarbeiter* zulässt. Dazu nutzen wir die beiden **INSERT**-Anweisungen aus Listing 4.32:

```
INSERT INTO dienstwagen (dienstwagenid,kennzeichen,erstzulassung,mitarbeiter)
VALUES (3,'XX-XX-XX1','2015-01-01','Ralf Müller');

INSERT INTO dienstwagen (dienstwagenid,kennzeichen,erstzulassung,mitarbeiter)
VALUES (4,'XX-XX-XX2','2015-01-01','Petra Schneider');
```

Listing 4.32 Provokation einer UNIQUE-Einschränkungsverletzung

Die MySQL-Datenbank quittiert uns den Versuch, gleiche Spaltenwerte für die Spalte *mitarbeiter* einzufügen, mit der folgenden Fehlermeldung:

`Error Code: 1062. Duplicate entry 'Ralf Müller' for key 'mitarbeiter'`

Jetzt haben Sie erfahren, wie Sie eine `UNIQUE`-Einschränkung nutzen, um bereits während der Tabellenerstellung mit einer `CREATE TABLE`-Anweisung zu bestimmen, welche Spalten nur eindeutige Werte aufnehmen dürfen. Als Nächstes erfahren Sie in Abschnitt 4.5.3, wie Sie während der Tabellenerstellung Standardwerte für Spalten vergeben können.

4.5.3 Standardwerte mit DEFAULT für Spalten festlegen

Wenn Sie beabsichtigen, Spalten bereits während der Tabellenerstellung einen Standardwert zuzuweisen, können Sie das Schlüsselwort `DEFAULT` verwenden. Sehen wir uns die Spaltendefinition der Spalte *kostenstelle* in Listing 4.33 an:

```
CREATE TABLE dienstwagen(
  dienstwagenid TINYINT PRIMARY KEY,
  kennzeichen CHAR(9) NOT NULL,
  erstzulassung DATE NOT NULL,
  kostenstelle TINYINT DEFAULT 0,
  hersteller VARCHAR(200),
  modell VARCHAR(200),
  leistung DECIMAL(5,2),
  motor VARCHAR(100),
  getriebe VARCHAR(100),
  mitarbeiter VARCHAR(200) UNIQUE
);
```

Listing 4.33 Eine Spalte einer Tabelle während der Tabellenerstellung mit einem Standardwert ausstatten

Hinter dem Datentyp werden hier das Schlüsselwort `DEFAULT` und der Standardwert angegeben, der der Spalte zugeordnet werden soll. In diesem Fall wurde der Standardwert 0 der Spalte *kostenstelle* zugeordnet.

Auf den ersten Blick scheint das nicht zusammenzupassen: Wir erlauben der Spalte *kostenstelle* die Zuordnung von `NULL`-Werten und statten sie gleichzeitig mit einem Standardwert aus. Da es sich allerdings nur um einen initialen Wert handelt, ist diese Einschränkung sinnvoll.

Wenn Sie eine `DEFAULT`-Einschränkung für eine Spalte in einer Tabellenerstellungsanweisung verwenden, achten Sie darauf, sie vor der `UNIQUE`-Einschränkung zu notieren, falls Sie beide Einschränkungen verwenden.

Die Zuordnung von Standardwerten wollen wir natürlich ausprobieren. Löschen Sie die Tabelle *dienstwagen* wieder aus der Datenbank, um sie diesmal mit einer Standardwerteinschränkung anzulegen.

Als Nächstes fügen wir wieder zwei Datensätze mittels einer **INSERT**-Anweisung in die Tabelle *dienstwagen* ein. Die Spalte *kostenstelle* wird bewusst nicht in Listing 4.34 in der **INSERT**-Anweisung berücksichtigt, weil wir prüfen wollen, ob der Standardwert 0 der Spalte *kostenstelle* zugeordnet wird.

```
INSERT INTO dienstwagen (dienstwagenid,kennzeichen,erstzulassung,mitarbeiter)
VALUES (1,'XX-XX-XX1','2015-01-01','Ralf Müller');

INSERT INTO dienstwagen (dienstwagenid,kennzeichen,erstzulassung,mitarbeiter)
VALUES (2,'XX-XX-XX2','2015-01-01','Petra Schneider');
```

Listing 4.34 Zwei Datensätze einfügen, ohne Werte für eine Spalte anzugeben, der Standardwerte zugeordnet sind

Ob die Zuweisung des Standardwerts für die Spalte *kostenstelle* funktioniert hat, erfahren wir mit einer einfachen Prüfabfrage wie in Listing 4.35, in der wir auch die Spalte *kostenstelle* abfragen:

```
SELECT dienstwagenid,kennzeichen,erstzulassung,kostenstelle
FROM dienstwagen;
```

Listing 4.35 Prüfabfrage zu einer Standardwertzuweisung, die während der Tabellenerstellung festgelegt wurde

Das in Tabelle 4.24 dargestellte Ergebnis enthält die Spalte *kostenstelle*.

dienstwagenid	kennzeichen	erstzulassung	kostenstelle
1	XX-XX-XX1	2015-01-01	0
2	XX-XX-XX2	2015-01-01	0

Tabelle 4.24 Ergebnistabelle der Prüfabfrage

Wir haben in den **INSERT**-Anweisungen aus Listing 4.34 keine Werte für die Spalte *kostenstelle* angegeben. Dennoch sehen Sie, dass in die Spalte *kostenstelle* gemäß der Standardwertzuweisung der Wert 0 eingefügt wurde.

In diesem Abschnitt haben Sie gelernt, wie Sie Spalten bereits während der Tabellenerstellung Standardwerte zuordnen können. Im nächsten Abschnitt 4.5.4 zeige ich Ihnen, wie Sie bereits während der Tabellenerstellung mit einer **CREATE TABLE**-Anweisung Plausibilitätsprüfungen für Spaltenwerte festlegen.

4.5.4 Bedingungen mit einer CHECK-Einschränkung für Spalten festlegen

Bereits während der Tabellenerstellung können Sie mit einer CHECK-Einschränkung für Spalten Plausibilitätsprüfungen festlegen. Die den Spalten zugeordneten Plausibilitätsprüfungen gelten für die INSERT- und die UPDATE-Anweisungen. Wenn Sie versuchen, einen Wert in einer Spalte, der eine Plausibilitätsprüfung zugeordnet ist, einzufügen oder zu ändern, dann wird die Datenbank automatisch überprüfen, ob der Spaltenwert der Bedingung entspricht, die in der Plausibilitätsprüfung für die Spalte hinterlegt wurde. Entspricht der Spaltenwert nicht der festgelegten Bedingung, so wird die Einfüge- oder Änderungsoperation von der Datenbank abgelehnt.

> **Unterschiede zwischen den Datenbanksystemen**
> Die PostgreSQL- und MS-SQL-Server-Datenbank unterstützen CHECK-Einschränkungen, wie es der Standard vorsieht. Für die MySQL-Datenbank steht die CHECK-Einschränkung leider nicht zur Verfügung. Wenn Sie eine CHECK-Einschränkung in einer Tabellenerstellungsanweisung einer Spaltendefinition zuordnen, führt das zwar zu keinem Fehler, die Funktionalität der Plausibilitätsprüfung gemäß einer angegebenen Bedingung ist aber nicht gegeben. Wer eine MySQL-Datenbank verwendet, sollte diesem Abschnitt dennoch Aufmerksamkeit schenken, da die CHECK-Einschränkung von den meisten Datenbanksystemen unterstützt wird.

Sehen wir uns nun Listing 4.36 an:

```
CREATE TABLE dienstwagen(
  dienstwagenid SMALLINT PRIMARY KEY,
  kennzeichen CHAR(9) NOT NULL,
  erstzulassung DATE,
  kostenstelle SMALLINT NULL DEFAULT 0,
  hersteller VARCHAR(200),
  modell VARCHAR(200),
  leistung DECIMAL(5,2),
  motor VARCHAR(100)
    check(motor='Diesel' OR motor='Benzin' OR motor='Super'),
  getriebe VARCHAR(100)
    check(getriebe='Automatikgetriebe' OR getriebe='Schaltgetriebe'),
  mitarbeiter VARCHAR(200)
);
```

Listing 4.36 Tabellenerstellungsanweisung mit CHECK-Einschränkung für Spaltenwerte

Von besonderem Interesse sind die Definitionen der Spalten *motor* und *getriebe*. Hinter der Datentypsangabe wird die CHECK-Einschränkung angegeben. In einer Klammer wird dort die Bedingung aufgeführt, die geprüft werden soll. Werden mehrere Bedingungen geprüft, verknüpfen Sie sie mit logischen Verknüpfungsoperatoren wie **AND** und **OR**.

Der Spalte *motor* ordnen wir hier eine Plausibilitätsprüfung zu, die prüft, ob der Spaltenwert einem der folgenden Werte entspricht: Diesel, Benzin und Super. Sie können nur einen der Werte eintragen, nicht mehrere gleichzeitig. Genauso bei der Spalte *getriebe*. Die **CHECK**-Einschränkung wacht darüber, dass ausschließlich Spaltenwerte in die Spalte *getriebe* eingetragen werden, die entweder dem Wert Automatikgetriebe oder dem Wert Schaltgetriebe entsprechen.

Das gilt natürlich nicht nur für die **INSERT**-Anweisung. Wenn Sie Aktualisierungen mit einer **UPDATE**-Anweisung durchführen, werden die Spaltenwerte ebenfalls auf die Bedingungen in der **CHECK**-Einschränkung geprüft. Werden die Bedingungen nicht erfüllt, so wird die Datenbank eine Aktualisierung eines Datensatzes ablehnen.

Als Nächstes soll die Tabelle *dienstwagen* gemäß der **CREATE TABLE**-Anweisung aus Listing 4.36 in der Übungsdatenbank angelegt werden. Falls die Tabelle noch in Ihrer Datenbank existiert, löschen Sie sie einfach.

Beachten Sie, dass Spaltenwerte für die Spalte *erstzulassung* in dieser Tabellenerstellungsanweisung optional anzugeben sind. Das hat lediglich den Hintergrund, dass wir die **INSERT**-Anweisungen und die zu erwartende Ergebnistabelle übersichtlicher darstellen können. Dieser Tatsache ist auch die fehlende **UNIQUE**-Einschränkung für die Spalte *mitarbeiter* geschuldet. Da die MySQL-Datenbank keine **CHECK**-Einschränkungen ermöglicht, sind die folgenden Beispiele von **CREATE TABLE**-Anweisungen mit **CHECK**-Einschränkungen für die MS-SQL-Server- und die PostgreSQL-Datenbank gültig.

Wenn die Tabelle *dienstwagen* erstellt wurde, bietet es sich an, den Spalten *motor* und *getriebe* Werte zuzuweisen, die der **CHECK**-Einschränkung entsprechen. Der Übersicht halber fügen wir mit den **INSERT**-Anweisungen in Listing 4.37 lediglich für die Spalten *dienstwagenid*, *kennzeichen*, *motor* und *getriebe* Werte in die Tabelle *dienstwagen* ein:

```
INSERT INTO dienstwagen (dienstwagenid,kennzeichen, motor,getriebe)
VALUES (1,'XX-XX-XX1','Diesel','Automatikgetriebe');

INSERT INTO dienstwagen (dienstwagenid,kennzeichen,motor,getriebe)
VALUES (2,'XX-XX-XX2','Benzin','Schaltgetriebe');
```

Listing 4.37 Datensätze unter Berücksichtigung von CHECK-Einschränkungen einfügen

Wenn Sie die **INSERT**-Anweisungen aus Listing 4.37 ausgeführt haben, können Sie mit der **SELECT**-Abfrage aus Listing 4.38 das Ergebnis der Einfügeoperationen prüfen:

4.5 Spalten Einschränkungen (CONSTRAINTS) zuordnen

```
SELECT dienstwagenid,kennzeichen,motor,getriebe
FROM dienstwagen;
```

Listing 4.38 Prüfabfrage zu INSERT-Anweisungen, die eine CHECK-Einschränkung berücksichtigen

In Tabelle 4.25 sehen Sie das Ergebnis der Einfügeoperationen. Die `INSERT`-Anweisungen wurden ausgeführt, und die Werte der `VALUES`-Klausel wurden ohne Probleme eingefügt, da die Werte der Spalten *motor* und *getriebe* exakt der `CHECK`-Einschränkung dieser Spalten entsprechen.

dienstwagenid	kennzeichen	motor	getriebe
1	XX-XX-XX1	Diesel	Automatikgetriebe
2	XX-XX-XX2	Benzin	Schaltgetriebe

Tabelle 4.25 Ergebnistabelle mit Zeilen, die unter Berücksichtigung einer CHECK-Einschränkung in eine Tabelle eingefügt wurden

Anschließend werden wir die `CHECK`-Einschränkung, die wir für die Tabelle *dienstwagen* definiert haben, herausfordern, indem wir versuchen, einen Datensatz einzufügen, dessen Spaltenwerte nicht den Bedingungen der `CHECK`-Einschränkungen entsprechen. Mit der `INSERT`-Anweisung in Listing 4.39 werden wir versuchen, den Wert E10 als Spaltenwert in die Spalte *motor* einzufügen:

```
INSERT INTO dienstwagen (dienstwagenid,kennzeichen,motor,getriebe)
VALUES (3,'XX-XX-XX2','E10','Schaltgetriebe');
```

Listing 4.39 INSERT-Anweisung mit einer Verletzung der CHECK-Einschränkung der Spalte »motor«

Die PostgreSQL-Datenbank liefert Ihnen nach dem Einfügeversuch der `INSERT`-Anweisung aus Listing 4.39 folgende Fehlermeldung:

```
FEHLER: neue Zeile für Relation "dienstwagen" verletzt Check-
Constraint "dienstwagen_motor_check"
SQL Status:23514
Detail:Fehlgeschlagene Zeile enthält (3, XX-XX-XX2,
null, 0, null, null, null, E10, Schaltgetriebe, null).
```

Die Datenbank nimmt ihre Aufgabe also gewissenhaft wahr und überwacht die Einhaltung der `CHECK`-Einschränkung der Spalte *motor* der Tabelle *dienstwagen*.

In diesem Abschnitt haben Sie erfahren, wie Sie Spalten bereits während der Tabellenerstellung mit `CHECK`-Einschränkungen ausstatten können, die Ihnen die Plausibilität der in INSERT- oder UPDATE-Anweisungen zugewiesenen Werte sicherstellen. Sämtliche Einschränkungen, die Sie bisher kennengelernt haben, legen Spalteneinschränkungen fest. In Abschnitt 4.6 werden wir diese Einschränkungen auf Tabellenebene definieren.

> [*] **Zusammenfassung: Tabellen auf Spaltenebene Einschränkungen zuordnen**
>
> Sie haben die Möglichkeit, bereits während der Tabellenerstellung mit einer CREATE TABLE-Anweisung Einschränkungen für Spaltenwerte zu definieren, die für INSERT und UPDATE-Anweisungen gelten. Folgende Einschränkungsarten können auf Spaltenebene für Tabellen genutzt werden:
>
> - NOT NULL lässt keine NULL-Werte für die Spaltenwerte einer Spalte zu.
> - UNIQUE sorgt dafür, dass jeder Spaltenwert einer Spalte eindeutig ist.
> - DEFAULT weist einer Spalte einen initialen Standardwert zu.
> - CHECK bietet die Möglichkeit, Plausibilitätsprüfungen (Bedingungen) zu formulieren.

Wenn Sie das soeben Gelernte prüfen möchten, so empfehle ich Ihnen, die folgenden Übungsaufgaben zu lösen.

4.5.5 Übungen zum Thema »Spalten Einschränkungen zuordnen«

Übung 1

In dieser Übung soll eine Tabelle erstellt werden, in der die Geschenke für besonders langjährige Mitarbeiter verwaltet werden. Die Tabelle soll die Bezeichnung *mitarbeiterjubilaeum* erhalten. Die Tabellenstruktur sehen Sie in Tabelle 4.26.

Spaltenbezeichnung	Datentyp	Primärschlüssel	NOT NULL	Beispielwert
geschenkid	TINYINT	X		1
artikel	VARCHAR(200)		X	Uhr
preis	DECIMAL(5,2)		X	150.00
jahrezugehoerigkeit	TINYINT		X	10

Tabelle 4.26 Struktur der Tabelle »mitarbeiterjubilaeum«

Beachten Sie in der CREATE TABLE-Anweisung die Primärschlüsseleinschränkung der Spalte *geschenkid* und die NOT NULL-Einschränkungen der Spalten *artikel*, *preis* und *jahrezugehoerigkeit*.

4.5 Spalten Einschränkungen (CONSTRAINTS) zuordnen

Wenn Sie die Tabelle erstellt haben, fügen Sie zwei gültige Datensätze unter Berücksichtigung der Primärschlüssel- und **NOT NULL**-Einschränkung in die Tabelle *mitarbeiterjubilaeum* ein.

Übung 2

Stellen Sie sicher, dass die Werte der Spalte *artikel* der Tabelle *mitarbeiterjubilaeum* immer eindeutig sind. Erstellen Sie hierzu die Tabelle *mitarbeiterjubilaeum* gemäß den Angaben aus Tabelle 4.26, und versehen Sie die Spalte *artikel* zusätzlich mit einer Einschränkung, die dafür sorgt, dass jeder Spaltenwert der Spalte *artikel* nur einmal vorkommt. Nachdem Sie die Tabelle *mitarbeiterjubilaeum* angelegt haben, fügen Sie zwei Datensätze ein, die den festgelegten Einschränkungen entsprechen.

Zusätzlich soll eine weitere Zeile eingefügt werden, in der ein Artikel vorkommt, der einem der zuvor eingefügten Datensätze entspricht. Achten Sie darauf, dass der neue Datensatz bis auf die Eindeutigkeitseinschränkung keine weitere Einschränkung verletzt, die in der Tabellenerstellungsanweisung vorkommt. Beschreiben Sie kurz die Fehlermeldung der Datenbank und was sie aussagt.

Zuvor löschen Sie die in Übung 1 erstellt Tabelle, um sie neu anlegen zu können.

Übung 3

Die Spalte *preis* der Tabelle *mitarbeiterjubilaeum* soll in einer weiteren Version der Tabelle standardmäßig mit dem Wert 0.00 unter Beibehaltung der **NOT NULL**-Einschränkung ausgestattet werden. Sie können also die Tabellenstruktur verwenden, wie sie in Tabelle 4.26 aufgezeigt ist, bis auf die zusätzliche Standardwertzuordnung der Spalte *preis*.

Fügen Sie auch hier einen Datensatz mit expliziter Spaltenangabe ein. In der **INSERT**-Anweisung lassen Sie die Angabe der Spalte *preis* weg, um anschließend mit einer einfachen **SELECT**-Abfrage zu prüfen, ob die Spalte *preis* einen Standardwert zugeordnet bekommen hat.

Vergessen Sie nicht, zuvor die Tabelle *mitarbeiterjubilaeum* wieder zu löschen.

Übung 4

Die Spalte *jahrezugehoerigkeit* der Tabelle *mitarbeiterjubilaeum* soll ausschließlich die Spaltenwerte 5, 10, 15 und 20 für die Anzahl der Jubiläumsjahre aufnehmen können. Hier ist also eine Bedingung zu formulieren, die jeweils die Werte der Spalte *jahrezugehoerigkeit* gegen die angegebenen Spaltenjahre prüft. Überlegen Sie, welchen logischen Operator Sie brauchen, um die Werte miteinander zu verknüpfen.

Fügen Sie anschließend in die erstellte Tabelle zwei Datensätze ein, die der Einschränkung der Spalte *jahrezugehörigkeit* genügen.

Auch hier müssen Sie die Tabelle *mitarbeiterjubilaeum* aus der letzten Übung löschen, um sie wieder erstellen zu können.

Diese Übung können Sie leider nicht mit einer MySQL-Datenbank umsetzen.

Lösung zu Übung 1

```
CREATE TABLE mitarbeiterjubilaeum(
geschenkid TINYINT PRIMARY KEY,
artikel VARCHAR(200) NOT NULL,
preis DECIMAL(5,2) NOT NULL,
jahrezugehoerigkeit TINYINT NOT NULL
);

INSERT INTO mitarbeiterjubilaeum
  (geschenkid,artikel,preis,jahrezugehoerigkeit)
VALUES (1,'Aktentasche',120.54,5);

INSERT INTO mitarbeiterjubilaeum
  (geschenkid,artikel,preis,jahrezugehoerigkeit)
VALUES (2,'Uhr',200.99,10);
```

Listing 4.40 Eine Tabelle mit einem Primärschlussel und einer NOT NULL-Einschränkung erstellen

Lösung zu Übung 2

```
CREATE TABLE mitarbeiterjubilaeum(
geschenkid TINYINT PRIMARY KEY,
artikel VARCHAR(200) NOT NULL UNIQUE,
preis DECIMAL(5,2) NOT NULL,
jahrezugehoerigkeit TINYINT NOT NULL
);

INSERT INTO mitarbeiterjubilaeum
  (geschenkid,artikel,preis,jahrezugehoerigkeit)
VALUES (1,'Aktentasche',120.54,5);

INSERT INTO mitarbeiterjubilaeum
  (geschenkid,artikel,preis,jahrezugehoerigkeit)
VALUES (2,'Uhr',200.99,10);

INSERT INTO mitarbeiterjubilaeum
  (geschenkid,artikel,preis,jahrezugehoerigkeit)
VALUES (3,'Uhr',265.00,15);
```

```
/* Die Datenbank teilt Ihnen in der Fehlermeldung mit, dass Sie versucht
haben, einen doppelten Schlüsselwert in eine Spalte einzutragen bei der
während der Tabellenerstellung der Schlüsselwert eingeschränkt wurde. Die
Fehlermeldung sagt aus, dass nur eindeutige Werte für die Spalte »artikel«
gültig sind.
*/
```

Listing 4.41 Eine Tabelle mit einer UNIQUE-Einschränkung für eine Spalte erstellen und eine Verletzung der Einschränkung provozieren

Lösung zu Übung 3

```
CREATE TABLE mitarbeiterjubilaeum(
geschenkid TINYINT PRIMARY KEY,
artikel VARCHAR(200) NOT NULL,
preis DECIMAL(5,2) NOT NULL DEFAULT 0.0,
jahrezugehoerigkeit TINYINT NOT NULL
);

INSERT INTO mitarbeiterjubilaeum
  (geschenkid,artikel,jahrezugehoerigkeit)
VALUES (1,'Aktentasche',5);

SELECT geschenkid,artikel,preis, jahrezugehörigkeit
FROM mitarbeiterjubilaeum;
```

Listing 4.42 Einer Spalte einer Tabelle einen Standardwert zuordnen

Lösung zu Übung 4

```
CREATE TABLE mitarbeiterjubilaeum(
geschenkid TINYINT PRIMARY KEY,
artikel VARCHAR(200) NOT NULL,
preis DECIMAL(5,2) NOT NULL,
jahrezugehoerigkeit TINYINT NOT NULL CHECK(
  jahrezugehoerigkeit=5 OR jahrezugehoerigkeit=10 OR ⊃
  jahrezugehoerigkeit=15 OR jahrezugehoerigkeit=20)
);

INSERT INTO mitarbeiterjubilaeum
  (geschenkid,artikel,preis,jahrezugehoerigkeit)
VALUES (1,'Aktentasche',150.50,5);
```

```
INSERT INTO mitarbeiterjubilaeum
  (geschenkid,artikel,preis,jahrezugehoerigkeit)
VALUES (2,'Uhr',200.50,10);
```

Listing 4.43 Eine Tabelle mit einer CHECK-Einschränkung für eine Spalte erstellen

4.6 Spalten auf Tabellenebene Einschränkungen (CONSTRAINT) zuordnen

Im letzten Abschnitt haben wir Spalten Einschränkungen zugeordnet. In diesem Abschnitt zeige ich Ihnen, wie Sie auf Tabellenebene Einschränkungen einer oder mehreren Spalten zuordnen können. Tabelleneinschränkungen werden angewendet, wenn mehrere Spalten von der Einschränkung bzw. dem CONSTRAINT betroffen sein können.

Sehen wir uns noch einmal kurz an, welche Einschränkungen Sie bis jetzt kennengelernt haben:

- PRIMARY KEY
- NOT NULL
- UNIQUE
- DEFAULT
- CHECK

Auf Tabellenebene können nur die Einschränkungen PRIMARY KEY, UNIQUE und CHECK festgelegt werden. Eine DEFAULT-Einschränkung, die einen Standardwert festlegt, oder eine NOT NULL-Einschränkung, die eine Spalte als Pflichtfeld definiert, können nicht als Tabelleneinschränkung definiert werden.

4.6.1 Einen Primärschlüssel auf Tabellenebene festlegen

Sehen wir uns in Listing 4.44 noch einmal die CREATE TABLE-Anweisung für die Tabelle *dienstwagen* an, mit der Sie einen Primärschlüssel auf Tabellenebene definieren:

```
CREATE TABLE dienstwagen(
  dienstwagenid TINYINT,
  kennzeichen CHAR(9) NOT NULL,
  erstzulassung DATE NOT NULL,
  kostenstelle TINYINT DEFAULT 0,
  hersteller VARCHAR(200),
  modell VARCHAR(200),
  leistung DECIMAL(5,2),
  motor VARCHAR(100),
```

```
  getriebe VARCHAR(100),
  mitarbeiter VARCHAR(200),
  CONSTRAINT pk_dienstwagenid PRIMARY KEY (dienstwagenid)
);
```

Listing 4.44 Primärschlüssel auf Tabellenebene definieren

Als Erstes fällt Ihnen sicherlich auf, dass der Spalte *dienstwagenid* keine Primärschlüsseleinschränkung mehr zugeordnet ist. Stattdessen folgt hinter der letzten Spaltendefinition für die Spalte *mitarbeiter* keine weitere Spalte, so wie wir es bisher gewohnt sind, sondern eine Einschränkungsdefinition, die immer mit dem Schlüsselwort **CONSTRAINT** beginnt.

Hinter dem Schlüsselwort **CONSTRAINT** wird die Bezeichnung für die Einschränkung festgelegt. In diesem Fall ordnen wir dem **CONSTRAINT** die Bezeichnung *pk_dienstwagenid* zu, um zu kennzeichnen, dass es sich um eine Primärschlüsseleinschränkung handelt. Hinter der **CONSTRAINT**-Bezeichnung wird die eigentliche Einschränkung angegeben. Hier definieren wir einen Primärschlüssel genau so wie bei einer Spaltendefinition, nämlich mit dem Schlüsselwort **PRIMARY KEY**. Jetzt müssen wir nur noch angeben, welche Spalte als Primärschlüssel verwendet werden soll. Hinter den Schlüsselwörtern **PRIMARY KEY** geben wir hierzu in einer Klammer die Spalte an, die als Primärschlüssel festgelegt werden soll, in diesem Fall die Spalte *dienstwagenid*.

Legen wir nun die Tabelle *dienstwagen* mit einer Primärschlüsseleinschränkung auf Tabellenebene an, so wie Sie es in Listing 4.44 sehen. Fall es erforderlich sein sollte, nutzen Sie die **DROP TABLE**-Anweisung, um eine bestehende Tabelle *dienstwagen* zu entfernen.

Führen Sie nun die in Listing 4.45 angegebenen **INSERT**-Anweisungen aus, um Datensätze in die Tabelle *dienstwagen* einzutragen:

```
INSERT INTO dienstwagen
  (dienstwagenid,kennzeichen,erstzulassung)
VALUES (1,'XX-XX-XX1','2014-08-05');

INSERT INTO dienstwagen
  (dienstwagenid,kennzeichen,erstzulassung)
VALUES (2,'XX-XX-XX1','2014-08-05');
```

Listing 4.45 Datensätze unter Berücksichtigung der Primärschlüsseleinschränkung einfügen

Wenn Sie hier eine Primärschlüsselverletzung durch einen bereits vorhandenen Schlüssel provozieren, wird die Datenbank eine entsprechende Fehlermeldung ausgeben. Die Primärschlüsseldefinition, die auf Tabellenebene festgelegt wurde, verhält sich also wie auf Spaltenebene.

Nicht jede Primärschlüsseldefinition ist so einfach wie die, die wir für die Tabelle *dienstwagen* definiert haben. Betrachten Sie Tabelle 4.27, in der eine Tabellenstruktur die einzelnen Niederlassungen eines Unternehmens beschreibt. Die Niederlassungen des Unternehmens können in unterschiedlichen Ländern ansässig sein. Einem Land können also mehrere Niederlassungen zugeordnet werden.

Spaltenbezeichnung	Datentyp	Primärschlüssel	Beispielwert
land	VARCHAR(200)	X	Deutschland
zweigstellenid	TINYINT	X	1
namezweigstelle	VARCHAR(200)		Niederlassung X

Tabelle 4.27 Struktur einer Tabelle, deren Primärschlüssel aus mehreren Spalten besteht

Der Tabelle soll die Bezeichnung *zweigstellen* zugeordnet werden. Die eigentliche Struktur der Tabelle wird durch die Spalten *land*, *zweigstellenid* und *namezweigstelle* festgelegt. In der Spalte »Datentyp« sehen Sie die entsprechenden Datentypen, die den Spalten zugeordnet werden.

Die Spalte »Primärschlüssel« in Tabelle 4.27 zeichnet jeweils durch ein X die Spalten *land* und *zweigstellenid* als Primärschlüssel aus. Das ist neu. Bisher haben wir immer nur einer Spalte eine Primärschlüsseleinschränkung zugeordnet. Ein Primärschlüssel, der aus mehreren Spalten zusammengesetzt ist, bedeutet, dass Zeilen durch eine Kombination von Spaltenwerten eindeutig identifiziert werden. In diesem Beispiel sind dies die Spalten *land* und *zweigstellenid*.

Ein solcher Primärschlüssel, der aus einer Kombination von Spalten gebildet wird, wird als *zusammengesetzter Primärschlüssel* bezeichnet. Ein zusammengesetzter Primärschlüssel kann aus zwei oder mehreren Spalten bestehen und kann nur auf Tabellenebene definiert werden.

Eine Tabellenerstellungsanweisung wie in Listing 4.46 ist also nicht möglich und führt zu einer Fehlermeldung. Auf Spaltenebene kann ein Primärschlüssel nur einer Spalte zugeordnet werden.

```
CREATE TABLE zweigstellen(
  land VARCHAR(200) PRIMARY KEY,
  zweigstellenid TINYINT PRIMARY KEY,
  namezweigstelle VARCHAR(200)
);
```

Listing 4.46 Fehlerhafte Tabellenerstellungsanweisung mit einer Primärschlüsselfestlegung über zwei Spalten

4.6 Spalten auf Tabellenebene Einschränkungen (CONSTRAINT) zuordnen

Stattdessen müssen wir bereits auf Tabellenebene festlegen, dass sich der Primärschlüssel aus einer Kombination mehrerer Spalten zusammensetzt. Bisher haben wir nur einer Spalte eine Primärschlüsseleigenschaft zugeordnet. Wenn Sie einen Primärschlüssel auf Tabellenebene festlegen, müssen Sie die Spalten, die als zusammengesetzter Primärschlüssel festgelegt werden sollen, durch Kommas getrennt in der Klammer angeben. Sehen Sie sich dazu den Eintrag hinter den letzten Spaltendefinition in Listing 4.47 an:

```
CREATE TABLE zweigstellen(
  land VARCHAR(200),
  zweigstellenid TINYINT,
  namezweigstelle VARCHAR(200),
  CONSTRAINT pk_land_zweigstellen PRIMARY KEY (land,zweigstellenid)
);
```

Listing 4.47 Tabellen mit einem zusammengesetzten Primärschlüssel ausstatten

Probieren wir in Listing 4.48 aus, was passiert, wenn wir in die Tabelle *zweigstellen* gemäß der Primärschlüsseleinschränkung über die Spalten *land* und *zweigstellenid* vier Zeilen einfügen:

```
INSERT INTO zweigstellen VALUES ('Deutschland',1,'Zweigstelle 1');

INSERT INTO zweigstellen VALUES ('Deutschland',2,'Zweigstelle 2');

INSERT INTO zweigstellen VALUES ('Holland',1,'Zweigstelle 3');

INSERT INTO zweigstellen VALUES ('Holland',2,'Zweigstelle 4');
```

Listing 4.48 Datensätze gemäß den Einschränkungen eines zusammengesetzten Primärschlüssels einfügen

Die ersten beiden `INSERT`-Anweisungen fügen jeweils Zweigstellen ein, die in Deutschland ansässig sind. Die dritte und vierte Zeile fügt Zweigstellen in die Tabelle *zweigstellen* ein, die in Holland ansässig sind. Die Kombination der Primärschlüsselwerte über die Spalten *land* und *zweigstellenid* sind also eindeutig und identifizieren jeweils eine Zweigstelle.

Wir nutzen wieder eine einfache Prüfabfrage wie aus Listing 4.49, um das Ergebnis der Einfügeoperationen zu überprüfen:

```
SELECT land,zweigstellenid,namezweigstelle FROM zweigstellen;
```

Listing 4.49 Prüfabfrage für eine Tabelle mit einem zusammengesetzten Primärschlüssel

Tabelle 4.28 enthält die Datensätze, die sich aus den INSERT-Anweisungen ergeben. Hier ist sehr schön zu sehen, dass tatsächlich jeder aus zwei Spaltenwerten zusammengesetzte Schlüssel eindeutig eine Zweigstelle identifiziert.

land	zweigstellenid	namezweigstelle
Deutschland	1	Zweigstelle 1
Deutschland	2	Zweigstelle 2
Holland	1	Zweigstelle 3
Holland	2	Zweigstelle 4

Tabelle 4.28 Ergebnistabelle mit Datensätzen, die einer zusammengesetzten Primärschlüsseleinschränkung entsprechen

Wenn Sie versuchen, eine weitere Zweigstelle mit einem Spaltenwert 2 für die Spalte *zweigstellenid* in Deutschland einzufügen, so würde die Datenbank den Wert nicht einfügen, da eine Primärschlüsselverletzung vorläge, und Ihnen folgende Fehlermeldung ausgeben:

```
Error Code: 1062. Duplicate entry 'Deutschland-2' for key 'PRIMARY'
```

Sie sehen also, dass für zusammengesetzte Primärschlüssel, die aus mehreren Spalten bestehen, ebenfalls zuverlässig sichergestellt ist, dass nur eindeutige Schlüsselwerte in die Tabelle eingetragen werden.

Jetzt haben Sie erfahren, wie Sie mittels einer Tabelleneinschränkung zusammengesetzte Primärschlüssel für Tabellen festlegen können. In Abschnitt 4.6.2 werden wir die UNIQUE-Einschränkungen auf Tabellenebene festlegen.

4.6.2 Eine UNIQUE-Einschränkung auf Tabellenebene festlegen

Auf Tabellenebene können Sie mehrere Spalten mit einer UNIQUE-Einschränkung ausstatten. Betrachten Sie die letzte Zeile der Spalten- bzw. Einschränkungsliste unserer CREATE TABLE-Anweisung in Listing 4.50:

```
CREATE TABLE zweigstellen(
  globalid TINYINT PRIMARY KEY,
  land VARCHAR(200),
  zweigstellenid TINYINT,
  namezweigstelle VARCHAR(200),
  CONSTRAINT uq_landzweigstellenid UNIQUE (land,zweigstellenid)
);
```

Listing 4.50 Eine UNIQUE-Einschränkung für mehrere Spalten festlegen

Hier ist der `CONSTRAINT` mit der Bezeichnung *uq_landzweigstellenid* zu sehen. Hinter der Bezeichnung finden Sie die `UNIQUE`-Einschränkung. Von Klammern umschlossen werden die Spalten *land* und *zweigstellenid* in einer Liste der `UNIQUE`-Einschränkung auf Tabellenebene übergeben. Es gilt also, dass die Kombination dieser beiden Spaltenwerte immer eindeutig sein muss.

Diese Eindeutigkeit erzielen wir ähnlich wie für Primärschlüsselwerte, die aus mehreren Spalten bestehen. Es reicht also aus, wenn ein Wert der Kombination aus Spaltenwerten sich von zu den bereits bestehenden Werten unterscheidet, um eine Eindeutigkeit zu erreichen. Die `UNIQUE`-Einschränkung auf Tabellenebene verhält sich also wie eine Primärschlüsselzuordnung auf Tabellenebene, die ebenfalls aus mehreren Spalten festgelegt wird. Aus diesem Grund enthält Listing 4.50 in der Tabellenerstellungsanweisung einen Primärschlüssel *globalid*. Die `UNIQUE`-Einschränkung stellt sicher, dass die Kombination der Spaltenwerte für die Spalten *land* und *zweigstellenid* eindeutig ist.

Führen Sie die Tabellenerstellungsanweisung aus Listing 4.50 aus, um die Tabelle *zweigstellen* anzulegen. Löschen Sie die Tabelle *zweigstellen* mit einer `DROP TABLE`-Anweisung, wenn Sie noch aus unserem vorherigen Beispiel in der Datenbank vorhanden ist. Wenn Sie eine PostgreSQL-Datenbank nutzen, denken Sie wieder daran, anstelle des Datentyps `TINYINT` den Datentyp `SMALLINT` zu verwenden.

Als Nächstes fügen wir in Listing 4.51 vier Zeilen in die Tabelle *zweigstellen* ein, die der `UNIQUE`-Einschränkung entsprechen:

```
INSERT INTO zweigstellen
VALUES (1,'Deutschland',1,'Zweigstelle 1');

INSERT INTO zweigstellen
VALUES (2,'Deutschland',2,'Zweigstelle 2');

INSERT INTO zweigstellen
VALUES (3,'Holland',1,'Zweigstelle 3');

INSERT INTO zweigstellen
VALUES (4,'Holland',2,'Zweigstelle 4');
```

Listing 4.51 Datensätze unter Berücksichtigung der UNIQUE-Einschränkung auf Tabellenebene einfügen

Mit der `SELECT`-Abfrage aus Listing 4.52 können Sie nachvollziehen, dass die Zeilen unter Berücksichtigung der `UNIQUE`-Einschränkung für die Spalten *land* und *zweigstellenid* eingefügt wurden:

```
SELECT globalid,land,zweigstellenid,namezweigstelle
FROM zweigstellen;
```

Listing 4.52 Prüfabfrage für eine Tabelle, der auf Tabellenebene eine UNIQUE-Einschränkung für zwei Spalten zugeordnet wurde

In Tabelle 4.29 sehen Sie das Ergebnis der Prüfabfrage. Die Spaltenwerte der Spalten *land* und *zweigstellenid* sind jeweils in der Kombination miteinander eindeutig und genügen somit der UNIQUE-Einschränkung, die wir auf Tabellenebene den Spalten zugeordnet haben.

globalid	land	zweigstellenid	namezweigstelle
1	Deutschland	1	Zweigstelle 1
2	Deutschland	2	Zweigstelle 2
3	Holland	1	Zweigstelle 3
4	Holland	2	Zweigstelle 4

Tabelle 4.29 Ergebnistabelle mit Datensätzen, die unter Berücksichtigung einer UNIQUE-Einschränkung in eine Tabelle eingefügt wurden

Danach provozieren wir eine Verletzung der UNIQUE-Einschränkung, indem wir versuchen, für die Spalten *land* und *zweigstellenid* eine bereits bestehende Kombination von Spaltenwerten in die Tabelle *zweigstellen* einzutragen. Listing 4.53 gibt für die Spalten *land* und *zweigstellenid* die bereits bestehende Spaltenwertekombination Deutschland und 1 als Werte an. Die Primärschlüsseleinschränkung wird in der INSERT-Anweisung beachtet, indem wir den eindeutigen Wert auf den Wert 5 erhöhen, da wir ja nur beabsichtigen, eine UNIQUE-Einschränkungsverletzung zu provozieren und keine Primärschlüsselverletzung.

```
INSERT INTO zweigstellen
VALUES (5,'Deutschland',1,'Zweigstelle 5');
```

Listing 4.53 Eine Verletzung der UNIQUE-Einschränkung provozieren

Die MySQL-Datenbank reagiert mit einer Fehlermeldung, die verlauten lässt, dass Sie gerade versucht haben, einen doppelten Eintrag in die Spaltenwertkombination der Spalten *land* und *zweigstellenid* einzufügen, und damit gegen die UNIQUE-Einschränkung verstoßen, die Sie während der Tabellenerstellung festgelegt haben:

```
Error Code: 1062. Duplicate entry 'Deutschland-1' for key 'uq_
landzweigstellenid'
```

Wenn Sie einen weiteren gültigen Datensatz unter Berücksichtigung der UNIQUE-Einschränkung mit der Bezeichnung *uq_landzweigstellenid* eintragen möchten, so müssten Sie entweder den Spaltenwert für das Land oder die Zweigstellen-ID ändern, damit die Spaltenwertkombination wieder eindeutig ist. Wir versuchen mit der INSERT-Anweisung aus Listing 4.54, den Spaltenwert 3 für die Spalte *zweigstellenid* zu verwenden, um eine weitere Zeile einzufügen:

```
INSERT INTO zweigstellen
VALUES (5,'Deutschland',3,'Zweigstelle 5');
```

Listing 4.54 Eine weitere Zeile unter Berücksichtigung der UNIQUE-Einschränkung einfügen

Mit der Prüfabfrage aus Listing 4.52 erhalten Sie ein Ergebnis wie in Tabelle 4.30, das den neuen gültigen Datensatz enthält. Das Einfügen der neuen Zeile hat also funktioniert, da die Kombination aus den Spaltenwerten Deutschland und 3 für die Spalten *land* und *zweigstellenid* noch nicht existierte.

globalid	land	zweigstellenid	namezweigstelle
1	Deutschland	1	Zweigstelle 1
2	Deutschland	2	Zweigstelle 2
3	Holland	1	Zweigstelle 3
4	Holland	2	Zweigstelle 4
5	Deutschland	3	Zweigstelle 5

Tabelle 4.30 Ergebnistabelle für eine Einfügeanweisung unter Berücksichtigung der UNIQUE-Einschränkung

4.6.3 Eine CHECK-Einschränkung auf Tabellenebene festlegen

In Abschnitt 4.5.4 haben Sie Spalten in einer CREATE TABLE-Anweisung mit einer CHECK-Einschränkung Bedingungen zugeordnet. Wenn Sie eine MySQL-Datenbank nutzen, können Sie diesen Abschnitt leider nur theoretisch verfolgen, da eine MySQL-Datenbank die CHECK-Einschränkung nicht unterstützt.

Die Plausibilitätsprüfung, die Sie mit einer CHECK-Einschränkung bereits während der Tabellenerstellung der Datenbank mitteilen können, funktioniert vom Grundsatz her wie die Zuweisung dieser Einschränkung auf Spaltenebene. Sie formulieren eine oder mehrere Bedingungen, die auf Spaltenwerte bei Einfüge- und Aktualisierungsanweisungen zutreffen müssen. Ein Beispiel dazu finden Sie in Listing 4.55:

```
CREATE TABLE zweigstellen(
  globalid SMALLINT PRIMARY KEY,
  land VARCHAR(200),
  zweigstellenid SMALLINT,
  namezweigstelle VARCHAR(200),
  mitarbeiterplanzahl SMALLINT,
  mitarbeiteristzahl SMALLINT,
  CONSTRAINT ch_mitarbeiterzahl CHECK(mitarbeiterplanzahl>=mitarbeiteristzahl)
);
```

Listing 4.55 Auf Tabellenebene eine CHECK-Einschränkung festlegen

Dort sehen Sie hinter der Spaltendefinition *namezweigstelle* eine Einschränkung auf Tabellenebene, in der die hinzugekommen Spalten *mitarbeiterplanzahl* und *mitarbeiteristzahl* miteinander verglichen werden. Datensätze sollen nur eingefügt oder aktualisiert werden dürfen, wenn sie die Bedingung `mitarbeiterplanzahl>=mitarbeiteristzahl` erfüllen.

Wie Sie es bei den anderen Tabelleneinschränkungen kennengelernt haben, leiten wir die Einschränkung mit dem Schlüsselwort **CONSTRAINT** ein. Hinter der **CONSTRAINT**-Bezeichnung geben Sie die **CHECK**-Einschränkung an. Innerhalb der einfachen Klammern der **CHECK**-Einschränkung sehen Sie hier die Bedingung, die für die **CHECK**-Einschränkung gelten soll.

Hier ist Ihnen sicherlich nicht entgangen, dass wir eine Bedingung formulieren, in der wir zwei Spaltenwerte miteinander vergleichen. Es ist daher sinnvoll, Einschränkungen auf Tabellenebene zu formulieren.

In Listing 4.56 sehen Sie **INSERT**-Anweisungen mit Spaltenwerten für die Spalten *mitarbeiterplanzahl* und *mitarbeiteristzahl*, die der Bedingung der **CHECK**-Einschränkung entsprechen.

```
INSERT INTO zweigstellen
  (globalid, mitarbeiterplanzahl,mitarbeiteristzahl)
VALUES (1,120,115);

INSERT INTO zweigstellen
  (globalid, mitarbeiterplanzahl,mitarbeiteristzahl)
VALUES (2,50,43);
```

Listing 4.56 Datensätze gemäß einer CHECK-Einschränkung mit einer Bedingung, die zwei Spalten enthält, einfügen

Es werden so zwei Datensätze in die Tabelle *zweigstellen* eingefügt, deren Spaltenwerte der Spalten *mitarbeiterplanzahl* und *mitarbeiteristzahl* der Bedingung `mitarbei-`

terplanzahl>=mitarbeiteristzahl entsprechen. Die Einschränkungen, die für die zu erstellende Tabelle gelten, ermöglichen uns, eine INSERT-Anweisung zu formulieren, in der die Spalten *globalid*, *mitarbeiterplanzahl* und *mitarbeiteristzahl* explizit angegeben werden. Die anderen Spalten sind mit keinerlei verbindlichen Einschränkungen versehen.

Wenn Sie die Spalten *globalid*, *mitarbeiterplanzahl* und *mitarbeiteristzahl* mit einer einfachen SELECT-Anweisung abfragen, erhalten Sie ein Ergebnis wie in Tabelle 4.31. Die Spaltenwerte konnten ohne Probleme eingefügt werden, da sie der Bedingung mitarbeiterplanzahl>=mitarbeiteristzahl entsprechen.

globalid	mitarbeiterplanzahl	mitarbeiteristzahl
1	120	115
2	50	43

Tabelle 4.31 Ergebnisliste, in der die Spaltenwerte enthalten sind, die in einer Bedingung einer Tabelleneinschränkung geprüft werden

Der nächste Schritt soll uns Gewissheit darüber verschaffen, dass die Datenbank tatsächlich über die aufgestellten Bedingungen wacht, die wir in der CREATE TABLE-Anweisung festgelegt haben. Dazu formulieren wir eine INSERT-Anweisung, in der die Bedingung mitarbeiterplanzahl>=mitarbeiteristzahl nicht erfüllt ist, da die INSERT-Anweisung den Spalten *mitarbeiterplanzahl* und *mitarbeiteristzahl* die Werte 120 bzw. 150 zuweist. Das sehen Sie in Listing 4.57:

```
INSERT INTO zweigstellen
  (globalid,mitarbeiterplanzahl,mitarbeiteristzahl)
VALUES (3,120,150);
```

Listing 4.57 Provokation einer CHECK-Einschränkungsverletzung

Diese Einfügeanweisung wird von der PostgreSQL- oder der MS-SQL-Server-Datenbank mit einer Fehlermeldung quittiert. Der Wert 120 ist eben nicht größer oder gleich 150.

> **Zusammenfassung: Einschränkungen auf Tabellenebene festlegen** [*]
>
> Die Einschränkungen PRIMARY KEY, UNIQUE und CHECK können Sie über mehrere Spalten auf Tabellenebene festlegen.
>
> Für die PRIMARY KEY- und UNIQUE-Einschränkung gilt, dass die Kombination der Spaltenwerte immer eindeutig sein muss, damit ein Datensatz mit einer INSERT-Anweisung eingefügt oder mit einer UPDATE-Anweisung geändert werden kann.

> Die **CHECK**-Einschränkung auf Tabellenebene wird genutzt, um Bedingungen über mehrere Spalten zu formulieren, die erfüllt sein müssen, damit ein Datensatz mit einer **INSERT**-Anweisung eingefügt oder mit einer **UPDATE**-Anweisung geändert werden kann.

In diesem Kapitel haben Sie erfahren, wie Sie auf Spalten- und Tabellenebene Einschränkungen festlegen können. In Kapitel 5, »Mengenoperationen anwenden«, werde ich das Thema der Vereinigung von Ergebnistabellen besprechen. Vielleicht haben Sie ja vorher Lust, erst einmal das Erlernte zu prüfen. In Abschnitt 4.6.4 haben Sie die Gelegenheit dazu.

4.6.4 Übungen zum Thema »Spalten auf Tabellenebene Einschränkungen zuordnen«

Übung 1

In Tabelle 4.32 finden Sie die Struktur der zu erstellenden Tabelle.

Spaltenbezeichnung	Datentyp	Primärschlüssel	Beispielwert
maschinenid	TINYINT	X	1
variante	TINYINT	X	1
bezeichnung	VARCHAR(200)		Drehmaschine

Tabelle 4.32 Struktur der Tabelle »produktionsmaschinen« mit einem zusammengesetzten Primärschlüssel

Mit dieser Tabelle sollen die Produktionsmaschinen des Unternehmens verwaltet werden; sie soll folgende Spalten enthalten: *maschinenid*, *variante* und *bezeichnung*. Die Produktionsmaschinen lassen sich anhand einer Maschinen-Identifikationsnummer und einer Variantennummer eindeutig identifizieren. Eine Maschine des gleichen Bautyps kann also in unterschiedlichen Konfigurationen im Unternehmen eingesetzt werden. Die Spalten *maschinenid* und *variante* bilden also die Grundlage für einen zusammengesetzten Primärschlüssel. Die Tabelle soll die Bezeichnung *produktionsmaschinen* erhalten. Fügen Sie für zwei unterschiedliche Maschinen in zwei Varianten gültige Datensätze in die Tabelle *produktionsmaschinen* ein, nachdem Sie die Tabelle in der Datenbank angelegt haben.

Wenn Sie eine PostgreSQL-Datenbank verwenden, müssen Sie wieder den Datentyp **SMALLINT** anstelle **TINYINT** nutzen.

Übung 2

In dieser Übung können Sie die UNIQUE-Einschränkung auf Tabellenebene nutzen. Die Struktur der Tabelle *produktionsmaschinen* hat sich geändert, damit wir die UNIQUE-Einschränkung auch nutzen können. Anstelle eines zusammengesetzten Primärschlüssels verwenden wir jetzt einen eindeutigen numerischen Primärschlüssel, der durch die Spalte *globalid* realisiert wird.

Spaltenbezeichnung	Datentyp	Primärschlüssel	UNIQUE	Beispielwert
globalid	TINYINT	X		1
maschinenid	TINYINT		X	1
variante	TINYINT		X	1
bezeichnung	VARCHAR(200)			Drehmaschine

Tabelle 4.33 Struktur der Tabelle »produktionsmaschinen« mit einer UNIQUE-Einschränkung über mehrere Spalten

In dieser Übung soll durch eine UNIQUE-Einschränkung sichergestellt werden, dass die Kombination der Spaltenwerte der Spalten *maschinenid* und *variante* stets eindeutig bleibt.

Fügen Sie auch in die zu erstellende Tabelle vier Datensätze ein, die den Tabelleneinschränkungen entsprechen. Löschen Sie zuvor die bereits angelegte gleichnamige Tabelle aus der Datenbank.

Übung 3

Direkt zu Anfang der Hinweis, dass Sie diese Übung nicht mit der MySQL-Datenbank nachvollziehen können, da diese nicht das Schlüsselwort CHECK unterstützt.

Der Tabelle *produktionsmaschinen* sind die Spalten *laufzeit* und *maxlaufzeit* zugeordnet. Für INSERT- und UPDATE-Anweisungen soll die Plausibilitätsregel laufzeit<maxlaufzeit gelten.

Spaltenbezeichnung	Datentyp	Primärschlüssel	Beispielwert
globalid	TINYINT	X	1
laufzeit	INT		1138045

Tabelle 4.34 Struktur der Tabelle »produktionsmaschinen« mit einer CHECK-Einschränkung über mehrere Spalten

Spaltenbezeichnung	Datentyp	Primärschlüssel	Beispielwert
maxlaufzeit	INT		10000000
bezeichnung	VARCHAR(200)		Drehmaschine

Tabelle 4.34 Struktur der Tabelle »produktionsmaschinen« mit einer CHECK-Einschränkung über mehrere Spalten (Forts.)

Stellen Sie eine Bedingung auf, in der Spaltenwerte von zwei Spalten auf eine Plausibilitätsregel hin geprüft werden.

Fügen Sie nach dem Anlegen der Tabelle zwei Datensätze in die Tabelle *produktionsmaschinen* ein, die der Plausibilitätsregel entsprechen.

Zuvor löschen Sie wieder die gleichnamige Tabelle aus Übung 2.

Lösung zu Übung 1

```
CREATE TABLE produktionsmaschinen(
  maschinenid TINYINT,
  variante TINYINT,
  bezeichnung VARCHAR(200),
  CONSTRAINT pk_maschine PRIMARY KEY(maschinenid,variante)
);

INSERT INTO produktionsmaschinen (maschinenid,variante,bezeichnung)
VALUES (1,1,'Drehmaschine 1.0');

INSERT INTO produktionsmaschinen (maschinenid,variante,bezeichnung)
VALUES (1,2,'Drehmaschine 1.1');

INSERT INTO produktionsmaschinen (maschinenid,variante,bezeichnung)
VALUES (2,1,'Drehmaschine 2.0');

INSERT INTO produktionsmaschinen (maschinenid,variante,bezeichnung)
VALUES (2,2,'Drehmaschine 2.1');
```

Listing 4.58 Eine Tabelle mit einem zusammengesetzten Primärschlüssel anlegen

Lösung zu Übung 2

```
CREATE TABLE produktionsmaschinen(
  globalid TINYINT,
  maschinenid TINYINT,
```

```
  variante TINYINT,
  bezeichnung VARCHAR(200),
  CONSTRAINT pk_maschine PRIMARY KEY(globalid),
  CONSTRAINT u_maschinevariante UNIQUE(maschinenid,variante)
);

INSERT INTO produktionsmaschinen
  (globalid,maschinenid,variante,bezeichnung)
VALUES (1,1,1,'Drehmaschine 1.0');

INSERT INTO produktionsmaschinen
  (globalid,maschinenid,variante,bezeichnung)
VALUES (2,1,2,'Drehmaschine 1.1');

INSERT INTO produktionsmaschinen
  (globalid,maschinenid,variante,bezeichnung)
VALUES (3,2,1,'Drehmaschine 2.0');

INSERT INTO produktionsmaschinen
  (globalid,maschinenid,variante,bezeichnung)
VALUES (4,2,2,'Drehmaschine 2.1');
```

Listing 4.59 Eine UNIQUE-Einschränkung über mehrere Spalten einer Tabelle festlegen

Lösung zu Übung 3

```
CREATE TABLE produktionsmaschinen(
  globalid TINYINT,
  laufzeit INT,
  maxlaufzeit INT,
  bezeichnung VARCHAR(200),
  CONSTRAINT pk_maschine PRIMARY KEY(globalid),
  CONSTRAINT claufzeit_maschinevariante CHECK(laufzeit<maxlaufzeit)
);

INSERT INTO   produktionsmaschinen(globalid,laufzeit,maxlaufzeit,bezeichnung)
VALUES (1,10234,1500000,'Drehmaschine 1.0');

INSERT INTO   produktionsmaschinen(globalid,laufzeit,maxlaufzeit,bezeichnung)
VALUES (2,23789,2500000,'Drehmaschine 1.0');
```

Listing 4.60 Eine CHECK-Einschränkung mit einer Bedingung über zwei Spalten auf Tabellenebene festlegen

Kapitel 5
Mengenoperationen anwenden

Mussten Sie früher auch Schnittmengen und Teilmengen im Mathematikunterricht ermitteln? Kennen Sie noch Vereinigungsmengen? Dann wird Ihnen das Thema dieses Kapitels sehr vertraut vorkommen. Wir werden Zeilen mit Mengenoperationen vereinen und Schnittmengen sowie Differenzmengen bilden.

In SQL haben Sie die Möglichkeit, Mengenoperationen auf Ergebnistabellen anzuwenden. Halten wir uns zu Beginn dieses Kapitels einmal kurz vor Augen, was es mit diesen Mengenoperationen so auf sich hat. In Abschnitt 5.1 sehen wir uns die grundlegenden Mengenoperationen einmal aus der Nähe an.

5.1 Mengenoperationen auf Ergebnistabellen anwenden

In diesem Abschnitt werden wir uns die grundlegenden Mengenoperationen ansehen. Hierzu zählen:

- die Vereinigungsmenge
- die Schnittmenge
- die Differenzmenge

Damit Sie die grundlegenden Mengenoperationen auch nachvollziehen können, sind in der Übungsdatenbank zwei Tabellen mit den Bezeichnungen *mengea* und *mengeb* hinterlegt. Beide Tabellen enthalten eine Spalte *element*. Wenn Sie in SQL z. B. Vereinigungsmengen bilden, beziehen sich diese immer auf Spaltenwerte. In diesen Beispielen nutzen wir die Spaltenwerte der Spalte *element*, um sie beispielsweise zu vereinen oder auch die Schnitt- oder eine Differenzmenge zu bilden. In Abschnitt 5.2 werden Sie sehen, dass Sie die hier erwähnten Mengenoperationen auch mit mehren Spaltenwerten nutzen können.

5.1.1 Eine Vereinigungsmenge aus zwei Mengen bilden

Beginnen wir mit der Vereinigungsoperation. Gegeben sind die Mengen A und B, die in Abbildung 5.1 dargestellt sind. Menge A enthält die ganzzahligen Elemente 1, 2, 3, 4, 5, 6 und 8. Menge B wiederum enthält die ganzzahligen Elemente: 2, 5, 6, 7, 8, 9 und 10.

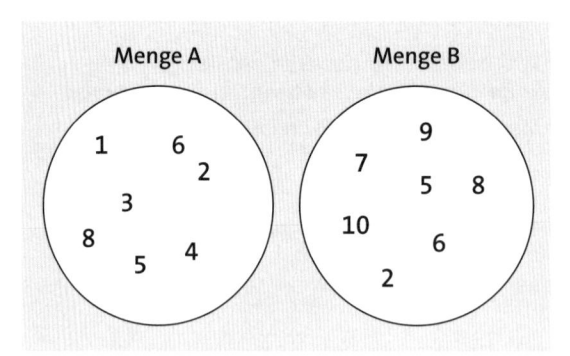

Abbildung 5.1 Die Mengen A und B

Wenn wir eine Vereinigungsmenge bilden, so vereinigen wir sämtliche Elemente einer Menge A mit sämtlichen Elementen einer Menge B. Aus den beiden Mengen ergibt sich eine neue Menge C, die die Elemente aus den Mengen A und B vereint enthält. In Abbildung 5.2 sehen Sie die Vereinigungsmenge C mit ihren Elementen, die sich aus der Vereinigung der beiden Mengen A und B ergeben hat.

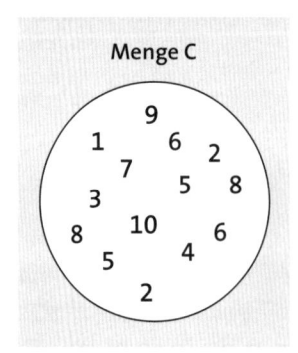

Abbildung 5.2 Vereinigungsmenge C mit den Elementen aus den Mengen A und B

Sie können auch die Elemente aus mehr als zwei Mengen vereinigen. In dieser Vereinigung sind auch die doppelt vorkommenden Elemente in der Vereinigungsmenge enthalten.

Es ist auch möglich, eine eindeutige Ergebnismenge zu erstellen. Dann würden Elemente, die in den Mengen A und B gleichzeitig enthalten sind, eindeutig in der Vereinigungsmenge C erscheinen und nicht mehrfach. Schauen wir uns an, wie sich dies in SQL darstellen lässt.

SQL bietet uns die **UNION**-Klausel, die es uns ermöglicht, Ergebnislisten von **SELECT**-Abfragen zu vereinen. Um die **UNION**-Vereinigungsoperation auszuprobieren, sind in der *uebungsdatenbank* die Tabellen *mengea* und *mengeb* mit den hier dargestellten Elementen hinterlegt. Beide Tabellen enthalten eine Spalte namens *element*. In den Spalten liegen die Spaltenwerte, die jeweils den Mengen A und B zugeordnet sind.

Als Erstes sehen wir uns den Inhalt der Tabelle *mengea* mit einer einfachen **SELECT**-Abfrage wie in Listing 5.1 gezeigt an:

```
SELECT element FROM mengea;
```

Listing 5.1 Die Tabelle »mengea« abfragen

In Tabelle 5.1 sehen Sie sieben Datensätze, in der die Elemente 1, 2, 3, 4, 5, 6 und 8 enthalten sind.

element
1
2
3
4
5
6
8

Tabelle 5.1 Ergebnistabelle einer SELECT-Abfrage auf die Tabelle »mengea«

Als Nächstes betrachten wir die Elemente, die in der Tabelle *mengeb* enthalten sind. Hierzu nutzen wir die **SELECT**-Abfrage aus Listing 5.2.

```
SELECT element FROM mengeb;
```

Listing 5.2 Die Tabelle »mengeb« abfragen

Als Ergebnis erhalten Sie die Elemente, die in Tabelle 5.2 dargestellt sind. Es handelt sich um die Spaltenwerte: 2, 5, 6, 7, 8, 9 und 10.

element
2
5
6
7
8
9
10

Tabelle 5.2 Ergebnistabelle einer SELECT-Abfrage auf die Tabelle »mengeb«

Unser nächstes Ziel ist, eine Vereinigungsmenge mit der UNION-Klausel zu realisieren. Listing 5.3 zeigt, wie die Ergebnislisten von zwei SELECT-Abfragen vereinigt werden:

```
SELECT element FROM mengea
UNION
SELECT element FROM mengeb;
```

Listing 5.3 Die Inhalte zweier Ergebnistabellen von SELECT-Abfragen vereinigen

Sehen wir uns zunächst die erste Abfrage an. In der SELECT-Anweisung wählen wir die Spalte *element* der Tabelle *mengea* aus. Es folgt das Schlüsselwort UNION, mit dem wir festlegen, dass wir die Ergebnistabelle der ersten Abfrage mit einer Ergebnistabelle einer zweiten Abfrage vereinigen werden. Die zweite Abfrage, die wir mit der ersten Abfrage vereinigen werden, wählt ebenfalls die Spalte *element* aus, diesmal allerdings aus der Tabelle *mengeb*.

Sehen wir uns das Ergebnis in Tabelle 5.3 an.

element
1
2
3
4
5

Tabelle 5.3 Ergebnistabelle einer Vereinigung von zwei Ergebnistabellen

5.1 Mengenoperationen auf Ergebnistabellen anwenden

element
6
8
7
9
10

Tabelle 5.3 Ergebnistabelle einer Vereinigung von zwei Ergebnistabellen (Forts.)

Sie haben es hier mit einer Vereinigung zu tun, die nur eindeutige Elemente in der Ergebnismenge zulässt. Das bedeutet, wenn Werte von Elementen in den Ergebnismengen (Tabelle) mehrfach vorkommen, so werden sie jeweils auf einen Wert verdichtet.

Wünschen Sie in der Vereinigungsmenge auch die Duplikate zu sehen, so müssen Sie die **UNION**-Klausel mit einer weiteren Angabe nutzen. Hinter der **UNION**-Klausel geben Sie einfach mit dem Schlüsselwort **ALL** an, dass Sie eine Vereinigung aller Elemente, also der Spaltenwerte, wünschen. Es werden nun auch gleiche Elemente in die Ergebnismenge der Vereinigung mit aufgenommen.

```
SELECT element FROM mengea
UNION ALL
SELECT element FROM mengeb;
```

Listing 5.4 Eine Vereinigungsoperation von Werten, die auch Duplikate zulässt

In Tabelle 5.4 sehen Sie, dass jetzt auch die mehrfach vorkommenden ganzen Zahlen 2, 6 und 8 in der vereinigten Ergebnistabelle mehrfach vorkommen.

element
1
2
2
3
4

Tabelle 5.4 Ergebnistabelle einer Vereinigung von Spaltenwerten aus zwei SELECT-Abfragen, die Duplikate enthält

5 Mengenoperationen anwenden

element
5
5
6
6
7
8
8
9
10

Tabelle 5.4 Ergebnistabelle einer Vereinigung von Spaltenwerten aus zwei SELECT-Abfragen, die Duplikate enthält (Forts.)

Die Vereinigungsmenge haben wir uns jetzt noch einmal vor Augen geführt. Im nächsten Abschnitt 5.1.2 werden wir uns die Schnittmengen genauer ansehen und schauen, was es damit auf sich hat.

5.1.2 Eine Schnittmenge bilden

Ausgangspunkt ist wieder eine Mengenbetrachtung von zwei Mengen. Eine Schnittmenge wird aus den Elementen gebildet, die in beiden Mengen enthalten sind. Betrachten Sie dazu die in Abbildung 5.3 dargestellten Mengen A und B.

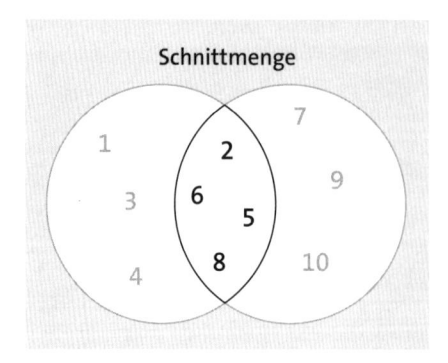

Abbildung 5.3 Schnittmenge aus den Mengen A und B

Die hier angezeigte Schnittmenge (der überlappende Bereich) der Mengen A und B sagt aus, dass die Elemente 5, 6, 2 und 8 in beiden Mengen enthalten sind.

Eine Schnittmenge von zwei Mengen ermitteln Sie in SQL mit der `INTERSECT`-Klausel.

> **Kein INTERSECT-Operator in der MySQL-Datenbank**
> MySQL verfügt leider nicht über die `INTERSECT`-Klausel. Falls Sie eine MySQL-Datenbank nutzen, sollten Sie diesen Abschnitt dennoch aufmerksam zu lesen, denn die `INTERSECT`-Klausel ist Bestandteil des SQL-Standards.

In Listing 5.5 sehen Sie die erste Abfrage, in der die Spaltenwerte der Spalte *element* aus der Tabelle *mengea* ermittelt werden. Es folgt das Schlüsselwort `INTERSECT`, mit dem wir der Datenbank mitteilen, dass wir eine Schnittmenge mit den Spaltenwerten einer weiteren Abfrage ermitteln werden. Hinter dem Schlüsselwort `INTERSECT` geben wir schließlich die zweite `SELECT`-Abfrage an, in der wir ebenfalls die Spaltenwerte der Spalte *element* aus der Tabelle *mengeb* abfragen.

```
SELECT element FROM mengea
INTERSECT
SELECT element FROM mengeb;
```

Listing 5.5 Eine Schnittmenge aus zwei Abfragen ermitteln

Als Ergebnis erhalten Sie Tabelle 5.5.

element
8
5
6
2

Tabelle 5.5 Ergebnistabelle für eine Schnittmengenoperation bestehend aus zwei SELECT-Abfragen

In der Tabelle sind ausschließlich die Elemente 8, 5, 6 und 2 enthalten, die jeweils in den Mengen A und B vorkommen und somit die Schnittmenge bilden.

Uns fehlt jetzt noch eine Mengenoperation, die wir in SQL ebenfalls auf Spaltenwerte aus zwei Abfragen anwenden können. Es handelt sich um die `EXCEPT`-Mengenoperation, die wir im nächsten Abschnitt 5.1.3 wieder mit den Elementen der Spalten *element* aus den Tabellen *mengea* und *mengeb* in ihrer Funktionalität nachvollziehen werden.

5.1.3 Eine Differenzmenge bilden

In SQL steht Ihnen zur Differenzbildung der **EXCEPT**-Mengenoperator zu Verfügung. Damit subtrahieren Sie Spaltenwerte, die Ihnen von **SELECT**-Abfragen zurückgeliefert werden, voneinander und bilden so eine Differenz.

> **Kein EXCEPT-Operator in der MySQL-Datenbank**
>
> MySQL unterstützt den **EXCEPT**-Mengenoperator leider nicht. Die Leser, die eine MySQL-Datenbank verwenden, sollten auch diese Abschnitte aufmerksam lesen, da auch die **EXCEPT**-Klausel zum SQL-Standard gehört.

Wir betrachten zunächst wieder die Mengen A und B aus Abbildung 5.4. Wenn Menge B von Menge A subtrahiert wird, werden aus Menge A sämtliche Elemente entfernt, die auch in Menge B enthalten sind. Es bleiben in Menge A nur noch die Elemente 1, 3 und 4 erhalten. Die Differenzbildung können Sie auch als »Menge A ohne Menge B« umschreiben.

Menge A ohne Menge B

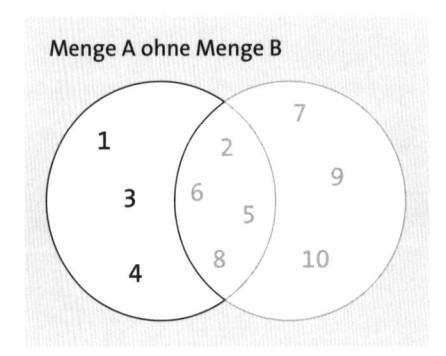

Abbildung 5.4 Menge A ohne Menge B

In Listing 5.6 zeige ich Ihnen, wie Sie dies in SQL umsetzen:

```
SELECT element FROM mengea
EXCEPT
SELECT element FROM mengeb;
```

Listing 5.6 Differenz zwischen den Spaltenwerten der Menge A und B mit einer EXCEPT-Klausel ermitteln

Sie finden die Differenzmenge der Spaltenwerte der Spalte *element* aus der ersten Abfrage und der Spaltenwerte der Spalte *element* aus der zweiten Abfrage, indem Sie das Schlüsselwort **EXCEPT** hinter der Abfrage notieren, aus der die Spaltenwerte entfernt werden sollen.

Hinter dem Schlüsselwort EXCEPT findet sich die Abfrage, die Ihnen die Spaltenwerte liefert, die von der ersten Abfrage subtrahiert werden sollen. Voraussetzung ist natürlich, dass es etwas zum Subtrahieren gibt. In der zweiten Abfrage müssen also Spaltenwerte vorhanden sein, die auch in der ersten Abfrage vorhanden sind, damit Spaltenwerte subtrahiert werden.

In Tabelle 5.6 sehen Sie das Ergebnis unserer Differenzoperation.

element
4
1
3

Tabelle 5.6 Ergebnistabelle für eine Differenzbildung mit dem EXCEPT-Mengenoperator

Das Resultat der Differenzoperation besteht nur noch aus den Elementen, die ausschließlich in Menge A enthalten sind. Die Elemente, die auch in Menge B enthalten waren, wurden von Menge A subtrahiert.

> **Zusammenfassung: Mengenoperationen** [*]
>
> Es gibt drei Mengenoperationen, die in SQL auf Ergebniszeilen mit Spaltenwerten angewendet werden können:
>
> ▶ Vereinigungsmenge (UNION)
> ▶ Schnittmenge (INTERSECT)
> ▶ Differenzmenge (EXCEPT)
> ▶ Achtung: MySQL unterstützt nur die Vereinigungsmenge (UNION)!

In diesem Abschnitt haben wir uns noch einmal vor Augen geführt, was es mit Mengenoperationen wie Vereinigungsmenge, Schnittmenge und Differenzmenge auf sich hat. In Abschnitt 5.2 bis Abschnitt 5.4 werden wir uns noch einmal der UNION-, INTERSECT- und EXCEPT-Klausel widmen. Diesmal allerdings mit Beispielen, die nicht so abstrakt sind wie die Erläuterungen, die wir genutzt haben um uns das Prinzip der Mengenoperationen noch einmal vor Augen zu halten.

In Abschnitt 5.2 werden Sie mehr über die Anwendung und Funktionsweise von Mengenoperationen mit Spaltenauswahllisten, die mehr als eine Spalte enthalten, erfahren.

5.2 Funktionsweise von Mengenoperationen mit UNION

Bisher haben Sie die Mengenoperationen nur auf Spaltenwerte einer Spalte angewandt. Wie sieht es aber aus, wenn wir Mengenoperationen mit mehreren Spalten und folglich mehreren Spaltenwerten durchführen wollen? In Abschnitt 5.1.1 haben wir Elemente (Spaltenwerte), die jeweils einer Menge (Tabelle) zugeordnet sind, vereinigt oder eine Schnittmenge bzw. eine Differenzmenge gebildet.

Wenn Sie Zeilen aus zwei Ergebnistabellen, die aus mehreren Spalten bestehen, einer Mengenoperation wie UNION ohne weitere Angaben unterziehen, werden nach der Vereinigung alle Spaltenwerte einer Zeile mit allen Spaltenwerten der restlichen Zeilen verglichen. So wird ermittelt, ob eine Zeile mehrfach vorkommt. Wenn eine Zeile mehrfach mit gleichen Spaltenwerten ermittelt wird, wird sie auf eine Zeile verdichtet.

Darüber hinaus gibt es die DISTINCT-Klausel, die Sie optional hinter der UNION-Klausel notieren können. Wenn Sie nur die UNION-Klausel verwenden, erhalten Sie die Zeilen immer eindeutig zurück, ohne mehrfach vorkommende gleiche Zeilen. DISTINCT wird also bereits standardmäßig verwendet, ohne dass das Schlüsselwort explizit angegeben wird, Sie können es aber notieren, um eine Anweisung klarer zu machen.

Wir haben die UNION-Klausel nun in der Theorie kennengelernt, wollen die Praxis aber nicht zu kurz kommen lassen.

Als Erstes sehen wir uns zwei Tabellen an. In der ersten Tabelle, *produkt*, sind die Artikel des Unternehmens hinterlegt. In der zweiten Tabelle, *produktarchiv*, sind die Artikel hinterlegt, die einmal vom Unternehmen vertrieben wurden, aber aus dem Programm genommen wurden. Alle Informationen der Tabelle *produkt* finden Sie in Tabelle 5.7.

INTEGER ↓ artikelid	VARCHAR(300) ↓ artikelbezeichnung	DECIMAL(8,2) ↓ preis	VARCHAR(200) ↓ kategorie	VARCHAR(300) ↓ legierung
1	Schraube 1	2.56	Schrauben	Zink/Eisen
2	Schraube 2	2.30	Schrauben	Kupfer/Eisen
3	Schraube 3	2.21	Schrauben	Nickel/Eisen
4	Schraube 4	2.11	Schrauben	Gold/Eisen
5	Schraube 5	1.50	Schrauben	Silber/Eisen

Tabelle 5.7 Die Tabelle »produkt«

Die Tabelle *produkt* eignet sich hervorragend, um die Spaltenwerte *artikelbezeichnung*, *kategorie* und *legierung* abzufragen.

`SELECT artikelbezeichnung,kategorie,legierung FROM produkt;`

Listing 5.7 Eine erste Abfrage für eine Mengenoperation auf Zeilen- und Spaltenebene formulieren

Als Nächstes betrachten wir Tabelle 5.8, in der Sie die Tabellenstruktur des *produktarchiv*s sehen. Die Spalten, Datentypen und Struktur dieser Tabelle ist identisch mit derjenigen der Tabelle *produkt*.

INTEGER ↓ artikelid	VARCHAR(300) ↓ artikelbezeichnung	DECIMAL(8,2) ↓ preis	VARCHAR(200) ↓ kategorie	VARCHAR(300) ↓ legierung
100	Schraube A	2.56	Schrauben	Zink/Eisen
101	Schraube 2	2.30	Schrauben	Kupfer/Eisen
102	Schraube B	2.21	Schrauben	Nickel/Eisen
103	Schraube 4	2.11	Schrauben	Gold/Eisen
104	Schraube C	1.50	Schrauben	Silber/Eisen

Tabelle 5.8 Die Tabelle »produktarchiv«

Auch die Tabelle *produktarchiv* kann wie die Tabelle *produkt* abgefragt werden:

```
SELECT artikelbezeichnung,kategorie,legierung
FROM produktarchiv;
```

Listing 5.8 Eine zweite Abfrage für eine Mengenoperation
auf Zeilen- und Spaltenebene formulieren

Eine Mengenoperation mit Zeilen aus zwei Ergebnistabellen und deren Spaltenwerten setzt voraus, dass die Struktur der ersten und zweiten Ergebnistabelle identisch ist. Die Struktur der zweiten SELECT-Anweisung muss also so gestaltet sein, dass die Spalten in der gleichen Reihenfolge angeordnet werden wie die Spalten der ersten Abfrage. Das gilt für alle ausgewählten Spalten und die jeweils zugeordneten Datentypen. Die Reihenfolge der Spalten der ersten Abfrage mit ihren Datentypen muss also mit der Reihenfolge der Spalten der zweiten Abfrage mit ihren Datentypen übereinstimmen. Das heißt aber nicht, dass die Spaltennamen identisch sein müssen.

In Listing 5.9 sehen Sie die zwei SELECT-Anweisungen, wie sie mit einer UNION-Klausel vereinigt werden:

```
SELECT artikelbezeichnung,kategorie,legierung
FROM produkt
UNION
SELECT artikelbezeichnung,kategorie,legierung
FROM produktarchiv;
```

Listing 5.9 Die Ergebnisse aus zwei Abfragen vereinen

Tabelle 5.9 zeigt uns das Ergebnis der Vereinigungsoperation mit einer UNION-Klausel.

artikelbezeichnung	kategorie	legierung
Schraube 1	Schrauben	Zink/Eisen
Schraube 2	Schrauben	Kupfer/Eisen
Schraube 3	Schrauben	Nickel/Eisen
Schraube 4	Schrauben	Gold/Eisen
Schraube 5	Schrauben	Silber/Eisen
Schraube A	Schrauben	Zink/Eisen
Schraube B	Schrauben	Nickel/Eisen
Schraube C	Schrauben	Silber/Eisen

Tabelle 5.9 Ergebnistabelle aus einer Vereinigungsoperation aus zwei SELECT-Abfragen

Wenn Sie Tabelle 5.7 und Tabelle 5.8 betrachten, sehen Sie, dass die Artikel Schraube 2 und Schraube 4 jeweils in den Tabellen *produkt* und *produktarchiv* enthalten sind. Eine Vereinigungsoperation von SELECT-Abfragen ist standardmäßig immer eindeutig. Das gleiche Ergebnis erreichen Sie mit dem optionalen Schlüsselwort DISTINCT.

Wenn Sie eine Vereinigungsoperation mit UNION durchführen möchten, die auch die mehrfach vorkommenden Zeilen enthält, geben Sie hinter der UNION-Klausel das Schlüsselwort ALL an:

```
SELECT artikelbezeichnung,kategorie,legierung
FROM produkt
UNION ALL
SELECT artikelbezeichnung,kategorie,legierung
FROM produktarchiv;
```

Listing 5.10 Alle Zeilen (auch die mehrfach vorkommenden) einer Vereinigung abfragen

In Tabelle 5.10 ist die Ergebnistabelle der Abfrage aus Listing 5.10 dargestellt.

artikelbezeichnung	kategorie	legierung
Schraube 1	Schrauben	Zink/Eisen
Schraube 2	Schrauben	Kupfer/Eisen
Schraube 3	Schrauben	Nickel/Eisen
Schraube 4	Schrauben	Gold/Eisen
Schraube 5	Schrauben	Silber/Eisen
Schraube A	Schrauben	Zink/Eisen
Schraube 2	Schrauben	Kupfer/Eisen
Schraube B	Schrauben	Nickel/Eisen
Schraube 4	Schrauben	Gold/Eisen
Schraube C	Schrauben	Silber/Eisen

Tabelle 5.10 Ergebnistabelle aus einer Vereinigungsoperation aus zwei SELECT-Abfragen mit mehrfach vorkommenden identischen Zeilen

Das Ergebnis enthält jetzt auch die mehrfach vorkommenden Datensätze, deren Spaltenwerte identisch sind.

Bisher haben wir ausschließlich Beispiele betrachtet, die inhaltlich und formal sinnvoll waren. Im nächsten Beispiel zeige ich Ihnen, dass es völlig ausreicht, die UNION-Klausel formal korrekt zu verwenden. Sie können also auch Spaltenwerte von Zeilen vereinigen, die inhaltlich nicht füreinander geschaffen sind. Als formale Voraussetzung gilt, dass die Anzahl, Reihenfolge und Datentypen der Spalten übereinstimmen.

Sehen wir uns als Nächstes Listing 5.11 an:

```
SELECT artikelbezeichnung,legierung
FROM produkt
UNION
SELECT legierung,artikelbezeichnung
FROM produktarchiv;
```

Listing 5.11 Spalten von Zeilen vereinigen, die inhaltlich nicht zusammenpassen

Hier interessieren uns die Spaltenauswahllisten der beiden SELECT-Abfragen, in der einmal die Spalten *artikelbezeichnung* und *legierung*, dann aber die Spalten *legierung* und *artikelbezeichnung* abgefragt werden. Den Spalten wurde während der Tabellenerstellung jeweils der Datentyp `VARCHAR(300)` zugeordnet. Die Datentypen passen also, um die Vereinigungsoperation durchzuführen.

Tabelle 5.11 zeigt das Ergebnis unserer Vereinigungsoperation.

artikelbezeichnung	legierung
Schraube 1	Zink/Eisen
Schraube 2	Kupfer/Eisen
Schraube 3	Nickel/Eisen
Schraube 4	Gold/Eisen
Schraube 5	Silber/Eisen
Zink/Eisen	Schraube A
Kupfer/Eisen	Schraube 2
Nickel/Eisen	Schraube B
Gold/Eisen	Schraube 4
Silber/Eisen	Schraube C

Tabelle 5.11 Inhaltlich unsinnige Vereinigungsoperation

In den beiden Spalten sind jetzt alle Einträge vorhanden, was sicherlich nicht gewollt war und kein sinnvolles Ergebnis darstellt. Schlimmstenfalls werden Ihre Daten im Ergebnis inkonsistent, da sich nun Informationen in den »falschen« Spalten finden. Eine Datenbank kann also nur formal sicherstellen, dass die Vereinigung korrekt erfolgt. Für die inhaltliche Richtigkeit Ihrer Vereinigungsoperationen sind jedoch Sie verantwortlich.

Als Nächstes sehen wir uns an, wie sich Zeilen, die ausschließlich `NULL`-Werte enthalten, in Vereinigungsoperationen verhalten. In Listing 5.12 fügen wir zwei Datensätze mit `NULL`-Werten für die Spalten *artikelbezeichnung*, *preis*, *kategorie* und *legierung* in die Tabellen *produkt* und *produktarchiv* ein.

```
INSERT INTO produkt
VALUES (6,NULL,NULL,NULL,NULL);

INSERT INTO produktarchiv
VALUES (105,NULL,NULL,NULL,NULL);
```

Listing 5.12 Jeweils eine Zeile mit NULL-Werten in die Tabellen »produkt« und »produktarchiv« einfügen

5.2 Funktionsweise von Mengenoperationen mit UNION

Nutzen Sie wieder die Vereinigungsabfrage aus Listing 5.10, um zu prüfen, wie sich eine `UNION ALL`-Operation verhält, wenn in beiden Ergebnistabellen ausschließlich `NULL`-Werte für die Spaltenauswahlwerte enthalten sind.

In Tabelle 5.12 sehen Sie das Ergebnis der Vereinigungsabfrage.

artikelbezeichnung	kategorie	legierung
Schraube 1	Schrauben	Zink/Eisen
Schraube 2	Schrauben	Kupfer/Eisen
Schraube 3	Schrauben	Nickel/Eisen
Schraube 4	Schrauben	Gold/Eisen
Schraube 5	Schrauben	Silber/Eisen
NULL	NULL	NULL
Schraube A	Schrauben	Zink/Eisen
Schraube 2	Schrauben	Kupfer/Eisen
Schraube B	Schrauben	Nickel/Eisen
Schraube 4	Schrauben	Gold/Eisen
Schraube C	Schrauben	Silber/Eisen
NULL	NULL	NULL

Tabelle 5.12 Vereinigung von zwei Ergebnistabellen, deren Spalten auch ausschließlich NULL-Werte enthalten

In den Tabellen *produkt* und *produktarchiv* ist jeweils ein Datensatz enthalten, dessen Spaltenwerte für die Spalten *artikelbezeichnung*, *kategorie* und *legierung* `NULL` sind. Die Ergebnistabelle zeigt, dass auch diese in einer `UNION ALL`-Vereinigungsoperation berücksichtigt werden. Wenn Sie eine Schnittmengenoperation mit dem `INTERSECT`-Operator oder eine Differenzmengenoperation mit dem `EXCEPT`-Operator durchführen, würden diese Zeilen mit `NULL`-Werten genauso in den jeweiligen Operationen berücksichtigt. Das gilt allerdings nur für die PostgreSQL- und MS-SQL-Server-Datenbank, da die MySQL-Datenbank diese Mengenoperationen nicht unterstützt.

Mengenoperationen könnten Sie mit einer `UNION`-Klausel auf beliebige viele Ergebnistabellen anwenden. In Listing 5.13 sehen Sie ein Beispiel dafür. In diesem Beispiel werden die Ergebnistabellen von drei `SELECT`-Abfragen mit ihren Spaltenwerten mit Hilfe einer `UNION`-Klausel vereinigt.

```
SELECT artikelbezeichnung,kategorie,legierung
FROM produkt
UNION ALL
SELECT artikelbezeichnung,kategorie,legierung
FROM produktarchiv
UNION ALL
SELECT artikelbezeichnung,kategorie,legierung
FROM produkt;
```

Listing 5.13 Mehr als zwei Ergebnistabellen vereinen

---

[*] **Zusammenfassung: Regeln für Mengenoperationen**

Für die Spaltenauswahllisten der an Mengenoperationen beteiligten SELECT-Abfragen gilt:

- Die Spalten und ihre Datentypzuordnungen müssen in jeder Abfrage übereinstimmen.
- NULL-Werte verhalten sich besonders und stellen daher eine Ausnahme dar. Da ein NULL-Wert ja kein Wert ist und somit auch keinem Datentypen zuzuordnen ist, können Sie ihn mit Spaltenwerten vereinen. In diesem Fall gilt die Regel nicht, dass die Datentypen übereinstimmen müssen.
- Die Anzahl der Spalten in der Spaltenauswahlliste muss in jeder an einer Mengenoperation beteiligten SELECT-Abfrage gleich sein.
- Auch die Vereinigung von Zeilen, deren Spalten ausschließlich NULL-Werte enthalten, ist möglich.
- Eine UNION-Vereinigungsoperation wie auch die INTERSECT- und EXCEPT-Operationen vereinigen standardmäßig die Zeilen von zwei SELECT-Abfragen eindeutig. Optional können Sie hinter der UNION-Klausel das Schlüsselwort DISTINCT angeben. Kommt eine exakt gleiche Zeile in beiden Ergebnistabellen vor, so wird sie zu einer Zeile verdichtet.
- Wenn auch Duplikate in einer Vereinigungsoperation berücksichtigt werden sollen (also nicht zu einer Zeile verdichtet werden), wird die UNION-Klausel mit dem Schlüsselwort ALL verwendet.
- Es gibt keine Begrenzung für die Anzahl der Vereinigung von Ergebnislisten.

Die UNION-Klausel bietet uns die Möglichkeit, die Zeilen von zwei oder mehreren Ergebnistabellen zu vereinen. In Abschnitt 5.3 zeige ich Ihnen, wie Sie mit dem INTERSECT-Mengenoperator die Schnittmenge von zwei Ergebnistabellen ermitteln.

5.2.1 Übungen zum Thema »Funktionsweise von Mengenoperationen mit UNION«

Übung 1

In den Tabellen *niederlassungbelgien* und *niederlassungholland* sind Mitarbeiter gespeichert, die jeweils den Niederlassungen zugehörig sind. Formulieren Sie jeweils eine Abfrage, in der Sie die Spalten *name* und *vorname* der Tabellen *niederlassungbelgien* und *niederlassungholland* abfragen. Anschließend bilden Sie mit diesen beiden Abfragen eine eindeutige (ohne Duplikate) Vereinigungsmenge.

Übung 2

Formulieren Sie nochmals zwei Abfragen, in denen Sie jeweils die Spalten *name* und *vorname* der Tabellen *niederlassungholland* und *niederlassungbelgien* abfragen. Bilden Sie anschließend mit diesen beiden Abfragen eine Vereinigungsmenge mit Duplikaten.

Übung 3

In dieser Übung formulieren Sie drei **SELECT**-Abfragen, in denen Sie jeweils die Spalten *name* und *vorname* der Tabellen *niederlassungholland*, *niederlassungbelgien* und *niederlassungschweiz* abfragen. Im Anschluss bilden Sie mit den drei **SELECT**-Abfragen eine eindeutige Vereinigungsmenge (ohne Duplikate).

Lösung zu Übung 1

```
/* Die Spalten name und vorname der Tabelle niederlassungholland abfragen */

SELECT name,vorname FROM niederlassungholland;

/* Die Spalten name und vorname der Tabelle niederlassungbelgien abfragen */

SELECT name,vorname FROM niederlassungbelgien;

/* Abfrageergebnisse eindeutig vereinen */

SELECT name,vorname FROM niederlassungholland
UNION
SELECT name,vorname FROM niederlassungbelgien;
```

Listing 5.14 Eine eindeutige Vereinigungsmenge aus zwei Ergebnistabellen bilden

Lösung zu Übung 2

```
/* Abfrageergebnisse mit Duplikaten vereinen */

SELECT name,vorname FROM niederlassungholland
UNION ALL
SELECT name,vorname FROM niederlassungbelgien;
```

Listing 5.15 Eine Vereinigungsmenge mit Duplikaten bilden

Lösung zu Übung 3

```
/* Abfrageergebnisse eindeutig vereinen */

SELECT name,vorname FROM niederlassungholland
UNION
SELECT name,vorname FROM niederlassungbelgien
UNION
SELECT name,vorname FROM niederlassungschweiz;
```

Listing 5.16 Eine Vereinigungsmenge aus drei Ergebnistabellen bilden

5.3 Die Schnittmenge von Ergebnistabellen bilden (INTERSECT)

Die UNION-Vereinigungsoperation vereinigt die Zeilen von zwei Abfragen, indem sie die eindeutigen Zeilen in einer Vereinigungsmenge ermittelt. Zeilen, die in beiden Abfragen als Ergebniszeilen vorkommen, werden in eine Zeile verdichtet. Exakt diese Zeilen, die die UNION-Klausel verdichten würde, ermittelt die INTERSECT-Klausel als Schnittmenge aus zwei oder mehreren Ergebnistabellen. In Abschnitt 5.3.1 nutzen wir wieder die Tabellen *produkt* und *produktarchiv*, um die Schnittmenge von Zeilen (Zeilen mit exakt gleichen Spaltenwerten) aus den Ergebnistabellen zu ermitteln.

> **Keine Schnittmengenoperation in der MySQL-Datenbank**
> Die Schnittmengenoperation wird von der MySQL-Datenbank nicht unterstützt.

5.3.1 Schnittmengen von Ergebnistabellen

Die Schnittmenge aus Zeilen von zwei Ergebnistabellen erhalten Sie, wenn in beiden Ergebnistabellen exakt gleiche Zeilen existieren. Die einzelnen Spaltenwerte der Spalten, die in den Spaltenauswahllisten abgefragt werden, müssen also übereinstimmen. In Listing 5.17 nutzen wir die INTERSECT-Klausel, um die Schnittmenge aus den Ergebnistabellen von zwei SELECT-Abfragen zu ermitteln:

```
SELECT artikelbezeichnung,kategorie,legierung
FROM produkt
INTERSECT
SELECT artikelbezeichnung,kategorie,legierung
FROM produktarchiv;
```

Listing 5.17 Eine Schnittmenge aus den Zeilen von zwei Ergebnistabellen mit INTERSECT ermitteln

In der Spaltenauswahlliste werden jeweils die Spalten *artikelbezeichnung*, *kategorie* und *legierung* der Tabellen *produkt* und *produktarchiv* abgefragt. Immer dann, wenn die Spaltenwerte einer Zeile aus einer Abfrage exakt mit den Spaltenwerten einer weiteren Zeile aus einer anderen Abfrage übereinstimmen, kann eine Schnittmenge zwischen diesen Zeilen ermittelt werden.

Tabelle 5.13 zeigt Ihnen das Ergebnis der Schnittmengenoperation.

artikelbezeichnung	kategorie	legierung
NULL	NULL	NULL
Schraube 2	Schrauben	Kupfer/Eisen
Schraube 4	Schrauben	Gold/Eisen

Tabelle 5.13 Ergebnistabelle für eine Schnittmengenbildung von zwei Ergebnistabellen mit dem INTERSECT-Schnittmengenoperator

Es gibt insgesamt drei Zeilen, die gemäß der Spaltenauswahlliste über identische Werte in den Tabellen *produkt* und *produktarchiv* verfügen. Die Zeilen der Artikel Schraube 2 und Schraube 4 sind also in beiden Tabellen enthalten. Der NULL-Wert stammt aus dem vorherigen Abschnitt, in dem wir in die beiden Tabellen *produkt* und *produktarchiv* Datensätze mit NULL-Werten eingefügt haben. Dieser Wert stimmt ebenfalls in beiden Tabellen überein.

Wenn es keine übereinstimmenden Zeilen gibt, dann erhalten Sie eine leere Menge als Ergebnistabelle zurück. Eine leere Menge entspricht einer Tabelle ohne Ergebniszeilen.

Zusammenfassung: Schnittmengen aus Ergebnistabellen bilden

Eine Schnittmenge aus zwei Ergebnistabellen kommt immer dann zustande, wenn die Spaltenwerte der Spaltenauswahlliste in zwei Ergebnistabellen übereinstimmen.

Wenn es keine übereinstimmenden Zeilen gibt, erhalten Sie eine leere Schnittmenge zurück.

[*]

Kommen wir im nächsten Abschnitt 5.4 zu der letzten Mengenoperation, die uns zur Verfügung steht. Es handelt sich um die EXCEPT-Klausel, mit der wir Differenzmengen zwischen den Ergebnistabellen von zwei SELECT-Abfragen bilden.

5.3.2 Übungen zum Thema »Schnittmengen von Ergebnistabelle bilden«

Die Leser, die eine MySQL-Datenbank verwenden, können die Übungen leider nicht praktisch nachvollziehen.

Übung 1

In den Tabellen *niederlassungholland* und *niederlassungbelgien* sind Mitarbeiter gespeichert. Formulieren Sie zwei einfache SELECT-Abfragen, in denen Sie die Spalten *name* und *vorname* der beiden Tabellen abfragen. Es gibt Mitarbeiter, die in beiden Niederlassungen tätig sind. Ermitteln Sie die Schnittmenge der Ergebnistabellen der beiden Abfragen.

Übung 2

In dieser Übung formulieren Sie drei einfache Abfragen, in der die Spalten *name* und *vorname* der Tabellen *niederlassungholland*, *niederlassungbelgien* und *niederlassungschweiz* abgefragt werden. Bilden Sie im Anschluss eine Schnittmenge aus allen drei Ergebnistabellen. Denken Sie daran: Es existieren auch leere Schnittmengen.

Übung 3

In dieser Übung sollen wieder die Mitarbeiter ermittelt werden, die in den Tabellen *niederlassungholland* und *niederlassungbelgien* enthalten sind. Hierzu formulieren Sie zwei SELECT-Abfragen, in denen die Spalten *name*, *vorname* und *status* der genannten Tabellen abgefragt werden.

Begründen Sie, aus welchem Grund Sie in Übung 1 ein anderes Ergebnis erhalten haben.

Lösung zu Übung 1

```
/* Die Spalten name und vorname der Tabelle niederlassungholland abfragen */

SELECT name,vorname FROM niederlassungholland;

/* Die Spalten name und vorname der Tabelle niederlassungbelgien abfragen */

SELECT name,vorname FROM niederlassungbelgien;
```

```
/* Eine Schnittmenge der Ergebnistabellen bilden */

SELECT name,vorname FROM niederlassungholland
INTERSECT
SELECT name,vorname FROM niederlassungbelgien;
```

Listing 5.18 Eine Schnittmenge aus zwei Ergebnistabellen bilden

Lösung zu Übung 2

```
/* Schnittmenge aus drei Ergebnistabellen bilden */

SELECT name,vorname FROM niederlassungholland
INTERSECT
SELECT name,vorname FROM niederlassungbelgien
INTERSECT
SELECT name,vorname FROM niederlassungschweiz;
```

Listing 5.19 Eine Schnittmenge aus drei Ergebnistabellen bilden

Die Ergebnistabelle, die Sie hier zurückerhalten, ist leer. Es gibt keine Schnittmenge zwischen den drei Ergebnistabellen.

Lösung zu Übung 3

```
SELECT name,vorname,status FROM niederlassungholland
INTERSECT
SELECT name,vorname,status FROM niederlassungbelgien;
```

Listing 5.20 Eine Schnittmenge über drei Spaltenwerte von Ergebniszeilen
aus Abfragen bilden

Die Antwort ist einfach: Es gibt keine Schnittmenge mehr. Es gibt keine Zeile, in der alle Spaltenwerte übereinstimmend als Ergebnis in der ersten und zweiten Abfrage vorkommen.

5.4 Eine Differenzmenge aus Ergebnistabellen bilden (EXCEPT)

In Abschnitt 5.1.3 haben wir bereits eine Differenzmenge gebildet. Von einer Menge A wurden hier die Elemente subtrahiert, die auch in einer Menge B enthalten sind. Sehen wir uns in Abschnitt 5.4.1 an, wie Sie mit der EXCEPT-Klausel aus zwei Ergebnistabellen Differenzmengen bilden.

> **Keine Differenzmengenoperation in der MySQL-Datenbank**
> Leider unterstützt MySQL die EXCEPT-Klausel nicht. Auch hier sollten Sie den Abschnitt aufmerksam weiterlesen, da die EXCEPT-Klausel ebenfalls zum SQL-Standard gehört.

5.4.1 Differenzmenge von Ergebnismengen bilden

In Listing 5.21 sehen Sie zwei SELECT-Abfragen, für deren Ergebnistabellen mit der EXCEPT-Klausel eine Differenzmenge gebildet wird.

```
SELECT artikelbezeichnung,kategorie,legierung
FROM produkt
EXCEPT
SELECT artikelbezeichnung,kategorie,legierung
FROM produktarchiv;
```

Listing 5.21 Eine Differenz zwischen Ergebnistabellen von zwei Abfragen ermitteln

Es werden alle Zeilen ermittelt, deren Kombination von Spaltenwerten ausschließlich in der ersten Abfrage enthalten ist. Alle Zeilen, die auch in der Ergebnistabelle der zweiten Abfrage enthalten sind, werden aus der ersten Ergebnistabelle entfernt.

Die Differenzmenge finden Sie in Tabelle 5.14.

artikelbezeichnung	kategorie	legierung
Schraube 1	Schrauben	Zink/Eisen
Schraube 3	Schrauben	Nickel/Eisen
Schraube 5	Schrauben	Silber/Eisen

Tabelle 5.14 Ergebnistabelle für eine Differenzoperation mit dem EXCEPT-Mengenoperator

Sie enthält nur die Artikel Schraube 1, Schraube 3 und Schraube 5. Die Artikel Schraube 2 und Schraube 4 sind in beiden Ergebnistabellen enthalten und wurden daher aus der Ergebnistabelle entfernt. Wenn in Ihren Ergebnistabellen Zeilen vorkommen, deren Spaltenwerte ausschließlich NULL-Werte enthalten, so werden diese ebenfalls durch die EXCEPT-Mengenoperation subtrahiert.

> **Zusammenfassung: Differenzmengen bilden (Except)** [*]
> Mit dem EXCEPT-Mengenoperator werden alle Zeilen einer ersten Abfrage ermittelt, die nicht in den Zeilen einer zweiten Abfrage enthalten sind.

In diesem Abschnitt haben Sie erfahren, wie Sie Differenzmengen von Zeilen aus den Ergebnislisten einer oder mehrerer SELECT-Abfragen ermitteln. In Abschnitt 5.5 nutzen wir die UNION-Klausel in Kombination mit der WHERE-Klausel, um bereits vor der Vereinigungsoperation die Zeilen zu filtern, die wir mit einem Mengenoperator vereinigen wollen.

5.4.2 Übungen zum Thema »Differenzmengen aus Ergebnistabellen bilden«

Übung 1

Formulieren Sie zunächst zwei SELECT-Abfragen, in der die Spalten *name* und *vorname* der Tabellen *niederlassungholland* und *niederlassungbelgien* abgefragt werden. Als Nächstes bilden Sie eine Differenzmenge aus diesen beiden Abfragen. Ermitteln Sie die Mitarbeiter, die ausschließlich in der Niederlassung Holland tätig sind.

Übung 2

Formulieren Sie zunächst drei SELECT-Abfragen, in der die Spalten *name* und *vorname* der Tabellen *niederlassungholland*, *niederlassungbelgien* und *niederlassungschweiz* abgefragt werden. Ermitteln Sie anschließend, welche Mitarbeiter ausschließlich in der Tabelle *niederlassungholland* und nicht in der Tabelle *niederlassungbelgien* und *niederlassungschweiz* vorhanden sind. Aus dem Ergebnis dieser Differenzmenge sind ausschließlich die Mitarbeiter zu ermitteln, die nicht in der Tabelle *niederlassungschweiz* enthalten sind.

Lösung zu Übung 1

```
SELECT name,vorname FROM niederlassungholland
EXCEPT
SELECT name,vorname FROM niederlassungbelgien;
```

Listing 5.22 Eine einfache Differenzmenge aus zwei Ergebnistabellen bilden

Lösung zu Übung 2

```
SELECT name,vorname FROM niederlassungholland
EXCEPT
SELECT name,vorname FROM niederlassungbelgien
```

```
EXCEPT
SELECT name,vorname FROM niederlassungschweiz;
```

Listing 5.23 Eine Differenzmenge aus drei Ergebnistabellen bilden

5.5 Mengenoperationen in Kombination mit einer WHERE-Klausel verwenden

In Abschnitt 2.2 habe ich Ihnen gezeigt, wie Sie Zeilen anhand eines Kriteriums in einer WHERE-Klausel filtern. In diesem Abschnitt werden wir die Vereinigungsoperation UNION für zwei SELECT-Abfragen anwenden und gleichzeitig die WHERE-Klausel nutzen, um jeweils Zeilen zu filtern.

5.5.1 Vor einer Vereinigungsoperation mit UNION filtern

Wenn Sie der UNION-Klausel vor der Vereinigungsoperation von Ergebnistabellen etwas Arbeit abnehmen möchten, können Sie in jeder Abfrage eine WHERE-Klausel unterbringen. Das gilt auch für die Schnittmengen- oder die Differenzmengenbildung. Die Vereinigungsoperation bzw. Schnittmengen- oder Differenzmengenbildung beziehen sich dann auf die bereits gefilterten Abfragen.

In Listing 5.24 stelle ich Ihnen so eine Variante vor.

```
SELECT artikelbezeichnung,kategorie,legierung
FROM produkt
WHERE artikelbezeichnung='Schraube 1'
UNION ALL
SELECT artikelbezeichnung,kategorie,legierung
FROM produktarchiv
WHERE artikelbezeichnung='Schraube 2';
```

Listing 5.24 Vereinigung von Ergebnislisten mit zwei WHERE-Klauseln

Hier sind zwei SELECT-Abfragen jeweils mit einer WHERE-Klausel ausgestattet. Es wird also zuerst eine gefilterte Ergebnisliste ermittelt, bevor die UNION-Mengenoperation zur Anwendung kommt. UNION wird so entlastet, da ein Teil der Vergleiche wegfällt. Bei größeren Vergleichs- und Filteroperationen kommen Sie deutlich schneller an das Ergebnis und verringern den Datenbestand, der von den Operatoren ausgewertet werden muss.

Das Ergebnis der Vereinigung sehen Sie in Tabelle 5.15.

artikelbezeichnung	kategorie	legierung
Schraube 1	Schrauben	Zink/Eisen
Schraube 2	Schrauben	Kupfer/Eisen

Tabelle 5.15 Ergebnistabelle für eine Vereinigungsoperation mit UNION in Verbindung mit einer WHERE-Klausel

Für die zu vereinigenden Abfragen wurden zuerst die Filteroperationen durchgeführt. Dann wurden die Ergebnistabellen vereinigt. In diesem Fall wurde daher nur jeweils eine Zeile pro Ergebnistabelle vereinigt, so dass wir nach der Vereinigung zwei Zeilen als Ergebnis vorfinden. Der Artikel Schraube 1 findet sich also in der Ergebnisliste der ersten SELECT-Abfrage und der Artikel Schraube 2 in der Ergebnisliste der zweiten SELECT-Abfrage.

> **Zusammenfassung: Mengenoperationen in Kombination mit einer WHERE-Klausel nutzen**
>
> Die an einer Mengenoperation beteiligten SELECT-Abfragen können jeweils eine WHERE-Klausel zugeordnet bekommen, um gemäß einer Bedingung Zeilen zu filtern.
>
> Zuerst werden immer die SELECT-Abfragen mit der WHERE-Klausel von einer Datenbank ausgeführt. Dann werden die Mengenoperationen auf die Ergebnistabellen durchgeführt.
>
> Wenn Sie Ihren Datenbestand auf diesem Weg vorfiltern, werden die Operationen viel schneller abgearbeitet, da weniger Zeilen verglichen werden müssen.

In diesem Abschnitt haben Sie erfahren, wie Sie in den SELECT-Abfragen, die an Mengenoperationen beteiligt sind, auch mit einer WHERE-Klausel filtern können. In Abschnitt 5.6 zeige ich Ihnen, wie Sie die ORDER BY-Klausel im Zusammenhang mit Mengenoperationen richtig verwenden.

5.5.2 Übungen zum Thema »vor einer Mengenoperation filtern«

Übung 1

Neben den Spalten *name* und *vorname* findet sich in den Tabellen *niederlassungholland* und *niederlassungbelgien* die Spalte *status*. In dieser Spalte werden die Spaltenwerte aktiv und inaktiv gespeichert, da ja ein Mitarbeiter nicht gleichzeitig in zwei Niederlassungen tätig sein kann. Formulieren Sie zunächst zwei Abfragen, in denen die Spalten *name*, *vorname* und *status* der Tabellen *niederlassungholland* und *niederlassungbelgien* abgefragt werden.

Ergänzen Sie die Abfragen um eine **WHERE**-Klausel, in der lediglich die Zeilen gefiltert werden, deren Spaltenwerte der Spalte *status* aktiv sind. Im letzten Schritt vereinigen Sie die beiden Ergebnistabellen eindeutig (ohne Duplikate).

Übung 2

Beachten Sie, dass diese Übung auf der MySQL-Datenbank nicht funktioniert, da der **INTERSECT**-Mengenoperator nicht angeboten wird. Erstellen Sie zwei Abfragen, in denen die Spalten *name* und *vorname* der Tabellen *niederlassungholland* und *niederlassungbelgien* abgefragt werden.

Die Abfrage der Spalten der Tabelle *niederlassungbelgien* ergänzen Sie um eine **WHERE**-Klausel, in der die Spaltenwerte der Spalte *status* auf Übereinstimmung mit dem Wert aktiv verglichen werden.

Bilden Sie eine Schnittmenge aus den Zeilen der beiden Ergebnistabellen.

Begründen Sie, warum als Resultat nur eine Zeile in der Schnittmenge enthalten ist.

Lösung zu Übung 1

```
SELECT name,vorname,status FROM niederlassungholland
   WHERE status='aktiv'
UNION
SELECT name,vorname,status FROM niederlassungbelgien
   WHERE status='aktiv';
```

Listing 5.25 Eine WHERE-Klausel in Kombination mit dem Vereinigungsoperator UNION verwenden

Lösung zu Übung 2

```
SELECT name,vorname FROM niederlassungholland
INTERSECT
SELECT name,vorname FROM niederlassungbelgien
   WHERE status='aktiv';
```

Listing 5.26 Eine WHERE-Klausel in Kombination mit dem Schnittmengenoperator INTERSECT verwenden

Wenn die Schnittmengenbildung ohne **WHERE**-Klausel ermittelt würde, erhielten Sie als Ergebnis drei Zeilen, die jeweils als Ergebnis in der ersten und der zweiten Abfrage enthalten sind. Diese drei Zeilen würden der Schnittmenge entsprechen. Die Bedingung in der **WHERE**-Klausel der zweiten Abfrage prüft die Spaltenwerte der Spalte *status* auf Gleichheit mit dem Wert aktiv. Die zweite Abfrage liefert gemäß der Bedingung nur eine Zeile zurück. Im Anschluss wird die Schnittmengenoperation auf beide Ergebnistabellen angewendet. Da die zweite Abfrage nur eine Zeile geliefert hat, kann die Schnittmengenoperation auch maximal eine Zeile zurückliefern, vorausgesetzt, dass eine exakt identische Zeile in der Ergebnistabelle der ersten Abfrage enthalten ist, wie es hier der Fall ist.

5.6 Vereinigungsmengen in Kombination mit einer ORDER BY-Klausel

Eine ORDER BY-Klausel wird in Mengenoperationen wie UNION, INTERSECT oder EXCEPT immer hinter der letzten SELECT-Anweisung notiert. Die ORDER BY-Klausel bezieht sich grundsätzlich auf alle Ergebniszeilen, die z. B. von der UNION-Klausel vereinigt werden. Das heißt, dass die Sortierung gemäß einem von Ihnen vorgegebenen Sortierkriterium erst erfolgt, wenn alle Mengenoperationen wie UNION, INTERSECT und EXCEPT abgeschlossen wurden.

In Listing 5.27 werden die Zeilen von zwei Ergebnistabellen mit einer UNION-Klausel vereinigt. Hinter der letzten Abfrage sehen Sie die ORDER BY-Klausel, in der für das Sortierkriterium die Spalte *artikelbezeichnung* angegeben ist.

```
SELECT artikelbezeichnung,kategorie,legierung
FROM produkt
UNION
SELECT artikelbezeichnung,kategorie,legierung
FROM produktarchiv
ORDER BY artikelbezeichnung;
```

Listing 5.27 Vereinigte Ergebnislisten sortiert abfragen

Tabelle 5.16 zeigt das Ergebnis der SELECT-Abfrage aus Listing 5.27.

artikelbezeichnung	kategorie	legierung
Schraube 1	Schrauben	Zink/Eisen
Schraube 2	Schrauben	Kupfer/Eisen
Schraube 3	Schrauben	Nickel/Eisen
Schraube 4	Schrauben	Gold/Eisen
Schraube 5	Schrauben	Silber/Eisen

Tabelle 5.16 UNION-Klausel mit einer ORDER BY-Klausel verwenden

artikelbezeichnung	kategorie	legierung
Schraube A	Schrauben	Zink/Eisen
Schraube B	Schrauben	Nickel/Eisen
Schraube C	Schrauben	Silber/Eisen
NULL	NULL	NULL

Tabelle 5.16 UNION-Klausel mit einer ORDER BY-Klausel verwenden (Forts.)

Die Ergebnistabelle wurde gemäß den Spaltenwerten der Spalte *artikelbezeichnung* aufsteigend sortiert.

> [*] **Zusammenfassung: Mengenoperationen in Kombination mit einer ORDER BY-Klausel nutzen**
>
> Eine ORDER BY-Klausel wird bei Mengenoperationen wie UNION, INTERSECT und EXCEPT immer hinter der letzten SELECT-Anweisung notiert, um die resultierende Ergebnistabelle sortiert zurückzuerhalten.

In diesem Abschnitt haben Sie Mengenoperationen kennengelernt, die Sie auf Ergebnistabellen von SELECT-Abfragen anwenden können.

In den nächsten Kapiteln wartet das Thema der Normalisierung auf Sie. Es ist eines der wichtigsten Merkmale von relationalen Datenbanksystemen und ermöglicht Ihnen, mehrfach vorkommende gleiche Daten in unterschiedlichen Tabellen zu vermeiden. Lesen Sie also weiter.

5.6.1 Übungen zum Thema »Vereinigungsmengen in einer Kombination mit einer ORDER BY-Klausel verwenden«

Übung 1

Bilden Sie die Vereinigungsmenge aus zwei SELECT-Abfragen, die jeweils die Spalten *name* und *vorname* der Tabellen *niederlassungholland* und *niederlassungbelgien* abfragen. Die Zeilen der Ergebnistabelle sollen sortiert nach den Spaltenwerten der Spalte *name* ausgegeben werden.

Übung 2

Auch diese Übung können die Leser, die eine MySQL-Datenbank verwenden, leider nicht ausführen. Formulieren Sie eine SELECT-Abfrage, in der die Mitarbeiter ermittelt werden, die ausschließlich in der Tabelle *niederlassungholland* und nicht in der Tabelle *niederlassungbelgien* enthalten sind. In die Spaltenauswahlliste nehmen Sie hierzu die Spalten *name* und *vorname* auf, die in beiden Tabellen enthalten sind. Die Zeilen der Ergebnistabelle sollen sortiert nach den Spaltenwerten der Spalte *name* ausgegeben werden.

Lösung zu Übung 1

```
SELECT name,vorname FROM niederlassungholland
UNION
SELECT name,vorname FROM niederlassungbelgien
ORDER BY name;
```

Listing 5.28 Ergebnistabellen mit UNION vereinigen und die Zeilen gemäß den Spaltenwerten einer Spalte sortiert ausgeben

Lösung zu Übung 2

```
SELECT name,vorname FROM niederlassungholland
EXCEPT
SELECT name,vorname FROM niederlassungbelgien
ORDER BY name;
```

Listing 5.29 Die Zeilen einer Differenzmenge gemäß den Spaltenwerten einer Spalte sortiert ausgeben

Kapitel 6
Datenbanken modellieren

Datenbanken und ihre Struktur existieren nicht per se. Auch sie haben ihren Ursprung. Um ein Modell zu entwickeln, muss zuvor klar sein, für welchen Zweck es entwickelt wird und welche Aspekte der Realität abgebildet werden sollen.

In diesem Abschnitt erfahren Sie, wie Sie eine neue Datenbank entwickeln können. Die Entwicklung einer Datenbank, die Informationen zu einem bestimmten Thema speichert, erfordert einiges an gedanklicher Vorarbeit, bevor damit begonnen werden kann, Tabellen zu erstellen. Um diese Erklärung nicht zu theoretisch werden zu lassen, betrachten wir ein ganz konkretes Beispiel. Wir gehen von folgender Situation aus, der Sie in ähnlicher Form durchaus begegnen könnten: In einem Unternehmen soll der Ausbildungsbetrieb datentechnisch verwaltet werden. Das soll in einer Ausbildungsdatenbank geschehen. Bis auf die Tatsache, dass eine Ausbildungsdatenbank entwickelt werden soll und auch den Namen *Ausbildungsdatenbank* tragen könnte, sind noch keine Informationen bekannt. Wir müssen uns also zunächst damit befassen, wie die Daten aufgebaut sind, welche Anforderungen an die Ordnung gestellt werden und wie wir dies in einem Modell abbilden können.

Die Ausbildungsdatenbank soll *Ausbildungsfächer*, *Auszubildende*, *Ausbilder* und einiges mehr verwalten. Wir haben es hier also mit real existierenden Dingen zu tun, die wir datentechnisch abbilden müssen. Aus diesem Grund betrachten wir im nächsten Abschnitt zunächst einen kleinen Anforderungskatalog, der festlegt, was alles datentechnisch verwaltet werden soll.

6.1 Anforderungskatalog

Die Ausbildungsdatenbank soll unterschiedliche Informationen verwalten. Hierzu zählen:

- Ausbildungsberufe
- Auszubildende
- Adresse des Auszubildenden
- Ausbilder

- Ausbildungsfächer
- Ausbildungsstandorte
- Praxisseminare
- Vermittlung theoretischer Ausbildungsinhalte

Hierbei handelt es sich nur um eine kleine Auswahl von Dingen und Personen in unterschiedlichen Rollen, die wir nutzen werden, um unseren ersten Schritt in der Modellierung der Ausbildungsdatenbank zu machen. Wichtig ist, dass den Dingen oder Personen, die verwaltet werden sollen, wiederum Informationen zugeordnet werden können, die spezifisch für die jeweiligen Dinge bzw. Personen sind.

> **Zusammenfassung: Anforderungskatalog als Basis eines Datenmodells**
> Ein Anforderungskatalog stellt die Grundlage für ein Datenmodell dar. Es muss zuerst klar sein, welche Sachverhalte datentechnisch abgebildet werden sollen, bevor ein Datenmodell erstellt werden kann. Ein Anforderungskatalog resultiert wiederum aus einer Anforderungsanalyse.

6.2 Entitäten identifizieren und modellhaft abbilden

Wenn Sie eine neue Datenbank entwickeln, ist es sinnvoll, zuerst ein Modell zu erstellen. Im Datenbankkontext heißt so ein Modell ein *Entity-Relationship-Modell*. Ein Entity-Relationship-Modell ist ein Werkzeug, das uns bei der Erstellung eines Datenmodells unterstützt. Diese Form eines Modells, das uns ermöglicht, Informationsstrukturen modellhaft abzubilden, wurde Mitte der siebziger Jahre von Peter Chan vorgestellt.

Das Wort *Entity* (deutsch: Entität) heißt so viel wie Objekt oder Ding, das real existiert. *Relationship* lässt sich als Beziehung übersetzen. Wir haben es also mit real existierenden Dingen bzw. Objekten zu tun, die in Beziehung zueinander stehen. Nehmen wir als Beispiel einen Auszubilden. Einem Auszubildenden können Sie exakt einen Ausbildungsberuf zuordnen. Einem Ausbildungsberuf wiederum können Sie mehrere Ausbildungsfächer zuweisen. Sie merken schon: Mit einem Entity-Relationship-Modell können Sie nicht nur Objekte, die es datentechnisch mit den jeweiligen Eigenschaften eines Objekts abzubilden gilt, darstellen, sondern auch Beziehungen, die zwischen diesen Objekten existieren, modellhaft abbilden.

Ein Modell ist immer das Ergebnis eines Entwurfs und bildet ab, was in der Realität umgesetzt werden soll. Ein Entwurf wiederum entwickelt sich aus einer Phase, in der wir die Dinge oder Objekte, die es datentechnisch zu verwalten gilt, identifizieren und analysieren. Die Frage lautet also zunächst: Wie lassen sich Entitäten identifizieren?

6.2.1 Entitäten identifizieren

Aus den Anforderungen, die an die Ausbildungsdatenbank gestellt wurden, können die Entitäten identifiziert werden. In unserem Beispiel werden wir es also mit den Entitäten *auszubildender*, *ausbildungsberuf* usw. zu tun haben.

Zunächst müssen die Objekte, die in der Datenbank abzubilden sind, in ein Modell überführt werden. Dazu nutzen wir die *Entity-Relationship-Notation*. Gemäß dieser Schreibweise werden Objekte als Rechteck notiert. In dem Rechteck wird die Bezeichnung oder der Name des abzubildenden Objekts notiert. Somit erhalten wir schon einmal eine Übersicht über die Entitäten, deren Informationen verarbeitet werden sollen. Beispielhaft zeige ich Ihnen in Abbildung 6.1 die modellhafte Darstellung von drei Entitäten, die aus den Anforderungen übernommen wurden. Es handelt sich um die Entitäten *auszubildender*, *adresse* und *ausbildungsberuf*.

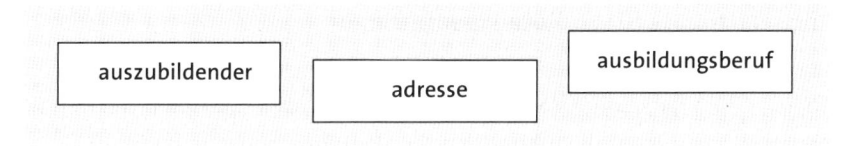

Abbildung 6.1 Auszug eines Entity-Relationship-Modells

Jetzt haben Sie bereits einen Auszug eines Modells erstellt, das drei Objekte identifiziert und festlegt. Im nächsten Abschnitt ermitteln wir die Eigenschaften (oder anders gesagt: die Informationen), die jeweils zu den Entitäten *auszubildender*, *adresse* und *ausbildungsberuf* gespeichert werden sollen.

6.2.2 Informationen zu den Entitäten ermitteln

Die Entität *auszubildender* soll die Informationen bzw. Eigenschaften enthalten, die zur Verwaltung eines Auszubildenden erforderlich sind. Überlegen wir uns also als Erstes, um welche Informationen es sich handeln könnte. Zunächst fallen Ihnen sicherlich der Name, der Vorname und das Geburtsdatum eines Auszubildenden ein. Das ist schon einmal ein guter Anfang, um ein Entity-Relationship-Modell zu erweitern. Diese zusätzlichen Eigenschaften, die zur weiteren Beschreibung eines Objekts erforderlich sind, werden in einem Entity-Relationship-Modell als *Attribute* bezeichnet. Attribute notieren Sie in Ellipsen unterhalb der Entitätsbezeichnung. Von der Entitätsbezeichnung ausgehend, zeigen Pfeile auf die jeweils zu einer Entität gehörenden Attribute.

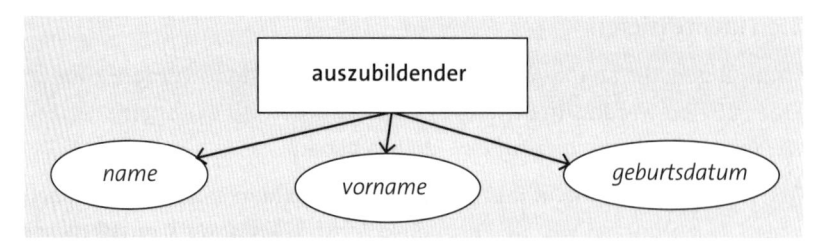

Abbildung 6.2 Einer Entität Attribute zuordnen

In diesem Abschnitt haben Sie erfahren, wie Sie Attribute sinnhaft Entitäten zuordnen können. Im nächsten Abschnitt erfahren Sie, wie Sie Schlüsselattribute identifizieren und wozu Schlüsselattribute verwendet werden.

6.2.3 Schlüsselattribute für Entitäten identifizieren

Bevor wir damit beginnen, Schlüsselattribute für Entitäten zu identifizieren, stellen wir uns zunächst die Frage, welche Funktion Schlüsselattribute erfüllen. Die Entität *auszubildender* enthält derzeit die Attribute *name*, *vorname* und *geburtsdatum*.

Jetzt betrachten wir das Modell in einer vereinfachten Form, in der der Entität *auszubildender* ausschließlich die Attribute *name* und *vorname* zugeordnet sind, und sehen uns Tabelle 6.1 an, die diesem Modell entspricht.

name	vorname
Müller	Ralf
Klein	Sabine
Lang	Peter
Müller	Ralf
Klein	Sabine

Tabelle 6.1 Auszubildende mit den zugeordneten Eigenschaften »name« und »vorname«

Sie sehen, dass die Tabelle zwei Auszubildende enthält, denen jeweils der gleiche Vorname und Name zugeordnet sind. In diesem Fall handelt es sich um die Auszubildenden Ralf Müller und Sabine Klein. In unserem Ausbildungsbetrieb existieren also jeweils zwei Auszubildende mit gleichen Namen und Vornamen. Wie können wir die Auszubildenden hier unterscheiden?

Die Antwort lautet: gar nicht. Sie haben keine Möglichkeit, die Auszubildenden zu unterscheiden.

Die Lösung unseres Problems der Nichtunterscheidbarkeit liegt darin, ein oder mehrere Attribute zu identifizieren, die einen Auszubildenden eindeutig machen. Attribute, die Datensätze eindeutig bestimmen, werden als *Schlüsselattribute* bezeichnet.

Unser ursprüngliches Modell enthält ja zum Glück noch ein weiteres Attribut: das Geburtsdatum. In Tabelle 6.2 sehen Sie eine weitere Spalte, die dem Attribut *geburtsdatum* aus unserer Entität *auszubildender* entstammt. Mit den hier hinterlegten Informationen haben wir jetzt die Möglichkeit, jede Zeile exakt einem Auszubildenden zuzuordnen.

name	vorname	geburtsdatum
Müller	Ralf	01.04.2001
Klein	Sabine	10.05.2002
Lang	Peter	11.03.2001
Müller	Ralf	01.04.2001
Klein	Sabine	20.05.2003

Tabelle 6.2 Auszubildende mit den zugeordneten Eigenschaften »name«, »vorname« und »geburtsdatum«

Können wir wirklich jede Zeile exakt einem Auszubildenden zuordnen? Ein weiterer Blick in Tabelle 6.2 offenbart uns, dass zwei identische Zeilen existieren. Hier werden jeweils für die beiden Auszubildenden Ralf Müller, die zufällig am gleichen Tag Geburtstag haben, die gleichen Werte in den Spalten notiert. Die Kombination aus Name, Vorname und Geburtsdatum stellt für uns also immer noch kein geeigneter Schlüsselkandidat dar, der einen Auszubildenden und die ihm zugeordneten Eigenschaften eindeutig identifizieren könnte, zumal in diesem Fall alle verfügbaren Eigenschaften der Entität *auszubildender* genutzt würden, um einen eindeutigen Schlüssel zu bilden, der einen Auszubildenden exakt identifiziert.

Das könnten wir so fortführen. Wie wäre es mit einem weiteren Attribut Wohnort? Auch dieses Attribut würde nicht dazu führen, dass eine absolute Eindeutigkeit sichergestellt werden kann, auch wenn der Fall sehr unwahrscheinlich ist.

Machen wir uns also auf die Suche nach einem weiteren Schlüsselkandidaten, den wir verwenden können, um einen Auszubildenden eindeutig zu identifizieren.

Als *Schlüsselkandidaten* bezeichnen wir hier einen gegebenenfalls in Frage kommenden eindeutigen Schlüssel. Wir haben erkannt, dass keines der Attribute, die wir der Entität *auszubildender* zugeordnet haben, als Schlüsselattribut in Frage kommt.

6 Datenbanken modellieren

Was halten Sie davon, die Auszubildenden jeweils mit einer Nummer zu versehen, die sie eindeutig identifiziert? Wir könnten dazu der Entität *auszubildender* ein weiteres Attribut *ausid* zuordnen. In Abbildung 6.3 sehen Sie das erweiterte Entity-Relationship-Modell, in dem das Attribut *ausid* als Schlüsselattribut hinzugefügt wurde. Das Schlüsselattribut wurde hier durch eine Raute (#) gekennzeichnet.

```
                    auszubildender
        ┌──────────┬─────┴─────┬──────────┐
     #ausid       name       vorname   geburtsdatum
```

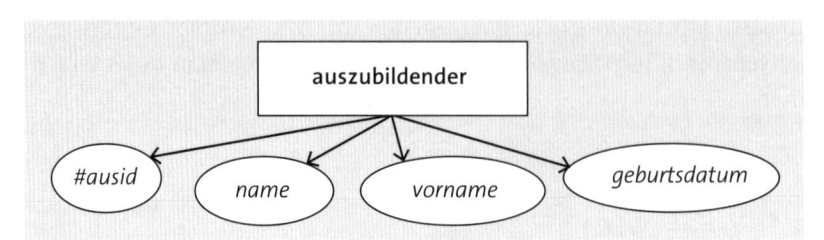

Abbildung 6.3 Eine Entität mit einem eindeutigen Schlüssel versehen

Ein derartiges Schlüsselattribut wird auch als *künstlicher Schlüssel* oder *Surrogatschlüssel* bezeichnet. Ein künstlicher Schlüssel hat die Eigenart, dass er nicht aus den Attributen, die einer Entität zugeordnet sind, abgeleitet werden kann.

Ein natürlicher Schlüssel hingegen wird aus den Attributen, die wir einer Entität zuordnen können, abgeleitet. Wenn wir uns also für einen Schlüssel entschieden hätten, der aus den Attributen *name*, *vorname* und *geburtsdatum* besteht, so würde es sich um einen natürlichen Schlüssel handeln. Dieses Beispiel zeigt Ihnen, wo der Unterschied zwischen einem künstlichen Schlüssel und einem natürlichen Schlüssel liegt. Diese Attributkombination ist nicht für einen eindeutigen Schlüssel geeignet.

Tabelle 6.3 repräsentiert das erweiterte Entitätenmodell unseres Beispiels. Sie sehen, dass jedem Auszubildenden eine eindeutige Nummer zugeordnet ist. Somit kann jeder Auszubildender eindeutig identifiziert werden.

ausid	name	vorname	geburtsdatum
1	Müller	Ralf	01.04.2001
2	Klein	Sabine	10.05.2002
3	Lang	Peter	11.03.2001
4	Müller	Ralf	01.04.2001
5	Klein	Sabine	20.05.2003

Tabelle 6.3 Die Tabelle »auszubildender« mit eindeutigem Schlüssel

In diesem Abschnitt haben Sie erfahren, wie Sie für eine Entität ein Schlüsselattribut ermitteln. Im nächsten Abschnitt 6.2.4 widmen wir uns den Wertebereichen, die wir Attributen zuordnen können.

6.2.4 Die Wertebereiche von Attributen erkennen

In Kapitel 4, »Tabellen mit CREATE TABLE anlegen«, haben Sie bereits Datentypen und Wertebereiche kennengelernt. In diesem Abschnitt betrachten wir den Wertebereich, der auch als *Domain* bezeichnet wird, im Zusammenhang mit der Zuordnung von Attributen zu Entitäten. Betrachten Sie zunächst wieder die Entität *auszubildender*. Dieser Entität haben wir die Attribute *ausid*, *name*, *vorname* und *geburtsdatum* zugeordnet. Bei der Planung Ihrer Datenbank ist es wichtig, dass Sie den Attributen passende Wertebereiche zuordnen.

Dem Attribut *ausid* können ganzzahlige numerische Werte in einem Wertebereich von 1 bis 10 zugewiesen werden. Dieser kleine Bereich ist für ein Beispiel geeignet, das nur 10 Auszubildende aufnehmen kann. In einem realen Szenario würden Sie hier sicherlich einen größeren Wertebereich wählen.

Die Attribute *name* und *vorname*, die jeweils eine Folge von Zeichen wie z. B. Diether aufnehmen sollen, wird als *Zeichenkette* bezeichnet, also eine Aneinanderkettung von einzelnen Zeichen. Hier müssen Sie sich fragen, wie viele Zeichen für eine Zeichenkette dieser Attribute reserviert werden sollen. Beispielsweise können für die Attribute *Name* und *Vorname* 120 Zeichen freigehalten werden. So wird die maximale Länge dieses Attributs festgelegt.

Im Attribut *geburtsdatum* finden sämtliche Datumsangaben vom 01.01.1900 bis 31.12.2050 Platz. Somit hätten wir auch hier für das Attribut *geburtsdatum* einen Wertebereich bestimmt, der alle potentiellen Datumswerte repräsentiert.

Betrachten Sie als Nächstes Tabelle 6.4, in der Sie die Attribute, die Wertebereiche und den Datentyp der Entität *auszubildender* aufgeführt finden.

Attribut	mögliche Werte	Datentyp
ausid	0 bis 10	TINYINT
name	0 bis 120 Zeichen	CHAR(120)
vorname	0 bis 120 Zeichen	CHAR(120)
geburtsdatum	01.01.1900 bis 31.12.2050	DATE

Tabelle 6.4 Wertebereiche für Attribute von Entitäten auswählen

Die Datentypen, die den jeweiligen Attributen zugeordnet werden, haben Sie bereits in Abschnitt 4.1 kennengelernt und wissen daher, dass die verschiedenen Datentypen unterschiedlich viel Platz verbrauchen. Sie sollten immer Datentypen wählen, die möglichst gut zum reservierten Wertebereich passen. Für *ausid* sind folgende Möglichkeiten sinnvoll:

- TINYINT, Wertebereich von 0 bis 255
- SMALLINT, Wertebereich von 0 bis 65 535
- MEDIUMINT, Wertebereich von 0 bis 16 777 215
- INT bzw. INTEGER, Wertebereich von 0 bis 4 294 967 295
- BIGINT, Wertebereich 0 bis 18 446 744 073 709 551 615

Wir gehen in unserem Beispiel von etwa 10 Auszubildenden aus, somit ist der Datentyp TINYINT für das Primärschlüsselattribut *ausid* mehr als ausreichend. SMALLINT und alle weiteren Alternativen wären hingegen viel zu groß und würden daher Speicherplatz verschwenden.

Den Attributen *name* und *vorname* wird jeweils ein Wertebereich zugeordnet, der aus einer Folge von einzelnen Zeichen bestehen kann, mit einer maximalen Länge von 120 Zeichen. Dem Attribut *name* ordnen wir dementsprechend den Datentypen CHAR zu. Dem Attribut *geburtsdatum* wird der Datentyp DATE zugeordnet.

---

[*] **Zusammenfassung: Wertebereiche für Attribute**

Ein Wertebereich entspricht sämtlichen Werten, die einem Attribut zugeordnet werden können. Ein Wertebereich wird auch als *Domain* bezeichnet.

Es gibt unterschiedliche Wertebereiche, die jeweils einem Attribut einer Entität zugeordnet werden können. Hierzu gehören:

- Zeichenketten einer definierten Länge
- ganze Zahlen, die mit einer Begrenzung der kleinsten und größten Zahl ausgestattet sind
- Dezimalzahlen, die ebenfalls mit einer Begrenzung der kleinsten und größten Zahl ausgestattet sind
- Datumsangaben, die von einem verwendeten Kalender abhängig sind

---

In diesem Abschnitt haben Sie erfahren, wie Sie Attributen einen Wertebereich zuordnen können. Auch haben Sie gelernt, dass es unterschiedliche Wertebereiche gibt.

Im nächsten Abschnitt 6.2.5 stelle ich Ihnen vor, wie Sie Attribute als Pflichtattribute oder als optionale Attribute kennzeichnen.

6.2.5 Zwischen Pflichtattributen und optionalen Attributen unterscheiden

Sie wissen bereits, dass Sie einer Entität ein Attribut zuordnen können, das einen eindeutigen Schlüssel darstellt. Es handelt sich hierbei um Primärschlüsselattribute. Wenn eine Entität mit einem Primärschlüsselattribut in eine Tabelle überführt wird, ist ein Primärschlüsselwert verbindlich anzugeben.

Wie sieht es mit den anderen Attributen und ihren Werten aus, wenn eine Entität in eine Tabelle überführt wurde? Wann sind die Attributwerte verbindlich anzugeben, und wann sind Sie optional? Die gute Nachricht ist, dass Sie bereits während der Modellierung einer Entität die Möglichkeit haben, Attribute als Pflichtattribute und oder als optionale Attribute zu definieren.

Betrachten Sie hierzu Abbildung 6.4.

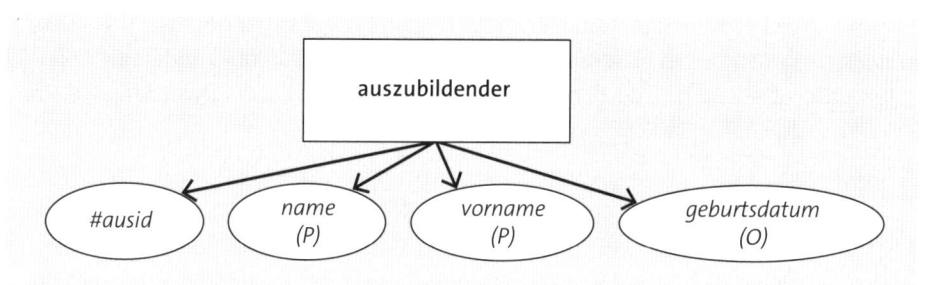

Abbildung 6.4 Pflichtattribute und optionale Attribute definieren

Der Entität *auszubildender* sind die Attribute *name*, *vorname* und *geburtsdatum* zugeordnet. In der Modellierungsphase liegt es nun an Ihnen, zu bestimmen, welche Attribute als Pflichtattribute und welche Attribute als optionale Attribute definiert werden. In diesem Beispiel habe ich die Attribute *name* und *vorname* mit einem »P« gekennzeichnet und somit festgelegt, dass es sich um Pflichtattribute handelt. Das Attribut *geburtsdatum* hingegen habe ich mit einem »O« gekennzeichnet, um es als ein optionales Attribut anzugeben.

Wie Sie Pflichtfelder mit einer **CREATE TABLE**-Anweisung angeben, haben Sie bereits in Kapitel 4 erfahren. Hierzu ordnen Sie einer Spalte hinter der Datentypangabe einfach einen **NOT NULL**-Constraint zu.

> **Zusammenfassung: Entitäten modellieren** [*]
>
> Um eine neue Datenbank zu modellieren, müssen Sie als Erstes die »Dinge« bzw. Objekte ermitteln, deren Informationen darin gespeichert werden sollen. Hierbei könnte es sich ganz allgemein um eine Person, einen Arbeitnehmer oder einen Anstellungsvertrag handeln. Ein Objekt oder ein real existierendes »Ding« wird in der Datenbankmodellierung als *Entität* bezeichnet. Eine Entität wird im Entity-Relationship-Diagramm als Rechteck notiert.

> Einer Entität werden Informationen oder, anders gesagt, Eigenschaften zugeordnet, die im unmittelbaren Bezug zu dem zu modellierenden Objekt stehen. Diese Eigenschaften werden in der Modellierungsphase als *Attribute* bezeichnet. Attribute, die einer Entität zuzuordnen sind, werden als Oval notiert und mit einer Verbindungslinie einer Entität zugeordnet.
>
> Die für eine Entität festgelegte Menge von Attributen muss mit einem *Schlüsselattribut* versehen werden. Während der Modellierung werden hier zunächst *Schlüsselkandidaten* untersucht, die aus den Elementen der Menge der Attribute hervorgehen. Wenn ein oder mehrere Attribute als Schlüsselkandidat in Frage kommen, so spricht man von einem *natürlichen Schlüssel*. Kann hingegen aus der Menge der zur Verfügung stehenden Attribute kein natürlicher Schlüssel abgeleitet werden, so kommt ein *künstlicher Schlüssel* in Frage. So ein künstlicher Schlüssel wird als *Surrogatschlüssel* bezeichnet und kann etwa durch ganzzahlige Werte abgebildet werden. Ein *Schlüsselattribut* ist im Modell zu kennzeichnen, um es von den anderen Attributen unterscheidbar zu machen. Hier habe ich das Zeichen # verwendet, um ein Schlüsselattribut kenntlich zu machen.
>
> Unabhängig davon, ob es sich um einfache Attribute oder Schlüsselattribute handelt, muss jedem Attribut ein geeigneter *Wertebereich* (ein Datentyp) zugeordnet werden.
>
> In der Modellierung unterscheiden sich optionale Attribute von Attributen, die verbindlich anzugeben sind. Pflichtattribute sind ebenfalls im Entity-Relationship-Diagramm zu kennzeichnen, um sie unterscheidbar zu machen. Hier habe ich sie um den Buchstaben »P« ergänzt.

In diesem Abschnitt haben Sie gelernt, dass Sie Attribute bereits während der Modellierung eines Datenmodells als Pflichtfelder festlegen können. In Abschnitt 6.3 zeige ich Ihnen, wie Sie Beziehungen zwischen Entitäten festlegen.

6.3 Beziehungen zwischen Entitäten festlegen

Sie haben bisher drei Entitäten festgelegt, die derzeit noch in keinerlei Bezug zueinander stehen. Sie könnten z. B. einem Auszubildenden weder einen Ausbildungsberuf noch eine Adresse zuordnen. Um das zu ändern, müssen wir die Entitäten in Beziehung zueinander setzen. Um ein vollständiges Beispiel darstellen zu können, fügen wir dem Entity-Relationship-Modell die Entitäten *lehrfach* und *ausbildungsvertrag* hinzu. Abbildung 6.5 zeigt eine Übersicht der Entitäten, die in Beziehung zueinander gesetzt werden sollen.

```
ausbildungsberuf      ausbildungsvertrag        lehrfach
         auszubildender        adresse
```

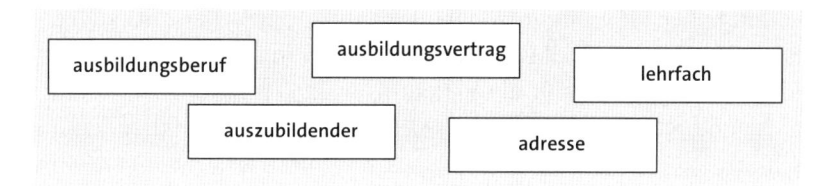

Abbildung 6.5 Entitäten, die nicht in Beziehung zueinander stehen

Wie solche Beziehungen erzeugt werden, erfahren Sie im folgenden Abschnitt.

6.3.1 Beziehungen im Entity-Relationship-Modell definieren

In Abbildung 6.5 sind die Entitäten aufgeführt, die wir in Beziehung zueinander setzen wollen. Hierzu müssen wir uns natürlich zuerst überlegen, welche Entitäten in Beziehung zueinander stehen. Betrachten wir zunächst die Entität *auszubildender* und überlegen uns, in welchen Beziehungen diese Entität stehen könnte.

Einem *auszubildenden* kann ein *ausbildungsvertrag* zugeordnet werden. Somit haben wir schon mal eine erste Beziehung erkannt. Des Weiteren können Sie einem *auszubildenden* eine *adresse* zuordnen. Somit hätten wir schon eine zweite Beziehung erkannt. Einem *auszubildenden lehrfächer* zuzuordnen wäre hingegen nicht sinnvoll, da *lehrfächer ausbildungsberufen* zugeordnet werden. Stattdessen ordnen wir also einem *ausbildungsberuf lehrfächer* zu. Somit haben wir eine dritte Beziehung zwischen den Entitäten *ausbildungsberuf* und *lehrfach* erkannt.

Einem *ausbildungsvertrag*, einem *ausbildungsberuf* oder einem *lehrfach* einer *adresse* zuzuordnen, wäre wiederum nicht sinnvoll. Hier existieren also keine Beziehungen.

In Abbildung 6.6 sehen Sie, wie Sie in einem Entity-Relationship-Modell die bereits ermittelten Beziehungen zwischen Entitäten darstellen können. Wenn Entitäten in Beziehung zueinander stehen, werden sie durch eine einfache Linie miteinander verbunden.

Vielleicht denken Sie jetzt, wir könnten doch einen Ausbildungsvertrag auch in Beziehung zu einem Ausbildungsberuf sehen. Stimmt! Ich bevorzuge an dieser Stelle allerdings ein einfaches Modell, um Ihnen die Beziehungen zwischen Entitäten zu erläutern. Machen wir es nicht zu kompliziert.

```
auszubildender ——— ausbildungsvertrag      ausbildungsberuf
       |                                          |
   adresse                                    lehrfach
```

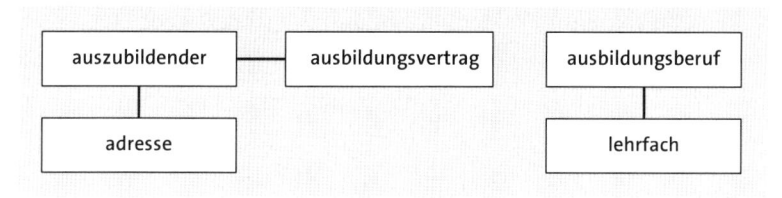

Abbildung 6.6 Beziehungen zwischen Entitäten herstellen

In diesem Abschnitt haben Sie erfahren, wie Sie Beziehungen zwischen Entitäten ermitteln und darstellen. Die Beschreibung der Beziehungen in dem Modell ist allerdings noch nicht vollständig. Es fehlt die Verhältnismäßigkeit zwischen den Entitäten. Was das ist und wie Sie die Verhältnismäßigkeit ermitteln, erkläre ich im folgenden Abschnitt.

6.3.2 Kardinalitäten von Beziehungen erkennen

In Kapitel 1 haben Sie die Bundesligatabelle als Beispiel für eine einfache Tabelle kennengelernt. Zugegeben: Diese Tabelle hat nichts mit einer Ausbildungsdatenbank gemeinsam. Ein Torverhältnis in einem Bundesligaspiel eignet sich aber, um Ihnen den Begriff der *Kardinalität* zu erklären.

Stellen Sie sich vor, in einem Spiel treffen die Rivalen Bayern München und Borussia Dortmund aufeinander. Dortmund gewinnt das Spiel 5:0. Mit diesem Verhältnis zeigen Sie, dass Dortmund 5 Tore erzielt hat. Bayern käme in diesem hypothetischen Fall mit 0 Toren zum Zuge. Das Endergebnis würden wir in der Form »Dortmund:Bayern 5:0« notieren.

Das Verhältnis bzw. die Kardinalität von Entitäten, die in Beziehung zueinander stehen, ist nicht immer so eindeutig zu sehen. Um ein solches Verhältnis zu identifizieren, sollten Sie sich folgende Frage stellen:

> **Frage zur Ermittelung von Kardinalitäten für eine Beziehung**
> Um eine Kardinalität einer Beziehung zwischen Entitäten zu ermitteln, sollten Sie sich für jede Beziehung zweimal fragen:
> Wie viele Entitäten eines Typs kann ich einer Entität eines anderen Typs zuordnen?

In unserem Beispiel lauten die Fragen also:

- Wie viele Ausbildungsverträge können einem oder mehreren Auszubildenden zugeordnet werden?
- Wie viele Auszubildende können einem oder mehreren Ausbildungsverträgen zugeordnet werden?

Beantwortet werden sie wie folgt:

- Jedem Auszubildenden kann nur exakt ein Ausbildungsvertrag zugeordnet werden.
- Jedem Ausbildungsvertrag kann nur exakt ein Auszubildender zugeordnet werden.

Eine 1:1-Beziehung erkennen

Im Entity-Relationship-Modell unserer zu modellierenden Ausbildungsdatenbank finden sich zwar keine Bundesligavereine, jedoch Entitäten und deren Beziehungen, die quantitativ ermittelt werden können.

Um Ihnen die *1:1-Beziehung* nahezubringen, betrachten wir das Beispiel der Azubis und ihrer Verträge. Einem Auszubildenden wird dabei immer exakt ein Ausbildungsvertrag mit einer Vertragsnummer zugeordnet, und ein Vertrag gilt genauso selbstverständlich nur für exakt einen Azubi. Hierbei handelt es sich also um eine klassische 1:1-Beziehung.

Eine 1:1-Beziehung wird im Entity-Relationship-Modell jeweils am Anfang und am Ende einer Beziehungslinie durch vertikale Striche dargestellt. Mit dieser Notation kennzeichnen Sie, dass einem Auszubildenden exakt ein Ausbildungsvertrag zugeordnet werden kann. Das gilt in diesem Fall auch umgekehrt, da einem Ausbildungsvertrag nur ein Auszubildender zugeordnet ist.

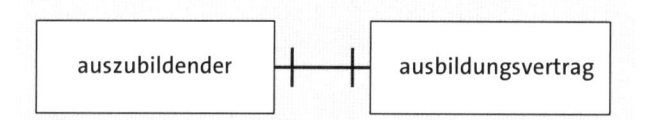

Abbildung 6.7 Die Entitäten »auszubildender« und »ausbildungsvertrag« stehen in einer 1:1-Beziehung.

In Abbildung 6.8 sehen Sie ein vollständiges Entitätenmodell für die Entitäten *auszubildender* und *ausbildungsvertrag* inklusive der 1:1-Beziehung zwischen diesen beiden Entitäten.

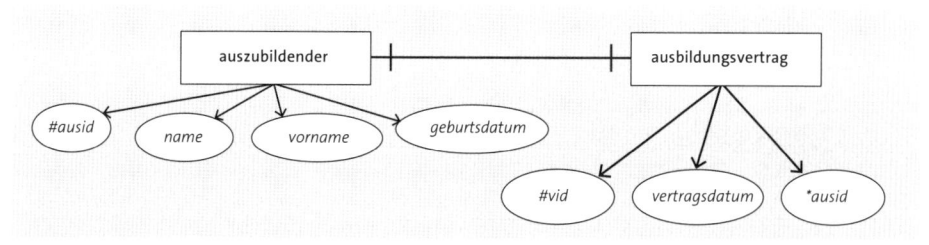

Abbildung 6.8 Ein vollständiges Entitätenmodell für die Beziehung der Entitäten »auszubildender« und »ausbildungsvertrag«

Betrachten Sie die Attribute der Entität *ausbildungsvertrag* genauer. Hier finden Sie ein Attribut mit der Bezeichnung *ausid*. Dieses Attribut dient als Verweis auf den Primärschlüssel *ausid* der Entität *auszubildender*. Das Attribut *ausid* der Entität *ausbildungsvertrag* können wir also als einen fremden Schlüssel bezeichnen, der auf ein

Primärschlüsselattribut in einer anderen Entität zeigt. Aus diesem Grund wird das Attribut *ausid* der Entität *ausbildungsvertrag* als *Fremdschlüssel* oder *Foreign Key* bezeichnet.

Als Nächstes sehen wir uns die Tabellen an, die aus dem Entitätenmodell der 1:1-Beziehung resultieren. Zunächst betrachten wir Tabelle 6.5, *auszubildende*. Hier sehen Sie nichts Neues. Die Tabelle verfügt über die Spalten *name*, *vorname* und *geburtsdatum*, die jeweils abhängig von der Primärschlüsselspalte *ausid* sind.

ausid	name	vorname	geburtsdatum
1	Müller	Ralf	01.04.2001
2	Klein	Sabine	10.05.2002
3	Lang	Peter	11.03.2001
4	Müller	Ralf	01.04.2001
5	Klein	Sabine	20.05.2003

Tabelle 6.5 Die Tabelle »auszubildende«

Tabelle 6.6, *ausbildungsverträge*, steht zur Tabelle *auszubildende* in einer 1:1-Beziehung. In dieser Tabelle wird in jeder Zeile der Fremdschlüsselwert *ausid* gespeichert, der dem Primärschlüsselwert *ausid* der Tabelle *auszubildende* entspricht. Somit ist sichergestellt, dass jede Zeile der Tabelle *ausbildungsvertrag* auf eine Zeile in der Tabelle *auszubildende* verweist und somit eine 1:1-Beziehung gegeben ist.

vid	vertragsdatum	ausid
1	01.03.2015	3
2	01.03.2015	5
3	01.03.2015	1
4	01.03.2015	2
5	01.03.2015	4

Tabelle 6.6 Die Tabelle »ausbildungsvertrag«

In diesem Abschnitt haben Sie erfahren, wie Sie eine 1:1-Beziehung zwischen Entitäten abbilden. Im nächsten Abschnitt betrachten wir Entitäten, die in einer 1:n-Beziehung stehen.

Eine 1:n-Beziehung erkennen

Die *1:n-Beziehung* schildere ich Ihnen ebenfalls anhand eines einfachen Beispiels, in dem wir einem Auszubildenden in ein Verhältnis zu einer oder mehreren Adressen stellen. Es kann ja durchaus vorkommen, dass ein Azubi das Elternhaus verlässt und in einer anderen Stadt eine Ausbildung beginnt. Dies ist ein klassisches Beispiel für eine 1:n-Beziehung. Das Verhältnis besteht in diesem Fall darin, dass einem Azubi mehrere Wohnorte zugeordnet werden.

In Abbildung 6.9 sehen Sie ausgehend von der Entität *auszubildender* einen vertikalen Strich auf der Beziehungslinie. Ausgehend von der Entität *adresse* sehen Sie die sogenannten *Krähenfußnotation*, die hier für mehrere Adressen steht, die einem Auszubildenden zugeordnet werden können. Diese Notation wird im Entity-Relationship-Modell verwendet, um eine n-fache Beziehung zu einer Entität darzustellen.

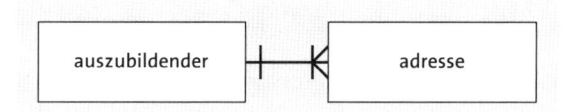

Abbildung 6.9 Die Entitäten »auszubildender« und »adresse« stehen in einer 1:n-Beziehung.

In Abbildung 6.10 sehen Sie ein vollständiges Entitäten-Modell für die Entitäten *auszubildender* und *adresse*. Hier werden die 1:n-Beziehung zwischen den Entitäten *auszubildender* und *adresse* sowie die den Entitäten zugeordneten Attribute dargestellt.

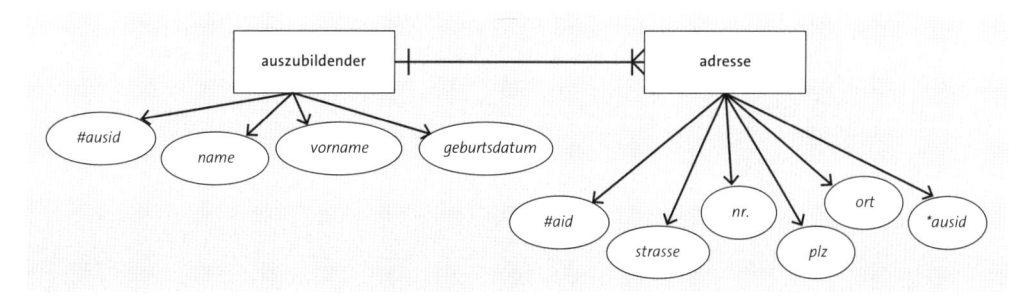

Abbildung 6.10 Ein vollständiges Entitätenmodell für die Beziehung der Entitäten »auszubildender« und »adresse«

Betrachten Sie die Attribute der Entität *adresse*. Auch hier findet sich ein Attribut *ausid*. Dieses Attribut dient ebenfalls als Verweis auf den Primärschlüssel *ausid* der Entität *auszubildender*. Das Attribut *ausid* der Entität *adresse* stellt also das Fremdschlüsselattribut dar, mit dem wir auf das Primärschlüsselattribut der Tabelle *auszubildender* verweisen und somit eine 1:n-Beziehung zwischen den Entitäten *auszubildender* und *adresse* realisieren.

Sehen wir uns als Nächstes auch hier wieder Tabellen an, die die Entitäten *auszubildender* und *adresse* in ihrer Beziehung zueinander repräsentieren. Die Tabelle *auszubildender* bietet uns hier keine neuen Informationen.

ausid	name	vorname	geburtsdatum
1	Müller	Ralf	01.04.2001
2	Klein	Sabine	10.05.2002
3	Lang	Peter	11.03.2001
4	Müller	Ralf	01.04.2001
5	Klein	Sabine	20.05.2003

Tabelle 6.7 Die Tabelle »auszubildender«

Die Tabelle *auszubildender* steht zur Tabelle *adresse* in einer 1:n-Beziehung. Auch hier wird aus jeder Zeile der Tabelle *adresse* mit einem Fremdschlüsselwert der Spalte *ausid* auf einen Primärschlüsselwert der Spalte *ausid* der Tabelle *auszubildender* verwiesen.

aid	strasse	nr.	plz	ort	ausid
1	Mondstraße	8	50827	Köln	1
2	Sternstraße	10	50127	Bonn	1
3	Sonnenstraße	1	50129	Bonn	2
4	Sternstraße	25	50126	Bonn	2
5	Jupiterstraße	7	50827	Köln	3

Tabelle 6.8 Die Tabelle »adresse«

Sehen wir uns die Zeilen genauer an. Die Spalte *aid* (kurz für »Adress-ID«) ist die Primärschlüsselspalte der Tabelle *adresse*. Den Adressen mit den Primärschlüsselwerten 1 und 2 sind in der Fremdschlüsselspalte *ausid* jeweils dem Fremdschlüsselwert 1 zugeordnet. Ein Blick auf die Tabelle *auszubildender* offenbart, dass es sich bei dem Auszubildenden mit dem Primärschlüsselwert 1 der Primärschlüsselspalte *ausid* um den Auszubildenden Ralf Müller handelt, dem somit zwei Adressen zugeordnet sind. In der Tabelle *adresse* findet sich ein weiterer Auszubildender, dem zwei Adressen zugewiesen sind, sowie ein Auszubildender, für den nur eine Adresse hinterlegt ist.

In diesem Abschnitt haben wir eine 1:n-Beziehung zwischen Entitäten modelliert. Im nächsten Abschnitt betrachten wir eine weitere Beziehung, die zwischen Entitäten bestehen kann, die m:n-Beziehung.

Eine m:n-Beziehung erkennen

Mit der m:n-*Beziehung* können Sie ein Verhältnis beschreiben, in der einem Ausbildungsberuf mehrere Lehrfächer zugeordnet werden können. Einem Lehrfach wiederum können mehrere Ausbildungsberufe zugeordnet werden. Hier haben wir es also mit einer klassischen m:n-Beziehung zu tun.

In Abbildung 6.11 sehen Sie in eine m:n-Beziehung zwischen den Entitäten *ausbildungsberuf* und *lehrfach*, in der das m:n-Verhältnis zwischen den Relationen mit der Krähenfußnotation beschrieben wird.

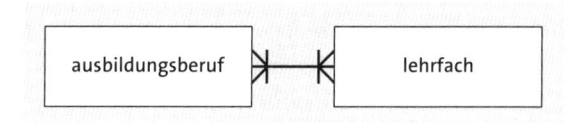

Abbildung 6.11 Die Entitäten »ausbildungsberuf« und »lehrfach« stehen in einer m:n-Beziehung.

Betrachten wir auch hier ein vollständiges Entity-Relationship-Modell der Entitäten *ausbildungsberuf* und *lehrfach*, das auch die Attribute enthält. Abbildung 6.12 zeigt die Entitäten *ausbildungsberuf* und *lehrfach* in einer m:n-Beziehung. Beiden Entitäten wurden Primärschlüsselattribute zugeordnet. Zum einem sehen Sie das Attribut *berufid*, das das Primärschlüsselattribut für die Entität *ausbildungsberuf* darstellt. Zum anderen sehen Sie das Attribut *lehrfachid*, das Primärschlüsselattribut für die Entität *lehrfach*. Somit verfügen wir für beide Entitäten über Primärschlüsselattribute, über die wir eine m:n-Beziehung realisieren können.

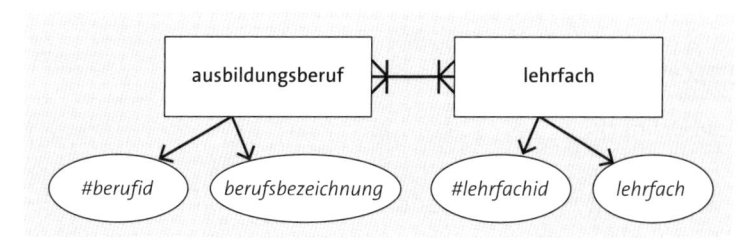

Abbildung 6.12 Ein vollständiges Entitätenmodell für die Beziehung der Entitäten »ausbildungsberuf« und »lehrfach«

Auch hier sehen wir uns zum besseren Verständnis wieder Tabellen an, die die Entitäten *ausbildungsberuf* und *lehrfach* in ihrer Beziehung zueinander repräsentieren.

Die Tabelle, die die Entität *Ausbildungsberuf* repräsentiert, enthält zwei Spalten: eine Primärschlüsselspalte mit der Bezeichnung *berufid* und eine Spalte *berufsbezeichnung*. Hier sind also keine Fremdschlüsselspalten enthalten.

berufid	berufsbezeichnung
1	Elektroniker
2	Industriekaufmann
3	Schlosser
4	Betriebswirt

Tabelle 6.9 Die Tabelle »ausbildungsberuf«

Als Nächstes sehen wir uns die Tabelle *lehrfach* an. Auch diese Tabelle ist mit einer Primärschlüsselspalte ausgestattet. Es handelt sich um die Spalte *lehrfachid*. Außerdem enthält sie die Spalte *lehrfach*, in der Lehrfächer aufgeführt sind. Auch hier sehen Sie keine Spalte, die einen Fremdschlüssel enthält, der eine Beziehung zu der Tabelle *ausbildungsberuf* herstellen könnte.

lehrfachid	lehrfach
1	Deutsch
2	Kommunikation
3	Mathematik
4	Mechanik
5	Buchhaltung
6	Englisch
7	Integrierte Schaltungstechnik

Tabelle 6.10 Die Tabelle »lehrfach«

Vermutlich stellen Sie sich jetzt völlig zu Recht die Frage, wie denn die m:n-Beziehung zwischen den Tabellen hergestellt wird, die im Entity-Relationship-Modell festgelegt wurde.

Die Antwort lautet: Indem wir eine weitere Tabelle einführen, in der wir die Primärschlüsselwerte der Tabellen *ausbildungsberuf* und *lehrfach* in Beziehung setzen. Der neu einzuführenden Tabelle geben wir die Bezeichnung *beruflehrfach*.

Die neu eingeführte Tabelle enthält die zwei Spalten *berufid* und *lehrfachid*. Die Wertkombinationen dieser beiden Spalten dürfen nur eindeutig vorkommen. Aus diesem Grund stellt die Kombination aus beiden Spalten einen Primärschlüssel dar. Es handelt sich also um einen Primärschlüssel, der aus mehreren Spalten besteht.

Mit den Spalten, die nicht nur den Primärschlüssel der Tabelle *beruflehrfach* darstellen, können wir jetzt Beziehungen zwischen den Tabellen *ausbildungsberuf* und *lehrfach* herstellen, da die Spaltenwerte der Spalte *berufid* auf die Primärschlüsselspalte *berufid* der Tabelle *ausbildungsberuf* und die Spaltenwerte der Spalte *lehrfachid* auf die Primärschlüsselwerte der Tabelle *lehrfach* verweisen. Die beiden Spalten stellen also auch jeweils einen fremden Schlüssel dar, dessen Werte auf einen Primärschlüsselwert in einer anderen Tabelle verweisen. Somit können wir festhalten, dass es sich bei den Spalten *berufid* und *lehrfachid* auch um Fremdschlüsselspalten handelt.

Sehen wir uns ein paar konkrete Beispiele an. In der Tabelle *ausbildungsberuf* finden Sie in der Spalte *berufid* den Wert 1, der dem Ausbildungsberuf Elektroniker zugeordnet ist. In der Tabelle *beruflehrfach* sehen Sie in der Spalte *berufid* drei Werte, die dem Wert 1 entsprechen. In den betroffenen Zeilen können Sie unter der Spalte *lehrfachid* die jeweils zugeordneten Lehrfächer ermitteln, die wiederum dem Ausbildungsberuf Elektroniker zugeordnet sind. Es handelt sich um die Lehrfächer mit den Fremdschlüsselwerten 1, 3 und 7, die wiederum auf die Primärschlüsselwerte 1, 3 und 7 in der Tabelle *lehrfach* verweisen. Dem Ausbildungsberuf Elektroniker sind also die Fächer Deutsch, Mathematik und Integrierte Schaltungstechnik zugeordnet.

In der Tabelle *beruflehrfach* finden Sie weitere Beispiele, in der Schlüsselwerte in Beziehung zueinander gesetzt werden und somit eine m:n-Beziehung abbilden.

berufid	lehrfachid
1	1
1	3
1	7
2	1
2	2
2	6
4	1
4	2
4	5

Tabelle 6.11 Die Tabelle »beruflehrfach«

In diesem Abschnitt haben Sie erfahren, wie Sie eine m:n-Beziehung modellieren, und anhand praktischer Beispiele die Beziehungsart kennengelernt. Im nächsten Abschnitt 6.3.3 lernen Sie, dass Entitäten in Beziehung zu sich selbst stehen können.

6.3.3 Eine besondere 1:n-Beziehung, oder Entitäten, die auf sich selbst verweisen

Eine Entität kann in Beziehung zu sich selbst stehen.

Auch hier liefert die Ausbildungsdatenbank ein Beispiel, denn sie soll auch sämtliche Mitarbeiter verwalten, die den Ausbildungsbetrieb sicherstellen. Somit können wir schon einmal eine Entität *mitarbeiter* festlegen. In der Entität *mitarbeiter ausbildungsbetrieb* soll die Hierarchie der Mitarbeiter abgebildet werden. In einem Entity-Relationship-Modell wird eine derartige Beziehung einer Entität zu sich selbst durch eine Linie festgelegt, die von der Entität auf die Entität verweist. Auch hier haben wir es mit einer Beziehung zu tun, für die wir eine Kardinalität bestimmen können. Einem Vorgesetzten sollen *n* Mitarbeiter zugeordnet werden können. Einem oder mehreren Mitarbeitern hingegen soll ein Vorgesetzter zugeordnet werden. In Abbildung 6.13 sehen Sie die Entität *mitarbeiter ausbildungsbetrieb* und deren Beziehung zu sich selbst gemäß einem Entity-Relationship-Modell.

Abbildung 6.13 Die Entität »mitarbeiter ausbildungsbetrieb« steht in einer 1:n-Beziehung zu sich selbst.

Sehen Sie sich die Tabelle an, die der Entität *mitarbeiter ausbildungsbetrieb* entspricht:

mitarbeiterid	name	vorname	vorgesetzterid
1	Müller	Alfred	
2	Ungern	Peter	1
3	Erdenschein	Claudia	1
4	Sternenschein	Ute	1
5	Augustus	Frank	1

Tabelle 6.12 Die Tabelle »mitarbeiter ausbildungsbetrieb«

mitarbeiterid	name	vorname	vorgesetzterid
6	Erdenfels	Christine	
7	Hoffnung	Ralf	6
8	Freud	Erika	6
9	Bergfels	Diether	6
10	Lemon	Reinhold	6

Tabelle 6.12 Die Tabelle »mitarbeiter ausbildungsbetrieb« (Forts.)

In Tabelle 6.12 sehen Sie zunächst eine Primärschlüsselspalte mit der Bezeichnung *mitarbeiterid*. In dieser Spalte werden also die eindeutigen Primärschlüsselwerte gespeichert. Es folgen die Spalten *name* und *vorname*, in der die Namen und Vornamen der Mitarbeiter des Ausbildungsbetriebs hinterlegt sind.

Die nächste Spalte, *vorgesetzterid*, hat die Aufgabe, eine Beziehung zwischen den Mitarbeitern und ihren Vorgesetzen zu schaffen. Es handelt sich also um eine Fremdschlüsselspalte. Sehen Sie sich die Spaltenwerte der Spalte *vorgesetzterid* der Mitarbeiter Peter Ungern, Claudia Erdenschein, Ute Sternenschein und Frank Augustus an. Den Mitarbeitern des Ausbildungsbetriebs ist jeweils ein Vorgesetzter mit der ID 1 zugeordnet. Der Wert 1 aus der Spalte *vorgesetzterid* stellt die Beziehung zum Wert 1 in der Spalte *mitarbeiterid* her. Der Vorgesetzte dieser Mitarbeiter ist also Alfred Müller.

In diesem Abschnitt haben Sie erfahren, wie Entitäten in Beziehung zu sich selbst gesetzt werden können. Im nächsten Abschnitt 6.3.4 werden Sie den Unterschied zwischen starken und schwachen Entitäten kennenlernen.

6.3.4 Starke und schwache Entitäten unterscheiden

Sie haben bereits die 1:1-, 1:n- und m:n-Beziehungen kennengelernt. Vielleicht ist Ihnen ja schon aufgefallen, dass es Entitäten gibt, die Beziehungen eingehen und dabei abhängig von der Existenz einer anderen Entität sind. Beispielhaft betrachten wir noch einmal die 1:n-Beziehung zwischen der Entität *auszubildender* und der Entität *adresse*.

Die Entität *auszubildender* kann eigenständig existieren, unabhängig davon, ob eine weitere Entität eine Beziehung mit ihr eingeht. Bei der Entität *auszubildender* handelt es sich also um eine sogenannte *starke Entität*.

Die Entität *adresse* hingegen steht in absoluter Abhängigkeit in einer Beziehung zu der Entität *auszubildender*. Das Fremdschlüsselattribut *ausid* der Entität *adresse* verweist immer auf das Primärschlüsselattribut *ausid*. Eine Adresse ist also immer von der Existenz eines Auszubildenden abhängig. Derartige Entitäten bezeichnet man als *schwache Entitäten*. Abbildung 6.14 stellt die Verbindung zwischen starken und schwachen Entitäten noch einmal dar.

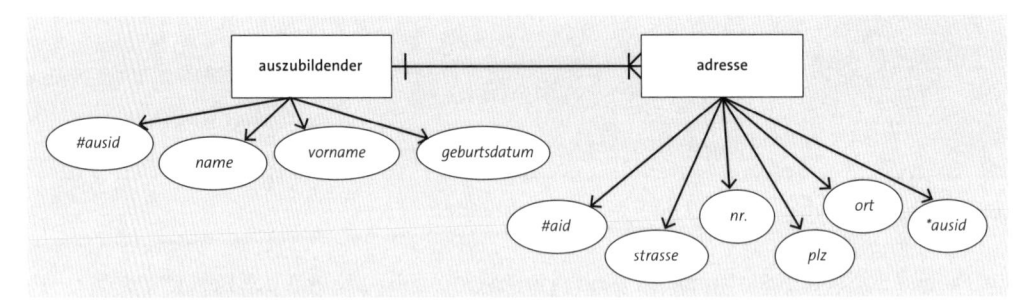

Abbildung 6.14 Schwache und starke Entitäten

Diese Verbindung hat besonders dann große Auswirkungen für Modelle, die in reale Datenbanken überführt werden, wenn Einfüge-, Aktualisierungs- oder Löschoperationen durchgeführt werden sollen.

Um die Auswirkungen von schwachen und starken Entitäten nachvollziehen zu können, betrachten wir zwei Tabellen, die in einer 1:n-Beziehung stehen. Es handelt sich um die bereits bekannten Tabellen *auszubildender* und *adresse*, die den gleichnamigen Entitäten entsprechen. Die Tabelle *ausbildendender* (Tabelle 6.13) wurde aus der starken Entität *auszubildender* abgeleitet. Folglich ist jede Zeile in der Tabelle *auszubildender* unabhängig von der Tabelle *adresse*, die in Beziehung zu ihr steht. Jede Zeile kann also unabhängig davon existieren, ob es eine andere Zeile gibt, die in Beziehung zu dieser Tabelle steht.

ausid	name	vorname	geburtsdatum
1	Müller	Ralf	01.04.2001
2	Klein	Sabine	10.05.2002
3	Lang	Peter	11.03.2001
4	Müller	Ralf	01.04.2001
5	Klein	Sabine	20.05.2003

Tabelle 6.13 Eine Tabelle, die der Entität »auszubildender« entspricht

Als Nächstes betrachten wir die Tabelle *adresse* (Tabelle 6.14), die aus der schwachen Entität *adresse* abgeleitet ist. Mit Hilfe der Fremdschlüsselspalte *ausid* wird hier auf die Primärschlüsselspalte *ausid* der Tabelle *auszubildender* verwiesen. Das heißt, dass die Zeilen in der Tabelle *adresse* eindeutig auf Zeilen der Tabelle *auszubildender* verweisen und somit eine eindeutige Beziehung zu dieser Tabelle herstellen.

aid	strasse	nr.	plz	ort	ausid
1	Mondstraße	8	50827	Köln	1
2	Sternstraße	10	50127	Bonn	1
3	Sonnenstraße	1	50129	Bonn	2
4	Sternstraße	25	50126	Bonn	2
5	Jupiterstraße	7	50827	Köln	3

Tabelle 6.14 Eine Tabelle, die der Entität »adresse« entspricht

Die Beziehung zwischen einer schwachen und einer starken Entität hat sowohl Auswirkungen auf die starke wie auf die schwache Entität. Folgende Fälle lassen sich beschreiben:

1. In der Tabelle, die eine starke Entität repräsentiert, existiert eine Zeile autonom. Hier ist also keine Beziehung zu einer Zeile in einer anderen Tabelle zu beachten. Einfüge-, Aktualisierung- und Löschoperationen können hier völlig autonom betrachtet werden. Es gibt keine Beziehungen zu Zeilen in anderen Tabellen, die wir beachten müssten. Für Aktualisierungs- und Löschanweisungen gilt dies nur so lange, wie keine schwache Entität eine Beziehung zu Zeilen einer starken Entität hergestellt wurde.

2. In einer Tabelle, die eine schwache Entität repräsentiert, existieren Zeilen, die eine Beziehung zu Zeilen herstellen, die eine starke Entität repräsentiert. Diese Beziehung hat unmittelbare Auswirkungen auf Einfüge-, Aktualisierungs- und Löschoperationen.

    – Eine Zeile einer Tabelle, die eine starke Entität repräsentiert, kann nicht gelöscht werden, solange eine Beziehung aus einer Zeile einer Tabelle gegeben ist, die eine schwache Entität repräsentiert. Besteht hingegen keine solche Beziehung, so kann die Zeile aus der Tabelle, die einer starken Entität entspricht, einfach gelöscht werden.

    – Eine Zeile aus einer Tabelle, die einer schwachen Entität entspricht, darf nur auf gültige Primärschlüsselwerte in den Zeilen der Tabelle verweisen, die eine starke Entität darstellen. Wenn eine neue Zeile eingefügt wird, ist dies unbedingt zu beachten. Die einzige zulässige Ausnahme ist der Fall, dass eine Zeile aus einer Tabelle, die einer schwachen Entität entspricht, keine Beziehung zu einer Zeile einer Tabelle eingeht, die einer starken Entität entspricht. Dies ist etwa der Fall, wenn Sie es mit `NULL`-Werten in einer Fremdschlüsselspalte zu tun haben.

- Zeilen einer Tabelle, die einer schwachen Entität entspricht, können gelöscht werden, auch wenn eine Beziehung zu den Zeilen einer starken Entität existiert. Merken Sie sich hier, dass die schwache Entität mit den Fremdschlüsselwerten der Besitzer der Beziehung ist. In diesem Fall wird mit dem Löschen der Zeile lediglich die Beziehung zu der Zeile aufgehoben, die der starken Entität entspricht.
- Es muss also sichergestellt werden, dass aus Zeilen von Tabellen, die einer schwachen Entität entsprechen, nur Beziehungen existieren, die auch tatsächlich in den Zeilen der Tabelle, die eine starken Entität entspricht, in Form von Primärschlüsselwerten vorhanden sind.
- Folglich ist es auch nicht zulässig, dass Primärschlüsselwerte aus Zeilen einer Tabelle, die einer starken Entität entspricht, geändert werden, wenn mit Hilfe eines Fremdschlüsselwerts eine Beziehung aus einer Tabelle, die einer schwachen Entität entspricht, existiert. Hier gibt es nur eine Ausnahme; auf sie komme ich später zu sprechen, wenn wir uns kaskadierte Lösch- und Änderungsoperationen ansehen.

Diese Zusammenhänge zwischen starken und schwachen Entitäten werden auch als Eltern-Kind-Beziehung oder – nicht ganz so neutral – als Vater-Sohn-Beziehung bezeichnet. Die Analogie ist einfach: Ein Kind kann nur existieren, wenn Eltern vorhanden sind. Potentielle Eltern hingegen können auch ohne ein Kind existieren.

Die Auswirkungen, die ich Ihnen soeben in Bezug auf die Beziehungen zwischen starken und schwachen Entitäten dargestellt habe, können wir auch als Anforderungen an ein relationales Datenbanksystem formulieren. Relationale Datenbanksysteme stellen sicher, dass die hier aufgeführten Auswirkungen immer eintreten und die Integrität einer Beziehung stets gewährleistet ist. Diese Gewährleistung wird als *referentielle Integrität* bezeichnet und stellt sicher, dass nur gültige Beziehungen existieren. Das Thema der referentiellen Integrität werden wir uns in Abschnitt 8.4 noch genauer ansehen.

[*] **Zusammenfassung: Entitäten in Beziehung zueinander bringen**

Entitäten können in Beziehung zu anderen Entitäten stehen. Wenn eine Beziehung identifiziert wurde, wird diese Beziehung zwischen den Entitäten im Diagramm mit einer einfachen Verbindungslinie beschrieben.

Eine Beziehung wiederum ist mit einem Zahlenverhältnis versehen. Einem Mitarbeiter wird zum Beispiel ein Arbeitsvertrag zugeordnet. Einem Mitarbeiter können mehrere Adressen zugeordnet werden. Außerdem ist es zum Beispiel möglich, einem oder mehreren Mitarbeitern einen oder mehrere Fortbildungskurse zuzuordnen.

Hier wird von folgenden Beziehungstypen gesprochen:
- 1:1-Beziehung
- 1:n-Beziehung
- m:n-Beziehung

Die Beziehungstypen 1:1, 1:n und m:n werden als *Kardinalität* bezeichnet.

Wenn Entitäten in Beziehung zueinander stehen, wird zwischen starken und schwachen Entitäten unterschieden. Eine starke Entität ist unabhängig von der Existenz einer schwachen Entität. Umgekehrt gilt, dass eine schwache Entität abhängig von der Existenz einer starken Entität ist. Eine relationale Datenbank stellt sicher, dass die referentielle Integrität stets gegeben ist. So wird verhindert, dass nicht gültige Beziehungen erstellt werden.

In diesem Abschnitt haben Sie erfahren, wie Zeilen aus Tabellen, die starke Entitäten und schwache Entitäten repräsentieren, in Beziehung zueinander stehen und welche Bedingungen erfüllt sein müssen, um diese Beziehungen als gültig zu betrachten. Im nächsten Abschnitt werden Sie die »neuere« UML-Notation kennenlernen, die anstelle des Entity-Relationship-Modells verwendet werden kann, um Datenbanken, Tabellen und die Beziehungen, die zwischen den Tabellen existieren, zu modellieren.

6.4 Datenmodelle in der UML-Notation darstellen

Bisher haben Sie die *Entity-Relationship-Modell-Notation* kennengelernt, um Tabellen und die Beziehungen, die zwischen den Zeilen der Tabellen existieren können, zu modellieren. In diesem Abschnitt stelle ich Ihnen die neuere *UML*-Notation vor, mit der Sie ebenfalls Datenbankmodelle modellieren können. *UML* steht dabei für *Unified Modeling Language*, also »vereinheitlichte Modellierungssprache«. Sie wurde ursprünglich entwickelt, um Klassendiagramme in objektorientierten Programmiersprachen zu modellieren.

Sehen wir uns als Erstes an, wie Sie mit der UML-Notation eine starke Entität definieren. Beispielhaft nutzen wir hierfür wieder die Entität *auszubildender*.

Die MySQL Workbench enthält einen komfortablen Entity-Relationship-Diagramm-Editor. Wenn Sie mit einer MySQL-Datenbank arbeiten, können Sie diesen Diagramm-Editor verwenden, um Entity-Relationship-Modelle zu erstellen. Im Rahmen unseres Einstiegs in SQL nutze ich den MySQL-Diagramm-Editor, um Ihnen die neue Notation vorzustellen.

> **Diagramm-Editoren**
>
> Im *Microsoft SQL Server Management Studio* finden Sie den Diagramm-Editor direkt unter dem jeweiligen Datenbankknoten, den Sie gerade verwenden. Der *pgAdmin III Client* einer PostgreSQL-Datenbank bietet derzeit keinen Diagramm-Editor, um Entity-Relationship-Modelle zu erstellen.

In Abbildung 6.15 sehen Sie die Entität *auszubildender* in der UML-Notation.

```
auszubildender
  ausid TINYINT(1)
  name VARCHAR(120)
  vorname VARCHAR(120)
  geburtsdatum DATE
Indexes
PRIMARY
```

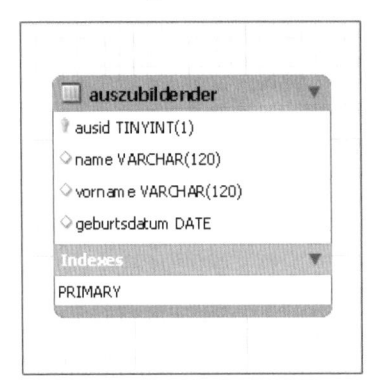

Abbildung 6.15 Die Entität »auszubildender« in UML-Notation

Es handelt sich um ein Rechteck, das in drei Bereiche unterteilt ist.

- Im oberen Bereich wird der Name der Entität angegeben.
- Im mittleren Bereich werden die Attribute festgelegt.
  - Den Attributen werden hier auch gleich die Wertebereiche (Datentypen) zugeordnet.
  - Wenn es sich um ein Primärschlüsselattribut handelt, wird das betreffende Attribut durch ein Schlüsselsymbol gekennzeichnet.
  - Wenn ein Attribut NULL-Werte zulassen soll, so wird das Attribut mit einer weißen Raute gekennzeichnet.
  - Soll ein Attribut hingegen keine NULL-Werte zulassen, so ist das Attribut mit einer farblich ausgefüllten Raute zu kennzeichnen.
- Zu guter Letzt werden im unteren Bereich die Primärschlüssel- bzw. Fremdschlüsselbeziehungen dargestellt.

Die Entität *auszubildender* verfügt hier nur über eine Primärschlüsseldefinition, die hier durch ein Schlüsselsymbol vor dem Attribut *ausid* gekennzeichnet wurde. In Abschnitt 6.2.4 haben Sie erfahren, dass Sie Attributen einen Wertebereich (Datentyp) zuordnen können. In der UML-Notation einer Entität werden die Datentypen, die einen Wertebereich für ein Attribut festlegen, direkt hinter der Bezeichnung eines

Attributs angegeben. Hier werden Attributen folgende Datentypen mit den entsprechenden Wertebereichen zugeordnet:

- *ausid*: `TINYINT`, ein ganzzahliger Datentyp
- *name*: `VARCHAR(120)`, ein Datentyp für eine Zeichenkette, darf 120 Zeichen lang sein
- *vorname*: `VARCHAR(120)`, ebenfalls ein Datentyp für eine Zeichenkette, die 120 Zeichen lang sein darf
- *geburtsdatum*: `DATE`, ein Datentyp, der ein Datum repräsentiert

Aus dem Modell geht auch hervor, dass bis auf das Primärschlüsselattribut jedes andere Attribut (*name*, *vorname* und *geburtsdatum*) `NULL`-Werte zulässt. Sie sehen also, dass wir in der UML-Notation sehr übersichtlich eine Menge von Informationen für zu modellierende Entitäten unterbringen können.

In Abbildung 6.16 sehen Sie, wie eine 1:1-Beziehung zwischen den Entitäten *auszubildender* und *ausbildungsvertrag* gemäß der UML-Notation dargestellt wird. Um die Beziehung darzustellen, werden die Entitäten mit einer gestrichelten Linie verbunden. Die 1:1-Kardinalität wird mit der Zahl 1 beim Austritt der Verbindungslinie aus einer Entität und beim Eintritt der Verbindungslinie der anderen Entität einer Beziehung notiert.

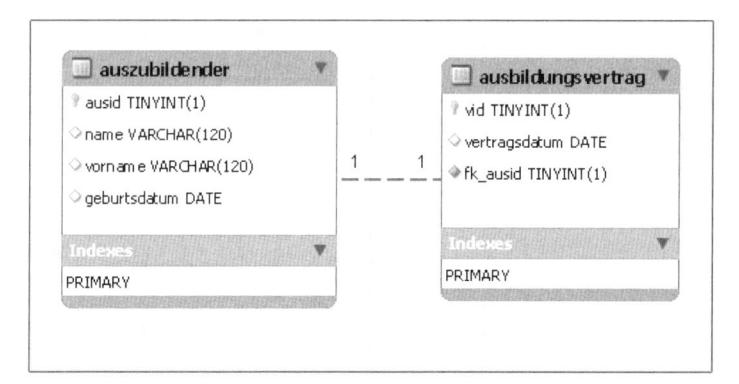

Abbildung 6.16 Eine 1:1-Beziehung zwischen den Entitäten »auszubildender« und »ausbildungsvertrag« in UML-Notation darstellen

Wie sieht es aus, wenn Sie eine 1:n-Beziehung zwischen Entitäten in der UML-Notation darstellen wollen? Abbildung 6.17 enthält die Antwort zu dieser Frage. Sie sehen eine gestrichelte Verbindungslinie zwischen den Entitäten *auszubildender* und *adresse*. Die Kardinalität der Beziehung wird wieder am Anfang und am Ende der Beziehungslinie dargestellt. Hier wird die Kardinalität in der der Form »1...*« angegeben. Einem Auszubildenden werden in diesem Modell also eine oder viele Adressen zugeordnet.

Abbildung 6.18 zeigt Ihnen eine m:n-Beziehung in der UML-Notation. Dieses Beispiel haben Sie schon in der Entity-Relationship-Modell Notation kennengelernt. In der UML-Notation wird sofort erkennbar, dass Sie eine weitere Tabelle benötigen, in der die Primärschlüsselwerte der beiden Tabellen *ausbildungsberuf* und *lehrfach* in Beziehung zueinander gesetzt werden können. Es handelt sich um die Tabelle *beruflehrfach*.

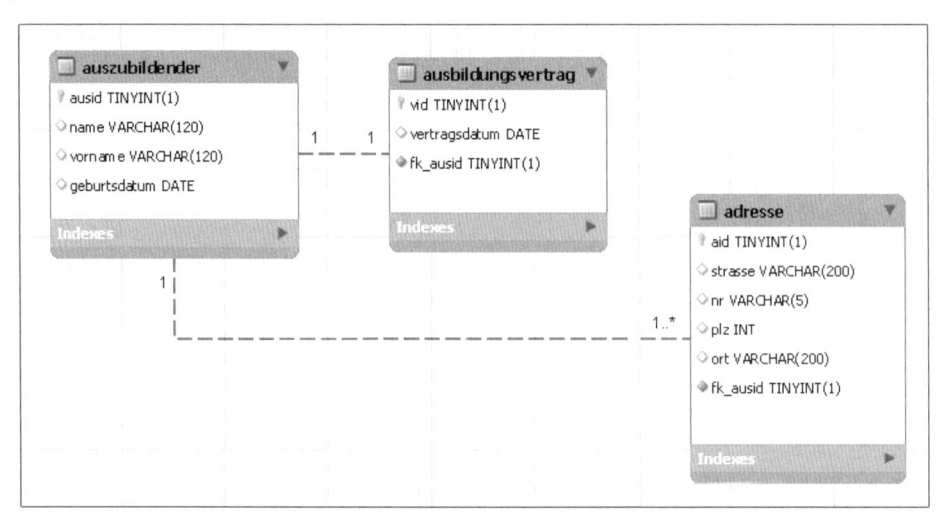

Abbildung 6.17 Eine 1:n-Beziehung zwischen den Entitäten »auszubildender« und »adresse« in der UML-Notation darstellen

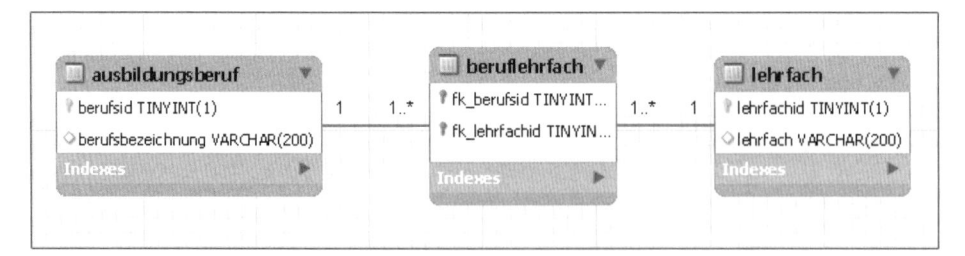

Abbildung 6.18 Eine m:n-Beziehung zwischen den Entitäten »ausbildungsberuf« und »lehrfach« in der UML-Notation darstellen

[*] **Zusammenfassung: Die UML-Notation verwenden**

Entitäten werden in der UML-Notation durch Rechtecke dargestellt. Im oberen Bereich des Rechtecks wird der Name einer Entität notiert.

Unterhalb des Namens werden die Attribute aufgelistet, die einer Entität zuzuordnen sind. In dieser Auflistung werden bereits die Wertebereiche (Datentypen) den Attributen zugeordnet.

> Wenn ein Attribut verbindlich anzugeben ist, wird es mit einer farblich ausgefüllten vorangestellten Raute versehen.
>
> Handelt es sich bei einem Attribut um ein Primärschlüsselattribut, so wird dies mit einem vorangestellten Schlüsselsymbol gekennzeichnet.
>
> Beziehungen zwischen Entitäten werden auch in der UML-Notation durch eine einfache Verbindungslinie dargestellt.
>
> Die Kardinalität, die für eine Beziehung definiert wird, wird hingegen mit ganzen Zahlen wie »1 zu 1..*« (einem Mitarbeiter wird eine oder mehrere Adressen zugeordnet) dargestellt.

In diesem Abschnitt habe ich Ihnen gezeigt, wie ein Modell, das Tabellen und ihre Beziehungen beschreibt, mit der UML-Notation dargestellt werden kann. In Kapitel 7, »Datenmodelle optimieren (Normalisierung)«, zeige ich Ihnen, wie Sie Datenmodelle optimieren. Wenn Sie jetzt erst einmal eine Pause von den theoretischen Betrachtungen machen wollen, dann können Sie auch gerne zu Kapitel 8, »Datenmodelle in Tabellen überführen«, übergehen, in dem ich die Überführung eines Datenmodells in eine Datenbank beschreibe.

6.5 Übungen zum Thema »Datenbanken modellieren«

Übung 1

Jedem Auszubildenden steht Urlaub zu. Modellieren Sie eine Entität *urlaub*, in der die Informationen *beginn urlaub* und *ende urlaub* hinterlegt sind. Die beiden Entitäten *auszubildender* und *urlaub* stehen in Beziehung zueinander. Einem Auszubildenden können viele Urlaubszeiträume zugeordnet werden. Berücksichtigen Sie bei der Modellierung, dass die Informationen *beginn urlaub* und *ende urlaub* verbindlich gespeichert werden. Außerdem ist die Entität *urlaub* mit einem eindeutigen Schlüsselattribut *urlaubid* auszustatten. In der zu modellierenden Entität *urlaub* soll ein Fremdschlüsselattribut *ausid* definiert werden, mit dem wiederum auf das Primärschlüsselattribut *ausid* der Entität *auszubildender* verwiesen wird.

Beachten Sie dabei, dass Sie nicht unbedingt ein Programm brauchen, um ein E/R-Modell zu entwickeln. Ein Stift und ein Blatt Papier tun es auch.

Übung 2

Überführen Sie das Entity-Relationship-Modell in die UML-Notation. Ergänzen Sie die Attribute um die Wertebereiche, die den Attributen zugeordnet werden sollen.

Lösung zu Übung 1

In Abbildung 6.19 ist die Lösung zu Übung 1 dargestellt.

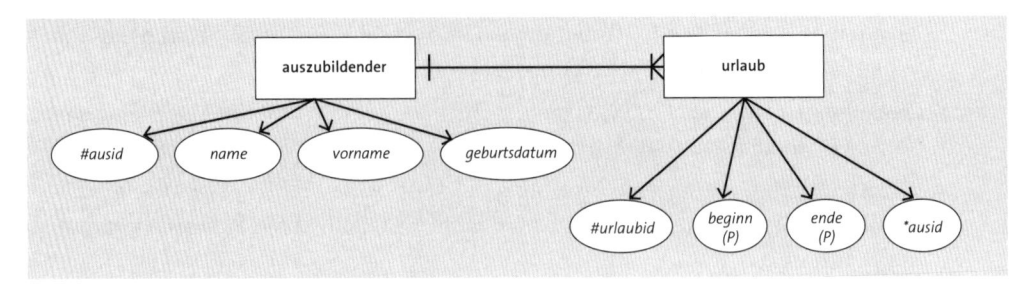

Abbildung 6.19 Ein Entity-Relationship-Modell, das die Beziehung zwischen den Entitäten »auszubildender« und »urlaub« beschreibt

Die Entitäten *auszubildender* und *urlaub* wurden durch eine Linie miteinander verbunden, die die Beziehung darstellt. Die Kardinalität der Beziehung wurde hier entsprechend durch einen vertikalen Strich und die Krähenfußnotation angegeben. Der Entität *urlaub* sind die Attribute *urlaubid*, *beginn*, *ende* und *ausid* zugeordnet. Das Attribut *urlaubid* repräsentiert das Primärschlüsselattribut und wurde mit einem #-Zeichen gekennzeichnet. Das Attribut *ausid* hingegen entspricht dem Fremdschlüsselattribut und wurde hier mit einem *-Zeichen gekennzeichnet.

Zu guter Letzt wurden die Attribute *beginn* und *ende* mit dem Buchstaben P versehen, um sie als Pflichtfeld zu kennzeichnen.

Lösung zu Übung 2

Die Lösung für die Überführung des Entitätenmodells und dessen Beziehungen könnte wie in Abbildung 6.20 aussehen.

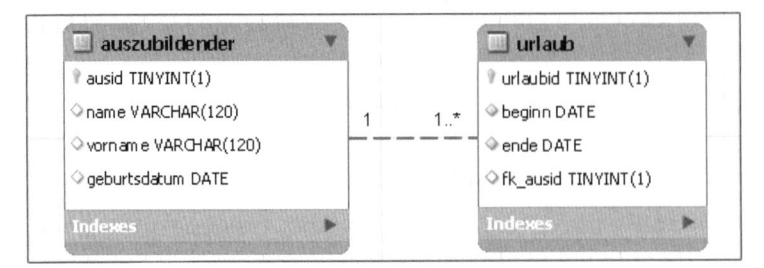

Abbildung 6.20 Überführung des Entity-Relationship-Modells in ein Modell in UML-Notation

Hier sehen Sie ebenfalls, wie die Entitäten *auszubildender* und *urlaub* modellhaft in einer 1:n-Beziehung dargestellt sind. Den Attributen *urlaubid*, *beginn* und *ende* wurden die Wertebereiche **INT**, **DATE**, **DATE** und **INT** zugeordnet.

# Kapitel 7
Datenmodelle optimieren (Normalisierung)

Ein Datenmodell zu erstellen ist der erste Schritt, um eine vollständige Übersicht über ein abzubildendes System zu erhalten. Im zweiten Schritt muss sichergestellt werden, dass auch die Qualität des Modells unseren Anforderungen entspricht

Um die Qualität eines Modells sicherzustellen, ist es sinnvoll, ebendiese zu überprüfen. Im Idealfall achten Sie bereits während der Modellierung Ihrer Datenbank darauf, sie zu optimieren, indem Sie Normalisierungen nutzen. Dazu müssen Sie die sogenannten Normalformen kennen, deren Ziel es ist, Redundanzen zu vermeiden.

7.1 Redundanzen erkennen

Im Rahmen dieser Einführung in SQL stelle ich Ihnen die ersten drei Normalformen vor, die es Ihnen ermöglichen, anhand von Bedingungen zu prüfen, ob ein Datenmodell Redundanzen aufweist. Es gibt noch weitere Normalformen, die Verwendung finden können, wie z. B. die *Boyce-Codd-Normalform* (BCNF). Auf die BCNF und weitere Normalformen werde ich hier jedoch nicht eingehen.

Sie werden sehen, dass Sie mit den ersten drei Normalformen die Qualität eines Datenmodells hinlänglich prüfen können, indem Sie es auf Redundanzen untersuchen. Bevor wir uns mit der Vermeidung von Redundanzen beschäftigen, müssen wir jedoch zuerst einmal klären, was mit dem Begriff der Redundanz überhaupt gemeint ist.

7.1.1 Was ist eine Redundanz?

Eine Redundanz ist dann gegeben, wenn die exakt gleiche Information mehrfach vorhanden und somit eigentlich überflüssig ist. Betrachten Sie Tabelle 7.1, die demonstriert, was mit redundanter Datenhaltung gemeint ist.

7 Datenmodelle optimieren (Normalisierung)

id	berufsbezeichnung	lehrfach
1	Elektroniker	Deutsch
2	Elektroniker	Mathematik
3	Elektroniker	Integrierte Schaltungstechnik
4	Industriekaufmann	Deutsch
5	Industriekaufmann	Kommunikation
6	Industriekaufmann	Englisch
7	Betriebswirt	Deutsch
8	Betriebswirt	Kommunikation
9	Betriebswirt	Buchhaltung

Tabelle 7.1 Redundanz in einer Tabelle erkennen

Zweck der Tabelle ist, eine Zuordnung von Ausbildungsberufen und Lehrfächern datentechnisch abzubilden. Sie hat nur einen Haken: Sie ist voll von redundanten Informationen. Sehen Sie sich z. B. die Werte der Spalte *Berufsbezeichnung* an. Die Werte Elektroniker, Industriekaufmann und Betriebswirt sind jeweils in drei Zeilen enthalten. Hier wird also jeweils dreimal die gleiche Information gespeichert. Die Spalte *lehrfach* enthält ebenfalls einige redundant vorkommende Werte.

Sie können sich vorstellen, dass die Redundanz von Daten zu einigen Problemen führt. Einerseits wird dadurch viel unnötiger Speicherplatz und Rechenleistung beansprucht, um die Daten zu bearbeiten. Aber das ist nur das kleinere Problem dabei. Viel schlimmer sind die sogenannten *Einfüge-*, *Änderungs-* und *Löschanomalien*.

Stellen Sie sich vor, Sie würden einen weiteren Beruf in die Tabelle einfügen. Wenn Sie hierzu bereits Lehrfächer kennen, wäre es erforderlich, das Berufsbild mit der Anzahl von Lehrfächern, die sie ihm zugeordnet haben, einzufügen. Hinzu kommt, dass kein Primärschlüsselwert ein Berufsbild eindeutig identifiziert. Die Spalten *berufsbezeichnung* und *lehrfach* sind beide von den Primärschlüsselwerten der Spalte *id* abhängig. Das heißt, dass weder ein Beruf noch ein Lehrfach eindeutig durch einen Schlüsselwert identifiziert werden kann. Und wie sieht es aus, wenn Sie ein neues Lehrfach in den Ausbildungsbetrieb einführen wollen? Welche Berufsbezeichnungen ordnen Sie dem neuen Lehrfach zu?

Sie merken bereits, dass eine Einfügeoperation auch für Lehrfächer sehr schwierig zu bewerkstelligen ist. Und zusätzlich haben Sie nie die Möglichkeit, ein Lehrfach anhand eines gültigen Schlüsselwerts zu ermitteln.

Auch das Ändern einer Berufsbezeichnung würde Probleme machen. Jede Berufsbezeichnung kommt in drei Zeilen vor. Welche beabsichtigen wir denn nun zu ändern? Die Frage kann nicht klar beantwortet werden – wir wissen es einfach nicht. Beispielsweise kommt die Berufsbezeichnung Elektroniker dreimal vor. In diesem Fall haben Sie nur eine Möglichkeit: Sie müssen alle Spaltenwerte der Spalte *berufsbezeichnung* Elektroniker einzeln ändern. Auch hier macht uns die fehlende Eindeutigkeit schwer zu schaffen. Das gilt natürlich auch für die Spaltenwerte der Spalte *lehrfach*, in der ebenfalls einige Lehrfächer redundant sind, da sie mehrfach vorkommen.

Wie sieht es aus, wenn Sie ein Berufsbild löschen möchten? Wenn Sie beispielsweise das Berufsbild Elektroniker löschen wollen, so werden auch sämtliche Lehrfächer, die dem Berufsbild zugeordnet sind, gelöscht. Wenn es Lehrfächer gibt, die ausschließlich diesem Berufsbild zugeordnet sind, so sind sie unwiederbringlich verloren. Umgekehrt sieht das Ganze natürlich genauso aus: Wenn Sie ein Lehrfach löschen, das ausschließlich einer Berufsbezeichnung zugeordnet ist, so geht der Wert der Berufsbezeichnung ebenfalls verloren.

Dieses Beispiel habe ich gewählt, um Ihnen aufzuzeigen, welche Probleme entstehen, wenn Sie Daten redundant speichern. Dies mag zwar ein extremes Beispiel sein, das jedoch den Vorteil hat, uns die Problematik der redundanten Datenhaltung transparent vor Augen zu führen.

7.1.2 Was bedeutet Normalisierung?

Es gibt noch einen weiteren Begriff, der zu klären ist, nämlich *Normalisierung*. Unter Normalisierung versteht man die schrittweise Entfernung von Redundanzen in einem Datenmodell. Es werden dazu mehrfach vorkommende Daten in einer oder mehreren Tabellen bearbeitet. Die Normalisierung stellt also ein Weg dar, mit dem Sie Schritt für Schritt redundant vorkommende Daten aus einem Datenmodell und somit auch aus den daraus resultierenden Tabellen entfernen.

Im Rahmen unseres Einstiegs in SQL stelle ich Ihnen die ersten drei Normalformen vor:

- die 1. Normalform
- die 2. Normalform
- die 3. Normalform

Dabei handelt sich um drei Bedingungen, die aufeinanderfolgend erfüllt sein müssen. Die drei Normalformen, die ich Ihnen in den folgenden Abschnitten vorstelle, helfen uns dabei, Redundanzen zu vermeiden.

> **Begriffe: Entitäten und Attribute**
>
> Bevor wir uns der Normalisierung widmen, ist noch ein kleiner Hinweis angebracht: Im Rahmen der Einführung der Normalformen verwende ich die Begriffe *Entität* und *Attribut*, die Sie bereits bei der Modellierung von Datenbanken in Kapitel 6 kennengelernt haben. Zur Vorstellung der Normalformen benutze ich in diesem Kapitel allerdings Beispiele mit konkreten Tabellen, da die Normalformen so besser verständlich sind. Wenn wir Tabellen betrachten, reden wir eigentlich über Zeilen und Spalten. Da die Normalisierung allerdings während der Datenmodellierung durchgeführt wird, behalte ich hier die Wortwahl *Entität* für Tabelle und *Attribute* für die Spalten bei.

[*]
> **Zusammenfassung: Redundanz und Normalisierung**
>
> Spaltenwerte aus Zeilen bzw. Datensätze einer Tabelle sind redundant vorhanden, wenn sie mehrfach gleich vorkommen. Hiervon können eine oder mehrere Spalten einer Tabelle betroffen sein.
>
> Durch redundante Daten entstehen
>
> ▸ Einfügeanomalien,
>
> ▸ Aktualisierungsanomalien und
>
> ▸ Löschanomalien,
>
> die eine konsistente Verwaltung der Daten sehr erschweren oder sogar unmöglich machen.
>
> Neben diesen unangenehmen Effekten wird durch redundante Datenhaltung mehr Speicherplatz verbraucht. Bei großen Datenmengen (»ein paar Millionen Datensätze«) macht sich das durchaus bemerkbar. Redundanz ist also unbedingt zu vermeiden.
>
> Redundanzen werden mit den drei Normalformen aufgelöst. Diesen Prozess der Auflösung von Redundanzen nennt man *Normalisierung*.

Kommen wir zu den Normalformen, die Sie bei der Modellierung von Datenmodellen anwenden können, um ein möglichst optimales Datenmodell zu modellieren. Als Erstes stelle ich Ihnen in Abschnitt 7.2 die 1. Normalform vor.

7.2 Die 1. Normalform anwenden

Die 1. Normalform ist dann erfüllt, wenn die Attribute einer Entität atomar sind und keine mehrfach vorkommenden Werte enthalten.

7.2 Die 1. Normalform anwenden

Klären wir zunächst den Begriff *atomar*. Grundsätzlich wird etwas als atomar bezeichnet, wenn es nicht weiter teilbar ist. Im Zusammenhang mit Attributen von Entitäten bedeutet dies, dass ein Attribut ausschließlich für eine Eigenschaft gelten darf.

In Tabelle 7.2 sehen Sie ein Beispiel, in dem den Spalten *auszubildender* und *adresse* Werte zugeordnet sind, die nicht atomar sind.

ausid	auszubildender	adresse
1	Müller Ralf	Mondstraße 8, 50827, Köln
2	Klein Sabine	Sternstraße 10, 50127, Bonn
3	Lang Peter	Sonnenstraße 1, 50126, Bonn
4	Augustus Frank	Jupiterstraße 7, 50827, Köln
5	Müller Ralf	Marsstraße 87, 50827, Köln
6	Klein Sabine	Uranusstraße 36, 50127, Bonn

Tabelle 7.2 Die nicht atomare Tabelle »auszubildender«

Die Spalte *auszubildender* ist in die zwei Attribute *name* und *vorname* teilbar. Das Gleiche gilt für die Spalte *adresse*, denn auch hier ist deutlich, dass wir es mit einer Spalte zu tun haben, deren Werte nicht atomar sind. Während der Modellierung ist also immer darauf zu achten, dass Attribute wie *strasse*, *nr.*, *plz* und *ort* definiert werden müssen, deren Attributwerte nicht mehr weiter teilbar sind.

Hinzu kommt, dass es sich bei den Spaltenbezeichnungen *auszubildender* und *adresse* um Kandidaten für eigene Entitäten handelt. Es würde sich also anbieten, für sie eigene Tabellen zu erstellen. Für dieses Beispiel werden wir dies jedoch nicht umsetzen.

Wie die Tabelle *auszubildender* in der 1. Normalform aussieht, zeigt Ihnen Tabelle 7.3. Sämtliche Attribute, die in der neuen Tabelle *auszubildender* enthalten sind, sind atomar und somit nicht mehr teilbar.

ausid	name	vorname	strasse	nr.	plz	ort
1	Müller	Ralf	Mondstraße	8	50827	Köln
2	Klein	Sabine	Sternstraße	10	50127	Bonn
3	Lang	Peter	Sonnenstraße	1	50126	Bonn
4	Augustus	Frank	Jupiterstraße	7	50827	Köln

Tabelle 7.3 Die Tabelle »auszubildender« in der 1. Normalform

Als Nächstes betrachten wir mit Tabelle 7.4 ein weiteres Beispiel, das sich nicht in der 1. Normalform befindet.

ausid	name	vorname	telefonkontakt
1	Müller	Ralf	022x/1111111, 022x/222222
2	Klein	Sabine	022x/333333, 022x/444444
3	Lang	Peter	022x/555555, 022x/666666
4	Augustus	Frank	022x/777777, 022x/888888

Tabelle 7.4 Eine Tabelle, die sich ebenfalls nicht in der 1. Normalform befindet

In der Spalte *telefonkontakt* werden mehrere Werte angegeben. Es handelt sich also um eine Mehrwertigkeit, die jeweils einem Spaltenwert zugeordnet ist. Auch hier gilt, dass der Spalte *telefon* nur eine Telefonnummer zugeordnet werden darf, da hier ebenfalls nur atomare Werte zulässig sind. Wir kämen ja auch nicht auf die Idee, eine Spalte *auszubildender* mit einer Auflistung aller Auszubildenden zu füllen.

Tabelle 7.4 wurde in Tabelle 7.5 in die 1. Normalform überführt. Jeder Spaltenwert der Spalte *telefonkontakt* ist jetzt einwertig, da es nur einen Eintrag pro Spaltenwert gibt.

ausid	name	vorname	telefonkontakt
1	Müller	Ralf	022x/1111111
2	Müller	Ralf	022x/222222
3	Klein	Sabine	022x/333333
4	Klein	Sabine	022x/444444
5	Lang	Peter	022x/555555
6	Lang	Peter	022x/666666
7	Augustus	Frank	022x/777777
8	Augustus	Frank	022x/888888

Tabelle 7.5 Eine Tabelle, die mit eindeutigen Spaltenwerten in die 1. Normalform überführt wurde

Ihnen entgeht natürlich nicht, dass die Auflösung der Mehrwertigkeit wiederum zu redundanten Daten führt. Die Auzubildenden sind jetzt jeweils zweimal in der Tabelle enthalten. In den Übungsaufgaben in Abschnitt 7.6 haben Sie Gelegenheit, die entstandene Redundanz aufzulösen.

> **Zusammenfassung: 1. Normalform**
>
> In diesem Abschnitt haben Sie erfahren, dass sich eine Tabelle erst dann in der 1. Normalform befindet, wenn die Attribute einer Entität atomar sind. Attribute sind atomar, wenn sie nicht mehr teilbar sind. Ein Attribut *Person* ist z. B. in die Attribute *Name*, *Vorname* und *Geburtsdatum* teilbar. Eine weitere Voraussetzung ist die Einwertigkeit der Attributwerte. Einwertigkeit bedeutet, dass für ein Attribut jeweils nur ein Wert zulässig ist.

Im nächsten Abschnitt 7.3 widmen wir uns der 2. Normalform und natürlich den Kriterien, die erfüllt sein müssen, damit sich eine Tabelle in der 2. Normalform befindet. In Abschnitt 7.3 erfahren Sie auch, wie Sie vorgehen können, um die mehrfach vorkommenden Auszubildenden mit unterschiedlichen Telefonnummern auflösen zu können.

7.3 Die 2. Normalform anwenden

Die 2. Normalform ist erfüllt, wenn die 1. Normalform gegeben ist und zudem jedes Nicht-Schlüsselattribut von einem eindeutigen Schlüssel abhängt. Jedes Nicht-Schlüsselattribut muss also von einem ganzheitlichen Schlüssel, der aus einem oder mehreren Attributen bestehen kann, ganzheitlich abhängen und nicht von einem Teil eines Gesamtschlüssels.

Die ganzheitliche Abhängigkeit von Attributen zu einem ganzheitlichen Schlüssel wird auch als *voll funktionale Abhängigkeit* bezeichnet. Die voll funktionale Abhängigkeit kennen Sie aus Mathematik: Sie haben bestimmt schon einmal f(x)=y als Funktion dargestellt, wobei f(x) den Wert auf der y-Achse beschreibt. Jeder y-Wert ist also abhängig von einem x-Wert. Es verhält sich also genauso wie die Nicht-Schlüsselattribute, die abhängig von einem gesamtheitlichen Schlüsselattribut sind.

Betrachten Sie dazu Tabelle 7.6.

ausid	adressid	name	vorname	strasse	nr.	plz	ort
1	1	Müller	Ralf	Mondstraße	8	50827	Köln
1	2	Müller	Ralf	Sternstraße	10	50127	Bonn
2	1	Lang	Peter	Sonnenstraße	1	50129	Bonn
2	2	Lang	Peter	Sternstraße	25	50126	Bonn

Tabelle 7.6 Eine Tabelle, die sich nicht in der 2. Normalform befindet

Die Tabelle enthält einen Schlüssel, der aus zwei Attributen besteht. Es handelt sich dabei um die Attribute *ausid* (Auszubildender-ID) und *adressid* (Adressen-ID). Diese Gesamtschlüsselkombination ist der Tatsache geschuldet, das jedem Auszubildenden mehrere Wohnorte zugeordnet werden können.

Stellen wir uns als Nächstes die Frage, welche Attribute voll vom Gesamtschlüssel abhängig sind. Die Attribute *name* und *vorname* sind abhängig vom Attribut *ausid*. Das Attribut *ausid* ist ein Teil des Gesamtschlüssels. Betrachten wir dann die Attribute *strasse*, *nr.*, *plz* und *ort*. Diese Attribute sind unmittelbar abhängig vom Attribut *adressid*. Hierbei handelt es sich allerdings nur um einen Teil des gesamten Schlüssels. Wir können also feststellen, dass es jeweils Attribute gibt, die nur von einem Teil des Gesamtschlüssels abhängig sind und nicht vom Gesamtschlüssel. Die Tabelle befindet sich also nicht in der 2. Normalform.

Noch ein weiterer Punkt wird für Probleme sorgen: Die fehlende Abhängigkeit von Nicht-Schlüsselattributen zu einem Gesamtschlüssel wird zu redundanten Daten führen, denn die Informationen zu Auszubildenden, denen mehrere Adressen zugeordnet sind, werden redundant gespeichert. Wie können wir das ändern? Um alle Nicht-Schlüsselattribute in eine eindeutige Abhängigkeit zu einem ganzheitlichen Schlüssel zu überführen, ist es erforderlich, die Tabelle in zwei neue Tabellen *auszubildender* und *adresse* aufzuteilen. Tabelle 7.7 enthält jetzt diese Informationen. Exemplarisch sind hier die Auszubildenden Ralf Müller und Peter Lang in jeweils einer Zeile angegeben. Wichtig ist, dass die Tabelle über ein Primärschlüsselattribut *ausid* verfügt und somit die Attribute *name* und *vorname* von diesem ganzen Schlüssel abhängig sind.

ausid	name	vorname
1	Müller	Ralf
2	Lang	Peter

Tabelle 7.7 Die Tabelle »auszubildender«

Dazu gehört Tabelle 7.8, in der die Attribute *strasse*, *nr.*, *plz* und *ort* der Tabelle *adresse* einer eindeutigen *adressid* zugeordnet werden.

adressid	strasse	nr.	plz	ort	ausid
1	Mondstraße	8	50827	Köln	1
2	Sternstraße	10	50127	Bonn	1
3	Sonnenstraße	1	50129	Bonn	2

Tabelle 7.8 Die Tabelle »adresse«

adressid	strasse	nr.	plz	ort	ausid
4	Sternstraße	25	50126	Bonn	2

Tabelle 7.8 Die Tabelle »adresse« (Forts.)

Auch hier findet sich ein Primärschlüsselattribut, diesmal mit der Bezeichnung *adressid*. Sämtliche Attribute sind jetzt von diesem ganzheitlichen Schlüssel abhängig. Entscheidend ist hier, dass noch ein weiteres Attribut *ausid* hinzugefügt wurde. Dieses Attribut referenziert auf die Spalte *ausid* in der Tabelle *auszubildender* und stellt somit eine Beziehung zwischen einer Adresse und einem Ausbildenden her. In Kapitel 6 haben Sie diese Form der Beziehungsbildung bereits im Zusammenhang mit einer 1:n-Beziehung kennengelernt. Die Redundanz aus Tabelle 7.6 ist somit nicht mehr existent. Auch Auszubildende mit mehreren Adressen können nun eindeutig identifiziert werden.

> **Zusammenfassung: 2. Normalform**
>
> Die 2. Normalform ist dann erfüllt, wenn alle Nicht-Schlüsselattribute von einem ganzheitlichen Schlüssel und nicht von einem Teil eines Schlüssels abhängig sind und außerdem die 1. Normalform erfüllt ist. Ein ganzheitlicher Schlüssel kann aus einem oder mehreren Attributen bestehen. Alle Nicht-Schlüsselattribute müssen eindeutig von diesem ganzheitlichen Schlüssel abhängig sein. Existieren hingegen Attribute, die nur von einem Teil des Schlüssels (ein Schlüssel, der aus mehreren Attributen besteht) abhängig sind, so ist die 2. Normalform nicht erfüllt.

Die neuen Tabellen entsprechen jetzt der 2. Normalform. In Tabelle 7.8 sind jedoch noch weitere Redundanzen aufzufinden, da die Orte noch mehrfach vorkommen. Im nächsten Abschnitt lernen Sie die 3. Normalform kennen, die es uns ermöglicht, auch diese Redundanzen zu vermeiden.

7.4 Die 3. Normalform anwenden

Die 3. Normalform ist erfüllt, wenn die ersten beiden Normalformen erfüllt sind und alle Attribute ausschließlich vom Gesamtschlüssel (der aus einem oder mehreren Attributen bestehen kann) abhängig sind. Damit ist gemeint, dass ein Attribut sich nicht in einer *transitiven Abhängigkeit* zu einem Nicht-Schlüsselattribut befinden darf. Eine transitive Abhängigkeit ist also gegeben, wenn ein Attribut auch von einem Nicht-Schlüsselattribut abhängig ist, das wiederum vom Gesamtschlüssel abhängig ist.

Tabelle 7.9 ist identisch mit Tabelle 7.8.

7 Datenmodelle optimieren (Normalisierung)

adressid	strasse	nr.	plz	ort	ausid
1	Mondstraße	8	50827	Köln	1
2	Sternstraße	10	50127	Bonn	1
3	Sonnenstraße	1	50129	Bonn	2
4	Sternstraße	25	50126	Bonn	2

Tabelle 7.9 Die Tabelle »adresse« in der 2. Normalform

Sie sehen, dass die drei Attribute *adressid*, *plz* und *ort* weiß hinterlegt sind. Das Attribut *ort* befindet sich in einer transitiven Abhängigkeit zum Schlüsselattribut *adressid* über das Nicht-Schlüsselattribut *plz*.

Hier bestehen also offensichtlich zwei Abhängigkeiten zum Schlüsselattribut *adressid*: Das Attribut *ort* ist direkt von dem Attribut *adressid* abhängig und zusätzlich über das Attribut *plz* transitiv vom Attribut *adressid* abhängig. Eine solche Abhängigkeit lässt sich auch wie folgt beschreiben: *adressid* → *plz* → *ort*.

Um Tabelle 7.9 in die 3. Normalform zu überführen, ist es zunächst erforderlich, das Attribut *ort* aus der Tabelle zu entfernen. Durch das Entfernen dieses Attributs ist die transitive Abhängigkeit aufgehoben, und es werden auch mögliche Redundanzen in Bezug auf den Ort ausgeschlossen.

adressid	strasse	nr.	plz	ausid
1	Mondstraße	8	50827	1
2	Sternstraße	10	50127	1
3	Sonnenstraße	1	50129	2
4	Sternstraße	25	50126	2

Tabelle 7.10 Die Tabelle »adresse« in der 3. Normalform

Um die Orte wieder den Postleitzahlen zuordnen zu können, müssen wir eine weitere Tabelle einführen:

plz	ort
50827	Köln
50127	Bonn

Tabelle 7.11 Die Tabelle »plzort«

plz	ort
50129	Bonn
50126	Bonn

Tabelle 7.11 Die Tabelle »plzort« (Forts.)

Tabelle 7.11 *plzort* enthält neben der Spalte *ort* auch die Primärschlüsselspalte *plz*. Diesem eindeutigen Schlüssel sind die Orte zugeordnet. So stellt die Spalte *plz* aus der Tabelle *adresse* jetzt eine Fremdschlüsselbeziehung zu der Primärschlüsselspalte *plz* der Tabelle *plzort* her, um auf einen Ort zu verweisen, der der Postleitzahl zugeordnet ist.

Jetzt befinden sich die beiden Tabellen *adresse* und *plzort* in der 3. Normalform. Eine weitere transitive Abhängigkeit ist nicht mehr vorhanden.

> **Zusammenfassung: 3. Normalform**
> Die 3. Normalform ist erfüllt, wenn kein Nicht-Schlüsselattribut transitiv von einem Nicht-Schlüsselattribut abhängt und zudem die erste und zweite Normalform erfüllt sind. Transitiv abhängig bedeutet, dass ein Nicht-Schlüsselattribut von einem anderen Nicht-Schlüsselattribut abhängt. Wenn solche Abhängigkeiten bestehen, ist die 3. Normalform nicht erfüllt.

In diesem Abschnitt haben Sie erfahren, wie Sie die 3. Normalform anwenden, um weitere Redundanzen zu vermeiden.

Im nächsten Abschnitt 7.5 stelle ich Ihnen die *Denormalisierung* vor. Die Denormalisierung befasst sich damit, normalisierte Modelle wieder in nicht normalisierte Modelle zu überführen.

7.5 Denormalisierung

Die Denormalisierung befasst sich mit der Rückführung einer Normalisierung durch die drei Normalformen. Aber warum sollten wir ein Datenmodell, das wir durch die drei Normalformen optimiert und so von Redundanzen befreit haben, nun wieder auflösen, um uns wieder Redundanzen einzuhandeln?

Eine Motivation, ein Datenmodell zu denormalisieren, besteht darin, die Leistungsfähigkeit von Abfragen (also beispielsweise die Abfragedauer) zu erhöhen. Betrachten wir noch einmal kurz die drei Normalformen und welche Auswirkungen eine Denormalisierung hat.

Die 1. Normalform fordert von uns, dass eine Entität atomar aufgebaut ist. Attribute einer Entität dürfen also nicht mehr teilbar sein. Auch wird in der ersten Normalform gefordert, dass keine Mehrwertigkeit besteht (also dass mehrere Telefonnummern einem Attribut *telefonkontakte* zugeordnet sind). Die Nachteile einer Tabelle, die diesen Anforderungen nicht genügt, sind immens. Der Wichtigste ist, dass Einfüge-, Änderungs- und Löschanomalien auftreten, die direkt aus der Nichteinhaltung der ersten Normalform erwachsen. Daher empfehle ich Ihnen dringend, die Prüfung auf die 1. Normalform stets durchzuführen und hier nie eine Denormalisierung vorzunehmen.

Die 2. Normalform fordert, dass ein Attribut ausschließlich von einem Gesamtschlüssel und nicht bloß von einem Teil eines Gesamtschlüssels abhängig ist. Die Auswirkungen der Rückführung der 2. Normalform sind in unserem Ausgangsbeispiel, dass sämtliche Informationen, die zum Auszubildenden gespeichert werden, mehrfach vorhanden sind – sie sind also redundant vorhanden. Daher treten auch hier Anomalien auf, wenn wir Einfüge-, Änderungs- und Löschoperationen durchführen. So müssen Sie beispielsweise eine komplette Zeile löschen, wenn Sie eine Adresse eines Auszubildenden mit mehreren Wohnorten entfernen möchten. Diese Löschoperation umfasst dann auch den Auszubildenden selbst. Und was passiert, wenn einem Auszubildenden nur ein Wohnort zugeordnet ist? In diesem Fall können Sie die Adresse überhaupt nicht löschen, ohne auch den Auszubildenden, dem die Adresse zugeordnet ist, zu entfernen. Es ist daher also auch nicht ratsam, die 2. Normalform zu denormalisieren.

Die 3. Normalform fordert von uns, dass kein Attribut transitiv von einem Schlüssel abhängig sein darf, und stellt so ebenfalls sicher, dass wir Redundanzen vermeiden. Die Sicherstellung der 3. Normalform ist nicht unbedingt erforderlich. Die transitive Abhängigkeit eines Attributs von einem Nicht-Schlüsselattribut kann durchaus hingenommen werden, weil es die Komplexität eines Datenmodells mindert. Sie sparen sich also eine Schlüsselbeziehung zwischen zwei Tabellen. In Kapitel 9 erfahren Sie, wie Sie Zeilen aus Tabellen verbunden abfragen können. Die Tabelle, deren transitive Abhängigkeit nicht aufgelöst wurde, hat dann natürlich den Vorteil, dass zumindest in diesem Fall keine Zeilen verbunden abgefragt werden müssen und somit die Abfrage schneller durchgeführt werden kann. In Kapitel 15 zeige ich Ihnen, wie Sie Spaltenwerte gruppiert abfragen, um z. B. eine Summe der Spaltenwerte zu bilden. Auch hier kann es sinnvoll sein, eine Spalte einer Tabelle in der transitiven Abhängigkeit zu belassen. Diesen Themen werden wir uns zu einem späteren Zeitpunkt ansehen. Wenn es aus fachlicher Sicht erforderlich ist, ein redundanzfreies Datenmodell zu schaffen, sollten Sie die 3. Normalform natürlich umsetzen. Hier kommt es also ganz auf die konkrete Aufgabenstellung an. Sie müssen für jede individuelle Anforderung entscheiden, ob es sinnvoll ist, die 3. Normalform umzusetzen.

> **Zusammenfassung: Normalformen denormalisieren**
>
> Das Auflösen von Normalformen wird als Denormalisierung verstanden. Eine Denormalisierung sollte nur nach einer intensiven Prüfung der fachlichen Anforderungen durchgeführt werden. Entitäten, die sich in der 1. oder der 2. Normalform befinden, sollten auf keinen Fall einer Denormalisierung unterzogen werden. Für die 3. Normalform kann hingegen eine Denormalisierung sinnvoll sein. Dies hängt von den konkreten Anforderungen ab.

In diesem Kapitel haben Sie die drei Normalformen und ihre Anwendung kennengelernt. Im nächsten Kapitel erfahren Sie, wie Sie Datenmodelle, die in Beziehung zueinander stehen, in Tabellen überführen können.

7.6 Übungen zum Thema »Datenmodelle optimieren«

Übung 1

Tabelle 7.12 enthält Spalten, die nicht atomar sind. Überführen Sie sie in eine Tabelle, die der 1. Normalform entspricht.

ausid	auszubildender	urlaubszeitraum
1	Müller Ralf	2016.08.01 bis 2016.08.25
2	Klein Sabine	2016.04.05 bis 2016.04.20

Tabelle 7.12 Tabelle, die nicht der 1. Normalform entspricht

Übung 2

Tabelle 7.13 enthält Spalten, die nicht von einem ganzheitlichen Schlüssel abhängen. Überführen Sie sie in zwei Tabellen, in denen jede Spalte einer Tabelle eindeutig vom Gesamtschlüssel abhängt. Berücksichtigen Sie, dass zwischen den beiden zu überführenden Tabellen Beziehungen existieren.

ausid	name	vorname	telid	vorwahl	durchwahl
1	Müller	Ralf	2	022x	999999999
2	Klein	Sabine	1	022x	888888888

Tabelle 7.13 Tabelle, die nicht der 2. Normalform entspricht

Übung 3

Tabelle 7.14 ist exakt identisch mit der Tabelle, die in Lösungsabschnitt 7.7.2 dargestellt wird. In der Tabelle befindet sich eine Spalte in einer transitiven Abhängigkeit zu einer Nicht-Schlüsselspalte. Lösen Sie diese Abhängigkeit auf, indem Sie eine weitere Tabelle einführen.

telid	vorwahl	durchwahl	fk_ausid
1	022x	999999999	2
2	022x	999999999	1

Tabelle 7.14 Tabelle, die nicht der 3. Normalform entspricht

Lösung zu Übung 1

Tabelle 7.15 zeigt die Lösung für die Überführung in die 1. Normalform. Jede Spalte der Tabelle ist atomar, d. h. nicht mehr teilbar.

ausid	name	vorname	beginn	ende
1	Müller	Ralf	2016.08.01	2016.08.25
2	Klein	Sabine	2016.04.05	2016.04.20

Tabelle 7.15 Tabelle, die der 1. Normalform entspricht

Lösung zu Übung 2

Wenn Ihre Lösung in etwa so aussieht wie in Tabelle 7.16 und Tabelle 7.17, dann haben Sie schon einiges richtig gemacht. In der Lösung sehen Sie, dass jede Spalte der beiden Tabellen eindeutig vom Gesamtschlüssel abhängt. Außerdem wurde die Beziehung zwischen den Zeilen der neuen Tabelle *telefon* und *auszubildender* berücksichtigt.

ausid	name	vorname
1	Müller	Ralf
2	Klein	Sabine

Tabelle 7.16 Tabelle »auszubildender«

telid	vorwahl	durchwahl	fk_ausid
1	022x	999999999	2
2	022x	999999999	1

Tabelle 7.17 Tabelle »telefon«

Lösung zu Übung 3

In Tabelle 7.18 und Tabelle 7.19 sehen Sie die Lösung für die Aufhebung der transitiven Abhängigkeit einer Durchwahl von der Vorwahl. Hierzu wurde die Spalte *vorwahl* in einer weiteren gleichnamigen Tabelle *vorwahl* gespeichert, auf die aus der Tabelle *telefon* referenziert wird. In dieser Lösung sehen Sie sehr gut, dass die Überführung in die 3. Normalform weitere Redundanzen vermeidet.

telid	durchwahl	fk_vorwahlid	fk_ausid
1	999999999	1	2
2	999999999	1	1

Tabelle 7.18 Tabelle »telefon« ohne transitive Abhängigkeit

vorwahlid	vorwahl
1	022x
2	022x

Tabelle 7.19 Tabelle »vorwahl«

Kapitel 8
Datenmodelle in Tabellen überführen

Ein Modell ist eine abstrakte Darstellung der Realität, die sie beschreibt. Ein Datenmodell und die darin enthaltenden Entitäten und Beziehungen müssen in Tabellen überführt werden, um das Modell praktisch nutzbar zu machen.

In Kapitel 4 haben Sie die **CREATE TABLE**-Anweisung kennengelernt, mit der Sie neue Tabellen erstellen. In diesem Kapitel erfahren Sie, wie Sie Tabellen anlegen, die in Beziehung zu anderen Tabellen stehen. Als Grundlage verwenden wir das Datenmodell aus Kapitel 6. Hier haben Sie erfahren, wie Sie Entitäten und ihre Attribute modellieren. In Kapitel 6 haben Sie auch gelesen, das Tabellen in 1:1-, 1:n- oder auch in m:n-Beziehungen zueinander stehen können.

In diesem Kapitel erfahren Sie in Abschnitt 8.2, wie Sie mit einer **CREATE TABLE**-Anweisung Tabellen erstellen, die in Beziehung zueinander stehen.

Da wir ein neues Datenmodell für die Ausbildungsdatenbank entwickelt haben, zeige ich Ihnen zuerst in Abschnitt 8.1, wie Sie eine neue Datenbank anlegen.

8.1 Die Ausbildungsdatenbank anlegen

Es gibt mehrere Wege, eine neue Datenbank anzulegen. Ich zeige Ihnen hier, wie Sie mit den jeweiligen hier behandelten SQL-Dialekten eine Datenbank anlegen.

Im SQL-Standard wird das Erstellen von Datenbanken nicht vorgegeben. Die Anweisung **CREATE DATABASE** zum Anlegen einer Datenbank wird jedoch von allen hier behandelten Datenbanken unterstützt. Der Datenbank soll bei der Erstellung gleich ein Zeichensatz zugeordnet werden. Dieser Vorgang unterscheidet sich bei den Datenbanken *MySQL*, *PostgreSQL* und *MS SQL Server* leider ein wenig. Wenn Sie nicht mehr so genau wissen, was es mit den Zeichensätzen auf sich hat, so schlagen Sie in Kapitel 4, »Tabellen mit CREATE TABLE anlegen«, nach.

> **Notwendige Berechtigungen**
> Natürlich müssen Sie über die entsprechenden Berechtigungen (Administratorenberechtigung) verfügen, um eine neue Datenbank anzulegen. Wenn die Datenbankerstellung partout nicht klappen will, ist dies eine mögliche Fehlerquelle. Wenn Sie dieser Anleitung gefolgt sind, haben Sie bereits die notwendigen Rechte.

8.1.1 Eine neue Datenbank mit UTF-8-Zeichensatz anlegen (MySQL)

Wenn Sie eine *MySQL*-Datenbank verwenden, beginnen Sie wie in Listing 8.1 dargestellt mit der CREATE DATABASE-Anweisung. Hinter der Anweisung geben Sie den Namen der zu erstellenden Datenbank an. Nach dem Datenbanknamen notieren Sie die Schlüsselwörter DEFAULT CHARACTER SET. Ganz am Ende geben Sie schließlich den zu verwendenden Zeichensatz an. Hier wird der Datenbank ein UTF-8-Zeichensatz zugeordnet.

```sql
CREATE DATABASE ausbildungsdatenbank
  DEFAULT CHARACTER SET utf8;
```

Listing 8.1 Die Ausbildungsdatenbank anlegen (MySQL)

8.1.2 Eine neue Datenbank mit UTF-8-Zeichensatz anlegen (PostgreSQL)

Wie Sie in Listing 8.2 sehen, beginnt auch die Erstellung einer *PostgreSQL*-Datenbank mit einer CREATE DATABASE-Anweisung und dem Namen der anzulegenden Datenbank. Hinter dem Namen notieren Sie das ENCODING, um ihr einen Zeichensatz zuzuordnen. Auf das Schlüsselwort ENCODING folgt der Zeichensatz, der von der Datenbank verwendet werden soll. Hier wird der Zeichensatz UTF8 angegeben.

```sql
CREATE DATABASE ausbildungsdatenbank ENCODING 'UTF8';
```

Listing 8.2 Die Ausbildungsdatenbank anlegen (PostgreSQL)

8.1.3 Eine neue Datenbank mit Unicode-Zeichensatz anlegen (MS SQL Server)

Auch *MS SQL Server* beginnt, wie in Listing 8.3 zu sehen, mit der CREATE DATABASE-Anweisung, um eine neue Datenbank anzulegen. Hier ist es nicht erforderlich, einen Zeichensatz anzugeben, da eine MS-SQL-Server-Datenbank bereits standardmäßig Unicode verwendet.

```sql
CREATE DATABASE ausbildungsdatenbank;
```

Listing 8.3 Die Ausbildungsdatenbank anlegen (MS SQL Server)

> **Zusammenfassung: CREATE DATABASE**
>
> Mit einer **CREATE DATABASE**-Anweisung erstellen Sie eine neue Datenbank. Für die hier genutzten Datenbanksysteme kann folgende **CREATE DATABASE** Anweisung genutzt werden:
>
> **CREATE DATABASE** namedb;

In diesem Abschnitt habe ich Ihnen gezeigt, wie Sie für die hier behandelten Datenbanksysteme jeweils eine Ausbildungsdatenbank anlegen. Im nächsten Abschnitt 8.2 erfahren Sie, wie Sie die Tabellen, die wir in Kapitel 7 modelliert haben, in reale Tabellen überführen.

8.1.4 Übung zum Thema »Datenbanken anlegen«

Als Nächstes erstellen wir eine Bibliotheksdatenbank für den Ausbildungsbetrieb. Legen Sie dazu eine neue Datenbank mit dem Namen *bibliothek* an. Bitte achten Sie darauf, dass die UTF-8-Kodierung beim Erstellen der Datenbank berücksichtigt wird.

8.1.5 Lösung zur Übung

MySQL

```
CREATE DATABASE bibliothek
  DEFAULT CHARACTER SET utf8;
```

Listing 8.4 Eine neue Datenbank anlegen (MySQL)

PostgreSQL

```
CREATE DATABASE bibliothek ENCODING 'UTF8';
```

Listing 8.5 Eine neue Datenbank anlegen (PostgreSQL)

MS SQL Server

```
CREATE DATABASE bibliothek;
```

Listing 8.6 Eine neue Datenbank anlegen (MS SQL Server)

8.2 Tabellen mit Beziehungen zu anderen Tabellen erstellen

In diesem Abschnitt erfahren Sie, wie Sie Tabellen inklusive der Beziehungen zu anderen Tabellen anlegen und was Sie dabei beachten müssen. Um uns noch einmal einen Überblick über die zu erstellenden Tabellen zu verschaffen, sehen wir uns in Abschnitt 8.2.1 zunächst ein Datenmodell in der UML-Notation an.

8.2.1 Die Ausbildungsdatenbank im Modell erfassen

Abbildung 8.1 zeigt Ihnen ein Modell unserer Ausbildungsdatenbank in der UML-Notation.

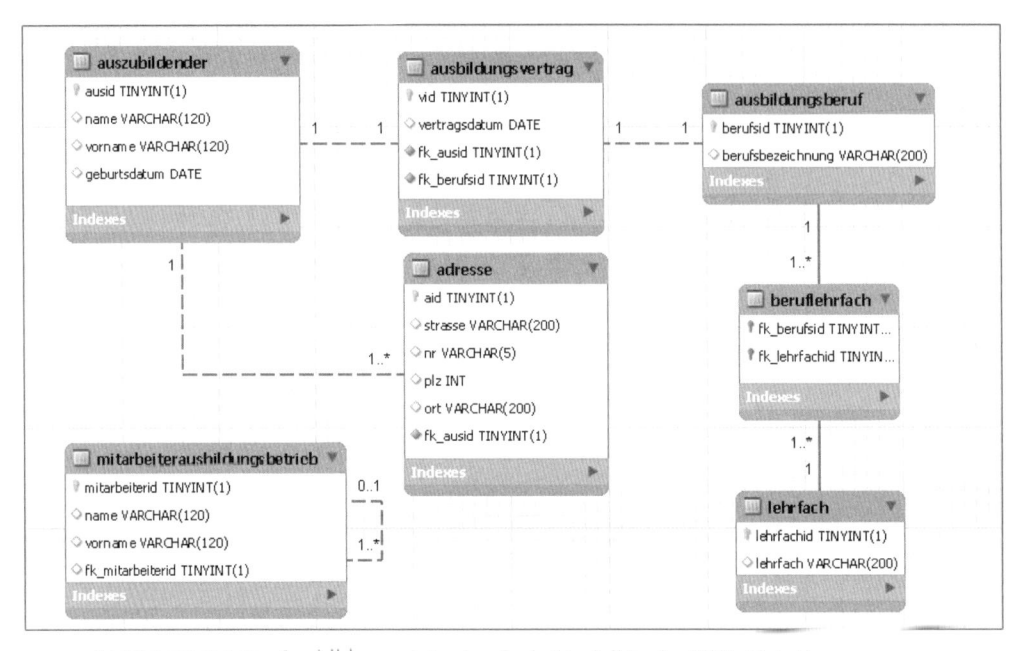

Abbildung 8.1 Die Ausbildungsdatenbank als Modell in der UML-Notation

Bis auf die 1:1-Beziehung der Entität *ausbildungsvertrag* zur Entität *ausbildungsberuf* kennen Sie sämtliche Beziehungen und Tabellen bereits aus Kapitel 6, in dem wir uns ausführlich mit der Modellierung einer Ausbildungsdatenbank befasst haben. Folgende Beziehungen werden wir mit Hilfe einer **CREATE TABLE**-Anweisung erstellen:

- *ausbildungsvertrag → auszubildender*
- *ausbildungsvertrag → ausbildungsberuf*
- *adresse → auszubildender*
- *beruflehrfach → ausbildungsberuf*
- *beruflehrfach → lehrfach*
- *mitarbeiterausbildungsbetrieb → mitarbeiterausbildungsbetrieb*

In Abschnitt 8.2.2 erfahren Sie, wie Sie zwei Tabellen erstellen, die sich in einer 1:1-Beziehung zueinander befinden. Diese beiden Tabellen werden einen Ausschnitt der Beziehungen, die wir gesammelt haben, darstellen.

8.2.2 Tabellen erstellen, die in einer 1:1-Beziehung stehen

Wir beginnen mit der modellierten Beziehung zwischen den Tabellen *auszubildender* und *ausbildungsvertrag*. Als Erstes formulieren wir die CREATE TABLE-Anweisung für die Tabelle *auszubildender*, die eine starke Entität darstellt. Die Tabelle *auszubildender* verweist auf keine Primärschlüsselspalten anderer Tabellen. Listing 8.7 enthält also nichts Neues für Sie. Eine CREATE TABLE-Anweisung in dieser Form haben Sie bereits in Kapitel 4 kennengelernt.

```sql
CREATE TABLE auszubildender (
  ausid TINYINT PRIMARY KEY NOT NULL,
  name VARCHAR(120),
  vorname VARCHAR(120),
  geburtsdatum DATE
);
```

Listing 8.7 Die Tabelle »auszubildender« mit einer CREATE TABLE-Anweisung anlegen

> **[!] Achtung: Die PostgreSQL-Datenbank und ihre ganzzahligen Datentypen**
> Wenn Sie mit einer PostgreSQL-Datenbank arbeiten, beachten Sie bitte, dass Sie anstelle des Datentyps TINYINT den Datentyp SMALLINT verwenden müssen, um die hier beschriebenen CREATE TABLE-Anweisungen auszuführen.

Als Nächstes formulieren wir die CREATE TABLE-Anweisung für die Tabelle *ausbildungsvertrag*. Die Tabelle *ausbildungsvertrag* befindet sich in einer 1:1-Beziehung zu der Tabelle *auszubildender*. Wie Sie diese 1:1-Beziehung in einer CREATE TABLE-Anweisung berücksichtigen, sehen Sie in Listing 8.8.

```sql
CREATE TABLE ausbildungsvertrag (
  vid TINYINT PRIMARY KEY NOT NULL,
  vertragsdatum DATE,
  fk_ausid TINYINT,
  CONSTRAINT fk_auszubildender
    FOREIGN KEY (fk_ausid)
      REFERENCES auszubildender (ausid)
);
```

Listing 8.8 Die Tabelle »ausbildungsvertrag« anlegen, die in einer 1:1-Beziehung zur Tabelle »auszubildender« steht

In Abschnitt 4.5 haben Sie bereits Tabellen kennengelernt, denen Sie auf Tabellenebene Einschränkungen (CONSTRAINTS) zugeordnet haben. Hier formulieren wir in Zeile 5 den CONSTRAINT fk_auszubildender. Hinter der Bezeichnung folgen mit den Schlüsselwörtern FOREIGN KEY die Spalte der Tabelle *ausbildungsvertrag*, die einen fremden Schlüsselwert aufnehmen soll, nämlich den Primärschlüsselwert der Spalte *ausid* der Tabelle *auszubildender*.

Anschließend müssen wir festlegen, auf welche Tabelle und Spalte ausgehend von der Spalte *fk_ausid* verwiesen werden soll. Hierzu notieren Sie hinter der Definition der Fremdschlüsselspalte das Schlüsselwort **REFERENCES**. Mit dem Schlüsselwort **REFERENCES** legen Sie fest, auf welche Tabelle und Spalte die Fremdschlüsselspalte *fk_ausid* verweisen soll. Hierzu notieren Sie hinter dem Schlüsselwort **REFERENCES** den Tabellennamen gefolgt von einer geschlossenen Klammer, in der Sie die Spalte angeben, auf die die Fremdschlüsselspalte aus der Tabelle *ausbildungsvertrag* verweisen soll. Hier verweisen wir auf die Tabelle *auszubildender* und ihre Primärschlüsselspalte *ausid*, um eine 1:1-Beziehung zwischen den Tabellen *auszubildender* und *ausbildungsvertrag* zu realisieren.

In Listing 8.8 sehen Sie noch eine weitere 1:1-Beziehung der Tabelle *ausbildungsvertrag*, nämlich die Beziehung zur Tabelle *ausbildungsberuf*. Die Tabelle *ausbildungsberuf* stellt eine starke Entität dar. Um eine Beziehung zwischen den Tabellen *ausbildungsvertrag* und *ausbildungsberuf* über eine Fremdschlüsselbeziehung herstellen zu können, ist es zunächst erforderlich, die Tabelle *ausbildungsberuf* zu erstellen, da Sie nicht aus der Tabelle *ausbildungsvertrag* mit einem **FOREIGN KEY**-Constraint auf eine Spalte einer Tabelle referenzieren können, die nicht existiert. In Listing 8.9 ist die **CREATE TABLE**-Anweisung zu sehen, mit der wir die zur Beziehungsbildung benötigte Tabelle *ausbildungsberuf* erstellen.

```
CREATE TABLE ausbildungsberuf(
  berufsid TINYINT PRIMARY KEY NOT NULL,
  berufsbezeichnung VARCHAR(200)
);
```

Listing 8.9 Die Tabelle »ausbildungsberuf« erstellen

Die Tabelle *ausbildungsvertrag* muss jetzt noch um eine weitere Fremdschlüsselspalte erweitert werden, die auf die Primärschlüsselspalte *berufsid* der Tabelle *ausbildungsberuf* verweist. Hierzu müssen wir zunächst noch eine weitere Fremdschlüsselspalte in die Tabelle *ausbildungsvertrag* aufnehmen.

In Listing 8.10 wird die Spalte *fk_berufsid* zur Tabelle *ausbildungsvertrag* hinzugefügt, um auf die Primärschlüsselwerte der Spalte *berufsid* der Tabelle *ausbildungsberuf* zu verweisen. Wenn Sie die Tabelle *ausbildungsvertrag* bereits mit der **CREATE TABLE**-Anweisung aus Listing 8.8 angelegt haben, so bitte ich Sie, zuerst die Tabelle mit einer einfachen **DROP TABLE**-Anweisung zu löschen.

```
CREATE TABLE ausbildungsvertrag (
  vid TINYINT PRIMARY KEY NOT NULL,
  vertragsdatum DATE,
```

```
  fk_ausid TINYINT,
  fk_berufsid TINYINT,
  CONSTRAINT fk_auszubildender
    FOREIGN KEY (fk_ausid)
      REFERENCES auszubildender (ausid),
  CONSTRAINT fk_ausbildungsberuf
    FOREIGN KEY (fk_berufsid)
      REFERENCES ausbildungsberuf (berufsid)
);
```

Listing 8.10 Die Tabelle »ausbildungsvertrag« um eine Fremdschlüsselbeziehung zur Tabelle »ausbildungsberuf« erweitern

Außerdem sehen Sie in Listing 8.10 eine weitere FOREIGN KEY-Constraint Definition, die festlegt, dass die hinzugefügte Fremdschlüsselspalte *fk_berufsid* der Tabelle *ausbildungsvertrag* auf die Spalte *berufsid* der Tabelle *ausbildungsberuf* verweist.

In diesem Abschnitt haben Sie erfahren, wie Sie mit einem FOREIGN KEY-Constraint eine 1:1-Beziehung aus Tabellen zu anderen Tabellen herstellen. Im nächsten Abschnitt 8.2.3 zeige ich Ihnen, wie Sie 1:n-Beziehungen zwischen Tabellen festlegen.

8.2.3 Tabellen erstellen, die in einer 1:n-Beziehung stehen

Im Modell aus Abbildung 8.1 ist eine 1:n-Beziehung dargestellt. Es handelt sich um die Beziehung zwischen den Tabellen *auszubildender* und *adresse*. Die Tabelle *auszubildender*, die einer starken Entität entspricht, haben Sie bereits in Abschnitt 8.2.2 erstellt. Jetzt fehlt noch die Tabelle *adresse*, in der die Beziehung zu der Tabelle *auszubildender* über einen FOREIGN KEY-Constraint festgelegt wird.

Listing 8.11 zeigt Ihnen die CREATE TABLE-Anweisung für die Tabelle *adresse*. Ihnen fällt sicherlich auf, dass der FOREIGN KEY-Constraint genauso aufgebaut ist wie der FOREIGN KEY-Constraint, den Sie in der Tabelle *ausbildungsvertrag* definiert haben, der wiederum eine 1:1-Beziehung zwischen einem Auszubildenden und einem Ausbildungsvertrag festgelegt hat.

Die Beziehung definieren wir, indem wir der Fremdschlüsselspalte *fk_ausid* einen FOREIGN KEY-Constraint zuweisen, der auf die Spalte *ausid* der Tabelle *auszubildender* verweist.

Für die Tabelle *adresse* wurde natürlich auch eine Primärschlüsselspalte festgelegt, und zwar die Spalte *aid* (Adress-ID), die auf Zeilenebene die Primärschlüssel-Einschränkung PRIMARY KEY zugeordnet bekommt.

```
CREATE TABLE adresse (
  aid TINYINT PRIMARY KEY NOT NULL,
  strasse VARCHAR(200),
  nr. VARCHAR(5),
  plz INT,
  ort VARCHAR(200),
  fk_ausid TINYINT,
  CONSTRAINT fk_adresse_auszubildender
    FOREIGN KEY (fk_ausid)
      REFERENCES auszubildender (ausid)
);
```

Listing 8.11 Die Tabelle »adresse« in einer 1:n-Beziehung zu der Tabelle »auszubildender« erstellen

In diesem Abschnitt haben Sie erfahren, wie Sie mit einer CREATE TABLE-Anweisung eine 1:n-Beziehung zwischen Tabellen realisieren. Im nächsten Abschnitt 8.2.4 werden wir eine m:n-Beziehung zwischen Tabellen herstellen.

8.2.4 Tabellen erstellen, die in einer m:n-Beziehung stehen

In Abbildung 8.1 sehen Sie eine m:n-Beziehung zwischen den Tabellen *ausbildungsberuf* und *lehrfach*. Die m:n-Beziehung zwischen den beiden Tabellen wird über die Schlüsseltabelle *beruflehrfach* hergestellt. In Abschnitt 6.3 haben Sie bereits ein Beispiel für die zu modellierende m:n-Beziehung kennengelernt und dort erfahren, dass Sie die Zuordnung der Schlüsselwerte der Tabellen *ausbildungsberuf* und *lehrfach* über zwei Schlüsselspalten *berufid* und *lehrfachid* in der Tabelle *beruflehrfach* realisieren können. Um die Kombinationen zwischen den Schlüsselwerten in der Tabelle *beruflehrfach* eindeutig zu halten, werden beide Spalten als zusammengesetzter Primärschlüssel definiert.

Die einzelnen Spalten *berufid* und *lehrfachid* der Tabelle *beruflehrfach* stellen wiederum jeweils eine Beziehung zu den Tabellen *ausbildungsberuf* (Primärschlüsselspalte *berufid*) und Lehrfach (Primärschlüsselspalte *lehrfachid*) her und repräsentieren somit jeweils eine Fremdschlüsselbeziehung.

Für die Tabelle *ausbildungsberuf* haben wir bereits in Abschnitt 8.2.2 eine CREATE TABLE-Anweisung formuliert. Somit fehlen uns noch die CREATE TABLE-Anweisungen zum Erstellen der Tabellen *lehrfach* und *beruflehrfach*. Zunächst muss die Tabelle *lehrfach* angelegt werden, da es sich wie bei der Tabelle *ausbildungsberuf* um eine Tabelle handelt, auf die wir aus der noch zu erstellenden Tabelle *beruflehrfach* referenzieren wollen.

8.2 Tabellen mit Beziehungen zu anderen Tabellen erstellen

```
CREATE TABLE lehrfach (
  lehrfachid TINYINT PRIMARY KEY NOT NULL,
  lehrfach VARCHAR(200)
);
```

Listing 8.12 CREATE TABLE-Anweisung zum Erstellen der Tabelle »lehrfach«

Die nächste zu erstellende Tabelle ist die Tabelle *beruflehrfach*. Sie soll sich mit den Fremdschlüsselspalten *fk_berufsid* und *fk_lehrfachid* auf die Primärschlüsselspalten *berufsid* und *lehrfachid* der Tabellen *ausbildungsberuf* und *lehrfach* beziehen. Das heißt für uns, dass wir eine Tabelle mit einem zusammengesetzten Primärschlüssel und zwei Fremdschlüsselbeziehungen erstellen werden. In Listing 8.13 sehen Sie die CREATE TABLE-Anweisung, die dies leistet:

```
CREATE TABLE beruflehrfach (
  fk_berufsid TINYINT NOT NULL,
  fk_lehrfachid TINYINT NOT NULL,
  PRIMARY KEY (fk_berufsid, fk_lehrfachid),
  CONSTRAINT fk_ausbildungsberuf2
    FOREIGN KEY (fk_berufsid)
      REFERENCES ausbildungsberuf (berufsid),
  CONSTRAINT fk_lehrfach
    FOREIGN KEY (fk_lehrfachid)
      REFERENCES lehrfach (lehrfachid)
);
```

Listing 8.13 Die Tabelle »beruflehrfach« und ihre Beziehungen zu den Tabellen »ausbildungsberuf« und »lehrfach« mit einer CREATE TABLE-Anweisung erstellen

---

Eindeutige Bezeichnungen verwenden

Achten Sie darauf, dass der Constraint, der die Beziehung zur Tabelle *ausbildungsberuf* festlegt, den Namen *fk_ausbildungsberuf2* erhält. Diese Namensgebung geschieht mit Rücksicht auf die *MySQL*-Datenbank, in der Namen für Constraints nur einmal vergeben werden dürfen. In Abschnitt 8.2.2 haben wir bereits einen Constraint mit dem Namen *fk_ausbildungsberuf* verwendet. In dieser CREATE TABLE-Anweisung dürfen wir den Namen *fk_ausbildungsberuf* für den Constraint der Fremdschlüsseldefinition dann nicht mehr verwenden.

In einer *PostgreSQL*-Datenbank ist es nicht erforderlich, darauf zu achten, ob der Name eines CONSTRAINTs bereits in einer anderen Tabelle vergeben wurde. Sie können also mehrere Tabellen mit gleichen Fremdschlüssel-CONSTRAINT-Namen nutzen.

> Eine *MS-SQL-Server*-Datenbank hingegen lässt ebenfalls keine mehrfach vorkommen CONSTRAINT-Bezeichnungen zu. Also achten Sie auch hier darauf, unterschiedliche CONSTRAINT-Bezeichnungen zu vergeben.

Wie Sie Tabellen erstellen, die in einer m:n-Beziehung stehen, haben Sie in diesem Abschnitt erfahren. In Abschnitt 8.2.5 lesen Sie, wie Sie eine Tabelle erstellen, die zu sich selbst in Beziehung steht.

8.2.5 Tabellen erstellen, die zu sich selbst in Beziehung stehen

Im Modell aus Abbildung 8.1 ist die Tabelle *mitarbeiterausbildungsbetrieb* enthalten. Die Tabelle steht in einer 1:n-Beziehung zu sich selbst. Die 1:n-Beziehung resultiert aus der Tatsache, dass es sich bei einem Mitarbeiter um einen Vorgesetzten handeln kann, der wiederum in einer 1:n-Beziehung zu seinen Mitarbeitern stehen kann.

In einer CREATE TABLE-Anweisung realisieren wir diese Beziehung, indem wir von der Spalte *fk_mitarbeiterid* auf die Spalte *mitarbeiterid* der Tabelle *mitarbeiterausbildungsbetrieb* verweisen und somit eine Beziehung herstellen, die ausschließlich für die Tabelle *mitarbeiterausbildungsbetrieb* gilt. Listing 8.14 zeigt diese Schritte:

```
CREATE TABLE mitarbeiterausbildungsbetrieb (
  mitarbeiterid TINYINT PRIMARY KEY NOT NULL,
  name VARCHAR(120),
  vorname VARCHAR(120),
  fk_mitarbeiterid TINYINT,
  CONSTRAINT fk_mitarbeiterausbildungsbetrieb
    FOREIGN KEY (fk_mitarbeiterid)
      REFERENCES mitarbeiterausbildungsbetrieb (mitarbeiterid)
);
```

Listing 8.14 Die Tabelle »mitarbeiterausbildungsbetrieb« anlegen, die eine Fremdschlüsselbeziehung zu sich selbst eingeht

> [*] **Zusammenfassung: Beziehungen zwischen Tabellen herstellen**
>
> Als Grundlage für Beziehungen ist stets ein Modell heranzuziehen, in dem die Beziehungen zwischen Tabellen festgelegt wurden.
>
> Eine Beziehung wird grundsätzlich über einen FOREIGN KEY-Constraint festgelegt.
>
> Eine 1:1-Beziehung zwischen Tabellen wird in der Kindtabelle festgelegt, die über einen FOREIGN KEY-Constraint auf die Elterntabelle referenziert.
>
> Eine 1:n-Beziehung wird ebenfalls in der Kindtabelle über einen FOREIGN KEY-Constraint definiert, der auf die Elterntabelle referenziert.

> Eine m:n-Beziehung zwischen zwei Tabellen wird über eine weitere Tabelle definiert, in der ausschließlich eindeutige Schlüsselpaare gespeichert werden, die über **FOREIGN KEY**-Constraints auf die jeweiligen Elterntabellen referenzieren.
>
> Eine 1:1- oder 1:n-Beziehung einer Tabelle, die eine Beziehung mit sich selbst herstellt (SELF JOIN), wird ebenfalls über einen **FOREIGN KEY**-Constraint realisiert. Die Tabelle stellt dann gleichzeitig die Eltern- und die Kindtabelle dar. Über eine Spalte, die als **FOREIGN KEY** festgelegt wird, wird auf die Primärschlüsselspalte referenziert und somit eine Beziehung hergestellt.

In diesem Abschnitt haben Sie erfahren, wie Sie Tabellen anlegen, die ausschließlich eine Beziehung zu sich selbst eingehen. In Abschnitt 8.4 widmen wir uns anhand der erstellten Tabellen noch einmal dem Thema der referentiellen Integrität, um die Abhängigkeiten bei Einfüge-, Änderungs- und Löschoperationen zu verstehen.

8.3 Übung zum Thema »Datenmodell in Tabellen überführen«

Übung 1

Zu der Bibliotheksdatenbank gehören die folgenden vier Tabellen:

- *verlag*
- *fachbuch*
- *fachbereichfachbuch*
- *fachbereich*

Abbildung 8.2 zeigt das Datenbankmodell in der UML-Notation. Hier sind sämtliche Informationen enthalten, die Sie benötigen, um **CREATE TABLE**-Anweisungen zu formulieren, mit denen Sie die Tabellen in der Datenbank *bibliothek* anlegen. Formulieren Sie für diese Übung vier **CREATE TABLE**-Anweisungen, um die aufgelisteten Tabellen in der Datenbank *bibliothek* zu erstellen.

Wenn Sie die **CREATE TABLE**-Anweisungen formuliert haben, bitte ich Sie, vor der Ausführung der Anweisungen auf die Reihenfolge der Ausführung zu achten. Die Reihenfolge der Ausführung ist von den Beziehungen zwischen den Tabellen abhängig.

Ein kleiner Tipp zur Reihenfolge: Führen Sie zuerst die **CREATE TABLE**-Anweisungen für die Tabellen *verlag* und *fachbereich* aus. Es handelt sich um starke Entitäten, die nicht abhängig von einer Beziehung zu einer anderen Tabelle sind.

Wenn Sie diese beiden Tabellen angelegt haben, ist die Voraussetzung für die Tabelle *fachbuch* bereits gegeben. In der Tabelle ist eine Fremdschlüsselspalte definiert, die die Existenz der Tabelle *verlag* voraussetzt.

Zu guter Letzt legen Sie die Tabelle *fachbereichfachbuch* in der Datenbank an, die aufgrund der Fremdschlüsseldefinitionen wiederum die Existenz der Tabellen *fachbuch* und *fachbereich* voraussetzt.

[UML-Diagramm: Tabellen verlag, fachbuch, fachbereichfachbuch, fachbereich mit ihren Feldern und Beziehungen]

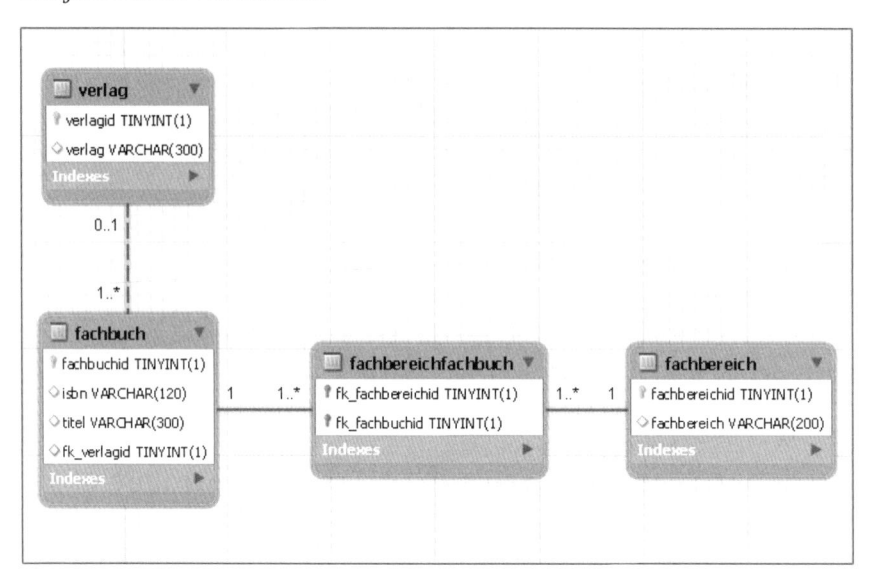

Abbildung 8.2 Die Bibliotheksdatenbank als Modell in der UML-Notation

Lösung zu Übung 1

```
CREATE TABLE verlag(
  verlagid TINYINT PRIMARY KEY NOT NULL,
  verlag VARCHAR(300)
);
```

Listing 8.15 Die Tabelle »verlag« mit einer CREATE TABLE-Anweisung erstellen

```
CREATE TABLE fachbereich(
  fachbereichid TINYINT PRIMARY KEY NOT NULL,
  fachbereich VARCHAR(200)
);
```

Listing 8.16 Die Tabelle »fachbereich« mit einer CREATE TABLE-Anweisung erstellen

```
CREATE TABLE fachbuch(
  fachbuchid TINYINT PRIMARY KEY NOT NULL,
  isbn VARCHAR(120),
  titel VARCHAR(300),
  fk_verlagid TINYINT,
  CONSTRAINT fk_verlagid_verlag
```

```
    FOREIGN KEY (fk_verlagid)
      REFERENCES verlag (verlagid)
);
```

Listing 8.17 Die Tabelle »fachbuch« mit einer CREATE TABLE-Anweisung erstellen

```
CREATE TABLE fachbereichfachbuch (
  fk_fachbereichid TINYINT,
  fk_fachbuchid TINYINT,
  PRIMARY KEY (fk_fachbereichid,fk_fachbuchid),
  CONSTRAINT fk_fachbereichid
    FOREIGN KEY (fk_fachbereichid)
      REFERENCES fachbereich (fachbereichid),
  CONSTRAINT fk_fachbuchid
    FOREIGN KEY (fk_fachbuchid)
      REFERENCES fachbuch (fachbuchid)
);
```

Listing 8.18 Die Tabelle »fachbereichfachbuch« mit einer CREATE TABLE-Anweisung erstellen

8.4 Die referentielle Integrität verstehen

Relationale Datenbanken stellen die referentielle Integrität sicher. Die referentielle Integrität gewährleistet, dass Beziehungen zwischen Zeilen von Tabellen gültig sind. Diese Aussage hat es in sich!

In Abbildung 8.3 sehen Sie die Tabellen *auszubildender* und *ausbildungsvertrag*.

Die beiden Tabellen stehen in Beziehung zueinander. Es handelt sich um eine 1:1-Beziehung, die über eine Fremdschlüsselbeziehung der Tabelle *ausbildungsvertrag* realisiert wird. Die Fremdschlüsselbeziehung (**FOREIGN KEY**-Constraint) wurde in der **CREATE TABLE**-Anweisung festgelegt. Von der Fremdschlüsselspalte *fk_ausid* der Tabelle *ausbildungsvertrag* wird auf die Primärschlüsselspalte *ausid* der Tabelle *auszubildender* verwiesen.

Zum Zeitpunkt 1 sind keine Zeilen in den Tabellen *auszubildender* und *ausbildungsvertrag* enthalten.

Zum Zeitpunkt 2 wird durch eine neue Zeile ein Auszubildender in die Tabelle *auszubildender* eingetragen. Zu diesem Zeitpunkt gibt es noch keinen Ausbildungsvertrag, der auf den Primärschlüsselwert 1 der Spalte *ausid* der Tabelle *auszubildender* verweist. Es existiert also noch keine Beziehung zwischen einer Zeile der Tabelle *ausbildungsvertrag* und einer Zeile der Tabelle *auszubildender*.

8 Datenmodelle in Tabellen überführen

Zum Zeitpunkt 3 wird eine neue Zeile in die Tabelle *ausbildungsvertrag* eingefügt, deren Fremdschlüsselwert 1 der Spalte *fk_ausid* auf den Primärschlüsselwert 1 der Spalte *ausid* der Tabelle *auszubildender* referenziert. Zu diesem Zeitpunkt wurde eine Beziehung zwischen diesen beiden Zeilen der Tabellen *auszubildender* und *ausbildungsvertrag* hergestellt.

	ausid	name	vorname	geburtsdatum		vid	vertragsdatum	fk_ausid
1								

auszubildender — *ausbildungsvertrag*

	ausid	name	vorname	geburtsdatum
2	1	Müller	Ralf	01.04.2001

auszubildender

						vid	vertragsdatum	fk_ausid
3						3	01.03.2015	1

ausbildungsvertrag

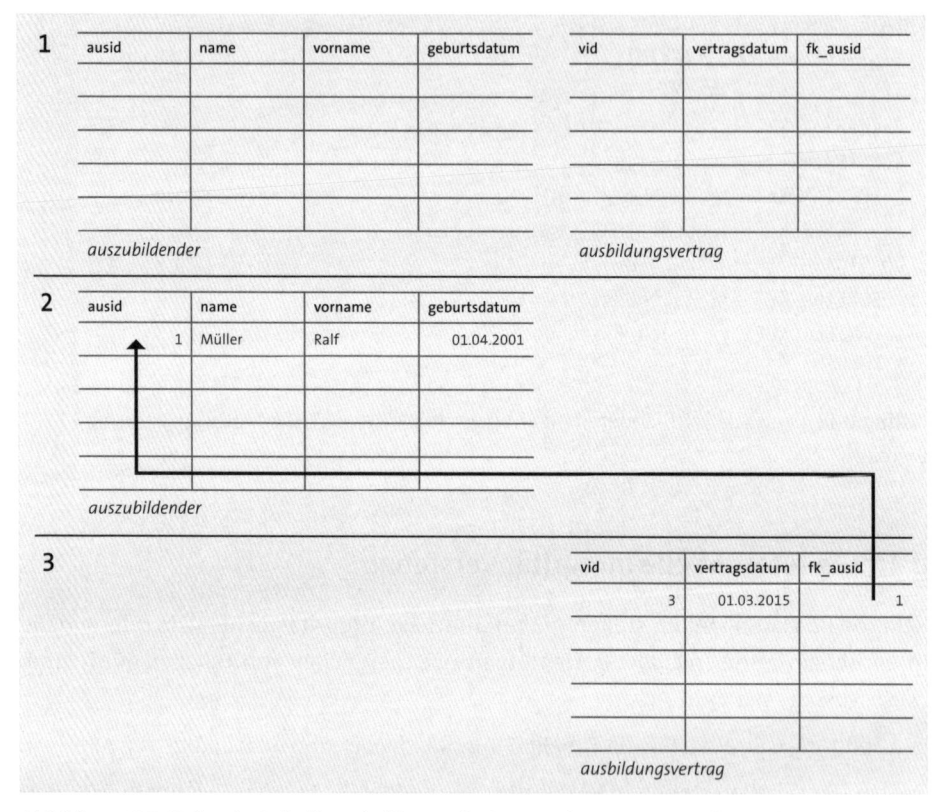

Abbildung 8.3 Zeilen in Tabellen einfügen, die in Beziehung zueinander stehen

In Abbildung 8.4 sehen Sie ein Beispiel, das in einer relationalen Datenbank so nicht möglich wäre.

Zum Zeitpunkt 1 sind die Zeilen enthalten, die wir im vorigen Beispiel verwendet haben, um eine gültige Beziehung herzustellen.

Zum Zeitpunkt 2 sehen wir hier eine Zeile in der Tabelle *ausbildungsvertrag*, die in einer relationalen Datenbank so nicht eingefügt werden könnte, denn sie steht in keiner gültigen Beziehung zu einer Zeile der Tabelle *auszubildender*. Ohne einen passenden Azubi kann es auch keinen Ausbildungsvertrag geben.

1	ausid	name	vorname	geburtsdatum		vid	vertragsdatum	fk_ausid
	1	Müller	Ralf	01.04.2001		3	01.03.2015	1
	auszubildender					*ausbildungsvertrag*		

2	ausid	name	vorname	geburtsdatum		vid	vertragsdatum	fk_ausid
	1	Müller	Ralf	01.04.2001		3	01.03.2015	1
					←	4	01.03.2015	5
	auszubildender					*ausbildungsvertrag*		

Abbildung 8.4 Darstellung einer nicht gültigen Beziehung

Die Sicherstellung der referentiellen Integrität einer relationalen Datenbank verhindert, dass in die Tabelle *ausbildungsvertrag* eine Zeile eingefügt wird, die einen Fremdschlüsselwert enthält, der nicht als Primärschlüsselwert in einer Zeile der Tabelle *auszubildender* vorhanden ist. Konkret handelt es sich um den Fremdschlüsselwert 5 der Spalte *fk_ausid* der Tabelle *ausbildungsvertrag*.

Da es keine Zeile in der Tabelle *auszubildender* gibt, die in der Spalte *ausid* einen Primärschlüsselwert 5 enthält, kann diese Zeile aus der Tabelle *ausbildungsvertrag* auch keine gültige Beziehung zu einer Zeile in der Tabelle *auszubildender* herstellen.

> **Es gibt allerdings eine Ausnahme: NULL-Werte**
>
> Wenn die Fremdschlüsselspalte **NULL**-Werte zulässt, ist es möglich, Zeilen in die Tabelle *ausbildungsvertrag* einzufügen. Diese Zeile mit einem **NULL**-Wert in der Spalte *fk_ausid* stünde somit mit keiner Zeile in der Tabelle *auszubildender* in Beziehung. Die **CREATE TABLE**-Anweisung aus Abschnitt 8.2.2 enthält keine **NOT NULL**-Einschränkung. In diesem Fall wäre es also möglich, eine Zeile ohne Fremdschlüsselwert einzufügen.

Vielleicht haben Sie sich schon die Frage gestellt, ob es denn möglich ist, Primärschlüsselwerte oder Fremdschlüsselwerte aus zwei Tabellen, die in Beziehung zueinander stehen, zu ändern.

Grundsätzlich ist es zulässig, Fremdschlüsselwerte zu ändern. Wenn Sie einen Fremdschlüsselwert ändern, muss der neue Fremdschlüsselwert natürlich auch als Primärschlüsselwert in der Tabelle vorhanden sein, auf die der Fremdschlüssel referenziert. Wie beim Einfügen können Sie auch hier bei einer Aktualisierungsoperation nur auf gültige Primärschlüsselwerte verweisen. Mit der Änderung eines Fremdschlüsselwertes wird also lediglich eine neue gültige Beziehung definiert.

Einen Primärschlüsselwert, auf den sich Fremdschlüsselwerte aus Zeilen einer anderen Tabelle beziehen, können Sie nicht so einfach ändern. Solange sich keine Zeile mit einem Fremdschlüsselwert aus einer anderen Tabelle auf einen zu ändernden Primärschlüsselwert bezieht, ist es möglich, einen Primärschlüsselwert zu ändern. Sobald hier jedoch Beziehungen existieren, ist es nicht mehr möglich, Primärschlüsselwerte zu ändern.

Es gibt nur eine Ausnahme: Sie müssen bereits beim Erstellen der Tabelle durch die **CREATE TABLE**-Anweisung in der **FOREIGN KEY**-Definition festlegen, dass bei einer Aktualisierung auch der Fremdschlüsselwert der Tabelle geändert werden kann. Eine derart geänderte Fremdschlüsseldefinition muss dann die **ON UPDATE CASCADE**-Klausel enthalten. Auf die **ON UPDATE CASCADE**-Klausel gehe ich in Abschnitt 9.3.2 ein.

Als Nächstes prüfen wir, ob wir Zeilen aus zwei Tabellen, die in Beziehung zueinander stehen, löschen können. Hierbei handelt es sich um die Zeilen, die sich mit ihren Fremdschlüsselwerten in Abhängigkeit von Primärschlüsselwerten in einer anderen Tabelle befinden. Zunächst betrachten wir dazu wieder zwei Zeitpunkte, die in Abbildung 8.5 dargestellt sind.

1	ausid	name	vorname	geburtsdatum		vid	vertragsdatum	fk_ausid
	1	Müller	Ralf	01.04.2001		3	01.03.2015	1
	auszubildender					*ausbildungsvertrag*		

2	ausid	name	vorname	geburtsdatum		vid	vertragsdatum	fk_ausid
	1	Müller	Ralf	01.04.2001				
	auszubildender					*ausbildungsvertrag*		

Abbildung 8.5 Eine Zeile aus einer Tabelle löschen, die über einen Fremdschlüsselwert in Beziehung zu einer anderen Tabelle steht

Zum Zeitpunkt 1 sind in den Tabellen *auszubildender* und *ausbildungsvertrag* Zeilen enthalten, die unmittelbar in Beziehung zueinander stehen.

8.4 Die referentielle Integrität verstehen

Zum Zeitpunkt 2 wurde die Zeile aus der Tabelle *ausbildungsvertrag* entfernt, die mit einem Fremdschlüsselwert auf einen Primärschlüsselwert einer Zeile in der Tabelle *auszubildender* verwies. Sie können jederzeit aus einer Tabelle eine Zeile löschen, die sich über einen Fremdschlüsselwert in Abhängigkeit von einem Primärschlüsselwert einer anderen Tabelle befindet.

Jetzt kehren wir den Vorgang um und prüfen, ob es möglich ist, Zeilen mit Primärschlüsselwerten einer Tabelle zu löschen, auf die Zeilen mit Fremdschlüsselwerten einer anderen Tabelle verweisen. Wir betrachten in Abbildung 8.6 wieder zwei Zeitpunkte.

1	ausid	name	vorname	geburtsdatum	vid	vertragsdatum	fk_ausid
	1	Müller	Ralf	01.04.2001	3	01.03.2015	1

auszubildender   *ausbildungsvertrag*

2	ausid	name	vorname	geburtsdatum	vid	vertragsdatum	fk_ausid
					3	01.03.2015	1

auszubildender   *ausbildungsvertrag*

Abbildung 8.6 Eine Zeile aus einer Tabelle löschen, auf die über einen Fremdschlüsselwert aus einer anderen Tabelle referenziert wird

Zum Zeitpunkt 1 existieren jeweils Zeilen in der Tabelle *auszubildender* und *ausbildungsvertrag*, die über einen Schlüsselwert in Beziehung zueinander stehen. In der Tabelle *ausbildungsvertrag* referenziert der Fremdschlüsselwert 1 der Spalte *fk_ausid* auf den Primärschlüsselwert 1 der Spalte *ausid*.

Zum Zeitpunkt 2 wurde aus der Tabelle *auszubildender* die Zeile gelöscht, auf die aus der Tabelle *ausbildungsvertrag* referenziert wird. Die referentielle Integrität einer relationalen Datenbank stellt sicher, dass genau so ein Löschvorgang nicht möglich ist. Solange Fremdschlüsselwerte aus Zeilen einer Tabelle auf Primärschlüsselwerte einer anderen Tabelle referenzieren, ist es nicht möglich, die Zeilen zu löschen, zu denen Beziehungen bestehen.

Erst dann, wenn keine Fremdschlüsselwerte mehr auf die Primärschlüsselwerte einer Zeile referenzieren, kann diese Zeile gelöscht werden.

[*] **Zusammenfassung: Referentielle Integrität**

Bei Einfüge-, Lösch- und Aktualisierungsanweisungen stellt eine Datenbank stets sicher, dass die referentielle Integrität gewahrt bleibt.

- In eine Elterntabelle können Zeilen ohne Rücksicht auf Abhängigkeiten zu einer Kindtabelle eingefügt werden.
- In einer Kindtabelle müssen einzufügende Zeilen auf die Zeilen einer Elterntabelle referenzieren, zu der sie in Beziehung stehen. Hier gibt es eine Ausnahme: Eine Zeile ohne definierten Fremdschlüsselwert (NULL) kann jederzeit eingefügt werden.
- Die Aktualisierung von Primärschlüsselwerten in einer Elterntabelle setzt voraus, dass entweder keine Beziehung zu einer Zeile in einer Kindtabelle existiert oder der Fremdschlüsselwert in der Zeile der Kindtabelle automatisch mit aktualisiert wird.
- Die Aktualisierung von Fremdschlüsselwerten in einer Kindtabelle ist nur dann möglich, wenn eine andere gültige Beziehung mit einem Fremdschlüsselwert hergestellt wird.
- Eine Zeile einer Elterntabelle kann nur dann gelöscht werden, wenn keine Zeile aus einer Kindtabelle mehr existiert, die auf die Zeile einer Elterntabelle referenziert. Wenn eine automatische Löschung der Zeilen einer Kindtabelle festgelegt wurde, ist das Löschen einer Zeile einer Elterntabelle auch möglich, wenn Zeilen einer Kindtabelle auf die Zeile der Elterntabelle referenzieren.
- Eine Zeile einer Kindtabelle, die auf eine Zeile einer Elterntabelle referenziert, können Sie löschen. Mit dem Löschen der Zeile existiert die Beziehung schlicht und ergreifend nicht mehr.

In diesem Abschnitt haben Sie die Aufgaben der referentiellen Integrität kennengelernt. Die referentielle Integrität stellt sicher, dass ausschließlich gültige Beziehungen zwischen Zeilen von Tabellen bestehen. Im nächsten Kapitel fügen wir Zeilen in die Tabellen ein, die zueinander in Beziehung stehen.

Kapitel 9
Einfüge-, Abfrage-, Änderungs-, und Löschoperationen auf Tabellen anwenden, die in Beziehungen stehen

Tabellen, die in Beziehung zueinander stehen, bieten die Grundlage dafür, diese Beziehungen zwischen den Tabellen auch zu nutzen. Und dass ein relationales Datenbanksystem sicherstellt, dass die Beziehungen zwischen den Tabellen auch stets berücksichtigt werden, wissen Sie ja bereits.

In diesem Kapitel führen wir das Beispiel aus Kapitel 8 fort und beschäftigen uns weiter mit der *Ausbildungsdatenbank*.

9.1 Zeilen in Tabellen einfügen, die in Beziehung zueinander stehen

Um Abhängigkeiten zwischen Tabellen zu beschreiben, verwenden wir auch hier die vereinfachte Ausdrucksweise der Eltern-Kind-Beziehung. Tabellen, die sich über eine Fremdschlüsseldefinition in der **CREATE TABLE**-Anweisung in Abhängigkeit zu einer anderen Tabelle befinden, bezeichnen wir als Kindtabellen. Tabellen, die sich in keiner Abhängigkeit befinden, bezeichnen wir als Elterntabellen. In diesem Fall wären also die Tabellen *auszubildender* und *ausbildungsberuf* Beispiele für Elterntabellen, während *adresse* eine Kindtabelle darstellt, die in Beziehung zu einer anderen Tabelle steht.

9.1.1 Zeilen in die Tabelle »auszubildender« einfügen

Als Erstes fügen wir Zeilen in die Tabelle *auszubildender* ein. Die Tabelle *auszubildender* hat keinerlei Abhängigkeiten (**FOREIGN KEY CONSTRAINTS**), die wir beachten müssen, wenn wir neue Zeile einfügen. Es ist lediglich darauf zu achten, dass für jeden Auszubildenden ein eindeutiger Primärschlüsselwert in der **INSERT**-Anweisung notiert wird. Listing 9.1 enthält sechs **INSERT**-Anweisungen, mit denen wir sechs neue Auszubildende in die Tabelle *auszubildender* eintragen.

```
INSERT INTO auszubildender (ausid,name,vorname,geburtsdatum)
    VALUES (1,'Müller','Ralf','2001.04.01');
INSERT INTO auszubildender (ausid,name,vorname,geburtsdatum)
    VALUES (2,'Klein','Sabine','2002.05.10');
INSERT INTO auszubildender (ausid,name,vorname,geburtsdatum)
    VALUES (3,'Lang','Peter','2001.03.11');
INSERT INTO auszubildender (ausid,name,vorname,geburtsdatum)
    VALUES (4,'Berg','Frank','2002.07.20');
INSERT INTO auszubildender (ausid,name,vorname,geburtsdatum)
    VALUES (5,'Erde','Sabine','2001.01.23');
INSERT INTO auszubildender (ausid,name,vorname,geburtsdatum)
    VALUES (6,'Grün','Justus','2001.04.15');
```

Listing 9.1 Zeilen in die Tabelle »auszubildender« einfügen

9.1.2 Zeilen in die Tabelle »ausbildungsberuf« einfügen

Als Nächstes fügen wir Zeilen in die Tabelle *ausbildungsberuf* ein. Die Tabelle *ausbildungsberuf* verfügt ebenfalls über keinerlei Abhängigkeiten (FOREIGN CONSTRAINTS), die wir beachten müssen. Auch hier ist lediglich darauf zu achten, dass fur jeden Ausbildungsberuf cin eindeutiger Primärschlüsselwert in der INSERT-Anweisung eingetragen wird. Listing 9.2 enthält sechs INSERT-Anweisungen, mit denen wir sechs neue Ausbildungsberufe in die Tabelle *ausbildungsberuf* eintragen.

```
INSERT INTO ausbildungsberuf (berufsid,berufsbezeichnung)
    VALUES(1,'Energieelektroniker');
INSERT INTO ausbildungsberuf (berufsid,berufsbezeichnung)
    VALUES(2,'Mechatroniker');
INSERT INTO ausbildungsberuf (berufsid,berufsbezeichnung)
    VALUES(3,'Buchhalter');
INSERT INTO ausbildungsberuf (berufsid,berufsbezeichnung)
    VALUES(4,'Industriekaufmann');
INSERT INTO ausbildungsberuf (berufsid,berufsbezeichnung)
    VALUES(5,'Schlosser');
INSERT INTO ausbildungsberuf (berufsid,berufsbezeichnung)
    VALUES(6,'Elektriker');
```

Listing 9.2 Zeilen in die Tabelle »ausbildungsberuf« einfügen

9.1.3 Zeilen in die Tabelle »lehrfach« einfügen

Bei der Tabelle *lehrfach* handelt es sich ebenfalls um eine nicht abhängige Tabelle. Wir können also neue Zeilen in die Tabelle *lehrfach* einfügen, ohne auf irgendwelche Abhängigkeiten (FOREIGN KEY CONSTRAINTS) achten zu müssen. Es ist nur wichtig, dass eindeutige Primärschlüsselwerte eingetragen werden. Listing 9.3 enthält zehn **INSERT**-Anweisungen, mit denen wir zehn neue Lehrfächer in die Tabelle *lehrfach* eintragen.

```
INSERT INTO lehrfach (lehrfachid,lehrfach)
  VALUES (1,'Mathematik');
INSERT INTO lehrfach (lehrfachid,lehrfach)
  VALUES (2,'Buchhaltung 1');
INSERT INTO lehrfach (lehrfachid,lehrfach)
  VALUES (3,'Buchhaltung 2');
INSERT INTO lehrfach (lehrfachid,lehrfach)
  VALUES (4,'Mechanik Grundlagen 1');
INSERT INTO lehrfach (lehrfachid,lehrfach)
  VALUES (5,'Mechanik Grundlagen 2');
INSERT INTO lehrfach (lehrfachid,lehrfach)
  VALUES (6,'Englisch');
INSERT INTO lehrfach (lehrfachid,lehrfach)
  VALUES (7,'Elektronik Grundlagen 1');
INSERT INTO lehrfach (lehrfachid,lehrfach)
  VALUES (8,'Elektronik Grundlagen 2');
INSERT INTO lehrfach (lehrfachid,lehrfach)
  VALUES (9,'Rechnungsbearbeitung 1');
INSERT INTO lehrfach (lehrfachid,lehrfach)
  VALUES (10,'Rechnungsbearbeitung 2');
```

Listing 9.3 Zeilen in die Tabelle »lehrfach« einfügen

9.1.4 Zeilen in die Tabelle »adresse« (inklusive der Beziehungen) einfügen

Die Tabelle *adresse* befindet sich in einer 1 : n-Abhängigkeit zu der Tabelle *auszubildender*. Neue Zeilen, die wir hier mit einer **INSERT**-Anweisung eintragen, müssen also auf gültige Primärschlüsselwerte in der Tabelle *auszubildender* verweisen. Die sechs **INSERT**-Anweisungen in Listing 9.4 sorgen dafür, dass sechs Adressen in die Tabelle *adresse* eingetragen werden. Die ersten drei **INSERT**-Anweisungen werden mit den Fremdschlüsselwerten 1, 3 und 5 ausgestattet und verweisen somit in der Tabelle *auszubildender* auf die Zeilen mit den Primärschlüsselwerten 1, 3 und 5. Die letzten drei **INSERT**-Anweisungen enthalten keine Fremdschlüsselwerte. Hier wurde anstelle eines Fremdschlüsselwerts der nicht definierte Wert **NULL** eingetragen. Die letzten drei Zeilen verweisen also auf keine Auszubildenden. Es handelt sich stattdessen um Adressen, die nicht zugeordnet sind.

```
/* Mit Zuordnung zu Auszubildenden */
INSERT INTO adresse (aid,strasse,nr.,plz,ort,fk_ausid)
  VALUES (1,'Mondstraße','8',50827,'Köln',1);
```

```
INSERT INTO adresse (aid,strasse,nr.,plz,ort,fk_ausid)
    VALUES (2,'Sternstraße','10',50127,'Bonn',3);
INSERT INTO adresse (aid,strasse,nr.,plz,ort,fk_ausid)
    VALUES (3,'Sonnenstraße','1',50129,'Bonn',5);
/*Ohne Zuordnung zu Auszubildenden*/
INSERT INTO adresse (aid,strasse,nr.,plz,ort,fk_ausid)
    VALUES (4,'Jupiterstraße','11',50827,'Köln',NULL);
INSERT INTO adresse (aid,strasse,nr.,plz,ort,fk_ausid)
    VALUES (5,'Uranusstraße','9',50127,'Bonn',NULL);
INSERT INTO adresse (aid,strasse,nr.,plz,ort,fk_ausid)
    VALUES (6,'Marsstraße','9',50129,'Bonn',NULL);
```

Listing 9.4 Neue Zeilen in die Tabelle »adresse« einfügen

9.1.5 Zeilen in die Tabelle »ausbildungsvertrag« (inklusive der Beziehungen) einfügen

Die Tabelle *ausbildungsvertrag* steht jeweils in einer 1:1-Beziehung zu den Tabellen *auszubildender* und *ausbildungsberuf*. Neue Zeilen, die wir mit einer INSERT-Anweisung eintragen, müssen also auf gültige Primärschlüsselwerte der Tabellen *auszubildender* und *ausbildungsberuf* verweisen. Listing 9.5 enthält sechs INSERT-Anweisungen. Die letzten beiden Werte, die in der VALUES-Klausel enthalten sind, verweisen mit ihren Fremdschlüsselwerten der Spalten *fk_ausid* und *fk_berufsid* auf die Primärschlüsselwerte der Tabellen *auszubildender* (Primärschlüsselspalte: *ausid*) und *ausbildungsberuf* (Primärschlüsselspalte: *berufsid*). Jede Zeile, die wir hier einfügen, enthält also eine Beziehung zu den Zeilen in den Tabellen *auszubildender* und *ausbildungsberuf*.

```
INSERT INTO ausbildungsvertrag (vid,vertragsdatum,fk_ausid,fk_berufsid)
    VALUES (1,'2015.06.01',5,2);
INSERT INTO ausbildungsvertrag (vid,vertragsdatum,fk_ausid,fk_berufsid)
    VALUES (2,'2015.06.01',4,4);
INSERT INTO ausbildungsvertrag (vid,vertragsdatum,fk_ausid,fk_berufsid)
    VALUES (3,'2015.06.01',1,3);
INSERT INTO ausbildungsvertrag (vid,vertragsdatum,fk_ausid,fk_berufsid)
    VALUES (4,'2015.06.01',3,1);
INSERT INTO ausbildungsvertrag (vid,vertragsdatum,fk_ausid,fk_berufsid)
    VALUES (5,'2015.06.01',6,1);
INSERT INTO ausbildungsvertrag (vid,vertragsdatum,fk_ausid,fk_berufsid)
    VALUES (6,'2015.06.01',2,5);
```

Listing 9.5 Zeilen in die Tabelle »ausbildungsvertrag« einfügen

9.1.6 Zeilen in die Tabelle »beruflehrfach« (inklusive der Beziehungen) einfügen

Die Tabelle *beruflehrfach* bildet eine m : n-Beziehung zwischen den Tabellen *ausbildungsberuf* und *lehrfach* ab. In der Tabelle *beruflehrfach* werden Kombinationen von Fremdschlüsselwerten gespeichert, die jeweils auf die Primärschlüsselwerte der Tabellen *ausbildungsberuf* und *lehrfach* verweisen.

Die Fremdschlüsselspalte *fk_berufsid* der Tabelle *beruflehrfach* verweist auf die Primärschlüsselspalte *berufsid* der Tabelle *ausbildungsberuf*. Die Fremdschlüsselspalte *fk_lehrfachid* wiederum verweist auf die Primärschlüsselspalte *lehrfachid* der Tabelle *lehrfach*. In Listing 9.6 sehen Sie zwölf INSERT-Anweisungen, mit denen Kombinationen von Fremdschlüsselwerten gespeichert werden, um entsprechende Beziehungen zu den Zeilen der Tabellen *ausbildungsberuf* und *lehrfach* herzustellen.

```
INSERT INTO beruflehrfach (fk_berufsid,fk_lehrfachid)
  VALUES (1,1);
INSERT INTO beruflehrfach (fk_berufsid,fk_lehrfachid)
  VALUES (1,6);
INSERT INTO beruflehrfach (fk_berufsid,fk_lehrfachid)
  VALUES (1,7);
INSERT INTO beruflehrfach (fk_berufsid,fk_lehrfachid)
  VALUES (1,8);
INSERT INTO beruflehrfach (fk_berufsid,fk_lehrfachid)
  VALUES (4,2);
INSERT INTO beruflehrfach (fk_berufsid,fk_lehrfachid)
  VALUES (4,3);
INSERT INTO beruflehrfach (fk_berufsid,fk_lehrfachid)
  VALUES (4,6);
INSERT INTO beruflehrfach (fk_berufsid,fk_lehrfachid)
  VALUES (4,9);
INSERT INTO beruflehrfach (fk_berufsid,fk_lehrfachid)
  VALUES (6,1);
INSERT INTO beruflehrfach (fk_berufsid,fk_lehrfachid)
  VALUES (6,4);
INSERT INTO beruflehrfach (fk_berufsid,fk_lehrfachid)
  VALUES (6,7);
INSERT INTO beruflehrfach (fk_berufsid,fk_lehrfachid)
  VALUES (6,8);
```

Listing 9.6 Zeilen in die Tabelle »beruflehrfach« einfügen

9.1.7 Zeilen in die Tabelle »mitarbeiterausbildungsbetrieb« (inklusive der Beziehungen) einfügen

Die Tabelle *mitarbeiterausbildungsbetrieb* bildet eine 1 : n-Beziehung zu sich selbst ab. Die Tabelle enthält eine Fremdschlüsselspalte *fk_mitarbeiterid*, die auf die Primärschlüsselspalte *mitarbeiterid* referenziert.

In Listing 9.7 sind zehn INSERT-Anweisungen enthalten, in denen jeweils Werte der spalte *fk_mitarbeiterid* auf Werte der Spalte *mitarbeiterid* verweisen.

```
INSERT INTO mitarbeiterausbildungsbetrieb (mitarbeiterid,name,vorname,fk_mitarbeiterid)
    VALUES (1,'Müller','Alfred',NULL);
INSERT INTO mitarbeiterausbildungsbetrieb (mitarbeiterid,name,vorname,fk_mitarbeiterid)
    VALUES (2,'Ungern','Peter',1);
INSERT INTO mitarbeiterausbildungsbetrieb (mitarbeiterid,name,vorname,fk_mitarbeiterid)
    VALUES (3,'Erdenschein','Claudia',1);
INSERT INTO mitarbeiterausbildungsbetrieb (mitarbeiterid,name,vorname,fk_mitarbeiterid)
    VALUES (4,'Sternenschein','Ute',1);
INSERT INTO mitarbeiterausbildungsbetrieb (mitarbeiterid,name,vorname,fk_mitarbeiterid)
    VALUES (5,'Augustus','Frank',1);
INSERT INTO mitarbeiterausbildungsbetrieb (mitarbeiterid,name,vorname,fk_mitarbeiterid)
    VALUES (6,'Erdenfels','Christine',NULL);
INSERT INTO mitarbeiterausbildungsbetrieb (mitarbeiterid,name,vorname,fk_mitarbeiterid)
    VALUES (7,'Hoffnung','Ralf',6);
INSERT INTO mitarbeiterausbildungsbetrieb (mitarbeiterid,name,vorname,fk_mitarbeiterid)
    VALUES (8,'Freud','Erika',6);
INSERT INTO mitarbeiterausbildungsbetrieb (mitarbeiterid,name,vorname,fk_mitarbeiterid)
    VALUES (9,'Bergfels','Diether',6);
INSERT INTO mitarbeiterausbildungsbetrieb (mitarbeiterid,name,vorname,fk_mitarbeiterid)
    VALUES (10,'Lemon','Reinhold',6);
```

Listing 9.7 Zeilen in die Tabelle »mitarbeiterausbildungsbetrieb« einfügen

> **Zusammenfassung: Zeilen, die in Beziehung stehen, in Tabellen einfügen** [*]
>
> Wenn Zeilen in Kindtabellen, die in Beziehung zu Zeilen aus Elterntabellen stehen, eingefügt werden sollen, gilt es, eine Reihenfolge einzuhalten.
>
> Zuerst werden die Zeilen in eine Elterntabelle eingefügt. Dann werden die Zeilen mit den entsprechenden Fremdschlüsselwerten in Kindtabellen eingefügt.

9.1.8 Übungen zum Thema »Zeilen in Tabellen einfügen, die in Beziehung zueinander stehen«

Übung 1

In Kapitel 8, »Datenmodelle in Tabellen überführen«, haben Sie Tabellen erstellt, die Informationen für eine Bibliothek verwalten sollen. In dieser Übung sollen für die Tabellen *fachbereich* und *verlag*, die starke Entitäten darstellen, INSERT-Anweisungen formuliert werden, mit denen Sie Zeilen in die Tabellen einfügen. Die Tabellen sind also autark. Sie müssen hier keine Beziehungen zu Zeilen in anderen Tabellen beachten. In Tabelle 9.1 sehen Sie Zeilen, die für die Tabelle *verlag* vorgesehen sind. Tabelle 9.2 enthält wiederum Zeilen, die für die Tabelle *fachbereich* bestimmt sind.

verlagid	verlag
1	Rheinwerk Verlag
2	Elektro Verlag
3	Mechanik Verlag
4	Kaufmann Verlag
5	Medien Verlag

Tabelle 9.1 Zeilen für die Tabelle »verlag«

fachbereichid	fachbereich
1	Elektrotechnik
2	Kaufmann
3	Mechanik
4	Pneumatik

Tabelle 9.2 Zeilen für die Tabelle »fachbereich«

9 Einfüge-, Abfrage-, Änderungs-, und Löschoperationen auf Tabellen anwenden

Übung 2

Fügen Sie in dieser Übung Zeilen in die Tabelle *fachbuch* ein, die mit einem Fremdschlüsselwert auf Zeilen in der Tabelle *verlag* referenzieren. In Übung 1 haben Sie vier Verlage in die Tabelle *verlag* eingefügt. Uns stehen also vier Primärschlüsselwerte aus der Tabelle *verlag* zur Verfügung, die wir als Fremdschlüsselwerte in der Tabelle *fachbuch* verwenden können, je nachdem, von welchem Verlag ein Fachbuch verlegt wird. Beachten Sie, dass die Fremdschlüsselwerte in die Spalte *fk_verlagid* eingefügt werden. Diese Fremdschlüsselwerte referenzieren auf Zeilen, die Sie in Tabelle 9.3 für INSERT-Anweisungen für die Tabelle *verlag* genutzt haben. Die letzten drei Zeilen mit den Primärschlüsselwerten 7, 8 und 9 der Spalte *fachbuchid* verfügen über keine Referenz, die über Fremdschlüsselwerte festgelegt wurde. Tragen Sie hier jeweils NULL in die VALUES-Klausel der INSERT-Anweisung ein.

fachbuchid	isbn	titel	fk_verlagid
1	1235	Mechanik	3
2	9878	Elektrotechnik	2
3	2323	Elektronik	2
4	2254	Pneumatik	3
5	4455	Mathematik Grundlagen 1	2
6	4456	Mathematik Grundlagen 2	2
7	5566	Mengenlehre	NULL
8	7766	Kommunikation 1	NULL
9	7767	Kommunikation 2	NULL

Tabelle 9.3 Zeilen für die Tabelle »fachbuch«

Übung 3

Jetzt fehlt uns noch die Zuordnung eines Fachbuchs zu einem Fachbereich. Diese Zuordnung können Sie mit der Schlüsseltabelle *fachbereichfachbuch* realisieren. Hier müssen jeweils gültige Primärschlüsselwerte oder Kombinationen aus den Tabellen *fachbuch* und *fachbereich* eingetragen werden, um die Beziehung eines Schlüsselpaars zu den Zeilen der Tabellen *fachbuch* bzw. *fachbereich* herzustellen.

In Tabelle 9.4 sehen Sie die Zuordnungen über die Fremdschlüsselwerte eines Fachbuchs zu einem Fachbereich. Formulieren Sie INSERT-Anweisungen, mit denen Sie die jeweiligen Zuordnungen in die Tabelle *fachbereichfachbuch* eintragen.

9.1 Zeilen in Tabellen einfügen, die in Beziehung zueinander stehen

fk_fachbereichid	fk_fachbuchid
3	1
1	3
4	4
1	5
1	6
1	7
2	8
2	9

Tabelle 9.4 Zeilen für die Tabelle »fachbereichfachbuch«

Lösung zu Übung 1

```
/* Zeilen in die Tabelle verlag einfügen */
INSERT INTO verlag (verlagid,verlag)
VALUES (1, 'Rheinwerk Verlag');
INSERT INTO verlag (verlagid,verlag)
VALUES (2, 'Elektro Verlag');
INSERT INTO verlag (verlagid,verlag)
VALUES (3, 'Mechanik Verlag');
INSERT INTO verlag (verlagid,verlag)
VALUES (4, 'Kaufmann Verlag');
INSERT INTO verlag (verlagid,verlag)
VALUES (5, 'Medien Verlag');

/* Zeilen in die Tabelle fachbereich einfügen */
INSERT INTO fachbereich (fachbereichid,fachbereich)
VALUES (1, 'Elektrotechnik');
INSERT INTO fachbereich (fachbereichid,fachbereich)
VALUES (2, 'Kaufmann');
INSERT INTO fachbereich (fachbereichid,fachbereich)
VALUES (3, 'Mechanik');
INSERT INTO fachbereich (fachbereichid,fachbereich)
VALUES (4, 'Pneumatik');
```

Listing 9.8 INSERT-Anweisungen zum Einfügen von Zeilen in die Tabellen »verlag« und »fachbereich«

Lösung zu Übung 2

```
INSERT INTO fachbuch (fachbuchid,isbn,titel,fk_verlagid)
VALUES (1,'1235','Mechanik',3);
INSERT INTO fachbuch (fachbuchid,isbn,titel,fk_verlagid)
VALUES (2,'9878','Elektrotechnik',2);
INSERT INTO fachbuch (fachbuchid,isbn,titel,fk_verlagid)
VALUES (3,'2323','Elektronik',2);
INSERT INTO fachbuch (fachbuchid,isbn,titel,fk_verlagid)
VALUES (4,'2254','Pneumatik',3);
INSERT INTO fachbuch (fachbuchid,isbn,titel,fk_verlagid)
VALUES (5,'4455','Mathematik Grundlagen 1',2);
INSERT INTO fachbuch (fachbuchid,isbn,titel,fk_verlagid)
VALUES (6,'4456','Mathematik Grundlagen 2',2);
INSERT INTO fachbuch (fachbuchid,isbn,titel,fk_verlagid)
VALUES (7,'5566','Mengenlehre',NULL);
INSERT INTO fachbuch (fachbuchid,isbn,titel,fk_verlagid)
VALUES (8,'7766','Kommunikation 1',NULL);
INSERT INTO fachbuch (fachbuchid,isbn,titel,fk_verlagid)
VALUES (9,'7767','Kommunikation 2',NULL);
```

Listing 9.9 INSERT-Anweisungen zum Einfügen von Zeilen in die Tabelle »fachbuch«

Lösung zu Übung 3

```
INSERT INTO fachbereichfachbuch (fk_fachbereichid,fk_fachbuchid)
VALUES (3,1);
INSERT INTO fachbereichfachbuch (fk_fachbereichid,fk_fachbuchid)
VALUES (1,3);
INSERT INTO fachbereichfachbuch (fk_fachbereichid,fk_fachbuchid)
VALUES (4,4);
INSERT INTO fachbereichfachbuch (fk_fachbereichid,fk_fachbuchid)
VALUES (1,5);
INSERT INTO fachbereichfachbuch (fk_fachbereichid,fk_fachbuchid)
VALUES (1,6);
INSERT INTO fachbereichfachbuch (fk_fachbereichid,fk_fachbuchid)
VALUES (1,7);
INSERT INTO fachbereichfachbuch (fk_fachbereichid,fk_fachbuchid)
VALUES (2,8);
INSERT INTO fachbereichfachbuch (fk_fachbereichid,fk_fachbuchid)
VALUES (2,9);
```

Listing 9.10 INSERT-Anweisungen zum Einfügen von Zeilen in die Tabelle »fachbereichfachbuch«

9.2 Zeilen aus Tabellen, die in Beziehung stehen, mit JOIN verbunden abfragen

Wir haben Tabellen in Beziehung zueinander gesetzt und Datensätze in Tabellen eingefügt, die berücksichtigen, dass sie in Beziehung zueinander stehen. Jetzt schauen wir uns an, wie Sie Datensätze aus solchen Tabellen abfragen. Daher nutzen wir die Beziehungen zwischen den Tabellen, um SELECT-Abfragen zu formulieren, mit denen wir die Datensätze, deren Schlüssel gleich sind, verbunden abfragen. Das heißt, dass Sie in der Spaltenauswahlliste die Wahl haben zwischen den Spalten, die in den verbundenen Tabellen vorkommen.

Es gibt drei unterschiedliche JOIN-Arten, mit denen Sie Tabellen abfragen können, deren Zeilen durch Fremdschlüsselbeziehungen verbunden sind: der INNER JOIN, der LEFT OUTER JOIN und der RIGHT OUTER JOIN. Wenn Sie einen INNER JOIN verwenden, werden die Zeilen aus Tabellen verbunden abgefragt, wenn Schlüsselwerte übereinstimmen. Ein LEFT OUTER JOIN verbindet hingegen alle Zeilen der linken Tabelle mit allen Zeilen der rechten Tabelle. Außerdem bleiben Ihnen beim LEFT OUTER JOIN alle Zeilen erhalten, die in der linken Tabelle existent sind, aber in der rechten Tabelle nicht mit Schlüsselwerten verbunden werden können. Für den RIGHT OUTER JOIN gilt das Ganze umgekehrt. Ein CROSS JOIN schließlich verbindet alle Zeilen der beiden Tabellen miteinander.

Die Diagramme in Abbildung 9.1 bis 9.5 veranschaulichen die Operationen:

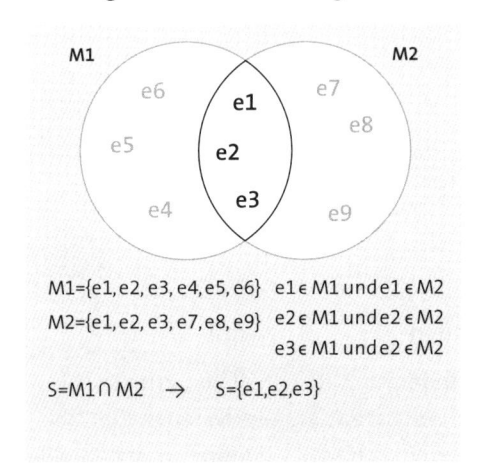

M1={e1, e2, e3, e4, e5, e6} e1 ∈ M1 und e1 ∈ M2
M2={e1, e2, e3, e7, e8, e9} e2 ∈ M1 und e2 ∈ M2
                             e3 ∈ M1 und e2 ∈ M2

S=M1 ∩ M2   →   S={e1,e2,e3}

Abbildung 9.1 Ein INNER JOIN

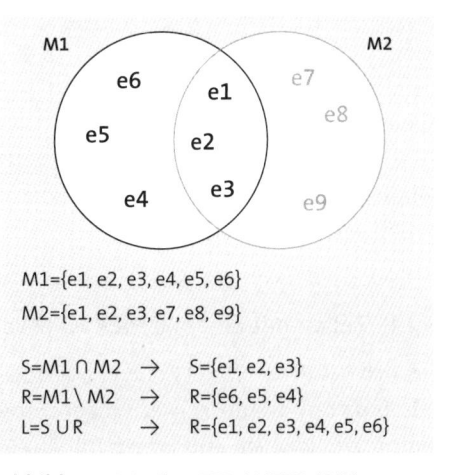

M1={e1, e2, e3, e4, e5, e6}
M2={e1, e2, e3, e7, e8, e9}

S=M1 ∩ M2   →   S={e1, e2, e3}
R=M1 \ M2   →   R={e6, e5, e4}
L=S ∪ R   →   R={e1, e2, e3, e4, e5, e6}

Abbildung 9.2 Ein LEFT OUTER JOIN

M1={e1, e2, e3, e4, e5, e6}
M2={e1, e2, e3, e7, e8, e9}

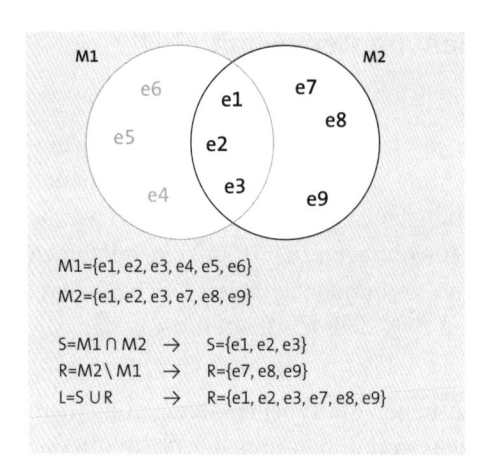

S=M1 ∩ M2 → S={e1, e2, e3}
R=M2 \ M1 → R={e7, e8, e9}
L=S U R → R={e1, e2, e3, e7, e8, e9}

Abbildung 9.3 Ein RIGHT OUTER JOIN

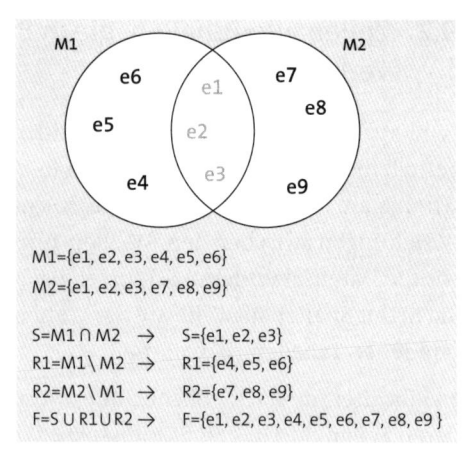

M1={e1, e2, e3, e4, e5, e6}
M2={e1, e2, e3, e7, e8, e9}

S=M1 ∩ M2 → S={e1, e2, e3}
R1=M1 \ M2 → R1={e4, e5, e6}
R2=M2 \ M1 → R2={e7, e8, e9}
F=S U R1 U R2 → F={e1, e2, e3, e4, e5, e6, e7, e8, e9 }

Abbildung 9.4 Ein FULL OUTER JOIN

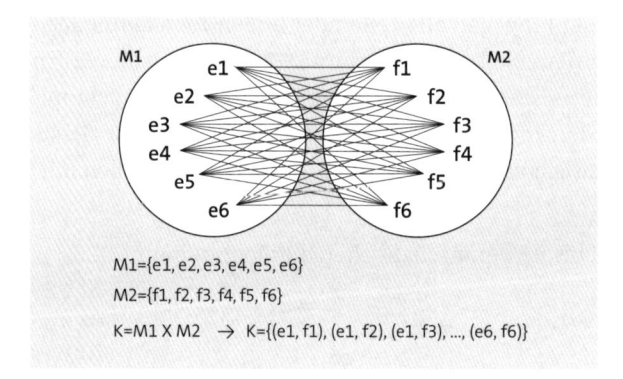

M1={e1, e2, e3, e4, e5, e6}
M2={f1, f2, f3, f4, f5, f6}

K=M1 X M2 → K={(e1, f1), (e1, f2), (e1, f3), ..., (e6, f6)}

Abbildung 9.5 Ein CROSS JOIN

Wir beginnen in Abschnitt 9.2.1 mit dem **INNER JOIN**, mit dem wir Zeilen aus zwei Tabellen verbunden abfragen.

9.2.1 Zeilen mit einem INNER JOIN verbinden

Ein **INNER JOIN** verbindet Zeilen von Tabellen, indem auf Gleichheit von Primärschlüssel- und Fremdschlüsselwerten geprüft wird. Wie bereits erläutert, stehen die Tabellen *auszubildender* und *adresse* über eine Fremdschlüsselbeziehung in der Tabelle *adresse* zueinander in Beziehung.

In Abbildung 9.6 sehen Sie, dass jeweils die Fremdschlüsselwerte der Spalte *fk_ausid* der Tabelle *adresse* auf gleiche Primärschlüsselwerte der Spalte *ausid* in der Tabelle *auszubildender* verweisen.

9.2 Zeilen aus Tabellen, die in Beziehung stehen, mit JOIN verbunden abfragen

aid	strasse	nr.	plz	ort	fk_ausid
1	Mondstraße	8	50827	Köln	1
2	Sternstraße	10	50127	Bonn	3
3	Sonnenstraße	1	50129	Bonn	5
4	Jupiterstraße	11	50827	Köln	
5	Uranusstraße	9	50127	Bonn	
6	Marsstraße	9	50129	Bonn	

adresse

ausid	name	vorname	geburtsdatum
1	Müller	Ralf	01.04.2001
2	Klein	Sabine	10.05.2002
3	Lang	Peter	11.03.2001
4	Berg	Frank	20.07.2002
5	Erde	Sabine	23.01.2001
6	Grün	Justus	15.04.2001

auszubildender

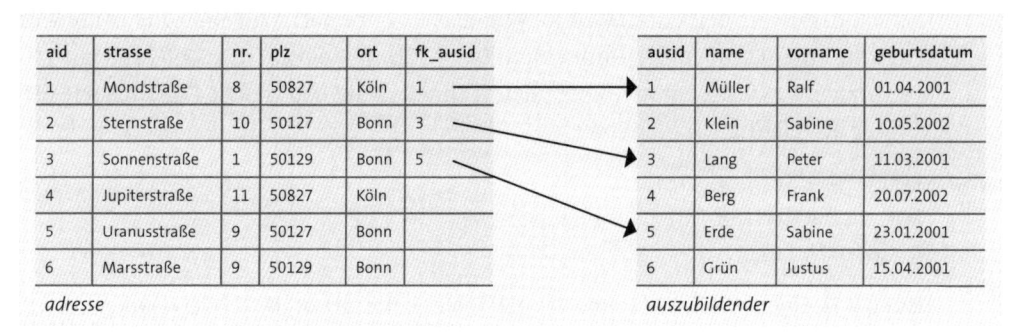

Abbildung 9.6 Zeilen von Tabellen mit Schlüsselwerten verbinden

Diese Tabellen, die in Beziehung zueinander stehen, wollen wir mit einer SELECT-Anweisung abfragen. Wenn wir zwei Tabellen abfragen, stehen uns natürlich auch die Spalten aus zwei Tabellen zur Verfügung. Sie realisieren die Verbindung von Zeilen über identische Schlüsselwerte aus Tabellen mit einem INNER JOIN. Ein INNER JOIN verbindet Zeilen von Tabellen nur dann, wenn eine Schlüsselbeziehung zwischen einer Eltern- und einer Kindtabelle existiert. Wenn Zeilen in den Tabellen vorhanden sind, die über keine Beziehung verfügen, werden sie also nicht von einem INNER JOIN berücksichtigt.

In Listing 9.11 sehen Sie eine SELECT-Abfrage mit einem INNER JOIN.

```
SELECT name,vorname,plz,ort
FROM auszubildender INNER JOIN adresse
ON ausid=fk_ausid;
```

Listing 9.11 Die Tabelle »auszubildender« und »adresse« mit einem INNER JOIN verbunden abfragen

Hinter dem Schlüsselwort SELECT sehen Sie wie gewohnt eine Spaltenauswahlliste. Hier gibt es nur eine Neuerung: Die Spalten *name* und *vorname* fragen wir aus der Tabelle *auszubildender* ab. Die Spalten *plz* und *ort* stammen hingegen aus der Tabelle *adresse*. Es folgen das Schlüsselwort FROM und die Tabellenbezeichnung *auszubildender*. Bis hierhin haben Sie fast nichts Neues kennengelernt.

Hinter der Tabellenbezeichnung *auszubildender* folgen jetzt die neuen Schlüsselwörter INNER JOIN (innerer Verbund). Hinter der INNER JOIN-Klausel notieren Sie die Tabelle, die über einen INNER JOIN verbunden abgefragt werden soll. Somit haben Sie schon einmal bekannt gemacht, welche Tabellen verbunden abgefragt werden sollen.

Jetzt müssen wir nur noch angeben, wie die Tabellen miteinander verbunden werden sollen. Die Bedingung, die auf Gleichheit von Schlüsselwerten prüft (Primärschlüssel- und Fremdschlüsselwerte), legen Sie in einer ON-Klausel fest.

Das Schlüsselwort INNER der INNER JOIN-Klausel ist optional anzugeben. In Listing 9.12 sehen Sie eine SELECT-Abfrage mit einem INNER JOIN, in dem auf das Schlüsselwort INNER verzichtet wurde. Diese Abfrage liefert Ihnen exakt das gleiche Ergebnis wie die Abfrage aus Listing 9.11.

```
SELECT name,vorname,plz,ort
FROM auszubildender JOIN adresse
ON ausid=fk_ausid;
```

Listing 9.12 Einen INNER JOIN ohne das optionale Schlüsselwort INNER verwenden

Tabelle 9.5 zeigt Ihnen das Ergebnis der Abfrage:

name	vorname	plz	ort
Müller	Ralf	50827	Köln
Lang	Peter	50127	Bonn
Erde	Sabine	50129	Bonn

Tabelle 9.5 Ergebnistabelle für eine Abfrage mit einem INNER JOIN

Die Zeilen, die jeweils durch eine Referenz der Kindtabelle *adresse* auf Zeilen der Elterntabelle *auszubildender* verweisen, konnten erfolgreich verbunden werden. Sicher fällt Ihnen auf, dass die Datensätze, die über keine Referenz (Fremdschlüsselwert gleich NULL) aus der Tabelle *adresse* verfügen, nicht verbunden werden konnten. Wie Sie Zeilen, die über keine Schlüsselbeziehungen verfügen, mit in die Ergebnisliste aufnehmen, werden Sie in den nächsten Abschnitten erfahren.

In diesem Abschnitt haben Sie einen INNER JOIN kennengelernt. Im nächsten Abschnitt erfahren Sie, was es mit einem LEFT OUTER JOIN auf sich hat.

9.2.2 Zeilen mit einem LEFT OUTER JOIN verbinden

Ein LEFT OUTER JOIN verknüpft ebenfalls Zeilen von Tabellen über eine Fremdschlüsselbeziehung. Zunächst einmal verbindet ein LEFT OUTER JOIN alle Zeilen von zwei Tabellen über eine Schlüsselbeziehung. Immer dann, wenn ein Fremdschlüssel aus einer Kindtabelle auf einen Primärschlüssel aus einer Elterntabelle referenziert, werden Zeilen entsprechend verbunden. Das kennen Sie bereits vom INNER JOIN.

Ein LEFT OUTER JOIN gibt zusätzlich die Zeilen der Tabelle *auszubildender* (die links von der LEFT OUTER JOIN-Klausel notiert ist) aus, die nicht über Schlüsselwerte mit der Tabelle *adresse* (die rechts von der LEFT OUTER JOIN-Klausel notiert ist) verbunden werden können. Diese Zeilen bleiben uns also erhalten. In diesem Fall bedeutet das, dass die Spaltenwerte der Zeilen der Elterntabelle *auszubildender* ausgegeben werden, auf die keine Referenzierung aus den Zeilen der Kindtabelle *adresse* erfolgt.

> **LEFT OUTER JOIN und Schlüsselbeziehungen**
>
> Beachten Sie Folgendes: Einem **LEFT OUTER JOIN** ist es grundsätzlich egal, ob Sie Fremdschlüsselwerte mit Primärschlüsselwerten vergleichen. In der **ON**-Klausel wird eine Bedingung ausgewertet. Wenn diese wahr ist, werden Zeilen verbunden ausgegeben. Wenn Sie nicht wahr ist, wird keine Zeile verbunden abgefragt. Das war es auch schon.
>
> Der **LEFT OUTER JOIN** hingegen fragt tatsächlich auch diejenigen Zeilen der Tabelle, die links von der **LEFT OUTER JOIN**-Klausel angegeben wird, ab, die nicht über eine passende Schlüsselbeziehung mit der rechten Tabelle verbunden werden können. Die Zeilen der Tabelle links von der **LEFT OUTER JOIN**-Klausel sind also ebenso in der Ergebnistabelle enthalten.

In Abbildung 9.6 sehen Sie unsere bekannte Tabelle *auszubildender*. Darin finden Sie jetzt insgesamt sechs Zeilen. Aus der Tabelle *adresse* wird nicht auf die Zeilen mit den Primärschlüsselwerten 2, 4 und 6 in der Spalte *ausid* referenziert. Diesen drei Auszubildenden kann derzeit noch kein Wohnort zugeordnet werden. In der Tabelle *adresse* sehen Sie also auch keine Zeilen mit Fremdschlüsselwerten, die auf die Zeilen der Tabelle *auszubildende*r mit Primärschlüsselwerten verweisen.

Die **SELECT**-Abfrage in Listing 9.13 verbindet Zeilen über einen **LEFT OUTER JOIN**:

```
SELECT name,vorname,plz,ort
FROM auszubildender LEFT OUTER JOIN adresse
ON ausid=fk_ausid;
```

Listing 9.13 Die Tabellen »auszubildender« und »adresse« mit einem LEFT OUTER JOIN verbunden abfragen

Die Zeilen aus der linken Elterntabelle *auszubildender*, die nicht mit der Kindtabelle *adresse* verbunden werden können, werden ebenso abgefragt. Anstelle des **INNER JOIN**-Schlüsselworts verwenden Sie jetzt das Schlüsselwort **LEFT OUTER JOIN**, um alle Zeilen der linken Tabelle abzufragen, die über Schlüsselwerte mit der rechten Tabelle verbunden oder eben nicht verbunden werden können.

Das Schlüsselwort **OUTER** der **LEFT OUTER JOIN**-Klausel ist dabei optional anzugeben. In Listing 9.14 sehen Sie eine **SELECT**-Abfrage mit einem **LEFT OUTER JOIN**, in dem auf das Schlüsselwort **OUTER** verzichtet wurde. Diese Abfrage liefert Ihnen exakt das gleiche Ergebnis wie die Abfrage aus Listing 9.13.

```
SELECT name,vorname,plz,ort
FROM auszubildender LEFT JOIN adresse
ON ausid=fk_ausid;
```

Listing 9.14 Einen LEFT OUTER JOIN ohne das optionale Schlüsselwort OUTER verwenden

Tabelle 9.6 zeigt Ihnen das Ergebnis der Abfrage aus Listing 9.14:

name	vorname	plz	ort
Müller	Ralf	50827	Köln
Klein	Sabine	NULL	NULL
Lang	Peter	50127	Bonn
Berg	Frank	NULL	NULL
Erde	Sabine	50129	Bonn
Grün	Justus	NULL	NULL

Tabelle 9.6 Ergebnistabelle für eine Abfrage mit einem LEFT OUTER JOIN

Sie sehen, dass die Zeilen der Tabelle *auszubildender*, denen über die Fremdschlüsselbeziehungen der Tabelle *adresse* kein Wohnort zugeordnet werden konnte, ebenfalls angezeigt werden. Für diese Zeilen existieren natürlich keine Angaben bzw. Spaltenwerte zum Wohnort.

Wenn ein **LEFT OUTER JOIN** verwendet wird und Zeilen in der rechten Tabelle existieren, die nicht über eine Schlüsselbeziehung mit Zeilen der linken Tabelle verbunden werden können, füllt die Datenbank die Spaltenwerte der rechten Tabelle mit NULL-Werten auf. Wie können wir nun die Auszubildenden ermitteln, denen keine Adresse zugeordnet ist? Sie haben eben erfahren, dass die Datenbank unter Verwendung eines **LEFT OUTER JOIN**s alle Spaltenwerte von Zeilen der rechten Tabelle, die nicht mit Zeilen aus der linken Tabelle verbunden werden können, mit NULL-Werten auffüllt. Mit einer einfachen WHERE-Klausel, die auf NULL-Werte prüft, können Sie jetzt die Auszubildenden ermitteln, denen keine Adresse zugeordnet ist. Die WHERE-Klausel notieren Sie wie in Listing 9.15 angegeben hinter der ON-Klausel, um die Spalte *plz* der Tabelle *adresse* auf NULL zu prüfen. Welche Spalte der Tabelle *adresse* Sie auf NULL-Werte prüfen, ist nicht bedeutend, da ja sämtliche Spaltenwerte der Tabelle *wohnort* mit NULL-Werten in der Ergebnistabelle aufgefüllt werden, wenn keine Referenzierung zu einem Auszubildenden bzw. einer Zeile der Tabelle *auszubildender* möglich ist.

```
SELECT name,vorname,plz,ort
FROM auszubildender LEFT OUTER JOIN adresse
ON ausid=fk_ausid
WHERE plz IS NULL;
```

Listing 9.15 Die Tabellen »auszubildender« und »adresse« mit einem LEFT OUTER JOIN verbunden abfragen und nur die Zeilen filtern, denen keine Adresse zugeordnet werden konnte

Tabelle 9.7 zeigt Ihnen das Ergebnis der Abfrage aus Listing 9.15. Gemäß der Bedingung der **WHERE**-Klausel sind jetzt nur noch diejenigen Zeilen der Tabelle *auszubildender* in der Ergebnistabelle enthalten, die nicht über Schlüsselwerte mit einer Adresse verbunden werden konnten.

name	vorname	plz	ort
Klein	Sabine	NULL	NULL
Berg	Frank	NULL	NULL
Grün	Justus	NULL	NULL

Tabelle 9.7 Ergebnistabelle für eine Abfrage mit einem LEFT OUTER JOIN und einer Bedingung, die eine Spalte der rechten Tabelle auf NULL-Werte prüft

In diesem Abschnitt haben Sie den **LEFT OUTER JOIN** kennengelernt. Wie sieht es aus, wenn Sie diejenigen Zeilen einer Kindtabelle, die über keine Referenzierung zu Zeilen einer Elterntabelle verfügen, abfragen? Dieser Frage widmen wir uns im nächsten Abschnitt 9.2.3.

9.2.3 Zeilen mit einem RIGHT OUTER JOIN verbinden

Ein **RIGHT OUTER JOIN** verbindet zunächst einmal wie ein **INNER JOIN** oder ein **LEFT OUTER JOIN** alle Zeilen von zwei Tabellen, die über Schlüsselwerte verbunden abgefragt werden können.

Wie sieht es nun aus, wenn wir eine Kindtabelle, die Zeilen ohne Referenzierung auf die Elterntabelle enthält, abfragen wollen? In Abschnitt 9.1.4 haben Sie bereits Zeilen in die Tabelle *adresse* eingefügt, die nicht auf Fremdschlüsselwerte, sondern auf Primärschlüsselwerte aus Zeilen der Tabelle *auszubildender* verweisen. Im Beispiel enthalten diese Zeilen **NULL**-Werte. Diese Zeilen der Tabelle *adresse* stehen also schlicht und ergreifend nicht in einer Beziehung zu Zeilen der Tabelle *auszubildender*.

Ein **RIGHT OUTER JOIN** gibt auch die Zeilen der Tabelle *adresse* (die rechts von der **RIGHT OUTER JOIN**-Klausel notiert ist) aus, die nicht über Schlüsselwerte mit der Tabelle *auszubildender* (die links von der **RIGHT OUTER JOIN**-Klausel notiert ist) verbunden werden können. Diese Zeilen bleiben uns also erhalten.

In unserem Fall bedeutet das, dass die Spaltenwerte derjenigen Zeilen der Tabelle *adresse* ausgegeben werden, die über keine Referenzierung zu den Zeilen der Tabelle *auszubildender* verfügen.

> **RIGHT OUTER JOIN und Schlüsselbeziehungen**
>
> Beachten Sie auch bei dieser Beziehungsart Folgendes: Einem **RIGHT OUTER JOIN** ist es ebenfalls grundsätzlich egal, ob Sie Fremdschlüsselwerte mit Primärschlüsselwerten vergleichen. In der **ON**-Klausel wird eine Bedingung ausgewertet; wenn sie wahr ist, werden Zeilen verbunden ausgegeben. Wenn sie nicht wahr ist, wird keine Zeile verbunden zurückgegeben.
>
> Der **RIGHT OUTER JOIN** hingegen fragt tatsächlich auch diejenigen Zeilen der Tabelle, die rechts von der **RIGHT OUTER JOIN**-Klausel angegeben wird, ab, die nicht über eine passende Schlüsselbeziehung verbunden werden können. Die Zeilen der Tabelle rechts von der **RIGHT OUTER JOIN**-Klausel sind also ebenso in der Ergebnistabelle enthalten.

Betrachten Sie auch hier Abbildung 9.6. In der Tabelle *adresse* sind Zeilen mit den Primärschlüsselwerten 4, 5 und 6 der Spalte *aid* enthalten, für die keine Fremdschlüsselwerte eingefügt wurden. Hier gibt es also keine Referenzierung auf Primärschlüsselwerte der Tabelle *auszubildender* und somit keine gültigen Beziehungen.

Für den **RIGHT OUTER JOIN** gilt ebenfalls, dass das Schlüsselwort **OUTER** optional anzugeben ist. In Listing 9.17 sehen Sie eine **SELECT**-Abfrage mit einem **RIGHT OUTER JOIN**, in dem auf das Schlüsselwort **OUTER** verzichtet wurde. Diese Abfrage liefert Ihnen exakt das gleiche Ergebnis wie die Abfrage aus Listing 9.16.

In Listing 9.16 sehen Sie eine **SELECT**-Abfrage, in der Zeilen über einen **RIGHT OUTER JOIN** verbunden werden.

In Listing 9.17 wurde auf das optionale Schlüsselwort **OUTER** verzichtet.

```
SELECT name,vorname,plz,ort
FROM auszubildender RIGHT OUTER JOIN adresse
ON ausid=fk_ausid;
```

Listing 9.16 Die Tabellen »auszubildender« und »adresse« mit einem RIGHT OUTER JOIN verbunden abfragen

```sql
SELECT name,vorname,plz,ort
FROM auszubildender RIGHT JOIN adresse
ON ausid=fk_ausid;
```

Listing 9.17 Einen RIGHT OUTER JOIN ohne das optionale Schlüsselwort OUTER verwenden

Zunächst einmal werden auch hier die Zeilen mit übereinstimmenden Schlüsselwerten verbunden abgefragt. Außerdem werden Zeilen der rechten Tabelle ausgegeben, die keine Einträge (nicht definierte Werte, also NULL-Werte) in der Fremdschlüsselspalte enthalten. Die Spalten der linken Tabelle *auszubildender* werden hier wieder mit NULL-Werten aufgefüllt.

Das Ergebnis der Abfrage sehen Sie in Tabelle 9.8:

name	vorname	plz	ort
Müller	Ralf	50827	Köln
Lang	Peter	50127	Bonn
Erde	Sabine	50129	Bonn
NULL	NULL	50827	Köln
NULL	NULL	50127	Bonn
NULL	NULL	50129	Bonn

Tabelle 9.8 Ergebnistabelle für eine Abfrage mit einem RIGHT OUTER JOIN

Die Zeilen der Tabelle *adresse*, die keine Fremdschlüsselwerte enthalten, werden ebenfalls angezeigt. Wenn ein RIGHT OUTER JOIN verwendet wird und die Zeilen der rechten Tabelle nicht über eine Schlüsselbeziehung mit Zeilen der linken Tabelle verbunden werden können, füllt die Datenbank die Spaltenwerte der linken Tabelle wie beim LEFT OUTER JOIN mit NULL-Werten auf.

Vielleicht fragen Sie sich jetzt auch, wie Sie ausschließlich die Adressen ermitteln können, die keinem Auszubildenden zugeordnet sind. Wie beim LEFT OUTER JOIN prüfen wir beim RIGHT OUTER JOIN einfach wieder auf Spaltenwerte aus der linken Tabelle *auszubildender*, deren Zeilen mit keinem Wohnort verbunden werden konnten und somit mit NULL-Werten gefüllt wurden. In der WHERE-Klausel in Listing 9.18 werden die Spaltenwerte der Spalte *name* auf NULL geprüft, um nur die Zeilen in der Ergebnistabelle anzuzeigen, die nicht über eine Schlüsselreferenzierung mit Zeilen von Auszubildenden verbunden werden konnten. Sie können hier auch wieder jede beliebige Spalte der Tabelle *auszubildender* auf NULL-Werte prüfen.

```sql
SELECT name,vorname,plz,ort
FROM auszubildender RIGHT OUTER JOIN adresse
ON ausid=fk_ausid
WHERE name IS NULL;
```

Listing 9.18 Die Tabellen »auszubildender« und »adresse« mit einem RIGHT OUTER JOIN verbunden abfragen und nur die Zeilen ausgeben, die in der rechten Tabelle über keine Schlüsselwerte verfügen

Tabelle 9.9 zeigt Ihnen das Ergebnis der Abfrage aus Listing 9.18.

name	vorname	plz	ort
NULL	NULL	50827	Köln
NULL	NULL	50127	Bonn
NULL	NULL	50129	Bonn

Tabelle 9.9 Ergebnistabelle für eine Abfrage mit einem RIGHT OUTER JOIN und einer Bedingung, die eine Spalte der rechten Tabelle auf NULL-Werte prüft

Gemäß der Bedingung der WHERE-Klausel sind jetzt nur noch diejenigen Zeilen der Tabelle *adresse* in der Ergebnistabelle enthalten, die nicht über Schlüsselwerte mit Zeilen der Tabelle *auszubildender* verbunden werden konnten.

In diesem Abschnitt haben Sie den RIGHT OUTER JOIN kennengelernt, der das Gegenstück zum LEFT OUTER JOIN darstellt. Im nächsten Abschnitt zeige ich Ihnen, wie Sie mit einem FULL OUTER JOIN alle Zeilen, die über Schlüsselbeziehungen verbunden werden können, und die Zeilen, die nicht über Schlüsselbeziehungen verbunden werden können, mit einer SELECT-Anweisung abfragen.

9.2.4 Zeilen mit einem FULL OUTER JOIN verbinden

Ein FULL OUTER JOIN verbindet die Zeilen aus zwei Tabellen, die über übereinstimmende Schlüsselwerte verfügen.

Mit einem FULL OUTER JOIN werden auch die Zeilen ermittelt, die über keine übereinstimmende Schlüsselwerte der Tabellen verbunden werden können. Ein FULL OUTER JOIN ist also eine Mischung aus INNER JOIN, RIGHT OUTER JOIN und LEFT OUTER JOIN.

> **MySQL unterstützt keinen FULL OUTER JOIN**
>
> Die MySQL-Datenbank unterstützt keinen FULL OUTER JOIN gemäß dem SQL-Standard. Mit den Kenntnissen, die Sie bis jetzt erworben haben, ist es möglich, einen FULL OUTER JOIN zu simulieren, um das gleiche Ergebnis zu erhalten. Zum Simulieren

> eines **FULL OUTER JOIN**s werden Sie im Anschluss dieses Abschnitts die **UNION**-Klausel verwenden.
>
> Die Leser, die eine MySQL-Datenbank verwenden, sollten diesen Abschnitt aufmerksam lesen, da ein **FULL OUTER JOIN** nun einmal zum Standard gehört und oft genutzt wird.

Um den **FULL OUTER JOIN** besser zu verstehen, betrachten wir wieder Abbildung 9.6. In der Tabelle *auszubildender* sind Zeilen enthalten, auf die nicht mit einem Fremdschlüsselwert aus der Tabelle *adresse* referenziert wird. In der Tabelle *adresse* wiederum sind Zeilen abgelegt, die keine Fremdschlüsselwerte enthalten. Somit kann hier kein Bezug aus der Tabelle *adresse* zur Tabelle *auszubildender* hergestellt werden. Das kennen Sie bereits aus den Beispielen zum **LEFT OUTER JOIN** und **RIGHT OUTER JOIN**. Ein **FULL OUTER JOIN** stellt eine Kombination aus diesen beiden dar. Wenn Sie also Tabellen mit einem **FULL OUTER JOIN** verbinden, erhalten Sie alle Zeilen mit übereinstimmenden Schlüsselwerten sowie die Zeilen der linken und der rechten Tabelle, in denen keine Referenzierung von Schlüsselwerten hergestellt werden kann.

In Listing 9.19 sehen Sie eine **SELECT**-Abfrage, die die Zeilen der Tabellen *auszubildender* und *adresse* über einen **FULL OUTER JOIN** verbindet.

```
SELECT name,vorname,plz,ort
FROM auszubildender FULL OUTER JOIN adresse
ON ausid=fk_ausid;
```

Listing 9.19 Mit einem FULL OUTER JOIN Zeilen aus Tabellen verbunden abfragen

In Tabelle 9.10 sehen Sie das Ergebnis der **SELECT**-Abfrage aus Listing 9.19. Dort finden Sie Zeilen, die über Schlüsselwerte verbunden wurden. Außerdem sehen Sie Zeilen mit Auszubildenden ohne passende Adresse und gleichzeitig Adressen, denen keine Auszubildenden zugeordnet werden konnten. Für die jeweils fehlenden Werte erhalten wir wieder nicht definierte Werte (**NULL**).

name	vorname	plz	ort
Müller	Ralf	50827	Köln
Klein	Sabine	NULL	NULL
Lang	Peter	50127	Bonn
Berg	Frank	NULL	NULL
Erde	Sabine	50129	Bonn

Tabelle 9.10 Ergebnistabelle für eine Abfrage mit einem FULL OUTER JOIN

name	vorname	plz	ort
Grün	Justus	NULL	NULL
NULL	NULL	50129	Bonn
NULL	NULL	50127	Bonn
NULL	NULL	50827	Köln

Tabelle 9.10 Ergebnistabelle für eine Abfrage mit einem FULL OUTER JOIN (Forts.)

In den beiden letzten Abschnitten haben wir uns jeweils die Frage gestellt, wie wir die Zeilen eines Auszubildenden ermitteln, die keinem Wohnort zugeordnet sind, oder wie wir die Wohnorte ermitteln, die keinem Auszubildenden zuzuordnen sind. Wir haben eine Antwort auf diese Fragen gefunden, indem wir die betreffenden Zeilen mit einer WHERE-Klausel in einer SELECT-Abfrage gefiltert haben. Prüfen Sie einfach die Zeilen, die keine passende Eltern- oder Kindzeile mit einem Schlüssel verbunden werden kann, auf Gleichheit mit einem NULL-Wert.

In Listing 9.20 sehen Sie eine Abfrage, in der die WHERE-Klausel jeweils eine Spalte aus den Tabellen *auszubildender* und *adresse* auf Gleichheit mit NULL prüft. Wir haben es hier mit zwei Bedingungen zu tun, die mit einem logischen OR-Operator verknüpft werden. Soll heißen, dass die WHERE-Klausel erfüllt ist, wenn eine der Bedingungen erfüllt ist. Oder anders gesagt: Die Bedingung ist wahr, wenn einer der Spaltenwerte der Spalten *name* oder *plz* gleich NULL ist.

```
SELECT name,vorname,plz,ort
FROM auszubildender FULL OUTER JOIN adresse
ON ausid=fk_ausid
where name IS NULL OR plz IS NULL;
```

Listing 9.20 In einem FULL OUTER JOIN eine Spalte der linken und eine Spalte der rechten Tabelle in einer WHERE-Klausel auf NULL prüfen

Tabelle 9.11 zeigt Ihnen das Ergebnis der Abfrage aus Listing 9.20. Die ersten drei Zeilen enthalten ausschließlich die Auszubildenden, denen nicht über passende Schlüsselwerte aus der Tabelle *adresse* Adressen zugeordnet werden können. Die Zeilen 4 bis 7 hingegen enthalten die Adressen, die aufgrund fehlender Schlüsselbeziehungen keinem Auszubildenden in der Tabelle *auszubildender* zugeordnet werden können.

Mit der Ergänzung einer WHERE-Klausel, in der jeweils Spaltenwerte der an einer JOIN-Verbindung beteiligten Tabellen auf NULL geprüft werden, können Sie prüfen, wo keine Beziehungen zwischen den Zeilen der beteiligten Tabellen existieren.

name	vorname	plz	ort
Klein	Sabine	NULL	NULL
Berg	Frank	NULL	NULL
Grün	Justus	NULL	NULL
NULL	NULL	50129	Bonn
NULL	NULL	50127	Bonn
NULL	NULL	50827	Köln

Tabelle 9.11 Ergebnistabelle für eine FULL OUTER JOIN-Abfrage, die mit einer WHERE-Klausel versehen wurde und prüft, ob eine Spalte je Tabelle gleich NULL ist

In diesem Abschnitt habe ich Ihnen gezeigt, wie Sie zwei Tabellen, die mit Schlüsselwerten verbunden sind, mit einem FULL OUTER JOIN abfragen. Der nächste Abschnitt 9.2.5 ist für die Leser bestimmt, die eine MySQL-Datenbank verwenden. Ich zeige Ihnen dort, wie Sie einen FULL OUTER JOIN mit einem Trick nachbilden können. Der Abschnitt ist natürlich auch für die Leser interessant, die eine PostgreSQL- oder eine MS-SQL-Server-Datenbank verwenden. Er zeigt Ihnen auf, wie Sie mit bestehenden Funktionalitäten in SQL eine alternative Möglichkeit zu einem FULL OUTER JOIN entwickeln können.

9.2.5 Einen FULL OUTER JOIN unter MySQL nachbilden

Dieser Abschnitt ist den Lesern gewidmet, die eine MySQL-Datenbank verwenden, damit sie einen FULL OUTER JOIN mithilfe einer UNION-Klausel nachbilden können. In Kapitel 5, »Mengenoperationen anwenden«, haben Sie gelernt, wie Sie Schnittmengen, Vereinigungsmengen und Differenzmengen von Zeilen bilden. Dieses Wissen werden wir uns jetzt zunutze machen, um einen FULL OUTER JOIN auf einer MySQL-Datenbank nachzubilden. Die in Abschnitt 9.2.4 dargestellten Beispiele werden wir in der gleichen Reihenfolge in unserer alternativen Lösung mit der UNION-Klausel nutzen, um einen FULL OUTER JOIN zu realisieren.

Betrachten Sie hierzu Listing 9.21. Es entspricht Listing 9.19. In dieser SELECT-Abfrage haben wir die Zeilen der Tabellen *auszubildender* und *adresse* über einen FULL OUTER JOIN verbunden.

```
SELECT name,vorname,plz,ort
FROM auszubildender FULL OUTER JOIN adresse
ON ausid=fk_ausid;
```

Listing 9.21 Mit einem FULL OUTER JOIN Zeilen aus Tabellen verbunden abfragen

Um einen **FULL OUTER JOIN** nachzubilden, betrachten Sie die drei **SELECT**-Abfragen in Listing 9.22, die jeweils einen **INNER JOIN**, einen **LEFT OUTER JOIN** und einen **RIGHT OUTER JOIN** realisieren:

```
SELECT name,vorname,plz,ort
FROM auszubildender INNER JOIN adresse
ON ausid=fk_ausid;

SELECT name,vorname,plz,ort
FROM auszubildender LEFT OUTER JOIN adresse
ON ausid=fk_ausid;

SELECT name,vorname,plz,ort
FROM auszubildender RIGHT OUTER JOIN adresse
ON ausid=fk_ausid;
```

Listing 9.22 INNER JOIN, LEFT OUTER JOIN und RIGHT OUTER JOIN

Die erste Abfrage aus Listing 9.22 verbindet die Zeilen der Tabellen *auszubildender* und *adresse*. Da es sich um einen **INNER JOIN** handelt, werden nur die Zeilen verbunden, die über gleiche Schlüsselwerte verfügen.

Die zweite Abfrage aus Listing 9.22 verbindet ebenfalls die Zeilen der Tabellen *auszubildender* und *adresse* miteinander. Hier werden die Zeilen über einen **LEFT OUTER JOIN** verbunden. Das bedeutet, dass alle Zeilen verbunden werden, die über gleiche Schlüsselwerte verfügen, und es werden die Zeilen aus der linken Tabelle mit aufgenommen, für die in der rechten Tabelle keine passenden Schlüsselwerte vorhanden sind.

Die dritte Abfrage aus Listing 9.22 verbindet die Zeilen der Tabellen *auszubildender* und *adresse* über einen **RIGHT OUTER JOIN**. Hier werden also alle Zeilen der rechten Tabelle mit allen Zeilen der linken Tabelle verbunden, die über gleiche Schlüsselwerte verfügen. Außerdem werden die Zeilen der rechten Tabelle mit ausgegeben, in denen keine Fremdschlüsselwerte festgelegt wurden.

Die drei **SELECT**-Abfragen haben eines gemeinsam: Sie fragen die Spalten *name*, *vorname*, *plz* und *ort* ab. Erinnern Sie sich noch an die **UNION**-Klausel aus Abschnitt 5.2? Dort haben Sie gelernt, dass für eine Vereinigung von Zeilen von mehreren Tabellen die Spaltenanzahl der einzelnen Abfragen identisch sein muss. Außerdem müssen die Datentypen in der Sequenz der Spaltenangabe identisch sein. Diese Voraussetzung ist hier gegeben.

Sehen wir uns dennoch noch einmal die Ergebnistabellen der drei **SELECT**-Abfragen an, damit Sie der Lösung auch vertrauen können.

Die erste Abfrage liefert, wie in Tabelle 9.22 aufgezeigt, die Ergebniszeilen, die aus einem **INNER JOIN** für die Zeilen der Tabellen *auszubildender* und *adresse* resultieren:

9.2 Zeilen aus Tabellen, die in Beziehung stehen, mit JOIN verbunden abfragen

name	vorname	plz	ort
Müller	Ralf	50827	Köln
Lang	Peter	50127	Bonn
Erde	Sabine	50129	Bonn

Tabelle 9.12 Ergebnistabelle für eine Abfrage mit einem INNER JOIN

Die zweite Abfrage liefert, wie in Tabelle 9.13 aufgezeigt, die Ergebniszeilen, die aus einem **LEFT OUTER JOIN** für die Zeilen der Tabellen *auszubildender* und *adresse* resultieren:

name	vorname	plz	ort
Müller	Ralf	50827	Köln
Klein	Sabine	NULL	NULL
Lang	Peter	50127	Bonn
Berg	Frank	NULL	NULL
Erde	Sabine	50129	Bonn
Grün	Justus	NULL	NULL

Tabelle 9.13 Ergebnistabelle für eine Abfrage mit einem LEFT OUTER JOIN

Die dritte Abfrage liefert Ihnen, wie in Tabelle 9.14 aufgezeigt, die Ergebniszeilen, die aus einem **RIGHT OUTER JOIN** für die Zeilen der Tabellen *auszubildender* und *adresse* resultieren:

name	vorname	plz	ort
Müller	Ralf	50827	Köln
Lang	Peter	50127	Bonn
Erde	Sabine	50129	Bonn
NULL	NULL	50827	Köln
NULL	NULL	50127	Bonn
NULL	NULL	50129	Bonn

Tabelle 9.14 Ergebnistabelle für eine Abfrage mit einem RIGHT OUTER JOIN

Die Übersicht der drei Ergebnistabellen zeigt Ihnen, dass wir mit einer Vereinigung der Ergebniszeilen aus den drei Ergebnistabellen einen FULL OUTER JOIN in seiner Funktionalität nachbilden können.

In Listing 9.23 sehen Sie die Vereinigung der Ergebniszeilen der drei Abfragen, die mit einer UNION-Klausel realisiert wird. Es werden einfach die Zeilen der Ergebnistabellen der drei SELECT-Abfragen vereinigt, die jeweils mit einer INNER JOIN-Klausel, einer LEFT OUTER JOIN-Klausel und einer RIGHT OUTER JOIN-Klausel ausgestattet sind.

```
SELECT name,vorname,plz,ort
FROM auszubildender INNER JOIN adresse
ON ausid=fk_ausid
UNION
SELECT name,vorname,plz,ort
FROM auszubildender LEFT OUTER JOIN adresse
ON ausid=fk_ausid
UNION
SELECT name,vorname,plz,ort
FROM auszubildender RIGHT OUTER JOIN adresse
ON ausid=fk_ausid;
```

Listing 9.23 Einen FULL OUTER JOIN mit UNION nachbilden

Wie bei einem FULL OUTER JOIN erhalten Sie als Ergebnis eine Tabelle, die die Zeilen enthält, die über Schlüsselwerte verbunden werden konnten. Die Zeilen der linken Tabelle, die mit keinem Schlüsselwert der rechten Tabelle übereinstimmen, und die Zeilen der rechten Tabelle, für die kein Fremdschlüsselwert festgelegt wurde, sind ebenfalls Bestandteil des Ergebnisses. Die Zeilen, die ausschließlich in der linken oder rechten Tabelle enthalten sind, werden von der Datenbank automatisch mit NULL-Werten aufgefüllt. Das Auffüllen mit NULL-Werten ist dem LEFT OUTER JOIN und dem RIGHT OUTER JOIN geschuldet, die wir neben den Ergebniszeilen des INNER JOINs in der Vereinigung der Ergebniszeilen verwendet haben.

Das Ergebnis sehen Sie in Tabelle 9.15:

name	vorname	plz	ort
Müller	Ralf	50827	Köln
Lang	Peter	50127	Bonn
Erde	Sabine	50129	Bonn
Klein	Sabine	NULL	NULL

Tabelle 9.15 Einen FULL OUTER JOIN mit UNION nachbilden

9.2 Zeilen aus Tabellen, die in Beziehung stehen, mit JOIN verbunden abfragen

name	vorname	plz	ort
Berg	Frank	NULL	NULL
Grün	Justus	NULL	NULL
NULL	NULL	50827	Köln
NULL	NULL	50127	Bonn
NULL	NULL	50129	Bonn

Tabelle 9.15 Einen FULL OUTER JOIN mit UNION nachbilden (Forts.)

Als Nächstes werden wir, wie in den anderen Beispielen, mit einer WHERE-Klausel filtern, welche Zeilen der Tabellen *auszubildender* und *adresse* nicht über Schlüsselbeziehungen verbunden werden können. An dieser Stelle können wir den INNER JOIN aus der UNION-Operation weglassen, da uns in diesem Beispiel ausschließlich die Zeilen interessieren, die nicht verbunden werden können.

In Listing 9.24 sehen Sie, dass hinter den einzelnen SELECT-Anweisungen mit einer WHERE-Klausel jeweils eine Spalte der rechten bzw. linken Tabelle auf NULL geprüft wird, um nur die Zeilen zu ermitteln, die nicht über Schlüsselwerte verbunden werden können.

```
SELECT name,vorname,plz,ort
FROM auszubildender LEFT OUTER JOIN adresse
ON ausid=fk_ausid
WHERE plz IS NULL
UNION
SELECT name,vorname,plz,ort
FROM auszubildender RIGHT OUTER JOIN adresse
ON ausid=fk_ausid
WHERE name IS NULL;
```

Listing 9.24 Die Zeilen ermitteln, die nicht über einen JOIN verbunden werden konnten

Tabelle 9.16 zeigt Ihnen das Ergebnis der Abfrage aus Listing 9.24. Die ersten drei Zeilen enthalten – wie im Beispiel aus Abschnitt 9.2.4 – wieder ausschließlich die Auszubildenden, denen nicht über passende Schlüsselwerte aus der Tabelle *adresse* Adressen zugeordnet werden können. Die Zeilen 4 bis 6 hingegen enthalten wieder die Adressen, die aufgrund fehlender Schlüsselbeziehungen keinem Auszubildenden in der Tabelle *auszubildender* zugeordnet werden können.

name	vorname	plz	ort
Klein	Sabine	NULL	NULL
Berg	Frank	NULL	NULL
Grün	Justus	NULL	NULL
NULL	NULL	50827	Köln
NULL	NULL	50127	Bonn
NULL	NULL	50129	Bonn

Tabelle 9.16 Nur die Zeilen ermitteln, die nicht verbunden abgefragt werden konnten

In diesem Abschnitt habe ich Ihnen gezeigt, wie Sie einen FULL OUTER JOIN mit einer UNION-Klausel nachbilden können, um diese Alternative in einer MySQL-Datenbank zu verwenden.

Der nächste Abschnitt behandelt eine JOIN-Art, mit der Sie ein kartesisches Produkt zwischen Zeilen von Tabellen bilden können.

9.2.6 Zeilen mit einem CROSS JOIN verbinden

Ein CROSS JOIN verbindet völlig unabhängig von Schlüsselbeziehungen zwischen Eltern- und Kindtabellen die Zeilen einer Tabelle mit allen Zeilen einer anderen Tabelle. Betrachten Sie eine Zeile der linken Tabelle, so wird diese Zeile mit jeder Zeile der rechten Tabelle verbunden.

Mathematisch betrachtet handelt es sich hierbei um ein kartesisches Produkt. Sie können CROSS JOINs verwenden, um Testdaten zu generieren oder um alle Zeilen von zwei Tabellen miteinander verbunden auszugeben. Wenn Sie Testdaten generieren wollen, so reicht eine Tabelle mit 20 000 Zeilen aus, die Sie zum Beispiel mit einer Tabelle, die 100 Zeilen enthält, verbunden abfragen. So generieren Sie eine Ergebnistabelle mit Testdaten, die 2 000 000 Zeilen enthält.

Um Ihnen die Funktion eines CROSS JOINs möglichst einfach zu erklären, bleiben wir aber bei den Auszubildenden, denen Adressen zugeordnet sind.

In Abbildung 9.7 sehen Sie, dass die erste Zeile der Tabelle *adresse* mit allen Zeilen der Tabelle *auszubildender* verbunden wird. Somit gilt auch, dass jede Zeile rechten Tabelle *auszubildender* mit allen Zeilen der Tabelle *adresse* verbunden ist.

Unser Ziel ist es, jeden Auszubildenden mit allen Wohnorten sowie alle Wohnorte mit jedem Auszubildenden zu verbinden. Der praktische Nutzen dieser Verbin-

9.2 Zeilen aus Tabellen, die in Beziehung stehen, mit JOIN verbunden abfragen

dung ist zwar nicht gerade offensichtlich, aber als Erklärung eignet sich das in Abbildung 9.7 gezeigte Beispiel gut, um Sie mit dem CROSS JOIN vertraut zu machen.

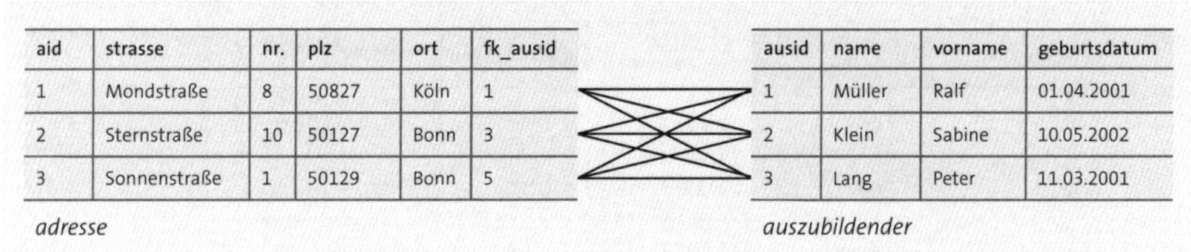

aid	strasse	nr.	plz	ort	fk_ausid		ausid	name	vorname	geburtsdatum
1	Mondstraße	8	50827	Köln	1		1	Müller	Ralf	01.04.2001
2	Sternstraße	10	50127	Bonn	3		2	Klein	Sabine	10.05.2002
3	Sonnenstraße	1	50129	Bonn	5		3	Lang	Peter	11.03.2001

adresse   *auszubildender*

Abbildung 9.7 Zeilen von Tabellen, die über einen CROSS JOIN verbunden abgefragt werden

Um eine SELECT-Abfrage über zwei Tabellen mit einem CROSS JOIN auszustatten, notieren Sie zwischen den Tabellen *auszubildender* und *wohnort* die Schlüsselwörter CROSS JOIN. Das war es schon, da ein CROSS JOIN ja lediglich alle Zeilen einer Tabelle mit allen Zeilen einer anderen Tabelle verbindet, und das auch umgekehrt. Es wird also keine Bedingung (ON-Klausel mit Bedingung) benötigt, die Schlüsselwerte auf Gleichheit prüft. In dieser SELECT-Abfrage wurde noch die Spalte *strasse* mit in die Spaltenauswahlliste aufgenommen. So können Sie leichter sehen, dass tatsächlich alle Zeilen einer Tabelle mit allen Zeilen einer anderen Tabelle verbunden werden und umgekehrt.

```
SELECT name,vorname,plz,ort,strasse
FROM auszubildender CROSS JOIN adresse;
```

Listing 9.25 Zeilen aus zwei Tabellen mit einem CROSS JOIN verbunden abfragen

Tabelle 9.17 zeigt Ihnen das Ergebnis der SELECT-Abfrage aus Listing 9.25.

name	vorname	plz	ort	strasse
Müller	Ralf	50827	Köln	Mondstraße
Klein	Sabine	50827	Köln	Mondstraße
Lang	Peter	50827	Köln	Mondstraße
Berg	Frank	50827	Köln	Mondstraße
Erde	Sabine	50827	Köln	Mondstraße
Grün	Justus	50827	Köln	Mondstraße

Tabelle 9.17 Auszug aus der Ergebnistabelle für eine SELECT-Abfrage mit einem CROSS JOIN

name	vorname	plz	ort	strasse
Müller	Ralf	50127	Bonn	Sternstraße
Klein	Sabine	50127	Bonn	Sternstraße
Lang	Peter	50127	Bonn	Sternstraße
Berg	Frank	50127	Bonn	Sternstraße
Erde	Sabine	50127	Bonn	Sternstraße
Grün	Justus	50127	Bonn	Sternstraße

Tabelle 9.17 Auszug aus der Ergebnistabelle für eine SELECT-Abfrage mit einem CROSS JOIN (Forts.)

Sie sehen, dass jede Zeile der Tabelle *auszubildender* mit jeder Zeile der Tabelle *adresse* ausgegeben wird. Wenn Sie die Abfrage nachvollziehen, werden Sie sehen, dass aus den sechs Zeilen der Tabelle *auszubildender*, in denen die Auszubildenden hinterlegt werden, und den sechs Zeilen der Tabelle *adresse*, in denen Wohnorte gespeichert sind, dank einem CROSS JOIN eine Ergebnistabelle mit 36 Zeilen wird.

In Tabelle 9.17 ist lediglich ein Auszug aus der Ergebnistabelle zu sehen. Um zu prüfen, ob es sich tatsächlich um 36 Zeilen handelt, sollten Sie das Beispiel praktisch nachzuvollziehen.

In diesem Abschnitt haben Sie den CROSS JOIN kennengelernt, mit dem Sie sehr einfach Testdaten generieren oder ein kartesisches Produkt aus zwei Tabellen bilden können. Im nächsten Abschnitt, werden Sie lernen, wie Sie drei Tabellen mit einem INNER JOIN verbinden.

9.2.7 Zeilen von drei Tabellen mit einem INNER JOIN verbinden

Sie erinnern sich bestimmt, dass ich Ihnen in Abschnitt 6.4 die Ausbildungsdatenbank als Modell in der UML-Notation vorgestellt habe. Hier stehen die Tabellen *ausbildungsberuf*, *beruflehrfach* und *lehrfach* in Beziehung zueinander.

Die Werte der Fremdschlüsselspalten *fk_berufsid* und *fk_lehrfachid* aus der Tabelle *beruflehrfach* zeigen jeweils auf Werte der Primärschlüsselspalten *berufsid* und *lehrfachid* der Tabellen *ausbildungsberuf* und *lehrfach*. Somit sind die optimalen Voraussetzungen gegeben, um mit einem INNER JOIN Zeilen aus drei Tabellen zu verbinden und abzufragen.

9.2 Zeilen aus Tabellen, die in Beziehung stehen, mit JOIN verbunden abfragen

berufsid	berufsbezeichnung
1	Energieelektroniker
2	Mechatroniker
3	Buchhalter
4	Industriekaufmann
5	Schlosser
6	Elektriker

ausbildungsberuf

fk_berufsid	fk_lehrfachid
1	1
6	1
4	2
4	3
6	4
1	6
4	6
1	7
6	7
1	8
6	8
4	9

beruflehrfach

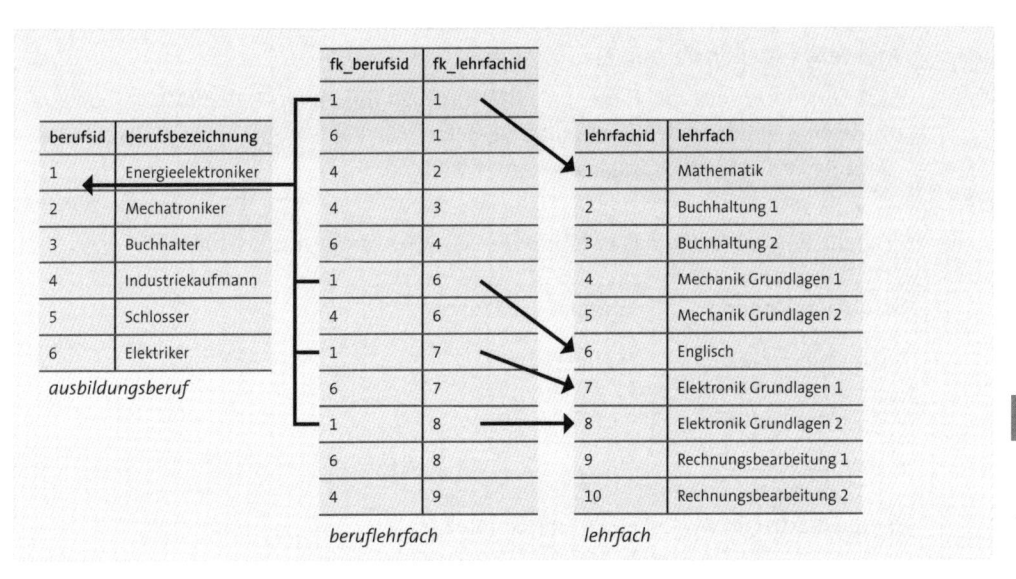

lehrfachid	lehrfach
1	Mathematik
2	Buchhaltung 1
3	Buchhaltung 2
4	Mechanik Grundlagen 1
5	Mechanik Grundlagen 2
6	Englisch
7	Elektronik Grundlagen 1
8	Elektronik Grundlagen 2
9	Rechnungsbearbeitung 1
10	Rechnungsbearbeitung 2

lehrfach

Abbildung 9.8 Drei Tabellen, die zueinander in Beziehung stehen

In Listing 9.26 sehen Sie eine **SELECT**-Abfrage, in der ein **INNER JOIN** über die drei Tabellen *ausbildungsberuf*, *beruflehrfach* und *lehrfach* realisiert wird.

```
SELECT berufsbezeichnung, lehrfach
FROM ausbildungsberuf
INNER JOIN beruflehrfach
ON berufsid=fk_berufsid
INNER JOIN lehrfach
ON fk_lehrfachid=lehrfachid;
```

Listing 9.26 Zeilen von drei Tabellen mit einem INNER JOIN verbunden abfragen

Vom Grundsatz her habe ich den **INNER JOIN** bereits in Abschnitt 9.2.1 behandelt. Der Unterschied in Listing 9.26 besteht zunächst darin, dass hinter der ersten **ON**-Klausel ein weiterer **INNER JOIN** angegeben wird, der die Tabelle *lehrfach* verbindet. In der Bedingung der **ON**-Klausel wird auf Gleichheit zwischen den Spaltenwerten der Fremdschlüsselspalte *fk_lehrfach* und der Primärschlüsselspalte *lehrfachid* geprüft.

Zunächst wird also mit der ersten **ON**-Klausel auf Gleichheit zwischen den Spaltenwerten der Spalten *berufsid* und *fk_berufsid* geprüft und somit eine Verbindung zwischen den Tabellen *ausbildungsberuf* und *beruflehrfach* geschaffen.

Dann wird in der zweiten **ON**-Klausel auf Gleichheit zwischen den Spaltenwerten der Spalten *fk_lehrfach* und *lehrfachid* geprüft und somit eine weitere Verbindung zwischen den Tabellen *beruflehrfach* und *lehrfach* geschaffen.

> **Mehrere Tabellen verbinden**
>
> Sie können natürlich auch mehr als drei Tabellen mit einem INNER JOIN verbunden abfragen. Sie müssen lediglich hinter der letzten ON-Klausel eine weitere INNER JOIN-Klausel mit der dazugehörigen ON-Klausel anfügen.

In Tabelle 9.18 sehen Sie das Ergebnis der SELECT-Abfrage aus Listing 9.26.

berufsbezeichnung	lehrfach
Energieelektroniker	Mathematik
Energieelektroniker	Englisch
Energieelektroniker	Elektronik Grundlagen 1
Energieelektroniker	Elektronik Grundlagen 2
Industriekaufmann	Buchhaltung 1
Industriekaufmann	Buchhaltung 2
Industriekaufmann	Englisch
Industriekaufmann	Rechnungsbearbeitung 1

Tabelle 9.18 Ergebnistabelle für eine verbundene Abfrage aus drei Tabellen

Die Abfrage liefert uns verbunden über die Schlüsseltabelle *beruflehrfach* die Berufsbezeichnungen und die jeweiligen Lehrfächer als Ergebnistabelle zurück.

In diesem Abschnitt haben Sie erfahren, wie Sie einen INNER JOIN mit drei Tabellen anwenden. Im nächsten Abschnitt lesen Sie, wie Sie Spalten in der Spaltenauswahlliste über Tabellennamen referenzieren.

9.2.8 Spalten in einem JOIN über Tabellennamen referenzieren

Bisher haben Sie Zeilen von Tabellen verbunden, deren Spaltenbezeichnungen unterschiedlich sind. Stellen Sie sich vor, Sie formulieren einen INNER JOIN über zwei Tabellen, in denen Spalten mit gleichen Spaltennamen vorkommen. Wenn gleichnamige Spaltennamen in der Spaltenauswahlliste einer SELECT-Anweisung enthalten sind, kann nicht zwischen den Spalten unterschieden werden. Wenn gleichnamige Spalten in zwei oder mehreren Tabellen vorkommen, kann die Datenbank also nicht unterscheiden, welche Spalte aus welcher Tabelle ausgewählt werden soll.

9.2 Zeilen aus Tabellen, die in Beziehung stehen, mit JOIN verbunden abfragen

Das Problem ist allerdings leicht zu lösen: Schreiben Sie die jeweiligen Spaltennamen in der Spaltenauswahlliste in der Notation *tabellenname.spaltenname*. Zuerst notieren Sie also die Tabelle, gefolgt von einem Punkt, und schließlich dem Spaltennamen.

Sehen wir uns als Nächstes ein Beispiel an. In Abbildung 9.9 sehen Sie einen Ausschnitt unseres Datenmodells für eine Ausbildungsdatenbank in der UML-Notation.

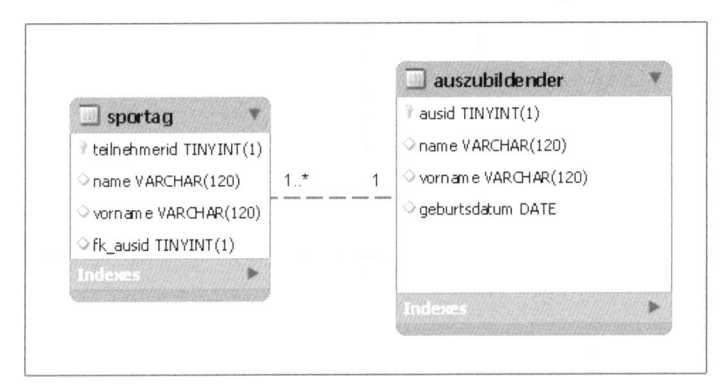

Abbildung 9.9 Tabellen, die identische Spaltennamen enthalten

Das Datenmodell wurde um die Tabelle *sportag* (Sport-Arbeitsgruppe) erweitert. In der Tabelle sind die Spalten *teilnehmerid*, *name*, *vorname* und *fk_ausid* enthalten. Die Spalte *fk_ausid* repräsentiert hier wieder die Fremdschlüsselspalte. Die Spaltennamen *name* und *vorname* kommen in den Tabellen *auszubildender* und *sportag* vor.

Um das Beispiel nachvollziehen zu können, verwenden wir die CREATE TABLE-Anweisung aus Listing 9.24, die die Tabelle *sportag* in der *ausbildungsdatenbank* anlegt.

```
CREATE TABLE sportag (
  teilnehmerid TINYINT PRIMARY KEY NOT NULL,
  name VARCHAR(120),
  vorname VARCHAR(120),
  fk_ausid TINYINT,
  CONSTRAINT fk_ausid_auszubildender
    FOREIGN KEY (fk_ausid)
      REFERENCES auszubildender (ausid)
);
```

Listing 9.27 CREATE TABLE-Anweisung für die Tabelle »sportag«

Listing 9.28 enthält zwei INSERT-Anweisungen, die benötigt werden, um zwei Zeilen in die Tabelle *sportag* einzufügen:

9 Einfüge-, Abfrage-, Änderungs-, und Löschoperationen auf Tabellen anwenden

```
INSERT INTO sportag (teilnehmerid,name,vorname,fk_ausid)
    VALUES (1,'Müller','Ralf',1);

INSERT INTO sportag (teilnehmerid,name,vorname,fk_ausid)
    VALUES (2,'Klein','Sabine',2);
```

Listing 9.28 Zeilen in die Tabelle »sportag« einfügen

In Abbildung 9.10 sehen Sie die Tabellen *sportag* und *auszubildender*. Sie enthalten beide die Spaltennamen *name* und *vorname*.

teilnehmerid	name	vorname	fk_ausid		ausid	name	vorname	geburtsdatum
1	Müller	Ralf	1	→	1	Müller	Ralf	01.04.2001
2	Klein	Sabine	2	→	2	Klein	Sabine	10.05.2002
sportag					3	Lang	Peter	11.03.2001
					auszubildender			

Abbildung 9.10 Tabellen mit gleichen Spaltennamen

Als Nächstes betrachten wir eine SELECT-Abfrage mit einem INNER JOIN, in dem die Spalten *name* und *vorname* abgefragt werden sollen. Außerdem soll aus der Tabelle *auszubildender* die Spalte *geburtsdatum* abgefragt werden.

```
SELECT name,vorname,geburtsdatum
FROM auszubildender INNER JOIN sportag
ON ausid=fkausid;
```

Listing 9.29 Mit einem INNER JOIN die Tabellen »auszubildender« und »sportag« verbunden abfragen

Die SELECT-Abfrage aus Listing 9.29 führt zu einem Fehler, weil das Datenbanksystem die Spalten *name* und *vorname* nicht eindeutig einer Tabelle zuordnen kann. In Abbildung 9.11 sehen Sie beispielhaft eine Fehlermeldung der MySQL-Datenbank.

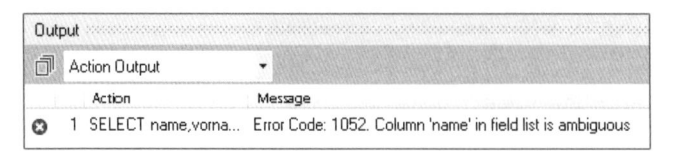

```
Output
   Action Output         ▼
        Action            Message
  ⊗  1  SELECT name,vorna...  Error Code: 1052. Column 'name' in field list is ambiguous
```

Abbildung 9.11 Fehlermeldung für das Vorhandensein mehrdeutiger bzw. gleicher Spalten in Tabellen, die mit einem JOIN verbunden wurden

Die Lösung für dieses Problem sehen Sie in Listing 9.30. Dort werden sämtliche Spalten jeweils über einen Tabellennamen referenziert. Jetzt kann die Datenbank die jeweiligen Spalten den Tabellen zuordnen, und die Mehrdeutigkeit ist aufgehoben.

```
SELECT
    auszubildender.name,
    auszubildender.vorname,
    auszubildender.geburtsdatum
FROM auszubildender INNER JOIN sportag
ON auszubildender.ausid=sportag.fk_ausid;
```

Listing 9.30 Spalten über einen Tabellennamen referenzieren

Tabelle 9.19 zeigt das Ergebnis der Abfrage. Die **SELECT**-Abfrage konnte jetzt problemlos ausgeführt werden.

name	vorname	geburtsdatum
Müller	Ralf	2001-04-01
Klein	Sabine	2002-05-10

Tabelle 9.19 Ergebnistabelle für eine INNER JOIN-Abfrage mit mehrdeutigen Spaltennamen

In diesem Abschnitt haben Sie erfahren, wie Sie Spaltennamen aus zwei oder mehreren Tabellen über Tabellennamen referenzieren. Fällt Ihnen vielleicht auf, dass es noch einen anderen Weg gibt, das Problem der übereinstimmenden Bezeichnungen zu lösen?

Es wäre auch möglich gewesen, ohne die Spalten *name* und *vorname* in der Tabelle *sportag* auszukommen. Über die Fremdschlüsselbeziehung ist ein Zugriff auf die Spalten *name* und *vorname* in der Tabelle *auszubildender* ja bereits gegeben. Durch aufmerksames Nachdenken, welche Spalten überhaupt notwendig sind, hätte sich das Hindernis also auch umgehen können. Hier wollte ich Ihnen aber natürlich zeigen, wie Sie mit gleichen Spaltennamen umgehen, und deswegen habe ich dieses Beispiel gewählt.

Im nächsten Abschnitt zeige ich Ihnen, wie Sie Spalten aus Tabellen, die über einen **JOIN** zur Verfügung stehen, über Tabellenaliasse ansprechen.

9.2.9 Spalten in einem JOIN über Tabellenaliasse referenzieren

Wenn Sie Tabellen verbunden abfragen, können Sie hinter den Tabellennamen in der **SELECT**-Anweisung einen Tabellenalias notieren. Mit dem vergebenen Tabellenalias können Sie wiederum auf die Spalten der jeweiligen Tabelle referenzieren. Listing 9.31 ist funktionell identisch mit der SELECT-Abfrage aus Listing 9.30:

```
SELECT a.name,a.vorname,a.geburtsdatum
FROM auszubildender a INNER JOIN sportag s
ON a.ausid=s.fk_ausid;
```

Listing 9.31 Spalten über Tabellenaliasse referenzieren

In Listing 9.31 werden Tabellenaliasse verwendet, die direkt hinter dem Tabellennamen notiert werden. Der Tabelle *auszubildender* ist der Tabellenalias *a* zugeordnet, der Tabelle *sportag* wiederum der Tabellenalias *s*.

Die festgelegten Tabellenaliasse *a* und *s* werden in der Spaltenauswahlliste der SELECT-Anweisung und in der ON-Klausel verwendet. Wenn Sie Spalten über einen Tabellenalias referenzieren, ersparen Sie sich eine Menge Schreibarbeit, und die Abfrage wird übersichtlicher. In der Regel werden Spalten aus Tabellen, die mit einem JOIN verbunden sind, über Tabellenaliasse referenziert.

Das Ergebnis ist exakt identisch mit dem Ergebnis, das aus Listing 9.31 resultiert. Aus dem Grund verzichte ich hier auf eine Ergebnistabelle.

In Kapitel 2, »Los geht's: Die Grundfunktionen der Tabellenabfrage«, haben Sie erfahren, wie Sie Spalten einen Spaltenalias zuordnen. In den Tabellen *auszubildender* und *sportag* sind jeweils die Spalten *name* und *vorname* enthalten. Zwei gleichnamige Spalten, die aus einem JOIN hervorgehen, sollten mit Spaltenaliassen abgefragt werden, um die Spalten, die ja aus unterschiedlichen Tabellen kommen, auseinanderzuhalten. Sehen wir uns als Nächstes ein Beispiel an, in dem keine Spaltenaliasse verwendet und die gleichnamigen Spalten aus den Tabellen *auszubildender* und *sportag* abgefragt werden.

```
SELECT a.name,a.vorname,a.geburtsdatum,s.name,s.vorname
FROM auszubildender a INNER JOIN sportag s
ON a.ausid=s.fk_ausid;
```

Listing 9.32 Tabellen mit gleichen Spaltennamen mit einem INNER JOIN abfragen

Tabelle 9.20 zeigt das Ergebnis der Abfrage aus Listing 9.32.

name	vorname	geburtsdatum	name	vorname
Müller	Ralf	2001-04-01	Müller	Ralf
Klein	Sabine	2002-05-10	Klein	Sabine

Tabelle 9.20 Ergebnistabelle mit gleichen Spaltennamen

Sie sehen, dass Sie die jeweils doppelt vorkommenden Spalten *name* und *vorname* anhand des Namens keiner Tabelle zuordnen können. Hier helfen uns die Spaltenaliasse, die Sie in Kapitel 2 kennengelernt haben.

In Listing 9.33 sehen Sie eine **SELECT**-Abfrage, in der die Spalten der Spaltenauswahlliste jeweils mit einem Spaltenalias versehen wurden.

```
SELECT
a.name AS aus_name,
a.vorname AS aus_vorname,
a.geburtsdatum AS aus_gebdatum,
s.name AS spag_name,
s.vorname AS spag_vorname
FROM auszubildender a INNER JOIN sportag s
ON a.ausid=s.fk_ausid;
```

Listing 9.33 Doppelt vorkommende Spalten in einem JOIN mit Spaltenaliassen versehen

Als Resultat erhalten wir eine Ergebnistabelle, in der wir die Spalten eindeutig den Tabellen, denen Sie entstammen, zuordnen können.

aus_name	aus_vorname	aus_gebdatum	spag_name	spag_vorname
Müller	Ralf	2001-04-01	Müller	Ralf
Klein	Sabine	2002-05-10	Klein	Sabine

Tabelle 9.21 Ergebnistabelle mit Spaltenaliassen

In diesem Abschnitt haben Sie erfahren, wie Sie Spalten mit Tabellenaliassen ansprechen können. Auch haben Sie erfahren, dass es insbesondere im Zusammenhang mit **JOIN**-Abfragen sinnvoll sein kann, Spaltenaliasse zu nutzen. Im nächsten Abschnitt widmen wir uns dem Thema **SELF JOIN**. Hier erfahren Sie, wie Sie die Zeilen einer Tabelle mit den Zeilen der gleichen Tabelle verbunden abfragen können.

9.2.10 Zeilen mit einem SELF JOIN verbinden

Bevor wir uns mit dem **SELF JOIN** im Detail befassen, müssen wir klären, wozu er verwendet wird. Mit einem **SELF JOIN** können Sie hierarchische Strukturen einer Tabelle abbilden, die über die entsprechenden Voraussetzungen verfügt. Um hierarchische Strukturen in einer Tabelle abzubilden, verbinden Sie die Zeilen einer Tabelle mit den Zeilen ebendieser einen Tabelle. Um dies zu realisieren, nutzen Sie eine Fremdschlüsselbeziehung. Der Unterschied ist der, dass der Fremdschlüssel nicht auf einen Primärschlüssel in einer anderen Tabelle verweist, sondern auf den Primärschlüssel, der in der gleichen Tabelle definiert wurde wie der Fremdschlüssel. Sie nutzen also ausschließlich eine Tabelle, um ihre Zeilen wieder miteinander zu verbinden. Eine Tabelle stellt also die Eltern- und die Kindtabelle gleichzeitig dar.

Um einen `SELF JOIN` besser zu verstehen, ist es gut, die abzufragende Tabelle, deren Zeilen mit einem `JOIN` verbunden werden sollen, wie zwei eigenständige Tabellen zu betrachten. Wir stellen uns also vor, dass es sich um zwei verschiedene Tabellen handelt. In der ersten Tabelle finden wir eine Primärschlüsselspalte vor. In der zweiten Tabelle befindet sich eine Fremdschlüsselspalte, die wiederum auf die Primärschlüsselspalte der ersten Tabelle verweist.

In Abbildung 9.12 sehen Sie so eine Beziehung, die wir uns vorgestellt haben.

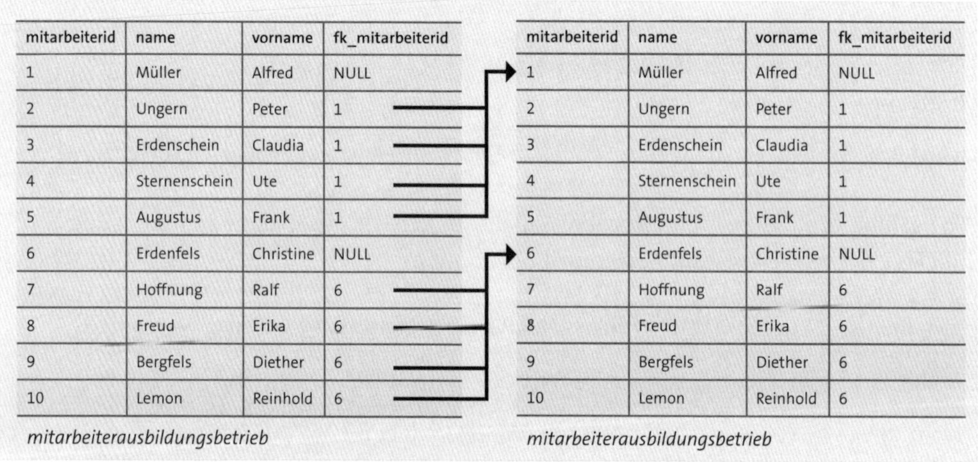

mitarbeiterid	name	vorname	fk_mitarbeiterid		mitarbeiterid	name	vorname	fk_mitarbeiterid
1	Müller	Alfred	NULL		1	Müller	Alfred	NULL
2	Ungern	Peter	1		2	Ungern	Peter	1
3	Erdenschein	Claudia	1		3	Erdenschein	Claudia	1
4	Sternenschein	Ute	1		4	Sternenschein	Ute	1
5	Augustus	Frank	1		5	Augustus	Frank	1
6	Erdenfels	Christine	NULL		6	Erdenfels	Christine	NULL
7	Hoffnung	Ralf	6		7	Hoffnung	Ralf	6
8	Freud	Erika	6		8	Freud	Erika	6
9	Bergfels	Diether	6		9	Bergfels	Diether	6
10	Lemon	Reinhold	6		10	Lemon	Reinhold	6

mitarbeiterausbildungsbetrieb *mitarbeiterausbildungsbetrieb*

Abbildung 9.12 Eine Tabelle mit Zeilen, die auf Zeilen in der gleichen Tabelle referenzieren

In der linken Tabelle sehen sie die Primärschlüsselspalte *mitarbeiterid*. In der rechten Tabelle sehen Sie die Fremdschlüsselspalte *fk_mitarbeiterid*. Die Fremdschlüsselwerte der Spalte *fk_mitarbeiterid* der rechten Tabelle verweisen wiederum auf die Primärschlüsselwerte der Spalte *mitarbeiterid*.

Mit diesen Erkenntnissen können wir einen `INNER JOIN` verwenden, der ermittelt, welche Mitarbeiter welchen Vorgesetzten untergeordnet sind. Den Mitarbeitern Alfred Müller und Christine Erdenfels sind in diesem Beispiel gleichzeitig die Rollen des Vorgesetzten und Inhabers zugeordnet, da keine Fremdschlüsselwerte (`NULL`) für diese Mitarbeiter existieren.

Als Nächstes sehen wir uns Listing 9.34 an:

```
SELECT
    ma1.mitarbeiterid AS vorgesetzterid,
    ma1.name AS vorgesetzername,
    ma2.name AS mitarbeitername,
```

9.2 Zeilen aus Tabellen, die in Beziehung stehen, mit JOIN verbunden abfragen

```
  ma2.mitarbeiterid AS mitarbeiterid
FROM mitarbeiterausbildungsbetrieb ma1 INNER JOIN
  mitarbeiterausbildungsbetrieb ma2
ON ma1.mitarbeiterid=ma2.fk_mitarbeiterid;
```

Listing 9.34 Eine Tabelle mit sich selbst verbunden abfragen

Hier werden mit einem `INNER JOIN` die Zeilen einer Tabelle mit sich selbst verbunden abgefragt. Daraus ergibt sich die Notwendigkeit, Tabellenaliasse zu verwenden. Ohne die Tabellenaliasse könnte die Datenbank, wie im letzten Abschnitt beschrieben, nicht unterscheiden, welche Spalten zu welcher Tabelle gehören. Darum wurden in diesem Beispiel Spaltenaliasse vergeben.

Sonst entspricht der `INNER JOIN` den gleichen Regeln, die Sie bereits kennengelernt haben.

In Tabelle 9.22 sehen Sie das Ergebnis der Abfrage.

vorgesetzterid	vorgesetztername	mitarbeitername	mitarbeiterid
1	Müller	Ungern	2
1	Müller	Erdenschein	3
1	Müller	Sternenschein	4
1	Müller	Augustus	5
6	Erdenfels	Hoffnung	7
6	Erdenfels	Freud	8
6	Erdenfels	Bergfels	9
6	Erdenfels	Lemon	10

Tabelle 9.22 Ergebnistabelle für einen INNER JOIN, der Zeilen einer Tabelle miteinander verbindet

Die Zeilen der Vorgesetzten (Tabellenalias *m1*) wurden immer dann mit den Zeilen der Mitarbeiter (Tabellenalias *m2*) verbunden, wenn die Fremdschlüsselwerte, die auf die Mitarbeiter zeigen, gleich den Primärschlüsselwerten der Vorgesetzten sind.

In diesem Abschnitt haben Sie einen `SELF JOIN` kennengelernt. Im nächsten Abschnitt 9.2.11 zeige ich Ihnen, wie Sie einen `INNER JOIN` verwenden können, um Zeilen aus Tabellen verbunden abzufragen, die nicht durch die Gleichheit von Schlüsselwerten verbunden werden.

9.2.11 Zeilen mit einem INNER JOIN ohne Schlüsselvergleiche verbinden

Bisher haben Sie JOIN-Typen in einer SELECT-Abfrage verwendet, um die Zeilen von zwei oder mehreren Tabellen miteinander zu verbinden. Die JOINs, die wir bisher formuliert haben, wurden stets über gültige Schlüsselbeziehungen ausgewertet, die bereits in der CREATE TABLE-Anweisung festgelegt waren. Es war also immer eine Bedingung vorhanden, die in der ON-Klausel genutzt werden konnte, um Spaltenwerte zu vergleichen.

In diesem Abschnitt zeige ich Ihnen, dass Sie einen beliebigen JOIN-Typ unabhängig von der Existenz von Fremdschlüsselbeziehungen verwenden können. In der ON-Klausel können beliebige Spalten aus zwei Tabellen verglichen werden. Das funktioniert allerdings nur, wenn der Datentyp der zu vergleichenden Spaltenwerte gleich ist oder implizit von der Datenbank konvertiert werden kann. In Abschnitt 4.3 habe ich Ihnen den Unterschied zwischen einer expliziten und einer impliziten Typkonvertierung erklärt. Jetzt ist für Sie wichtig zu wissen, dass in der Bedingung der ON-Klausel Spaltenwerte des gleichen Typs ausgewertet werden.

Sehen wir uns als Erstes das Beispiel in Abbildung 9.13 an.

teilnehmerid	name	vorname	fk_ausid		ausid	name	vorname	geburtsdatum
1	Müller	Ralf	1		1	Müller	Ralf	01.04.2001
2	Klein	Sabine	2		2	Klein	Sabine	10.05.2002
sportag					auszubildender			

Abbildung 9.13 Verbindungen zwischen Zeilen mit Nicht-Schlüsselspalten realisieren

Hier sehen Sie die bekannten Tabellen *auszubildender* und *sportag*, in denen jeweils die Spalte *name* enthalten ist. Die Datentypen sind in beiden Tabellen gleich, nämlich VARCHAR(120). Somit steht uns nichts im Weg, diese beiden Spalten wie Schlüsselspalten in einer Bedingung einer ON-Klausel zu verwenden. Wir könnten also einen INNER JOIN formulieren, um die Spalte *name*, die hier in beiden Tabellen vorhanden ist, in einer Bedingung auszuwerten. Auch hier werden die Zeilen der Tabellen nur dann verbunden ausgegeben, wenn die Bedingung in der ON-Klausel erfüllt ist.

Kommen wir zu einem konkreten Beispiel:

```
SELECT a.name, a.vorname, a.geburtsdatum, s.teilnehmerid
FROM auszubildender a INNER JOIN sportag s
ON a.name=s.name;
```

Listing 9.35 Ein INNER JOIN mit einer Bedingung, die Spalten in der ON-Klausel auswertet, die keine Schlüsselspalten sind

9.2 Zeilen aus Tabellen, die in Beziehung stehen, mit JOIN verbunden abfragen

In Listing 9.35 ist eine SELECT-Abfrage mit einem INNER JOIN zu sehen, die in der ON-Klausel die Spalte *name* der beiden Tabellen *auszubildender* und *sportag* auf Gleichheit prüft.

In Tabelle 9.23 sehen Sie das Ergebnis der SELECT-Abfrage aus Listing 9.35. Die Zeilen der Tabellen *auszubildender* und *sportag* werden immer dann miteinander verbunden und in die Ergebnistabelle mit aufgenommen, wenn die Spaltenwerte der Spalte *vorname* der Bedingung in der ON-Klausel entsprechen.

name	vorname	geburtsdatum	teilnehmerid
Müller	Ralf	2001-04-01	1
Klein	Sabine	2002-05-10	2

Tabelle 9.23 Ergebnis eines INNER JOINs, der ohne Schlüsselspalten gebildet wurde

> **Zusammenfassung: Zeilen, die in Beziehung stehen, abfragen** [*]
>
> Mit folgenden JOIN-Typen können Tabellen verbunden abgefragt werden:
> - INNER JOIN: verbindet ausschließlich Zeilen mit gültigen Schlüsselwerten
> - LEFT OUTER JOIN: verbindet Zeilen mit gültigen Schlüsselwerten und gibt Zeilen der linken Tabelle aus, die nicht verbunden abgefragt werden können
> - RIGHT OUTER JOIN: verbindet Zeilen mit gültigen Schlüsselwerten und gibt Zeilen der rechten Tabelle aus, die nicht verbunden abgefragt werden können
> - FULL OUTER JOIN: verbindet Zeilen mit gültigen Schlüsselwerten und gibt die Zeilen der linken und rechten Tabelle aus, die nicht über Schlüsselwerte verbunden werden können
> - CROSS JOIN: verbindet jede Zeile einer Tabelle mit jeder Zeile einer anderen Tabelle und umgekehrt
> - SELF JOIN: verbindet eine Zeile einer Tabelle mit Zeilen der gleichen Tabelle
>
> Die Verbindung zwischen den Zeilen wird bis auf den CROSS JOIN mit einer Bedingung stets über Primärschlüsselwerte und darauf referenzierende Fremdschlüsselwerte hergestellt.
>
> Die hier aufgeführten JOIN-Typen (bis auf CROSS JOIN) können nicht nur über Schlüsselbeziehungen realisiert werden. Solange die Datentypen der Spalten, die an einem JOIN beteiligt sind, identisch sind, kann mit einer Bedingung in einer ON-Klausel eine Verbindung hergestellt werden.

In diesem Abschnitt haben Sie erfahren, wie Sie Zeilen von Tabellen verbunden abfragen, indem Sie in der Bedingung der ON-Klausel beliebige Spalten (des gleichen Typs) aus zwei Tabellen auswerten, um Zeilen verbunden in einer Ergebnistabelle auszugeben.

9.2.12 Übungen

In den folgenden Übungen werden Sie Zeilen aus zwei oder mehreren Tabellen verbunden abfragen. Um Ihnen die Formulierung der **SELECT**-Abfragen zu erleichtern, sehen Sie in Abbildung 9.14 noch einmal das Datenbankmodell der Bibliotheksdatenbank, das Sie bereits in Kapitel 8 kennengelernt haben.

Bevor Sie eine **SELECT**-Anweisung formulieren, in der Sie mit einem **JOIN** die Zeilen von Tabellen verbinden, betrachten Sie zunächst das Modell, um die beteiligten Primärschlüsselspalten und Fremdschlüsselspalten zu identifizieren.

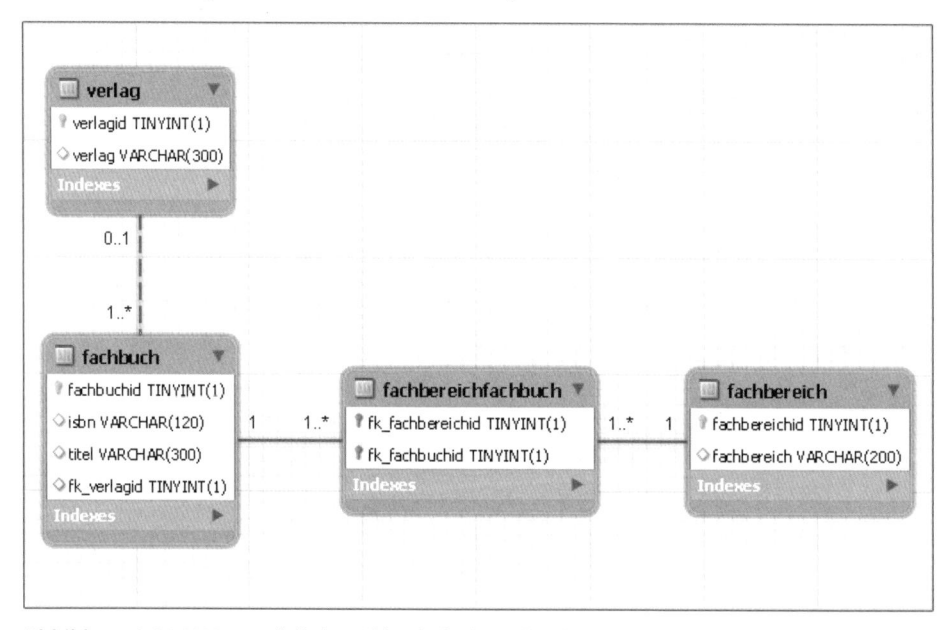

Abbildung 9.14 UML-Modell der Bibliotheksdatenbank

Übung 1

Die Tabellen *fachbuch* und *verlag* stehen in Beziehung zueinander. Die Tabelle *fachbuch* enthält eine Fremdschlüsselspalte *fk_verlagid*, deren Fremdschlüsselwerte auf Primärschlüsselwerte der Spalte *verlagid* in der Tabelle *verlag* referenzieren.

Formulieren Sie eine **SELECT**-Anweisung, in der mit einem **INNER JOIN** die Zeilen der Tabellen *fachbuch* und *verlag* verbunden ausgegeben werden. Hierbei sollen aus der Tabelle *fachbuch* die Spalten *titel*, *isbn* und *fk_verlagid* zurückgeliefert werden. Aus der Tabelle *verlag* sollen die Spalten *verlag* und *verlagid* ausgegeben werden.

Übung 2

In dieser Übung sollen wieder die Zeilen der Tabellen *fachbuch* und *verlag* verbunden ausgegeben werden. In der Ergebnistabelle sollen alle Zeilen enthalten sein, die über Schlüsselwerte verbunden werden können. Außerdem sollen die Zeilen der Tabelle *fachbuch* ausgegeben werden, die über keinen Fremdschlüsselwert zu einem Primärschlüsselwert der Spalte *verlagid* verfügen.

Übung 3

In der letzten Übung haben Sie die Zeilen in einer Ergebnistabelle ausgegeben, die sich über Schlüsselwerte verbinden ließen, sowie die Zeilen der linken Tabelle, die keine Fremdschlüsselwerte enthalten und somit keiner Zeile der rechten Tabelle zugeordnet werden konnten.

In dieser Übung fragen Sie die Zeilen der Tabellen *fachbuch* und *verlag* verbunden ab. In der Ergebnistabelle sollen auch die Zeilen der Tabelle *verlag* enthalten sein, auf die keine Fremdschlüsselwerte aus der Tabelle *fachbuch* verweisen.

Übung 4

In dieser Übung sollen alle Zeilen aus den Tabellen *fachbuch* und *verlag* in einer Ergebnistabelle ausgegeben werden, die sich verbinden lassen oder eben nicht verbinden lassen.

Das heißt also, dass auch die Zeilen der linken Tabellen *fachbuch*, die auf keine Zeilen der rechten Tabelle *verlag* referenzieren, enthalten sein sollen. Oder anders gesagt: Fachbücher, die keinem Verlag zugeordnet sind.

Fehlen dürfen auch nicht die Zeilen aus der rechten Tabelle *verlag*, auf die keine Referenz über Fremdschlüsselwerte aus der linken Tabelle existiert. Also sämtliche Zeilen der Verlage, denen kein Fachbuch zugeordnet ist, sollen auch enthalten sein.

Die Leser, die eine MySQL-Datenbank verwenden, müssen beachten, dass der `JOIN`-Typ, der in dieser Übung als Lösung gefordert wird, nicht von einer MySQL-Datenbank unterstützt wird. In Abschnitt 9.2.5 habe ich dargestellt, wie Sie alternativ die Funktionalität des geforderten `JOIN`-Typs nachbilden können.

Übung 5

Formulieren Sie eine `SELECT`-Abfrage, in der jede Zeile der Tabelle *fachbuch* mit jeder Zeile der Tabelle *verlag* verbunden ausgegeben wird. Beachten Sie bei dieser Übung, dass hier keine Bedingung erforderlich ist, die auf Gleichheit von Schlüsselwerten prüft.

Übung 6

Die Zeilen der Tabellen *fachbuch* und *fachbereich* stehen über die Schlüsseltabelle *fachbereichfachbuch* in Beziehung zueinander. In der Tabelle *fachbuch* wird über einen Primärschlüsselwert der Primärschlüsselspalte *fachbuchid* jede Zeile eindeutig identifiziert. Die Tabelle *fachbereich* enthält ebenfalls eine Primärschlüsselspalte *fachbereichid*, mit deren Primärschlüsselwerten jede Zeile eindeutig identifiziert werden kann.

In der Tabelle *fachbereichfachbuch* werden die Primärschlüsselwerte in Beziehung zueinander gesetzt.

Formulieren Sie eine **SELECT**-Abfrage, in der Sie die Zeilen der Tabellen *fachbuch*, *fachbereichfachbuch* und *fachbereich* mit einem **INNER JOIN** verbunden abfragen, um eine Ergebnistabelle zu erhalten. In der Spaltenauswahlliste fordern Sie aus der Tabelle *fachbuch* die Spalte *titel* und aus der Tabelle *fachbereich* die gleichnamige Spalte *fachbereich* an.

Übung 7

Eine Bibliothek für Fachbücher ist natürlich nur sinnvoll, wenn die Fachbücher auch ausgeliehen werden können. In Abbildung 9.15 sehen Sie, dass dem Datenmodell eine weitere Tabelle, *ausleihe*, hinzugefügt wurde.

Der Primärschlüssel der Tabelle setzt sich aus den Spalten *ausleihid* und *exemplarid* zusammen. Der Verleihzeitraum wird durch die Spalten *von* und *bis* abgebildet.

Um für diese Übung ein Beispiel zu erhalten, ist die Modellierung der Tabelle bewusst schlecht gehalten. Die Tabelle *ausleihe* enthält die Spalten *isbn* und *titel*, die auch in der Tabelle *fachbuch* enthalten sind und somit redundant vorkommen. Die Spalte *fachbuchid* stellt eine Fremdschlüsselspalte dar, die wiederum auf die Primärschlüsselspalte *fachbuchid* der Tabelle *fachbuch* referenziert.

Kommen wir jetzt zu der eigentlichen Übung. Die Spaltennamen *isbn*, *titel* und *fachbuchid* sind in beiden Tabellen identisch. Wenn Sie eine Abfrage mit einem **INNER JOIN** formulieren, wird die Datenbank die Spaltennamen nicht eindeutig einer Tabelle zuordnen können. Aus diesem Grund soll in dieser Übung ein **INNER JOIN** zwischen den Tabellen *ausleihe* und *fachbuch* formuliert werden, wobei Sie die Spalten der Tabellen jeweils über die Tabellennamen ansprechen.

Nehmen Sie aus der Tabelle *fachbuch* die Spalten *isbn* und *titel* mit in die Spaltenauswahlliste auf. Fragen Sie des Weiteren die gleichnamigen Spalten *isbn* und *titel* aus der Tabelle *ausleihe* über die Spaltenauswahlliste ab. Außerdem sollen die Spalten *von* und *bis* der Tabelle *ausleihe* enthalten sein.

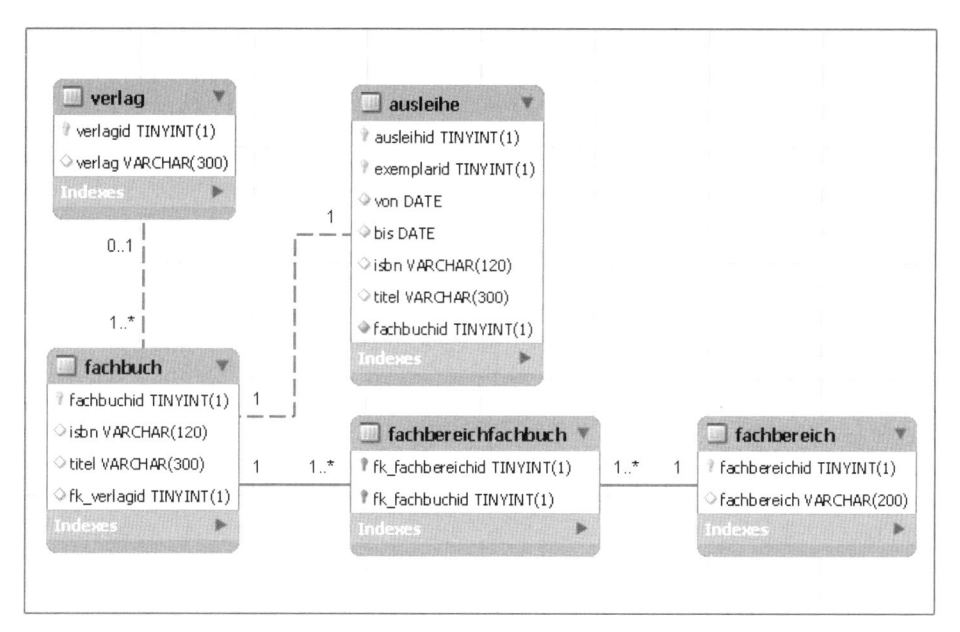

9.2 Zeilen aus Tabellen, die in Beziehung stehen, mit JOIN verbunden abfragen

Abbildung 9.15 Das Datenmodell wurde um die Tabelle »ausleihe« erweitert.

In Listing 9.36 ist die CREATE TABLE-Anweisung aufgeführt, die Sie benötigen, um die Tabelle *ausleihe* zu erstellen.

```
CREATE TABLE ausleihe (
  ausleihid TINYINT,
  exemplarid TINYINT,
  von DATE NOT NULL,
  bis DATE NOT NULL,
  isbn VARCHAR(120),
  titel VARCHAR(300),
  fachbuchid TINYINT NOT NULL,
  PRIMARY KEY (ausleihid, exemplarid),
  CONSTRAINT fk_fachbuchid_fachbuch
    FOREIGN KEY (fachbuchid)
      REFERENCES fachbuch (fachbuchid)
);
```

Listing 9.36 Die Tabelle »ausleihe« mit einer CREATE TABLE-Anweisung erstellen

Um eine Ergebnistabelle zu erhalten, fügen wir zunächst zwei Zeilen in die Tabelle *ausleihe* ein. Listing 9.37 enthält zwei INSERT-Anweisungen, mit denen Sie Zeilen in die Tabelle *ausleihe* einfügen können.

```
INSERT INTO ausleihe (ausleihid,exemplarid,von,bis,isbn,titel,fachbuchid)
VALUES (1,1,'2015-04-01','2015-05-01','9878','Elektrotechnik',2);

INSERT INTO ausleihe (ausleihid,exemplarid,von,bis,isbn,titel,fachbuchid)
VALUES (2,3,'2015-05-10','2015-05-20','9878','Elektrotechnik',2);
```

Listing 9.37 Zeilen in die Tabelle »ausleihe« einfügen

Übung 8

In Übung 7 haben Sie einen INNER JOIN über die Tabellen *fachbuch* und *ausleihe* formuliert und die Spalten jeweils über die Tabellennamen referenziert. Verwenden Sie in dieser Übung Tabellenaliasse, um die jeweiligen Spalten der Tabellen *fachbuch* und *ausleihe* anzusprechen.

Übung 9

In Abschnitt 9.2.10 haben Sie erfahren, dass Sie Zeilen aus einer Tabelle mit sich selbst verbunden abfragen können. Betrachten Sie hierzu Tabelle 9.24, in der Fachbereiche in einer hierarchischen Struktur dargestellt werden.

fachbereichid	fachbereich	fk_fachbereich
1	Elektrotechnik	NULL
2	Kommunikationselektronik	1
3	Energieelektronik	1
4	Kaufmann	NULL
5	Industriekaufmann	4
6	Einzelhandelskaufmann	4
7	Mechanik	NULL
8	Industriemechaniker	7
9	Feinmechaniker	7

Tabelle 9.24 Zeilen, die auf Zeilen in der gleichen Tabelle referenzieren

In Listing 9.38 sehen Sie eine CREATE TABLE-Anweisung, mit der Sie die Tabelle *fachbereichhierarchie* erstellen:

```
CREATE TABLE fachbereichhierarchie (
    fachbereichid TINYINT PRIMARY KEY,
```

9.2 Zeilen aus Tabellen, die in Beziehung stehen, mit JOIN verbunden abfragen

```
  fachbereich VARCHAR(200),
  fk_fachbereich TINYINT,
  CONSTRAINT fk_fachbereich_hierarchie
    FOREIGN KEY (fk_fachbereich)
      REFERENCES fachbereichhierarchie (fachbereichid)
);
```

Listing 9.38 Eine Tabelle erstellen, die mit einer Fremdschlüsselspalte auf die eigene Primärschlüsselspalte referenziert

Auch hier müssen Sie zuerst Zeilen einfügen, um sie anschließend mit einem INNER JOIN verbunden abfragen zu können. In Listing 9.39 sind die INSERT-Anweisungen aufgeführt, mit denen Sie die benötigten Zeilen in die Tabelle *fachbereichhierarchie* einfügen:

```
INSERT INTO fachbereichhierarchie (fachbereichid,fachbereich,fk_fachbereich)
  VALUES (1,'Elektrotechnik',NULL);
INSERT INTO fachbereichhierarchie (fachbereichid,fachbereich,fk_fachbereich)
  VALUES (2,'Kommunikationselektronik',1);
INSERT INTO fachbereichhierarchie (fachbereichid,fachbereich,fk_fachbereich)
  VALUES (3,'Energieelektronik',1);
INSERT INTO fachbereichhierarchie (fachbereichid,fachbereich,fk_fachbereich)
  VALUES (4,'Kaufmann',NULL);
INSERT INTO fachbereichhierarchie (fachbereichid,fachbereich,fk_fachbereich)
  VALUES (5,'Industriekaufmann',4);
INSERT INTO fachbereichhierarchie (fachbereichid,fachbereich,fk_fachbereich)
  VALUES (6,'Einzelhandelskaufmann',4);
INSERT INTO fachbereichhierarchie (fachbereichid,fachbereich,fk_fachbereich)
  VALUES (7,'Mechanik',NULL);
INSERT INTO fachbereichhierarchie (fachbereichid,fachbereich,fk_fachbereich)
  VALUES (8,'Industriemechaniker',7);
INSERT INTO fachbereichhierarchie (fachbereichid,fachbereich,fk_fachbereich)
  VALUES (9,'Feinmechaniker',7);
```

Listing 9.39 Zeilen in die Tabelle »fachbereichhierarchie« einfügen

Wenn Sie die Zeilen in die Tabelle *fachbereichhierarchie* eingefügt haben, formulieren Sie eine SELECT-Anweisung, in der Sie mit einem INNER JOIN die Zeilen der Tabelle *fachbereichhierarchie* wiederum mit Zeilen der Tabelle *fachbereichhierarchie* verbunden abfragen. Vergessen Sie nicht, die Tabellenaliasse zu verwenden. In die Spaltenauswahlliste nehmen Sie entsprechend pro Tabellenalias jeweils die Spalte *fachbereich* mit auf, um die Hierarchie der Fachbereiche abzubilden. Der Übersicht halber ordnen Sie der Spalte *fachbereich* jeweils einen sprechenden Spaltenalias zu.

9 Einfüge-, Abfrage-, Änderungs-, und Löschoperationen auf Tabellen anwenden

Übung 10

In Abschnitt 9.2.11 haben Sie einen INNER JOIN kennengelernt, der keine Fremdschlüsselbeziehungen nutzt, um diese in einer ON-Klausel auszuwerten. In der Bedingung der ON-Klausel haben Sie Spalten aus zwei Tabellen verwendet, denen der gleiche Wertebereich (Datentyp) zugeordnet ist. Nutzen Sie in dieser Übung die Tabelle *ausleihe*, die wir in der Lösung zu Übung 7 erstellt haben, um diese mit Zeilen der Tabelle *fachbuch* zu verbinden. Setzen Sie diesmal allerdings nicht die Fremdschlüsselbeziehungen ein. Nutzen Sie in der ON-Klausel die Spalte *isbn*, die in beiden Tabellen vorkommt, um eine Bedingung zu formulieren, die auf Gleichheit der Spaltenwerte prüft. Verwenden Sie auch hier Tabellenaliasse, um auf die jeweiligen Spalten der Tabellen zu referenzieren. In der Spaltenauswahlliste wählen Sie die Spalten *isbn* und *titel* der Tabelle *fachbuch* und die Spalten *von* und *bis* der Tabelle *ausleihe*.

Lösung zu Übung 1

```
SELECT titel,isbn,fk_verlagid,verlag,verlagid FROM fachbuch
INNER JOIN verlag
ON fk_verlagid=verlagid;
```

Listing 9.40 Mit einem INNER JOIN Zeilen von zwei Tabellen verbunden abfragen

Lösung zu Übung 2

```
SELECT titel,isbn,fk_verlagid,verlag,verlagid FROM fachbuch
LEFT OUTER JOIN verlag
ON fk_verlagid=verlagid;
```

Listing 9.41 Mit einem LEFT OUTER JOIN auch diejenigen Spaltenwerte der linken Tabelle ausgeben, die nicht mit Zeilen der rechten Tabelle verbunden werden konnten

Lösung zu Übung 3

```
SELECT titel,isbn,fk_verlagid,verlag,verlagid FROM fachbuch
RIGHT OUTER JOIN verlag
ON fk_verlagid=verlagid;
```

Listing 9.42 Mit einem RIGHT OUTER JOIN auch diejenigen Spaltenwerte der rechten Tabelle ausgeben, auf die keine Zeilen der linken Tabelle referenzieren

9.2 Zeilen aus Tabellen, die in Beziehung stehen, mit JOIN verbunden abfragen

Lösung zu Übung 4

```
SELECT titel,isbn,fk_verlagid,verlag,verlagid FROM fachbuch
FULL OUTER JOIN verlag
ON fk_verlagid=verlagid;
```

Listing 9.43 Mit einem FULL OUTER JOIN alle Zeilen verbinden, die sich über Schlüsselwerte verbinden lassen und die Zeilen der beteiligten Tabellen ausgeben, die sich nicht über Schlüsselwerte verbinden lassen

```
SELECT titel,isbn,fk_verlagid,verlag,verlagid FROM fachbuch LEFT OUTER JOIN verlag
ON fk_verlagid=verlagid
UNION
SELECT titel,isbn,fk_verlagid,verlag,verlagid FROM fachbuch RIGHT OUTER JOIN verlag
ON fk_verlagid=verlagid;
```

Listing 9.44 Einen FULL OUTER JOIN unter MySQL nachbilden

Lösung zu Übung 5

```
SELECT titel,isbn,fk_verlagid,verlag,verlagid FROM fachbuch
CROSS JOIN verlag;
```

Listing 9.45 Alle Zeilen einer Tabelle mit sämtlichen Zeilen einer anderen Tabelle verbinden und umgekehrt

Lösung zu Übung 6

```
SELECT titel,fachbereich FROM fachbuch
INNER JOIN
fachbereichfachbuch
ON fachbuchid=fk_fachbuchid
INNER JOIN
fachbereich
ON fk_fachbereichid=fachbereichid;
```

Listing 9.46 Einen INNER JOIN über drei Tabellen anwenden

Lösung zu Übung 7

```
SELECT
  ausleihe.isbn,
  ausleihe.titel,
  fachbuch.isbn,
```

```
  fachbuch.titel,
  ausleihe.von,
  ausleihe.bis
FROM ausleihe INNER JOIN fachbuch
ON ausleihe.fachbuchid=fachbuch.fachbuchid;
```

Listing 9.47 Die Spalten in einer SELECT-Abfrage mit dem Tabellennamen referenzieren

Lösung zu Übung 8

```
SELECT a.isbn,a.titel,f.isbn,f.titel,a.von,a.bis
FROM ausleihe a INNER JOIN fachbuch f
ON a.fachbuchid=f.fachbuchid;
```

Listing 9.48 Die Spalten in einer SELECT-Abfrage mit Tabellenaliassen referenzieren

Lösung zu Übung 9

```
SELECT
  f1.fachbereich AS bereich_uber,
  f2.fachbereich AS bereich_unter
from fachbereichhierarchie f1
INNER JOIN fachbereichhierarchie f2
ON f1.fachbereichid=f2.fk_fachbereich;
```

Listing 9.49 Eine Tabelle mit einem INNER JOIN mit sich selbst verbunden abfragen

Lösung zu Übung 10

```
SELECT f.isbn,f.titel,a.von,a.bis
FROM fachbuch f INNER JOIN ausleihe a
ON f.isbn=a.isbn;
```

Listing 9.50 Zeilen von Tabellen über Nicht-Schlüsselwerte verbinden

9.3 Beziehungen (Schlüsselbeziehungen) ändern

Der Status einer Beziehung kann sich ändern. Das gilt auch für die Zeilen einer Kindtabelle, die mit einem Fremdschlüsselwert auf einen Primärschlüsselwert einer Zeile einer Elterntabelle verweist. Hier gibt es nur eine klare Einschränkung, und zwar, dass nur gültige Beziehungen zwischen Zeilen existieren dürfen. In Abschnitt 8.4 haben Sie die *referentielle Integrität* kennengelernt, über die eine Datenbank sicherstellt, dass sie keine ungültigen Beziehungen zulässt. Bei der Beziehungsauswahl zwischen den Zeilen einer Kindtabelle und den Zeilen einer Elterntabelle müssen Sie also stets darauf achten, dass sie auch gültig ist.

Im nächsten Abschnitt 9.3.1 erfahren Sie, wie Sie Beziehungen zwischen Zeilen aus Eltern- und Kindtabellen ändern.

9.3.1 Beziehungen aus Zeilen aus einer Kindtabelle ändern

Beziehungen zu ändern, ist sehr einfach. Sie ändern einen Fremdschlüsselwert einer Kindtabelle auf einen anderen Primärschlüsselwert einer Elterntabelle. Die Zeile in der Kindtabelle referenziert dann auf die andere Zeile der Elterntabelle.

Sehen wir uns hierzu ein Beispiel an. In Abbildung 9.16 sehen Sie die Tabellen *auszubildender* und *adresse*.

aid	strasse	nr.	plz	ort	fk_ausid
1	Mondstraße	8	50827	Köln	1
2	Sternstraße	10	50127	Bonn	3
3	Sonnenstraße	1	50129	Bonn	5
4	Jupiterstraße	11	50827	Köln	
5	Uranusstraße	9	50127	Bonn	
6	Marsstraße	9	50129	Bonn	

adresse

ausid	name	vorname	geburtsdatum
1	Müller	Ralf	01.04.2001
2	Klein	Sabine	10.05.2002
3	Lang	Peter	11.03.2001
4	Berg	Frank	20.07.2002
5	Erde	Sabine	23.01.2001
6	Grün	Justus	15.04.2001

auszubildender

Abbildung 9.16 Beziehungen zwischen Zeilen in Kind- und Elterntabellen ändern

Die Zeilen der Tabellen stehen über eine Fremdschlüsselspalte in der Tabelle *adresse* in Beziehung zueinander. Auf die Auszubildende Sabine Erde mit dem Primärschlüsselwert 5 (der Spalte *ausid*) referenziert der Fremdschlüsselwert 5 der Spalte *fk_ausid* der Tabelle *adresse*. Dem Auszubildenden Ralf Müller mit dem Primärschlüsselwert 1 (der Spalte *ausid*) wird ebenfalls über einen Fremdschlüsselwert 1 aus der Tabelle *adresse* eine Adresse zugeordnet. Die beiden Auszubildenden tauschen nun die Wohnungen. Die Beziehungen der Adressen zu den Auszubildenden sind somit nicht mehr richtig. Die alten Beziehungen müssen also verändert werden, um die aktuellen Adressen den Auszubildenden zuordnen zu können.

Dazu verwenden Sie eine **UPDATE**-Anweisung wie in Listing 9.51, um die Fremdschlüsselwerte der Spalte *fk_ausid* entsprechend zu aktualisieren:

```
UPDATE adresse SET fk_ausid=5 WHERE aid=1;
UPDATE adresse SET fk_ausid=1 WHERE aid=3;
```

Listing 9.51 Beziehungen zwischen Tabellen mit einer UPDATE-Anweisung ändern

Es sind also zwei `UPDATE`-Anweisungen vorhanden, die in der Tabelle *adresse* jeweils den Wert der Spalte *fk_ausid* auf die Fremdschlüsselwerte 5 bzw. 1 ändern. Wichtig ist die `WHERE`-Klausel, die jeweils für die `UPDATE`-Anweisungen genutzt wird, um sicherzustellen, dass der Fremdschlüsselwert der richtigen Adresszeile geändert wird. Es muss daher die Primärschlüsselspalte *aid* auf Gleichheit mit den jeweiligen Primärschlüsselwerten geprüft werden, um die richtigen Zeilen aus der Tabelle *adresse* mit der `UPDATE`-Anweisung zu aktualisieren.

Als Nächstes überprüfen wir mit einem einfachen `INNER JOIN`, ob die Beziehungen der Adressen zu den Auszubildenden tatsächlich geändert wurden. Mit der Abfrage aus Listing 9.52 können wir die Beziehungsänderung nachvollziehen:

```
SELECT
    aus.ausid,
    aus.name,
    aus.vorname,
    adr.strasse,
    adr.nr.,
    adr.plz,
    adr.ort,
    adr.aid
FROM auszubildender aus INNER JOIN adresse adr
ON aus.ausid=adr.fk_ausid;
```

Listing 9.52 Mit einem INNER JOIN überprüfen, ob die Beziehungen zwischen den Zeilen der Tabellen »adresse« und »auszubildender« geändert wurden

Die Ergebnistabelle zeigt, dass die Beziehung der Adresse verändert worden ist:

ausid	name	vorname	strasse	nr.	plz	ort	aid
1	Müller	Ralf	Sonnenstraße	1	50129	Bonn	3
3	Lang	Peter	Sternstraße	10	50127	Bonn	2
5	Erde	Sabine	Mondstraße	8	50827	Köln	1

Tabelle 9.25 Ergebnis der Beziehungsänderung

Dem Auszubildenden Ralf Müller ist jetzt die Adresse mit dem Primärschlüsselwert 3 der Spalte *aid* der Tabelle *adresse* zugeordnet. Der Auszubildenden Sabine Erde hingegen wurde jetzt die Adresse mit dem Primärschlüsselwert 1 der Spalte *aid* der Tabelle *adresse* zugeordnet. Somit haben wir bestätigt, dass die Beziehungsänderung erfolgreich durchgeführt wurde.

Wie Sie Beziehungen, die in Kindtabellen definiert wurden, ändern, haben wir in diesem Abschnitt kennengelernt. Im nächsten Abschnitt 9.3.2 erfahren Sie, wie Sie Primärschlüsselwerte in Elterntabellen ändern.

9.3.2 Beziehungen aus Zeilen einer Elterntabelle ändern (ON UPDATE CASCADE)

In Abschnitt 9.3.1 haben Sie Beziehungen geändert, bei denen die Schlüsselwerte von Zeilen einer Kindtabelle auf existierende Primärschlüsselwerte verwiesen. In diesem Abschnitt erfahren Sie, wie Sie Primärschlüsselwerte in einer Elterntabelle ändern. Diese Änderung muss dann an den Zeilen in der Kindtabelle, die auf diesen Primärschlüsselwert referenzieren, nachvollzogen werden, um nicht die referentielle Integrität zu verletzen.

Sie haben die folgenden zwei Möglichkeiten, Primärschlüsselwerte aus Elterntabellen zu ändern, die auf die Zeilen aus Kindtabellen referenzieren:

Die erste Möglichkeit besteht darin, zunächst die Fremdschlüsselwerte, die auf die zu ändernden Primärschlüssel der Elterntabelle zeigen, in der Kindtabelle auf NULL zu setzen. Somit wäre die Beziehung der betroffenen Zeilen aufgehoben. Beachten Sie, dass ein Primärschlüsselwert in einer Elterntabelle erst dann verändert werden kann, wenn kein Fremdschlüsselwert aus einer Kindtabelle auf den zu ändernden Primärschlüsselwert referenziert. Hierbei handelt es sich um die in Abschnitt 8.4 beschriebene referentielle Integrität, die von einem relationalen Datenbanksystem garantiert wird. Die referentielle Integrität stellt sicher, dass ein Primärschlüsselwert nicht verändert werden kann, solange Fremdschlüsselwerte in Beziehung zu ihm stehen.

In der Praxis wird so eine Änderung eher selten durchgeführt. Stellen Sie sich ein kompliziertes Datenmodell vor, in dem aus unterschiedlichen Kindtabellen Fremdschlüsselwerte auf einen Primärschlüsselwert in einer Elterntabelle referenzieren. Sämtliche Änderungen des Primärschlüsselwertes müssten an jeder Stelle nachvollzogen werden.

Wenn absehbar ist, dass sich Primärschlüsselwerte ändern, ist es sinnvoll, bereits während der Tabellendefinition einer Kindtabelle mit einer CREATE TABLE-Anweisung für diesen Fall vorzusorgen. In der Kindtabelle muss hierzu die Fremdschlüsseleinschränkung (CONSTRAINT) um die ON UPDATE CASCADE -Klausel erweitert werden.

Die ON UPDATE CASCADE-Klausel bewirkt für jede Änderung eines Primärschlüsselwertes in einer Elterntabelle die automatische Änderung der Fremdschlüsselwerte in der Kindtabelle. Das ist ziemlich praktisch, wenn Sie tatsächlich in die Situation kommen, dass Primärschlüsselwerte geändert werden müssen. Dies könnte dann der Fall sein, wenn sich der Primärschlüsselwert eines Auszubildenden verändert, weil sich z. B. die Personalnummer ändert.

Wir legen die Tabellen *auszubildender* und *adresse* unter den Namen *auszubildender_neu* und *adresse_neu* an, um die bestehenden Tabellen und ihre Datensätze zu erhalten. Erstellen wir also zuerst eine neue Tabelle *auszubildender_neu*. Die **CREATE TABLE**-Anweisung aus Listing 9.53 enthält nichts Neues. Wie wir bereits in der Modellierungsphase festgestellt haben, handelt es sich um eine starke Entität. Das bedeutet, dass die Tabelle *auszubildender_neu* zu keiner anderen Tabelle in einer Abhängigkeit steht.

```
CREATE TABLE auszubildender_neu (
  ausid TINYINT PRIMARY KEY NOT NULL,
  name VARCHAR(120),
  vorname VARCHAR(120),
  geburtsdatum DATE
);
```

Listing 9.53 Die Tabelle »auszubildender_neu« mit einer CREATE TABLE-Anweisung anlegen

Anschließend fügen wir mit den **INSERT**-Anweisungen aus Listing 9.54 neue Zeilen in die Tabelle *auszubildender_neu* ein:

```
INSERT INTO auszubildender_neu (ausid,name,vorname,geburtsdatum)
  VALUES (1,'Müller','Ralf','2001.04.01');

INSERT INTO auszubildender_neu (ausid,name,vorname,geburtsdatum)
  VALUES (2,'Klein','Sabine','2002.05.10');

INSERT INTO auszubildender_neu (ausid,name,vorname,geburtsdatum)
  VALUES (3,'Lang','Peter','2001.03.11');

INSERT INTO auszubildender_neu (ausid,name,vorname,geburtsdatum)
  VALUES (4,'Berg','Frank','2002.07.20');

INSERT INTO auszubildender_neu (ausid,name,vorname,geburtsdatum)
  VALUES (5,'Erde','Sabine','2001.01.23');

INSERT INTO auszubildender_neu (ausid,name,vorname,geburtsdatum)
  VALUES (6,'Grün','Justus','2001.04.15');
```

Listing 9.54 Zeilen in die Tabelle »auszubildender_neu« einfügen

Die **ON UPDATE CASCADE**-Klausel sehen Sie in Listing 9.55:

```sql
CREATE TABLE adresse_neu (
  aid TINYINT PRIMARY KEY NOT NULL,
  strasse VARCHAR(200),
  nr. VARCHAR(5),
  plz INT,
  ort VARCHAR(200),
  fk_ausid TINYINT,
  CONSTRAINT fk_adresse_auszubildender_neu
    FOREIGN KEY (fk_ausid)
      REFERENCES auszubildender_neu (ausid)
        ON UPDATE CASCADE
        ON DELETE CASCADE
);
```

Listing 9.55 Eine Fremdschlüsseldefinition um eine ON UPDATE CASCADE-Klausel ergänzen

Die **ON UPDATE CASCADE**- geben Sie hinter der **REFERENCES**-Klausel an, in der Sie festlegen, auf welche Tabelle und Primärschlüsselspalte Sie referenzieren. Durch diese Ergänzung legen Sie bereits während der Tabellenerstellung fest, dass die Fremdschlüsselwerte in der Tabelle *adresse_neu* automatisch angepasst werden, wenn sich die Primärschlüsselwerte in Zeilen der Tabelle *auszubildender_neu* verändern. Direkt hinter der **ON UPDATE CASCADE**-Klausel habe ich hier noch die **ON DELETE CASCADE**-Klausel notiert, um auch gleich auf den nächsten Abschnitt vorbreitet zu sein.

Als Nächstes müssen wir wieder Zeilen in die Tabelle *adresse_neu* einfügen. Hierzu nutzen wir die **INSERT**-Anweisungen aus Listing 9.56:

```sql
/* Mit Zuordnung zu Auszubildenden */
INSERT INTO adresse_neu (aid,strasse,nr.,plz,ort,fk_ausid)
  VALUES (1,'Mondstraße','8',50827,'Köln',1);

INSERT INTO adresse_neu (aid,strasse,nr.,plz,ort,fk_ausid)
  VALUES (2,'Sternstraße','10',50127,'Bonn',3);

INSERT INTO adresse_neu (aid,strasse,nr.,plz,ort,fk_ausid)
  VALUES (3,'Sonnenstraße','1',50129,'Bonn',5);
```

Listing 9.56 Zeilen in die Tabelle »adresse_neu« einfügen

In Tabelle 9.26 werden lediglich die Zeilen der Auszubildenden dargestellt, denen eine Adresse zugeordnet ist. In der Spalte *ausid* sehen Sie, dass die drei Primärschlüsselwerte 1, 3 und 5 enthalten sind:

ausid	name	vorname	geburtsdatum
1	Müller	Ralf	2001-04-01
3	Lang	Peter	2001-03-11
5	Erde	Sabine	2001-01-23

Tabelle 9.26 Auszubildende, denen eine Adresse zugeordnet ist

Tabelle 9.26 enthält drei Zeilen, die in der Spalte *fk_ausid* Fremdschlüsselwerte enthalten, die auf die drei Primärschlüsselwerte 1, 3 und 5 der Tabelle *auszubildender* referenzieren:

aid	strasse	nr.	plz	ort	fk_ausid
1	Mondstraße	8	50827	Köln	1
2	Sternstraße	10	50127	Bonn	3
3	Sonnenstraße	1	50129	Bonn	5

Tabelle 9.27 Adressen, die Auszubildenden zugeordnet sind

Die Primärschlüsselwerte 1, 3 und 5 der Tabelle *auszubildender_neu* aktualisieren wir im nächsten Schritt mit den **UPDATE**-Anweisungen aus Listing 9.57 auf die Werte 10, 30 und 50, um die automatische Änderung der Fremdschlüsselwerte in der Tabelle *adresse_neu* nachzuvollziehen:

```
UPDATE auszubildender_neu SET ausid=10 WHERE ausid=1;
UPDATE auszubildender_neu SET ausid=30 WHERE ausid=3;
UPDATE auszubildender_neu SET ausid=50 WHERE ausid=5;
```

Listing 9.57 Primärschlüsselwerte mit einer UPDATE-Anweisung ändern

In Tabelle 9.28 sind die aktualisierten Zeilen (mit geänderten Primärschlüsselwerten) dargestellt:

ausid	name	vorname	geburtsdatum
10	Müller	Ralf	2001-04-01
30	Lang	Peter	2001-03-11
50	Erde	Sabine	2001-01-23

Tabelle 9.28 Die Tabelle »auszubildender_neu« nach der Aktualisierung der Primärschlüsselwerte

Die **ON UPDATE CASCADE**-Klausel, die in der **CREATE TABLE**-Anweisung aus Listing 9.55 für die Fremdschlüsselbeziehung der Tabelle *adresse_neu* festgelegt wurde, stellt sicher, dass die Fremdschlüsselwerte in der Tabelle *adresse_neu* ebenfalls geändert werden.

In Tabelle 9.29 sehen Sie das Ergebnis der automatischen Aktualisierung der Fremdschlüsselwerte in der Spalte *fk_ausid*.

aid	strasse	nr.	plz	ort	fk_ausid
1	Mondstraße	8	50827	Köln	10
2	Sternstraße	10	50127	Bonn	30
3	Sonnenstraße	1	50129	Bonn	50

Tabelle 9.29 Die Tabelle »adresse_neu« nach der Aktualisierung der Primärschlüsselwerte der Spalte »ausid« der Tabelle »auszubildender_neu«

Wie Sie Beziehungen ändern, haben Sie in diesem Abschnitt erfahren. Im nächsten Abschnitt 9.4 zeige ich Ihnen, wie Sie Beziehungen aufheben, die zwischen Zeilen von Tabellen existieren.

> **Zusammenfassung: Schlüsselbeziehungen ändern**
>
> Beziehungen aus Zeilen aus Kindtabellen zu Zeilen in Elterntabellen können Sie verändern, indem Sie aus einer Zeile einer Kindtabelle mit einem anderen Fremdschlüsselwert auf einen anderen gültigen Primärschlüsselwert verweisen.
>
> Primärschlüsselwerte aus Elterntabellen können nur verändert werden, wenn in der Kindtabelle während der Tabellenerstellung eine **CASCADE UPDATE**-Klausel verwendet wurde.

9.3.3 Übungen zum Thema »Beziehungen (Schlüsselbeziehungen) ändern«

Übung 1

In Übung 7 aus Abschnitt 9.2.12 haben Sie die Tabelle *ausleihe* angelegt und zwei Datensätze eingefügt. In Tabelle 9.30 sehen Sie einen Auszug der verfügbaren Spalten der Tabelle *ausleihe*. Beide Ausleihvorgänge beziehen sich auf den Fremdschlüsselwert 2 der Spalte *fachbuchid* der Tabelle *fachbuch*. In Tabelle 9.31 sehen Sie ebenfalls einen Auszug des Spaltenvorrats der Tabelle *fachbuch*. Hier sind zwei Zeilen enthalten, als Erstes die Zeile mit dem Primärschlüsselwert 2 der Spalte *fachbuchid*, auf den ein Fremdschlüsselwert 2 der Spalte *fachbuchid* der Tabelle *ausleihe* referenziert. Hierbei handelt es sich also um eine gültige Beziehung zwischen einer Kind- und einer Elterntabelle.

Ändern Sie die Beziehungen aus der Tabelle *ausleihe*, die jeweils auf ein Fachbuch mit dem Primärschlüsselwert 2 der Tabelle *fachbuch* referenzieren. Stellen Sie jeweils aus der Tabelle *ausleihe* eine Beziehung zu der Zeile mit dem Primärschlüsselwert 3 der Primärschlüsselspalte *fachbuchid* der Tabelle *fachbuch* her, um die Ausleihvorgänge zu korrigieren.

ausleihid	exemplarid	isbn	titel	fachbuchid
1	1	9878	Elektrotechnik	2
2	3	9878	Elektrotechnik	2

Tabelle 9.30 Auszug der Spalten aus der Tabelle »ausleihe«

fachbuchid	isbn	titel
2	9878	Elektrotechnik
3	2323	Elektronik

Tabelle 9.31 Auszug der Spalten der Tabelle »fachbuch«

Vergessen Sie nicht, dass Sie mit einer Prüfabfrage die Änderung der Schlüsselwerte nachvollziehen können.

Übung 2

In dieser Übung ändern Sie die Beziehung zu Zeilen aus einer Kindtabelle von einer Elterntabelle ausgehend. Sie müssen also die Primärschlüsselwerte ändern, auf die sich Zeilen aus einer Kindtabelle beziehen. Der Fremdschlüsselwert soll automatisch in der Kindtabelle angepasst werden, wenn in der Elterntabelle ein Primärschlüsselwert geändert wird.

Zunächst benötigen Sie dazu eine Elterntabelle mit Zeilen, auf die Sie aus einer Kindtabelle referenzieren, sowie eine Kindtabelle, aus der Sie auf die Elterntabelle referenzieren. Für diese Übung verwenden wir die Tabellen *ausgemustert* und *grund*.

Erstellen Sie diese beiden Tabellen zuerst. Achten Sie darauf, dass Sie für die Fremdschlüsseldefinition eine ON UPDATE-Klausel mit einfügen.

Als Nächstes müssen Sie Zeilen in die neu erstellten Tabellen einfügen, um Primärschlüsselwerte zu ändern, auf die aus der Kindtabelle *grund* referenziert wird. Fügen Sie daher zuerst die Zeilen aus Tabelle 9.32 mit INSERT-Anweisungen in die Tabelle *ausgemustert* ein. Somit verfügen Sie über Zeilen in der Elterntabelle *ausgemustert* und können jetzt Zeilen in die Tabelle *grund* einfügen, die auf die Primärschlüsselwerte der Tabelle *ausgemustert* verweisen.

9.3 Beziehungen (Schlüsselbeziehungen) ändern

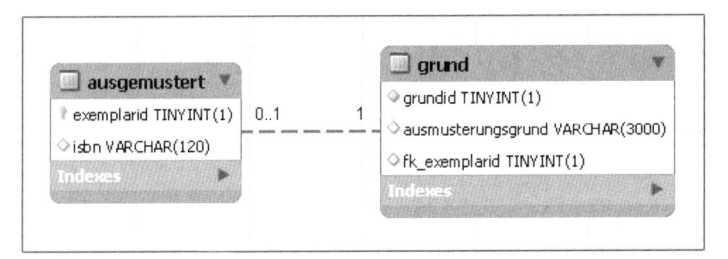

Abbildung 9.17 UML-Modell für die Tabellen »ausgemustert« und »grund« und ihre Beziehung zueinander

Tabelle 9.33 enthält ebenfalls vier Zeilen, die Sie mit INSERT-Anweisungen in die Tabelle *grund* einfügen.

exemplarid	isbn
28	8976
29	8976
5	3456
6	3456

Tabelle 9.32 Datensätze für die Tabelle »ausgemustert«

grundid	ausmusterungsgrund	fk_exemplarid
1	beschädigt	28
2	verschmutzt	29
3	veraltet	5
4	veraltet	6

Tabelle 9.33 Datensätze für die Tabelle »grund«

Wenn Sie hier angekommen sind, haben Sie schon sehr viel erreicht. Ändern Sie im nächsten Schritt einen Primärschlüsselwert (z. B. den Wert 28 in 30) in der Elterntabelle *ausgemustert*, auf die sich eine Zeile (z. B. mit dem Primärschlüsselwert 1 in der Tabelle *grund*) in der Kindtabelle bezieht. Verwenden Sie die Anweisung UPDATE, um die Aktualisierung durchzuführen. Achten Sie darauf, eine WHERE-Klausel mit einer entsprechenden Bedingung zu verwenden.

Gleich im Anschluss formulieren Sie Prüfabfragen, um die Änderung des Primärschlüsselwertes in der Tabelle *ausgemustert* in der Tabelle *grund* nachzuvollziehen.

Lösung zu Übung 1

```
/*
Die Beziehungen aus einer Kindtabelle mit einer UPDATE-Anweisung ändern
*/
UPDATE ausleihe SET fachbuchid=3 WHERE fachbuchid=2;

/*
Die Änderung mit einem INNER JOIN nachvollziehen

Achtung, mit der UPDATE-Anweisung wurden nur die Schlüsselbeziehungen der
Kindtabelle »ausleihe« geändert.
Die Spaltenwerte der Spalte »isbn« der Tabelle »ausleihe« müssten ggf.
auch noch aktualisiert werden.
*/
SELECT a.isbn,a.titel,f.isbn,f.titel,a.von,a.bis
FROM ausleihe a INNER JOIN fachbuch f
ON a.fachbuchid=f.fachbuchid;
```

Listing 9.58 Beziehungen aus Zeilen von Kindtabellen zu Zeilen in Elterntabellen ändern

Lösung zu Übung 2

Als Erstes legen Sie die Tabelle *ausgemustert* an und fügen Zeilen in die Tabelle *ausgemustert* ein, wie in Listing 9.59 und Listing 9.60 dargestellt.

```
CREATE TABLE ausgemustert (
  exemplarid TINYINT NOT NULL,
  isbn VARCHAR(120),
  PRIMARY KEY (exemplarid)
);
```

Listing 9.59 Die Elterntabelle »ausgemustert« mit einer CREATE TABLE-Anweisung anlegen

Im nächsten Schritt werden 4 Zeilen in die Tabelle *ausgemustert* eingefügt.

```
INSERT INTO ausgemustert (exemplarid,isbn) VALUES (28,'8976');
INSERT INTO ausgemustert (exemplarid,isbn) VALUES (29,'8976');
INSERT INTO ausgemustert (exemplarid,isbn) VALUES (5,'3456');
INSERT INTO ausgemustert (exemplarid,isbn) VALUES (6,'3456');
```

Listing 9.60 Datensätze in die Tabelle »ausgemustert« einfügen

9.3 Beziehungen (Schlüsselbeziehungen) ändern

Als Nächstes legen Sie die Kindtabelle *grund* mit einer CREATE TABLE-Anweisung wie in Listing 9.61 dargestellt an. In der Fremdschlüsseldefinition verwenden Sie die ON UPDATE CASCADE Klausel, um die Fremdschlüsselwerte der Spalte *fk_exemplarid* der Tabelle *grund* automatisch anzupassen, wenn Primärschlüsselwerte in der Tabelle *ausgemustert* geändert werden.

Um die automatische kaskadierte Änderung von Fremdschlüsselwerten nachzuvollziehen, benötigen wir auch hier Datensätze. In Listing 9.62 sind vier INSERT-Anweisungen aufgeführt, die in Beziehung zu Zeilen der Tabelle *ausgemustert* stehen:

```
CREATE TABLE grund (
  grundid TINYINT NOT NULL,
  ausmusterungsgrund VARCHAR(3000),
  fk_exemplarid TINYINT,
  PRIMARY KEY (grundid),
  CONSTRAINT fk_exemplarid
    FOREIGN KEY (fk_exemplarid)
      REFERENCES ausgemustert (exemplarid)
        ON UPDATE CASCADE
);
```

Listing 9.61 Die Kindtabelle »grund« mit einer CREATE TABLE-Anweisung anlegen

```
INSERT INTO grund (grundid,ausmusterungsgrund,fk_exemplarid)    VALUES (1,'beschädigt',28);
INSERT INTO grund (grundid,ausmusterungsgrund,fk_exemplarid)    VALUES (2,'verschmutzt',29);
INSERT INTO grund (grundid,ausmusterungsgrund,fk_exemplarid)    VALUES (3,'veraltet',5);
INSERT INTO grund (grundid,ausmusterungsgrund,fk_exemplarid)    VALUES (4,'veraltet',6);
```

Listing 9.62 Datensätze in die Tabelle »grund« einfügen

Die ON UPDATE CASCADE-Klausel, die Sie für die Fremdschlüsseldefinition der Tabelle *grund* verwendet haben, greift automatisch bei jeder Aktualisierungsanweisung, die für Primärschlüsselwerte der Tabelle *ausgemustert* angewendet wird. In Listing 9.63 sehen Sie eine Lösung, mit der Sie einen Primärschlüsselwert der Spalte *exemplarid* der Tabelle *ausgemustert* in den Wert 30. Mit der WHERE-Klausel wird sichergestellt, dass ausschließlich der Primärschlüsselwert der Zeile mit dem Primärschlüsselwert 28 in 30 verändert wird.

```
UPDATE ausgemustert SET exemplarid=30 WHERE exemplarid=28;
```

Listing 9.63 Einen Primärschlüsselwert in einer Elterntabelle aktualisieren

Um zu überprüfen, ob die Änderung des Primärschlüsselwerts in den Tabellen *ausgemustert* und *grund* erfolgt ist, verwenden Sie zwei **SELECT**-Anweisungen, wie sie in Listing 9.64 dargestellt sind:

```
SELECT * FROM ausgemustert;
SELECT * FROM grund;
```

Listing 9.64 Prüfabfragen verwenden, um die Aktualisierung nachzuvollziehen

9.4 Beziehungen (Schlüsselbeziehungen) aufheben oder löschen

In diesem Abschnitt erfahren Sie, wie Sie Beziehungen, die aus Zeilen einer Kindtabelle hervorgehen, aufheben oder löschen. Das könnte dann erforderlich werden, wenn ein Auszubildender umzieht und die Beziehung zwischen der alten Adresse und dem Auszubildenden nicht mehr benötigt wird. Das setzt natürlich voraus, dass Sie bei einer Adressänderung einen neuen Datensatz in die Tabelle *adresse* einfügen. Wie gehen wir mit dem nun überflüssig gewordenen Adresseintrag um? In den Abschnitten 9.4.1 und 9.4.2 zeige ich Ihnen zwei Möglichkeiten, eine Beziehung aufzuheben oder zu löschen.

Im letzten Abschnitt dieses Kapitels, Abschnitt 9.4.3, zeige ich Ihnen, wie Sie Zeilen aus einer Elterntabelle löschen, auf die Zeilen aus einer Kindtabelle mit Fremdschlüsselwerten referenzieren. Das wird dann erforderlich sein, wenn zwei Jahre nach Abschluss der Ausbildung die Auszubildenden archiviert und aus der aktuellen Tabelle entfernt werden.

Wie Sie sich denken können, stellt bei den beschriebenen Methoden zum Aufheben oder Löschen von Beziehungen auch hier die referentielle Integrität sicher, dass keine bestehenden Beziehungen verletzt werden. Im nächsten Abschnitt beginnen wir damit, Beziehungen aus Kindtabellen zu entfernen, ohne gleich die ganzen Zeilen löschen zu müssen.

9.4.1 Zeilen aus Kindtabellen auf NULL setzen

Beziehungen zwischen Zeilen aus Kindtabellen, deren Fremdschlüsselwerte auf Primärschlüsselwerte aus Zeilen einer Elterntabelle verweisen, können Sie sehr einfach aufheben. Sie müssen lediglich den Fremdschlüsselwert in der betroffenen Zeile der Kindtabelle auf **NULL** setzen. Das setzt allerdings voraus, dass in der **CREATE TABLE**-Anweisung der Kindtabelle für die Fremdschlüsselspalte kein **NOT NULL**-Constraint festgelegt wurde. Wenn ein **NOT NULL**-Constraint verwendet wird, können Sie bestehende Fremdschlüsselwerte dieser Spalte nicht auf einen **NULL**-Wert setzen, um somit eine Beziehung aufzuheben.

9.4 Beziehungen (Schlüsselbeziehungen) aufheben oder löschen

Wir nutzen wieder die Tabellen *auszubildender_neu* und *adresse_neu*, die wir in Abschnitt 9.3.2 angelegt haben. Mit einem INNER JOIN prüfen wir dabei zunächst wie in Listing 9.65 gezeigt, welche Adressen welchen Auszubildenden zugeordnet sind. Der Übersicht halber wählen wir aus der Tabelle *adresse_neu* nur die Spalten *strasse* und *nr.* aus:

```
SELECT
    aus.ausid,
    aus.name,
    aus.vorname,
    adr.aid,
    adr.strasse,
    adr.nr.,
    adr.fk_ausid
FROM
    auszubildender_neu aus INNER JOIN adresse_neu adr
ON aus.ausid=adr.fk_ausid;
```

Listing 9.65 Die Tabellen »auszubildender_neu« und »adresse_neu« mit einem INNER JOIN verbunden abfragen

In Tabelle 9.34 sehen Sie das Ergebnis der Abfrage aus Listing 9.65:

ausid	name	vorname	aid	strasse	nr.	fk_ausid
10	Müller	Ralf	1	Mondstraße	8	10
30	Lang	Peter	2	Sternstraße	10	30
50	Erde	Sabine	3	Sonnenstraße	1	50

Tabelle 9.34 Ergebnistabelle für eine mit einem INNER JOIN verbundene Abfrage auf die Tabellen »auszubildender_neu« und »adresse_neu«

Dem Auszubildenden Ralf Müller mit dem Primärschlüsselwert 10 in der Spalte *ausid* ist eine Adresse mit dem Primärschlüsselwert 1 in der Spalte *aid* zugeordnet. Die Fremdschlüsselspalte *fk_ausid* mit dem Wert 10 referenziert auf den Primärschlüsselwert 10 in der Spalte *ausid*. Die Beziehung zu der Adresse soll als Nächstes aufgehoben werden, so dass keine Beziehung mehr zwischen dem Auszubildenden Ralf Müller und einer Adresse besteht.

Um das zu erreichen, ordnen wir dem Fremdschlüsselwert der Spalte *fk_ausid* einen NULL-Wert zu. Die Adresse, deren Beziehung zum Auszubildenden Ralf Müller aufgehoben werden soll, hat in der Spalte *aid* den Primärschlüsselwert 1. Somit haben wir sämtliche Angaben, um mit einer **UPDATE**-Anweisung die Beziehung zum Auszubildenden Ralf Müller aufzuheben:

```
UPDATE adresse_neu SET fk_ausid=NULL WHERE aid=1;
```

Listing 9.66 Eine Beziehung aufheben, indem der Fremdschlüsselwert auf NULL gesetzt wird

Um das Ergebnis der Aufhebung der Beziehung zu überprüfen, ändern wir die Abfrage aus Listing 9.65. Diesmal sollen alle Zeilen der Tabellen *auszubildender_neu* und *adresse_neu* abgefragt werden, die mit einer Übereinstimmung der Schlüsselwerte verbunden werden können. Außerdem sollen die Auszubildenden ausgegeben werden, denen keine Adresse zugeordnet werden kann. Sie denken bestimmt schon an den in Abschnitt 9.2.2 erläuterten **LEFT OUTER JOIN**. Richtig, in Listing 9.67 sehen Sie die veränderte Abfrage, die jetzt mit einem **LEFT OUTER JOIN** die Zeilen der Tabellen *auszubildender_neu* und *adresse_neu* verbunden abfragt.

```
SELECT
    aus.ausid,
    aus.name,
    aus.vorname,
    adr.aid,
    adr.strasse,
    adr.nr.,
    adr.fk_ausid
FROM
    auszubildender_neu aus LEFT OUTER JOIN adresse_neu adr
ON aus.ausid=adr.fk_ausid;
```

Listing 9.67 Auszubildende mit und ohne eine Beziehung zu einer Zeile aus der Tabelle »adresse_neu« ausgeben

In Tabelle 9.35 sehen Sie das Ergebnis der Abfrage. Dem Auszubildenden Ralf Müller ist, wie in der letzten Zeile ersichtlich, keine Adresse mehr zugeordnet. Die Beziehung der Zeile mit der Adresse wurde also aufgehoben.

ausid	name	vorname	aid	strasse	nr.	fk_ausid
30	Lang	Peter	2	Sternstraße	10	30
50	Erde	Sabine	3	Sonnenstraße	1	50
2	Klein	Sabine	NULL	NULL	NULL	NULL

Tabelle 9.35 Ergebnistabelle, nachdem eine Adressbeziehung zum Auszubildenden Ralf Müller aufgehoben wurde

ausid	name	vorname	aid	strasse	nr.	fk_ausid
4	Berg	Frank	NULL	NULL	NULL	NULL
6	Grün	Justus	NULL	NULL	NULL	NULL
10	Müller	Ralf	NULL	NULL	NULL	NULL

Tabelle 9.35 Ergebnistabelle, nachdem eine Adressbeziehung zum Auszubildenden Ralf Müller aufgehoben wurde (Forts.)

In diesem Abschnitt habe ich Ihnen dargestellt, wie Sie eine Beziehung einer Zeile aus einer Kindtabelle aufheben, indem Sie den Fremdschlüsselwert auf NULL setzen. Im nächsten Abschnitt zeige ich Ihnen, wie Sie eine Zeile aus einer Kindtabelle löschen, die auf eine Zeile in einer Elterntabelle referenziert.

9.4.2 Zeilen aus Kindtabellen löschen

Die Beziehung aus einer Zeile aus einer Kindtabelle wird natürlich auch aufgehoben, wenn die Zeile einfach gelöscht wird. Voraussetzung dafür ist allerdings, dass aus keiner anderen Tabelle mehr eine Beziehung zu den Zeilen in der Kindtabelle existiert. In Tabelle 9.36 sind noch zwei Adressen enthalten, die mit Fremdschlüsselwerten auf Auszubildende referenzieren.

aid	strasse	nr.	plz	ort	fk_ausid
2	Sternstraße	10	50127	Bonn	30
3	Sonnenstraße	1	50129	Bonn	50

Tabelle 9.36 Adressen, die noch in Beziehung zu Auszubildenden stehen

Tabelle 9.37 zeigt Ihnen, dass es sich um die Auszubildenden Peter Lang und Sabine Erde handelt.

ausid	name	vorname	geburtsdatum
30	Lang	Peter	2001-03-11
50	Erde	Sabine	2001-01-23

Tabelle 9.37 Auszubildende, denen mit einer Fremdschlüsselbeziehung eine Adresse aus der Tabelle »adresse_neu« zugeordnet ist

Als Nächstes löschen wir die Adresse mit dem Fremdschlüsselwert 30 der Spalte *fk_ausid* der Tabelle *adresse_neu*. Der Adresse, die gelöscht werden soll, ist in der

Spalte *aid* der Primärschlüsselwert 2 zugeordnet. In Listing 9.68 sehen Sie die DELETE-Anweisung mit der benötigten WHERE-Klausel, die die Zeile löscht und so die Beziehung zum Auszubildenden mit dem Primärschlüsselwert 30 der Spalte *ausid* aufhebt.

```
DELETE FROM adresse_neu WHERE aid=2;
```

Listing 9.68 Eine Adresse löschen, die in Beziehung zu einer Zeile der Tabelle »auszubildender_neu« steht

In Tabelle 9.38 sehen Sie das Ergebnis der DELETE-Anweisung. Hier ist nur noch dem Auszubildenden mit dem Primärschlüsselwert 2 eine Adresse zugeordnet.

aid	strasse	nr.	plz	ort	fk_ausid
2	Sternstraße	10	50127	Bonn	30

Tabelle 9.38 Ergebnistabelle nach dem Löschen einer Kindzeile

In diesem Abschnitt haben Sie erfahren, wie Sie Zeilen, die in Beziehung zu Eltern-Tabellen stehen, löschen, um so die Beziehung zu einer Zeile einer Elterntabelle aufzuheben. Im nächsten Abschnitt erfahren Sie, wie Sie Zeilen aus Elterntabellen löschen, auf die noch aus Zeilen von Kindtabellen referenziert wird.

9.4.3 Zeilen aus Elterntabellen löschen

Beziehungen zwischen Schlüsselwerten aus Zeilen in Elterntabellen, auf deren Primärschlüssel über einen Fremdschlüssel aus einer Kindtabelle referenziert wird, können Sie ebenfalls aufheben. Dies bedingt allerdings, dass in der Kindtabelle während der Tabellenerstellung für die Fremdschlüsseldefinition eine ON DELETE CASCADE festgelegt wurde. Dann haben Sie die Möglichkeit, eine Zeile aus einer Elterntabelle zu entfernen, ohne zuvor die Zeilen aus einer Kindtabelle zu löschen, die auf die Zeilen der Elterntabelle referenzieren. Die Zeilen aus der Kindtabelle, die auf die Zeilen der Elterntabelle referenzieren, werden dann automatisch ebenfalls entfernt.

In der CREATE TABLE-Anweisung aus Listing 9.55 haben wir bereits die ON DELETE CASCADE-Klausel berücksichtigt, als Sie die ON UPDATE CASCADE-Klausel kennengelernt haben. Es sind daher alle Voraussetzungen gegeben, um eine Zeile aus der Elterntabelle *auszubildender_neu* zu löschen und dabei sicherzustellen, dass automatisch alle Kindzeilen aus der Tabelle *adresse_neu* ebenfalls gelöscht werden.

In Tabelle 9.39 ist ein Auszug der derzeit gespeicherten Auszubildenden in der Tabelle *auszubildende_neu* zu sehen.

9.4 Beziehungen (Schlüsselbeziehungen) aufheben oder löschen

ausid	name	vorname	geburtsdatum
30	Lang	Peter	2001-03-11
50	Erde	Sabine	2001-01-23

Tabelle 9.39 Auszubildende in der Tabelle »Auszubildender_neu«

In Tabelle 9.40 sehen Sie eine Zeile, die mit dem Fremdschlüsselwert 50 der Spalte *fk_ausid* auf den Primärschlüsselwert 50 der Spalte *ausid* in der Tabelle *auszubildender_neu* referenziert. Hier besteht also eine Beziehung zwischen einer Adresse und einem Auszubildenden.

aid	strasse	nr.	plz	ort	fk_ausid
1	Mondstraße	8	50827	Köln	NULL
3	Sonnenstraße	1	50129	Bonn	50

Tabelle 9.40 Adressen, die den Auszubildenden zugeordnet sind

Da wir mit der `ON DELETE CASCADE`-Klausel vorgesorgt haben, können wir jetzt mit einer einfachen `DELETE`-Anweisung die Zeile der Auszubildenden Sabine Erde löschen. Gleichzeitig wird automatisch die dazugehörige Adresse mit dem Primärschlüsselwert 3 der Spalte *aid* gelöscht.

```
DELETE FROM auszubildender_neu WHERE ausid=50;
```

Listing 9.69 Einen Auszubildenden löschen, dem eine Adresse zugeordnet ist

Das Ergebnis der Löschung sehen Sie in Tabelle 9.41 und Tabelle 9.42:

ausid	name	vorname	geburtsdatum
30	Lang	Peter	2001-03-11

Tabelle 9.41 Die Zeile des Auszubildenden mit dem Primärschlüsselwert 50 in der Spalte »ausid« wurde gelöscht.

aid	strasse	nr.	plz	ort	fk_ausid
1	Mondstraße	8	50827	Köln	NULL

Tabelle 9.42 Die Adresszeile, die auf die Adresse referenzierte, wurde ebenfalls gelöscht.

Zuletzt müssen wir uns anschauen, was passiert, wenn Sie versuchen, eine Elternzeile aus einer Tabelle zu löschen, auf die aus einer Zeile einer Kindtabelle referenziert wird und deren Fremdschlüsseldefinition nicht mit einer **ON DELETE CASCADE**-Klausel versehen wurde. Die Frage lässt sich einfach beantworten: Die Sicherstellung der referentiellen Integrität würde solange das Löschen einer Zeile in einer Elterntabelle verhindern, bis keine Zeilen mehr aus einer Kindtabelle auf sie referenzieren.

Die Sicherstellung der referentiellen Integrität durch eine relationale Datenbank demonstriere ich Ihnen anhand eines einfachen Beispiels. Hierzu eignen sich die Tabellen *adresse* und *auszubildender* optimal, da hier für die Fremdschlüsseldefinition weder eine **ON UPDATE CASCADE**-Klausel noch eine **ON DELETE CASCADE**-Klausel festgelegt wurde, wobei in diesem Fall die fehlende **ON DELETE CASCADE**-Klausel wichtig ist.

Die Tabelle *adresse* referenziert mit der Fremdschlüsselspalte *fk_ausid* auf die Primärschlüsselspalte *ausid*. Solange also Adressen auf Auszubildende referenzieren, muss die referentielle Integrität durch die Datenbank sicherstellen, dass aus der Elterntabelle keine Zeilen gelöscht werden können, solange Zeilen aus der Kindtabelle vorhanden sind.

Die relevanten Beispielzeilen sehen Sie in Tabelle 9.43 und Tabelle 9.44:

ausid	name	vorname	geburtsdatum
1	Müller	Ralf	2001-04-01
3	Lang	Peter	2001-03-11
5	Erde	Sabine	2001-01-23

Tabelle 9.43 Zeilen von Auszubildenden, denen eine Adresse zugeordnet ist

aid	strasse	nr.	plz	ort	fk_ausid
1	Mondstraße	8	50827	Köln	1
2	Sternstraße	10	50127	Bonn	3
3	Sonnenstraße	1	50129	Bonn	5

Tabelle 9.44 Zeilen von Adressen, denen Auszubildende zugeordnet sind

Probieren wir nun, ob die Datenbank die referentielle Integrität sicherstellt. Zunächst versuchen wir, mit einer **DELETE**-Anweisung den Auszubildenden Peter Lang mit dem Primärschlüsselwert 3 der Spalte *ausid* zu löschen. Aus der Tabelle *adresse* referenziert die Zeile des Auszubildenden Peter Lang mit dem Fremdschlüsselwert 3 der

Spalte *fk_ausid* auf den Primärschlüsselwert 3 der Spalte *ausid* in der Tabelle *auszubildender*.

In Listing 9.70 sehen Sie die `DELETE`-Anweisung, mit der geprüft wird, ob eine Zeile aus einer Elterntabelle gelöscht werden kann oder ob noch Zeilen aus Kindtabellen auf sie referenzieren.

```
DELETE FROM auszubildender WHERE ausid=3;
```

Listing 9.70 Ein Versuch, einen Auszubildenden zu löschen

Wie in Abbildung 9.18 zu sehen, stellt die Datenbank die referentielle Integrität und somit die Gültigkeit der Beziehungen sicher und reagiert mit einer Fehlermeldung.

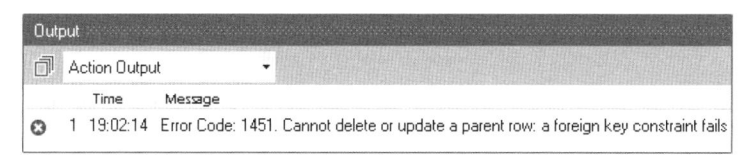

```
Output
    Action Output
        Time     Message
    1   19:02:14 Error Code: 1451. Cannot delete or update a parent row: a foreign key constraint fails
```

Abbildung 9.18 Eine Fehlermeldung als Reaktion auf den Versuch, eine Elternzeile zu löschen, auf die noch aus einer Kindzeile referenziert wird

Wenn in der Kindtabelle die Fremdschlüsseldefinition nicht mit einer `ON DELETE CASCADE`-Klausel versehen wurde, stellt die Datenbank stets sicher, das keine Zeilen aus Elterntabellen gelöscht werden können, solange Zeilen aus Kindtabellen auf sie referenzieren.

> **Zusammenfassung: Schlüsselbeziehungen aufheben** [*]
>
> Eine Beziehung aus einer Zeile einer Kindtabelle wird aufgehoben, indem der Fremdschlüsselwert, der auf einen Primärschlüsselwert in einer Elterntabelle verweist, auf nicht definiert (`NULL`) gesetzt wird.
>
> Wenn eine Zeile einer Kindtabelle, die in Beziehung zu einer Zeile einer Elterntabelle steht, gelöscht wird, ist die Beziehung ebenfalls nicht mehr existent.
>
> Eine Zeile in einer Elterntabelle, die in Beziehung zu Zeilen einer Kindtabelle steht, kann nur dann gelöscht werden, wenn bei der Erstellung der Kindtabelle die `ON DELETE CASCADE`-Klausel für den `FOREIGN KEY` Constraint angegeben wurde.

In diesem Kapitel haben Sie die Komplexität von Schlüsselbeziehungen und der referentiellen Integrität kennengelernt, deren Aufgabe es ist, die Gültigkeit der Beziehungen sicherzustellen. Im nächsten Kapitel erfahren Sie, wie Sie Transaktionen nutzen können, um `INSERT`-, `UPDATE`- und `DELETE`-Anweisungen verbindlich zu bestätigen oder rückgängig machen können.

9.4.4 Übungen zum Thema »Beziehungen (Schlüsselbeziehungen) aufheben oder löschen«

Übung 1

In Übung 2 aus Abschnitt 9.3.3 haben Sie die Tabellen *ausgemustert* und *grund* erstellt. In dieser Übung nutzen wir diese Tabellen, um eine Beziehung einer Zeile einer Kindtabelle zu einer Zeile einer Elterntabelle über einen Fremdschlüsselwert aufzuheben.

Setzen Sie dazu den Fremdschlüsselwert 30, der in Tabelle 9.45 in der Spalte *fk_exemplarid* dargestellt ist, mit einer UPDATE-Anweisung auf NULL, um die Beziehung zu der entsprechenden Zeile der Tabelle *ausgemustert* aufzuheben.

grundid	ausmusterungsgrund	fk_exemplarid
1	beschädigt	30
2	verschmutzt	29
3	veraltet	5
4	veraltet	6

Tabelle 9.45 Die Tabelle »grund«

Wenn Sie in der Tabelle *grund* den Fremdschlüsselwert von 30 in NULL geändert haben, formulieren Sie eine SELECT-Anweisung mit einem INNER JOIN, der die Tabellen *ausgemustert* und *grund* verbunden abfragt. So wird bestätigt, dass keine Beziehung mehr zu einer Zeile mit dem Primärschlüsselwert 30 der Tabelle *ausgemustert* existiert. Wählen Sie aus der Tabelle *ausgemustert* die Spalten *exemplarid* und *isbn* für die Spaltenauswahlliste aus. Aus der Tabelle *grund* soll die Spalte *ausmusterungsgrund* in die Spaltenauswahlliste aufgenommen werden.

Übung 2

Löschen Sie mit einer DELETE-Anweisung eine Zeile aus der Kindtabelle *grund*, die in Beziehung zu einer Zeile der Elterntabelle *ausgemustert* steht. Als konkretes Beispiel können Sie die Zeile mit dem Fremdschlüsselwert 29 der Spalte *fk_exemplarid* der Tabelle *grund* entfernen, die auf den Primärschlüsselwert 29 in der Tabelle *ausgemustert* referenziert. Die Bedingung in der WHERE-Klausel der DELETE-Anweisung muss entsprechend formuliert sein.

Im Anschluss fragen Sie mit einer SELECT-Abfrage die Zeilen der Tabellen *ausgemustert* und *grund* verbunden ab, um zu bestätigen, dass die Beziehung nicht mehr existiert. Sie können hier natürlich die gleiche Abfrage verwenden wie in Übung 1.

Übung 3

In dieser Übung legen Sie eine Kindtabelle an, in der automatisch sämtliche Kindzeilen gelöscht werden, wenn eine in Beziehung stehende Elternzeile gelöscht wird. Um die Voraussetzungen zu schaffen, erstellen Sie eine Kindtabelle, in der Sie einer Fremdschlüsseldefinition eine **ON DELETE** Klausel zuordnen, die festlegt, was zu tun ist, wenn eine Zeile in der Elterntabelle gelöscht wird.

Wie in den vorherigen Übungen nutzen Sie hier wieder die Tabellen *ausgemustert* und *grund*. Die **CREATE TABLE**-Anweisung für die Tabelle *grund* aus Listing 9.61 in Abschnitt 9.3.3 muss hierzu an der passenden Stelle um die **ON DELETE**-Klausel ergänzt werden. Zuvor müssen Sie die bisher verwendete Tabelle *grund* mit einer **DROP TABLE**-Anweisung entfernen, wie in Listing 9.71 gezeigt.

```sql
DROP TABLE grund;
```

Listing 9.71 Die Tabelle »grund« mit einer DROP TABLE-Anweisung entfernen

Im nächsten Schritt müssen Sie die Kindtabelle *grund* wieder mit Datensätzen versorgen, um Beziehungen zu den Zeilen in der Elterntabelle *ausgemustert* zu schaffen. Die hierzu benötigten **INSERT**-Anweisungen gebe ich Ihnen in Listing 9.72 vor.

```sql
INSERT INTO grund (grundid,ausmusterungsgrund,fk_exemplarid)
    VALUES (1,'beschädigt',30);
INSERT INTO grund (grundid,ausmusterungsgrund,fk_exemplarid)
    VALUES (2,'verschmutzt',29);
INSERT INTO grund (grundid,ausmusterungsgrund,fk_exemplarid)
    VALUES (3,'veraltet',5);
INSERT INTO grund (grundid,ausmusterungsgrund,fk_exemplarid)
    VALUES (4,'veraltet',6);
```

Listing 9.72 Zeilen in die Tabelle »grund« einfügen, die in Beziehung zu Zeilen in der Tabelle »ausgesondert« stehen

Ich gehe davon aus, dass in die Tabelle *grund* Zeilen eingefügt worden sind. Jetzt können Sie eine Zeile in der Elterntabelle *ausgemustert* löschen, obwohl eine Zeile aus der Kindtabelle *grund* auf diese Zeile referenziert. Wenn eine Zeile aus der Elterntabelle *ausgemustert* gelöscht wird, werden alle Zeilen aus der Kindtabelle *grund*, die auf den Primärschlüsselwert der Elterntabelle *ausgemustert* referenzieren, ebenfalls gelöscht. In Listing 9.73 sehen Sie die **DELETE**-Anweisung, die Sie verwenden können:

```sql
DELETE FROM ausgemustert WHERE exemplarid=30;
```

Listing 9.73 Eine Zeile einer Elterntabelle löschen

Gleich im Anschluss nutzen Sie einfache **SELECT**-Anweisungen, um das Löschen der Zeilen in beiden Tabellen zu überprüfen.

Lösung zu Übung 1

```
/* Eine Beziehung einer Zeile einer Kindtabelle aufheben, indem ein
Fremdschlüsselwert auf NULL gesetzt wird. */
UPDATE grund SET fk_exemplarid=NULL WHERE fk_exemplarid=30;

/* Eine Prüfabfrage mit einem INNER JOIN formulieren, um zu bestätigen,
dass die Beziehung nicht mehr existiert. */
SELECT
a.exemplarid,
a.isbn,
g.ausmusterungsgrund
FROM ausgemustert a
INNER JOIN grund g
ON a.exemplarid=g.fk_exemplarid;
```

Listing 9.74 Eine Beziehung aufheben, indem ein Fremdschlüsselwert auf NULL gesetzt wird

Lösung zu Übung 2

```
DELETE FROM grund WHERE fk_exemplarid=29;
```

Listing 9.75 Eine Zeile aus einer Kindtabelle, die in Beziehung zu einer Zeile einer Elterntabelle steht, löschen

Lösung zu Übung 3

```
CREATE TABLE grund (
  grundid TINYINT NOT NULL,
  ausmusterungsgrund VARCHAR(3000),
  fk_exemplarid TINYINT,
  PRIMARY KEY (grundid),
  CONSTRAINT fk_exemplarid
    FOREIGN KEY (fk_exemplarid)
      REFERENCES ausgemustert (exemplarid)
        ON UPDATE CASCADE ON DELETE CASCADE
);
```

Listing 9.76 Eine Fremdschlüsseldefinition um eine ON DELETE CASCADE-Klausel in einer CREATE TABLE-Anweisung erweitern

Kapitel 10
Transaktionen

Die Transaktionssicherheit, die relationale Datenbanksysteme gewährleisten, gehört zu den Kernfunktionalitäten und bietet uns z. B. die Sicherheit, dass eine oder mehrere datentechnische Operationen wie INSERT, UPDATE und DELETE durchgeführt werden. Welche Sicherheiten Ihnen die Transaktionskontrolle noch bietet, lernen Sie im folgenden Kapitel kennen.

Bevor wir uns mit Transaktionen auseinandersetzen, betrachten wir zunächst einige Szenarien, die uns verdeutlichen werden, warum es so wichtig ist, dass Datenbankoperationen wie INSERT, UPDATE und DELETE verbindlich durchgeführt werden.

Das erste Szenario betrifft schlicht und ergreifend Einflüsse, die wir nicht in der Hand haben. Stellen Sie sich vor, die Sicherung des Stromnetzes setzt abrupt Ihren Datenbankserver außer Betrieb. Oder was wäre, wenn es durch die Installation einiger Sicherheitsupdates zu einem Absturz des Betriebssystems käme? Diese Vorstellungen sind eigentlich nicht beunruhigend. Sie ersetzen die Sicherung oder deinstallieren die fehlerhaften Updates, und schon nimmt der Datenbankserver seinen Betrieb wieder auf.

Fehler an der Datenbank oder am Datenbankserver sind jedoch nicht die einzigen Störungsquellen. Eine Datenbank steht zentral zur Verfügung, und daher kann auch der Rechner ausfallen, von dem Sie die Operationen ausführen. Stellen Sie sich vor, Sie arbeiten gerade von Ihrem entfernten Rechner mit einer MySQL Workbench auf einem MySQL-Datenbankserver, und das Netzwerkkabel wird aus Unachtsamkeit getrennt.

Auch wenn Sie solche Fehler sicherlich einfach beheben können, bleibt eine große Frage bestehen:

Was passiert mit den Operationen, die vor den Störungen oder mitten in einem Störfall durchgeführt wurden?

Wurden die Updates für die Rechnungen vor einer Störung noch durchgeführt oder nicht? Was ist mit den neuen Kunden, die mit INSERT-Operationen in eine Tabelle eingefügt wurden?

Im nächsten Abschnitt 10.1 schauen wir, welche Anforderungen an eine relationale Datenbank zu stellen sind. Hier erfahren Sie auch, wie mit Operationen umgegangen werden soll, wenn eine Störung auftritt.

10.1 Forderungen an relationale Datenbanksysteme

Wir fordern, dass eine relationale Datenbank sicherstellen soll, dass Operationen ganz oder gar nicht durchgeführt werden. Technische Störungen würden uns dann nicht mehr allzu sehr beunruhigen. Warum das so ist, erkläre ich Ihnen im Folgenden.

> **Operationen sollen atomar in der Ausführung sein**
>
> Operationen wie **INSERT**-, **UPDATE**- oder **DELETE**-Anweisungen sollen ganz oder gar nicht ausgeführt werden. Wenn z. B. mehrere **INSERT**-Anweisungen hintereinander auf eine Tabelle ausgeführt werden sollen und nach der Hälfte der Einfügeanweisungen eine Störung eintritt, soll der ursprüngliche Zustand wiederhergestellt werden. Es gilt also die Forderung, dass nicht ein Teil von Operationen ausgeführt und anderer Teil aufgrund einer Störung nicht ausgeführt wird. In der Gesamtheit der Durchführung ist eine Folge von Operationen also unteilbar (*atomar*) durchzuführen.

Die Störszenarien, die ich Ihnen dargestellt habe, führen uns zu einer weiteren Forderung, die auf den Erklärungen aus Kapitel 8, »Datenmodelle in Tabellen überführen«, beruht. Dort haben Sie gelernt, dass Fremdschlüsselwerte einer Kindtabelle auf Primärschlüsselwerte einer Elterntabelle referenzieren können. Wenn eine Störung auftritt, erwarten wir einen definierten Zustand der Schlüsselbeziehungen. Konkret darf der Fremdschlüsselwert in einer Kindtabelle entweder **NULL** sein, oder er referenziert mit einem Wert auf einen Primärschlüsselwert. Beide Zustände sind erlaubt, insofern die Fremdschlüsselspalte **NULL**-Werte zulässt. Wenn dies nicht der Fall ist, sollte die Datenbank auf jeden Fall gewährleisten, dass immer ein konkreter Fremdschlüsselwert einer Kindtabelle auf einen Primärschlüsselwert einer Elterntabelle verweist. Dieses Verhalten sollte auch bei Störungen garantiert werden. Wir fordern also, dass eine Operation den Datenbestand einer Datenbank aus einem konsistenten Zustand auch in einem konsistenten Zustand belässt.

> **Der Datenbestand soll konsistent sein**
>
> Wenn Operationen wie **INSERT**- oder **UPDATE**-Anweisungen auf einer Datenbank durchgeführt werden, muss sichergestellt sein, dass der Datenbestand aus einem konsistenten Zustand in einem konsistenten Zustand belassen wird. Das betrifft ins-

> besondere Schlüsselbeziehungen zwischen Tabellen bzw. die referentielle Integrität. Eine Störung darf also nicht dazu führen, dass Beziehungen zwischen Zeilen in einem nicht definierten Zustand vorliegen. Es gilt also die Forderung, dass eine Datenbank stets die *Konsistenz* der Daten sicherzustellen hat.

Eine relationale Datenbank arbeitet nach dem Client-Server-Prinzip. Eine Datenbank steht den Clients (den Nutzern der Datenbank) also zentral zur Verfügung. Wenn auf einer Datenbank also z. B. 800 Nutzer gleichzeitig arbeiten, ist es durchaus möglich, dass vier Nutzer gleichzeitig auf einen Datensatz eines Kunden zugreifen.

Stellen Sie sich vor, dass zwei Nutzer den Datensatz ändern, während die anderen beiden den Datensatz lesen. Hier ist sicherzustellen, dass die Operationen isoliert voneinander durchgeführt werden.

> **Operationen sollen isoliert voneinander durchgeführt werden**
> Eine relationale Datenbank verwaltet Daten zentral. Eine relationale Datenbank arbeitet im sogenannten Multiuser-Betrieb. Das heißt, dass mehrere Nutzer gleichzeitig auf die gleichen Datensätze zugreifen und diese gegebenenfalls ändern oder auch löschen können. Operationen, die gleichzeitig durch unterschiedliche Nutzer an einem Datensatz ausgeführt werden, dürfen sich nicht gegenseitig beeinflussen. Hier gilt die Forderung, dass diese Operationen stets *isoliert* voneinander durchgeführt werden.

Stellen Sie sich als Nächstes vor, eine Datenbank würde die zu verwaltenden Daten lediglich im Arbeitsspeicher eines Servers ablegen. Wenn es zu einem Stromausfall käme, wären alle Daten verloren, da der Arbeitsspeicher eines Rechners flüchtig ist. Es ist also sicherzustellen, dass die zu verwaltenden Daten dauerhaft gespeichert werden.

> **Daten in einer Datenbank sollen dauerhaft gespeichert werden**
> Unabhängig von jeglichen Störszenarien gilt für eine relationale Datenbank die Forderung, dass die zu verwaltenden Daten *dauerhaft* gespeichert werden.

Eine relationale Datenbank sollte also folgende Forderungen erfüllen:

- Operationen werden *atomar* durchgeführt.
- Die *Konsistenz* der Daten ist stets gegeben.
- Operationen werden *isoliert* voneinander ausgeführt.
- Informationen werden *dauerhaft* gespeichert.

Diese Forderungen werden in relationalen Datenbanken durch das *Transaktionsprinzip* umgesetzt. Die Forderungen werden in Kurzform auch als *ACID-Prinzip* bezeichnet; die Abkürzung resultiert aus den englischen Begriffen *atomicity*, *consistency*, *isolation* und *durability*.

10.2 Transaktionen verstehen

In diesem Abschnitt widmen wir uns dem Thema der Anwendung von Transaktionen. Mit Transaktionen erfüllen relationale Datenbanksysteme die Forderungen, die wir in Abschnitt 10.1 gestellt haben.

> **Transaktionen**
>
> Transaktionen fassen einzelne Operationen zu einer gesamtheitlichen Operation zusammen, die entweder ganz oder gar nicht ausgeführt wird. Transaktionen führen eine Datenbank bei der Durchführung von Operationen bzw. Einfüge-, Änderungs- oder Löschanweisungen aus einem konsistenten Zustand in einen konsistenten Zustand. Transaktionen stellen also gemäß dem ACID-Prinzip sicher, dass:
>
> - eine oder mehrere Operationen ganz oder gar nicht durchgeführt werden,
> - die referentielle Integrität der Daten stets erhalten bleibt und die Daten aus einem konsistenten Zustand in einen konsistenten Zustand überführt werden,
> - konkurrierende Zugriffe auf gleiche Datensätze stets isoliert voneinander stattfinden,
> - Daten dauerhaft gespeichert werden.

Zunächst betrachten wir in Abschnitt 10.2.1, wie so eine Transaktion, die eine oder mehrere Datenbankoperationen zusammenfasst, aufgebaut ist.

10.2.1 Allgemeiner Aufbau einer Transaktion

Der allgemeine Aufbau einer Transaktion ist einfach zu verstehen. Eine Transaktion hat einen Startpunkt und einen Endpunkt. Zwischen dem Startpunkt und dem Endpunkt können SQL-Anweisungen wie **INSERT**, **UPDATE**, **DELETE** oder auch **SELECT** ausgeführt werden. Eine Transaktion stellt sicher, dass alle Operationen innerhalb des Start- und Endpunkts vollständig ausgeführt werden. Eine **SELECT**-Anweisung spielt hier natürlich eher eine untergeordnete Rolle, da ja lediglich Datensätze abgefragt, aber keine neuen Datensätze einfügt, geändert oder gelöscht werden.

Manchmal sagen Abbildungen einfach mehr als 1 000 Worte. Betrachten Sie also Abbildung 10.1.

```
┌── Start Transaktion,
│    zum Zeitpunkt t₁
│
│    INSERT INTO kunde_intern VALUES(8,'Logistik');
│
│    INSERT INTO kunde_intern VALUES(9,'Entwicklung');
│
│    INSERT INTO kunde_intern VALUES(10,'Öffentlichkeitsarbeit');
│
│    INSERT INTO kunde_intern VALUES(11,'Innovationszentrum');
│
│                    ...
│                    ...
│                    ...
│
└── Ende Transaktion,
     zum Zeitpunkt t₂
```

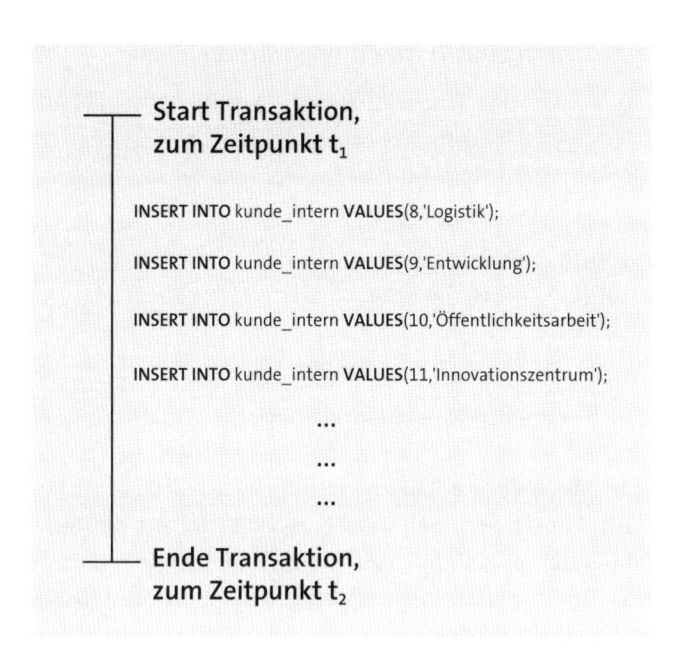

Abbildung 10.1 Start und Ende einer Transaktion

Hier sehen Sie einen definierten Startpunkt und einen definierten Endpunkt einer Transaktion. Dazwischen befinden sich **INSERT**-Anweisungen. Wenn diese Einfügeoperationen innerhalb eines Start- und Endpunkts durchgeführt werden, sichert uns eine Datenbank die ACID-Eigenschaften zu.

Den Start- und Endpunkt einer Transaktion teilen Sie über bestimmte SQL-Anweisungen einer Datenbank mit. Heutige Datenbanksysteme wie die MySQL Workbench, das Microsoft SQL Server Management Studio oder der pgAdmin einer PostgreSQL-Datenbank führen die Transaktionskontrolle *implizit* aus. Bei den hier verwendeten Datenbanken müssen Sie nicht mehr zwangsläufig angeben, wann Sie eine Transaktion beginnen bzw. verbindlich abschließen wollen. Natürlich besteht weiterhin die Möglichkeit, eine Transaktion mit einer expliziten Angabe zu beginnen bzw. abzuschließen.

Im nächsten Abschnitt 10.2.2 sehen wir uns an, wie Transaktionen sicherstellen, dass mehrere Operationen ganz oder gar nicht durchgeführt werden. Transaktionen stellen nicht nur sicher, dass der Datenbestand in dramatischen Szenen wie einem Stromausfall oder einem Serverausfall immer aus einem konsistenten Zustand in einen konsistenten Zustand überführt werden, sondern bieten auch die Möglichkeit an, eine Transaktion, solange sie noch nicht verbindlich abgeschlossen wurde, wieder rückgängig zu machen. Wie Sie die Verbindlichkeit herstellen und Operationen wieder rückgängig machen, erfahren Sie im nächsten Abschnitt.

10.2.2 Einen atomaren Datenzustand mit Transaktionen sicherstellen

Sie fragen sich jetzt sicherlich, wie Sie eine Transaktion beginnen und abschließen. Betrachten Sie Listing 10.1.

```
BEGIN;
INSERT INTO kunde_intern VALUES(8,'Logistik');
INSERT INTO kunde_intern VALUES(9,'Entwicklung');
INSERT INTO kunde_intern VALUES(10,'Öffentlichkeitsarbeit');
INSERT INTO kunde_intern VALUES(11,'Innovationszentrum');
COMMIT;
```

Listing 10.1 SQL-Anweisungen explizit in einer Transaktion ausführen

Ein Transaktionsblock, der eine oder mehrere SQL-Anweisungen enthalten kann, beginnt mit Schlüsselwort **BEGIN**. Hinter dem Schlüsselwort **BEGIN** folgen die SQL-Anweisungen. In diesem Fall handelt es sich um vier **INSERT**-Anweisungen, die zusätzliche Kostenstellen in die Tabelle *kunde_intern* eintragen sollen. Der Transaktionsblock wird mit dem Schlüsselwort **COMMIT** hinter der letzten **INSERT**-Anweisung abgeschlossen. Wenn Sie diese Sequenz von SQL-Anweisungen ausführen, sichert Ihnen die Datenbank zu, dass die ACID-Eigenschaften gewährleistet sind.

Diese Zusicherung der ACID-Eigenschaften gilt nur dann, wenn wirklich alle Anweisungen ausgeführt wurden. Hierzu zählen die **BEGIN**-Anweisung, mit der Sie eine Transaktion starten, die Einfüge-, Änderungs- oder Löschoperationen und die **COMMIT**-Anweisung, mit der Sie eine Transaktion verbindlich abschließen. Sollte es also nach der Ausführung der ersten zwei **INSERT**-Anweisungen zu einem Problem kommen und die **COMMIT**-Anweisung somit nicht ausgeführt werden können, so ist sichergestellt, dass der Zustand vor dem Beginn der Transaktion nach wie vor gegeben ist, da die Transaktion ja nicht abgeschlossen werden konnte. Mit »vor dem Beginn der Transaktion« ist gemeint, dass sich die Datenbank wieder in dem konsistenten Zustand befindet, der vor Beginn der Transaktion gegeben war. Hier gilt also das Ganz-oder-gar-nicht-Prinzip der Atomarität von Transaktionen.

> **[»] Hinweis für die Nutzer einer MS-SQL-Server-Datenbank**
> Eine MS-SQL-Server-Datenbank beginnt eine Transaktion mit **BEGIN TRANSACTION** anstelle des Schlüsselwortes **BEGIN**.

10.2.3 Transaktionen mit ROLLBACK rückgängig machen

Wenn Sie eine Transaktion starten und SQL-Anweisungen wie **INSERT**, **UPDATE** und **DELETE** ausführen, haben Sie, solange Sie eine Transaktion mit **COMMIT** noch nicht verbindlich abgeschlossen haben, immer noch die Möglichkeit, alle Anweisungen vom

Start des Transaktionsblocks bis hin zur zuletzt ausgeführten SQL-Anweisung rückgängig zu machen. Hierzu nutzen Sie die ROLLBACK-Anweisung.

Mit der ROLLBACK-Anweisung rollen Sie also alle Änderungen wieder zurück, die nach dem Start des Transaktionsblocks vorgenommen wurden. Der Datenbestand befindet sich nach der Ausführung einer ROLLBACK-Anweisung wieder in dem Zustand, den er hatte, bevor der Transaktionsblock begonnen wurde.

Sehen wir uns hierzu eine Sequenz von SQL-Anweisungen an. Wir beginnen mit einer einfachen SELECT-Abfrage, wie sie in Listing 10.2 angegeben ist.

```
SELECT * FROM kunde_intern;
```

Listing 10.2 Alle internen Kunden abfragen

In Tabelle 10.1 sehen Sie das Ergebnis der Abfrage aus Listing 10.2. Die Tabelle *Kunde_intern* enthält derzeit die Kostenstellen 2, 3, 4, 5, 6, 7, 8, 9, 10, 11 und 100.

kostenstelle	abteilung
2	Produktion Inbusschraube 8mm
3	Instandsetzung Elektrik
4	Instandsetzung Pneumatik
5	Einkauf
6	Controlling
7	Qualitätsmanagement
8	Logistik
9	Entwicklung
10	Öffentlichkeitsarbeit
11	Innovationszentrum
100	Produktion Sechskant 15mm

Tabelle 10.1 Ergebnistabelle

Im nächsten Schritt beginnen wir wie in Listing 10.3 angegeben mit dem Schlüsselwort BEGIN bzw. BEGIN TRANSACTION (MS-SQL-Server-Datenbank) einen Transaktionsblock. Gleich im Anschluss folgen vier INSERT-Anweisungen, die hier zu Demonstrationszwecken Kostenstellen in die Tabelle *kunde_intern* einfügen, die schlicht und ergreifend unsinnig sind.

```
BEGIN;
INSERT INTO kunde_intern VALUES(12,'Kost 1');
INSERT INTO kunde_intern VALUES(13,'Kost 2');
INSERT INTO kunde_intern VALUES(14,'Kost 3');
INSERT INTO kunde_intern VALUES(15,'Kost 4');
```

Listing 10.3 Einen Transaktionsblock beginnen und vier INSERT-Anweisungen ausführen

Nach dem Sie diese Anweisungen durchgeführt haben, überprüfen wir wieder mit der SELECT-Abfrage aus Listing 10.2 den Inhalt der Tabelle *kunde_intern*. In Tabelle 10.2 ist das Ergebnis der Abfrage dargestellt. Die vier Datensätze mit den unsinnigen Kostenstellen wurden erfolgreich eingefügt.

kostenstelle	abteilung
2	Produktion Inbusschraube 8mm
3	Instandsetzung Elektrik
4	Instandsetzung Pneumatik
5	Einkauf
6	Controlling
7	Qualitätsmanagement
8	Logistik
9	Entwicklung
10	Öffentlichkeitsarbeit
11	Innovationszentrum
12	Kost 1
13	Kost 2
14	Kost 3
15	Kost 4
100	Produktion Sechskant 15mm

Tabelle 10.2 Ergebnistabelle nach vier INSERT-Anweisungen, die unsinnige Kostenstellen in die Tabelle »kunde_intern« eingetragen haben

Beachten Sie, dass wir bis jetzt noch keine **COMMIT**-Anweisung durchgeführt haben. Da der Transaktionsblock noch nicht mit **COMMIT** abgeschlossen wurde, können wir ihn mit einer einfachen **ROLLBACK**-Anweisung wieder zurückrollen. Die Datenbank stellt dann exakt den Zustand wieder her, der dem der letzten verbindlichen **COMMIT**-Anweisung entspricht.

In Listing 10.4 sehen Sie, wie Sie eine **ROLLBACK**-Anweisung verwenden. Um eine Transaktion zurückzurollen, notieren Sie lediglich die Anweisung **ROLLBACK** gefolgt von einem Semikolon und führen die Anweisung aus.

```
ROLLBACK;
```

Listing 10.4 SQL-Anweisungen bis zum letzten verbindlichen COMMIT wieder zurückrollen

Wenn Sie die **ROLLBACK**-Anweisung hinter dem Transaktionsblock aus Listing 10.3 ausführen, werden die vier **INSERT**-Anweisungen wieder rückgängig gemacht, und Sie erhalten bei der Ausführung der **SELECT**-Anweisung aus Listing 10.2 wieder die Ergebnistabelle, wie sie in Tabelle 10.1 dargestellt ist.

In diesem Abschnitt haben Sie gelernt, wie Sie mit Transaktionsblöcken Einfüge-, Änderungs- und Löschoperationen verbindlich abschließen können. Sie haben auch erfahren, wie Sie diese Anweisungen wieder rückgängig machen können, solange Sie einen Transaktionsblock noch nicht mit **COMMIT** verbindlich abgeschlossen haben.

Als Nächstes befassen wir uns in Abschnitt 10.2.4 mit einer weiteren Eigenschaft, die uns das Transaktionsprinzip gewährleistet. Es handelt sich um die isolierte Ausführung von SQL-Anweisungen.

10.2.4 Operationen mit Transaktionen isoliert ausführen

Eine relationale Datenbank wird als Mehrbenutzersystem in einer Client-Server-Landschaft eingesetzt. Rein theoretisch könnten auf einen Datensatz Hunderte Nutzer gleichzeitig mit einer **SELECT**-Abfrage zugreifen. Solange diese Nutzer alle nur lesend auf einen Datensatz zugreifen, besteht kein Grund zur Sorge.

Aber wie sieht es aus, wenn zwanzig Nutzer den gleichen Datensatz ändern und weitere zwanzig Nutzer den Datensatz löschen? In einem solchen Fall handelt es sich um konkurrierende Zugriffe auf den einen Datensatz. Sie merken wahrscheinlich schon intuitiv, dass dies gewisse Verwirrungen auslösen wird.

Sehen wir uns in Abbildung 10.2 einen weiteren Transaktionsblock an, in dem zwei Nutzer zwei Transaktionen durchführen.

10 Transaktionen

```
Nutzer 1                                    Nutzer 2
Transaktion 1                               Transaktion 2

                                            BEGIN, t_start
─────────────────────────────────────────────────────────
                                    t_1 ─── SELECT *FROM kunde_intern  ──▶  Ergebnistabelle
                                                                            wird angezeigt.
        BEGIN, t_start
─────────────────────────────────────────────────────────
                                    t_2 ─── SELECT *FROM kunde_intern  ──▶  Ergebnistabelle
                                                                            wird angezeigt.

    t_3 ─── INSERT INTO kunde_intern
            VALUES(12,'Beschwerdeabteilung');                               Ergebnistabelle
                                                                            wird ohne neue
                                    t_4 ─── SELECT *FROM kunde_intern  ──▶  Zeile angezeigt!

                                                                            Ergebnistabelle
                                                                            wird mit neuer
        COMMIT, t_Ende              t_5 ─── SELECT *FROM kunde_intern  ──▶  Zeile angezeigt!
─────────────────────────────────────────────────────────
                                            COMMIT, t_Ende
```

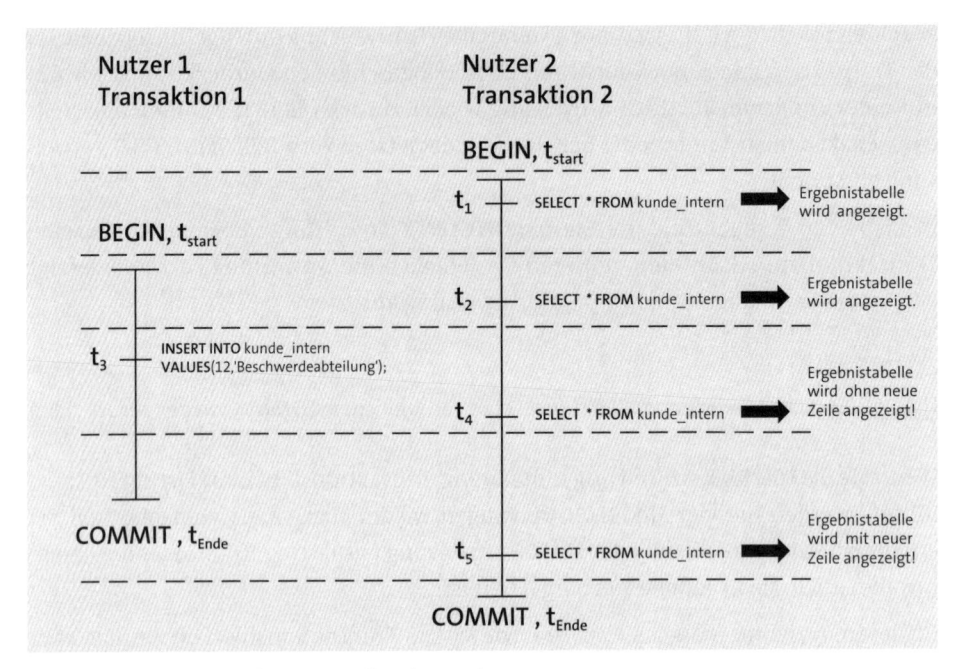

Abbildung 10.2 Transaktionen isoliert betrachten

Transaktion 1 ist Nutzer 1 zuzuordnen. Transaktion 2 ist hingegen Nutzer 2 zuzuordnen. Jeweils zu einem Zeitpunkt t_{start} wird die Transaktion des jeweiligen Nutzers mit einer **BEGIN**-Anweisung begonnen. Die beiden Transaktionen enden zum Zeitpunkt t_{ende}.

Von Interesse ist an dieser Stelle, was zwischen den Zeitpunkten des Beginns und dem Ende der jeweiligen Transaktion passiert.

Wir beginnen die Betrachtung zum Zeitpunkt t_1. Innerhalb von Transaktion 2 führt Nutzer 2 eine **SELECT**-Abfrage auf die Tabelle *kunde_intern* aus. Folglich erhält Nutzer 2 eine Ergebnistabelle.

Vor dem Zeitpunkt t_2 beginnt Nutzer 1 Transaktion 1. Ab diesem Zeitpunkt betrachten wir zwei Transaktionen, die parallel von zwei Nutzern verwendet werden. Exakt zum Zeitpunkt t_2 tätigt Nutzer 2 noch einmal eine Abfrage auf die Tabelle *kunde_intern*. Als Ergebnis erhält Nutzer 2 die gleiche Ergebnistabelle wie zuvor.

Einschränkend muss ich hier bemerken, dass wir in diesem Beispiel nur zwei Nutzern und deren Transaktionen ausgehen. Wir gehen also davon aus, dass in dem hier betrachteten Zeitintervall keine weiteren Nutzer manipulativ auf die Tabelle *kunde_intern* wirken.

Jetzt wird es spannend. Zum Zeitpunkt t_3 fügt Nutzer 1, der der Transaktion 1 zugeordnet ist, mit einer **INSERT**-Anweisung den internen Kunden *beschwerdeabteilung* in die Tabelle *kunde_intern* ein.

Nutzer 2 führt zum Zeitpunkt t_4 eine weitere **SELECT**-Abfrage auf die Tabelle *kunde_intern* aus. Zu diesem Zeitpunkt wurde durch Nutzer 1 bereits der neue Datensatz eingefügt. Nutzer 2 erhält eine Ergebnistabelle ohne den neuen Datensatz. Dies liegt darin begründet, dass die beiden Transaktionen isoliert voneinander durchgeführt werden und bis zu diesem Zeitpunkt Nutzer 1 seine Transaktion noch nicht mit einer **COMMIT**-Anweisung verbindlich bestätigt hat.

Zum Zeitpunkt t_5 führt der Nutzer 2 abermals eine **SELECT**-Abfrage auf die Tabelle *kunde_intern* durch. Zu diesem Zeitpunkt hat Nutzer 1 Transaktion 1 bereits verbindlich abgeschlossen. Nutzer 2 erhält eine Ergebnistabelle zurück, die den neuen Datensatz, der durch Nutzer 1 eingefügt wurde, enthält.

In diesem Abschnitt haben Sie gelernt, dass Transaktionen isoliert voneinander durchgeführt werden. Im SQL-Standard werden vier Isolationsebenen unterschieden:

- *Read uncommitted*: Die Ergebnisse von Einfüge- und Aktualisierungsoperationen können auch ohne eine verbindliche abschließende **COMMIT**-Anweisung in einer parallel ablaufenden Transaktion gelesen werden.
- *Read committed*: Die Ergebnisse von Einfüge- und Aktualisierungsoperationen können nur nach einer verbindlich abschließenden **COMMIT**-Anweisung in einer parallel ablaufenden Transaktion gelesen werden.
- *Repeatable read*: Innerhalb einer Transaktion ist sichergestellt, dass ein gelesener Datensatz stets wiederholbar ist, auch dann, wenn er innerhalb einer anderen Transaktion verändert wird.
- *Serializable*: Transaktion werden sequentiell abgearbeitet. Die Isolationsebene *serializable* stellt die höchste Isolationsstufe dar.

Unterschiede zwischen den Datenbanksystemen

Leider setzen die verschiedenen Datenbanksysteme den SQL-Standard unterschiedlich um. MySQL stellt alle vier Isolationsebenen zur Verfügung. PostgreSQL hingegen behandelt die Isolationsebene *read uncommitted* wie die Isolationsebene *read committed*. MS SQL Server bietet noch eine weitere Isolationsebene an: *Snapshot*. Die Isolationsebenen von Transaktionen sind also je nach verwendeter Datenbank unterschiedlich implementiert. Wenn Sie Isolationsebenen von Transaktionen vertiefen wollen, empfehle ich Ihnen, die Dokumentation des Datenbanksystems zu lesen, das Sie gerade verwenden.

Zusammenfassung: Transaktionen

Transaktionen stellen sicher, dass Operationen wie **INSERT**, **UPDATE** oder **DELETE** gemäß den ACID-Eigenschaften selbst in widrigen Umständen ganz oder gar nicht durchgeführt werden. Dies bedeutet, dass die *Konsistenz* von Datensätzen nicht

> gefährdet ist, dass Operationen *atomar* ausgeführt werden, *isoliert* voneinander ablaufen und dass die Ergebnisse von Operationen *dauerhaft gespeichert* werden.
>
> Hierzu werden die Anweisungen **BEGIN** und **COMMIT** verwendet, um einen in sich geschlossenen Transaktionsblock zu definieren, der die beschriebenen Eigenschaften sicherstellt.

In diesem Kapitel haben Sie erfahren, dass Transaktionen bestimmten Forderungen genügen und isoliert voneinander ausgeführt werden. Im nächsten Kapitel widmen wir uns einem weiteren spannenden Thema, nämlich dem Rechnen. Wie Sie Berechnungen durchführen, erfahren Sie in Kapitel 11, »Mit SQL rechnen«.

10.3 Übungen zum Thema »Transaktionen«

Übung 1
Welche vier Eigenschaften werden unter der Abkürzung ACID zusammengefasst?

Übung 2
Wie ist ein Transaktionsblock aufgebaut, in dem eine oder mehrere SQL-Anweisungen zusammengefasst verbindlich ausgeführt werden.

Übung 3
Mit welcher Anweisung machen Sie die Operationen, die Sie in einem Transaktionsblock seit seinem Beginn durchgeführt haben, wieder rückgängig?

Übung 4
Benennen Sie die vier Isolationsstufen, die Sie für Transaktionen anwenden können (vorausgesetzt, die jeweilige Datenbank unterstützt die Isolationsstufe).

Lösung zu Übung 1
1. Dass eine oder mehrere Operationen ganz oder gar nicht ausgeführt werden.
2. Dass die Konsistenz der Daten gewährleistet ist. Hiermit ist insbesondere die referentielle Integrität von Datensätzen gemeint.
3. die isolierte Ausführung von Transaktionen
4. die dauerhafte Speicherung von Datensätzen nach einer abgeschlossenen Transaktion

Lösung zu Übung 2

```
BEGIN
…
…
COMMIT;
```

Listing 10.5 Transaktionsblock für eine MySQL- und eine PostgreSQL-Datenbank

```
BEGIN TRANSACTION
…
…
COMMIT;
```

Listing 10.6 Transaktionsblock für eine MS-SQL-Server-Datenbank

Lösung zu Übung 3

```
ROLLBACK;
```

Listing 10.7 INSERT-, UPDATE- und DELETE-Anweisungen innerhalb einer Transaktion rückgängig machen

Lösung zu Übung 4

- *read uncommitted*
- *read committed*
- *repeatable read*
- *serializable*

Kapitel 11
Mit SQL rechnen

Jetzt wird es mathematisch. Mit SQL können Sie auch rechnen! Denn was wäre eine Datenbank ohne die Möglichkeit, diese Daten auch weiterzuverarbeiten?

SQL bietet die Operatoren +, -, *, / und % an, um die Rechenoperationen Addition, Subtraktion, Multiplikation und Division durchzuführen. Bei dem %-Operator handelt es sich um den Restwertoperator. Berechnungen können Sie an vielen Stellen durchführen, beispielsweise in der Spaltenauswahlliste, in einer **ORDER BY**-Klausel, in einer **WHERE**-Klausel und an anderen Orten einer **SELECT**-Anweisung. Ich stelle Ihnen in Tabelle 11.1 eine Auswahl mathematischer Operatoren vor, die Ihnen sicherlich bekannt sind. Es handelt sich um die Grundrechenoperationen +, -, *, / und den Modulo-Operator (Restwertoperator) zur Berechnung des Restwerts einer Division.

Operator	Funktion	Beispiel
+	Addition	4+4=8
-	Subtraktion	5-1=4
*	Multiplikation	2*3=6
/	Division	6/3=2
%	Restwert (Modulo)	5%2=1

Tabelle 11.1 Ausgewählte mathematische Operatoren in SQL

Für diese Operatoren gelten die allgemein bekannten Vorrangregeln. Stellen Sie sich vor, Sie führen folgende Rechenoperation durch: 5+3*2. Sie kommen hier schnell zum Ergebnis 11. Eine Multiplikation oder Division ist immer vor einer Addition oder Subtraktion durchzuführen, da die Assoziationsregel gilt, die Sie sicher noch aus der Schule kennen – oder ganz einfach: Punkt vor Strich. Sie können den Vorrang der Rechenoperationen durch Klammersetzung jedoch verändern. Schreiben Sie beispielsweise (5+3)*2, so würde die Datenbank 16 als Ergebnis zurückliefern.

Bevor wir uns mit Berechnungen in der Spaltenauswahlliste befassen, müssen wir uns noch die Ausdrücke (englisch *expressions*) ansehen. Zur Auswahl stehen Ihnen folgende Ausdrücke:

- Werte
- Konstanten
- Variablen
- Operationen
- Berechnungen
- Vergleiche

Ein Ausdruck führt letztendlich immer zu einem Ergebnis und kann überall da verwendet werden, wo ein Wert stehen kann. Er wird nämlich von der Datenbank ausgewertet (das Fachwort ist *evaluiert*) und liefert dann einen Wert zurück. Ein Ausdruck kann daher in der Spaltenauswahlliste vorkommen oder in einer WHERE- oder ORDER BY-Klausel verwendet werden. Später werden Sie sehen, dass so ein Ausdruck auch noch an anderen Stellen verwendet werden kann.

In diesem Kapitel befassen wir uns mit grundlegenden Rechenoperationen. Sehen wir uns ein paar Ausdrücke mit mathematischen Operatoren und ihr Ergebnis an:

- 3+5=8
- 4*5=20
- 4*5+20=40
- 8-4=4
- 4*(5+5)=40
- 40/10=4
- 5=5 → wahr

Wie Sie sehen, handelt es sich um einfache mathematische Berechnungen und eine boolesche Vergleichsoperation, die jeweils zu einem Ergebnis führen.

> **Ausdrücke (Expressions)**
>
> In SQL werden sogenannte *Ausdrücke* verwendet. Hierbei kann es sich um Rechenoperationen oder um Bedingungen handeln, die ausgewertet werden. Ausdrücken ist gemein, dass sie ausgewertet werden und zu einem Ergebnis führen.
>
> Ausdrücke können überall da verwendet werden, wo Werte erwartet werden. Daher können Sie Ausdrücke auch in zahlreichen anderen SQL-Anweisungen wie z. B. INSERT und UPDATE einsetzen.

In diesem Abschnitt haben Sie erfahren, dass Sie mit SQL einfache mathematische Operationen durchführen können und welche Operatoren Ihnen zur Verfügung stehen. Im nächsten Abschnitt zeige ich Ihnen, wie Sie Spaltenwerte und Literale addieren.

11.1 Spaltenwerte addieren

In Listing 11.1 werden in der Spaltenauswahlliste der **SELECT**-Anweisung die Spalten *bonus* und *monatslohn* addiert. Wenn Sie eine Addition von Spaltenwerten wünschen, notieren Sie einfach die Spaltenbezeichnungen, die Sie addieren wollen, und dazwischen einen +-Operator. Natürlich werden hier keine Spalten addiert, sondern die Werte, die in den jeweiligen Spalten enthalten sind. Im vorherigen Abschnitt haben Sie erfahren, dass Rechenoperationen ausgewertet werden und zu einem Ergebnis führen. Für diesen berechneten Spaltenwert gibt es keine definierte Spaltenbezeichnung, so dass sich für uns hier wieder die Gelegenheit ergibt, Spaltenaliasse zu verwenden. Dem Ausdruck zur Berechnung der Summe aus den Spaltenwerten der Spalten *bonus* und *monatslohn* wird hier der Spaltenalias *summe* zugeordnet.

```
SELECT
  name,
  vorname,
  bonus,
  monatslohn,
  bonus + monatslohn AS summe
FROM
  mitarbeiter;
```

Listing 11.1 Die Spaltenwerte »bonus« und »monatslohn« addieren

Das Ergebnis der Abfrage ist in Tabelle 11.2 dargestellt. Die Datenbank hat die Werte der Spalten *bonus* und *monatslohn* für uns addiert und als berechnete Spalte mit dem Spaltenalias *summe* in der Ergebnistabelle hinzugefügt.

name	vorname	bonus	monatslohn	summe
Müller	Ralf	500.00	4000.00	4500.00
Schneider	Petra	500.00	4000.00	4500.00
Klein	Thomas	500.00	4000.00	4500.00
Lang	Ute	280.50	2800.00	3080.50

Tabelle 11.2 Ergebnis einer Addition von Spaltenwerten

Sie können natürlich auch mehr als zwei Summanden verwenden. In Listing 11.2 wird zusätzlich ein konstanter Wert 1000 addiert:

```
SELECT
  name,
  vorname,
```

```
    bonus,
    monatslohn,
    1000 AS wert1000,
    bonus + monatslohn + 1000 AS summe
FROM
    mitarbeiter;
```

Listing 11.2 Addition der Spalten »bonus«, »monatslohn« und des numerischen Werts 1000

In Tabelle 11.3 sehen Sie das Ergebnis der **SELECT**-Abfrage aus Listing 11.2, in dem die Spaltenwerte der Spalten *bonus* und *monatslohn* und der Wert *1000* addiert wurden und das Ergebnis der Addition in der Spalte *summe* ausgegeben wird.

name	vorname	bonus	monatslohn	wert1000	summe
Müller	Ralf	500.00	4000.00	1000	5500.00
Schneider	Petra	500.00	4000.00	1000	5500.00
Klein	Thomas	500.00	4000.00	1000	5500.00
Lang	Ute	280.50	2800.00	1000	4080.50

Tabelle 11.3 Ergebnistabelle für eine Addition von drei Summanden

Sie haben gelernt, wie Sie eine einfache Addition mit in die Spaltenauswahlliste aufnehmen. Jetzt betrachten wir das Ganze im wahrsten Sinne des Wortes unter einem negativen Vorzeichen. Wie sieht es mit einer Subtraktion aus?

11.2 Spaltenwerte subtrahieren

Wie Sie sich sicherlich denken können, ist eine Subtraktion in der Spaltenauswahlliste genauso einfach wie die Addition. Um Spaltenwerte voneinander zu subtrahieren, verwenden wir einfach das Minuszeichen, wie in Listing 11.3 dargestellt. Von den Spaltenwerten der Spalte *bonus* werden hier einfach die Spaltenwerte der Spalte *monatslohn* subtrahiert.

```
SELECT
    name,
    vorname,
    bonus,
    monatslohn,
    bonus - monatslohn AS differenz
```

FROM
    mitarbeiter;

Listing 11.3 Die Spalte »monatslohn« von der Spalte »bonus« subtrahieren

Tabelle 11.4 zeigt das Ergebnis der Subtraktion in der Spalte *differenz*. Eine Subtraktion kann natürlich auch einen negativen Wert ergeben.

name	vorname	bonus	monatslohn	differenz
Müller	Ralf	500.00	4000.00	-3500.00
Schneider	Petra	500.00	4000.00	-3500.00
Klein	Thomas	500.00	4000.00	-3500.00
Lang	Ute	280.50	2800.00	-2519.50

Tabelle 11.4 Ergebnis für eine Subtraktion von Spaltenwerten

Nachdem Sie in diesem Abschnitt erfahren haben, wie Sie Spaltenwerte subtrahieren, werden wir uns im nächsten Abschnitt mit der Multiplikation beschäftigen, die Sie genauso einfach in der Spaltenauswahlliste ausführen können.

11.3 Spaltenwerte multiplizieren

In Listing 11.4 sehen Sie eine Multiplikation von Spaltenwerten in der Spaltenauswahlliste. Die **SELECT**-Anweisung fordert die Datenbank auf, die Werte der Spalten *stundenpromonat* und *stundenlohn* miteinander zu multiplizieren und unter dem Spaltenalias *gehalt* als Ergebnis zurückzuliefern.

```
SELECT
    name,
    vorname,
    stundenpromonat,
    stundenlohn,
    stundenpromonat*stundenlohn AS gehalt
FROM
    mitarbeiter;
```

Listing 11.4 Spaltenwerte miteinander multiplizieren

In Tabelle 11.5 sehen Sie das Ergebnis der Multiplikation aus den Spaltenwerten der Spalten *stundenpromonat* und *stundenlohn*, das von der Datenbank unter dem Spaltenalias *gehalt* zurückgeliefert wird.

name	vorname	stundenpromonat	stundenlohn	gehalt
Müller	Ralf	160	20.80	3328.00
Schneider	Petra	180	28.50	5130.00
Klein	Thomas	165	20.80	3432.00
Lang	Ute	170	20.00	3400.00

Tabelle 11.5 Ergebnis für eine Multiplikation von Spaltenwerten

In diesem Abschnitt haben Sie erfahren, wie Sie eine Multiplikation in einer Spaltenauswahlliste durchführen. Uns fehlt noch die Division, die ich im nächsten Abschnitt behandeln werde.

11.4 Spaltenwerte dividieren

Eine Division berechnen Sie genauso einfach wie eine Multiplikation. Für die Division verwenden Sie lediglich den Divisionsoperator. In Listing 11.4 sehen Sie in der Spaltenauswahlliste eine Division, in der die Spaltenwerte der Spalten *monatslohn* und *stundenlohn* dividiert werden und dem Ergebnis der Berechnung der Spaltenalias *stundenlohn* zugeordnet wird.

```
SELECT
    name,
    vorname,
    monatslohn,
    stundenpromonat,
    monatslohn / stundenpromonat AS stundenlohn
FROM
    mitarbeiter;
```

Listing 11.5 Spaltenwerte dividieren

In Tabelle 11.6 sehen Sie das Ergebnis der Division der Spaltenwerte der Spalten *monatslohn* und *stundenpromonat* aus Listing 11.5. Das Ergebnis dieser Berechnung enthält nicht nur einen ganzzahligen Anteil, sondern auch einen Fließkommaanteil.

Nachdem wir uns in diesem Abschnitt mit der Division befasst haben, liegt es nahe, sich im nächsten Abschnitt mit der Restwertberechnung zu beschäftigen.

name	vorname	monatslohn	stundenpromonat	stundenlohn
Müller	Ralf	4000.00	160	25.000000
Schneider	Petra	4000.00	180	22.222222
Klein	Thomas	4000.00	165	24.242424
Lang	Ute	2800.00	170	16.470588

Tabelle 11.6 Ergebnistabelle für eine Division von Spaltenwerten

11.5 Den Restwert einer Division von Spaltenwerten berechnen

Im nächsten Beispiel berechnen wir den Restwert einer Division mit dem Modulo-Operator. Ein Restwert ist immer dann gegeben, wenn der Dividend nicht durch ein Vielfaches des Divisors berechnet werden kann. In Listing 11.6 sehen Sie in der Spaltenauswahlliste lediglich einen Ausdruck, der einen Restwert einer Division aus dem Divisor 5 und dem Dividend 2 ermittelt. Um Ihnen die Funktion des Modulo-Operators vorzustellen, nutzen wir hier die kürzeste aller **SELECT**-Abfragen. Hinter dem Schlüsselwort folgt ein Ausdruck, der zu einem Ergebnis führt. Abgeschlossen wird das Ganze mit einem Semikolon. Wenn Sie also nur die Ergebnisse eines Ausdrucks ermitteln wollen, ist es nicht erforderlich, eine Tabelle anzugeben.

```
SELECT 5%2 AS rest;
```

Listing 11.6 Einen Restwert berechnen

In Tabelle 11.7 sehen Sie das Ergebnis der **SELECT**-Abfrage aus Listing 11.6.

rest
1
1
1
1

Tabelle 11.7 Ergebnistabelle für eine Restwertberechnung aus konstanten Werten

Da wir in dem Ausdruck den Restwert aus zwei konstanten Werten ermitteln, erhalten wir für jede Zeile das gleiche Ergebnis. Wenn Sie den Wert 5 durch den Wert 2 teilen, passt der Wert 2 zweimal in den Wert 5. Wenn Sie das Ergebnis 2 mit dem Divisor multiplizieren, ergibt sich ein Wert 4; wenn Sie diesen vom Ausgangswert abziehen, erhalten Sie den Restwert. Als Restwert bleibt also 1 übrig.

In diesem Abschnitt haben Sie erfahren, wie Sie einen Restwert mit dem Modulo-Operator berechnen. Im nächsten Abschnitt erfahren Sie, wie Sie mit einer WHERE-Klausel nach berechneten Werten filtern.

11.6 Nach dem Ergebnis einer Berechnung filtern

Sie haben bisher Bedingungen in der WHERE-Klausel verwendet, in denen Sie Spaltenwerte mit konstanten Werten unter der Verwendung der unterschiedlichsten Vergleichsoperatoren verglichen haben.

In Listing 11.7 ist das anders.

```
SELECT
  name,
  vorname,
  stundenlohn*stundenpromonat AS monatslohnberechnet,
  monatslohn
FROM
  mitarbeiter
WHERE
  stundenlohn*stundenpromonat<monatslohn;
```

Listing 11.7 Nach einem berechneten Wert mit einer WHERE-Klausel filtern

Hier multiplizieren wir zuerst die Werte der Spalten *stundenlohn* und *stundenpromonat*. Das Ergebnis vergleichen wir dann mit dem Kleiner-als-Operator < mit den Spaltenwerten der Spalte *monatslohn* und ermitteln somit alle Mitarbeiter, die gemäß der Multiplikation aus *stundenlohn* und *stundenpromonat* weniger verdienen als den hinterlegten Spaltenwert der Spalte *monatslohn*.

Das Ergebnis der SELECT-Abfrage sehen Sie in Tabelle 11.8. Es wurden zwei Datensätze gefiltert, in denen der berechnete Wert des Monatslohns kleiner ist als der Monatslohn, der in der Spalte *monatslohn* hinterlegt ist.

name	vorname	monatslohnberechnet	monatslohn
Müller	Ralf	3328.00	4000.00
Klein	Thomas	3432.00	4000.00

Tabelle 11.8 Ergebnistabelle für eine WHERE-Klausel mit berechneten Filterwerten

In diesem Abschnitt haben ich Ihnen gezeigt, wie Sie eine Berechnung in einer WHERE-Klausel anwenden, um das Ergebnis in einer Bedingung mit Spaltenwerten zu vergleichen. In Abschnitt 11.7 zeige ich Ihnen, dass Sie auch Berechnungen in einer ORDER BY-Klausel durchführen können, um die Zeilen der Tabelle nach dem Ergebnis der Berechnung sortiert ausgeben zu lassen.

11.7 Nach dem Ergebnis einer Berechnung sortieren lassen

Die in Abschnitt 11.2 durchgeführte Subtraktion nutzen wir jetzt, um eine absteigende Sortierung mit der ORDER BY-Klausel zu realisieren. In Listing 11.8 wird die SELECT-Anweisung um die ORDER BY-Klausel erweitert:

```
SELECT
  name,
  vorname,
  bonus,
  monatslohn,
  bonus - monatslohn AS sonderbonus
FROM
  mitarbeiter
ORDER BY
  bonus-monatslohn
/* sonderbonus */
DESC;
```

Listing 11.8 Nach einem berechneten Ergebnis einer Subtraktion absteigend sortieren lassen

Mit dem Schlüsselwort DESC wird für das Ergebnis der Subtraktion *bonus-monatslohn* eine absteigend sortierte Ergebnistabelle angefordert. Beachten Sie, dass Sie in der ORDER BY-Klausel anstelle des Ausdrucks der Subtraktion auch den Spaltenalias *sonderbonus* verwenden könnten, der in der Spaltenauswahlliste dem Ausdruck der Subtraktion zugeordnet wurde.

In Tabelle 11.9 sehen Sie eine Liste, die gemäß den Ergebniswerten der Subtraktion absteigend sortiert wurde. In der ORDER BY-Klausel kann also nicht nur nach existierenden Spalten einer bestehenden Tabelle sortiert werden, sondern auch nach Ergebnissen von mathematischen Ausdrücken.

name	vorname	bonus	monatslohn	sonderbonus
Oberscheidt	Michael	200000.00	1800.00	198200.00
Mey	Lisa	50000.00	6000.00	44000.00
Jule	Stefanie Roll	10000.00	6000.00	4000.00
Sternental	Marlene	10000.00	7500.00	2500.00

Tabelle 11.9 Ergebnistabelle, die nach dem Ergebnis einer Subtraktion absteigend sortiert wurde

---

[*] **Zusammenfassung: Berechnungen in der SELECT-Anweisung durchführen**

In einer SELECT-Anweisung können Sie mithilfe der bekannten Rechenoperatoren wie + (Addition), - (Subtraktion), * (Multiplikation), / (Division) und % (Modulo) Berechnungen in der Spaltenauswahlliste durchführen.

Außerdem ist es möglich, Ergebnisse in einer ORDER BY-Klausel als Sortierkriterium zu verwenden oder aber nach Ergebnissen in einer Bedingung einer WHERE-Klausel Zeilen zu filtern.

Sie haben gelernt, wie Sie in der Spaltenauswahlliste einer SELECT-Anweisung rechnen. Das Ergebnis einer Berechnung können Sie sich nicht nur anzeigen lassen, sondern es auch als Sortierkriterium in einer ORDER BY-Klausel verwenden.

Im nächsten Abschnitt widmen wir uns dem Thema der Skalarfunktionen, die Sie ebenfalls auf Spaltenebene anwenden können, um Spaltenwerte gemäß der Funktionalität einer Skalarfunktion zu ändern und als Ergebnis zurückzuerhalten.

Es folgen ein paar Übungen, mit denen Sie ihr erworbenes Wissen prüfen können. Vergleichen Sie Ihre Lösungen mit den Antworten zu den Übungen, um sicherzustellen, dass Sie auf einen guten Weg sind.

11.7.1 Übungen zum Thema »mit SQL rechnen«

Tabelle 11.10 dient als Basis für die Übungen, in denen wir einfache Berechnungen durchführen werden. Sie enthält die Spalten *id, jahr, q1, q2, q3, q4, miete, nebkosten, personal* und *invest*.

id	jahr	q1	q2	q3	q4	miete	nebkosten	personal	invest
1	2000	223000	148217	210000	26783	400000	100000	500000	5000000
2	2001	275000	150716	222893	199054	400500	122000	550000	500000
3	2002	298000	210898	318055	320780	401600	130000	600000	800000
4	2003	270456	201888	343567	301298	4025000	140000	650000	900000

Tabelle 11.10 Die Tabelle »umsatzausgaben«

Übung 1

Formulieren Sie eine **SELECT**-Anweisung, in der Sie die Spalten *jahr, q1, q2, q3* und *q4* abfragen und die Summe aus den Spalten *q1* bis *q4* bilden. Ordnen Sie diesem Ausdruck den Alias *summequartale* zu.

Übung 2

In dieser Übung soll der Spaltenwerte der Spalte *personal* von den Spaltenwerten der Spalte *invest* in der Spaltenauswahlliste subtrahiert werden. Fragen Sie außerdem die Spalte *jahr* über die Spaltenauswahlliste mit ab.

Übung 3

In dieser Übung ermitteln Sie den Gewinn des Unternehmens. Hierzu fragen Sie zunächst die Summe der Umsätze ab, von der Sie die Kosten subtrahieren. Addieren Sie dazu die Umsätze der Quartale 1 bis 4. Hinter der letzten Addition folgt die Subtraktion der Spaltenwerte *miete, nebenkosten, personal* und *invest*.

Übung 4

Formulieren Sie anhand der Gesamtkosten für das Jahr 2015 eine Abfrage, in der die Kosten für die nächsten 10 Jahre hochgerechnet werden. Summieren Sie zuerst sämtliche anfallenden Kosten, und multiplizieren Sie sie mit dem Wert 10. Dem Ausdruck ordnen Sie in der Spaltenauswahlliste den Alias *nebenkosten10jahre* zu. Welcher potentielle Fehler lauert hier?

Übung 5

Berechnen Sie die Summe sämtlicher Kosten, und dividieren Sie die sich ergebende Summe durch 4, um die Kosten je Quartal zu berechnen. Dem Ausdruck ordnen Sie den Alias *kostenquartal* zu.

Übung 6

In dieser Übung benötigen Sie das *kostenquartal* aus Übung 5. Zusätzlich sollen die Zeilen absteigend nach dem Ergebnis des Ausdrucks sortiert ausgegeben werden.

Lösung zu Übung 1

```
SELECT
    jahr,
    q1,
    q2,
    q3,
    q4,
    q1+q2+q3+q4 AS summequartale
FROM
    umsatzausgaben;
```

Listing 11.9 SELECT-Abfrage mit einer Addition von Spaltenwerten

Lösung zu Übung 2

```
SELECT
    jahr,
    invest-personal AS differenz
FROM
    umsatzausgaben;
```

Listing 11.10 SELECT-Abfrage mit einer Subtraktion von Spaltenwerten

Lösung zu Übung 3

```
SELECT
    q1,
    q2,
    q3,
    q4,
    q1+q2+q3+q4-miete-nebkosten-personal-invest AS gewinn
FROM
umsatzausgaben;
```

Listing 11.11 SELECT-Abfrage mit einer Addition und einer Subtraktion

Lösung zu Übung 4

Denken Sie daran, die Addition mit Klammern von der anschließenden Multiplikation zu trennen.

```
SELECT
  (miete+nebkosten+personal+invest) * 10
    AS nebenkosten10jahre
FROM
  umsatzausgaben
WHERE
  jahr=2003;
```

Listing 11.12 SELECT-Abfrage mit einer Multiplikation und einer WHERE-Klausel

Lösung zu Übung 5

```
SELECT
  (
    miete+
    nebkosten+
    personal+
    invest
  ) / 4 AS kostenquartal
FROM
umsatzausgaben;
```

Listing 11.13 SELECT-Abfrage mit einer Division

Lösung zu Übung 6

```
SELECT
  (
    miete+
    nebkosten+
    personal+
    invest
  ) / 4 AS kostenquartal
FROM
  umsatzausgaben
ORDER BY
  kostenquartal DESC;
```

Listing 11.14 SELECT-Abfrage mit einer Division und einer ORDER BY-Klausel

Kapitel 12
Skalarfunktionen anwenden

SQL bietet Ihnen Funktionen, mit denen Sie Werte bearbeiten können. Mit ihnen befreien Sie Werte von führenden oder endenden Leerzeichen oder extrahieren Texte aus Spaltenwerten. Im folgenden Kapitel werde ich Ihnen auch Funktionen vorstellen, die mathematische Belange abdecken, und noch einiges mehr.

In diesem Kapitel stelle ich Ihnen Skalarfunktionen vor, die Sie auf Spaltenwerte einer Zeile anwenden können. Funktionen sind kleine Programme, die bestimmte Aufgaben erfüllen. Wenn etwa Spaltenwerte einer Spalte zu Beginn führende Leerzeichen enthalten, wird eine WHERE-Klausel eine Bedingung nicht richtig auswerten können. Die Lösung wäre, eine Skalarfunktion zu verwenden, die die führenden Leerzeichen aus Spaltenwerten entfernt. Da Skalarfunktionen auf Spalten und deren Werte angewendet werden, können Sie sie auch in der ORDER BY-Klausel und natürlich auch in der Spaltenauswahlliste verwenden.

Skalarfunktionen können also überall angewendet werden, wo Spaltenwerte bzw. Ausdrücke stehen können. Stellen Sie sich eine Skalarfunktion als ein Programm vor, das Spaltenwerte übergeben bekommt und Ihnen exakt einen Wert als Ergebnis zurückliefert. Es gibt zahlreiche Funktionen, und zwar für folgende Anwendungsgebiete:

- numerische Skalarfunktionen
- Zeichenketten-Skalarfunktionen
- Datums-Skalarfunktionen
- Konvertierungsfunktionen

Datumsfunktionen werde ich in Kapitel 14, »Mit Zeit und Datum arbeiten«, behandeln.

In Abschnitt 12.1 werden Sie nun Funktionen kennenlernen, die Sie auf Textwerte anwenden können.

12.1 Funktionen für Textwerte

In Tabelle 12.1 liste ich Ihnen vier Skalarfunktionen auf, mit denen Sie Textwerte einer Spalte oder eines Literals nach Ihren Wünschen modifizieren. Es handelt sich um eine kleine Auswahl, die ich bewusst für den Einstieg in das Thema Funktionen gewählt habe.

Skalarfunktion	Funktionsbeschreibung
LOWER(spaltenname)	Der Funktion LOWER wird ein Spaltenname oder ein Textliteral übergeben. Sie wandelt dann sämtlich Buchstaben der Spaltenwerte in Kleinbuchstaben um und gibt Ihnen diesen Wert zurück.
UPPER(spaltenname)	Der Funktion UPPER wird ein Spaltenname oder ein Literal übergeben. Sie wandelt sämtliche Zeichen der Spaltenwerte in Großbuchstaben um und gibt uns diesen Wert zurück.
TRIM(spaltenname)	Der Funktion TRIM wird ein Spaltenname oder ein Literal übergeben. Sie entfernt sämtliche Leerzeichen und Tabulatoren vor und hinter den Spaltenwerten und gibt das Ergebnis als Wert zurück.
SUBSTRING(spaltenname FROM x FOR y)	Der Funktion SUBSTRING übergeben Sie einen Spaltennamen oder ein Textliteral, gefolgt vom Schlüsselwort FROM und einem ganzzahligen numerischen Wert, der die Startposition x festlegt. Danach folgt das Schlüsselwort FOR und schließlich ein ganzzahligen numerischer Wert y, der die Länge der zu extrahierenden Zeichenkette festlegt. Diese Funktion werden Sie häufig in Ihrer praktischen Arbeit anwenden, um Texte aus Spaltenwerten zu extrahieren.
CONCAT(spaltenname1, spaltenname2,) (spaltenname1 || spaltenname2 ||) (spaltenname1 + spaltenname2 +)	Die MySQL-Funktion CONCAT fügt eine beliebige Anzahl von Spaltenwerten zusammen. Die Anzahl der als Parameter übergebenden Spaltennamen ist variabel. Im SQL-Standard wird der *Concatination Operator* || verwendet, um Spaltenwerte aneinanderzufügen. MS SQL Server verwendet den +-Operator, um Spaltenwerte zusammenzufügen.

Tabelle 12.1 Spezialisten, die Textwerte modifizieren

12.1.1 Zeichenkette in Kleinbuchstaben umwandeln (LOWER)

Mit der Skalarfunktion **LOWER** wandeln Sie Spaltenwerte, die einen Text darstellen, in Kleinbuchstaben um. Hierzu übergeben Sie der Funktion einfach den Spaltennamen als Parameter.

In diesem Beispiel sollen die Spaltenwerte der Spalte *artikelbezeichnung* der Tabelle *produkt* in Kleinschreibung ausgegeben werden. Die Funktion **LOWER** führt in der Spaltenauswahlliste zu einem Ergebnis. Es handelt sich also um einen Ausdruck. Wir ordnen diesem Ausdruck einen Spaltenalias *artikelbezeichnungklein* zu. Um den Unterschied zwischen dem Spaltenwert der Spalte *artikelbezeichnung* und dem Ergebnis der **LOWER**-Funktion sichtbar zu machen, nehmen wir in Listing 12.1 auch die Spalte *artikelbezeichnung* in die Spaltenauswahlliste mit auf.

```
SELECT
    artikelbezeichnung,
    LOWER(artikelbezeichnung) AS artikelbezeichnungklein
FROM
    produkt;
```

Listing 12.1 Anwendung der LOWER-Funktion in einer Spaltenauswahlliste

Die Abfrage aus Listing 12.1 liefert Ihnen ein Ergebnis, wie es in Tabelle 12.2 dargestellt ist.

artikelbezeichnung	artikelbezeichnungklein
Schraube 1	schraube 1
Schraube 2	schraube 2
Schraube 3	schraube 3
Schraube 4	schraube 4

Tabelle 12.2 Ergebnis des Funktionsaufrufs LOWER

Der erste Buchstabe einer jeden Artikelbezeichnung wurde durch den Aufruf der Funktion **LOWER** mit dem Parameter *artikelbezeichnung* in einen Kleinbuchstaben umgewandelt. Wenn innerhalb der Zeichenketten der Spaltenwerte weitere Großbuchstaben vorgekommen wären, hätte die Funktion **LOWER** diese ebenfalls in Kleinbuchstaben umgewandelt.

Im nächsten Abschnitt stelle ich Ihnen die Funktion **UPPER** vor, die sämtliche Buchstaben einer Zeichenkette in Großbuchstaben umwandelt.

12.1.2 Spaltenwerte in Großbuchstaben umwandeln (UPPER)

Die Funktion UPPER wandelt sämtliche Buchstaben innerhalb einer Zeichenkette in Großbuchstaben um. In Listing 12.2 übergeben wir der Funktion UPPER wieder den Spaltennamen *artikelbezeichnung*, um die Spaltenwerte der Spalte *artikelbezeichnung* in Großbuchstaben zurückzuerhalten. Um das Ergebnis wieder mit dem ursprünglichen Spaltenwert zu vergleichen, nehmen wir wieder die Spalte *artikelbezeichnung* in die Spaltenauswahlliste mit auf.

```
SELECT
    artikelbezeichnung,
    UPPER(artikelbezeichnung) AS artikelbezeichnungklein
FROM
    produkt;
```

Listing 12.2 Anwendung der UPPER-Funktion in einer Spaltenauswahlliste

Das Ergebnis der Abfrage aus Listing 12.2 sehen Sie in Tabelle 12.3. Sämtliche Spaltenwerte der Spalte *artikelbezeichnung* wurden durch die Funktion UPPER in Großbuchstaben umgewandelt.

artikelbezeichnung	artikelbezeichnungklein
Schraube 1	SCHRAUBE 1
Schraube 2	SCHRAUBE 2
Schraube 3	SCHRAUBE 3
Schraube 4	SCHRAUBE 4

Tabelle 12.3 Ergebnis des Funktionsaufrufs UPPER

In diesem Abschnitt haben Sie die Funktion UPPER kennengelernt. Im nächsten Abschnitt stelle ich Ihnen eine Funktion vor, mit der Sie Leerzeichen zu Beginn und am Ende einer Zeichenkette entfernen können.

12.1.3 Spaltenwerte von führenden und endenden Leerzeichen befreien (TRIM)

Bei Spaltenwerten, die einen Text repräsentieren, werden Sie häufig auf führende oder endende Leerzeichen treffen. Solche überflüssigen Leerzeichen stören und führen schlimmstenfalls zu Problemen bei anderen Operationen. Wenn Sie etwa mit einer WHERE-Klausel beabsichtigen, bestimmte Zeilen in einer Ergebnisliste herauszufiltern, verfälschen Leerzeichen das Resultat, da »Ergebnis« nun einmal nicht das

Gleiche ist wie » Ergebnis«. Zu den Leerstellen gehört einerseits ein klassisches Blank (ein Leerzeichen), außerdem der Tabulator (eine Einrückung).

Unsere Tabelle *produkt* enthält keine führenden oder endenden Leerzeichen in den Zeichenketten. Um Ihnen die Funktion `TRIM` vorzustellen, stelle ich Ihnen eine weitere Tabelle bereit, in der ebenfalls die Artikel des Unternehmens hinterlegt sind. Es handelt sich um die Tabelle *produktleerzeichen*. Mit der einfachen `SELECT`-Abfrage aus Listing 12.3 machen wir uns ein Bild davon, worin sich die Spaltenwerte der Spalte *artikelbezeichnung* aus den Tabellen *produkt* und *produktleerzeichen* unterscheiden.

```
SELECT artikelbezeichnung FROM produktleerzeichen;
```

Listing 12.3 Die Spalte »artikelbezeichnung« der Tabelle »produktleerzeichen« abfragen

Tabelle 12.4 enthält das Ergebnis der Abfrage aus Listing 12.3. Sie sehen, dass die Werte der Spalte *artikelbezeichnung* jeweils führende und endende Leerzeichen oder sogar beides enthalten. Dem letzten Artikel ist ein Tabulatorzeichen vorangestellt.

artikelbezeichnung
␣␣␣␣␣␣Schraube 1
Schraube 2␣␣␣␣␣␣
␣␣␣␣␣Schraube 3␣␣␣␣␣
⇥Schraube 4

Tabelle 12.4 Ergebnis Spaltenabfrage »artikelbezeichnung« aus der Tabelle »produktleerzeichen«

Die Funktion `TRIM` entfernt führende und endende Leerzeichen aus Spaltenwerten. Zu den Leerzeichen zählt auch der Tabulator. In Listing 12.4 wenden wir die Funktion `TRIM` an, um die Spaltenwerte der Spalte *artikelbezeichnung* von führenden und endenden Leerzeichen zu bereinigen.

```
SELECT
  TRIM(artikelbezeichnung) AS artikelohneleerzeichen
FROM
  produktleerzeichen;
```

Listing 12.4 Verwendung der Skalarfunktion TRIM in der Spaltenauswahlliste

Tabelle 12.5 zeigt Ihnen das Ergebnis der Abfrage aus Listing 12.4. Sämtliche führenden und endenden Leerzeichen wurden aus den Spaltenwerten der Spalte *artikelbezeichnung* entfernt, und das Resultat wird unter dem Spaltenalias *artikelohneleerzeichen* in der Ergebnistabelle angezeigt.

artikelohneleerzeichen
Schraube 1
Schraube 2
Schraube 3
Schraube 4

Tabelle 12.5 Ergebnistabelle für den Funktionsaufruf TRIM

> **Unterschiede zwischen den Datenbanken bei TRIM**
>
> Wie bereits erwähnt, weicht der *MS SQL Server* hier ein bisschen von dem Standard ab.
>
> Denjenigen, die mit einer MS-SQL-Server-Datenbank arbeiten, zeige ich jetzt, wie sie aus Spaltenwerten Leerzeichen entfernen können.

MS SQL Server spaltet die Leerzeichenentfernung in zwei Funktionen auf. Die erste Funktion heißt **LTRIM**(spaltenname), die zweite Funktion **RTRIM**(spaltenname). Die Funktion **LTRIM** (*left trim*) entfernt die Leerzeichen links von einer Zeichenkette, die Funktion **RTRIM** (*right trim*) entfernt die Leerzeichen rechts von einer Zeichenkette. In Listing 12.5 rufen wir die beiden Funktionen auf, um die Leerzeichen links und rechts von den Spaltenwerten der Spalte *artikelbezeichnung* zu entfernen.

```
SELECT
  LTRIM(artikelbezeichnung) AS bezohnefuleerzeichen,
  RTRIM(artikelbezeichnung) AS bezohneenleerzeichen
FROM
  produktleerzeichen;
```

Listing 12.5 Entfernen der Leerzeichen links von einem Spaltenwert

Als Ergebnisliste erhalten Sie in Tabelle 12.6 sämtliche Spaltenwerte der Spalte *artikelbezeichnung* zurück, die unter den Spaltenaliassen *bezohnefuleerzeichen* und *bezohneenleerzeichen* jeweils ohne führende und ohne endende Leerzeichen ausgegeben werden.

bezohnefuleerzeichen	bezohneenleerzeichen
Schraube 1	␣␣␣␣␣Schraube 1
Schraube 2␣␣␣␣␣	Schraube 2

Tabelle 12.6 Ergebnisse der Funktionen LTRIM und RTRIM

12.1 Funktionen für Textwerte

bezohnefuleerzeichen	bezohneenleerzeichen
Schraube 3␣␣␣␣␣	␣␣␣␣␣Schraube 3
Schraube 4	Schraube 4

Tabelle 12.6 Ergebnisse der Funktionen LTRIM und RTRIM (Forts.)

Wie können wir erreichen, dass sowohl die führenden als auch die endenden Leerzeichen aus Werten entfernt werden? Jetzt müssen wir einen kleinen Trick anwenden. Wenn Sie in einer Spaltenauswahlliste eine Skalarfunktion anwenden, gibt diese immer exakt einen Wert zurück. Dieses Ergebnis einer Skalarfunktion können Sie wieder mit einer Skalarfunktion aufrufen, um eine bestimmte Funktion auf das Ergebnis auszuführen.

Das probieren wir sofort aus, indem wir das Ergebnis der `LTRIM`-Funktion mit einer `RTRIM`-Funktion aufrufen. Wir geben die Werte der einen Funktion also direkt als Parameter an die andere Funktion weiter. Die Realisierung ist einfach. Sie rufen zuerst `LTRIM(spaltenname)` auf, um die Leerzeichen links von den Spaltenwerten zu entfernen, und übergeben Sie das Ergebnis der Funktion `RTRIM.` Dies passiert in der Form `RTRIM(LTRIM(spaltenname))`. Hier sei bereits erwähnt, dass verschachtelte Funktionen immer von innen nach außen hin ausgeführt werden.

```
SELECT
  RTRIM(LTRIM(artikelbezeichnung)) AS artikelohneleerzeichen
FROM
  produktleerzeichen;
```

Listing 12.6 SELECT-Abfrage mit einem verschachtelten Funktionsaufruf zwecks Simulierung einer TRIM-Funktion

Als Ergebnisliste erhalten Sie, wie in Tabelle 12.7 dargestellt, die Werte der Spalte *artikelbezeichnung* bereinigt von den führenden und endenden Leerzeichen zurück.

artikelohneleerzeichen
Schraube 1
Schraube 2
Schraube 3
Schraube 4

Tabelle 12.7 Ergebnis des verschachtelten Funktionsaufrufs der Funktionen LTRIM und RTRIM

12.1.4 Text aus Spaltenwerten extrahieren (SUBSTRING)

In der Praxis müssen Sie häufig Textwerte aus einer Spalte extrahieren. Diese Textextrakte können Sie dann in einer **WHERE**-Klausel auswerten oder in einer **ORDER BY**-Klausel zum Sortieren verwenden. Zu Beginn nutzen wir die Extraktionsfunktion **SUBSTRING** in einer Spaltenauswahlliste. In der *MS-SQL-Server-Datenbank* gibt es eine **SUBSTRING**-Version mit einer anderen Bezeichnung, die aber exakt das Gleiche leistet.

Beginnen wir damit, einen Text aus Spaltenwerten zu extrahieren. In diesem Beispiel soll der Text von Position 1 bis Position 8 der Spalte *artikelbezeichnung* aus der Tabelle *produkt* extrahiert werden. In Listing 12.7 wird die **SUBSTRING**-Funktion in der Spaltenauswahlliste aufgerufen.

```
SELECT
    artikelbezeichnung,
    SUBSTRING(artikelbezeichnung FROM 1 FOR 8) AS extrakt1bis8
/*
    MS-SQL-Server-Version
    SUBSTRING(artikelbezeichnung,1,8) AS extrakt1bis8
*/
FROM
    produkt;
```

Listing 12.7 SELECT-Abfrage mit einer SUBSTRING-Skalarfunktion in der Spaltenauswahlliste

Betrachten wir jetzt die Informationen einschließlich des Spaltenwerts, die wir der Funktion übergeben. Hinter der öffnenden Klammer schreiben Sie zuerst die Spalte, die einen Textwert enthält, und das Schlüsselwort **FROM**. Danach folgt die Startposition, die der Funktion mitteilt, von welcher Stelle aus extrahiert werden soll. Hier übergeben wir den Wert 1 für die Startposition der Extraktion. Das Schlüsselwort **FOR** gibt an, bis zu welcher Stelle extrahiert werden soll. Als Endposition geben wir hier den Wert 8 an. Kurz zusammengefasst, wir übergeben der Funktion **SUBSTRING** den Spaltenwert, aus dem wir einen Text extrahieren möchten, sowie die Information der Startposition und der Endposition des zu extrahierenden Textes.

Die Leser, die eine Microsoft-SQL-Server-Datenbank verwenden, können den Funktionsaufruf innerhalb der Kommentarzeichen verwenden. Die Handhabung der Funktion ist ebenfalls einfach: Sie übergeben die Spalte als ersten Parameter. Hinter einem Komma folgt die Startposition des zu extrahierenden Textes. Zuletzt übergeben Sie hinter einem Komma die Länge des zu extrahierenden Textes. Das war es schon. Um den eigentlichen Textspaltenwert mit unserem Extrakt zu vergleichen, nehmen wir die Werte der Spalte *artikelbezeichnung* mit in die Auswahlliste auf.

12.1 Funktionen für Textwerte

In Tabelle 12.8 sehen Sie das Ergebnis, das Ihnen die Funktion **SUBSTRING** zurückliefert. Extrahiert wurde der Text der Spalte *artikelbezeichnung* von Position 1 bis Position 8.

artikelbezeichnung	extrakt1bis8
Schraube 1	Schraube
Schraube 2	Schraube
Schraube 3	Schraube
Schraube 4	Schraube

Tabelle 12.8 Ergebnis der Anwendung der SUBSTRING-Funktion in einer Abfrage

Als Nächstes werden wir die extrahierte Zeichenkette von Position 1 bis 8 der Spalte *artikelbezeichnung* in einer WHERE-Klausel verwenden, um nur die Artikel zu filtern, deren Zeichenkette von Position 1 bis 8 dem Wert Schraube entspricht.

Zwar sind in der Tabelle *produkt* noch keine weiteren Artikel außer Schrauben enthalten, aber es könnte ja gut sein, dass wir unser Produktportfolio in der Zukunft um Muttern erweitern werden.

```
SELECT
  artikelbezeichnung,
  SUBSTRING(artikelbezeichnung FROM 1 FOR 8) AS extrakt1bis8
FROM
  produkt
WHERE
  SUBSTRING(artikelbezeichnung FROM 1 FOR 8)='Schraube';
```

Listing 12.8 SELECT-Abfrage mit einer SUBSTRING-Funktion in der WHERE-Klausel

Wenn Sie die **SELECT**-Abfrage aus Listing 12.8 ausgeführt haben, erhalten Sie, wie in Tabelle 12.9, dargestellt, ausschließlich die Ergebniszeilen, deren Spaltenwerte der Spalte *artikelbezeichnung* gleich Schraube sind.

artikelbezeichnung	extrakt1bis8
Schraube 1	Schraube
Schraube 2	Schraube

Tabelle 12.9 Ergebnis einer Verwendung der SUBSTRING-Funktion in einer WHERE-Klausel

artikelbezeichnung	extrakt1bis8
Schraube 3	Schraube
Schraube 4	Schraube

Tabelle 12.9 Ergebnis einer Verwendung der SUBSTRING-Funktion in einer WHERE-Klausel (Forts.)

12.1.5 Textspaltenwerte verkettet ausgeben

SQL bietet ihnen die Möglichkeit, Spaltenwerte einander anzufügen. Sie können auch Literale an Spaltenwerte anfügen. In Tabelle 12.10 sehen Sie ein Beispiel dazu.

artikelbezeichnung	kategorie	legierung	produktinfo
Schraube 1	Schrauben	Zink/Eisen	Schraube 1 Schrauben Zink/Eisen
Schraube 2	Schrauben	Kupfer/Eisen	Schraube 2 Schrauben Kupfer/Eisen
Schraube 3	Schrauben	Nickel/Eisen	Schraube 3 Schrauben Nickel/Eisen
Schraube 4	Schrauben	Gold/Eisen	Schraube 4 Schrauben Gold/Eisen

Tabelle 12.10 Spaltenwerte miteinander verketten

In Tabelle 12.10 werden die Spaltenwerte der Spalten *artikelbezeichnung*, *kategorie* und *legierung* in einer Zeile zusammengefügt, und das Ergebnis des Zusammenfügens wird in einer weiteren Spalte *infoprodukt* ausgegeben. Die Spaltenwerte der Spalten *artikelbezeichnung*, *kategorie* und *legierung* wurden also zu einem Spaltenwert verbunden. Sie sehen auch, dass zwischen den einzelnen Spaltenwerten Leerzeichen eingefügt wurden. Bevor wir uns ansehen, wie Sie Spaltenwerte und Literale verketten, betrachten wir, wie die hier behandelten Datenbanken die Verkettung bzw. Verbindung von Spaltenwerten und Literalen umsetzen.

> **Unterschiede zwischen den Datenbanken**
>
> Der SQL-Standard sieht für das Verbinden bzw. Verketten von Spaltenwerten und Literalen den Verkettungsoperator || (doppeltes Pipe-Zeichen) vor. Gemäß dem Standard wird also ein Operator zum Aneinanderfügen von Spaltenwerten oder Literalen verwendet und keine Skalarfunktion. Die *PostgreSQL-Datenbank* hält sich an diesen Standard und nutzt den ||-Operator.

12.1 Funktionen für Textwerte

> *MySQL* bietet stattdessen für das Verbinden von Spaltenwerten die Funktion **CONCAT** an, der Sie beliebig viele Spaltennamen oder Literale als Parameter übergeben können, um diese verkettet auszugeben.
>
> Die *MS-SQL-Server-Datenbank* sieht das Ganze noch einmal anders und liefert Ihnen für die Verkettung von Spaltenwerten und Literalen den +-Operator. Die Verkettung von Spaltenwerten zeige ich Ihnen jeweils in den Abschnitten »MySQL«, »PostgreSQL« und »MS SQL Server« für die hier behandelten Datenbanken.

MySQL

In Listing 12.9 zeige ich Ihnen, wie Sie das Ergebnis aus Tabelle 12.10 mit einer MySQL-Datenbank nachbilden:

```
SELECT
    artikelbezeichnung,
    kategorie,
    legierung,
    CONCAT(artikelbezeichnung,' ',kategorie,' ',legierung)
        AS produktinfo
FROM
    produkt;
```

Listing 12.9 Spaltenwerte und Literale in einer MySQL-Datenbank verketten

Zum Verketten von Spaltenwerten und Literalen verwenden Sie die **CONCAT**-Funktion und übergeben die Spaltenwerte und Literale in der Reihenfolge, wie sie miteinander verkettet werden sollen. In diesem Beispiel werden fünf Parameter übergeben. Die Spaltennamen *artikelbezeichnung*, *kategorie* und *legierung*, abgetrennt von zwei Zeichenkettenliteralen, die jeweils ein Leerzeichen enthalten.

Der Funktion ordnen wir den Spaltenalias *produktinfo* zu, um über einen sprechenden Spaltenbezeichner zu verfügen.

PostgreSQL

In Listing 12.10 zeige ich Ihnen, wie Sie das Ergebnis aus Tabelle 12.10 mit einer PostgreSQL-Datenbank erzielen:

```
SELECT
    artikelbezeichnung,
    kategorie,
    legierung,
    artikelbezeichnung||' '||kategorie||' '||legierung
        AS produktinfo
```

```
FROM
  produkt;
```

Listing 12.10 Spaltenwerte und Literale in einer PostgreSQL-Datenbank verketten

Zum Verketten von Spaltenwerten und Literalen verwenden Sie hier gemäß dem SQL-Standard den doppelten Pipe-Operator (||) und verketten die Spaltenwerte und Literale einfach, indem Sie den Operator zwischen den zu verkettenden Spaltenwerten bzw. Literalen notieren. In diesem Beispiel notieren Sie also die Spaltennamen *artikelbezeichnung*, *kategorie* und *legierung* sowie die Leerzeichen getrennt durch die doppelten Pipe-Zeichen.

Dem daraus resultierenden Ausdruck ordnen wir den Spaltenalias *produktinfo* zu, um über einen sprechenden Spaltenbezeichner zu verfügen.

MS SQL Server

In Listing 12.11 zeige ich Ihnen, wie Sie das Ergebnis aus Tabelle 12.10 mit einer MS-SQL-Server-Datenbank erzielen:

```
SELECT
  artikelbezeichnung,
  kategorie,
  legierung,
  artikelbezeichnung+' '+kategorie+' '+legierung
    AS produktinfo
FROM
  produkt;
```

Listing 12.11 Spaltenwerte und Literale in einer MS-SQL-Server-Datenbank verketten

Zum Verketten von Spaltenwerten und Literalen notieren Sie den Plus-Operator (+) zwischen den zu verkettenden Spaltenwerten bzw. Literalen. In diesem Beispiel geben Sie Sie also die Spaltennamen *artikelbezeichnung*, *kategorie* und *legierung* an sowie die Leerzeichen, jeweils getrennt durch einen +-Operator.

Dem daraus resultierenden Ausdruck ordnen wir den Spaltenalias *produktinfo* zu, um über einen sprechenden Spaltenbezeichner zu verfügen.

In diesem Abschnitt haben Sie die wichtigsten Funktionen für Textwerte kennengelernt. In Abschnitt 12.2 widmen wir uns einer Auswahl von Funktionen, die als Ergebnis numerische Werte zurückliefern. In Abschnitt 12.1.6 biete ich Ihnen wie gewohnt die Gelegenheit, Ihr Wissen in Bezug auf das Thema »Funktionen für Textwerte« zu festigen.

12.1.6 Übungen zum Thema »Funktionen für Textwerte«

Übung 1

In dieser Übung geben Sie die Spaltenwerte der Spalte *legierung* aus der Tabelle *produkt* in der Spaltenauswahlliste jeweils in Kleinschreibung und Großschreibung aus. Ordnen Sie den Funktionen die Spaltenaliasse *legierungklein* und *legierunggross* zu.

Übung 2

Formulieren Sie eine **SELECT**-Abfrage, in der die Spaltenwerte der Spalte *legierung* der Tabelle *produktleerzeichen* mit und ohne führende bzw. endende Leerzeichen abgefragt werden. Die Leser, die eine MS-SQL-Server-Datenbank verwenden, müssen die hier vorgestellte alternative Lösungsmöglichkeit nutzen.

Übung 3

In dieser Übung soll ein Extrakt aus den Spaltenwerten der Spalte *artikelbezeichnung* der Tabelle *produkt* mit einer **SELECT**-Anweisung abgefragt werden. Das Extrakt soll das zehnte Zeichen aus den Spaltenwerten der Spalte *artikelbezeichnung* enthalten, um die numerischen Werte der jeweiligen Produkte zu ermitteln.

Die Leser, die eine MS-SQL-Server-Datenbank nutzen, sollten die hier vorgestellte Variante zur Lösung dieser Aufgabe verwenden.

Übung 4

Nutzen Sie die in Übung 3 erstellte **SELECT**-Abfrage, und erweitern Sie diese um eine **WHERE**-Klausel, in der ausschließlich die Produkte gefiltert werden, deren Extrakt des ganzzahligen numerischen Wertes der *artikelbezeichnung* gleich 1 oder 2 ist. Beachten Sie an dieser Stelle darauf, dass Sie zwar numerische Werte extrahieren, diese aber als Zeichenkette von der Funktion **SUBSTRING** zurückgegeben werden.

Übung 5

In dieser Übung sollen die Spaltenwerte der Spalten *artikelbezeichnung* und *legierung* der Tabelle *produktleerzeichen* miteinander verkettet werden. Als Trennzeichen soll jeweils ein _ (Unterstrich) verwendet werden. Um die führenden Leerzeichen der Spaltenwerte der Spalte *artikelbezeichnung* sichtbar zu machen, verketten Sie vor der Spalte *artikelbezeichnung* ebenfalls einen Unterstrich mit der Spalte *artikelbezeichnung*. Das Gleiche gilt für die endenden Leerzeichen der Spaltenwerte der Spalte *legierung*. Verketten Sie hierzu hinter dem Spaltennamen *legierung* einen Unterstrich mit der Spalte *legierung*.

Lösung zu Übung 1

```
SELECT
  UPPER(legierung) AS legierungklein,
  LOWER(legierung) AS legierunggross
FROM
  produkt;
```

Listing 12.12 Die Funktionen UPPER und LOWER in einer Spaltenauswahlliste verwenden

Lösung zu Übung 2

```
/* MySQL- und PostgreSQL-Variante */
SELECT
  legierung,
  TRIM(legierung) AS ohneleerzeichen
FROM
  produktleerzeichen;

/* MS-SQL-Server-Variante */
SELECT
  legierung,
  LTRIM(RTRIM(legierung)) AS ohneleerzeichen
FROM
  produktleerzeichen;
```

Listing 12.13 Die Funktion TRIM bzw. LTRIM und RTRIM (MS SQL Server) nutzen, um führende und endende Leerzeichen aus Spaltenwerten zu entfernen

Lösung zu Übung 3

```
/* Lösung für eine MySQL- und PostgreSQL-Datenbank */
SELECT
  SUBSTRING(artikelbezeichnung FROM 10 FOR 10) AS extrakt10bis10
FROM
  produkt;

/* Lösung für eine MS-SQL-Server-Datenbank */
SELECT
  SUBSTRING(artikelbezeichnung,10,1) AS extrakt10bis10
FROM
  produkt;
```

Listing 12.14 Die Funktion SUBSTRING nutzen, um Zeichenketten aus Spaltenwerten zu extrahieren

Lösung zu Übung 4

```
/* Lösung für eine MySQL- und PostgreSQL-Datenbank */
SELECT
  SUBSTRING(artikelbezeichnung FROM 10 FOR 10) AS extrakt10bis10
FROM
  produkt
WHERE
  SUBSTRING(artikelbezeichnung FROM 10 FOR 10) IN ('1','2');

/* Lösung für eine MS-SQL-Server-Datenbank */
SELECT
  SUBSTRING(artikelbezeichnung,10,1) AS extrakt10bis10
FROM
  produkt
WHERE
  SUBSTRING(artikelbezeichnung,10,1) IN ('1','2');
```

Listing 12.15 Die Funktion SUBSTRING in einer Bedingung einer WHERE-Klausel nutzen

Lösung zu Übung 5

```
/* MySQL-Variante */
SELECT CONCAT('_',artikelbezeichnung,'_',legierung,'_')
FROM produktleerzeichen;

/* PostgreSQL-Variante */
SELECT '_'||artikelbezeichnung||'_'||legierung||'_'
FROM produktleerzeichen;

/* MS-SQL-Server-Variante */
SELECT '_'+artikelbezeichnung+'_'+legierung+'_'
FROM produktleerzeichen;
```

Listing 12.16 Zeichenketten aneinander fügen

12.2 Funktionen für Zahlenwerte

Gemäß dem SQL-Standard gibt es einige Skalarfunktionen für numerische Werte. In Tabelle 12.11 stelle ich Ihnen eine Auswahl von Skalarfunktionen vor, die numerische Werte als Ergebnis zurückliefern.

Skalarfunktion	Funktionsbeschreibung
CHAR_LENGTH(spaltenname)	CHAR_LENGTH gibt Ihnen die Länge einer Zeichenkette zurück.
POSITION(zkette1 IN zkette2)	Liefert Ihnen die numerische Position einer Zeichenkette. Im Beispiel wird die Position der Zeichenkette zkette1 in einer anderen Zeichenkette, zkette2, ermittelt.
POWER(Basis,Exponent)	Die Skalarfunktion POWER liefert Ihnen zu einer Basis und einem Exponenten als Ergebnis die Potenz zurück. Zu einer Basis 10 und einem Exponenten 2 ergäbe diese Berechnung 100.
SQRT(spaltenname)	Die Skalarfunktion SQRT liefert Ihnen zu einem numerischen Wert die Quadratwurzel als Ergebnis zurück. Übergeben Sie den Wert 9, so erhalten Sie als Ergebnis den Wert 3.

Tabelle 12.11 Die am häufigsten verwendeten Spezialisten für numerische Werte

12.2.1 Die Länge einer Zeichenkette ermitteln (CHAR_LENGTH, LEN)

Mit der Funktion CHAR_LENGTH(spaltenname) ermitteln Sie die Länge eines Spaltenwerts. Die Funktion CHAR_LENGTH wird von der PostgreSQL- und der MySQL-Datenbank gemäß dem Standard unterstützt. Microsoft SQL Server kennt die Funktion nicht. Anstelle dieser Funktion wird die Funktion LEN(spaltenname) angeboten, die ebenfalls die Länge von Textspaltenwerten ermittelt. Sehen wir uns die Verwendung der Funktionen anhand eines Beispiels an.

Hierzu soll die Länge der Spaltenwerte für die Spalte *legierung* der Tabelle *produkt* ermittelt werden. Um das Ergebnis der Funktion zu verifizieren, nehmen wir die Spalten *legierung* ebenfalls mit in die Spaltenauswahlliste auf.

> **Unterschiede zwischen den Datenbanken**
>
> Die Leser, die mit einer Microsoft-SQL-Server-Datenbank arbeiten, verwenden die Funktion LEN anstelle der Funktion CHAR_LENGTH, wie innerhalb der Kommentarzeichen angegeben.

```
SELECT
  legierung,
  CHAR_LENGTH(legierung) AS laengezeichenkette
```

```
/* LEN(legierung) AS laengezeichenkette, MS SQL Server */
FROM
  produkt;
```

Listing 12.17 Anwendung der Skalarfunktion »CHAR_LENGTH(spaltenname)« in einer Spaltenauswahlliste

Die Datenbank liefert Ihnen, wie in Tabelle 12.12 dargestellt, eine Ergebnisliste zurück, die jeweils die Länge der Spaltenwerte der Spalte *legierung* unter dem Spaltenalias *laengezeichenkette* enthält.

legierung	laengezeichenkette
Zink/Eisen	10
Kupfer/Eisen	12
Nickel/Eisen	12
Gold/Eisen	10

Tabelle 12.12 Ergebnis der Funktion CHAR_LENGTH

In diesem Abschnitt haben Sie die Funktion CHAR_LENGTH kennengelernt. Im nächsten Abschnitt werden Sie erfahren, wie Sie die Startposition eines Textwertes ermitteln.

12.2.2 Die Startposition einer Zeichenkette in einem Textwert ermitteln (POSITION, CHARINDEX)

Die SQL-Funktion POSITION(text IN spaltenname) liefert Ihnen für einen von Ihnen vorgegebenen Text (text) die Startposition in einem weiterem Text (spaltenname), der als Spaltenwert enthalten ist, als ganze Zahl zurück.

Die MySQL- und PostgreSQL-Datenbank bieten die Funktion POSITION an, wie es der SQL-Standard vorsieht. Die MS-SQL-Server-Datenbank hingegen liefert Ihnen anstelle der Funktion POSITION die Funktion CHARINDEX(text,spaltenname), die ebenfalls die Position einer Zeichenkette (text) in Spaltenwerten ermittelt.

An welcher Stelle kommt das Wort Eisen in den Spaltenwerten der Spalte *legierung* vor? Um diese Frage zu beantworten, nutzen wir die Skalarfunktion POSITION und ermitteln die Startposition der Zeichenkette Eisen.

Die Leser, die mit dem MS SQL Server arbeiten, müssen die Funktion `CHARINDEX` so nutzen, wie sie im Listingkommentar dargestellt ist.

```
SELECT
  legierung,
  POSITION('Eisen' IN legierung) AS startpos
/* MS SQL Server
  CHARINDEX('Eisen',legierung) AS startpos
*/
FROM
  produkt;
```

Listing 12.18 SELECT-Abfrage, die mit der Skalarfunktion POSITION die Startposition eines Textwertes ermittelt

Als Ergebnis erhalten Sie von der Datenbank Tabelle 12.13. In dieser Liste finden Sie sämtliche Legierungen, die das Wort `Eisen` enthalten, sowie seine Startposition, bezogen auf die Spaltenwerte der Spalte *legierung*.

legierung	startpos
Zink/Eisen	6
Kupfer/Eisen	8
Nickel/Eisen	8
Gold/Eisen	6

Tabelle 12.13 Ergebnis der Funktion POSITION

Sie verfügen jetzt über die Information der Startposition des Wortes `Eisen` in den Spaltenwerten der Spalte *artikelbezeichnung*. Durch einfaches Zählen finden Sie heraus, dass es fünf Zeichen lang ist. Sie ahnen vielleicht bereits, dass wir zu einem späteren Zeitpunkt die `SUBSTRING`-Funktion verwenden werden, um das Wort `Eisen` aus einer Zeichenkette herauszuschneiden. An dieser Stelle brauchen Sie noch etwas Geduld, da wir später in Abschnitt 12.3 noch auf verschachtelte Funktionsaufrufe zurückkommen.

12.2.3 Potenzen berechnen (POWER)

Sie erinnern sich: *Potenzen* sind nichts anderes als eine andere Schreibweise für eine Multiplikation einer Zahl mit sich selbst. Eine Zahl können Sie theoretisch beliebig oft in der Form 10 × 10 × 10 × 10 ... mit sich selbst multiplizieren. Stellen Sie sich vor,

Sie würden die Zahl zehn vierunddreißigmal mit sich selbst multiplizieren. Das ist ganz schön viel Schreibarbeit und fehlerträchtig. In der Mathematik hat man diesbezüglich eine schöne Lösung gefunden. Die Zahl, die mit sich selbst multipliziert wird, wird *Basis* genannt. Die Anzahl, wie oft die Multiplikation stattfinden soll, heißt *Exponent*. Unsere gedankliche Annahme, die Zahl zehn vierunddreißigmal mit sich selbst zu multiplizieren, führt zu folgender Darstellung: 10^{34}.

Das Wort »Potenz« stammt aus dem Lateinischen und bedeutet so viel wie »Macht«. Die Funktion folgt der englischen Übersetzung und heißt POWER. Der Aufruf der Funktion ist relativ einfach gehalten: Sie übergeben ihr lediglich die Basis und den Exponenten in der Form POWER(Basis,Exponent). Als Ergebnis wird die Potenz durch die Funktion berechnet und der numerische Wert zurückgegeben.

Sehen wir uns Listing 12.14 als Beispiel an.

```
SELECT
  artikelbezeichnung,
  POWER(100,3) AS potenz
FROM
  produkt;
```

Listing 12.19 Berechnung einer Potenz in der Spaltenauswahlliste mit der Funktion POWER

Wir wenden den Exponenten 3 auf die Basis 100 an. Um die Berechung auszuführen, rufen wir in der Spaltenauswahlliste einfach die Skalarfunktion POWER auf und übergeben ihr den Wert 100 als Basis und den Wert 3 als Exponenten.

Tabelle 12.14 zeigt Ihnen das Ergebnis der Berechnung. Zu der Basis 100 und dem Exponenten 3 hat die Funktion POWER das Ergebnis 1000000 zurückgeliefert.

artikelbezeichnung	potenz
Schraube 1	1000000
Schraube 2	1000000
Schraube 3	1000000
Schraube 4	1000000

Tabelle 12.14 Ergebnis der Funktion POWER

Sie haben in diesem Abschnitt gelernt, wie Sie Potenzen mit der Funktion POWER berechnen. Im nächsten Abschnitt erfahren Sie, wie Sie Quadratwurzeln aus Werten berechnen.

12.2.4 Eine Quadratwurzel berechnen (SQRT)

Befassen wir uns jetzt mit der SQL-Funktion, die eine einfache Quadratwurzel berechnet: Die Funktion SQRT(spaltenname) erhält einen Zahlenwert als Parameter, kalkuliert die Quadratwurzel und liefert Ihnen das Ergebnis zurück. Der Methodenname SQRT steht dabei für *square root* (Quadratwurzel). In Listing 12.20 berechnen wir mit der Funktion SQRT die Wurzel aus 9. Dem Ergebnis der Berechnung ordnen wir den Spaltenalias *wurzel* zu.

```
SELECT
  artikelbezeichnung,
  SQRT(9) AS wurzel
FROM
  produkt;
```

Listing 12.20 SELECT-Abfrage mit einem Funktionsaufruf SQRT, der die Quadratwurzel einer Zahl berechnet

In Tabelle 12.15 sehen Sie das Ergebnis der Wurzelberechnung, dem der Spaltenalias *wurzel* zugeordnet ist.

artikelbezeichnung	wurzel
Schraube 1	3
Schraube 2	3
Schraube 3	3
Schraube 4	3

Tabelle 12.15 Ergebnis der Funktion SQRT

In diesem Abschnitt haben Sie Funktionen für Zahlenwerte kennengelernt. In Abschnitt 12.3 zeige ich Ihnen, wie Sie verschachtelte Funktionsaufrufe durchführen können, um komplexe Aufgaben zu bewältigen. Vielleicht beabsichtigen Sie aber auch zuerst, die Übungen in Abschnitt 12.2.5 durchzuführen, um Ihre Kenntnisse in der Verwendung von Funktionen für Zahlenwerte zu festigen.

12.2.5 Übungen zum Thema »Funktionen für Zahlenwerte«

Übung 1

Formulieren Sie eine SELECT-Abfrage, in der Sie die Spaltenwerte der Spalte *artikelbezeichnung* der Tabelle *produktleerzeichen* abfragen. Ermitteln Sie zusätzlich in der Spaltenauswahlliste die Länge der Spaltenwerte der Spalte *artikelbezeichnung*.

Welche Beobachtung machen Sie, wenn Sie die Ergebnistabelle der zu formulierenden Abfrage zurückerhalten?

Übung 2
Ermitteln Sie mit einer **SELECT**-Abfrage die Position des Zeichens n in den Spaltenwerten der Spalte *kategorie* der Tabelle *produkt*.

Übung 3
Fragen Sie mit einer **SELECT**-Abfrage die Spalte *artikelbezeichnung* der Tabelle *produkt* ab. Außerdem soll in der Spaltenauswahlliste die Potenz 5^3 berechnet werden.

Übung 4
In dieser Übung soll wieder die Spalte *artikelbezeichnung* der Tabelle *produkt* abgefragt werden. Berechnen Sie diesmal anstelle einer Potenz die Wurzel aus dem Wert 64 in der Spaltenauswahlliste.

Lösung zu Übung 1

```
/* MySQL- und PostgreSQL-Variante */
SELECT artikelbezeichnung,CHAR_LENGTH(artikelbezeichnung)
FROM produktleerzeichen;

/* MS-SQL-Server-Variante */
SELECT artikelbezeichnung,LEN(artikelbezeichnung)
FROM produktleerzeichen;
```

Listing 12.21 Die Länge von Spaltenwerten ermitteln, die Textwerte enthalten

In dieser Übung können Sie beobachten, dass die Anzahl der Zeichen in der Zeichenkette länger ist als der eigentliche Spaltenwert. In den Spaltenwerten der Spalte *artikelbezeichnung* finden sich führende und endende Leerzeichen.

Lösung zu Übung 2

```
SELECT POSITION('n' IN kategorie) AS pos_zeichen FROM produkt;
```

Listing 12.22 Die Position eines Zeichens in Spaltenwerten ermitteln

Lösung zu Übung 3

```
SELECT artikelbezeichnung,POWER(5,3) FROM produkt;
```

Listing 12.23 Eine Potenz berechnen

Lösung zu Übung 4

```
SELECT artikelbezeichnung,SQRT(64) FROM produkt;
```

Listing 12.24 Eine Wurzel berechnen

12.3 Verschachtelte Funktionsaufrufe

Jetzt kommen wir, wie zuvor versprochen, zu den verschachtelten Funktionsaufrufen in einer Spaltenauswahlliste. Ein verschachtelter Funktionsaufruf ist nicht kompliziert, obwohl er auf den ersten Blick etwas Verwirrung stiften könnte.

Sehen wir uns das Prinzip eines verschachtelten Funktionsaufrufs in Listing 12.25 an:

```
FUNKTION1(FUNKTION2(FUNKTION 3(parameter1)))
```

Listing 12.25 Syntax für einen verschachtelten Funktionsaufruf

Richten Sie Ihren Blick auf die Funktion FUNKTION3. Sie übergeben der Funktion einen Wert parameter1, der ein Spaltenwert oder ein Literal sein könnte. Wandern Sie nun mit Ihren Augen ein kleines bisschen nach links. Sie treffen hier auf eine offene Klammer, und vor der Klammer sehen Sie FUNKTION2. Diese Funktion FUNKTION2 erhält als Parameter das Ergebnis von FUNKTION3 und wendet die in FUNKTION2 enthaltene Logik oder Arithmetik auf diesen Wert an. Wenn Sie Ihren Blick dann noch ein bisschen weiter nach links wandern lassen, begegnet Ihnen wieder eine offene Klammer. Vor der Klammer sehen Sie FUNKTION1, die wiederum das Ergebnis von FUNKTION2 als Parameter übergeben bekommt. Grundsätzlich sind verschachtelte Funktionen immer von innen nach außen zu betrachten und auch so bei der Formulierung von SQL-Anweisungen zu berücksichtigen.

Kennen Sie diese kleinen russischen Matroschka-Puppen? Sie öffnen eine, und darin enthalten ist eine weitere. Sie öffnen diese weitere Figur, und darin findet sich wieder eine. Im Grunde findet sich im Innersten dieser verschachtelten Puppen ein Spezialist. Der verrichtet seine Arbeit und übergibt das Ergebnis der übergeordneten Puppe, die wiederum auf eine andere Tätigkeit spezialisiert ist und das Ergebnis der inneren Puppe als Grundlage für die weitere Funktionalität verwenden kann.

Sie haben Funktionen kennengelernt, die zwei oder drei Parameter übergeben bekommen. Die in Listing 12.26 dargestellte Verschachtelung wendet dieses Prinzip an, indem der FUNKTION1 als Parameter die Ergebnisse von FUNKTION2 und FUNKTION3 übergeben werden. Es werden also zuerst die Funktionen FUNKTION2 und FUNKTION3 ausgeführt und die Ergebnisse als Parameter an die Funktion FUNKTION1 übergeben.

12.3 Verschachtelte Funktionsaufrufe

```
FUNKTION1(FUNKTION2(parameter1),FUNKTION3(parameter1))
```

Listing 12.26 Syntax für die Verschachtelung von Funktionen und deren Ergebniswerte als Grundlage für eine Funktion mit zwei Parametern

Da ich mit Ihnen das Wort Eisen aus den Spaltenwerten der Spalte *legierung* extrahieren möchte, zeige ich Ihnen jetzt einen etwas konkreteren Fall, in dem wir die Platzhalter-Schreibweise `FUNKTION1` bis `FUNKTION3` verlassen und die konkrete Funktion `SUBSTRING` betrachten.

Wir wollen den Wert Eisen aus der Spalte *legierung* der Tabelle *produkt* extrahieren. In der Spaltenauswahlliste nehmen wir hierzu die Spalte *artikelbezeichnung* und einen etwas komplexeren Funktionsaufruf mit auf, den Sie in Listing 12.27 sehen.

```
SELECT
  artikelbezeichnung,
  legierung,
  SUBSTRING(legierung
  FROM
    POSITION('Eisen' IN legierung)
  FOR
    CHAR_LENGTH('Eisen')
) AS eisen
FROM
  produkt;
```

Listing 12.27 SELECT-Abfrage mit einem verschachtelten Funktionsaufruf
in der Parameterliste einer Skalarfunktion

Damit sich der lange Funktionsaufruf im Buch besser lesen lässt, habe ich ihn aufgeteilt. Er beginnt in der dritten Zeile mit der geöffneten Klammer hinter `SUBSTRING` und endet in Zeile 7 mit einer geschlossenen Klammer. Solche verschachtelten Funktionsaufrufen werden immer von innen nach außen ausgewertet. Das gilt auch für die Funktion `SUBSTRING(spaltenname FROM startpos FOR endpos)`, die die Parameter spaltenname, startpos und endpos benötigt, um eine Zeichenkette aus Spaltenwerten zu extrahieren.

Für den Parameter startpos übergeben wir hier keine Zahl, die eine Startposition festlegt. Stattdessen rufen wir die Funktion `POS(zeichenkette IN spaltenname)` auf, um die Startposition zu ermitteln. In diesem Beispiel ermitteln wir die Startposition des Wortes Eisen in den Spaltenwerten der Spalte *legierung*.

Hinter dem Schlüsselwort `FOR` ist die Angabe erforderlich, bis zu welcher Position extrahiert werden soll. Auch hier nutzen wir einen Funktionsaufruf, um an die Information zu kommen. Konkret rufen wir die Funktion `CHAR_LENGTH(zeichenkettenwert)` mit einem Parameter auf, der in diesem Beispiel die zu extrahierende Zeichenkette Eisen enthält.

Die Funktionen **POS** und **CHAR_LENGTH** und ihre Ergebnisse werden also zuerst ausgewertet. Die Ergebnisse der Funktionen können somit der Funktion **SUBSTRING** als Parameter übergeben werden, um die Zeichenkette Eisen aus den Spaltenwerten der Spalte *legierung* zu extrahieren.

Beachten Sie hier die unterschiedlichen Syntaxformen. In dem Listing verwende ich den SQL-Standard. Die Dialekte MySQL und PostgreSQL haben mit diesem Listing also keine Probleme.

Die Leser, die mit *MS SQL Server* arbeiten, sollten sich Listing 12.28 genauer ansehen:

```
SELECT
  artikelbezeichnung,
  legierung,
  SUBSTRING(
    legierung,
    PATINDEX('%Eisen%',legierung),
    LEN('Eisen')
  ) AS eisen
FROM
  produkt;
```

Listing 12.28 SELECT-Abfrage mit einem verschachtelten Funktionsaufruf in der Parameterliste einer Skalarfunktion für eine MS-SQL-Server-Datenbank

Das Prinzip des Aufrufs bleibt gleich. Zuerst müssen von innen heraus die zu übergebenden Parameter ermittelt werden, um die Funktion aufzurufen. Die Funktion unterscheidet sich jedoch dadurch, dass die Parameter durch eine kommaseparierte Liste der Funktion übergeben werden.

Die Ergebnisliste in Tabelle 12.16 enthält jetzt eine Spalte namens *eisen*, die ausschließlich den extrahierten Textwert Eisen aus den Spaltenwerten der Spalte *legierung* enthält.

artikelbezeichnung	legierung	eisen
Schraube 1	Zink/Eisen	Eisen
Schraube 2	Kupfer/Eisen	Eisen
Schraube 3	Nickel/Eisen	Eisen
Schraube 4	Gold/Eisen	Eisen

Tabelle 12.16 Ergebnis für einen verschachtelten Funktionsaufruf

12.4 Übungen zum Thema »verschachtelte Funktionsaufrufe«

Übung 1

Erklären Sie kurz, in welche Richtung verschachtelte Skalarfunktionen aufgerufen werden.

Übung 2

In dieser Übung sollen Sie die Spaltenwerte der Spalte *artikelbezeichnung* in Großbuchstaben ausgeben. Stellen Sie sicher, dass die Spaltenwerte der Spalte ohne führende und endende Leerzeichen in Großbuchstaben umgewandelt werden.

Lösung zu Übung 1

Verschachtelte Skalarfunktionen werden stets von innen nach außen aufgerufen. Die äußeren Funktionen zur Weiterverarbeitung sind auf die Ergebnisse der inneren Funktionen angewiesen, auf deren Werte ihre Funktionalität angewendet werden soll.

Lösung zu Übung 2

```
/* MySQL- und PostgreSQL-Variante */
SELECT
   UPPER(TRIM(artikelbezeichnung)) AS artbezgross
FROM
   produktleerzeichen;

/* MS-SQL-Server-Variante */
SELECT
   UPPER(LTRIM(RTRIM(artikelbezeichnung))) AS artbezgross
FROM
   produktleerzeichen;
```

Listing 12.29 Funktionen verschachtelt aufrufen

12.5 Zusammenfassung

Funktionen bzw. Skalarfunktionen – wie Sie sicherlich schon festgestellt haben, können Sie diese beiden Begriffe synonym verwenden – bieten eine Vielfalt von Funktionalitäten. Ich versichere Ihnen, dass ich Ihnen bewusst nur eine kleine Auswahl von Funktionen vorgestellt habe, die ich für die tägliche Arbeit mit SQL für besonders wichtig halte.

Wenn Sie als Mathematiker in einer Versicherung tätig sind oder die Aerodynamik eines Kraftfahrzeugs in der Automobilentwicklung sicherstellen sollen, dann werden Sie sicherlich auch auf die eine oder andere mathematische Funktion zurückgreifen, die ich Ihnen hier nicht vorgestellt habe.

Der Standard bietet Ihnen für speziellere Funktionalitäten eine weniger große Auswahl an. Er hält sich vornehm zurück. Das wiederum bietet den Datenbankherstellern den nötigen Freiraum, eine Vielzahl von unterschiedlichen Funktionen in ihren Datenbanksystemen zu implementieren oder Anwendern Möglichkeiten bereitzustellen, Spaltenfunktionen selbst zu programmieren. Lesen Sie daher die Dokumentation des Datenbanksystems, für das Sie sich entschieden haben.

[*] **Zusammenfassung: Skalarfunktionen**

Funktionen, die einen Wert als Ergebnis einer Verarbeitung zurückliefern, werden als *Skalarfunktionen* bezeichnet. Die Verarbeitung kann aus Berechnungen, Textoperationen oder Datums- und Zeitoperationen resultieren.

Skalarfunktionen werden auf Zeilenebene angewendet. Soll heißen, Sie können alle Spalten, die in einer Zeile vorkommen, auch als potentielle Kandidaten für Parameterangaben von Skalarfunktionen sehen.

Als Parameter werden je nach Skalarfunktion und ihrer Verwendung auch Literale (Zahlen, Text, Datums-, Zeitangaben) verwendet.

Es gibt auch zahlreiche Skalarfunktionen, die keinen Parameter übergeben bekommen. Hierzu zählt z. B. die Skalarfunktion SESSION_USER. Sie liefert lediglich den Nutzer zurück, der gerade in einer gültigen Sitzung aktiv ist.

Es gibt zahlreiche Funktionen, und viele unterscheiden sich in der Schreibweise und Anwendung in den unterschiedlichen Datenbanksystemen. Nutzen Sie die Dokumentation und weiterführende Literatur, wenn Sie sich genauer über den Funktionsschatz des jeweils genutzten Datenbanksystems informieren wollen.

In diesem Kapitel haben Sie Skalarfunktionen kennengelernt, also Ausdrücke, die zu einem Ergebnis führen. Im folgenden Kapitel 13, »Bedingungslogik«, stelle ich Ihnen einen weiteren Ausdruck vor, den Sie unter anderem in der Spaltenauswahlliste verwenden können und der es Ihnen ermöglicht, Bedingungen gemäß einer Logik auszuwerten.

Kapitel 13
Bedingungslogik

Entscheidungen müssen Sie ständig treffen. Wenn eine Bedingung erfüllt ist, soll Fall A eintreten. Wenn nicht, dann Fall B. Schauen wir uns hier an, wie Sie solche Entscheidungen in SQL nutzen können.

Alle Programmiersprachen verfügen über die Möglichkeit, logische Zweige darzustellen. Dabei erfolgt zunächst die Auswertung einer Bedingung, auf die dann reagiert wird.

13.1 Die CASE-Klausel

In SQL gibt es für solche Operationen die CASE-Klausel, mit der Sie Bedingungen auswerten können und Ausdrücke abhängig von der Auswertung der Bedingung zurückbekommen.

In Kapitel 2 haben Sie im Zusammenhang mit der WHERE-Klausel bereits zahlreiche Bedingungen kennengelernt, die erfüllt sein müssen, damit es eine Zeile in die Ergebnistabelle schafft.

Eine Bedingung kann wahr oder falsch sein. Je nach dem Ergebnis der Auswertung einer Bedingung können Sie festlegen, welche weiteren Schritte jeweils vorgenommen werden sollen.

Nehmen wir an, zwei Zahlen sollen dividiert werden. Eigentlich kein Problem, wenn es nicht den Fall gäbe, dass eine der beiden null (eine echte 0) sein könnte. Dann wäre die Division natürlich unmöglich. Wir müssen vorher also prüfen, ob die Zahl gleich null ist, und für diesen Fall eine besondere Vorkehrung treffen. So etwas in einer Programmierlogik darzustellen, erscheint viel schwieriger, als es wirklich ist. Sehen Sie sich als Erklärung Abbildung 13.1 an.

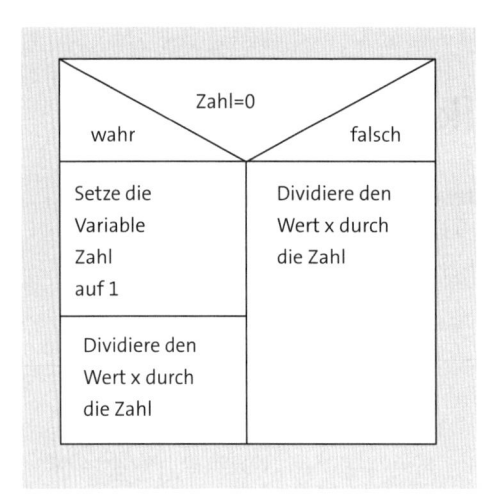

Abbildung 13.1 Auswertung einer Bedingung und Verzweigung in Anweisungsblöcke

Im oberen Teil der Abbildung sehen Sie ein Dreieck mit der Spitze nach unten. Hier ist die auszuwertende Bedingung notiert. In diesem Fall prüfen wir die Variable Zahl auf Gleichheit mit dem Wert 0. Wenn die Aussage der Bedingung wahr ist, verzweigen Sie auf die linke Seite der Spitze des Dreiecks. Sie müssen nun aufpassen, denn hier droht eine Division durch null. Daher setzen Sie die Zahl auf den Wert 1, um einen Wert, der einer Variablen x zugewiesen ist, durch den Wert der Zahl zu dividieren.

Ist die Aussage der Bedingung Zahl=0 falsch, so verzweigen Sie auf die rechte Seite des Dreiecks. Da der Wert ungleich null ist, ist es nicht erforderlich, eine Wertzuweisung vorzunehmen, und die Variable x kann ohne Bedenken durch die Zahl dividiert werden.

Wenn Sie eine Bedingung auswerten, gibt es also zwei Zustände – nämlich wahr und falsch –, die ausgewertet werden können. In SQL steht uns für die Auswertung von Bedingungen die CASE-Klausel zur Verfügung. In der CASE-Klausel verwenden wir die Wörter WHEN für die Bedingung, THEN für den ersten Ausdruck und ELSE für den zweiten Ausdruck, um ein Ergebnis einer Bedingung auszuwerten und entsprechend zu verzweigen.

13.2 Bedingungslogik in einer Spaltenauswahlliste einer SELECT-Anweisung anwenden

Die CASE-Klausel werden wir anhand eines Beispiels nachvollziehen. In diesem Beispiel werden wir die Tabelle *mitarbeiter* abfragen, um zu ermitteln, welche der Mitarbeiter noch aktiv im Unternehmen tätig sind und wer uns verlassen hat.

13.2 Bedingungslogik in einer Spaltenauswahlliste einer SELECT-Anweisung anwenden

Hierzu sollen die Spaltenwerte der Spalte *austrittsdatum* ausgewertet werden. Bei einem vorhandenen Austrittsdatum wird anstelle des Datums der Text ausgeschieden zurückgeliefert, bei einem fehlenden Austrittsdatum der Text aktiver Mitarbeiter. Wir haben es hier also mit zwei bedingten Anweisungen zu tun.

In der Spalte *austrittsdatum* der Tabelle *mitarbeiter* gibt es zwei mögliche Fälle, die vorkommen können. Entweder ist der Wert nicht definiert (NULL), oder es ist ein Austrittsdatum eingetragen.

Hier können wir also prüfen, ob der Spaltenwert der Spalte *austrittsdatum* NULL ist. Wenn dies der Fall ist, handelt es sich um einen aktiven Mitarbeiter. Wenn hier hingegen ein Datum eingetragen ist, handelt es sich um einen Mitarbeiter, der nicht mehr für das Unternehmen tätig ist.

In Listing 13.1 zeige ich Ihnen, wie Sie diese Anforderung realisieren können:

```
SELECT
  name,
  vorname,
  CASE
    WHEN
      austrittsdatum IS NULL
    THEN
      'aktiver Mitarbeiter'
    ELSE
      'ausgeschieden'
  END AS mitarbeiterstatus
FROM
  mitarbeiter;
```

Listing 13.1 Anwendung eines CASE-Ausdrucks in einer Spaltenauswahlliste

Hinter der Spalte *vorname* in der Spaltenauswahlliste finden Sie den Beginn des CASE-Ausdrucks. Innerhalb des CASE-Ausdrucks ist eine Bedingung formuliert, die im WHEN-Zweig prüft, ob das Austrittsdatum NULL ist. Wenn dies der Fall ist, wird im THEN-Zweig der Wert aktiver Mitarbeiter als Spaltenwert zurückgegeben. Sollte diese Bedingung nicht zutreffen, da der Wert nicht NULL ist, so kommt der ELSE-Zweig zum Zug. Dieser gibt dann als Spaltenwert in der Ergebnisliste ausgeschieden zurück. Schließlich wird der CASE-Ausdruck mit dem Schlüsselwort END beendet und mit einem Spaltenalias *mitarbeiterstatus* versehen.

In Tabelle 13.1 sehen Sie das Ergebnis der Abfrage aus Listing 13.1.

name	vorname	austrittsdatum	mitarbeiterstatus
Müller	Ralf	NULL	aktiver Mitarbeiter
Schneider	Petra	2000-07-31	ausgeschieden
Klein	Thomas	NULL	aktiver Mitarbeiter
Lang	Ute	NULL	aktiver Mitarbeiter

Tabelle 13.1 Bedingte Ausgabe von Spaltenwerten mit CASE

Gemäß der Logik im **CASE**-Ausdruck wird je nach Ergebnis der Auswertung der Bedingung entweder aktiver Mitarbeiter oder ausgeschieden in der Ergebnisliste unter dem Spaltenalias *mitarbeiterstatus* ausgegeben.

In diesem Abschnitt haben Sie gelernt, wie Sie mit der **CASE**-Klausel eine Bedingung auswerten und je nach Ergebnis der Auswertung der Bedingung Literalwerte als Spaltenwert zurückliefern. Im nächsten Abschnitt erfahren Sie, wie Sie nach dem Ergebnis einer Auswertung einer Bedingung sortieren können.

13.3 Bedingungslogik in einer ORDER BY-Klausel anwenden

In diesem Beispiel beabsichtigen wir mit einer Auswahl von Spaltenwerten, die in einer Spalte vorkommen können, eine Sortierreihenfolge festzulegen.

In aufsteigender Sortierung sollen zuerst sämtliche Mitarbeiter gelistet werden, die an einem Abfindungsprogramm teilgenommen haben.

Im Anschluss sollen die Zeilen der Mitarbeiter aufgelistet werden, die sich zwecks Veränderung entschieden haben, das Unternehmen zu verlassen.

Zu guter Letzt sollen die Zeilen der Mitarbeiter in der Ergebnisliste angezeigt werden, die sich bereits im Ruhestand befinden. Aktiv im Unternehmen beschäftigte Mitarbeiter sollen nicht in der Liste vorkommen.

Betrachten wir die **SELECT**-Abfrage aus Listing 13.2:

```
SELECT
  name,
  vorname,
  austrittsgrund
FROM
  mitarbeiter
WHERE
  austrittsgrund IS NOT NULL
```

13.3 Bedingungslogik in einer ORDER BY-Klausel anwenden

```
ORDER BY
  CASE
    WHEN
      austrittsgrund='ruhestand'
    THEN
      3
    WHEN
      austrittsgrund='veränderung'
    THEN
      2
    WHEN
      austrittsgrund='abfindungsprogramm'
    THEN
      1
  END
;
```

Listing 13.2 SELECT-Abfrage mit einem CASE-Ausdruck in der ORDER BY-Klausel

Die Betrachtung beginnen wir hinter der WHERE-Klausel, da bis dahin alles bekannt sein sollte. Sie dient offensichtlich dazu, nur die Mitarbeiter in die Liste aufzunehmen, die nicht mehr im Unternehmen tätig sind. Dies wird realisiert, indem die Spaltenwerte der Spalte *austrittsgrund* auf nicht NULL geprüft werden.

Hinter der WHERE-Klausel folgt die ORDER BY-Klausel. Die ORDER BY-Klausel benötigt ein Sortierkriterium. Ab hier betreten Sie Neuland. Hier steht nicht nur eine Spalte, deren Wert zur Sortierung verwendet wurde, sondern ein CASE-Ausdruck, der unsere Sortierkriterien auswertet. In Tabelle 13.2 finden Sie die Kriterien noch einmal auf einen Blick so, wie wir sie in der Abfrage verwenden werden. Hinter den Bedingungen sehen Sie eine Spalte »Ergebnis«, die der Bedingung einen bestimmten Wert zuordnet.

Bedingung	Ergebnis
austrittsgrund=ruhestand	3
austrittsgrund=veränderung	2
austrittsgrund=abfindungsprogramm	1

Tabelle 13.2 Ergebnisse der Bedingungen des CASE-Ausdrucks

Die Bedingungen im CASE-Ausdruck liefern uns ganze Zahlen, die wir für eine numerische Sortierung verwenden können. Die ORDER BY-Klausel erhält für jede Zeile vom CASE-Ausdruck eine ganze Zahl als Sortierkriterium zurück und liefert somit die Basis für die Sortierung.

In Tabelle 13.3 sehen Sie das Ergebnis, das Ihnen die Datenbank zurückliefert.

name	vorname	austrittsgrund
Haier	Peter	abfindungsprogramm
Mey	Tanja	veränderung
Lempe	Dirk	veränderung
Klarfeld	Simone	veränderung
Groß	Vera	veränderung
Schneider	Petra	ruhestand
Blume	Siegmar	ruhestand

Tabelle 13.3 Ergebnistabelle mit einer eigens festgelegten Sortierreihenfolge gemäß dem Ergebnis der Auswertung von Bedingungen in einer CASE-Klausel

Wir können also die vorgegebene Sortierreihenfolge verändern und Datensätze so sortieren, wie wir möchten. Dazu ordnen wir bestimmten Spaltenwerten ganze Zahlen als Sortierkriterium zu und werten diese mit CASE aus. Sie sehen bereits hier, dass Sie CASE-Ausdrücke in vielfältigen Anwendungsszenarien einsetzen können.

[*] **Zusammenfassung: Anweisungen abhängig von der Auswertung von Bedingungen ausführen**

Die CASE-Klausel ist in SQL dazu vorgesehen, Ausdrücke abhängig von Bedingungen zurückzuliefern.

Die Auswertung einer Bedingung kann wahr oder falsch sein. Von diesen beiden Zuständen hängen Verzweigungsmöglichkeiten ab, die genutzt werden können, um bestimmte Ausdrücke zurückzuerhalten.

Wenn also eine Bedingung erfüllt ist, wird ein bestimmter Wert oder ein Ausdruck als Ergebnis zurückgegeben. Ist eine Bedingung nicht erfüllt, so wird ein anderer Wert oder Ausdruck als Ergebnis zurückgeliefert.

Im Englischen wird eine derartige Entscheidungsfindung mit den Wörtern WHEN (»wenn«), THEN (»dann«) und ELSE (»sonst«) abgebildet.

Die Ausführung einer bedingten Anweisung beginnt in SQL mit dem Schlüsselwort CASE. Hinter dem CASE-Schlüsselwort werden die Bedingungen (WHEN bedingung) formuliert. Hinter den Bedingungen folgen schließlich die bedingten Anweisungen (THEN ausdruck). Eine CASE-Klausel wird immer mit dem Schlüsselwort END abgeschlossen.

In diesem Kapitel habe ich Ihnen eine Möglichkeit vorgestellt, eine Bedingung auszuwerten, um abhängig vom Ergebnis der Auswertung wiederum ein Ergebnis zurückzubekommen. In Kapitel 14, »Mit Zeit und Datum arbeiten«, lernen Sie, wie Sie in SQL mit Zeit- und Datumswerten umgehen.

13.4 Übungen zum Thema »Logik in SQL-Anweisungen verwenden«

Übung 1

Die Abteilung Unternehmensentwicklung hat die Aufgabe, die Quartalszahlen auszuwerten. Die Quartalszahlen werden in der Tabelle *umsatz* gespeichert und bewegen sich im Bereich zwischen 6 und 12 Millionen. Die Tabelle verfügt über die Spalten *quartal* und *umsatz*, die beide in der Ergebnisliste enthalten sein sollen. Sie werden nun gebeten, eine Auswertungsspalte *statusumsatz* in einer Ergebnisliste mit abzubilden, die den Umsatz auswertet und mit einem Ampelsystem darstellt:

- Umsatz < 6 000 000 → rot
- Umsatz > 6 000 000 → gelb
- Umsatz < 12 000 000 → grün

Die farbliche Zuordnung soll mit Hilfe der Wörter rot, gelb und grün erfolgen.

Übung 2

Die Tabelle *mitarbeiter* enthält weibliche und männliche Mitarbeiter. Die Spalte *geschlecht* enthält die Spaltenwerte m für männlich und w für weiblich. Formulieren Sie eine SELECT-Abfrage, in der die Spalten *name* und *vorname* in der Spaltenauswahlliste enthalten sind. Bevor dies geschieht, soll durch eine CASE-Klausel überprüft werden, ob der Spaltenwert der Spalte *geschlecht* gleich w oder m ist. Sollte der Spaltenwert gleich w sein, ist die Anrede Frau zu verwenden. Ist der Spaltenwert hingegen gleich m, muss die Anrede Herr genutzt werden.

Lösung zu Übung 1

```
SELECT
  quartal,
  umsatz,
  CASE
    WHEN umsatz<6000000 THEN 'rot'
    WHEN umsatz>6000000 THEN 'gelb'
    WHEN umsatz<12000000 THEN 'grün'
```

```
    END
FROM
  umsatz;
```

Listing 13.3 Lösung zu Übung 1

Lösung zu Übung 2

```
SELECT
  CASE
    WHEN geschlecht='w'
    THEN 'Frau'
    WHEN geschlecht='m'
    THEN 'Herr'
  END,
  name,
  vorname
FROM
  mitarbeiter;
```

Listing 13.4 Lösung zu Übung 2

Kapitel 14
Mit Zeit und Datum arbeiten

Zeit und Datum ist ein weltumspannendes Thema. Denken Sie nur an die unterschiedlichen Zeitzonen und die Zeitverschiebung, die daraus resultiert. Datumsangaben werden je nach Region in unterschiedlicher Art und Weise formatiert. Sie können natürlich auch einzelne Datumsbestandteile extrahieren, um sie für verschiedene Anwendungsfälle zu verwenden. Auf geht's in die Gegenwart und das Thema: mit Zeit und Datum arbeiten.

In dieser Einleitung geht es um Zeit und Datum. Im Verlauf des Kapitels behandele ich Datumsformate, Datumsextrakte und Datumsoperationen wie z. B. Tage zu einem bestehenden Datum hinzufügen. Bewusst habe ich nur eine kleine Auswahl von Skalarfunktionen zusammengestellt, die uns hilfreich sein werden.

Wie Jahre, Monate, Tage und Stunden gemessen werden, war schon immer eine komplizierte Frage. Unser heutiges Kalendersystem entstand unter Papst Gregor XIII. und basiert auf dem julianischen Kalender. Wenn wir uns hier mit Datumsangaben befassen, gehen wir vom gregorianischen Kalender aus, der seit 1582 verwendet wird. Und auch mit der Uhrzeit sieht es nicht einfach aus. Zwar werden Sie mir sicherlich zustimmen, dass ein Tag 24 Stunden hat. Aber woher wissen wir, dass es in Deutschland 13 Uhr und in Großbritannien 12 Uhr ist? Dazu gibt es 24 Zeitzonen, die die Welt untergliedern. Der Wertebereich dieser Aufteilung reicht von +12 bis –12. Diese Aufteilung resultiert aus der koordinierten Weltzeit, der sogenannten *UTC* (*Universal Time Coordinated*). Greenwich in Großbritannien wurde als Zentrum bestimmt und liegt in der Zone 0. Die Zeitzone 0 ist der Referenzpunkt und wird angewendet, um Zeitangaben auszutauschen.

Um an die aktuelle Ortszeit zu kommen, müssen Sie im Rahmen des Wertebereiches Werte addieren oder subtrahieren. In Deutschland und vielen anderen Ländern kommt noch die Sommer- und die Winterzeit hinzu. Sie merken schon, sich mit Zeit und Datum zu befassen, ist gar nicht trivial.

14.1 Datumsformate

Neben der komplizierten Frage, wie man Zeit misst, gibt es noch die ebenso schwere Frage, wie man sie darstellt. Es wäre ja auch zu einfach, wenn man sich auf ein weltweit gültiges Datumsformat einigen würde. Stattdessen gibt es eine Fülle von gängigen Datumsformaten, wobei sich das Datumsformat der Norm ISO 8601 noch nicht so richtig im Alltag durchgesetzt hat. Sehen wir uns also einfach einmal ein paar Datumsformate an.

- 20.08.1970, in Deutschland und anderen Ländern gebräuchliches Format
- 1970-08-20, Datumsformat gemäß ISO 8601
- 08-20-1970, in Amerika übliches Datumsformat

Sie ahnen es wahrscheinlich schon: Jede Datenbank organisiert ihre Datentypen etwas anders. Das gilt natürlich auch für den Datentyp DATE der MySQL-Datenbank, deren Entwickler sich am internationalen Standard der ISO 8601 orientieren. Die die hier behandelten Datenbanken verfügen über Formatierungsfunktionen, die Sie individuell je nach Anforderung auf Datumswerte anwenden können. In Abschnitt 14.3 erfahren Sie, wie Sie ein Datum so formatieren, wie es in Deutschland üblich ist.

Als Erstes zeige ich Ihnen in Abschnitt 14.2, wie Sie das aktuelle Datum oder die aktuelle Uhrzeit bei Ihrer Datenbank erfragen.

14.2 Skalarfunktionen für Zeit- und Datumsangaben in SQL nutzen

Für die Arbeit mit Zeit- und Datumsangaben sieht der SQL-Standard Skalarfunktionen vor. Zu diesen zählen:

- CURRENT_DATE; gibt das aktuelle Datum zurück.
- CURRENT_TIME; gibt die aktuelle Uhrzeit zurück.
- CURRENT_TIMESTAMP; gibt den aktuellen Zeitstempel zurück.

Diese Skalarfunktionen können Sie überall dort anwenden, wo Ausdrücke stehen können, also in der Spaltenauswahlliste einer SELECT Abfrage, in einer Wertzuweisung einer SET-Klausel, in einer UPDATE-Anweisung und so weiter. Ihnen fällt sicherlich auf, dass hier keine Parameter übergeben werden. Das ist hier auch nicht notwendig, da Sie Skalarfunktionen nutzen, die lediglich aktuelle Zeit- und Datumsinformationen zurückliefern. Beispielhaft zeige ich Ihnen in Listing 14.1, wie Sie Zeit- und Datumsfunktionen innerhalb der kürzesten Form einer SELECT-Abfrage nutzen können.

14.2 Skalarfunktionen für Zeit- und Datumsangaben in SQL nutzen

```
SELECT CURRENT_DATE;
SELECT CURRENT_TIME;
SELECT CURRENT_TIMESTAMP;
```

Listing 14.1 Skalarfunktionen zur Ermittlung von Zeit- und Datumsangaben gemäß dem SQL-Standard

> **Unterschiede zwischen den Datenbanken**
> Der *MS SQL Server* unterstützt lediglich die CURRENT_TIMESTAMP-Skalarfunktion gemäß dem SQL-Standard.

14.2.1 Datum, Zeit und Zeitstempel vom Datenbankserver ermitteln lassen

Gemäß der Beispieldarstellung aus Listing 14.1 werden Sie jetzt das aktuelle Datum bei Ihrer Datenbank erfragen. Beachten Sie, dass dies nur auf der MySQL- und PostgreSQL-Datenbank funktioniert.

```
SELECT CURRENT_DATE AS aktuellesdatum;
```

Listing 14.2 Das aktuelle Datum beim Datenbankserver abfragen

Die Datenbank lässt nicht auf sich warten und liefert Ihnen, wie in Tabelle 14.1 dargestellt, das aktuelle Datum gemäß der Norm ISO 8601 zurück.

aktuellesdatum
2016-11-03

Tabelle 14.1 Aktuelles Datum ausgeben

Wie in der Syntaxdarstellung aus Listing 14.1 ersichtlich, können wir auch die aktuelle Zeit bei der Datenbank erfragen. Auch dies probieren wir jetzt aus. Hierzu verwenden Sie die SELECT-Anweisung aus Listing 14.3. Beachten Sie auch hier, dass diese Anweisung nur auf einer MySQL- und PostgreSQL-Datenbank funktioniert.

```
SELECT CURRENT_TIME aktuellezeit;
```

Listing 14.3 Die aktuelle Zeit bei der Datenbank abfragen

Wenn Sie die Anweisung aus Listing 14.3 ausführen, liefert Ihnen die Datenbank so wie in Tabelle 14.2 die aktuelle Zeit als Ergebnis der Abfrage zurück.

aktuellezeit
11:22:55

Tabelle 14.2 Aktuelle Zeit ausgeben

Kommen wir zur letzten in Listing 14.1 aufgeführten Zeitskalarfunktion des Zeitstempels. Die CURRENT_TIMESTAMP-Skalarfunktion funktioniert auf allen drei hier besprochenen Datenbanken. Wir nutzen hier ebenfalls die reduzierte Version der SELECT-Anweisung gemäß Listing 14.4, um den aktuellen Zeitstempel von der Datenbank abzufragen.

```
SELECT CURRENT_TIMESTAMP AS aktuellerzeitstempel;
```

Listing 14.4 Den aktuellen Zeitstempel bei der Datenbank erfragen

In Tabelle 14.3 sehen Sie die Antwort der Datenbank, die aus einer Datums- und einer Zeitangabe besteht.

aktuellerzeitstempel
2016-11-03 11:26:53

Tabelle 14.3 Aktuellen Zeitstempel ausgeben

14.2.2 Ergebnislisten mit einem Berichtsdatum versehen

Im nächsten Beispiel aus Listing 14.5 ermitteln wir sämtliche Mitarbeiter, die im Unternehmen beschäftigt sind. Es werden die Informationen *mitarbeiterid*, *name*, *vorname*, *gebdatum* und *eintrittsdatum* gewünscht. Außerdem soll das Datum der Datenerhebung mit in der Ergebnisliste enthalten sein. Um diese Anforderung zu erfüllen, fragen Sie die Tabelle *mitarbeiter* ab und ergänzen die Abfrage um eine Spalte *reportdatum*, die mit der Skalarfunktion CURRENT_TIMESTAMP realisiert wird.

```
SELECT
  CURRENT_TIMESTAMP AS reportdatum,
  mitarbeiterid,
  name,
  vorname,
  gebdatum,
  eintrittsdatum
FROM
  mitarbeiter;
```

Listing 14.5 Ergebnisliste mit einem Berichtsdatum versehen

Die Datenbank liefert Ihnen eine Ergebnisliste mit den angeforderten Spalten und dem Berichtsdatum, das mit der Skalarfunktion `CURRENT_TIMESTAMP` angefordert wurde.

reportdatum	mitarbeiterid	name	vorname	gebdatum	eintrittsdatum
2016-04-03 11:32:11	1	Müller	Ralf	1970-12-20	1990-01-13
2016-04-03 11:32:11	2	Schneider	Petra	1965-03-07	1995-08-27
2016-04-03 11:32:11	3	Klein	Thomas	1970-12-20	1990-01-13
2016-04-03 11:32:11	4	Lang	Ute	1985-07-19	2005-06-07

Tabelle 14.4 Ergebnistabelle mit einem Reportdatum ausgeben

In diesem Abschnitt haben Sie erfahren, wie Sie aktuelle Datumswerte abfragen. In Abschnitt 14.3 zeige ich Ihnen, wie Sie Datumsangaben formatiert ausgeben. Wenn Sie möchten, lösen Sie, bevor Sie sich dem nächsten Abschnitt widmen, die Übungen in Abschnitt 14.2.3.

14.2.3 Übungen zum Thema »Skalarfunktionen für Zeit- und Datumsangaben«

Übung 1

Welche Norm beschreibt, wie ein Datum zu notieren ist?

Übung 2

Formulieren Sie einen **SELECT**-Befehl, in dem Sie die Spalten *name*, *vorname*, *urlaubstage* und *urlaubgenommen* der Tabelle *mitarbeiter* abfragen. Geben Sie bitte zusätzlich in jeder Zeile das aktuelle Datum unter dem Spaltenalias *datumstandurlaub* aus.

Lösung zu Übung 1

Die Norm ISO 8601.

Lösung zu Übung 2

```
SELECT
  name,
  vorname,
  urlaubstage,
  urlaubgenommen,
```

```
    CURRENT_TIMESTAMP AS datumstandurlaub
FROM
    mitarbeiter;
```

Listing 14.6 Lösung für Übung 2

14.3 Zeit- und Datumsangaben formatieren

Manchmal ist es gewünscht, ein Datum in einem anderen Format als ISO 8901 darzustellen. Der SQL-Standard gibt hier leider keine Vorgaben und ist uns daher keine große Hilfe. Allein bei unserer kleinen Auswahl von Datenbanksystemen wie MS SQL Server, PostgreSQL oder MySQL finden sich hier drei Funktionen, die für die Formatierung von Datumsangaben verwendet werden können. Allen gemein ist, das sie mit sogenanntem *Pattern* (englisch für »Muster«) auf einen Datumswert angewendet werden. Das bedeutet aber leider noch nicht, dass die Muster bei jedem Datenbanksystem die gleiche Bedeutung haben. Diese Tatsache macht es leider notwendig, das Thema der Formatierung von Datumsangaben auf drei Abschnitte zu verteilen. In Abschnitt 14.3.1 beschreibe ich für diejenigen, die eine MySQL-Datenbank verwenden, wie sie Datumsangaben formatieren. Abschnitt 14.3.2 ist den Lesern gewidmet, die eine PostgreSQL-Datenbank einsetzen. Wenn Sie mit einer MS-SQL-Server-Datenbank arbeiten, dann sind Sie in Abschnitt 14.3.3 richtig aufgehoben, um mit Datumsformatierungen vertraut zu werden.

14.3.1 Datumsformatierung unter MySQL (DATE_FORMAT)

Als Erstes stelle ich Ihnen in Listing 14.7 die Syntax der Datumsformatierung für eine MySQL-Datenbank vor.

```
DATE_FORMAT(datum,format)
```

Listing 14.7 Syntax zur Formatierung von Datumswerten in einer MySQL-Datenbank

Die Skalarfunktion beginnt mit dem Funktionsnamen `DATE_FORMAT`, gefolgt von einer offenen Klammer und einem Spalten- oder Literalwert, der wiederum einem Datum entsprechen muss. In der Methodenparameterliste folgt durch ein Komma getrennt das Datumsformat, in dem der Datumswert ausgegeben werden soll. Abgeschlossen wird die Skalarfunktion wie üblich durch eine geschlossene Klammer.

Das Datumsformat setzt sich aus unterschiedlichen Abkürzungen zusammen, mit denen Sie ein Muster für das Datum bestimmen können. Als Nächstes nutzen wir ein Datumsmuster, um für die vorherige Auswertung aus Listing 14.5 eine Ausgabe in der hierzulande üblichen Datumsformatierung `dd.mm.yyyy` zu erzielen.

14.3 Zeit- und Datumsangaben formatieren

Das Kürzel dd steht hier für Tag (*day*), mm für Monat (*month*) und yyyy für Jahr (*year*). Das Datumsformat für die Formatierungsfunktion in MySQL würde dann aus folgenden Formatmustern zusammengesetzt. Ein Formatmuster beginnt in einer MySQL-Datenbank immer mit einem Prozentzeichen, gefolgt vom eigentlichen Muster.

Formatmuster	Beschreibung
%d	00 bis 31, der Tag eines Monats, numerisch zweistellig
%m	00 bis 12, der Monat eines Jahres, numerisch zweistellig
%Y	Steht für eine vierstellige Jahresangabe.

Tabelle 14.5 Eine kleine Auswahl der Formatmuster in einer MySQL-Datenbank

Aus diesen drei Formatmustern können Sie ein Datumsmuster erstellen, das die Anforderung der hierzulande verwendeten Schreibweise für ein Datum umsetzt. Hierzu schreiben Sie zur Formatierung eines Datums die Formatmuster in der gewünschten Reihenfolge hintereinander.

Bestimmt fällt Ihnen auf, dass ich jeweils zwischen den Formatmustern einen Punkt platziert habe, wie er in der hierzulande gebräuchlichen Schreibweise verwendet wird. Sie können hier auch beliebige andere Zeichen oder Zeichenketten einsetzen. Achten Sie bei der Verwendung von Datumsformatmustern immer auf Groß- und Kleinschreibung, da hier jeweils eine andere Formatierung zugeordnet sein kann.

Die gebräuchlichsten Muster einer MySQL-Datenbank finden Sie in Tabelle 14.6. Mit diesen Vorlagen sollten Sie alle wichtigen Daten darstellen können.

Muster	Beschreibung
%a	abgekürzter Wochentag wie Mo., Di., Mi., …
%b	abgekürzter Monat wie Jan., Feb., …
%c	numerische Monatsangabe von 0 bis 12
%D	Tag des Monats mit englischer Erweiterung: 1st, 2nd, …
%d	Tag des Monats numerisch von 00 bis 31
%e	Tag des Monats numerisch von 0 bis 31
%f	Mikrosekunden
%H	Stunde eines Tages von 00 bis 23

Tabelle 14.6 Gebräuchliche Formatmuster einer MySQL-Datenbank

Muster	Beschreibung
%h	Stunde eines Tages von 01 bis 12
%i	Minute, numerisch von 00 bis 59
%j	Tag eines Jahres von 001 bis 366
%k	Stunde von 0 bis 23
%l	Stunde von 1 bis 12
%M	Monatsname von Januar bis Dezember
%m	Monat, numerisch von 00 bis 12
%p	Vormittagsangabe AM oder Nachmittagsangabe PM
%r	Zeit gemäß 12-Stunden-Notation gefolgt von AM oder PM
%S	Sekunden von 00 bis 59
%T	Zeitangabe im Format hh:mm:ss
%U	Wochenangabe von 00 bis 53 mit einem Wochenbeginn am Sonntag
%u	Wochenangabe von 00 bis 53 mit einem Wochenbeginn am Montag
%W	Wochentagsbezeichnung von Sonntag bis Samstag
%Y	numerische Jahresangabe vierstellig
%y	numerische Jahresangabe zweistellig

Tabelle 14.6 Gebräuchliche Formatmuster einer MySQL-Datenbank (Forts.)

Schauen wir uns nun den Gebrauch dieser Muster an.

Erweitern Sie dazu die SELECT-Abfrage aus Listing 14.5 unter Einsatz der DATE_FORMAT-Skalarfunktion, um das Datum gemäß dem Format dd.mm.yyyy auszugeben. In Listing 14.8 werden sämtliche Formatangaben der DATE_FORMAT Skalarfunktion mit dem Datumsmuster %d.%m.%Y übergeben.

```
SELECT
  DATE_FORMAT(CURRENT_TIMESTAMP,'%d.%m.%Y') AS reportdatum,
  mitarbeiterid,
  name,
  vorname,
  DATE_FORMAT(gebdatum,'%d.%m.%Y') AS gebdatum,
```

```
  DATE_FORMAT(eintrittsdatum,'%d.%m.%Y') AS eintrittsdatum
FROM
  mitarbeiter;
```

Listing 14.8 Datumsangaben formatiert in einer SELECT-Anweisung abfragen

Als Ergebnis erhalten Sie wie in Tabelle 14.7 gezeigt eine Liste sämtlicher Mitarbeiter und deren Geburtsdatum und Eintrittsdatum sowie das Erstellungsdatum der Auswertung zurück. Die Datumsangaben sind nach Ihren Vorgaben formatiert.

reportdatum	mid	name	vorname	gebdatum	eintrittsdatum
03.04.2016	1	Müller	Ralf	20.12.1970	13.01.1990
03.04.2016	2	Schneider	Petra	07.03.1965	27.08.1995
03.04.2016	3	Klein	Thomas	20.12.1970	13.01.1990
03.04.2016	4	Lang	Ute	19.07.1985	07.06.2005

Tabelle 14.7 Datumsangaben gemäß der Datumsformatierung »dd.mm.yyyy« ausgeben

Die Formatierung gemäß der hierzulande üblichen Schreibweise ist uns schon mal gut gelungen. Als Nächstes sollen die Monatsangaben in der Ergebnistabelle ausgeschrieben dargestellt werden. Um diese Anforderung zu erfüllen, benötigen Sie ein weiteres Formatmuster. Ein ausgeschriebener Monatsname wird mit dem Formatmuster %M umgesetzt. Um die Monatsangaben ausgeschrieben zu erhalten, ändern Sie Listing 14.8 geringfügig ab und ersetzen jeweils das Muster %m durch das Muster %M. Zudem entfernen Sie den Punkt hinter der Monatsbezeichnung und ergänzen hier ein Leerzeichen.

```
SELECT
  DATE_FORMAT(CURRENT_TIMESTAMP,'%d. %M %Y') AS reportdatum,
  mitarbeiterid,
  name,
  vorname,
  DATE_FORMAT(gebdatum,'%d. %M %Y') AS gebdatum,
  DATE_FORMAT(eintrittsdatum,'%d. %M %Y') AS eintrittsdatum
FROM
  mitarbeiter;
```

Listing 14.9 Datumsangaben formatiert in einer SELECT-Anweisung mit voll ausgeschriebenem Monat

Als Ergebnis erhalten wir Tabelle 14.8 zurück, in der sämtliche Datumsangaben mit einem ausgeschriebenen Monatsnamen wiedergegeben werden.

reportdatum	mid	name	vorname	gebdatum	eintrittsdatum
03. April 2016	1	Müller	Ralf	20. December 1970	13. January 1990
03. April 2016	2	Schneider	Petra	07. March 1965	27. August 1995
03. April 2016	3	Klein	Thomas	20. December 1970	13. January 1990
03. April 2016	4	Lang	Ute	19. July 1985	07. June 2005

Tabelle 14.8 Die Monatsangaben in einer Ergebnistabelle ausgeschrieben darstellen

Ihnen ist sicherlich aufgefallen, dass die Monatsangaben in Tabelle 14.8 in englischer Sprache ausgegeben wurden. Im nächsten Schritt sollen die Monatsangaben in deutscher Sprache sein. Hierzu müssen Sie eine Umgebungsvariable Ihrer MySQL-Datenbank auf de_DE setzen.

So ein Kürzel sagt der MySQL-Datenbank, dass sie die deutsche Sprache (de) in Bezug auf Deutschland (DE) verwenden soll – und nicht etwa die Sprache Deutsch nach den Konventionen der Schweiz. Diese Kürzelkombination besteht immer aus einer Abkürzung für die Sprache, gefolgt von einem Unterstrich und der Abkürzung für das Land, in dem die Sprache gesprochen wird. Die Umgebungsvariable setzen Sie durch den Befehl in Listing 14.10:

`SET LC_TIME_NAMES=de_DE;`

Listing 14.10 Umgebungsvariable für die deutsche Zeit einstellen

Mit dem Kommando SET sagen Sie der Datenbank, dass Sie einen Wert für eine Systemvariable setzen möchten. In der Systemvariable LC_TIME_NAMES werden die Informationen über die Sprachausgaben der Datenbank gespeichert. Dieser Variablen ordnen wir die Sprach- und die Länderkennung de_DE zu.

Gleich im Anschluss führen wir noch einmal die in Listing 14.9 dargestellte SELECT-Anweisung aus.

Endlich! Als Ergebnis liefert Ihnen die MySQL-Datenbank die Datumsangaben jetzt in deutscher Lokalisierung. Die Spalten mit Datumsangaben enthalten die Bezeichnungen der Monate in deutscher Sprache.

reportdatum	mid	name	vorname	gebdatum	eintrittsdatum
03. April 2016	1	Müller	Ralf	20. Dezember 1970	13. Januar 1990
03. April 2016	2	Schneider	Petra	07. März 1965	27. August 1995

Tabelle 14.9 Monatsangaben gemäß der Lokalisierung der deutschen Sprache ausgeben

reportdatum	mid	name	vorname	gebdatum	eintrittsdatum
03. April 2016	3	Klein	Thomas	20. Dezember 1970	13. Januar 1990
03. April 2016	4	Lang	Ute	19. Juli 1985	07. Juni 2005

Tabelle 14.9 Monatsangaben gemäß der Lokalisierung der deutschen Sprache ausgeben

14.3.2 Datumsformatierung unter PostgreSQL (TO_CHAR)

Zunächst stelle ich Ihnen die Syntax vor, wie Sie mittels einer Skalarfunktion in einer PostgreSQL-Datenbank Datumsangaben formatieren. Eingeleitet wird die Skalarfunktion mit TO_CHAR gefolgt von einer offenen Klammer und den Funktionsparametern, die den Datumswert und das Datumsformat kommasepariert an die Funktion übergeben. Abgeschlossen wird die Parameterübergabe wie üblich mit einer geschlossenen Klammer.

```
TO_CHAR(date,format)
```

Listing 14.11 Syntax zur Formatierung von Datumswerten in einer PostgreSQL-Datenbank

Das Datumsformat setzt sich aus unterschiedlichen Abkürzungen zusammen, mit denen Sie die Zusammensetzung eines Datums bestimmen können. Im nächsten Beispiel soll die vorherige Auswertung aus Listing 14.5 in einer hierzulande üblichen Datumsformatierung gemäß dem Format dd.mm.yyyy ausgegeben werden. Das Kürzel dd steht hier für Tag (*day*), das Kürzel mm für Monat (*month*) und das Kürzel yyyy für Jahr (*year*). In einer PostgreSQL-Datenbank würde dann aus folgenden Datumsfragmentstellvertretern ein Datumsformatmuster erstellt, das dem hierzulande gebräuchlichen Datumsformat entspricht.

Formatmuster	Beschreibung
DD	Tag eines Monats von 1 bis 31
MM	Monat eines Jahres von 1 bis 12
YYYY	Jahresangabe vierstellig

Tabelle 14.10 Eine kleine Auswahl der Datumsformat-Muster einer PostgreSQL-Datenbank

Zur Formatierung eines Datums schreiben Sie die Formatmuster in der gewünschten Reihenfolge hintereinander. Bestimmt fällt Ihnen auf, dass ich jeweils zwischen den Formatmustern einen Punkt platziert habe, wie es hierzulande üblich ist. Sie können auch beliebige andere Zeichen oder Zeichenketten einsetzen. Achten Sie dabei immer auf Groß- und Kleinschreibung, da hier jeweils ein anderes Datumsformat zugeordnet sein kann.

Die gebräuchlichsten Formatmuster einer PostgreSQL-Datenbank finden Sie in Tabelle 14.11. Beachten Sie bitte, dass es sich um PostgreSQL-spezifische Muster handelt, die Sie nicht in anderen Datenbanken einsetzen können. Es gibt leider keine einheitliche Vorgehensweise für die Spezifikation von Datumsformatmustern.

Muster	Beschreibung
HH	Stunde des Tages von 01 bis 12
HH24	Stunde des Tages von 00 bis 23
MI	Minute von 00 bis 59
SS	Sekunde von 00 bis 59
AM oder PM	Vormittagsangabe (AM) bzw. Nachmittagsangabe (PM)
YYYY	vierstellige Jahresangabe
YYY	die letzten drei Ziffern eines Jahres
YY	die letzten zwei Ziffern einer Jahreszahl
Y	die letzte Ziffer einer Jahreszahl
MONTH	ausgeschriebene Monatsangabe in Großschreibung
month	ausgeschriebene Monatsangabe in Kleinschreibung
MON	abgekürzte Schreibweise einer Monatsangabe in Großschreibung
Mon	abgekürzte Schreibweise einer Monatsangabe, beginnend mit einem Großbuchstaben
mon	abgekürzte Schreibweise einer Monatsangabe in Kleinschreibung
MM	numerische Monatsangabe von 01 bis 12
DAY	Bezeichnung des Tages in Großschreibung
Day	Bezeichnung des Tages mit einem beginnenden Großbuchstaben
day	Bezeichnung des Tages in Kleinschreibung
DY	abgekürzte Schreibweise des Tages in Großschreibung

Tabelle 14.11 Gebräuchliche Formatmuster einer PostgreSQL-Datenbank

14.3 Zeit- und Datumsangaben formatieren

Muster	Beschreibung
Dy	abgekürzte Schreibweise des Tages beginnend mit einem Großbuchstaben
dy	abgekürzte Schreibweise des Tages in Kleinschreibung
DDD	Tag des Jahres von 001 bis 366
DD	Tag des Monats von 01 bis 31
D	Tag der Woche von 1 bis 7
W	Woche des Monats von 1 bis 5
WW	Woche des Jahres von 1 bis 53
Q	Quartal des Jahres
TM Prefix	Gibt den Übersetzungsmodus für das Formatmuster gemäß der gesetzten LC_TIME an und wird vor einem Formatmusterfragment gesetzt. Zum Beispiel gibt TM_Month an, dass das Formatmuster Month gemäß dem Wert der LC_TIME-Variablen ausgegeben werden soll.

Tabelle 14.11 Gebräuchliche Formatmuster einer PostgreSQL-Datenbank (Forts.)

Erweitern wir jetzt die **SELECT**-Abfrage aus Listing 14.5, um das gewünschte Datumsformat zu erhalten:

```
SELECT
  TO_CHAR(CURRENT_TIMESTAMP,'DD.MM.YYYY') AS reportdatum,
  mitarbeiterid,
  name,
  vorname,
  TO_CHAR(gebdatum,'DD.MM.YYYY') AS gebdatum,
  TO_CHAR(eintrittsdatum,'DD.MM.YYYY') AS eintrittsdatum
FROM
  mitarbeiter;
```

Listing 14.12 Datumsangaben mit der Funktion TO_CHAR formatiert in einer SELECT-Anweisung abfragen

Als Ergebnisliste erhalten Sie von der PostgreSQL-Datenbank sämtliche Datumsangaben in der Spaltenauswahlliste Ihrer **SELECT**-Anweisung gemäß dem Format, wie sie es in der Datumsformatierung mit dem Muster DD.MM.YYYY festgelegt haben.

14 Mit Zeit und Datum arbeiten

reportdatum	mid	name	vorname	gebdatum	eintrittsdatum
03.04.2016	1	Müller	Ralf	20.12.1970	13.01.1990
03.04.2016	2	Schneider	Petra	07.03.1965	27.08.1995
03.04.2016	3	Klein	Thomas	20.12.1970	13.01.1990
03.04.2016	4	Lang	Ute	19.07.1985	07.06.2005

Tabelle 14.12 Datumsangaben gemäß der Datumsformatierung »dd.mm.yyyy« ausgeben

Die Datumsformatierung ist schon mal gut gelungen. Als Nächstes soll die Monatsbezeichnung in der Datumsausgabe ausgeschrieben dargestellt werden. Um diese Anforderung zu erfüllen, benötigen Sie ein weiteres Formatmuster. Ein ausgeschriebener Monatsname wird bei einer PostgreSQL-Datenbank über das Formatmuster Month angefordert. Wir ändern das Datumsmuster in Listing 14.12 geringfügig ab und ersetzen jeweils das Muster MM durch Month und ersetzen den Punkt hinter der Monatsbezeichnung durch ein Leerzeichen. Hinter dem Punkt eines Tages ergänzen wir ebenfalls ein Leerzeichen, so dass ein Datumsmuster wie folgt entsteht: DD. Month YYYY.

```
SELECT
  TO_CHAR(CURRENT_TIMESTAMP,'DD. Month YYYY') AS reportdatum,
  mitarbeiterid,
  name,
  vorname,
  TO_CHAR(gebdatum,'DD. Month YYYY') AS gebdatum,
  TO_CHAR(eintrittsdatum,'DD. Month YYYY') AS eintrittsdatum
FROM
  mitarbeiter;
```

Listing 14.13 Datumsangaben formatiert in einer SELECT-Anweisung mit voll ausgeschriebenen Monatnamen ausgeben

Als Ergebnisliste erhalten Sie Tabelle 14.13, in der die Monatsangaben voll ausgeschrieben sind.

reportdatum	mid	name	vorname	gebdatum	eintrittsdatum
03. April 2016	1	Müller	Ralf	20. December 1970	13. January 1990
03. April 2016	2	Schneider	Petra	07. March 1965	27. August 1995

Tabelle 14.13 Die Monatsangaben ausgeschrieben darstellen

reportdatum	mid	name	vorname	gebdatum	eintrittsdatum
03. April 2016	3	Klein	Thomas	20. December 1970	13. January 1990
03. April 2016	4	Lang	Ute	19. July 1985	07. June 2005

Tabelle 14.13 Die Monatsangaben ausgeschrieben darstellen (Forts.)

Das Ergebnis der letzten Auswertung in Tabelle 14.13 sieht schon ganz gut aus. Die Monatsangaben werden jedoch noch in englischer Sprache ausgegeben. Besser wäre es hingegen, wenn die Monatsangaben in deutscher Sprache erschienen. Hierzu müssen Sie eine Umgebungsvariable Ihrer PostgreSQL-Datenbank auf German_Germany setzen. Die Umgebungsvariable sagt der PostgreSQL-Datenbank, dass sie die deutsche Sprache in Bezug auf Deutschland verwenden soll – und nicht etwa Schweizerdeutsch. Die Umgebungsvariable setzen Sie mit dem Kommando SET, wie in Listing 14.14 zu sehen.

SET **LC_TIME**=German_Germany;

Listing 14.14 Lokale Datumsformatierung in der PostgreSQL-Datenbank einstellen

Die Systemvariable lautet hier **LC_TIME**, also lokale Zeit. Dieser Variablen ordnen wir die Sprach- und Länderkennung German_Germany zu.

Nachdem Sie die lokale Zeiteinstellung vorgenommen haben, müssen Sie im Datumsformatmuster auch angeben, dass diese lokale Zeiteinstellung verwendet werden soll. Das erreichen Sie, indem Sie TM (*Translation Mode*) vor dem Datumsformat notieren. Die folgende **SELECT**-Anweisung verwendet ein Datumsmuster, das den Translation Mode anwendet:

```
SELECT
  TO_CHAR(CURRENT_TIMESTAMP,'DD. TMMonth YYYY') AS reportdatum,
  mitarbeiterid,
  name,
  vorname,
  TO_CHAR(gebdatum,'DD. TMMonth YYYY') AS gebdatum,
  TO_CHAR(eintrittsdatum,'DD. TMMonth YYYY') AS eintrittsdatum
FROM
  mitarbeiter;
```

Listing 14.15 Datumsangaben formatiert in einer SELECT-Anweisung mit voll ausgeschriebenem Monat in der Landessprache, wie sie in der Umgebungsvariable LC_TIMES festgelegt wurde, ausgeben

Die PostgreSQL-Datenbank liefert Ihnen, wie in Tabelle 14.14 gezeigt, ein Ergebnis, in denen die Monatsangaben in deutscher Sprache und in ausgeschriebener Form dargestellt werden.

reportdatum	mid	name	vorname	gebdatum	eintrittsdatum
03. April 2016	1	Müller	Ralf	20. Dezember 1970	13. Januar 1990
03. April 2016	2	Schneider	Petra	07. März 1965	27. August 1995
03. April 2016	3	Klein	Thomas	20. Dezember 1970	13. Januar 1990
03. April 2016	4	Lang	Ute	19. Juli 1985	07. Juni 2005

Tabelle 14.14 Monatsangaben gemäß der Lokalisierung der deutschen Sprache ausgeben

14.3.3 Datumsformatierung unter MS SQL Server (FORMAT)

Die Syntax der Datumsformatierung für eine MS-SQL-Server-Datenbank sehen Sie in Listing 14.16:

FORMAT(wert,format[,lokalisierung])

Listing 14.16 Syntax zur Formatierung von Datumswerten in einer MS-SQL-Server-Datenbank

Der Aufruf beginnt mit dem Namen der Funktion, der schlicht und ergreifend FORMAT lautet, gefolgt von einer offenen Klammer und einem Spalten- oder Literalwert, der einem Datum entspricht. In der Methodenparameterliste folgt nun durch ein Komma getrennt das Datumsformat. Optional können Sie die Sprache und Land als Parameter in der Form de_DE angeben. Abgeschlossen wird der Aufruf wie üblich durch eine geschlossene Klammer.

Das Datumsformat setzt sich aus unterschiedlichen Abkürzungen zusammen, mit denen Sie die Zusammensetzung eines Datums bestimmen können. Eine vollständige Auflistung der verfügbaren Optionen finden Sie in Tabelle 14.15.

Muster	Beschreibung
d	der Tag eines Monats von 01 bis 31
ddd	abgekürzter Tag des Monats von Mon. bis Son.
dddd	die vollständige Bezeichnung eines Wochentages von Montag bis Sonntag
h	Stunde eines Tages von 1 bis 12

Tabelle 14.15 Gebräuchliche Formatmuster einer MS-SQL-Server-Datenbank

Muster	Beschreibung
H	Stunde des Tages von 0 bis 23
HH	Stunde des Tages von 01 bis 23
m	die Minute einer Stunde von 0 bis 59
mm	die Minute einer Stunde von 00 bis 59
MMM	der abgekürzte Monatsname eines Jahres von Jan. bis Dez.
MMMM	voll ausgeschriebene Monatsbezeichnung eines Jahres von Januar bis Dezember
s	die Sekunde einer Minute von 0 bis 59
ss	die Sekunde einer Minute von 00 bis 59
tt	Vormittagsangabe AM und Nachmittagsangabe PM gemäß englischer Notation
y	Jahresangabe von 0 bis 99
yy	Jahresangabe von 00 bis 99
yyyy	Jahresangabe vierstellig

Tabelle 14.15 Gebräuchliche Formatmuster einer MS-SQL-Server-Datenbank (Forts.)

Bringen wir nun unser Beispiel aus Listing 14.5 in die übliche Datumsformatierung gemäß dem Format dd.mm.yyyy. Das Kürzel dd steht hier für Tag (*day*), das Kürzel mm für Monat (*month*) und das Kürzel yyyy für Jahr (*year*). Das Datumsformat für die Formatierungsfunktion innerhalb einer MS-SQL-Datenbank wird mit Hilfe der Formatmuster aus Tabelle 14.16 zusammengesetzt.

Muster	Beschreibung
dd	Tag des Monats von 01 bis 31
MM	Monat des Jahres von 01 bis 12
yyyy	Jahreszahl 4-stellig

Tabelle 14.16 Eine kleine Auswahl der Datumsformat-Muster einer MS-SQL-Server-Datenbank

Diese drei Muster schreiben wir hintereinander und erhalten so dd.MM.yyyy. Bestimmt fällt Ihnen auf, dass ich jeweils zwischen den Formatmustern einen Punkt platziert habe, wie es im deutschsprachigen Raum üblich ist. Sie können hier auch beliebige andere Zeichen oder Zeichenketten einsetzen. Das sei nur ein Hinweis am Rande. Achten Sie immer auf Groß- und Kleinschreibung der Formatmuster, da hier jeweils eine andere Formatierung zugeordnet sein kann.

Erweitern wir jetzt die SELECT-Abfrage aus Listing 14.5 und verwenden die FORMAT-Funktion, um ein Datum formatiert auszugeben. In Listing 14.8 werden sämtliche Datumsangaben der FORMAT-Funktion mit dem Datumsmuster dd.MM.yyyy und dem aktuellen Zeitstempel übergeben.

```
SELECT
  FORMAT(CURRENT_TIMESTAMP,'dd.MM.yyyy') AS reportdatum,
  mitarbeiterid,
  name,
  vorname,
  FORMAT(gebdatum,'dd.MM.yyyy') AS gebdatum,
  FORMAT(eintrittsdatum,'dd.MM.yyyy') AS eintrittsdatum
FROM
  mitarbeiter;
```

Listing 14.17 Datumsangaben formatiert in einer SELECT-Anweisung abfragen

Als Ergebnisliste erhalten Sie Tabelle 14.17 zurück, die uns sämtliche Datensätze aller Mitarbeiter mit der von Ihnen abgefragten Spaltenauswahlliste liefert. Die Datumsangaben der Spalten *reportdatum*, *gebdatum* und *eintrittsdatum* wurden entsprechend dem von uns festgelegten Datumsformat formatiert in der Ergebnisliste zurückgeliefert.

reportdatum	mid	name	vorname	gebdatum	eintrittsdatum
03.04.2016	1	Müller	Ralf	20.12.1970	13.01.1990
03.04.2016	2	Schneider	Petra	07.03.1965	27.08.1995
03.04.2016	3	Klein	Thomas	20.12.1970	13.01.1990
03.04.2016	4	Lang	Ute	19.07.1985	07.06.2005

Tabelle 14.17 Datumsangaben gemäß der Datumsformatierung »dd.mm.yyyy« ausgeben

Das Ergebnis aus Tabelle 14.17 sieht schon mal gut aus. Als Nächstes soll das Datum voll ausgeschrieben in den Ergebnistabellen enthalten sein. Um diese Anforderung zu erfüllen, benötigen Sie ein weiteres Formatmuster. Ein ausgeschriebener Monatsname wird bei einer MS-SQL-Server-Datenbank über das Muster MMMM dargestellt. Um diese Anforderung zu realisieren, ändern wir Listing 14.8 wieder geringfügig ab und ersetzen jeweils das Muster MM durch MMMM, und entfernen den Punkt hinter der Monatsbezeichnung und ergänzen hier anstelle dessen ein Leerzeichen. Hinter dem Punkt eines Tages und eines Monats ergänzen wir ebenfalls ein Leerzeichen, so dass ein Datumsmuster wie folgt entsteht: dd. MMMM yyyy.

```
SELECT
  FORMAT(CURRENT_TIMESTAMP,'dd. MMMM yyyy') AS reportdatum,
  mitarbeiterid,
  name,
  vorname,
  FORMAT(gebdatum,'dd. MMMM yyyy') AS gebdatum,
  FORMAT(eintrittsdatum,'dd. MMMM yyyy') AS eintrittsdatum
FROM
  mitarbeiter;
```

Listing 14.18 Datumsangaben formatiert in einer SELECT-Anweisung mit voll ausgeschriebenen Monatnamen ausgeben

Die MS-SQL-Server-Datenbank liefert Ihnen nun in Tabelle 14.18 die ausgeschriebenen Monatsbezeichnungen zurück.

reportdatum	mid	name	vorname	gebdatum	eintrittsdatum
03. April 2016	1	Müller	Ralf	20. Dezember 1970	13. Januar 1990
03. April 2016	2	Schneider	Petra	07. März 1965	27. August 1995
03. April 2016	3	Klein	Thomas	20. Dezember 1970	13. Januar 1990
03. April 2016	4	Lang	Ute	19. Juli 1985	07. Juni 2005

Tabelle 14.18 Monatsangaben in deutscher Sprache ausgeben

Wie Sie Datumswerte formatiert ausgeben, haben Sie in diesem Abschnitt erfahren. In Abschnitt 14.4 zeige ich Ihnen, wie Sie einzelne Bestandteile eines Datums extrahieren. Gerne biete ich Ihnen zuvor wieder die Gelegenheit, in Abschnitt 14.3.4 Übungen zu lösen, um mit der Formatierung von Datums- und Zeitangaben intensiver vertraut zu werden.

14.3.4 Übungen zum Thema »Zeit- und Datumsangaben formatieren«

Übung 1

Nutzen Sie die Kurzform einer SELECT-Abfrage, um mit einem aktuellen Zeitstempel die Uhrzeit in der Form 13:00:00 formatiert auszugeben. Nutzen Sie jeweils die Formatmuster, die für Ihre Datenbank Verwendung finden.

Übung 2

Formulieren Sie eine Abfrage, in der die Spalten *name*, *vorname*, *gebdatum* und *eintrittsdatum* der Tabelle *mitarbeiter* enthalten sind. Das Geburtsdatum soll hier wie wie folgt ausgegeben werden: 01. August 1990. Das Eintrittsdatum wiederum soll gemäß folgendem Beispiel dargestellt werden: 01.04.89.

Achten Sie bei dieser Übung darauf, welches Datenbanksystem Sie verwenden. Bei einer MySQL-Datenbank bietet sich zur Lösung dieser Übung die Skalarfunktion **DATE_FORMAT** an. Bei einer PostgreSQL-Datenbank greifen Sie zur Lösung dieser Übung zur Skalarfunktion **TO_CHAR** an. Falls Sie mit einer MS-SQL-Server-Datenbank arbeiten, führt die **FORMAT**-Skalarfunktion zur Lösung dieser Übung. Achten Sie auch auf die Formatmuster, die Ihnen zur Verfügung stehen.

Lösung zu Übung 1

```
/* MySQL-Variante */
SELECT
  DATE_FORMAT(CURRENT_TIMESTAMP,'%H: %i %S')
    AS aktuelleuhrzeit;

/* PostgreSQL-Variante */
SELECT
  TO_CHAR(CURRENT_TIMESTAMP,'HH24:MI:SS')
    AS aktuelleuhrzeit;

/* MS-SQL-Server-Variante */
SELECT
  FORMAT(CURRENT_TIMESTAMP,'HH:mm:ss')
    AS aktuelleuhrzeit;
```

Listing 14.19 Die aktuelle Uhrzeit formatiert ausgeben

Lösung zu Übung 2

```
/* MySQL-Datenbank-Variante */
SELECT
  name,
  vorname,
  DATE_FORMAT(gebdatum,'%d %M %Y'),
  DATE_FORMAT(eintrittsdatum,'%d.%m.%y')
FROM
  mitarbeiter;
```

```
/* PostgreSQL-Variante */
SELECT
  name,
  vorname,
  TO_CHAR(gebdatum,'DD TMMonth YYYY'),
  TO_CHAR(eintrittsdatum,'DD.MM.YY')
FROM
  mitarbeiter;

/* MS-SQL-Server-Variante */
SELECT
  name,
  vorname,
  FORMAT(gebdatum,'dd MMMM yyyy'),
  FORMAT(eintrittsdatum,'dd.MM.yy')
FROM
  mitarbeiter;
```

Listing 14.20 Datumsangaben formatiert ausgeben für MySQL, PostgreSQL und MS SQL Server

14.4 Datumsangaben extrahieren (EXTRACT)

In diesem Kapitel zeige ich Ihnen, wie Sie Bestandteile eines Datums extrahieren. SQL sieht für diese Aufgabe eine Skalarfunktion mit der Bezeichnung **EXTRACT** vor, die Sie in Listing 14.21 finden:

`EXTRACT(teileeinesdatums FROM datum)`

Listing 14.21 Syntax für die Anwendung der SQL-EXTRACT-Skalarfunktion

Diese Funktion bekommt zwei Parameter übergeben.

Als Erstes steht der Parameter `teileeinesdatums`, der angibt, welchen Teil eines Datums Sie extrahieren möchten. Dies kann der Tag eines Monats, ein Monat eines Jahres oder aber auch das Jahr selbst sein.

Als zweites geben Sie hinter dem Schlüsselwort **FROM** den Parameter `datum` an, der dem Wert des Datums entspricht, aus dem ein Teil extrahiert werden soll. Die SQL-konforme Skalarfunktion wird von der MySQL- und PostgreSQL-Datenbank unterstützt.

In Tabelle 14.19 und Tabelle 14.20 finden Sie die gebräuchlichsten Datumsbestandteile, über die Sie mit der **EXTRACT**-Skalarfunktion Datumsangaben extrahieren. Tabelle 14.19 gilt dabei für die MySQL-Datenbank, Tabelle 14.20 für die PostgreSQL-Datenbank.

Datumsextrakt	Beschreibung
SECOND	die Sekunde einer Minute
MINUTE	die Minute einer Stunde
HOUR	die Stunde eines Tages
DAY	der Tag eines Monats
WEEK	die Woche eines Jahres
MONTH	der Monat eines Jahres
QUARTER	das Quartal eines Jahres
YEAR	das Jahr
MINUTE_SECOND	Sekunde einer Minute
HOUR_MINUTE	Minute einer Stunde
DAY_HOUR	Stunde eines Tages

Tabelle 14.19 Extraktionsmuster für Datumsangaben für eine MySQL-Datenbank

Datumsextrakt	Beschreibung
day	Tag eines Monats
month	Monat eines Jahres
year	das Jahr
hour	Stunde eines Tages
minute	Minute einer Stunde
second	Sekunde einer Minute
quarter	Quartal eines Jahres
week	Woche eines Jahres

Tabelle 14.20 Extraktionsmuster für Datumsangaben für eine PostgreSQL-Datenbank

Beide Datenbanken verwenden zwar gemäß dem SQL-Standard die **EXTRACT**-Funktion, um Datumsbestandteile zu extrahieren, bieten jedoch unterschiedliche Extraktionsmuster an.

14.4 Datumsangaben extrahieren (EXTRACT)

Die Microsoft-SQL-Server-Datenbank fordert einen anderen Aufruf mit der Bezeichnung **DATEPART**. Als Parameter bekommt diese Skalarfunktion ebenfalls mitgeteilt, welcher Datumsanteil eines Datums extrahiert werden soll, sowie durch ein Komma separiert das Datum, auf die die Funktion angewendet werden soll:

```
DATEPART(teileeinesdatums,datum)
```

Listing 14.22 Syntax für die Anwendung der MS-SQL-Server-spezifischen DATEPART-Skalarfunktion zur Extraktion von Datumsbestandteilen

Im nächsten Beispiel betrachten wir eine **SELECT**-Anweisung, in der sämtliche Mitarbeiter mit ihrem Namen, Vornamen, Eintrittsdatum, Austrittsdatum und (falls vorhanden) Geburtsdatum abgefragt werden. Bei den bis jetzt aufgeführten Datumsangaben sollen lediglich die Jahreszahlen ausgegeben werden. Auf die Spalte *reportdatum* soll hier verzichtet werden. Die Leser, die mit einer MS-SQL-Server-Datenbank arbeiten, finden ein Beispiel in Listing 14.24. Die SQL-Standard-konforme Lösung ist in Listing 14.23 dargestellt.

```
SELECT
  name,
  vorname,
  EXTRACT(year FROM gebdatum) AS gebdatumjahr,
  EXTRACT(year FROM eintrittsdatum) AS eintrittsdatumjahr
FROM
  mitarbeiter;
```

Listing 14.23 Jahresangabe eines Datums in einer SELECT-Abfrage extrahieren

Als Ergebnis erhalten Sie Tabelle 14.21 zurück, in der die MySQL-Datenbank durch die Skalarfunktion **EXTRACT** die Jahreszahlen extrahiert hat.

name	vorname	gebdatumjahr	eintrittsdatumjahr
Müller	Ralf	1970	1990
Schneider	Petra	1965	1995
Klein	Thomas	1970	1990
Lang	Ute	1985	2005

Tabelle 14.21 Jahresangaben aus einem Datum extrahieren

Natürlich möchte ich an dieser Stelle auch nicht die Leser enttäuschen, die mit einer MS-SQL-Server-Datenbank arbeiten. Hierzu modifizieren wir einfach die Abfrage aus

Listing 14.23 ein wenig und verwenden anstelle der ANSI-Skalarfunktion **EXTRACT** die MS-SQL-Server-Variante **DATEPART**, wie in Listing 14.24 gezeigt.

```
SELECT
  name,
  vorname,
  DATEPART(year,gebdatum) AS gebdatumjahr,
  DATEPART(year,eintrittsdatum) AS eintrittsdatumjahr
FROM
  mitarbeiter;
```

Listing 14.24 Jahresangabe eines Datums in einer SELECT-Abfrage auf einem MS-SQL-Server-Datenbanksystem extrahieren

In Tabelle 14.22 sehen Sie das Ergebnis der Abfrage. Die Datenbank liefert Ihnen die extrahierten Datumsangaben für die Spalten *gebdatum* und *eintrittsdatum* zurück.

name	vorname	gebdatumjahr	eintrittsdatumjahr
Müller	Ralf	1970	1990
Schneider	Petra	1965	1995
Klein	Thomas	1970	1990
Lang	Ute	1985	2005

Tabelle 14.22 Jahresangaben aus einem Datum extrahieren

In Tabelle 14.23 finden Sie die gebräuchlichsten Datumsbestandteile **DATEPART**-Skalarfunktion der MS-SQL-Server-Datenbank, mit denen Sie einen Datumswert extrahieren können.

Datumsextrakt	Beschreibung
year	das Jahr eines Datums
quarter	das Quartal eines Jahres
month	der Monat eines Jahres
dayofyear	der Tag eines Jahres
day	der Tag eines Monats
week	die Woche eines Jahres

Tabelle 14.23 Extraktionsmuster für Datumsangaben für eine MS-SQL-Server-Datenbank

Datumsextrakt	Beschreibung
hour	die Stunde eines Tages
minute	die Minute einer Stunde
second	die Sekunde einer Minute

Tabelle 14.23 Extraktionsmuster für Datumsangaben für eine MS-SQL-Server-Datenbank (Forts.)

In diesem Abschnitt haben Sie die Anwendung von Extraktionsmustern auf Datumswerte kennengelernt. Im nächsten Abschnitt zeige ich Ihnen, wie Sie mit Datumswerten rechnen. Zuvor biete ich Ihnen wie gewohnt in Abschnitt 14.4.1 die Gelegenheit, die Vorgehensweise zum Extrahieren von Datumsbestandteilen in den Übungen zu wiederholen.

14.4.1 Übungen zum Thema »Zeit- und Datumsangaben extrahieren«

Übung 1

Bitte extrahieren Sie aus den Spaltenwerten der Spalte *austrittsdatum* der Tabelle *mitarbeiter* lediglich die Jahresangabe. In die Spaltenauswahlliste nehmen Sie die Spalten *name* und *vorname* mit auf, um das Austrittsjahr einem Mitarbeiter zuordnen zu können.

Übung 2

In dieser Übung ermitteln Sie, in welchen Monaten Bonuszahlungen ausgezahlt wurden. Die Tabelle *bonus* enthält eine Spalte mit der Bezeichnung *auszahlungsdatum*. Diese können Sie nutzen, um die Monatsangabe aus den Spaltenwerten des Auszahlungsdatums zu extrahieren. In der Ergebnisliste sollen auch die Spalten *mitarbeiterid* und *bonuszahlung* enthalten sein.

Wenn Sie mit der MySQL- oder PostgreSQL-Datenbank arbeiten, können Sie die ANSI-SQL-konforme Skalarfunktion **EXTRACT** verwenden, um diese Übung durchzuführen. Arbeiten Sie mit einer MS-SQL-Server-Datenbank, dann verwenden Sie die **DATEPART**-Skalarfunktion.

Lösung zu Übung 1

```
/* MySQL- und PostgreSQL-Datenbank-Variante */
SELECT
  name,
```

```
  vorname,
  EXTRACT(YEAR FROM austrittsdatum)
FROM
  mitarbeiter;

/* MS-SQL-Server-Datenbank-Variante */
SELECT
  name,
  vorname,
  DATEPART(year,austrittsdatum)
FROM
  mitarbeiter;
```

Listing 14.25 Jahresangabe aus einem Datumswert extrahieren

Lösung zu Übung 2

```
/* MySQL- und PostgreSQL-Datenbank-Variante */
SELECT
  mitarbeiterid,
  bonuszahlung,
  EXTRACT(month FROM auszahlungsdatum)
FROM
  bonus;

/* MS-SQL-Server-Datenbank-Variante */
SELECT
  mitarbeiterid,
  bonuszahlung,
  DATEPART(month,auszahlungsdatum)
FROM
  bonus;
```

Listing 14.26 Monatsangabe aus einem Datumswert extrahieren

14.5 Mit Datumsangaben rechnen

Ob es sich um eine Sekunde, eine Minute oder eine Stunde handelt, jede Zeiteinheit hat einen Beginn und ein Ende. Die kleinste Zeiteinheit, die wir betrachten, ist die Sekunde. Es folgt eine Minute, die wiederum 60 Sekunden enthält. Eine Stunde dauert wiederum 60 Minuten. Es gibt natürlich noch weitere Zeitintervalle. Und auch wenn wir mit Datumsangaben rechnen, bezieht sich die Berechnung immer auf Intervalle.

14.5 Mit Datumsangaben rechnen

Stellen wir uns jetzt einfach mal vor, wir würden einen Urlaub planen. Nach unserer Vorstellung beginnt der Urlaub am 2. Januar 2017 und endet am 10. Januar 2017. Jetzt möchten wir den Urlaub um drei Tage verlängern.

In Abbildung 14.1 sehen Sie zwei Intervalle. Das erste geht vom 2. Januar bis zum 10. Januar. Das zweite Intervall ist drei Tage lang und stellt somit unsere Urlaubsverlängerung dar. Schließlich werden diese beiden Intervalle durch eine Addition zusammengefügt, und der Urlauszeitraum verlängert sich um 3 Tage bis zum 13. Januar.

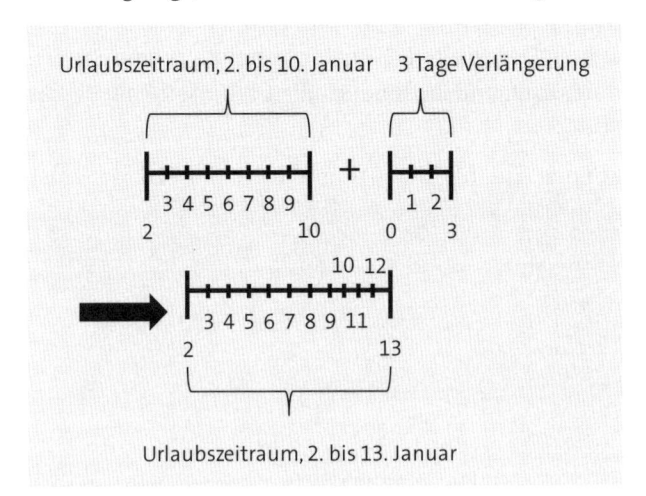

Abbildung 14.1 Intervallbetrachtungen

Wie lässt sich so etwas mit SQL realisieren? Wieder machen es uns die hier behandelten Datenbanken etwas schwer, denn in jeder funktioniert es ein bisschen anders. Arbeiten Sie mit einer MySQL-Datenbank, dann sind Sie in Abschnitt 14.5.1 richtig aufgehoben. Falls Sie eine PostgreSQL-Datenbank verwenden, dann sind Sie in Abschnitt 14.5.2 richtig. Sie verwenden eine MS-SQL-Server-Datenbank? Für Sie ist Abschnitt 14.5.3 vorgesehen.

14.5.1 Mit Datumswerten rechnen unter MySQL

Als Erstes betrachten wir die Syntax in Listing 14.27, die Sie verwenden können, um zu einem Datumswert ein Intervall zu addieren oder davon zu subtrahieren.

```
/* Intervall zu einem Datum addieren*/
SELECT DATE_ADD(datum,INTERVAL zahl datumeinheit)

/* Intervall von einem Datum subtrahieren*/
SELECT DATE_SUB(datevalue,INTERVAL zahl datumeinheit)
```

Listing 14.27 Ein Intervall von einem Datum abziehen bzw. hinzufügen

Hierzu nutzen wir wieder unsere Kurzform für eine **SELECT**-Anweisung. Wie aus der Syntax hervorgeht, wird für die Addition eines Intervalls zu einem Datum die Skalarfunktion `DATE_ADD` verwendet. Möchten Sie hingegen ein Intervall subtrahieren, so verwenden Sie die Skalarfunktion `DATE_SUB`.

Sehen wir uns die Parameter, die wir den Funktionen übergeben, genauer an. Die Parameterlisten der beiden Funktionen sind identisch. Das macht es uns etwas einfacher. Zuerst übergeben wir das Datum, zu dem ein Intervall addiert oder von dem ein Intervall subtrahiert wird. Es folgt ein Komma, und schließlich übergeben wir den Funktionen den zweiten Parameter. Der zweite Parameter besteht aus dem Schlüsselwort **INTERVAL**, gefolgt von einer Zahl, und letztendlich die Datumseinheit, die für die Zahl verwendet werden soll.

Folgende Datumseinheiten können Sie für den Parameter `datumseinheit` einer MySQL-Datenbank verwenden.

Datumseinheit
SECOND → Einheit für Sekunden
MINUTE → Einheit für Minuten
HOUR → Einheit für Stunden
DAY → Einheit für Tage
WEEK → Einheit für Wochen
MONTH → Einheit für Monate
QUARTER → Einheit für Quartale
YEAR → Einheit für Jahre

Tabelle 14.24 Datumseinheiten zum Addieren und Subtrahieren von Intervallen

Jetzt habe ich Sie mit den Werkzeugen ausgestattet, mit denen Sie ein kleines Beispiel bearbeiten können. Wir addieren zum Datumswert 2017-03-01 zehn Tage und nutzen wieder die Kurzform einer SELECT-Anweisung. In Tabelle 14.25 sehen Sie das Ergebnis.

```
SELECT DATE_ADD('2017-03-01',INTERVAL 10 DAY) AS datumaddition;
```

Listing 14.28 Ein Intervall zu einem Datumswert addieren

datumaddition
2017-03-11

Tabelle 14.25 Addition eines Intervalls zu einem Datum

14.5.2 Mit Datumswerten rechnen unter PostgreSQL

Als Erstes betrachten wir die Syntax in Listing 14.29, die Sie verwenden können, um zu Datumswerten Intervalle zu addieren oder zu subtrahieren. Hierzu nutzen wir wieder unsere Kurzform für eine **SELECT**-Anweisung.

```
/* Intervall zu einem Datum addieren */
SELECT DATE 'jahr-monat-tag' + INTERVAL 'x datumeinheit'

/* Intervall von einem Datum subtrahieren */
SELECT DATE 'jahr-monat-tag' - INTERVAL 'x datumeinheit'
```

Listing 14.29 Ein Intervall von einem Datum abziehen bzw. hinzufügen

Hinter dem **SELECT**-Schlüsselwort sehen Sie zunächst den Datentypen **DATE**, der einem Datumsliteral vorgestellt ist. Die PostgreSQL-Datenbank stellt so sicher, dass es sich bei den in Hochkommas eingeschlossenen Literal tatsächlich um ein Datum handelt und nicht um eine Zeichenkette.

In der Syntax verwende ich stellvertretend für ein Datumsliteral die Zeichenfolge jahr-monat-tag. Mit einem einfachen Plusoperator signalisieren wir der Datenbank schließlich, dass wir einen Zeitraum hinzuzufügen wollen. Hinter dem Pluszeichen notieren wir hierzu das Schlüsselwort **INTERVAL**, um der Datenbank mitzuteilen, dass es sich um ein zeitliches Intervall handelt, das wir zum Datumswert hinzuaddieren werden.

Was uns jetzt noch fehlt, ist der konkrete Zeitraum, den wir dem Literal hinzufügen wollen. Diesen Zeitraum notieren wir ebenfalls in einfachen Hochkommas. Der Zeitraum besteht wiederum aus zwei Komponenten: erstens ein ganzzahliger numerischer Wert, zweites die dazugehörige Einheit. Bei der Einheit kann es sich um Tage, Monate, Jahre etc. handeln.

In Tabelle 14.26 finden Sie eine Auswahl der Datumseinheiten, die Sie für den Parameter *datumeinheit* einer PostgreSQL-Datenbank verwenden können.

datumeinheit	Parameter
SECOND	Einheit für Sekunden
MINUTE	Einheit für Minuten
HOUR	Einheit für Stunden
DAY	Einheit für Tage
MONTH	Einheit für Monate

Tabelle 14.26 Datumseinheiten zum Addieren und Subtrahieren von Intervallen

datumeinheit	Parameter
YEAR	Einheit für Jahre

Tabelle 14.26 Datumseinheiten zum Addieren und Subtrahieren von Intervallen (Forts.)

Jetzt habe ich Sie mit den Werkzeugen ausgestattet, mit denen Sie ein kleines Beispiel bearbeiten können. Wir addieren zum Datumswert 2017-03-01 zehn Tage und nutzen wieder die Kurzform einer **SELECT**-Anweisung.

```
SELECT DATE '2017-03-01' + INTERVAL '10 DAY' AS datumaddition;
```

Listing 14.30 Ein Intervall zu einem Datumswert addieren

In Tabelle 14.27 sehen Sie das Ergebnis unserer Addition. Zum Datumswert 2017-03-01 wurde ein Intervall mit 10 Tagen addiert.

datumaddition
2017-03-11 00:00:00

Tabelle 14.27 Addition eines Intervalls zu einem Datum

14.5.3 Mit Datumswerten rechnen unter MS SQL Server

Als Erstes betrachten wir die Syntax in Listing 14.31, die Sie verwenden können, um Intervalle zu Datumswerten zu addieren oder davon zu subtrahieren. Hierzu nutzen wir wieder unsere Kurzform für eine **SELECT**-Anweisung.

```
/* Intervall zu einem Datum addieren */
SELECT DATEADD(datumeinheit,zahl,datum)

/* Intervall von einem Datum subtrahieren */
SELECT DATEADD(datumeinheit,-zahl,datum)
```

Listing 14.31 Ein Intervall von einem Datum abziehen bzw. hinzufügen

Wie aus der Syntax hervorgeht, wird für die Addition eines Intervalls zu einem Datum die Skalarfunktion **DATEADD** verwendet. Möchten Sie ein Intervall subtrahieren, so verwenden Sie ebenfalls die Skalarfunktion **DATEADD**.

Sehen wir uns die Parameter, die wir den Funktionen übergeben, genauer an. Zuerst übergeben wir die Einheit des Wertes, den wir hinzufügen oder abziehen wollen. Es folgt ein Komma, und schließlich übergeben wir der Funktion den zweiten Parameter. Hierbei handelt es sich um einen ganzzahligen numerischen vorzeichenbehafteten Wert, den wir einem Datum hinzufügen oder von einem Datum abziehen wollen.

Sie subtrahieren also ein Intervall, indem Sie schlicht und ergreifend ein negatives Vorzeichen für das zu subtrahierende Intervall verwenden. Als letzten Parameter übergeben wir den Funktionen schließlich den Datumswert, dem wir einen Intervallwert hinzufügen bzw. abziehen werden.

Folgende Auswahl der Datumseinheiten können Sie für den Parameter Datumseinheit (dateunit) einer MS-SQL-Server-Datenbank verwenden:

Datumseinheit
SECOND → Einheit für Sekunden
MINUTE → Einheit für Minuten
HOUR → Einheit für Stunden
DAY → Einheit für Tage
WEEK → Einheit für Wochen
MONTH → Einheit für Monate
QUARTER → Einheit für Quartale
YEAR → Einheit für Jahre

Tabelle 14.28 Datumseinheiten zum Addieren und Subtrahieren von Intervallen

Jetzt habe ich Sie mit den Werkzeugen ausgestattet, mit denen Sie ein kleines Beispiel bearbeiten können. Wir addieren zum Datumswert 2017-03-01 zehn Tage und nutzen wieder die Kurzform einer **SELECT**-Anweisung.

Vielleicht wundern Sie sich etwas darüber, dass hinter dem Datum ein T gefolgt von einer Zeitangabe angegeben wurde. Das T bedeutet Time und gibt an, das eine Zeitangabe folgt. Das ist erforderlich, wenn Sie der Funktion **DATEADD** ein Datum gemäß dem Format der Norm ISO 8601 übergeben.

```
SELECT DATEADD(day,10,'2017-03-01T00:00:00.000') AS datumaddition;
```

Listing 14.32 Ein Intervall zu einem Datumswert addieren

In Tabelle 14.29 sehen Sie das Ergebnis unserer Addition. Zum Datumswert 2017-03-01 wurde ein Intervall mit 10 Tagen addiert.

datumaddition
2017-03-11 00:00:00.000

Tabelle 14.29 Addition eines Intervalls zu einem Datum

> [*] **Zusammenfassung: Mit Zeit und Datum arbeiten**
>
> SQL bietet einige Skalarfunktionen an, die es ermöglichen, Zeit- und Datumsangaben zu formatieren und zu extrahieren. Auch eine Addition oder Subtraktion mit Datums- bzw. Zeitintervallen ist möglich. Die Umsetzung ist je nach verwendetem Datenbanksystem verschieden. Zur Ermittlung von Zeit- und Datumswerten stehen folgende Skalarfunktionen für die hier besprochenen Datenbanken zur Verfügung:
>
> - **CURRENT_DATE**: MySQL und PostgreSQL
> - **CURRENT_TIME**: MySQL und PostgreSQL
> - **CURRENT_TIMESTAMP**: MySQL, PostgreSQL und MS SQL Server
>
> Für die Formatierung von Zeit- und Datumsangaben wird die folgende Auswahl von Skalarfunktionen angeboten:
>
> - **DATE_FORMAT**: MySQL
> - **TO_CHAR**: PostgreSQL
> - **FORMAT**: MS SQL
>
> Für die Extraktion von Zeit- und Datumsangaben stehen folgende Skalarfunktionen zur Verfügung:
>
> - **EXTRACT**: MySQL und PostgreSQL
> - **DATEPART**: MS SQL
>
> Berechnungen können mit folgenden Skalarfunktionen bzw. Operatoren durchgeführt werden:
>
> - **DATE_ADD** oder **DATE_SUB**: MySQL
> - **+|- INTERVAL**: PostgreSQL
> - **DATEADD**: MS SQL
>
> Es gibt noch deutlich mehr Funktionen, die Sie in den Dokumentationen Ihrer Datenbank finden.

In diesem Kapitel haben Sie gelernt, wie Sie mit Zeit- und Datumsangaben arbeiten. Sie wissen jetzt, wie Sie Datumsangaben formatieren, extrahieren und Rechenoperationen mit Datumsangaben durchführen können. In Kapitel 15, »Spaltenwerte mit GROUP BY gruppieren«, werden wir uns dem Thema der Gruppierung von Spaltenwerten widmen, die Sie nutzen können, um in Abhängigkeit von Gruppen aus Spaltenwerten wiederum Aggregationen auf Werte anderer Spalten anzuwenden.

14.5.4 Übungen zum Thema »mit Datumsangaben rechnen«

Übung 1
Ermitteln Sie in der Kurzform einer SELECT-Anweisung das Datum, das aus einer Addition von 10 Monaten zum Datumswert 2017.04.01 resultiert.

Übung 2
Ermitteln Sie in der Kurzform einer SELECT-Anweisung das Datum, das aus einer Subtraktion von 10 Monaten vom Datumswert 2017.04.01 resultiert.

Lösung zu Übung 1

```
/* MySQL-Variante */
SELECT
  DATE_ADD('2017-04-01',INTERVAL 10 MONTH) AS additionmonate;

/* PostgreSQL-Variante */
SELECT
  DATE '2017-04-01' + INTERVAL '10 MONTH' AS additionmonate;

/* MS-SQL-Server-Variante */
SELECT
  DATEADD(MONTH,10,'2017-04-01T00:00:00.000')
    AS additionmonate;
```

Listing 14.33 Monate zu einem Datum addieren

Lösung zu Übung 2

```
/* MySQL-Variante */
SELECT
  DATE_SUB('2017-04-01',INTERVAL 10 MONTH)
    AS subtraktionmonate;

/* PostgreSQL-Variante */
SELECT
  DATE '2017-04-01' - INTERVAL '10 MONTH' AS subtraktionmonate;

/* MS-SQL-Server-Variante */
SELECT
  DATEADD(MONTH,-10,'2017-04-01T00:00:00.000')
    AS subtraktionmonate;
```

Listing 14.34 Monate von einem Datum subtrahieren

Kapitel 15
Spaltenwerte mit GROUP BY gruppieren

Gruppierungen und Funktionen, die Sie auf gruppierte Spaltenwerte anwenden können, ermöglichen vielfältige Berechnungen und Auswertungen mit Hilfe von SELECT-Anweisungen. Über eine Gruppe von Spaltenwerten können Sie z. B. Maximalwerte, Minimalwerte, Summen, Durchschnittswerte und die Anzahl der Zeilen einer Gruppe ermitteln.

SQL bietet Ihnen die **GROUP BY**-Klausel, die gleiche Spaltenwerte einer Spalte in Gruppen zusammenfasst. Betrachten Sie hierzu Abbildung 15.1.

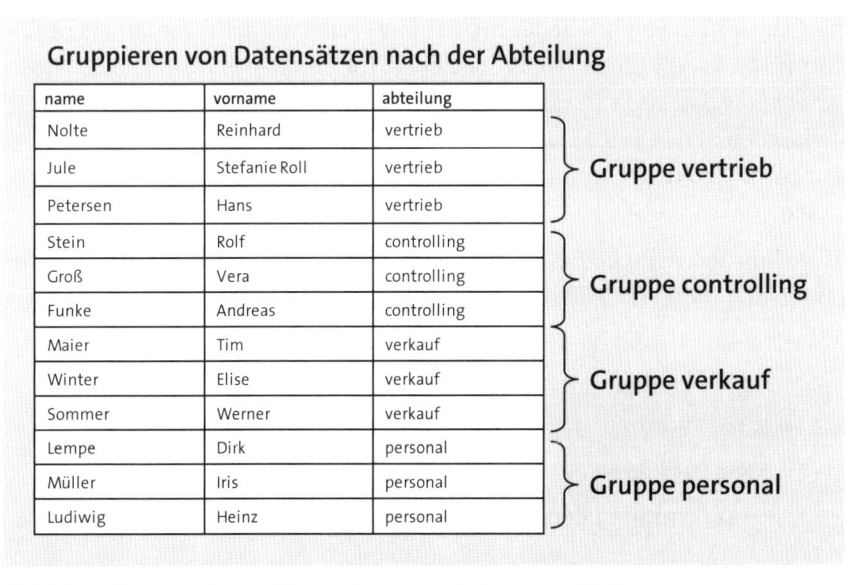

Gruppieren von Datensätzen nach der Abteilung

name	vorname	abteilung	
Nolte	Reinhard	vertrieb	
Jule	Stefanie Roll	vertrieb	Gruppe vertrieb
Petersen	Hans	vertrieb	
Stein	Rolf	controlling	
Groß	Vera	controlling	Gruppe controlling
Funke	Andreas	controlling	
Maier	Tim	verkauf	
Winter	Elise	verkauf	Gruppe verkauf
Sommer	Werner	verkauf	
Lempe	Dirk	personal	
Müller	Iris	personal	Gruppe personal
Ludiwig	Heinz	personal	

Abbildung 15.1 Anzahl der Mitarbeiter pro Abteilung ermitteln

Hier sind jeweils einer Auswahl von Mitarbeitern Abteilungen zugeordnet. Die Werte in der Spalte *abteilung* eignen sich hervorragend, um vier Gruppierungen zu bilden. Dazu gehören die Abteilungen Personal, Vertrieb, Controlling und Verkauf. Die

Gruppierungen wiederum enthalten Datensätze, über die Sie eine Aggregatfunktion ausführen können. Mit einer Aggregatfunktion können Sie über eine Gruppe von Spaltenwerten die Anzahl der Mitarbeiter ermitteln, die in ihr enthalten sind. Als Ergebnis würden Sie dann beispielsweise eine Anzahl von drei Mitarbeitern für die Gruppe Vertrieb zurückerhalten

Die soeben durchgeführte gedankliche Betrachtung des Zählens der Mitarbeiter pro Gruppierung betrachten wir jetzt in tabellarischer Form.

gruppierung abteilung	anzahl mitarbeiter
Personal	2
Vertrieb	3
Controlling	2
Verkauf	3

Tabelle 15.1 Gruppierung über die Spalte »abteilung« mit einer Auswertung der Anzahl der Mitarbeiter pro Gruppierung

In Tabelle 15.1 wurden die Mitarbeiter pro Gruppe gezählt und diese gruppenspezifische Information jeweils hinter der Gruppe notiert. Somit haben wir hier eine klassische *Aggregationsoperation* durchgeführt. Der Begriff »Aggregation« stammt aus dem Lateinischen und besagt so viel wie »Anhäufung«. Bezogen auf Tabellen werden gleichartige Werte zu Gruppen zusammengefasst und mit Aggregationsoperationen ausgewertet.

Die fünf wichtigsten Aggregatfunktionen, die Sie auf Gruppierungen von Spaltenwerten einer oder mehrerer Spalte anwenden können, sind:

- COUNT(spaltenwert): zählt die Spaltenwerte einer Gruppe
- SUM(spaltenwert): addiert numerische Spaltenwerte einer Gruppe
- MIN(spaltenwert): ermittelt den minimalen Wert einer Gruppe
- MAX(spaltenwert): ermittelt den maximalen Wert einer Gruppe
- AVG(spaltenwert): ermittelt den arithmetischen Durchschnittswert einer Gruppe

Zusammenfassend können wir hier also feststellen, dass Gruppierungen und Aggregatfunktionen, mit denen sich Gruppierungen auswerten lassen, in der Regel im Zusammenspiel zu betrachten sind. Wie Sie Gruppierungen in SQL realisieren, werden wir uns in Abschnitt 15.1 anschauen. Dort werden wir die Anzahl der Bonuszahlungen pro Mitarbeiter mit Hilfe einer GROUP BY-Klausel und der COUNT-Funktion ermitteln.

15.1 Die Aggregatfunktion COUNT anwenden

Bevor wir uns ans Gruppieren und die Anwendung von Aggregatfunktionen begeben, stelle ich Ihnen kurz einen Auszug der Tabelle *bonus* vor, auf die Sie im Rahmen dieses Kapitels Gruppierungen ausführen werden.

bonusid	bonuszahlung	mitarbeiterid	datum
47	9000.00	1	2012-03-01
10	1800.00	1	2012-02-01
56	11700.00	1	2012-09-01
11	3800.00	8	2012-03-01
2	7000.00	8	2012-01-01
30	3000.00	8	2012-08-01
49	2500.00	12	2012-09-01
31	4440.00	12	2012-01-01
58	17800.00	12	2012-08-01

Tabelle 15.2 Auszug aus der Tabelle »bonus«

In Tabelle 15.2 finden Sie die Struktur und Beispieldatensätze, die in der Tabelle *bonus* enthalten sind. Diese verfügt über die Spalten *bonusid*, *bonuszahlung*, *mitarbeiterid* und *auszahlungsdatum*. In der Tabelle werden Mitarbeitern Bonuszahlungen zugeordnet. Jeder Mitarbeiter kann mehrere Bonuszahlungen zu unterschiedlichen Zeitpunkten bekommen. Die Spaltenwerte der Spalte *mitarbeiterid* eignen sich also sehr gut, um Gruppen zu bilden und über andere Spaltenwerte zu aggregieren.

In Listing 15.1 sehen Sie eine SELECT-Anweisung, in der nach den Spaltenwerten der Spalte *mitarbeiterid* gruppiert wird:

```
SELECT
  mitarbeiterid,
  COUNT(bonusid) AS anzahlbonuszahlungen
FROM
  bonus
GROUP BY
  mitarbeiterid;
```

Listing 15.1 Zählen der Bonuszahlungen pro Mitarbeiter

Hinter dem Tabellennamen der FROM-Klausel geben Sie die GROUP BY-Klausel an. Danach folgt die Bezeichnung der Spalte, deren Werte gruppiert werden sollen. In diesem Fall gruppieren wir nach den Spaltenwerten der Spalte *mitarbeiterid*. Eine Gruppierung allein ist natürlich nicht sinnvoll. In der Spaltenauswahlliste sehen Sie die Funktion COUNT(spaltenname), die über die Spaltenwerte der Spalte *bonusid* zählt und für jede Gruppierung über die Spaltenwerte der Spalte *mitarbeiterid* die Anzahl der Spaltenwerte der Spalte *bonusid* ermittelt.

Wie in Tabelle 15.3 dargestellt, liefert Ihnen die Funktion COUNT die Anzahl der Bonuszahlungen pro Mitarbeiter zurück und gruppiert sie nach der Spalte *mitarbeiterid*.

mitarbeiterid	anzahlbonuszahlungen
1	7
8	7
10	1
12	7

Tabelle 15.3 Die Anzahl der Bonuszahlungen pro Mitarbeiter ermitteln

Im nächsten Beispiel wollen wir die Gesamtanzahl der Mitarbeiter, die Bonuszahlungen erhalten haben, eindeutig ermitteln. Betrachten wir zunächst noch einmal einen Ausschnitt der Zeilen, die in der Tabelle *bonus* vorkommen.

bonusid	bonuszahlung	mitarbeiterid	auszahlungsdatum
29	8000.00	1	2012-12-01
19	1000.00	1	2012-04-01
1	5000.00	1	2012-08-01
11	3800.00	8	2012-03-01
2	7000.00	8	2012-01-01
30	3000.00	8	2012-08-01
68	NULL	10	2014-10-11
62	45000000.00	10	2013-02-01
71	2000000.00	10	2013-04-10

Tabelle 15.4 Auszug aus der Tabelle »bonus«

15.1 Die Aggregatfunktion COUNT anwenden

Für uns sind hier insbesondere die Spaltenwerte der Spalte *mitarbeiterid* von Interesse. In der Spalte sehen Sie die Werte 1, 8 und 10, die jeweils einem Mitarbeiter zugeordnet sind. Diese Mitarbeiter erhielten jeweils drei Bonuszahlungen. Wenn Sie die Aggregatfunktion `COUNT` auf die Spaltenwerte der Spalte *mitarbeiterid* anwenden, würden Sie alle Werte zählen, also auch die mehrfach vorkommenden Werte, wie das hier der Fall ist.

Wie können wir mit der Aggregatfunktion `COUNT` die Anzahl der Mitarbeiter eindeutig ermitteln, die jemals Bonuszahlungen erhalten haben? Die Antwort auf diese Frage finden Sie durch einen Vergleich. Zunächst ermitteln wir mit Listing 15.2 die Anzahl der Werte, die in der Spalte *mitarbeiterid* vorkommen. Diese Ermittlung findet unabhängig davon statt, wie oft eine Mitarbeiter-ID in der Spalte *mitarbeiterid* vorkommt. Hierzu lassen wir die `GROUP BY`-Klausel weg und betrachten somit alle Zeilen der Tabelle als eine Gruppierung.

```
SELECT
  COUNT(mitarbeiterid) AS anzahlderspaltenwerte
FROM
  bonus;
```

Listing 15.2 Die Anzahl von Spaltenwerten mit der COUNT-Funktion ermitteln

Als Ergebnis erhalten wir Tabelle 15.5 zurück, in der die Anzahl der Spaltenwerte aufgelistet werden, die in der Spalte *mitarbeiterid* enthalten sind. Hier sind auch die mehrfach vorkommenden Spaltenwerte enthalten.

anzahlderspaltenwerte
65

Tabelle 15.5 Die Anzahl der Spaltenwerte einer Spalte ermitteln

Um die Anzahl der Mitarbeiter, die eine Bonuszahlung erhalten haben, eindeutig zu ermitteln, nutzen wir die `COUNT`-Aggregatfunktion mit dem Schlüsselwort `DISTINCT`. Mit dem Schlüsselwort `DISTINCT` teilen wir der Funktion `COUNT` mit, dass sie ausschließlich die eindeutigen Spaltenwerte, die in der Spalte *mitarbeiterid* enthalten sind, zählen soll. Mehrfach vorkommende, gleiche Spaltenwerte in der Spalte *mitarbeiterid* werden unter Verwendung der `DISTINCT`-Klausel bei der Zählung also nicht berücksichtigt. In Listing 15.3 sehen Sie die Anwendung der `DISTINCT`-Klausel in der Funktion `COUNT`.

```
SELECT
  COUNT(DISTINCT mitarbeiterid) AS anzahlderspaltenwerte
```

```
FROM
    bonus;
```

Listing 15.3 Die Anzahl von Spaltenwerten mit der COUNT-Funktion eindeutig ermitteln

Als Ergebnis erhalten Sie die eindeutige Anzahl der Mitarbeiter, die jemals eine Bonuszahlung erhalten haben, aufgelistet wie in Tabelle 15.6. Es gibt also nur 11 Mitarbeiter, die Bonuszahlungen erhalten haben.

anzahlderspaltenwerte
11

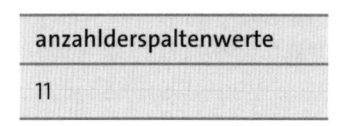

Tabelle 15.6 Die eindeutige Anzahl von Spaltenwerten einer Spalte ermitteln

Die Aggregatfunktion COUNT bietet uns noch eine weitere Funktionalität. Wenn Sie ihr als Parameter einen * (Asterisk) übergeben, zählt die Funktion COUNT lediglich die Anzahl der Zeilen innerhalb einer Gruppe. Das heißt, der Zählvorgang wird unabhängig von irgendwelchen Spaltenwerten durchgeführt. In Listing 15.4 sehen Sie Anwendung des Parameters *.

```
SELECT
    mitarbeiterid,
    COUNT(*) AS anzahlderzeilenprogruppe
FROM
    bonus
GROUP BY
    mitarbeiterid;
```

Listing 15.4 Die Anzahl der Zeilen einer Gruppe mit der COUNT(*)-Funktion ermitteln

Die SELECT-Abfrage gruppiert gemäß den Spaltenwerten der Spalte *mitarbeiterid*. Von der Aggregatfunktion COUNT wird die Anzahl der Zeilen pro Gruppe ermittelt.

In Tabelle 15.7 sehen Sie das Ergebnis für SELECT-Abfrage aus Listing 15.4. Der Aufruf der Aggregatfunktion COUNT(*) liefert Ihnen als Ergebnis jeweils die Anzahl der Zeilen pro Gruppe. Betrachten Sie also die Mitarbeiter-ID 1, so erhalten Sie den Wert 7 zurück, der Ihnen angibt, dass die Gruppe für die Mitarbeiter-ID 1 insgesamt sieben Zeilen enthält.

mitarbeiterid	anzahlderzeilenprogruppe
1	7
8	7

Tabelle 15.7 Ergebnis für die Ermittlung der Anzahl der Zeilen pro Gruppe

mitarbeiterid	anzahlderzeilenprogruppe
10	5
12	7

Tabelle 15.7 Ergebnis für die Ermittlung der Anzahl der Zeilen pro Gruppe (Forts.)

In diesem Abschnitt haben Sie die Funktion COUNT genutzt, um über eine Gruppe von Spaltenwerten deren Anzahl zu ermitteln. Im nächsten Abschnitt 15.2 zeige ich Ihnen, wie Sie eine Summe über eine Gruppe von Spaltenwerten bilden. Vielleicht haben Sie zuvor Lust, die Übungen, die ich Ihnen in Abschnitt 15.1.1 biete, zu lösen, um das Erlernte anzuwenden.

15.1.1 Übungen zum Thema »die Aggregatfunktion COUNT anwenden«

Übung 1

In der Tabelle *kreditinstitut* sind sämtliche Kreditinstitute und deren Bankleitzahlen erfasst. Jeder Bankleitzahl können mehrere Kreditinstitute zugeordnet sein. Bilden Sie eine Gruppierung über die Bankleitzahlen der Kreditinstitute. Ermitteln Sie, wie viele Kreditinstitute einer Bankleitzahl zugeordnet sind.

Übung 2

In dieser Übung ermitteln Sie die Anzahl der verwalteten Kreditinstitute in der Tabelle *kreditinstitut*. Ein kleiner Tipp an dieser Stelle sei erlaubt: Sie benötigen hier keine GROUP BY-Klausel, um die entsprechende Aggregatfunktion auszuführen.

Lösung zu Übung 1

```
SELECT
  bankleitzahl,
  COUNT(bankid) AS anzahlinstituteproblz
FROM
  kreditinstitut
GROUP BY
  bankleitzahl;
```

Listing 15.5 Eine weitere Gruppierung über Spaltenwerte bilden und diese zählen

Lösung zu Übung 2

```
SELECT
    COUNT(*) AS anzahlzeilen
FROM
    kreditinstitut;
```

Listing 15.6 Die Anzahl sämtlicher Zeilen einer Tabelle ermitteln

15.2 Die Aggregatfunktion SUM anwenden

Da es sich hier um ein besonderes Programm der Bonuszahlungen handelt, sind wir auch daran interessiert, welchen Gesamtbetrag die einzelnen Mitarbeiter an Bonuszahlungen erhalten haben. Es liegt die Idee nahe, einfach über die Spaltenwerte der Spalte *mitarbeiterid* zu gruppieren und eine Summe über die Spaltenwerte der Spalte *bonuszahlung* der Tabelle *bonus* zu bilden. Zur Summenbildung über eine Spalte wenden Sie die Aggregatfunktion SUM an.

```
SELECT
    mitarbeiterid,
    SUM(bonuszahlung) AS summebonuszahlungen
FROM
    bonus
GROUP BY
    mitarbeiterid;
```

Listing 15.7 Summieren der Bonuszahlungen pro Mitarbeiter

In Tabelle 15.8 sehen Sie das Ergebnis, das Ihnen die Datenbank zurückliefert. Sie hat gemäß Ihrer SELECT-Anweisung die Summe der Bonuszahlungen pro Mitarbeiter auf Basis der Gruppierung gemäß den Spaltenwerten der Spalte *mitarbeiterid* für Sie berechnet.

mitarbeiterid	summebonuszahlungen
1	38500.00
8	33200.00
10	45000000.00
12	42440.00

Tabelle 15.8 Ergebnis für eine Summenbildung über Spaltenwerte einer Gruppierung

In diesem Abschnitt haben Sie erfahren, wie Sie eine Summe mit der Aggregatfunktion SUM über eine Gruppierung berechnen. In Abschnitt 15.3 interessieren wir uns für die durchschnittlich geleisteten Bonuszahlungen pro Mitarbeiter. Auch hier haben Sie Gelegenheit, in Abschnitt 15.2.1 Übungen durchzuführen, um die Summenfunktion SUM praktisch anzuwenden.

15.2.1 Übungen zum Thema »die Aggregatfunktion SUM anwenden«

Übung 1

Ermitteln Sie die Summe der Auszahlungen für Bonuszahlungen, die jeweils an einem Tag ausgeschüttet wurden. Nutzen Sie die Spaltenwerte der Spalte *auszahlungsdatum*, um entsprechende Gruppierungen zu bilden und über die Spaltenwerte der Spalte *bonuszahlung* zu summieren.

Übung 2

Ermitteln Sie die Summe aller ausgezahlten Bonuszahlungen. Denken Sie daran, dass hier alle Zeilen der Tabelle *bonus* berücksichtigt werden müssen.

Lösung zu Übung 1

```
SELECT
  SUM(bonuszahlung) AS bonuszahlungejedatum,
  auszahlungsdatum
FROM
  bonus
GROUP BY
  auszahlungsdatum;
```

Listing 15.8 Über eine Gruppierung von Datumswerten summieren

Lösung zu Übung 2

```
SELECT
  SUM(bonuszahlung) AS summeallerbonuszahlungen
FROM
  bonus;
```

Listing 15.9 Die Summe aller Bonuszahlungen

15.3 Die Aggregatfunktion AVG anwenden

In diesem Beispiel werden wir die durchschnittlich geleisteten Bonuszahlungen pro Mitarbeiter mit der Aggregatfunktion **AVG** ermitteln. Die Funktionsbezeichnung der Funktion **AVG** resultiert aus dem englischen Begriff *average* (»Durchschnitt«). Sehen wir uns in Listing 15.10 die Anwendung der Funktion an.

```
SELECT
  mitarbeiterid,
  AVG(bonuszahlung) AS durchschnittbonuszahlungen
FROM
  bonus
GROUP BY
  mitarbeiterid;
```

Listing 15.10 Ermittlung der durchschnittlichen Bonuszahlungen pro Mitarbeiter

Die **SELECT**-Anweisung fragt die Tabelle *bonus* ab. Über die Spaltenwerte der Spalte *mitarbeiterid* bilden wir mit der **GROUP BY**-Klausel Gruppierungen. Bis hierhin ist alles bekannt. In der Spaltenauswahlliste finden Sie die Spalte *mitarbeiterid* und den Aufruf der Aggregatfunktion **AVG**, die für die Spaltenwerte der Spalte *bonuszahlung* die durchschnittlich gezahlte Bonuszahlung bezogen auf einen Mitarbeiter berechnet und als Ergebnis zurückliefert.

Als Ergebnisliste erhalten Sie von der Datenbank eine Liste der durchschnittlich gezahlten Bonuszahlungen pro Mitarbeiter.

mitarbeiterid	durchschnittbonuszahlungen
1	5500.000000
8	4742.857143
10	45000000.000000
12	6062.857143

Tabelle 15.9 Ergebnis für eine Durchschnittsberechnung über Spaltenwerte einer Gruppierung

Wie Sie Durchschnittsberechnungen über Spaltenwerte einer Gruppierung ermitteln, haben Sie in diesem Abschnitt gelernt. Im nächsten Abschnitt 15.4 sehen wir uns an, wie Sie jeweils die maximal gezahlte Bonuszahlung eines Mitarbeiters ermitteln. Zuvor haben Sie in den Übungen aus Abschnitt 15.3.1 Gelegenheit, die Funktion **AVG** praktisch einzusetzen.

15.3.1 Übungen zum Thema »die Aggregatfunktion AVG anwenden«

Übung 1

Ermitteln Sie in dieser Übung aus der Tabelle *bonus* die durchschnittlich gezahlten Bonuszahlungen, die jeweils an einem Tag ausgeschüttet wurden.

Übung 2

Ermitteln Sie den Durchschnitt aller geleisteten Bonuszahlungen, die in der Tabelle *bonus* enthalten sind.

Lösung zu Übung 1

```
SELECT
  auszahlungsdatum,
  AVG(bonuszahlung) AS zahlungprozahltag
FROM
  bonus
GROUP BY
  auszahlungsdatum;
```

Listing 15.11 Durchschnittliche Auszahlungen für Gruppierungen ermitteln

Lösung zu Übung 2

```
SELECT
  AVG(bonuszahlung) AS durchschnittbonuszahlungen
FROM
  bonus;
```

Listing 15.12 Den Gesamtdurchschnitt von Bonuszahlungen ermitteln

15.4 Die Aggregatfunktion MAX anwenden

Jetzt soll der maximale Betrag der ausgezahlten Bonuszahlungen pro Mitarbeiter ermittelt werden. Hierzu wenden wir die Aggregatfunktion MAX an, um aus den Spaltenwerten der Spalte *bonuszahlung* über die Gruppierung der Spalte *mitarbeiterid* jeweils den Maximalwert der gezahlten Bonusleistungen je Mitarbeiter zu ermitteln.

```
SELECT
  mitarbeiterid,
  MAX(bonuszahlung) AS maxbonuszahlungen
FROM
```

```
  bonus
GROUP BY
  mitarbeiterid;
```

Listing 15.13 Ermittlung der maximalen Bonuszahlung pro Mitarbeiter

Die Datenbank liefert Ihnen eine Ergebnisliste wie in Tabelle 15.10 zurück, aus der auf einen Blick hervorgeht, dass der Mitarbeiter mit der Mitarbeiter-ID 10 der Spitzenreiter ist. Aus den geleisteten Bonuszahlungen wurde hier mit der Aggregatfunktion MAX jeweils der Maximalwert der Bonuszahlungen für jeden Mitarbeiter ermittelt.

mitarbeiterid	maxbonuszahlungen
1	11700.00
8	14800.00
10	45000000.00
12	17800.00

Tabelle 15.10 Ergebnis für eine Maximalberechnung über Spaltenwerte einer Gruppierung

Synonym zur Aggregatfunktion MAX können Sie natürlich auch die Aggregatfunktion MIN ausprobieren, die Ihnen in diesem Fall die Bonuszahlung mit dem geringsten Wert pro Mitarbeiter ermitteln würde.

In diesem Abschnitt haben Sie gelernt, wie Sie den Maximalwert von Spaltenwerten einer Gruppierung ermitteln. In Abschnitt 15.5 zeige ich Ihnen, welche Auswirkungen NULL-Werte auf Gruppierungen und die Ergebnisse von Aggregatfunktionen haben. Zuvor können Sie gerne die Übungen aus Abschnitt 15.4.1 lösen, um die Funktion MAX praktisch anzuwenden.

15.4.1 Übungen zum Thema »die Aggregatfunktion MAX anwenden«

Übung 1

Ermitteln Sie für die Tabelle *bonus* die maximal geleistete Bonuszahlung jeweils für einen Auszahlungstag.

Übung 2

Ermitteln Sie in dieser Übung den Wert der höchsten ausgezahlten Bonuszahlung.

Lösung zu Übung 1

```
SELECT
  auszahlungsdatum,MAX(bonuszahlung) AS auszahlungmaxprotag
FROM
  bonus
GROUP BY
  auszahlungsdatum;
```

Listing 15.14 Maximale Zahlung pro Auszahlungsdatum ermitteln

Lösung zu Übung 2

```
SELECT
  MAX(bonuszahlung) AS auszahlungmax
FROM
  bonus;
```

Listing 15.15 Maximalwert der jemals ausgezahlten Bonuszahlungen ermitteln

15.5 NULL-Werte berücksichtigen

Es gibt zwei Stellen, an denen NULL-Werte für das Thema Gruppierungen eine Rolle spielen: erstens bei den Gruppen, die durch eine GROUP BY-Klausel gebildet werden, zweitens beim Aufruf von Aggregatfunktionen.

Betrachten wir als Erstes das Thema der Gruppierung selbst. Wenn nach den Spaltenwerten einer Spalte gruppiert wird und hier NULL-Werte enthalten sind, so wird eine Gruppierung über diese Gruppe von Spaltenwerten gebildet. In Tabelle 15.11 sehen Sie einen Auszug der Zeilen, die in der Tabelle *bonus* enthalten sind.

bonusid	bonuszahlung	mitarbeiterid	auszahlungsdatum
63	10000.00	NULL	2013-02-01
64	5000.00	NULL	2013-02-01
65	20000.00	NULL	2013-02-01
66	25000.00	NULL	2013-02-01

Tabelle 15.11 Auszug aus der Tabelle »bonus«

Es existieren also vier NULL-Werte in der Spalte *mitarbeiterid*. In diesem Fall würde eine Gruppierung von NULL-Werten gebildet, über die Aggregatfunktionen über andere Spalten angewendet werden können. Eine solche Anwendung wäre zwar möglich, aber nicht sehr sinnvoll, da hier keinerlei Aussage darüber erfolgt, welcher Gruppe von Spaltenwerten die Aggregation zugeordnet werden kann.

Die SELECT-Abfrage in Listing 15.16 gruppiert nach den NULL-Werten der Spalte *mitarbeiterid*:

```
SELECT
  mitarbeiterid,
  SUM(bonuszahlung) AS summebonuszahlungen
FROM
  bonus
WHERE
  mitarbeiterid IS NULL
GROUP BY
  mitarbeiterid;
```

Listing 15.16 Eine Gruppe über Spaltenwerte bilden, die NULL sind

Als Aggregatfunktion wenden wir hier die SUM-Funktion auf die Spalte *bonuszahlung* an, um die Summe der Bonuszahlungen zu ermitteln, die sich aus der Gruppierung von NULL-Werten der Spalte *mitarbeiterid* ergibt.

Der Übersicht halber nutzen wir in dieser Abfrage eine WHERE-Klausel, die ausschließlich die Zeilen filtert, deren Spaltenwerte für die Spalte *mitarbeiterid* gleich NULL sind.

In Tabelle 15.12 sehen Sie das Ergebnis der Abfrage aus Listing 15.16. Es wurde über die NULL-Werte der Spalte *mitarbeiterid* gruppiert und die Aggregatfunktion SUM auf die Spaltenwerte der Spalte *bonuszahlung* angewendet.

mitarbeiterid	summebonuszahlungen
NULL	78000.00

Tabelle 15.12 Gruppierung über Spaltenwerte, die NULL sind

Als Nächstes betrachten wir eine Aggregation über Spaltenwerte, die NULL sind. In Tabelle 15.13 sehen Sie wieder einen Auszug der Zeilen, die in der Bonustabelle enthalten sind.

bonusid	bonuszahlung	mitarbeiterid	auszahlungsdatum
62	45000000.00	10	2013-02-01
68	NULL	10	2014-10-11

Tabelle 15.13 Auszug aus der Tabelle »bonus«

15.5 NULL-Werte berücksichtigen

bonusid	bonuszahlung	mitarbeiterid	auszahlungsdatum
69	NULL	10	2011-03-11
70	NULL	10	2012-02-20
71	2000000.00	10	2013-04-10

Tabelle 15.13 Auszug aus der Tabelle »bonus« (Forts.)

Wir haben bereits über die Spaltenwerte der Spalte *bonuszahlung* mit der Aggregatfunktion SUM Summen über Gruppierungen gebildet. Wie sieht es aus, wenn wir eine Gruppierung über die Werte der Spalte *mitarbeiterid* bilden und in dieser Summe auch NULL-Werte enthalten sind?

Die SELECT-Anweisung aus Listing 15.17 gruppiert wieder über die Spaltenwerte der Spalte *mitarbeiterid*:

```
SELECT
  SUM(bonuszahlung) AS summebonuszahlung,
  mitarbeiterid
FROM bonus
WHERE
  mitarbeiterid=10
GROUP BY
  mitarbeiterid;
```

Listing 15.17 Über Spaltenwerte, die NULL sind, Aggregatfunktionen anwenden

In der Spaltenauswahlliste geben Sie zum einen die gruppierten Spaltenwerte und zum anderen das Ergebnis der Aggregatfunktion SUM aus. Um ausschließlich die Zeilen des Mitarbeiters mit der Mitarbeiter-ID 10 zu erhalten, nutzen wir eine WHERE-Klausel. NULL-Werte sind in diesem Fall Teil der Spaltenwerte, über die wir aggregieren.

In Tabelle 15.14 sehen Sie das Ergebnis der Aggregatfunktion SUM. Die Funktion SUM ignoriert die NULL-Werte bei der Summenberechnung und summiert lediglich die beiden Werte 45000000 und 2000000.

summebonuszahlung	mitarbeiterid
47000000.00	10

Tabelle 15.14 Ergebnis für eine Aggregation über Spaltenwerte, die auch NULL-Werte enthalten

Grundsätzlich ist es gut, dass die Aggregatfunktionen NULL-Werte einfach ignoriert. Betrachten wir dennoch die Aggregatfunktionen COUNT, SUM, MIN, MAX und AVG kurz im Detail, um die Auswirkungen dieses Verhaltens zu erkennen:

- Die Funktion COUNT zählt nur die Werte, die nicht NULL sind, wenn Sie ihr eine Spalte übergeben, über die aggregiert werden soll. Dieses Verhalten kann, muss aber nicht gewünscht sein. Alternativ können Sie sich hier jedoch mit COUNT(*) behelfen, um alle Zeilen einer Gruppierung zu zählen.
- Die Funktion SUM bildet einfach eine Summe über die zu aggregierende Spalte. Hier treten keine negativen Effekte auf, die das Ergebnis beeinflussen können.
- Wenn Sie einen Minimalwert oder Maximalwert mit den Funktionen MIN oder MAX ermitteln wollen, sind durch das Ignorieren der NULL-Werte ebenfalls keine negativen Auswirkungen zu erkennen.
- Wie sieht es aus, wenn Sie mit der AVG-Funktion über Spaltenwerte aggregieren, um den Durchschnittswert zu ermitteln? Die AVG-Funktion ignoriert wie die anderen Aggregatfunktionen NULL-Werte. Kommen also NULL-Werte in einer aggregierten Spalte vor, so werden sie nicht in den Durchschnittswert mit einfließen.

Um sich die Problematik zu verdeutlichen, betrachten Sie noch einmal Tabelle 15.14. Hier sind lediglich die Bonuszahlungen des Mitarbeiters mit der Mitarbeiter-ID 10 aufgeführt. In der Spalte *bonuszahlung* gibt es drei Fälle, denen anstelle eines konkreten Wertes jeweils ein NULL-Wert zugeordnet ist. Diese drei NULL-Werte würden bei der Berechnung der durchschnittlichen Bonuszahlungen für den Mitarbeiter mit der Mitarbeiter-ID 10 also nicht berücksichtigt. Somit erhalten wir also kein korrektes Ergebnis für die Durchschnittsberechnung der Bonuszahlungen.

Abhilfe schafft die Verwendung der CASE-Klausel. In Listing 15.18 sehen Sie eine Möglichkeit, mit der Funktion AVG einen Durchschnittswert zu berechnen, der dem tatsächlichen Durchschnitt entspricht:

```
SELECT
  AVG(
    CASE
      WHEN
        bonuszahlung IS NULL
      THEN
        0
      ELSE
        bonuszahlung
    END) AS summebonuszahlung,
mitarbeiterid
```

```
FROM bonus
WHERE
mitarbeiterid=10
GROUP BY
mitarbeiterid;
```

Listing 15.18 Korrektur für eine Durchschnittsberechnung mit der Funktion AVG

Hier nutzen wir innerhalb der AVG-Funktion die CASE-Klausel, die wir anstelle einer Spaltenbezeichnung verwenden und mit der wir bedingt Werte zurückgeben können. Im WHEN-Zweig wird geprüft, ob der Spaltenwert der Spalte *bonuszahlung* nicht definiert bzw. NULL ist. Wenn der Spaltenwert nicht definiert ist, wird der Wert 0 zurückgeliefert. Ist der Spaltenwert der Spalte *bonuszahlung* hingegen nicht NULL, so wird der Spaltenwert der Spalte *bonuszahlung* zurückgegeben.

In Tabelle 15.15 sehen Sie den von der Funktion AVG ermittelten Durchschnittswert.

summebonuszahlung	mitarbeiterid
9400000.000000	10

Tabelle 15.15 Ergebnis für einen Durchschnittswert mit Korrektur

Durch die Korrektur erhalten Sie jetzt einen Wert von 9400000 zurück. Würden Sie die Funktion ohne die Korrektur mittels der CASE-Klausel den Durchschnittswert der Bonuszahlungen berechnen lassen, so würden Sie den fehlerhaften Wert 23500000 zurückerhalten.

> **Achtung bei AVG**
>
> Aggregatfunktionen ignorieren NULL-Werte, auf die sie aggregieren. Das kann z. B. bei der Verwendung der AVG-Funktion zu unerwünschten Ergebnissen führen. Mit einer CASE-Klausel lassen sich diese Probleme korrigieren.

In diesem Abschnitt habe ich Ihnen gezeigt, was Sie beachten müssen, wenn Sie über Spalten gruppieren, deren Spaltenwerte NULL sind. Sie haben hier auch erfahren, wie Aggregatfunktionen mit NULL-Werten umgehen. In Abschnitt 15.6 bleiben wir bei den Ergebnissen von Aggregatfunktionen. Dort benutzen wir sie, um Ergebniszeilen zu filtern, die sich auf eine Gruppe von Spaltenwerten beziehen. In Abschnitt 15.5.1 können Sie zuvor noch einige Fragen beantworten.

15.5.1 Übungen zum Thema »NULL-Werte berücksichtigen«

Übung 1

Wenn Sie mit einer GROUP BY-Klausel nach einer Spalte gruppieren und diese Spalte NULL-Werte enthält, wie wirken sich die NULL-Werte auf das Ergebnis der Gruppierung aus?

Übung 2

Wie verhalten sich Funktionen wie SUM, AVG, MAX, MIN und COUNT, wenn die Spaltenwerte, über die sie aggregieren, NULL-Werte enthalten?

Lösung zu Übung 1

Die Spaltenwerte, die NULL sind, werden zu einer Gruppe zusammengefasst.

Lösung zu Übung 2

Wenn mit Aggregatfunktionen über Spaltenwerte aggregiert wird und diese NULL-Werte enthalten, so werden die NULL-Werte von den Aggregatfunktionen ignoriert.

15.6 Nach aggregierten Werten einer Gruppierung filtern (HAVING)

SQL bietet Ihnen mit der HAVING-Klausel in Bezug auf aggregierte Werte eine spezielle Filterfunktion an. Sie können die HAVING-Klausel verwenden, um einen aggregierten Durchschnittswert mit einem Vergleichsoperator gegen ein Literal zu prüfen. Sehen wir uns die Verwendung der HAVING-Klausel anhand des Beispiels aus Listing 15.19 genauer an.

```
SELECT
    bankleitzahl,COUNT(bankleitzahl) AS anzahlkreditinstitute
FROM
    kreditinstitut
GROUP BY
    bankleitzahl
HAVING
    COUNT(bankleitzahl) = 1;
```

Listing 15.19 Nach gruppierten Werten filtern

Mit der GROUP BY-Klausel bilden wir hier eine Gruppierung über die Spaltenwerte der Spalte *bankleitzahl*. Hinter der GROUP BY-Klausel folgt die HAVING-Klausel, die für das Filtern von gruppierten Werten zuständig ist. Hinter der HAVING-Klausel notieren Sie eine Aggregatfunktion, die auf die Gruppierung angewendet wird. Den Wert wiederum, der sich aus der Aggregatfunktion ergibt, können Sie mit Hilfe eines Vergleichsoperators mit einem Literal oder aber dem Ergebnis einer weiteren Aggregation vergleichen. Hier wird mittels der COUNT-Funktion in einer Bedingung geprüft, ob der Wert, den die COUNT-Funktion zurückliefert, gleich 1 ist.

In diesem Beispiel ermitteln wir sämtliche Bankleitzahlen, denen nur ein Kreditinstitut zugeordnet ist. Das Ergebnis sehen Sie in Tabelle 15.16.

bankleitzahl	anzahlkreditinstitute
10000000	1
10010010	1
10010111	1
10010222	1

Tabelle 15.16 Ein Aggregationsergebnis für eine Bedingung verwenden, die mit der HAVING-Klausel ausgewertet wird.

Sie können eine WHERE-Klausel nicht zum Filtern der aggregierten Ergebnisse einer Gruppierung verwenden. Dies liegt darin begründet, dass eine WHERE-Klausel nur auf Zeilenebene angewendet werden kann. Eine WHERE-Klausel wird also stets vor einer GROUP BY-Klausel ausgewertet. Eine Aggregatfunktion kann also innerhalb der WHERE-Klausel auf kein Ergebnis einer Gruppierung zurückgreifen, weil es schlicht und ergreifend noch nicht existiert.

Auf Zeilenebene hingegen können Sie die WHERE-Klausel gemeinsam mit einer GROUP BY-Klausel verwenden, um vor der Gruppierung mit der GROUP BY-Klausel die Zeilen einer Tabelle gemäß einer Bedingung zu filtern.

Schauen Sie sich hingegen die SELECT-Anweisung aus Listing 15.20 an:

```
SELECT
   bankleitzahl,COUNT(bankleitzahl) AS anzahlkreditinstitute
FROM
   kreditinstitut
WHERE COUNT(bankleitzahl) = 1
GROUP BY
   bankleitzahl;
```

Listing 15.20 Ein Versuch, die WHERE-Klausel zum Filtern von aggregierten Werten zu nutzen

Wenn Sie versuchen, diesen Aufruf auszuführen, erhalten Sie eine Fehlermeldung zurück, die Sie darauf hinweist, dass es nicht möglich ist, Aggregatfunktionen zum Filtern auf Zeilenebene zu verwenden. Entsprechend sind sämtliche Funktionen, die auf Gruppierungen angewendet werden, nicht in der WHERE-Klausel zulässig, da diese ausschließlich auf Zeilenebene filtert. Dazu gehören die SUM-, MIN-, MAX-, COUNT- und AVG-Funktionen.

Wie Sie Ergebnisse von Aggregatfunktionen, die auf Gruppierungen angewendet werden, mit HAVING filtern, haben Sie in diesem Abschnitt erfahren. In Abschnitt 15.7 lernen Sie, wie Sie Gruppierungen über zwei Spalten bilden. Zuvor können Sie noch die Übungen aus Abschnitt 15.6.1 lösen.

15.6.1 Übungen zum Thema »nach aggregierten Werten einer Gruppierung filtern«

Übung 1

Ermitteln Sie in der Tabelle *kreditinstitut* alle Bankleitzahlen, denen mehr als ein Kreditinstitut zugeordnet ist.

Übung 2

Warum können Sie in einer WHERE-Klausel keine Aggregatfunktionen zum Filtern verwenden?

Lösung zu Übung 1

```
SELECT
    bankleitzahl,COUNT(bankleitzahl) AS anzahlkreditinstitute
FROM
    kreditinstitut
GROUP BY
    bankleitzahl
HAVING
    COUNT(bankleitzahl) > 1;
```

Listing 15.21 Auflistung aller Bankleitzahlen

Lösung zu Übung 2

Mit einer WHERE-Klausel können nur auf Zeilenebene Datensätze gefiltert werden. Die WHERE-Klausel wird stets vor einer GROUP BY-Klausel auf Zeilenebene ausgeführt. Die Verwendung einer Aggregatfunktion in einer WHERE-Klausel führt zu einer Fehlermeldung.

15.7 Nach zwei oder mehr Spalten gruppieren

Bisher haben Sie Gruppierungen kennengelernt, die auf die Spaltenwerte einer Spalte angewendet wurden. Die Anzahl der zu gruppierenden Spalten hängt natürlich davon ab, was Sie vorhaben. Je nach Anforderung können Sie über zwei, drei oder mehr Spalten gruppieren. Im nächsten Beispiel werden wir eine Gruppierung über die Spaltenwerte der Spalten *ort* und *bezeichung* bilden. Pro Ort soll hier auch die Anzahl der jeweiligen Kreditinstitute als Information hinterlegt sein. In Tabelle 15.17 werden die Kreditinstitute gezeigt, die mehrfach an einem Ort vertreten sind. Das Kreditinstitut Commerzbank CC ist z. B. zweimal in Dortmund ansässig. Die HKB Bank ist hingegen zweimal in Frankfurt am Main zu finden.

ort	bezeichnung
Dortmund	Commerzbank CC
Dortmund	Commerzbank CC
Frankfurt am Main	HKB Bank
Frankfurt am Main	HKB Bank
Erbach, Donau	Raiffeisenbank Ehingen-Hochsträß
Erbach, Donau	Raiffeisenbank Ehingen-Hochsträß

Tabelle 15.17 Kreditinstitute, die mehrfach in einem Ort vertreten sind

Formulieren wir als Nächstes eine SELECT-Anweisung, die über zwei Spalten und deren Spaltenwerte Gruppierungen bildet. Diese Gruppierungen werden im Anschluss daran durch die Aggregatfunktion COUNT verwendet. In Listing 15.22 sehen Sie, dass wir hinter der GROUP BY-Klausel nach den Spaltenwerten der Spalten *ort* und *bezeichnung* gruppieren.

```
SELECT
  ort,
  bezeichnung,
  COUNT(*) AS anzahlinstitute
FROM
  kreditinstitut
GROUP BY
  ort,bezeichnung;
```

Listing 15.22 Nach zwei Spalten gruppieren

Die zu gruppierenden Spalten werden kommasepariert hinter der **GROUP BY**-Klausel angegeben. In der Spaltenauswahlliste sind die Spalten *ort*, *bezeichnung* und die Aggregatfunktion **COUNT** enthalten, die uns die Anzahl der Zeilen pro Gruppierung zurückliefert.

Das Ergebnis dieser Abfrage sehen Sie auszugsweise in Tabelle 15.18.

ort	bezeichnung	anzahlinstitute
Allersberg, Mittelfr	Raiffeisenbank am Rothsee	2
Aschheim	Wirecard Bank	4
Bamberg	Bankhaus Max Flessa	2
Berlin	apoBank	2

Tabelle 15.18 Ergebnis für eine Gruppierung über die Spaltenwerte von zwei Spalten

Es ist eine Liste von gruppierten Spaltenwerten, die über die Spalten *ort* und *bezeichnung* gebildet wurden. Pro Ort und Bezeichnung wird Ihnen die Anzahl von gleichnamig bezeichneten Kreditinstituten mittels der Aggregatfunktion **COUNT** ermittelt.

[*] **Zusammenfassung: Spaltenwerte in einer Abfrage gruppieren**

Die **GROUP BY**-Klausel schafft in SQL die Möglichkeit, Spaltenwerte einer Spalte zu einer Gruppe zusammenzufassen. Das Zusammenfassen von Spaltenwerten kann auch als *Verdichtung* bezeichnet werden. Eine Gruppierung kann aus einer oder mehreren Spalten bestehen. In der Spaltenauswahlliste sind dann nur die Spalten zulässig, nach denen gruppiert wurde. Außerdem können in die Spaltenauswahlliste Aggregatfunktionen enthalten sein, die beispielsweise eine Summe über eine Spalte bilden, die nicht den Gruppierungsspalten angehört.

Folgende Auswahl von Aggregatfunktionen steht zur Aggregation von Spaltenwerten zur Verfügung:

- MAX
- MIN
- SUM
- AVG
- COUNT

Je nach verwendeter Datenbank können Sie auch andere Aggregatfunktionen nutzen. Schauen Sie sich dazu die Dokumentation Ihrer Datenbank an.

Die **GROUP BY**-Klausel bietet mit der **HAVING**-Klausel eine Möglichkeit, nach gruppierten Werten zu filtern. Ähnlich wie in einer **WHERE**-Klausel werden hier Vergleichsoperatoren verwendet, um Ergebnisse einer Operation, die auf eine Gruppierung angewendet wurde, gegen andere Werte zu vergleichen.

Wenn eine **WHERE**-Klausel Anwendung finden soll, ist sie immer vor der **GROUP BY**-Klausel zu notieren, da die **WHERE**-Klausel auf Zeilenebene Informationen filtert und vor der **GROUP BY**-Klausel ausgeführt wird.

Die **WHERE**-Klausel kann nicht zum Filtern von aggregierten Werten genutzt werden, da sie ausschließlich auf Zeilenebene arbeitet. Die **WHERE**-Klausel wird vor der **GROUP BY**-Klausel ausgeführt, so dass das Ergebnis einer Aggregation, die auf einer Gruppierung basiert, zu dem Zeitpunkt der Auswertung der **WHERE**-Klausel also nicht zur Verfügung steht.

In diesem Abschnitt haben Sie erfahren, wie Sie über mehr als eine Spalte gruppieren. In Kapitel 16 zeige ich Ihnen, wie Sie Unterabfragen einsetzen, um z. B. die Ergebnisse einer Aggregatfunktion, die auf eine Gruppierung angewendet wird, mit Zeilen zu verbinden. Zuvor gebe ich Ihnen Gelegenheit, in Abschnitt 15.7.1 Lösungen für Gruppierungen über mehr als zwei Spalten zu entwickeln.

15.7.1 Übungen zum Thema »nach mehreren Spalten gruppieren«

Übung 1

In der Tabelle *arbeitszeit* sind die Arbeitszeiten eines jeden Mitarbeiters pro Tag hinterlegt. Diese Informationen sind in den Spalten *jahr, monat, arbeitstag* und *anzahlstunden* gegliedert. Erstellen Sie einen Bericht, in dem ausgewertet wird, wie viele Stunden jeder Mitarbeiter pro Monat gearbeitet hat. Diese Auswertung bezieht sich immer auf das jeweilige Jahr. Formulieren Sie eine **SELECT**-Anweisung, in der Sie nach den Spalten *jahr, monat* und *mitarbeiterid* gruppieren und eine Summe über die Spaltenwerte *anzahlstunden* bilden, um die abgeleisteten Stunden je Mitarbeiter und Monat zu ermitteln. In die Spaltenauswahlliste übernehmen Sie die Spalten *jahr, monat, mitarbeiterid* und die Aggregatfunktion **SUM**, die über die Spaltenwerte der Spalte *anzahlstunden* aggregiert. Damit der Bericht leichter lesbar ist, nehmen Sie eine aufsteigende Sortierung gemäß den Spalten *jahr, monat* und *mitarbeiterid* vor.

Übung 2

Nutzen Sie Ihr Ergebnis aus Übung 1, und erweitern Sie die Abfrage um eine Filterfunktion, die auf den aggregierten Wert der Spalte *anzahlstunden* der Tabelle *arbeitszeit* Anwendung findet. Es sollen nur die aggregierten Summenergebnisse in den Bericht mit aufgenommen werden, die größer als 176 Stunden sind.

Lösung zu Übung 1

```
SELECT
    jahr,
    monat,
    mitarbeiterid,
    SUM(anzahlstunden) AS summestundenmonat
FROM
    arbeitszeit
GROUP BY
    jahr,monat,mitarbeiterid
ORDER BY
    jahr,monat,mitarbeiterid;
```

Listing 15.23 Eine Gruppierung über drei Spalten bilden und die Spaltenwerte einer Spalte summieren

Lösung zu Übung 2

```
SELECT
    jahr,
    monat,
    mitarbeiterid,
    SUM(anzahlstunden) AS summestundenmonat
FROM
    arbeitszeit
GROUP BY
    jahr,monat,mitarbeiterid
HAVING
    SUM(anzahlstunden)>176
ORDER BY
    jahr,monat,mitarbeiterid;
```

Listing 15.24 Aggregierte Werte einer Gruppierung filtern

Kapitel 16
Mächtiges Werkzeug: Die Unterabfragen (Subqueries)

Ihrer Kreativität sind keine Grenzen gesetzt, wenn Sie Unterabfragen in SQL verwenden. Unterabfragen können Sie auch überall dort einsetzen, wo Ausdrücke genutzt werden können. Sie werden jetzt lernen, wie Sie Unterabfragen in Abfragen formulieren und diese in Beziehung zueinander setzen.

Unterabfragen, oder auch *Subqueries* genannt, bieten in SQL eine hohe Flexibilität bei der Lösungsfindung für komplexe Anforderungen. Aber klären wir zunächst, womit wir es hier überhaupt zu tun haben.

Unterabfragen sind `SELECT`-Abfragen, die innerhalb einer übergeordneten `SELECT`-Abfrage Verwendung finden. Sie verwenden also innerhalb einer `SELECT`-Anweisung eine weitere `SELECT`-Abfrage. Solche Subqueries werden angewendet, wenn Sie innerhalb einer Abfrage Informationen oder Datensätze benötigen, die ihnen eine andere `SELECT`-Abfrage liefern kann. Unterabfragen können Sie überall dort verwenden, wo Ausdrücke stehen können.

Die Anwendung von Unterabfragen geht über die `SELECT`-Anweisung hinaus. Unterabfragen können Sie auch in `UPDATE`-, `DELETE`- oder `INSERT`-Anweisungen einsetzen. Im Rahmen dieses Einstiegs in SQL befassen wir uns mit Unterabfragen, die in übergeordneten Abfragen Verwendung finden.

Unterabfragen werden in zwei Kategorien unterteilt. In die erste Kategorie fallen die Unterabfragen, die nicht in Beziehung zur übergeordneten Abfrage stehen. Diese Unterabfragen werden als *nicht korrelierende Abfragen* bezeichnet. Zur zweiten Kategorie von Unterabfragen zählen diejenigen, die in Beziehung zu einer übergeordneten Abfrage stehen können. Wie Sie nicht korrelierende und korrelierende Unterabfragen verwenden, zeige ich Ihnen in den folgenden Abschnitten.

In Abschnitt 16.1 geht es zunächst um die Unterabfragen, die in einer Korrelation zueinander stehen. In Abschnitt 16.2 lernen Sie dann Unterabfragen kennen, die nicht in Korrelation zur übergeordneten Abfrage stehen.

16.1 Unterabfragen, die in Korrelation zueinander stehen

In diesem Abschnitt werden wir Unterabfragen behandeln, die in Korrelation zu einer übergeordneten Abfrage stehen.

Was heißt in diesem Zusammenhang *Korrelation*? Mit Korrelation ist gemeint, dass Spaltenwerte in einer Unterabfrage mit Spaltenwerten der übergeordneten Abfrage verglichen werden. Der Vergleich von Spaltenwerten erfolgt also, indem Spaltenwerte der Unterabfrage in Beziehung zu Spaltenwerten der übergeordneten Abfrage gesetzt werden. Sehen wir uns dazu ein Beispiel an.

Historisch bedingt existiert in der Tabelle *mitarbeiter* eine Spalte *bonus*, in der Zahlungen an die Mitarbeiter hinterlegt sind. Sehen wir uns zunächst die SELECT-Abfrage in Listing 16.1 an, die uns die Spalten *mitarbeiterid, name, vorname* und *bonus* aus der Tabelle *mitarbeiter* abfragt:

```
SELECT
    mitarbeiterid,
    name,
    vorname,
    bonus
FROM
    mitarbeiter
WHERE
    mitarbeiterid IN (38,45);
```

Listing 16.1 Bonuszahlungen ermitteln, die in der Tabelle »mitarbeiter« hinterlegt sind

Eingeschränkt wird die SELECT-Abfrage durch eine WHERE-Klausel, in der mit einem IN-Operator geprüft wird, ob die Spaltenwerte der Spalte *mitarbeiterid* in einer kommaseparierten Liste von numerischen Literalen enthalten sind. In diesem Fall handelt sich um die Mitarbeiter-IDs 38 und 45.

Als Ergebnis erhalten Sie für die SELECT-Abfrage aus Listing 16.1 die Mitarbeiter mit den IDs 38 und 45 zurück. Dies sehen Sie in Tabelle 16.1

mitarbeiterid	name	vorname	bonus
38	Mey	Lisa	50000.00
45	Sternental	Marlene	10000.00

Tabelle 16.1 Bonuszahlungen der Mitarbeiter mit den IDs 38 und 45

Der Mitarbeiterin Lisa Mey ist also eine Bonuszahlung in Höhe von 50 000 € zugeordnet, während die Mitarbeiterin Marlene Sternental 10 000 € als Bonus erhalten hat. Dieses Ergebnis werden wir nutzen, um das Ergebnis der SELECT-Abfrage aus Listing 16.2 nachvollziehen zu können.

```
SELECT
  m.mitarbeiterid,m.name,m.vorname,m.bonus
FROM
  mitarbeiter m
WHERE
  m.bonus>(
  SELECT MAX(bonuszahlung) FROM bonus b
  WHERE m.mitarbeiterid=b.mitarbeiterid
  GROUP BY mitarbeiterid
);
```

Listing 16.2 Korrelierende Unterabfragen in einer WHERE-Klausel verwenden

Betrachten wir als Erstes die Unterabfrage, die in der WHERE-Klausel angewendet wird. Sie gruppiert nach den Spaltenwerten der Spalte *mitarbeiterid* der Tabelle *bonus* und ermittelt pro Gruppierung den Maximalwert der gezahlten Bonuszahlungen.

Kommen wir jetzt zum spannenden Teil, nämlich die WHERE-Klausel in der Unterabfrage. Hier wird jeweils nur die Zeile gefiltert, in der die Spaltenwerte der Spalte *mitarbeiterid* der Tabelle *mitarbeiter* und der Tabelle *bonus* gleich sind. Die Bedingung vergleicht also die Spaltenwerte der Spalte *mitarbeiterid* der übergeordneten Abfrage mit den Spaltenwerten der Spalte *mitarbeiterid* der Unterabfrage. Der Bezug der beiden Spalten zu den Tabellen wird über Tabellenaliasse realisiert.

Sehen wir uns als Nächstes die WHERE-Klausel der übergeordneten Abfrage an. Diese Klausel prüft, ob die Spaltenwerte der Spalte *bonus*, die ja in der Tabelle *mitarbeiter* vorhanden sind, größer sind als das Ergebnis der Unterabfrage. Die WHERE-Klausel der übergeordneten Abfrage vergleicht also in der Bedingung exakt einen Spaltenwert mit exakt einem Spaltenwert aus der Unterabfrage. Demzufolge darf die Unterabfrage an dieser Stelle nur einen einzigen Wert zurückgeben. Da wir in der Unterabfrage nach den Werten der Spalte *mitarbeiterid* gruppieren und über die Gruppe pro Mitarbeiter den Maximalwert der Spalte *bonuszahlung* ermitteln, ist dies sichergestellt.

Jetzt stellen wir uns natürlich die Frage, wie sichergestellt ist, dass in der WHERE-Klausel der Spaltenwert der Spalte *m.bonus* der übergeordneten Abfrage mit dem richtigen Spaltenwert der Unterabfrage verglichen wird. Unser Ziel ist ja, jeweils für einen Mitarbeiter die Bonuszahlungen aus den Tabellen *mitarbeiter* und *bonus* zu vergleichen. Hierzu sehen wir uns die WHERE-Klausel der Unterabfrage in Listing 16.3 genauer an:

```
WHERE m.mitarbeiterid=b.mitarbeiterid
```

Listing 16.3 WHERE-Klausel zum Verbinden von Zeilen

Der Alias *m* ist der Tabelle *mitarbeiter* der übergeordneten Abfrage zugeordnet. Der Alias *b* ist der Tabelle *bonus* der Unterabfrage zugeordnet. Mit den beiden Tabellenaliassen *m* und *b* können wir in der WHERE-Klausel der Unterabfrage die Spaltenwerte der Spalten *mitarbeiterid*, die ja in beiden Tabellen vorkommen, auf Gleichheit prüfen. Wenn die Spaltenwerte der Spalten *mitarbeiterid* gleich sind, werden schon jetzt alle Zeilen der Tabelle *bonus* auf die Zeilen der Mitarbeiter reduziert, die die gleiche Mitarbeiter-ID wie in der Abfrage haben.

Um das besser zu verstehen, stellen Sie sich einfach vor, dass die Datenbank zunächst eine Zeile aus der übergeordneten Abfrage abfragt. Der Spaltenwert der Spalte *mitarbeiterid* ist somit schon einmal bekannt.

Im Anschluss schnappt sich die Datenbank die Zeilen der Unterabfrage, in denen der Spaltenwert der Spalte *mitarbeiterid* der übergeordneten Abfrage, der ja bereits bekannt ist, und vergleicht diese in der WHERE-Klausel mit den Spaltenwerten der Spalte *mitarbeiterid* der Unterabfrage.

> **Aufruf von korrelierenden Unterabfragen**
>
> Korrelierende Unterabfragen werden für jede Zeile der übergeordneten Abfrage ausgeführt. Je nachdem, wie viele Zeilen eine Tabelle enthält, die eine übergeordnete SELECT-Anweisung abfragt, kann dies sehr viel Rechenleistung und Arbeitsspeicher in Anspruch nehmen.
>
> In Abschnitt 16.2 erfahren Sie, wie Sie Unterabfragen formulieren, die nicht korrelieren. Nicht korrelierende Abfragen können alternativ verwendet werden, um z. B. zunächst eine Aggregatfunktion auf eine Gruppierung anzuwenden und die daraus resultierenden Zeilen der Ergebnistabelle mit einem JOIN zu verbinden.

Die Zeilen werden in der Unterabfrage anhand der Übereinstimmung der Werte der Spalte *mitarbeiterid* der übergeordneten Abfrage der Unterabfrage gefiltert. Dann wird gruppiert und das Ergebnis zurückgeliefert. Das Ergebnis der Gruppierung wird dann in der WHERE-Klausel der übergeordneten Abfrage ausgewertet, um zu ermitteln, ob in der Tabelle *mitarbeiter* für einen Mitarbeiter Bonuszahlen enthalten sind, die größer sind als die maximale Bonuszahlung für einen Mitarbeiter, der in der Tabelle *bonus* ermittelt werden konnte. In Tabelle 16.2 sehen Sie das Ergebnis der Abfrage aus Listing 16.2.

mitarbeiterid	name	vorname	bonus
38	Mey	Lisa	50000.00
45	Sternental	Marlene	10000.00

Tabelle 16.2 Ergebnis einer Abfrage, die in Korrelation zu einer Unterabfrage steht

Es handelt sich exakt um das gleiche Ergebnis wie in Tabelle 16.1. Die Mitarbeiterinnen Lisa Mey und Marlene Sternental gehören zu denjenigen Mitarbeitern, die in der Vergangenheit eine höhere Bonuszahlung erhalten haben als die aktuell in der Tabelle *bonus* verwalteten Bonuszahlungen.

Unterabfragen, die in Korrelation zu einer übergeordneten Abfrage stehen, sind nicht trivial. Sehen wir uns daher in Listing 16.4 ein weiteres Beispiel an.

```
SELECT
  (
    SELECT anrede FROM anrede a
    WHERE m.geschlecht=a.geschlecht
  ) AS anrede,
  name,
  vorname
FROM mitarbeiter m;
```

Listing 16.4 Eine korrelierte Unterabfrage in der Spaltenauswahlliste

In der Spaltenauswahlliste sehen Sie zunächst eine Unterabfrage. Außerdem werden in der Spaltenauswahlliste die Spalten *name* und *vorname* abgefragt. Die Tabelle *geschlecht* enthält die Spalten *anrede* und *geschlecht*. Die Tabelle enthält zwei Zeilen. Die eine Zeile ordnet der Abkürzung m die Anrede Herr zu, und die andere ordnet der Abkürzung w die Anrede Frau zu. In der Tabelle *mitarbeiter* wiederum ist die Spalte *geschlecht* ebenfalls vorhanden. Hier sind den Mitarbeitern ebenfalls die Buchstaben m und w je nach Geschlecht zugeordnet.

In der Spaltenauswahlliste der Unterabfrage fragen Sie die Spaltenwerte der Spalte *anrede* ab. Um auch hier die richtige Anrede abzufragen, prüfen Sie zuvor in einer **WHERE**-Klausel, ob die Werte der Spalten *geschlecht* der übergeordneten Abfrage denen der Spalte *geschlecht* der Unterabfrage entsprechen.

Die korrelierende Gleichheitsprüfung realisieren Sie wieder über Tabellenaliasse. Mit der Bedingung m.geschlecht=a.geschlecht verbinden Sie also die Zeilen der Unterabfrage mit den Zeilen der übergeordneten Abfrage.

Die Unterabfrage liefert für jede Zeile der übergeordneten Abfrage nur einen Wert zurück. Alles andere (z. B. mehrere Zeilen oder mehrere Spalten) ist in der Spaltenauswahlliste auch nicht zulässig.

Das Ergebnis der Abfrage sehen Sie in Tabelle 16.3.

anrede	name	vorname
Herr	Müller	Ralf
Frau	Schneider	Petra
Herr	Klein	Thomas
Frau	Lang	Ute

Tabelle 16.3 Ergebnis für eine Abfrage mit einer Unterabfrage in der Spaltenauswahlliste

Die korrelierende Unterabfrage gibt jeweils die Anrede zurück. Sie hängt vom Ergebnis der korrelierten Bedingung in der `WHERE`-Klausel ab. Sie sehen also, dass Sie auch in einer Spaltenauswahlliste eine korrelierende Unterabfrage nutzen können.

In der Praxis würden Sie wohl einen einfachen `INNER JOIN`-Aufruf verwenden, um die Zeilen der beiden Tabellen *anrede* und *mitarbeiter* miteinander zu verbinden. Aber viele Wege führen ja nach Rom, und Sie sollten üben, wie Sie korrelierende Unterabfragen benutzen.

[*] **Zusammenfassung: Korrelierende Unterabfragen**

Unterabfragen stehen in Korrelation zu einer übergeordneten Abfrage, wenn Spaltenwerte einer Unterabfrage mit Spaltenwerten einer übergeordneten Abfrage verglichen werden, um eine Beziehung zwischen den Abfragen herzustellen. Ein Vergleich dieser Art wird in der Regel in der `WHERE`-Klausel vorgenommen.

Um Spalten aus Abfragen und Unterabfragen vergleichen zu können, ist es sinnvoll, Tabellenaliasse zu verwenden. Alternativ können Sie natürlich auch die Tabellennamen verwenden, um die jeweiligen Spalten einer Tabelle eindeutig zu identifizieren.

Korrelierende Unterabfragen werden für jede Zeile der übergeordneten Abfrage ausgeführt. Das kann allerdings zu Problemen führen, wenn Sie sehr große Datenbestände abfragen.

In diesem Abschnitt haben Sie korrelierende Unterabfragen kennengelernt. Im nächsten Abschnitt zeige ich Ihnen, wie Sie die Ergebnisse einer nicht korrelierenden Unterabfrage in einer `WHERE`-Klausel einer übergeordneten Abfrage auswerten können. Sie können auch gerne zuerst die Übungen aus Abschnitt 16.1.1 bearbeiten, um das Erlernte praktisch anzuwenden.

16.1.1 Übungen zum Thema »Unterabfragen, die in Korrelation zueinander stehen«

Übung 1

In dieser Übung sollen die Namen und Vornamen der Mitarbeiter ermittelt werden, die mindestens eine Sachprämie erhalten haben. In Tabelle 16.4 sehen Sie die Struktur und Beispiel-Datensätze der Tabelle *sachpraemie*.

praemieid	praemie	grund	preis	mitarbeiterid
1	Goldene Uhr Typ 1	40 Jahre	500.00	5
4	Goldene Uhr Typ 1	40 Jahre	500.00	10
7	Goldene Uhr Typ 4	10 Jahre	178.00	8

Tabelle 16.4 Die Tabelle »sachpraemie«

Formulieren Sie eine **SELECT**-Abfrage, in der die Spalten *name* und *vorname* der Tabelle *mitarbeiter* abgefragt werden.

Ergänzen Sie die **SELECT**-Anweisung um eine **WHERE**-Klausel, die in der Bedingung das Ergebnis einer korrelierten Unterabfrage auswertet. Sie soll die Bedingung auswerten, dass die Anzahl der Sachprämien größer als null ist. So listen Sie nur die Mitarbeiter auf, die mindestens eine Sachprämie erhalten haben. Die Korrelation zwischen der Unterabfrage und der übergeordneten Abfrage stellen Sie über die Spalte *mitarbeiterid* her, die in beiden Tabellen vorhanden ist. Ein kleiner Hinweis an dieser Stelle sei erlaubt: Für die Lösung benötigen Sie keine **GROUP BY**-Klausel in der Unterabfrage.

Übung 2

Formulieren Sie eine **SELECT**-Anweisung, in der Sie die Spalten *name* und *vorname* aus der Tabelle *mitarbeiter* abfragen.

In die Spaltenauswahlliste soll auch die Summe der Preise der Sachprämien enthalten sein, bezogen auf den jeweiligen Mitarbeiter. Um diese Anforderung umzusetzen, formulieren Sie eine Unterabfrage in der Spaltenauswahlliste. In der Unterabfrage ermitteln Sie die Summe der Preise anhand einer Gruppierung der Spalte *mitarbeiterid*.

In der Unterabfrage stellen Sie vor der Gruppierung mit einer **WHERE**-Klausel sicher, dass vor der Aggregation nur die Sachprämien ermittelt werden, deren Werte für die Spalten *mitarbeiterid* aus der übergeordneten Abfrage und der Unterabfrage gleich sind.

Lösung zu Übung 1

```
SELECT
  name,
  vorname
FROM
  mitarbeiter m
WHERE
  0<(
    SELECT
      COUNT(*)
    FROM
      sachpraemie s
    WHERE
      m.mitarbeiterid=s.mitarbeiterid
);
```

Listing 16.5 In einer WHERE-Klausel das Ergebnis einer Unterabfrage korrelierend für einen Vergleich verwenden

Lösung zu Übung 2

```
SELECT
  name,
  vorname,
  (
    SELECT
      SUM(preis)
    FROM
      sachpraemie s
    WHERE
      s.mitarbeiterid=b.mitarbeiterid
    GROUP BY mitarbeiterid
  ) AS summepreise
FROM
  mitarbeiter b;
```

Listing 16.6 Eine Unterabfrage korrelierend in der Spaltenauswahlliste anwenden

16.2 Unterabfragen, die nicht in Korrelation zueinander stehen

In Kapitel 15, »Spaltenwerte mit GROUP BY gruppieren«, haben Sie erfahren, wie Sie Gruppierungen bilden. In Listing 15.13 werden die Mitarbeiter ermittelt, die jemals eine Bonuszahlung erhalten haben. Hierzu wird nach den Spaltenwerten der Spalte *mitarbeiterid* gruppiert, um die Spaltenwerte der Spalte *mitarbeiterid* der Tabelle *bonus* eindeutig zurückzuerhalten.

```
SELECT
  mitarbeiterid
FROM
  bonus
GROUP BY
  mitarbeiterid;
```

Listing 16.7 Ermittlung der maximalen Bonuszahlung pro Mitarbeiter

Die Abfrage aus Listing 15.13 liefert Ihnen ein Ergebnis zurück, wie es auszugsweise in Tabelle 16.5 dargestellt ist. Beachten Sie hier, dass die Abfrage eine Spalte mit mehreren Werten zurückliefert.

mitarbeiterid
1
8
10
12

Tabelle 16.5 Ermittlung der Schlüsselwerte der Mitarbeiter, die Bonuszahlungen erhalten haben

Das Ergebnis aus Tabelle 16.5 ist nicht sehr aussagekräftig. Hier sind lediglich die Mitarbeiter-IDs enthalten. Um diese Information anzureichern, formulieren wir eine SELECT-Anweisung, in der die Namen und Vornamen der Tabelle *mitarbeiter* abgefragt werden. Um an die Mitarbeiter zu kommen, die eine Bonuszahlung erhalten haben, ergänzen wir die SELECT-Anweisung um eine WHERE-Klausel, in der die Abfrage aus Listing 15.13 als Unterabfrage Verwendung findet.

Betrachten wir also Listing 16.8.

```
SELECT name,vorname FROM mitarbeiter
WHERE
  mitarbeiterid IN
```

```
(
    SELECT mitarbeiterid FROM bonus
    GROUP BY
        mitarbeiterid
);
```

Listing 16.8 Eine Unterabfrage in einer WHERE-Klausel verwenden

In der `WHERE`-Klausel wenden wir den `IN`-Operator an, um die Spaltenwerte der Spalte *mitarbeiterid* auf eine Mitgliedschaft in einer Ergebnismenge von Werten zu prüfen. Den `IN`-Operator haben Sie bereits in Abschnitt 2.2 kennengelernt. Sie haben allerdings auf Mitgliedschaft in einer kommaseparierte Liste von Werten geprüft, die von einer Klammer umschlossen war. In diesem Fall befindet sich innerhalb einer Klammer eine weitere `SELECT`-Abfrage, die uns die Spaltenwerte der Spalte *mitarbeiterid* der Tabelle *bonus* abfragt. In der Unterabfrage wird in der `GROUP BY`-Klausel genau nach diesen Spaltenwerten gruppiert, so dass Sie sie eindeutig zurückerhalten. Das heißt in diesem Fall, dass der `IN`-Operator die Spaltenwerte der Spalte *mitarbeiterid* der übergeordneten Abfrage auf Mitgliedschaft in den Spaltenwerten prüft, die uns die Unterabfrage zurückliefert.

Anhand dieses Beispiels sehen Sie, dass eine Unterabfrage eine Spalte mit mehreren Werten als Ergebnis zurückliefern kann. Außerdem ist die Unterabfrage von einer Klammer umschlossen. In diesem Fall ist das auch notwendig, da wir mit einem `IN`-Operator auf Mitgliedschaft in einer Menge von Spaltenwerten prüfen. Unterabfragen können wie gewöhnliche Abfragen folgende Ergebnisse zurückgeben:

- einen Spaltenwert einer Spalte (oder einen Wert in einer Zeile)
- mehrere Spaltenwerte einer Spalte (siehe Beispiel)
- Zeilen und Spalten (eine Ergebnistabelle)

Dies ist wichtig, weil Sie je nachdem, in welchem Zusammenhang Sie eine Unterabfrage verwenden, wissen müssen, welche Ergebnisse die übergeordnete Abfrage auswertet.

Unterabfragen, die einen Spaltenwert einer Zeile zurückgeben, werden als *Skalarabfragen* bezeichnet.

Wenn Sie Unterabfragen verwenden, sind diese stets mit einer einfachen Klammer zu umschließen. Diese Regel gilt auch, wenn Sie mit einer `IN`-Klausel auf Mitgliedschaft von Werten prüfen, die eine Unterabfrage zurückliefert.

16.2 Unterabfragen, die nicht in Korrelation zueinander stehen

> **Aufruf von nicht korrelierenden Unterabfragen**
>
> Nicht korrelierende Unterabfragen werden nur einmal aufgerufen. Die übergeordnete Abfrage verwendet die Ergebnistabelle z. B., um mit einem IN-Operator auf Mengenmitgliedschaft zu prüfen.
>
> Eine nicht korrelierende Abfrage ist also bei weitem nicht so rechenintensiv wie eine korrelierende Abfrage.

Das Ergebnis der Abfrage ist auszugsweise in Tabelle 16.6 zu sehen.

name	vorname
Müller	Ralf
Müller	Iris
Klarfeld	Simone
Funke	Doris

Tabelle 16.6 Mitarbeiter, die eine Bonuszahlung erhalten haben

In der Ergebnistabelle sind nur die Mitarbeiter enthalten, die die Mitgliedschaftsprüfung der **IN**-Klausel bestanden haben. Sie erhalten also aus der Tabelle *mitarbeiter* die Angestellten, die eine Bonuszahlung erhalten haben.

Das Ergebnis ist schon aussagekräftiger. Wie sieht es aus, wenn Sie jeweils den Maximalwert einer Bonuszahlung pro Mitarbeiter ermitteln wollen? Unser Ziel ist es also, die Informationen der Mitarbeiter und die Aggregation des Maximalwerts einer Gruppierung auszugeben. Um an diese Informationen zu kommen, verbinden wir die Zeilen der Tabelle *mitarbeiter* mit dem Ergebnis einer Unterabfrage, in der nach den Spaltenwerten der Spalte *mitarbeiterid* der Tabelle *bonus* gruppiert wird und die Maximalwerte der Spaltenwerte der Spalte *bonuszahlung* pro Gruppe ermittelt werden. Sehen wir uns Listing 16.9 an.

```
SELECT m.name,m.vorname,b.maxbonuszahlung
FROM mitarbeiter m
INNER JOIN
(
  SELECT mitarbeiterid,MAX(bonuszahlung) AS maxbonuszahlung
  FROM bonus
  GROUP BY mitarbeiterid
) b
ON m.mitarbeiterid=b.mitarbeiterid;
```

Listing 16.9 Tabellen mit den Ergebniszeilen einer Unterabfrage verbinden (INNER JOIN)

Hinter der **INNER JOIN**-Klausel wird anstelle einer Tabelle eine Unterabfrage notiert, die in einfachen Klammern umschlossen ist. Sehen wir uns als Erstes an, welche Tabelle wie abgefragt wird. In der Unterabfrage wird die Tabelle *bonus* verwendet, um nach den Spaltenwerten der Spalte *mitarbeiterid* zu gruppieren und die Spaltenwerte der Spalte *mitarbeiterid* sowie das Ergebnis der Aggregatfunktion **MAX** bezogen auf die Gruppierung zurückzuliefern. Hinter der schließenden Klammer wird der Unterabfrage ein Alias zugeordnet.

Beachten Sie, dass die Unterabfrage Zeilen mit zwei Spalten und mehreren Zeilen zurückliefert. In diesem Beispiel haben wir nur die Spalte *b.maxbonuszahlung* in die Spaltenauswahlliste mit aufgenommen. Die Spalte *b.mitarbeiterid* wird hier in der **ON**-Klausel verwendet, um die Zeilen miteinander zu verbinden.

In Tabelle 16.7 sehen Sie das Ergebnis der Abfrage aus Listing 16.9. Die Zeilen der Tabelle *mitarbeiter* wurden über die Schlüsselwerte der Spalte *mitarbeiterid* mit den Zeilen der Unterabfrage verbunden ausgegeben.

name	vorname	maxbonuszahlung
Müller	Ralf	11700.00
Müller	Iris	14800.00
Klarfeld	Simone	45000000.00
Funke	Doris	17800.00

Tabelle 16.7 Unterabfrage mit einem JOIN verbinden

[*] **Zusammenfassung: Nicht korrelierende Unterabfragen**

Unterabfragen, die nicht in Beziehung zu einer übergeordneten Abfrage stehen, werden als *nicht korrelierende Unterabfragen* bezeichnet.

Diese Art von Unterabfragen wird sehr häufig verwendet, um in einer **WHERE**-Klausel einer übergeordneten Abfrage auf das Ergebnis einer Unterabfrage zu prüfen, aus der ein oder mehrere Spaltenwerte resultierend aus einer Gruppierung zurückgeliefert werden.

Ein weiterer Anwendungsbereich von nicht korrelierenden Abfragen ist das Verbinden von Zeilen einer Tabelle mit den Ergebniszeilen einer Unterabfrage. Auch in diesem Fall enthält die Unterabfrage häufig Resultate aus Gruppierungen, die mit einem **JOIN** mit weiteren Informationen angereichert werden können.

Es wird zwischen folgenden Unterabfragen unterschieden:

- Abfragen, die einen Spaltenwert zurückliefern
- Abfragen, die mehrere Spaltenwerte einer Spalte zurückliefern
- Abfragen, die mehrere Spaltenwerte aus mehreren Zeilen zurückliefern

Diese Differenzierung ist notwendig, um den Einsatz von Unterabfragen bestimmen zu können.

Wird der **IN**-Operator in einer **WHERE**-Klausel einer übergeordneten Abfrage verwendet, so ist es zulässig, dass eine Unterabfrage einen oder mehrere Spaltenwerte zurückliefert.

Wird eine Unterabfrage innerhalb eines **JOIN**s genutzt, so ist es zulässig, dass sie mehrere Spalten und mehrere Zeilen als Ergebnis zurückliefert.

Wird hingegen in einer **WHERE**-Klausel einer übergeordneten Abfrage mit einer Unterabfrage auf einen Spaltenwert einer der übergeordneten Abfrage geprüft, so darf die Unterabfrage nur einen Spaltenwert zurückgeben.

Eine nicht korrelierende Abfrage wird nur einmal ausgeführt. Die Ergebnistabelle kann dann von übergeordneten Abfragen verwendet werden. Nicht korrelierende Abfragen sind also bei weitem nicht so leistungshungrig wie korrelierende Abfragen.

In diesem Abschnitt haben Sie Unterabfragen kennengelernt, die nicht in Beziehung zu einer übergeordneten Abfrage stehen. Im nächsten Abschnitt 16.3 zeige ich Ihnen, wie Sie Vergleichsoperatoren verwenden, um Bedingungen zu formulieren, die auf Unterabfragen angewendet werden können. Sie können aber auch zunächst die Übungen aus Abschnitt 16.2.1 bearbeiten, um Ihr erlerntes Wissen zu prüfen.

16.2.1 Übungen zum Thema »Unterabfragen, die nicht in Korrelation zueinander stehen«

Übung 1

In der Tabelle *sachpraemie* sind ausgewählten Mitarbeitern Sachprämien zugeordnet. In Tabelle 16.8 sehen Sie die relevanten Informationen.

praemieid	praemie	grund	preis	mitarbeiterid
1	Goldene Uhr Typ 1	40 Jahre	500.00	5
2	Goldene Uhr Typ 2	30 Jahre	300.00	5
3	Goldene Uhr Typ 3	20 Jahre	200.00	5
4	Goldene Uhr Typ 1	40 Jahre	500.00	10

Tabelle 16.8 Prämien, die Mitarbeitern zugeordnet sind

Einem Mitarbeiter können mehrere Sachprämien zugeordnet sein. In einer Abfrage sollen die Namen und Vornamen der Mitarbeiter ermittelt werden, die eine oder mehrere Sachprämie erhalten haben.

Bilden Sie zunächst in einer ersten SELECT-Abfrage eine Gruppierung über die Spaltenwerte der Spalte *mitarbeiterid* der Tabelle *sachpraemie*, und geben Sie die eindeutigen Spaltenwerte der Spalte *mitarbeiterid* gemäß der Gruppierung in der Spaltenauswahlliste aus.

Im nächsten Schritt formulieren Sie eine übergeordnete SELECT-Anweisung, um die Spalten *name* und *vorname* der Tabelle *mitarbeiter* auszuwählen. Prüfen Sie im Anschluss in einer WHERE-Klausel, ob die Werte der Spalte *mitarbeiterid* der Tabelle *mitarbeiter* mit denen der ersten Abfrage übereinstimmen.

Übung 2

In dieser Übung soll in einer ersten SELECT-Abfrage die Summe der Preise ermittelt werden, die jeweils einem Mitarbeiter in Form von Sachprämien übergeben wurden. Gruppieren Sie hierzu über die Spaltenwerte der Spalte *mitarbeiterid* der Tabelle *sachpraemie*, und geben Sie in der Spaltenauswahlliste die Summe aus, die sich durch die Gruppierungen der Spaltenwerte der Spalte *preis* ergibt. In der Spaltenauswahlliste sollen auch die Spaltenwerte der Spalte *mitarbeiterid* enthalten sein, die zur Gruppierung verwendet werden.

In einer übergeordneten Abfrage sollen die Namen und Vornamen der Mitarbeiter ermittelt werden. Fragen Sie hierzu die Tabelle *mitarbeiter* ab, und verbinden Sie die Zeilen der Tabelle *mitarbeiter* mit den Ergebniszeilen der ersten SELECT-Abfrage. Somit können Sie die berechnete Summe der ersten Abfrage mit in die Spaltenauswahlliste der übergeordneten Abfrage aufnehmen.

Lösung zu Übung 1

```
SELECT
   name,vorname
FROM
   mitarbeiter
WHERE
   mitarbeiterid IN(
     SELECT mitarbeiterid
     FROM sachpraemie
     GROUP BY mitarbeiterid
   );
```

Listing 16.10 Gruppierung der Mitarbeiterprämien

Lösung zu Übung 2

```
SELECT
  m.name,
  m.vorname,
  p.summepreise
FROM
  mitarbeiter m
INNER JOIN
  (
    SELECT
      SUM(preis) AS summepreise,
      mitarbeiterid
    FROM
      sachpraemie
    GROUP BY
      mitarbeiterid
  ) p
ON
  m.mitarbeiterid=p.mitarbeiterid;
```

Listing 16.11 Summe der Preise

16.3 Vergleichsoperatoren auf Unterabfragen mit ANY, SOME und ALL anwenden

In Kapitel 2, »Los geht's: Die Grundfunktionen der Tabellenabfrage«, haben Sie im Zusammenhang mit der WHERE-Klausel bereits einige Vergleichsoperatoren wie =, <> , <= und >= kennengelernt. Diese Vergleichsoperatoren können Sie auch auf Ergebnismengen von Werten einer Spalte einer Unterabfrage anwenden. Hinter dem Vergleichsoperator notieren Sie hierzu eines der Schlüsselwörter ANY, SOME oder ALL.

> **ANY, SOME und ALL**
>
> Der Spaltenwert in einer übergeordneten Abfrage wird mit einem Vergleichsoperator gegen eine Menge von Spaltenwerten einer Spalte einer Unterabfrage geprüft.
>
> Die Unterabfrage darf allerdings nur eine Spalte mit einem oder mehreren Werten zurückliefern.

Sehen Sie sich dazu in Listing 16.12 ein Beispiel an, das ausschließlich die WHERE-Klausel unter Verwendung der Erweiterungen ANY, SOME und ALL betrachtet.

```
WHERE
    spalte1 (=|!=|<|>|<=|>=)
        (ANY|SOME|ALL) (Unterabfrage, eine Spalte mit einem oder mehreren Werten)
```

Listing 16.12 Syntax zur Anwendung von Vergleichsoperatoren mit ANY und SOME

Sie sehen, dass unterschiedliche Vergleichsoperatoren eingesetzt werden, um die Spaltenwerte von *spalte1* mit dem Ergebnis einer Unterabfrage zu vergleichen. Hinter den Vergleichsoperatoren notieren Sie **ANY**, **SOME** oder **ALL**, um auf das Ergebnis der Unterabfrage zu prüfen.

Verwenden Sie hinter einem Vergleichsoperator **SOME** oder **ANY**, so muss die Auswertung der Bedingung gegenüber der Menge von Spaltenwerten einer Spalte mindestens einmal erfüllt sein. Die Bedingung kann natürlich auch öfter zutreffen. Die beiden Schlüsselwörter **ANY** und **SOME** sind in ihrer Bedeutung identisch. Das Ergebnis der Auswertung der Bedingung ist dann wahr, wenn die Bedingung mindestens einmal erfüllt ist.

> **ANY und SOME**
>
> **ANY** und **SOME** überprüfen, ob eine Bedingung, die auf das Ergebnis einer Unterabfrage angewendet wird, wahr ist. Die Bedingung, die einen Spaltenwert der übergeordneten Abfrage gegen eine Menge von Spaltenwerten der Unterabfrage prüft, muss lediglich einmal zutreffen, um erfüllt zu sein. **ANY** und **SOME** können synonym verwendet werden.
>
> Soll das Ergebnis einer Unterabfrage auf gleich (=) **ANY** oder **SOME** überprüft werden, so kann auch stets der IN-Operator verwendet werden. Auch er prüft, ob Spaltenwerte in einer Spalte enthalten sind.
>
> **NOT IN** kann hingegen alternativ für die Prüfung auf ungleich (<>) **ALL** verwendet werden.

Das probieren wir gleich einmal aus. Hier verwenden wir hinter dem Vergleichsoperator das Schlüsselwort **SOME**, um zu prüfen, ob eine Bonuszahlung mindestens einmal mit einem Spaltenwert der Spalte *umsatz* übereinstimmt. Hierzu vergleichen wir in einer **WHERE**-Klausel die Spaltenwerte der Spalte *bonus* der Tabelle *mitarbeiter* in einer übergeordneten Abfrage auf Gleichheit mit einer Menge von Spaltenwerten, der Spalte *umsatz* aus der gleichnamigen Tabelle *umsatz*, die uns eine Unterabfrage zurückliefert.

```
SELECT
    mitarbeiterid,
    bonuszahlung
FROM
    bonus
```

```
WHERE
  bonuszahlung = SOME (
    SELECT umsatz FROM umsatz
  );
```

Listing 16.13 Der Einsatz von SOME zum Vergleich von Spaltenwerten aus Unterabfragen

Die Datenbank liefert Ihnen eine leere Ergebnistabelle zurück, wie in Tabelle 16.9 zu sehen ist. Keine Bonuszahlung eines Mitarbeiters ist identisch mit einem Umsatz in der Tabelle *umsatz*.

mitarbeiterid	bonuszahlung

Tabelle 16.9 Bedingungen mit dem SOME-Operator auf Ergebnisse von Unterabfragen prüfen

Als Nächstes prüfen wir, ob den Mitarbeitern Bonuszahlungen ausgezahlt wurden, die größer sind als sämtliche Quartalsumsätze. Hierzu verwenden wir den ALL-Operator hinter dem Vergleichsoperator der Bedingung. So wird geprüft, ob die Bedingung für alle Spaltenwerte einer Unterabfrage gilt. Die Aussage der Bedingung in der WHERE-Klausel ist also nur dann wahr, wenn der Vergleich für alle Spaltenwerte der Unterabfrage wahr ist.

Sehen wir uns also Listing 16.14 an.

```
SELECT
  bonuszahlung,
  mitarbeiterid
FROM
  bonus
WHERE
  bonuszahlung > ALL (
    SELECT umsatz FROM umsatz
  );
```

Listing 16.14 Ermittlung der Zeilen, deren Spaltenwerte größer sind als alle Spaltenwerte der Unterabfrage

Zunächst betrachten wir die Unterabfrage. Sie wählt die Spalte *umsatz* der gleichnamigen Tabelle *umsatz* aus. Jetzt sehen wir uns die WHERE-Klausel der übergeordneten Abfrage an. Hier prüfen wir, ob jeweils ein Spaltenwert der Spalte *bonuszahlung* der Tabelle *bonuszahlung* größer ist als sämtliche Spaltenwerte, die uns durch die Unterabfrage zurückgeliefert werden.

Tabelle 16.10 zeigt das Ergebnis der Abfrage.

bonuszahlung	mitarbeiterid
30000000.00	23
45000000.00	10

Tabelle 16.10 Den ALL-Operator für eine Bedingung anwenden, die auf Spaltenwerte einer Unterabfrage angewendet wird

Jeder Spaltenwert der übergeordneten Abfrage wurde gegen alle Spaltenwerte der Spalte *umsatz* mit der Bedingung größer als (>) geprüft. Lediglich zwei Zeilen, deren Bonuszahlungen größer sind als sämtliche Umsatzzahlen, haben es in die Ergebnisliste geschafft.

> [*] **Zusammenfassung: Mit ANY, SOME und ALL Vergleiche mit Ergebnistabellen aus Unterabfragen durchführen**
>
> ANY, SOME und ALL werden verwendet, um Bedingungen zu formulieren, die auf Ergebnisse von Unterabfragen angewendet werden.
>
> ANY und SOME sind in ihrer Funktion identisch und prüfen jeweils einen Spaltenwert einer übergeordneten Abfrage gegen Spaltenwerte einer Unterabfrage. Die Bedingung muss nur einmal zutreffen, um wahr zu sein.
>
> Eine Bedingung, die mit ALL gegen Spaltenwerte einer Unterabfrage prüft, muss für alle Spaltenwerte der Unterabfrage erfüllt sein, um wahr zu sein.

In diesem Abschnitt haben Sie die Operatoren SOME, ANY und ALL kennengelernt, die Sie auf Vergleichsoperatoren in einer WHERE-Klausel anwenden können. In Abschnitt 16.4 zeige ich Ihnen, wie Sie in einer WHERE-Klausel prüfen können, ob eine Ergebniszeile einer Unterabfrage existiert. Wenn Sie Ihr erlerntes Wissen erst einmal in der Praxis ausprobieren wollen, so haben Sie in Abschnitt 16.3.1 die Gelegenheit dazu.

16.3.1 Übungen zum Thema »Vergleichsoperatoren auf Unterabfragen mit ANY, SOME und ALL anwenden«

Übung 1

Für welche Arten von Vergleichen werden SOME und ANY verwendet?

Übung 2

Beschreiben Sie den Unterschied zwischen SOME und ANY.

Übung 3

Für welche Art von Vergleich wird der **ALL**-Operator verwendet?

Übung 4

In dieser Übung schauen Sie sich die Steuerklassen an, die den Mitarbeitern in der Tabelle *mitarbeiter* zugeordnet sind. Ziel dieser Übung ist es, die Mitarbeiter zu ermitteln, deren Steuerklasse nicht in der Tabelle *steuerklasse* hinterlegt sind.

Hierzu nutzen Sie die in Tabelle 16.11 dargestellte Datentabelle, *steuerklasse*. In der Spalte *steuerklassezahl* sind 6 Steuerklassen enthalten.

Formulieren Sie eine **SELECT**-Abfrage, in der Sie prüfen, welche Spaltenwerte der Spalte *steuerklasse* der Tabelle *mitarbeiter* nicht mit den Spaltenwerten der Spalte *steuerklassezahl* der Tabelle *steuerklasse* übereinstimmen.

steuerklasseid	steuerklasse	steuerklassezahl
1	Steuerklasse 1	1
2	Steuerklasse 2	2
3	Steuerklasse 3	3
4	Steuerklasse 4	4
5	Steuerklasse 5	5
6	Steuerklasse 6	6

Tabelle 16.11 Die Tabelle »steuerklasse«

Lösung zu Übung 1

SOME und **ANY** vergleichen einen Spaltenwert einer übergeordneten Abfrage auf eine Menge von Spaltenwerten einer Spalte, die aus einer Unterabfrage stammen. Dazu wird einer der bekannten Vergleichsoperatoren eingesetzt. Die Bedingung muss nur einmal auf die Menge der Spaltenwerte der Unterabfrage zutreffen, damit sie wahr ist.

Lösung zu Übung 2

Es gibt hier keinen Unterschied. Die beiden Schlüsselwörter sind äquivalent zu verwenden.

Lösung zu Übung 3

Der **ALL**-Operator wird angewendet, wenn die Bedingung für alle Spaltenwerte der Unterabfrage zutreffen muss, um erfüllt zu sein.

Lösung zu Übung 4

```
SELECT
  name,
  vorname,
  steuerklasse
FROM
  mitarbeiter
  WHERE
    steuerklasse <> ALL (
      SELECT steuerklassezahl FROM steuerklasse
    );
```

Listing 16.15 Spaltenwerte einer Spalte einer Unterabfrage mit ALL auf Ungleichheit prüfen

16.4 Auf die Existenz von Ergebniszeilen aus Unterabfragen prüfen (EXISTS)

Sehen wir uns einen weiteren Vergleichsoperator an, der in einer WHERE-Klausel einer übergeordneten Abfrage verwendet werden kann. Es handelt sich um den EXISTS-Vergleichsoperator, dessen Syntax Sie in Listing 16.16 sehen.

```
WHERE EXISTS (zeileeinerunterabfrage)
```

Listing 16.16 Syntax zur Prüfung auf Existenz von Ergebniszeilen einer Unterabfrage

Wenn Sie diesen Operator verwenden, brauchen Sie keine Spalte der übergeordneten Abfrage anzugeben, da hier keine Werte verglichen werden. Es wird lediglich geprüft, ob die Unterabfrage Zeilen zurückliefert.

Wenn das der Fall ist, dann ist die Bedingung wahr. Sehen wir uns also in Listing 16.17 an, wie Sie den EXISTS-Vergleichsoperator in einer WHERE-Klausel verwenden können. Ihnen fällt sicherlich als Erstes auf, dass hinter der WHERE-Klausel keine Spalte angegeben ist, deren Werte auf eine Bedingung geprüft werden. Direkt hinter der WHERE-Klausel folgt der EXISTS Operator, der auf Vorhandensein von Ergebniszeilen einer Unterabfrage prüft.

Sehen wir uns an, wie wir diesen Vergleichsoperator in der Praxis nutzen können.

Es soll in Listing 16.17 geprüft werden, ob einem Mitarbeiter jemals eine Bonuszahlung ausgezahlt wurde.

```
SELECT
  name,
  vorname
```

16.4 Auf die Existenz von Ergebniszeilen aus Unterabfragen prüfen (EXISTS)

```
FROM
  mitarbeiter m
WHERE
  EXISTS(
    SELECT mitarbeiterid FROM bonus b
    WHERE b.mitarbeiterid=m.mitarbeiterid);
```

Listing 16.17 In einer Unterabfrage auf Existenz von Ergebniszeilen prüfen

Hierzu nutzen wir eine Abfrage, in der die Spalten *name* und *vorname* der Tabelle *mitarbeiter* abgefragt werden. Mit einer WHERE-Klausel soll hier geprüft werden, ob Zeilen in der Tabelle *bonus* zum jeweiligen Mitarbeiter existieren. Hier wenden wir unseren EXISTS-Vergleichsoperator an, mit dem wir auf die Existenz von Datensätzen in einer Unterabfrage prüfen. Um dies zu realisieren, setzen wir die Spaltenwerte der Spalte *mitarbeiterid* der Tabelle *bonus* in Korrelation zu den übergeordneten Spaltenwerten der Spalte *mitarbeiterid* der Tabelle *mitarbeiter*. Wenn die WHERE-Klausel der Unterabfrage in den jeweils korrelierenden Zeilen der übergeordneten Abfrage fündig wird, ist die Bedingung des EXISTS-Vergleichsoperators erfüllt. Er prüft nur, ob Ergebniszeilen zurückgeliefert werden.

In der Ergebnisliste liefert Ihnen die Datenbank, wie in Tabelle 16.12 ersichtlich, sämtliche Mitarbeiter, denen in der Unterabfrage eine Bonuszahlung zugeordnet werden konnte.

name	vorname
Müller	Ralf
Müller	Iris
Klarfeld	Simone
Funke	Doris

Tabelle 16.12 Ergebnis einer Prüfung auf Ergebniszeilen einer Unterabfrage mit EXISTS

Optional können Sie den EXISTS-Operator auch mit einem vorangestellten NOT-Schlüsselwort verwenden, um zu erreichen, dass die Bedingung in der WHERE-Klausel nur dann wahr ist, wenn keine Zeilen aus der Unterabfrage zurückgeliefert werden.

Bleiben wir also bei unserem Beispiel. Jetzt interessieren uns die Mitarbeiter, die noch nie eine Bonuszahlung erhalten haben. Hierzu verändern wir die SELECT-Abfrage aus Listing 16.17 nur minimal in der WHERE-Klausel, indem wir einen NOT EXISTS-Vergleichsoperator auf das Ergebnis der Unterabfrage anwenden:

```sql
SELECT
    name,
    vorname
FROM
    mitarbeiter m
WHERE
    NOT EXISTS(
        SELECT mitarbeiterid FROM bonus b
        WHERE b.mitarbeiterid=m.mitarbeiterid);
```

Listing 16.18 In einer Unterabfrage auf Nichtexistenz von Ergebniszeilen prüfen

Tabelle 16.13 zeigt Ihnen einen Auszug des Ergebnisses der **SELECT**-Abfrage aus Listing 16.18.

name	vorname
Schneider	Petra
Klein	Thomas
Lang	Ute
Eisenhof	Frank

Tabelle 16.13 Ergebnis für eine Prüfung auf die Nichtexistenz von Ergebniszeilen einer Unterabfrage

Die Datenbank liefert Ihnen nur die Zeilen zurück, für die in der Bedingung der **WHERE**-Klausel der Unterabfrage keine korrelierenden Werte gefunden werden konnten. Die Unterabfrage liefert uns dann keine Ergebniszeile zurück. Die Bedingung des **NOT EXISTS**-Vergleichsoperators ist in diesen Fällen wahr, und wir erhalten nur die Zeilen der Mitarbeiter, die noch keine Bonuszahlung erhalten haben.

> [*] **Zusammenfassung: Auf die Existenz von Zeilen prüfen**
>
> Mit dem **EXISTS**-Vergleichsoperator wird in einer **WHERE**-Klausel einer übergeordneten Abfrage geprüft, ob eine Unterabfrage eine Zeile zurückgibt.
>
> Die Anzahl der Spalten, die in diesem Fall von der Unterabfrage zurückgeliefert werden, ist nicht von Bedeutung. Es wird nur ausgewertet, ob eine Zeile zurückgegeben wird.
>
> Der Inhalt der Zeile ist ebenfalls bedeutungslos. Der **EXISTS**-Operator prüft ausschließlich auf die Existenz von Zeilen.

16.4 Auf die Existenz von Ergebniszeilen aus Unterabfragen prüfen (EXISTS)

In diesem Kapitel haben Sie die unterschiedlichen Arten von Unterabfragen und ihre Anwendungsfälle kennengelernt. Im nächsten Kapitel zeige ich Ihnen, wie Sie komplexe SQL-Abfragen mittels Views speichern und auf sie mit `SELECT`-Abfragen wie auf Tabellen zugreifen können.

16.4.1 Übungen zum Thema »auf die Existenz von Ergebniszeilen aus Unterabfragen prüfen«

Übung 1

Beschreiben Sie kurz, welche Art von Vergleich der `EXISTS`-Operator auf eine Unterabfrage in einer `WHERE`-Klausel anwendet.

Übung 2

Sie haben bereits in Übung 4 aus Abschnitt 16.3 die Tabelle *steuerklasse* kennengelernt. Das Ziel dieser Übung ist mit demjenigen aus Übung 4 identisch: Wir wollen wieder die Mitarbeiter ermitteln, denen in der Tabelle *mitarbeiter* eine Steuerklasse zugeordnet ist, die nicht in der Tabelle *steuerklasse* vorhanden sind.

In diesem Fall soll der `EXISTS`-Vergleichsoperator verwendet werden, um das Ziel zu erreichen. Beachten Sie, dass in beiden Tabellen *mitarbeiter* und *steuerklasse* die Spalten *steuerklasse* und *steuerklassezahl* enthalten sind. Diese Spalten eignen sich, um die Spaltenwerte der Spalte *steuerklasse* der Tabelle *mitarbeiter* mit den Spaltenwerten der Spalte *steuerklassezahl* der Tabelle *steuerklasse* korrelierend in der Unterabfrage zu vergleichen, um anschließend in der übergeordneten Abfrage auf die Nichtexistenz von Ergebniszeilen zu prüfen.

Lösung zu Übung 1

Der `EXISTS`-Operator prüft für eine übergeordnete Abfrage, ob eine Unterabfrage eine Zeile zurückliefert. Wenn die Unterabfrage eine Zeile zurückliefert, ist die Bedingung erfüllt.

Lösung zu Übung 2

```
SELECT
  name,
  vorname,
  steuerklasse
FROM
  mitarbeiter m
WHERE
  NOT EXISTS (
    SELECT
```

```
      steuerklassezahl
   FROM
      steuerklasse s
   WHERE s.steuerklassezahl=m.steuerklasse
);
```

Listing 16.19 Auf Nichtexistenz von Ergebniszeilen in einer Unterabfrage prüfen

Kapitel 17
Views: Abfragen in virtuellen Tabellen speichern

Views bieten die Möglichkeit, komplexe SQL-Abfragen zu kapseln, um die Abfrage selbst dem Anwender nicht sichtbar zu machen. Mit Views können Sie also dem Anwender eine vereinfachte Sicht auf komplexe Abfragen zur Verfügung stellen.

SQL bietet Ihnen mit *Sichten* (*Views*) eine ziemlich einfache Möglichkeit, **SELECT**-Abfragen dauerhaft in einer Datenbank zu hinterlegen. Eine View speichert also eine **SELECT**-Abfrage innerhalb der Datenbank unter einem Namen. Eine solche View können Sie unter Ihrem Namen wie eine gewöhnliche Tabelle mit einer **SELECT**-Anweisung abfragen. Wenn Sie eine View abfragen, wird die in der View definierte **SELECT**-Anweisung ausgeführt.

Es gibt zwei Gründe, Views zu verwenden:

1. Sie haben mit Views die Möglichkeit, komplexe SQL-Abfragen dauerhaft in der Datenbank zu speichern und auf die Views wie auf eine Tabelle mit einer **SELECT**-Anweisung zuzugreifen. Das erleichtert Ihnen den Umgang mit Ihrem Datenbestand.
2. Ein komplexes Datenmodell und die beteiligten Tabellen (z. B. Tabellen einer Personalabteilung) sollen in der Regel nicht jedem zugänglich gemacht werden. Mit Views können Sie komplexe **SELECT**-Anweisungen (gegebenenfalls mit vielen **JOIN**s) kapseln und die tatsächlich abgefragten Tabellen verbergen.

> **Views**
>
> Mittels einer View können **SELECT**-Abfragen unter einem Namen dauerhaft in einer Datenbank hinterlegt werden. Die gespeicherte View kann wie eine gewöhnliche Tabelle mit einer **SELECT**-Anweisung abgefragt werden. Wenn Sie eine View abfragen, wird die **SELECT**-Anweisung ausgeführt, die bei der Erstellung der View definiert wurde.

Abschnitt 17.1 zeigt Ihnen, wie Sie eine einfache View erstellen.

17.1 Einfache Views anlegen

In Listing 17.1 sehen Sie ein Beispiel für die Erstellung von *Views* bzw. *Sichten*.

```
CREATE VIEW v_mitarbeiter
AS SELECT mitarbeiterid,name,vorname FROM mitarbeiter;
```

Listing 17.1 Syntax für die Speicherung von SELECT-Abfragen

Es beginnt mit dem Schlüsselwort `CREATE`, gefolgt von dem Schlüsselwort `VIEW`. Mit der Wortfolge `CREATE VIEW` teilen Sie der Datenbank mit, dass Sie eine View erstellen wollen. Hinter das Schlüsselwort `VIEW` schreiben Sie einen frei von Ihnen auszuwählenden Namen, der allerdings den Inhalt der View möglichst sprechend wiedergeben sollte. Sie wollen ja sicherlich später noch leicht verstehen, was in dieser View enthalten ist, oder?

> [!] **Achtung**
> Wählen Sie hier einen Namen, der noch nicht als Tabellenname vergeben ist. Wenn Sie einer View einen Namen zuordnen, der bereits als Tabellenname in der Datenbank existiert, kommt es zu einer Fehlermeldung.

Es folgt das Schlüsselwort `AS` gefolgt von der `SELECT`-Abfrage, die Sie als View speichern möchten. In Listing 17.1 fragt die `SELECT`-Abfrage nur die Spalten *mitarbeiterid*, *name* und *vorname* der Tabelle *mitarbeiter* ab.

Beachten Sie bei der Formulierung einer `SELECT`-Anweisung, die Sie in einer View hinterlegen wollen, dass Sie stets eindeutige Spaltennamen verwenden. Die verwendeten Spaltennamen in einer View müssen unterschiedlich sein. Wenn Sie gleiche Spaltenbezeichnungen in der Definition der `SELECT`-Anweisung einer View verwenden, kommt es zu einer Fehlermeldung.

Kurz zusammengefasst können Sie die Anweisung wie folgt beschreiben: Erzeuge eine Sicht mit dem Namen *v_mitarbeiter*, bestehend aus der folgenden `SELECT`-Abfrage.

Bei der Namenvergabe für Views hat es sich eingebürgert, Namen, die einer View zugeordnet werden, mit dem Präfix *v_* zu beginnen, um die Views von den Tabellennamen unterscheiden zu können.

In Listing 17.2 sehen Sie eine `SELECT`-Anweisung, in der die Spalten *mitarbeiterid*, *name* und *vorname* der View *v_mitarbeiter* abgefragt werden:

```
SELECT mitarbeiterid, name, vorname FROM v_mitarbeiter;
```

Listing 17.2 Eine View mit einer SELECT-Anweisung abfragen

Es handelt sich um eine gewöhnliche **SELECT**-Anweisung, mit der wir anstelle einer Tabelle die View mit dem Namen *v_mitarbeiter* abfragen.

Wenn Sie die **SELECT**-Anweisung aus Listing 17.2 ausführen, erhalten Sie ein Ergebnis, wie es in Tabelle 17.1 dargestellt ist.

mitarbeiterid	Name	vorname
1	Müller	Ralf
2	Schneider	Petra
3	Klein	Thomas
4	Lang	Ute

Tabelle 17.1 Ergebnis einer SELECT-Abfrage auf die View »v_mitarbeiter«

Was passiert, wenn sich die Daten ändern, die von einer gespeicherten View abgefragt werden? Sehen wir uns dazu ein Beispiel an: Ändern wir einfach in der Tabelle *mitarbeiter* den Namen des Mitarbeiters Ralf Müller in den Wert Müller 2. Hierzu verwenden wir die **UPDATE**-Anweisung aus Listing 17.3:

```
UPDATE mitarbeiter
SET name='Müller 2'
WHERE mitarbeiterid=1;
```

Listing 17.3 Daten in der Tabelle ändern, auf die eine View zugreift

Nach der Aktualisierung der Zeile des Mitarbeiters Ralf Müller prüfen Sie, ob die View *v_mitarbeiter* die Änderung zur Kenntnis nimmt. Hierzu nutzen Sie die **SELECT**-Anweisung aus Listing 17.4:

```
SELECT * FROM v_mitarbeiter;
```

Listing 17.4 Abfrage der View »v_mitarbeiter«

Als Ergebnis erhalten Sie Tabelle 17.2.

mitarbeiterid	name	vorname
1	Müller 2	Ralf
2	Schneider	Petra

Tabelle 17.2 Ergebnis einer Abfrage auf eine View nach einer Aktualisierung der Tabelle, die in der View abgefragt wird

mitarbeiterid	name	vorname
3	Klein	Thomas
4	Lang	Ute

Tabelle 17.2 Ergebnis einer Abfrage auf eine View nach einer Aktualisierung der Tabelle, die in der View abgefragt wird (Forts.)

Die Änderung, die durch die UPDATE-Anweisung durchgeführt wurde, ist sofort sichtbar. Die SELECT-Abfrage auf die View *v_mitarbeiter* bewirkt also die erneute Ausführung der während der View-Erstellung gespeicherten SELECT-Anweisung.

Im nächsten Beispiel aus Listing 17.5 zeige ich Ihnen, wie Sie eine View erstellen, deren SELECT-Anweisung zwei Tabellen über einen INNER JOIN abfragt. Die Vorgehensweise zur Erstellung einer View bleibt die gleiche. Es ändert sich lediglich die SELECT-Anweisung hinter dem AS-Schlüsselwort der CREATE VIEW-Anweisung.

```
CREATE VIEW v_mitarbeiterkontakt
AS
SELECT
  m.mitarbeiterid,
  m.name,
  m.vorname,
  k.festnetz,
  k.mobilnetz
FROM
  mitarbeiter m INNER JOIN kontakt k
ON
  m.mitarbeiterid=k.mitarbeiterid;
```

Listing 17.5 Eine View mit einer SELECT-Anweisung anlegen, die über einen INNER JOIN die Zeilen von zwei Tabellen verbindet

Als Nächstes werden wir die View *v_mitarbeiterkontakt* aus Listing 17.5 mit einer SELECT-Anweisung wie in Listing 17.6 dargestellt abfragen:

```
SELECT * FROM v_mitarbeiterkontakt;
```

Listing 17.6 Eine View abfragen, deren SELECT-Abfrage mehrere Tabellen über einen JOIN verbindet

Als Ergebnis für die Abfrage aus Listing 17.6 erhalten Sie Tabelle 17.3. In der SELECT-Anweisung haben Sie mit dem *-Auswahloperator sämtliche Spalten der View *v_mit-*

arbeiterkontakt ausgewählt. Die Ergebnistabelle enthält also die durch den `JOIN` verbundenen Zeilen und Spalten der Tabellen *mitarbeiter* und *kontakt*.

mitarbeiterid	name	vorname	festnetz	mobilnetz
2	Schneider	Petra	0123/1111111	4566/000000000
4	Lang	Ute	8977/999999	2345/5555555
6	Lupin	Anja	2345/333333	3456/6666666
8	Müller	Iris	3456/111111111	2345/9999999

Tabelle 17.3 Ergebnis einer SELECT-Abfrage, die auf eine View ausgeführt wird, die zwei Tabellen mit einem INNER JOIN verbindet

Zusammenfassung: Views anlegen

Views werden mit der **CREATE VIEW**-Anweisung angelegt.

Die Namen der zu erstellenden Views dürfen nicht identisch mit bestehenden Tabellennamen sein.

Es ist ratsam, Views mit einem Präfix wie *v_* zu versehen, um sie von Tabellen unterscheiden zu können.

In der zugrundeliegenden **SELECT**-Anweisung einer View dürfen keine gleichen Spaltennamen verwendet werden. Diese Gefahr besteht insbesondere, wenn `JOINS` verwendet werden.

In diesem Abschnitt haben Sie gelernt, wie Sie Views erstellen. In Abschnitt 17.2 stelle ich Ihnen vor, wie Sie Views erzeugen, die eine von Ihnen festgelegte Sortierung bereitstellen. Wenn Sie Ihr Wissen prüfen wollen, können Sie auch gerne zuerst die Übungen aus Abschnitt 17.1.1 durchführen.

17.1.1 Übungen zum Thema »einfache Views anlegen«

Übung 1

Was müssen Sie in Bezug auf den Namen einer zu erstellenden View beachten?

Übung 2

Was ist bei der Auswahl der Spalten der **SELECT**-Abfrage zu beachten, die für die Erstellung einer View verwendet wird?

Übung 3

Wie wirkt es sich aus, wenn sich die Spaltenwerte der Tabelle der SELECT-Abfrage, die der View zugrunde liegt, ändern?

Übung 4

Erstellen Sie eine View mit der Bezeichnung *v_urlaub*. Für die Erstellung der View verwenden Sie eine SELECT-Abfrage auf die Tabelle *mitarbeiter*, in der die Spalten *name*, *vorname*, *urlaubstage* und *urlaubgenommen* aus der Tabelle *mitarbeiter* abgefragt werden.

Übung 5

Erstellen Sie eine View mit der Bezeichnung *v_praemie*. Die zugrundeliegende SELECT-Abfrage soll die Zeilen der Tabellen *mitarbeiter* und *sachpraemie* über einen INNER JOIN verbinden. In die Spaltenauswahlliste sollen folgende Spalten aufgenommen werden: *name*, *vorname*, *praemie* und *grund*.

Lösung zu Übung 1

Der Name einer zu erstellenden View darf nicht bereits als Tabellenname vergeben sein.

Lösung zu Übung 2

Die Spaltenauswahlliste der SELECT-Abfrage, die für die Erstellung einer View genutzt wird, darf keine mehrfach vorkommenden gleichen Spaltennamen enthalten.

Lösung zu Übung 3

Wenn eine View abgefragt wird, wird die dahinterliegende SELECT-Anweisung ausgeführt, und somit werden in einer View stets die Spaltenwerte angezeigt, die in der dahinterliegenden Tabelle aktuell sind.

Lösung zu Übung 4

```
CREATE VIEW v_urlaub AS
  SELECT
    name,
    vorname,
    urlaubstage,
    urlaubgenommen
  FROM mitarbeiter;
```

Listing 17.7 Eine einfache View erstellen, deren SELECT-Abfrage eine Tabelle abfragt

Lösung zu Übung 5

```
CREATE VIEW v_praemie AS
  SELECT
    m.name,
    m.vorname,
    s.praemie,
    s.grund
  FROM mitarbeiter m INNER JOIN sachpraemie s
  ON m.mitarbeiterid=s.mitarbeiterid;
```

Listing 17.8 Eine View anlegen, deren SELECT-Abfrage zwei Tabellen mit einem INNER JOIN zugrunde liegen

17.2 Views und ORDER BY

Wenn Sie eine View erstellen, in der eine SELECT-Anweisung festgelegt wird, besteht die Möglichkeit, eine ORDER BY-Klausel zu verwenden.

> **Unterschiede zwischen den Datenbanken**
>
> Leider wird auch hier der SQL-Standard von den unterschiedlichen Datenbanken nicht gleich umgesetzt. Die *MySQL*- und *PostgreSQL*-Datenbanken ermöglichen die Verwendung der ORDER BY-Klausel in der SELECT-Abfrage einer CREATE VIEW-Anweisung ohne Probleme.
>
> Wenn Sie eine *MS-SQL-Server*-Datenbank verwenden, nutzen Sie die TOP 100 PERCENT-Klausel vor der Spaltenauswahlliste, um eine ORDER BY-Klausel in einer SELECT-Abfrage einer CREATE VIEW-Anweisung verwenden zu können. Ohne die TOP 100 PERCENT-Klausel würde die Anlage der View auf der Datenbank zu einem Fehler führen.

Sehen wir uns ein konkretes Beispiel für eine CREATE VIEW-Anweisung an, in deren SELECT-Anweisung eine ORDER BY-Klausel Verwendung findet.

```
CREATE VIEW v_mitarbeitersortiert
AS
SELECT
  TOP 100 PERCENT /* MS SQL Server */
  mitarbeiterid,
  name,
  vorname
FROM
  mitarbeiter
ORDER BY name;
```

Listing 17.9 SELECT-Abfrage einer View mit einer ORDER BY-Klausel verwenden

Mit einer einfachen Abfrage, wie in Listing 17.10 dargestellt, überprüfen Sie im nächsten Schritt, ob die Sortierung, die in der SELECT-Abfrage der CREATE VIEW-Anweisung festgelegt wurde, auch tatsächlich ihre Dienste verrichtet.

```
SELECT mitarbeiterid,name,vorname FROM v_mitarbeitersortiert;
```

Listing 17.10 Abfrage einer sortierten View

In Tabelle 17.4 sehen Sie das Ergebnis der SELECT-Abfrage aus Listing 17.10. Die Ergebniszeilen der Abfrage wurden gemäß den Spaltenwerten der Spalte *name* sortiert und zurückgegeben.

mitarbeiterid	name	vorname
27	Blume	Siegmar
44	Bücher	Herbert
43	Dorsten	Klaus
5	Eisenhof	Frank

Tabelle 17.4 Ergebnis einer Abfrage einer View, bei deren Erstellung eine ORDER BY-Klausel auf die SELECT-Anweisung angewendet wurde

Was passiert eigentlich, wenn eine SELECT-Abfrage auf eine View mit einer eigenen ORDER BY-Klausel ausgestattet ist? Die ORDER BY-Klausel, die während der Erstellung der View *v_mitarbeitersortiert* verwendet wurde, gibt die Zeilen sortiert nach den Spaltenwerten der Spalte *name* der Tabelle *mitarbeiter* zurück.

In Listing 17.11 statten wir eine SELECT-Anweisung, die die View *v_mitarbeitersortiert* abfragt, mit einer eigenständigen ORDER BY-Klausel aus, um die Zeilen sortiert nach den Spaltenwerten der Spalte *vorname* der View *v_mitarbeitersortiert* zu sortieren und auszugeben.

```
SELECT mitarbeiterid,name,vorname
FROM v_mitarbeitersortiert
ORDER BY vorname;
```

Listing 17.11 Sortierte Abfrage einer sortierten View

Als Ergebnis erhalten wir Tabelle 17.5 zurück.

mitarbeiterid	name	vorname
23	Funke	Andreas
6	Lupin	Anja
20	Klein	Bärbel
36	Ludowig	Carmen

Tabelle 17.5 Ergebnis für eine SELECT-Abfrage, die auf eine View zugreift und über eine ORDER BY-Klausel verfügt

Die Mitarbeiter wurden nach der Spalte *vorname* sortiert. Die Sortierung der zugrundeliegenden SELECT-Anweisung der View *v_mitarbeitersortiert* wird durch die ORDER BY-Klausel in einer SELECT-Abfrage übersteuert, die die Zeilen der View *v_mitarbeitersortiert* abfragt.

> **Zusammenfassung: Views mit einer ORDER BY-Klausel in der zugrundeliegenden SELECT-Anweisung**
>
> Die einer View zugrundeliegende SELECT-Anweisung kann eine ORDER BY-Klausel enthalten. Wenn die View mit Hilfe einer SELECT-Anweisung abgefragt wird, werden die Zeilen in der Ergebnistabelle gemäß den Spaltenangaben der ORDER BY-Klausel sortiert zurückgegeben.
>
> Wird die View mit einer Sortierung durch eine SELECT-Abfrage abgefragt, die ebenfalls eine ORDER BY-Klausel enthält, so wird die Sortierung der SELECT-Abfrage auf die Ergebnistabelle angewendet.

In diesem Abschnitt haben Sie die Verwendung der ORDER BY-Klausel für die SELECT-Anweisung innerhalb einer CREATE VIEW-Anweisung kennengelernt, mit der Sie bereits während der Erstellung der View festlegen können, das die Ergebniszeilen gemäß einem von Ihnen festgelegten Kriterium sortiert werden.

In Abschnitt 17.3 erfahren Sie, in welchem Rahmen Sie INSERT-, UPDATE- und DELETE-Anweisungen auf Views anwenden können. In Abschnitt 17.2.1 haben Sie natürlich wieder die Gelegenheit, Übungen zum Thema »View und ORDER BY« durchzuführen.

17.2.1 Übungen zum Thema »Views und ORDER BY«

Übung 1

Erstellen Sie eine View mit der Bezeichnung *v_mitarbeiterbonus*. Die zugrundeliegende SELECT-Abfrage soll durch einen JOIN die Zeilen der Tabellen *mitarbeiter* und bonus miteinander verbunden ausgeben. Außerdem soll die View mit einer Sortierung ausgestattet sein, die dafür sorgt, dass die Zeilen aufsteigend sortiert nach den Spaltenwerten der Spalte *bonus* ausgegeben werden. In die Spaltenauswahlliste der SELECT-Anweisung nehmen Sie die Spalten *name*, *vorname* und *bonus* auf.

Übung 2

Wenn Sie mit einer SELECT-Anweisung eine View abfragen, deren zugrundeliegende SELECT-Anweisung über eine Sortierung verfügt, wie wirkt sich dann eine ORDER BY-Klausel auf das Ergebnis der SELECT-Anweisung aus, mit der Sie die bereits sortierte View abfragen?

Lösung zu Übung 1

```
CREATE VIEW v_mitarbeiterbonus AS
  SELECT
    m.name,
    m.vorname,
    m.bonuszahlung
  FROM mitarbeiter m INNER JOIN bonus b
  ON m.mitarbeiterid=b.mitarbeiterid;
  ORDER BY b.bonuszahlung
```

Listing 17.12 Eine View mit einer zugrundeliegenden SELECT-Anweisung erstellen, die mit einer ORDER BY-Klausel ausgestattet ist

Lösung zu Übung 2

Die ORDER BY-Klausel der SELECT-Anweisung, die auf eine bereits sortierte View angewendet wird, übersteuert die Sortierung der View.

17.3 INSERT, UPDATE und DELETE auf Views anwenden

Wenn Sie eine View angelegt haben, können Sie unter anderem neue Zeilen einfügen, Werte aus bestehenden Zeilen ändern oder auch Zeilen löschen. Vielleicht ist das etwas schwierig nachzuvollziehen, da eine View ja lediglich das Ergebnis einer Abfrage zurückliefert.

Wie dies trotzdem geht, sehen wir uns in Abschnitt 17.3.1 an. Auch hier gibt es Unterschiede zwischen den hier behandelten Datenbanken zu beachten.

17.3.1 Eine INSERT-Anweisung auf Views anwenden

Der View *v_mitarbeiter* liegt eine SELECT-Abfrage zugrunde, in der die Spalten *mitarbeiterid*, *name* und *vorname* der Tabelle *mitarbeiter* abgefragt werden.

Wenn Sie eine neue Zeile in eine View einfügen wollen, ist sicherzustellen, dass die View auch die Primärschlüsselspalte abfragt, um die neue Zeile mit einem eindeutigen Primärschlüsselwert versehen zu können. Das gilt nicht, wenn eine Tabelle eine Auto-Inkrement-Spalte als Primärschlüsselspalte verwendet.

Beachten Sie auch Folgendes: Wenn ich schreibe, dass wir Zeilen in Views einfügen, dann ist damit stets gemeint, dass wir Zeilen mit einer INSERT-Anweisung über eine View in eine Tabelle einfügen. Um die Formulierung einheitlich zu halten, verwende ich hier dennoch stets die Formulierung des Einfügens in eine View.

Die View *v_mitarbeiter* enthält die Primärschlüsselspalte *mitarbeiterid*, die in der Spaltenauswahlliste der zugrundeliegenden SELECT-Anweisung enthalten ist. Listing 17.13 zeigt eine INSERT-Anweisung, die einen neuen Mitarbeiter Josef Ebert in die View *v_mitarbeiter* einfügt:

```
INSERT INTO v_mitarbeiter VALUES (47,'Ebert','Josef');
```

Listing 17.13 Eine neue Zeile in eine View einfügen

Nach dem Einfügen fragen Sie mit einer einfachen SELECT-Abfrage wie in Listing 17.14 die View *v_mitarbeiter* ab, um zu prüfen, ob die neue Zeile eingefügt wurde:

```
SELECT * FROM v_mitarbeiter;
```

Listing 17.14 Prüfabfrage für die View »v_mitarbeiter« nach einem Einfügevorgang

Das Ergebnis der Abfrage aus Listing 17.14 sehen Sie in Tabelle 17.6.

mitarbeiterid	name	vorname
44	Bücher	Herbert
45	Sternental	Marlene
46	Heinrich	Hans
47	Ebert	Josef

Tabelle 17.6 Ergebnistabelle für eine Prüfabfrage auf die View »v_mitarbeiter«

Die neue Zeile wurde in die View *v_mitarbeiter* eingefügt. In der letzten Zeile des Auszugs der Ergebnistabelle sehen Sie eine neue Zeile mit dem neuen Mitarbeiter Josef Ebert.

Als Nächstes interessiert uns, ob die neue Zeile auch in der Tabelle *mitarbeiter* enthalten ist. Hierzu führen wir die SELECT-Anweisung aus Listing 17.15 aus:

```
SELECT * FROM mitarbeiter;
```

Listing 17.15 Prüfabfrage für die Tabelle »mitarbeiter« nach einem Einfügevorgang, der über die View »v_mitarbeiter« realisiert wurde

Das Ergebnis der SELECT-Abfrage aus Listing 17.15 sehen Sie auszugsweise dargestellt in Tabelle 17.7. Die letzte Zeile enthält die zuvor in die View *v_mitarbeiter* eingefügte Zeile mit dem Mitarbeiter Josef Ebert.

mitarbeiterid	name	vorname	gebdatum	eintrittsdatum
44	Bücher	Herbert	1951-10-05	1978-01-01
45	Sternental	Marlene	1950-02-18	1972-09-28
46	Heinrich	Hans	1953-05-28	1971-03-30
47	Ebert	Josef	NULL	NULL

Tabelle 17.7 Prüfabfrage für die Tabelle »mitarbeiter«, die der View »v_mitarbeiter« zugrunde liegt

Als Nächstes betrachten wir die View *v_mitarbeiterkontakt*, die wir mit Listing 17.5 angelegt haben.

> **Unterschiede zwischen den Datenbanken**
>
> Die Leser, die eine *MySQL*- oder eine *MS-SQL-Server*-Datenbank verwenden, können dieses Beispiel auch praktisch nachvollziehen. Die *PostgreSQL*-Datenbank lässt einen Einfügevorgang in eine View, deren Abfrage auf mehrere Tabellen zugreift, nicht zu. Sie sollten diesen Abschnitt dennoch lesen, da er beschreibt, was zu beachten ist, wenn Sie neue Zeilen in eine View einfügen, der zwei Tabellen zugrunde liegen.

Der View liegen die Tabellen *mitarbeiter* und *kontakt* zugrunde. In Listing 17.16 sehen Sie eine INSERT-Anweisung, mit der eine weitere Zeile in die View *v_mitarbeiterkontakt* eingefügt werden soll:

```
INSERT INTO v_mitarbeiterkontakt (mitarbeiterid,name,vorname)
VALUES (48,'Albers','Daniel');
```

Listing 17.16 Eine neue Zeile in eine View einfügen

Die Abfrage zur Anlage der View *v_mitarbeiterkontakt* verwendet einen INNER JOIN, in dessen ON-Klausel die Spalten *mitarbeiterid* der Tabellen *mitarbeiter* und *kontakt* auf

17.3 INSERT, UPDATE und DELETE auf Views anwenden

Gleichheit hin geprüft werden, um die Zeilen der beiden Tabellen zu verbinden. Ebenfalls wichtig ist hier, dass wir in der INSERT-Anweisung aus Listing 17.16 ausschließlich die Spaltenwerte für die Tabelle *mitarbeiter* in die View *v_mitarbeiterkontakt* einfügen.

Jetzt prüfen wir, ob der neue Mitarbeiter Daniel Albers auch tatsächlich in die View eingefügt wurde. Hierzu nutzen wir die SELECT-Anweisung aus Listing 17.17.

```
SELECT * FROM v_mitarbeiterkontakt;
```

Listing 17.17 Prüfabfrage für die View »v_mitarbeiterkontakt« nach einem Einfügevorgang

In Tabelle 17.8 sehen Sie das Ergebnis der Prüfabfrage aus Listing 17.17.

mitarbeiterid	name	vorname	festnetz	mobilnetz
40	Kanis	Herbert	789012/ 44444444444	456789/ 55555555555
42	Oberscheidt	Michael	56789/ 2222222222	7890123/ 44444444444
44	Bücher	Herbert	111111111/ 777777777777	55555/ 44444444444
46	Heinrich	Hans	00000000/ 11111111	77777/ 999999999

Tabelle 17.8 Ergebnis für eine Prüfabfrage auf die View »v_mitarbeiterkontakt«

Der neue Mitarbeiter, der mit der INSERT-Anweisung aus Listing 17.16 eingefügt wurde, ist in der View *v_mitarbeiterkontakt* nicht enthalten.

Dies liegt daran, dass Sie mit der INSERT-Anweisung nur die Spaltenwerte angegeben haben, mit denen eine neue Zeile in die Tabelle *mitarbeiter* eingefügt werden kann. Aufgrund des INNER JOIN der zugrundeliegenden Abfrage der View *v_mitarbeiterkontakt* können hier also keine Zeilen der Tabelle *kontakt* dem neuen Mitarbeiter in der ON-Klausel zugeordnet werden. Es sind ja schlicht und ergreifend noch keine Kontaktdaten für diesen Mitarbeiter in der Tabelle *kontakt* hinterlegt.

Eine weitere einfache Prüfabfrage auf die Tabelle *mitarbeiter*, wie wir Sie bereits in Listing 17.15 verwendet haben, zeigt, dass die Zeile des neuen Mitarbeiters tatsächlich in die Tabelle *mitarbeiter* eingefügt wurde. Die letzte Zeile von Tabelle 17.9 enthält den neuen Mitarbeiter Daniel Albers.

mitarbeiterid	name	vorname	gebdatum	eintrittsdatum
45	Sternental	Marlene	1950-02-18	1972-09-28
46	Heinrich	Hans	1953-05-28	1971-03-30
47	Ebert	Josef	NULL	NULL
48	Albers	Daniel	NULL	NULL

Tabelle 17.9 Ergebnis für eine Prüfabfrage auf eine Tabelle, in die durch eine View eine neue Zeile eingefügt wurde

Als Nächstes versuchen wir, eine neue Zeile in die View *v_mitarbeiterkontakt* einzufügen, in der wir auch die Telefonangaben berücksichtigen.

```
INSERT INTO v_mitarbeiterkontakt
  (mitarbeiterid,name,vorname,festnetz,mobilnetz)
VALUES
  (48,'Stern','Julian','0000/1234567','0000/234456');
```

Listing 17.18 Werte für eine View einfügen, der zwei Tabellen zugrunde liegen

Wenn Sie versuchen, diese INSERT-Anweisung auszuführen, erhalten Sie eine Fehlermeldung. Beispielsweise meldet die MySQL-Datenbank:

```
Error Code: 1393. Can not modify more than one base table through a join view
```

Inhaltlich erhalten Sie von einer MS-SQL-Server-Datenbank die gleiche Fehlermeldung. In eine View kann keine Zeile eingefügt werden, die zwei Tabellen gleichzeitig mit neuen Datensätzen befüllen würde. Der Hintergrund ist, dass die Datenbank aus einer INSERT-Anweisung zwei INSERT-Anweisungen generieren müsste.

In diesem Abschnitt haben Sie erfahren, wie Sie Zeilen mit INSERT-Anweisungen in Views einfügen und was Sie dabei beachten müssen. In Abschnitt 17.3.2 zeige ich Ihnen, wie Sie Zeilen aus Views mit einer UPDATE-Anweisung aktualisieren.

17.3.2 Eine UPDATE-Anweisung auf Views anwenden

In Listing 17.3 aus Abschnitt 17.1 haben Sie bereits erfahren, dass Sie eine View, der eine Tabelle zugrunde liegt, mit einer UPDATE-Anweisung aktualisieren können.

Im folgenden Beispiel werden wir prüfen, ob Sie auch eine View aktualisieren können, der mehr als eine Tabelle zugrunde liegen, wie das z. B. bei einem JOIN die Regel ist. Eine Ausnahme bildet hier natürlich ein SELF JOIN; diesen werden wir hier allerdings nicht betrachten.

17.3 INSERT, UPDATE und DELETE auf Views anwenden

> **Unterschiede zwischen den Datenbanken**
>
> Die Leser, die eine *MySQL*- oder eine *MS-SQL-Server*-Datenbank verwenden, können dieses Beispiel wieder praktisch nachvollziehen. Die *PostgreSQL*-Datenbank lässt auch keine Aktualisierung für eine View zu, die aus mehreren Tabellen besteht.

In Listing 17.19 sehen Sie eine **UPDATE**-Anweisung, mit der Sie den Spaltenwert der Spalte *name* der View *v_mitarbeiterkontakt* mit dem neuen Spaltenwert Winter versehen:

```
UPDATE v_mitarbeiterkontakt SET name='Winter'
WHERE mitarbeiterid=35;
```

Listing 17.19 Eine View mit einer UPDATE-Anweisung aktualisieren, der zwei Tabellen (INNER JOIN) zugrunde liegen

Um sicherzustellen, dass ausschließlich die richtige Zeile aktualisiert wird, nutzen Sie eine **WHERE**-Klausel, die prüft, ob die Spalte *mitarbeiterid* gleich dem Wert 35 ist.

Als Nächstes fragen Sie die View *v_mitarbeiterkontakt* ab, um zu prüfen, ob die Aktualisierung stattgefunden hat. Für diese Aufgabe nutzen Sie die **SELECT**-Abfrage aus Listing 17.20, die mit einer **WHERE**-Klausel versehen ist, um nur die Zeile abzufragen, die dem betroffenen Mitarbeiter zugeordnet ist:

```
SELECT * FROM v_mitarbeiterkontakt WHERE mitarbeiterid=35;
```

Listing 17.20 Prüfabfrage auf die View »v_mitarbeiterkontakt« mit einer WHERE-Klausel, die ausschließlich den Mitarbeiter mit dem Spaltenwert 35 der Spalte »mitarbeiterid« ermittelt

Als Ergebnis der **SELECT**-Abfrage aus Listing 17.20 erhalten Sie eine Zeile zurück. Tabelle 17.10 zeigt Ihnen, dass der Name des Mitarbeiters geändert wurde.

mitarbeiterid	name	vorname	festnetz	mobilnetz
35	Winter	Martin	34567/7777777777	345678/6666666666

Tabelle 17.10 Ergebnis der Prüfabfrage für eine Zeile, die mittels einer View aktualisiert wurde

Die tatsächliche Änderung des Wertes wurde in der Tabelle *mitarbeiter* vorgenommen. Wenn Sie die View *v_mitarbeiterkontakt* mit einer **SELECT**-Anweisung abfragen, wird die für die View definierte SELECT-Anweisung wie bisher auch ausgeführt und somit die aktuelle Zeile des Mitarbeiters mit dem Wert 35 für die Spalte *mitarbeiterid* zurückgegeben.

> **[!] Achtung!**
>
> In einer View, die aus mehreren Tabellen (INNER JOIN) besteht, kann immer nur eine der am INNER JOIN beteiligten Tabellen aktualisiert werden. Achten Sie also darauf, dass Sie die SET-Klausel einer UPDATE Anweisung, die Sie auf eine VIEW anwenden, immer nur auf die Spalten einer Tabelle verwendet werden.

In diesem Abschnitt haben Sie erfahren, wie Sie Spaltenwerte in Views aktualisieren, deren SELECT-Anweisungen JOINS enthalten und somit auf zwei Tabellen zugreifen.

In Abschnitt 17.3.3 betrachten wir die DELETE-Anweisung, die wir nutzen werden, um Zeilen aus Views zu löschen. In diesem Zusammenhang heißt »Zeilen aus Views löschen« natürlich auch wieder: aus der bzw. den dahinterliegenden Tabellen löschen.

17.3.3 Eine DELETE-Anweisung auf Views anwenden

Wenn Sie versuchen, aus einer View, die über einen JOIN auf mehrere Tabellen zugreift, eine Zeile zu löschen, kann die Datenbank nicht ermitteln, welche Zeile aus welcher Tabelle gelöscht werden soll. Diese Information fehlt einfach, wenn Sie versuchen, Zeilen einer View zu löschen, deren SELECT-Abfrage einen oder mehrere JOINs enthält.

Hinzu kommt, dass es sich bei Zeilen aus Tabellen, die mit einem JOIN verbunden werden, mit hoher Wahrscheinlichkeit um in Beziehung stehende Zeilen handelt, Stichwort *referentielle Integrität*. Es ist also nicht möglich, Zeilen aus Views zu löschen, deren zugrundeliegende SELECT-Abfrage über einen oder mehrere JOINs auf eine oder mehrere Tabellen zugreift.

Greift die SELECT-Anweisung einer View nur auf eine Tabelle zu, so ist es möglich, Zeilen mit einer DELETE-Anweisung aus einer View bzw. der dahinterliegenden Tabelle zu löschen.

Wir werden jetzt versuchen, eine Zeile aus der View *v_mitarbeiter* zu löschen, die wir aus Tabelle 17.6 kennen. Die SELECT-Abfrage der View *v_mitarbeiter* fragt lediglich die Spalten *mitarbeiterid*, *name* und *vorname* der Tabelle *mitarbeiter* ab. Sehen wir uns noch einmal die ersten vier Zeilen der View *v_mitarbeiter* an. Die Mitarbeiterin Petra Schneider scheidet aus dem Unternehmen aus. Ihr ist die Mitarbeiter-ID 2 zugeordnet.

17.3 INSERT, UPDATE und DELETE auf Views anwenden

mitarbeiterid	name	vorname
1	Müller	Ralf
2	Schneider	Petra
3	Klein	Thomas
4	Lang	Ute

Tabelle 17.11 Die ersten vier Zeilen der View »v_mitarbeiter«

In Listing 17.21 sehen Sie eine DELETE-Anweisung, die gemäß der Einschränkung der WHERE-Klausel den Mitarbeiter mit der ID 2 aus der View *v_mitarbeiter* zu löschen versucht:

```
DELETE FROM v_mitarbeiter WHERE mitarbeiterid=2;
```

Listing 17.21 Eine DELETE-Anweisung auf eine View anwenden

Mit der Abfrage aus Listing 17.22 überprüfen wir das Ergebnis der Löschoperation aus Listing 17.21:

```
SELECT * FROM v_mitarbeiter WHERE mitarbeiterid<4;
```

Listing 17.22 Mit einer SELECT-Anweisung die Mitarbeiter abfragen, deren Wert der Spalte »mitarbeiterid« kleiner als 4 ist

Hierzu ermitteln wir in der WHERE-Klausel der SELECT-Anweisung nur die Mitarbeiter, deren Spaltenwerte der Spalte *mitarbeiterid* kleiner als 4 sind.

In Tabelle 17.12 sehen Sie das Ergebnis der SELECT-Abfrage aus Listing 17.22.

mitarbeiterid	name	vorname
1	Müller	Ralf
3	Klein	Thomas

Tabelle 17.12 Ergebnis für eine Abfrage, die nur die Mitarbeiter ermittelt, deren Spaltenwerte der Spalte »mitarbeiterid« kleiner als 4 sind

Die Mitarbeiterin mit der ID 2 ist nicht mehr in der Ergebnisliste der Abfrage auf die View *v_mitarbeiter* enthalten.

Bis jetzt haben Sie nur gesehen, dass die Mitarbeiterin mit der ID 2 nicht mehr in der View bzw. der darunterliegenden Tabelle enthalten ist. Das setzt natürlich voraus, dass die Zeile der Mitarbeiterin auch erfolgreich aus der Tabelle *mitarbeiter*, auf die ja die View *v_mitarbeiter* zugreift, gelöscht wurde. Ein kurzer Blick mit einer SELECT-Abfrage auf die Tabelle *mitarbeiter* bestätigt uns, was wir schon wissen:

`SELECT * FROM mitarbeiter WHERE mitarbeiterid<4;`

Listing 17.23 Mit einer SELECT-Anweisung die Mitarbeiter abfragen, deren Wert der Spalte »mitarbeiterid« kleiner als 4 ist

Die Anwendung der DELETE-Anweisung und worauf Sie achten müssen, war das Thema dieses Abschnitts. Im nächsten Abschnitt werden Sie erfahren, für welche Arten von Views keine INSERT-, UPDATE- oder DELETE-Anweisungen verwendet werden können.

17.3.4 Views, auf die keine INSERT-, DELETE-, UPDATE-Anweisung angewendet werden kann

Je nachdem, wie die SELECT-Anweisung für eine View formuliert wurde, sind Anweisungen wie INSERT, UPDATE und DELETE nicht möglich. Immer dann, wenn die SELECT-Abfrage eine der folgenden Klauseln oder Aggregatfunktionen verwendet, ist es nicht möglich, eine INSERT-, UPDATE- oder DELETE-Anweisung auf eine View auszuführen:

- DISTINCT
- Aggregatfunktionen: SUM, MIN, MAX, AVG, COUNT
- GROUP BY
- HAVING
- UNION
- UNION ALL
- LEFT OUTER JOIN
- RIGHT OUTER JOIN
- FULL OUTER JOIN
- Unterabfrage in der Spaltenauswahlliste: Wenn Sie in einer SELECT-Anweisung einer View einen Ausdruck wie z. B. `spalte1+100` in der Spaltenauswahlliste verwenden, so können Sie diesen berechneten Wert auch nicht mit einer UPDATE-Anweisung aktualisieren oder einen neuen Datensatz mit einer INSERT-Anweisung einfügen.

Das gilt auch für Aufrufe von Skalarfunktionen. Hier können Sie das Ergebnis der Skalarfunktion nicht aktualisieren, da es sich ja ebenfalls um das Ergebnis eines Ausdrucks handelt und somit kein Bezug zu einem Spaltenwert hergestellt werden kann.

Zusammenfassung: INSERT, UPDATE und DELETE auf Views anwenden

Sämtliche hier im Zusammenhang mit Views aufgeführten Operationen wenden INSERT-, UPDATE- und DELETE-Anweisungen auf die Tabellen an, die in der zugrundeliegenden SELECT-Abfrage der View enthalten sind.

Eine INSERT-Anweisung kann ohne weiteres auf Views verwendet werden, die nur eine Tabelle abfragen. Achten Sie dabei darauf, dass in der zugrundeliegenden SELECT-Anweisung auch die Primärschlüsselspalte abgefragt wird. Wenn in der Tabelle der zugrundeliegenden SELECT-Anweisung Einschränkungen mit NOT NULL definiert sind, sind diese ebenfalls beim Einfügen von Zeilen über eine View zu berücksichtigen.

Wenn Zeilen in eine View eingefügt werden sollen, der eine SELECT-Anweisung mit einem JOIN zugrunde liegt, so kann nur in eine der zugrundeliegenden Tabellen eine neue Zeile eingefügt werden. Eine Ausnahme bildet hier die *PostgreSQL*-Datenbank: Sie lässt es nicht zu, dass Zeilen in eine View eingefügt werden, deren zugrundeliegende SELECT-Abfrage einen JOIN enthält.

Views mit einem SELECT-Befehl, der nur eine Tabelle abfragt, können mit einer UPDATE-Anweisung aktualisiert werden. Views, die mehrere Tabellen abfragen, können ebenfalls mit einer UPDATE-Anweisung aktualisiert werden. Eine Ausnahme bildet hier ebenfalls die *PostgreSQL*-Datenbank.

Eine DELETE-Anweisung kann nur auf Views ausgeführt werden, deren zugrundeliegende SELECT-Abfrage eine Tabelle abfragt. Liegt ein JOIN zugrunde, können die Zeilen nicht gelöscht werden.

INSERT-, UPDATE- und DELETE-Anweisungen können nicht auf eine View ausgeführt werden, wenn sie folgende Klauseln oder Aggregatfunktionen enthalten: DISTINCT, SUM, MIN, MAX, AVG, COUNT, GROUP BY, HAVING, HAVING ALL, LEFT OUTER JOIN, RIGHT OUTER JOIN, FULL OUTER JOIN, UNION und Unterabfragen in der Spaltenauswahlliste.

INSERT- und UPDATE-Anweisungen können auch nicht auf Spalten angewendet werden, die einen Ausdruck enthalten. Solche Ausdrücke sind beispielsweise: Spaltenwert1 + 2, TRIM(Spaltenname).

In diesem Abschnitt haben Sie erfahren, wann keine INSERT-, UPDATE- oder DELETE-Operationen auf Views zulässig sind.

In Abschnitt 17.4 erfahren Sie, wie Sie Views löschen oder ersetzen. Sie können natürlich auch zuerst die Übungen aus Abschnitt 17.3.5 bearbeiten, um das Erlernte zu prüfen.

17.3.5 Übungen zum Thema »INSERT, UPDATE und DELETE auf Views anwenden«

Übung 1

Was ist zu beachten, wenn Sie Zeilen in eine View einfügen, deren Tabelle, auf die die SELECT-Abfrage zugreift, keine Auto-Inkrement-Spalte als Schlüsselspalte aufweist?

Übung 2

Erstellen Sie die in Listing 17.24 angegebene View *v_mitarbeiterkrankenkasse*:

```
CREATE VIEW v_mitarbeiterkrankenkasse AS
SELECT
  mitarbeiterid,
  name,
  vorname,
  krankenversicherung
FROM
  mitarbeiter;
```

Listing 17.24 Eine View »mitarbeiterkrankenkasse« anlegen

Im Anschluss soll eine neue Zeile in die View eingefügt werden. Der neue Mitarbeiter Oliver Bergstein ist Mitglied bei der Krankenkasse MH PLUS. Beachten Sie, dass Sie einen neuen Primärschlüsselwert in die INSERT-Anweisung eingeben müssen.

Übung 3

Was müssen Sie beachten, wenn Sie neue Zeilen in Views einfügen, denen eine SELECT-Abfrage mit einem INNER JOIN zugrunde liegt? Die Leser, die eine PostgreSQL-Datenbank nutzen, sollten die Antwort so formulieren, dass sie für eine MySQL- oder MS-SQL-Server-Datenbank gültig ist.

Übung 4

Der Nachname der Mitarbeiterin Anja Lupin mit der Mitarbeiter-ID 6 hat sich in Lang geändert. Aktualisieren Sie die Zeile über die View *v_mitarbeiter*.

Übung 5

Was müssen Sie beachten, wenn Sie eine Zeile einer View, deren zugrundeliegende SELECT-Abfrage mit einem INNER JOIN die Zeilen von zwei Tabellen miteinander verbindet, mit einer UPDATE-Anweisung aktualisieren wollen? Die Leser, die eine PostgreSQL-Datenbank (Hier ist auf eine VIEW keine INSERT oder UPDATE Anweisung mög-

17.3 INSERT, UPDATE und DELETE auf Views anwenden

lich) nutzen, sollten die Antwort so formulieren, dass sie für eine MySQL- oder MS-SQL-Server-Datenbank gültig ist.

Übung 6

Die Mitarbeiterin Anja Lang mit der Mitarbeiter-ID 6 scheidet aus dem Unternehmen aus. Löschen Sie die Zeile, indem Sie die View *v_mitarbeiter* nutzen.

Übung 7

Unter welchen Umständen können Sie für eine View keine INSERT-, UPDATE- oder DELETE-Anweisung durchführen?

Lösung zu Übung 1

Es muss sichergestellt sein, dass die View auch die Primärschlüsselspalte in der zugrundeliegenden SELECT-Abfrage enthält, um eine neue Zeile mit einem eindeutigen Schlüsselwert mit einer INSERT-Anweisung einfügen zu können.

Lösung zu Übung 2

```
INSERT INTO v_mitarbeiterkrankenkasse
  (mitarbeiterid,name,vorname,krankenversicherung)
VALUES
  (50,'Bergstein','Oliver','MH Plus');
```

Listing 17.25 Einen Datensatz in eine View einfügen

Lösung zu Übung 3

Sie müssen darauf achten, dass Sie in ausschließlich einer Tabelle der am INNER JOIN beteiligten Tabellen eine neue Zeile einfügen.

Lösung zu Übung 4

```
UPDATE v_mitarbeiter SET name='Lang'
WHERE mitarbeiterid=6;
```

Listing 17.26 Eine Zeile einer View mit UPDATE aktualisieren

Lösung zu Übung 5

Wenn Sie eine View aktualisieren wollen, deren SELECT-Abfrage die Zeilen von zwei Tabellen über einen INNER JOIN verbindet, ist zu beachten, dass Sie nur die Zeilen einer der beteiligten Tabellen mit der UPDATE-Anweisung aktualisieren können.

Lösung zu Übung 6

```
DELETE FROM v_mitarbeiter
WHERE mitarbeiterid=6;
```

Listing 17.27 Eine Zeile einer View löschen

Lösung zu Übung 7

Die Anweisungen `INSERT`, `UPDATE` und `DELETE` können nicht auf eine View angewendet werden, wenn die zugrundeliegende `SELECT`-Anweisung folgende Klauseln oder Aggregationen enthält:

- DISTINCT
- Aggregatfunktionen: SUM, MIN, MAX, AVG, COUNT
- GROUP BY
- HAVING
- UNION
- UNION ALL
- LEFT OUTER JOIN
- RIGHT OUTER JOIN
- FULL OUTER JOIN
- Unterabfragen in der Spaltenauswahlliste
- Skalarfunktionen
- berechnete Ausdrücke

17.4 Views entfernen oder ersetzen

Eine bestehende View aus einer Datenbank zu entfernen, ist sehr einfach. Sie leiten Ihre SQL-Anweisung mit dem Schlüsselwort `DROP` ein, gefolgt von dem Wort `VIEW`, damit die Datenbank weiß, dass sie eine View entfernen soll, und schließen den Befehl mit der Bezeichnung der View ab, die entfernt werden soll. Listing 17.28 zeigt Ihnen beispielhaft, wie Sie die View *v_mitarbeiter* löschen:

```
DROP VIEW v_mitarbeiter;
```

Listing 17.28 Löschen einer View

Falls Sie eine bestehende View ersetzen möchten, dann ist das für die Leser, die eine MySQL- oder PostgreSQL-Datenbank verwenden, auch recht einfach. Die `CREATE VIEW`-Anweisung haben Sie genutzt, um Views anzulegen. Um eine View zu ersetzen, ergänzen Sie lediglich hinter dem Schlüsselwort **CREATE** die Wörter **OR REPLACE**. Die **CREATE OR REPLACE**-Anweisung steht leider nicht auf einer MS-SQL-Server-Datenbank zur Verfügung. Hier bleibt also nur die Möglichkeit, eine bestehende View zu löschen und mit der Anweisung **CREATE VIEW** neu zu erstellen.

```
/* Eine bestehende View ersetzen oder eine nicht bestehende erzeugen */
CREATE OR REPLACE VIEW viewname AS selectquery;
```

Listing 17.29 Syntax zum Löschen oder Ersetzen einer View

> **Zusammenfassung: Eine View löschen oder ersetzen**
>
> Mit der **DROP VIEW**-Anweisung löschen Sie eine View. Diese Anweisung kann für die MySQL-, PostgreSQL- und MS-SQL-Server-Datenbank verwendet werden.
>
> Mit der **CREATE OR REPLACE VIEW**-Anweisung ersetzen Sie eine bestehende View. Diese Anweisung kann für die MySQL- und PostgreSQL-Datenbank genutzt werden.

In diesem Abschnitt haben Sie erfahren, wie Sie Views löschen oder bereits bestehende Views ersetzen. Im nächsten Kapitel erfahren Sie, wie Sie für eine Tabelle einen Index festlegen, um z. B. die Ausführung von **SELECT**-Anweisungen mit **WHERE**-Klauseln zu beschleunigen und somit die Ergebnistabelle schneller von der Datenbank zurückzuerhalten.

17.4.1 Übungen zum Thema »Views entfernen oder ersetzen«

Übung 1

Löschen Sie nun die View *v_mitarbeiterkrankenkasse*, die Sie in Übung 2 aus Abschnitt 17.3.5 erstellt haben.

Übung 2

Ersetzen Sie die in Abschnitt 17.1 angelegte View *v_mitarbeiterkontakt* durch eine gleichnamige View, die auch die E-Mail-Adressen der Mitarbeiter enthält. Diese Übung können nur die Leser bearbeiten, die eine MySQL- oder eine PostgreSQL-Datenbank verwenden.

Lösung zu Übung 1

```
DROP VIEW v_mitarbeiterkrankenkasse;
```

Listing 17.30 Eine View löschen

Lösung zu Übung 2

```
CREATE OR REPLACE VIEW v_mitarbeiterkontakt
AS
SELECT
  m.mitarbeiterid,
  m.name,
  m.vorname,
  k.festnetz,
  k.mobilnetz,
  k.email
FROM
  mitarbeiter m INNER JOIN kontakt k
ON
  m.mitarbeiterid=k.mitarbeiterid;
```

Listing 17.31 Eine View verändern

Kapitel 18
Performance von Abfragen optimieren (Index)

Abfragen auf Tabellen, die sehr viele Zeilen enthalten, nehmen schon mal etwas Zeit in Anspruch. Das betrifft insbesondere Abfragen mit einer WHERE-Klausel, mit der gezielt anhand eines Kriteriums nach Zeilen gesucht wird. Aber auch JOINs, die Zeilen aus Tabellen verbunden abfragen, können lange dauern. Glücklicherweise gibt SQL Ihnen Werkzeuge an die Hand, mit denen Sie das Abfragen von Daten optimieren können.

Eine **SELECT**-Abfrage kann lange dauern, wenn Sie sehr viele Datensätze in einer Tabelle speichern und dann in einer **WHERE**-Klausel Filterkriterien auf Spalten anwenden, die keiner Primärschlüsselspalte entsprechen. Das gilt auch, wenn Sie Zeilen aus Tabellen über **JOIN**s verbinden oder eine **ORDER BY**-Klausel verwenden.

Hier hilft uns ein Index, den wir auf eine oder mehrere Spalten einer Tabelle festlegen können, um mit großen Datenaufkommen performant zu arbeiten.

18.1 Einführung

Falls Sie sich fragen, was es denn nun mit einem Index auf sich hat, so kann ich Sie getrost beruhigen. Sie alle kennen bereits das Verfahren, in einem Telefonbuch mit Hilfe eines Nachnamens nach einer Person zu suchen. Ein Telefonbuch ist in der Regel alphabetisch sortiert. Hier haben wir es mit einem Index zu tun, der es Ihnen ermöglicht, sehr schnell gemäß dem Kriterium des Nachnamens nach einer Telefonnummer zu suchen. Oder betrachten wir ein Adressbuch, wie es viele von Ihnen besitzen werden.

Abbildung 18.1 enthält als Beispiel zwei Adressbücher.

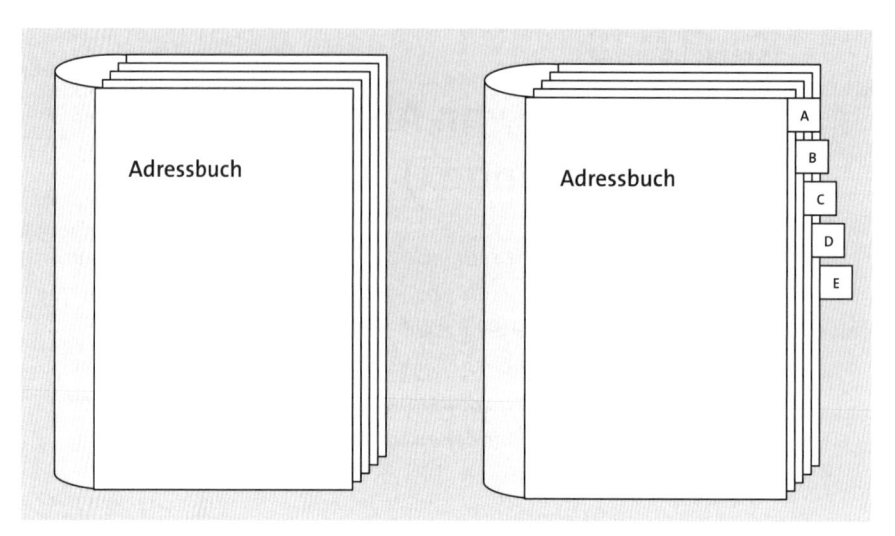

Abbildung 18.1 Adressbuch ohne und mit Index nutzen

Das erste Buch wird ohne Index genutzt. Hier schreiben Sie einfach ohne ein Ordnungskriterium die Adress- und Kontaktdaten Ihres Freundeskreises auf. Wenn Sie nach einem bestimmten Kontakt suchen, werden Sie ein wenig Zeit aufwenden müssen, da Sie alle Seiten des Adressbuches durchgehen müssen, um den besagten Kontakt zu finden. Sie können natürlich Glück haben, wenn sich der gesuchte Kontakt auf der ersten oder zweiten Seite befindet. Wenn Sie Pech haben, ist er auf der letzten notiert. Und wenn Sie etwa wissen möchten, wie viele Namen Ihrer Freunde mit dem Buchstaben *N* anfangen, müssen Sie auf jeden Fall das ganze Buch durchgehen.

Verwenden Sie hingegen ein Adressbuch mit einem alphabetischen Index, wie er ebenfalls in Abbildung 18.1 dargestellt ist, so werden Sie viel schneller zum Ziel kommen und den gesuchten Kontakt finden. Ein Index in einer Datenbank macht es ganz ähnlich wie wir, wenn wir nach einer bestimmten Information suchen. Datenbanken verfügen zwar über keine Marker wie in einem Adressbuch, aber über Tabellen, in denen Indexe zu Tabellen hinterlegt werden.

Es gibt unterschiedliche Indextypen, die Sie im Zusammenhang mit Datenbanken verwenden können. Im Rahmen unseres Einstiegs betrachten wir nur den am häufigsten genutzten Indextyp, den sogenannten *B-Tree-Index*. Ein B-Tree-Index ist wie das Verzeichnis unseres Adressbuchs organisiert. Es handelt sich um eine baumartige Struktur.

Abbildung 18.2 zeigt Ihnen den Index in einer Baustruktur. Die Wurzel des Baums ist mit der Bezeichnung gleichzusetzen. In diesem Fall handelt es sich um einen Adressbuchindex. Unterhalb der Wurzel sehen Sie die Abzweigungen A, B, C und D. Unterhalb dieser Buchstaben finden sich wiederum Personen, deren Nachname mit den jeweiligen Buchstaben beginnen.

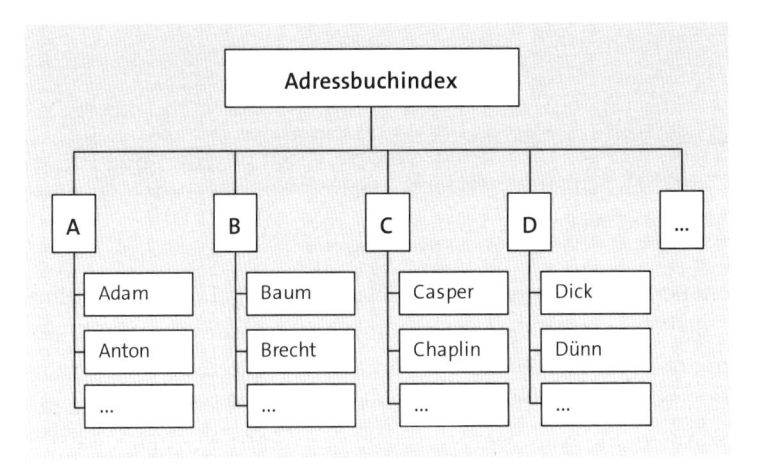

Abbildung 18.2 Der Adressbuchindex in einer Baumstruktur dargestellt

SQL bietet die Möglichkeit, eine oder mehrere Spalten von Tabellen mit einem Index zu versehen, um die Abfragegeschwindigkeit z. B. bei gefilterten Abfragen oder auch bei gruppierten Abfragen zu erhöhen.

Auch wenn Sie Tabellen mit einem JOIN verbunden abfragen, ist es sinnvoll, einen Index zu nutzen. In der ON-Klausel wird, wie in einer WHERE-Klausel, eine Bedingung ausgewertet, die Schlüsselwerte auf Übereinstimmung vergleicht.

Eigentlich haben Sie schon längst indexierte Spalten von Tabellen kennengelernt. Es handelt sich hierbei um die Primärschlüsselspalten, die eine Zeile einer Tabelle eindeutig identifizieren. Eine Primärschlüsselspalte stellt also nicht nur sicher, dass die Spaltenwerte eindeutig sind, sondern legt automatisch einen Index an.

> **Achtung! Index ist nicht standardkonform**
>
> Der SQL-Standard kennt keinen Index. Die Erstellung eines Index kann also von Datenbanksystem zu Datenbanksystem stark abweichen. Hier kann ich Ihnen daher nur einen ersten Überblick über die Funktionsweise liefern. Über den genauen Einsatz informiert Sie die Dokumentation Ihrer Datenbank.

Betrachten wir zunächst, wie Sie eine Tabelle um einen Index erweitern.

Im folgenden Abschnitt zeige ich Ihnen zunächst die Systematik, die Sie anwenden können, um einen Index für eine Tabelle zu erstellen.

18.2 Syntax: Index erstellen

Die Verfahrensweise, wie Sie einen einfachen Index erstellen, ist in Listing 18.1 dargestellt:

```
CREATE INDEX
  indexname
ON
  tabellenname (spaltenname1,spaltenname2,...);
```

Listing 18.1 Index mit erlaubten mehrfach vorkommenden
Einträgen für eine Spalte einer Tabelle

Sie beginnen mit dem bereits bekannten Schlüsselwort **CREATE**, gefolgt vom Schlüsselwort **INDEX** und schließlich einer Indexbezeichnung, die hier *indexname* lautet. Es folgen schließlich das Schlüsselwort **ON** und der Name der Tabelle, die Sie mit einem Index ausstatten möchten. In einfachen Klammern geben Sie die Spalten an, die durch das Datenbanksystem indexiert werden sollen. Diese Form des Index erlaubt mehrfach vorkommende gleiche Werte innerhalb der Spalten, die Sie als Index für eine Tabelle definiert haben. Die in der Syntax beschriebene Vorgehensweise zum Erstellen eines Index können Sie für alle wichtigen Datenbanken verwenden.

Es gibt auch eine Möglichkeit, einen eindeutigen Index für eine oder mehrere Spalten festzulegen. Die Spaltenwerte innerhalb des Index müssen dabei eindeutig sein. Die beschriebene Syntax in Listing 18.2 zur Erstellung eines eindeutigen Index gilt ebenfalls für alle drei hier behandelten Datenbanken.

```
CREATE UNIQUE INDEX
  indexname
ON
  tabellenname (spaltenname1,spaltenname2,...);
```

Listing 18.2 Index mit eindeutigen Einträgen für eine Spalte einer Tabelle erstellen

Um Ihnen die Vorteile aufzuzeigen, die das Anlegen eines Index bei der Leistungssteigerung einer Abfrage bringt, benötigen wir eine Tabelle mit einer großen Anzahl von Zeilen. Die Tabelle existiert bereits unter dem Namen *kreditinstitutneu*. In dieser Tabelle sind allerdings noch keine Zeilen vorhanden, weil Sie sonst zu Beginn bei der Anlage der Datenbank eine längere Zeit benötigt hätten. In Abschnitt 18.3 zeige ich Ihnen, wie Sie mit Hilfe einer Unterabfrage 3 000 000 Zeilen in die Tabelle *kreditinstitutneu* einfügen.

18.3 Eine Tabelle mit vielen Zeilen generieren

Sie haben in Kapitel 16 Unterabfragen (Subqueries) kennengelernt. Jetzt werden wir eine Unterabfrage nutzen, um Zeilen in die Tabelle *kreditinstitutneu* einzufügen. Schauen Sie sich dazu Listing 18.3 an.

```
INSERT INTO
  kreditinstitutneu (bankid,bankleitzahl,bezeichnung,plz,ort)
    SELECT
      TOP 3000000 /* MS SQL Server */
      k1.bankid,
      k1.bankleitzahl,
      k1.bezeichnung,
      k1.plz,
      k1.ort
    FROM
      kreditinstitut3 k1 CROSS JOIN kreditinstitut3 k2
    LIMIT 3000000; /* MySQL */
    FETCH FIRST 3000000 ROWS ONLY; /* PostgreSQL */
```

Listing 18.3 Die Tabelle »kreditinstitutneu« über einen CROSS JOIN mit 3 000 000 Zeilen einfügen

Sie beginnen die **INSERT**-Anweisung wie gewohnt mit der **INSERT INTO**-Klausel, gefolgt von einer kommaseparierten Liste von Spalten, in die Sie Spaltenwerte einfügen möchten.

Hinter der Spaltenauswahlliste folgt eine **SELECT**-Abfrage. Diese **SELECT**-Abfrage enthält in der Spaltenauswahlliste exakt die gleichen Spalten in der Reihenfolge, wie Sie in der kommaseparierten Liste der **INSERT INTO**-Klausel angegeben wurde. Es müssen also die Reihenfolge und die Spalten der Spaltenauswahlliste der **SELECT**-Abfrage und der **INSERT INTO**-Klausel übereinstimmen. Diese Abfrage würde ohne die Begrenzung versuchen, 700 000 000 Zeilen in die Tabelle *kreditinstitutneu* einzufügen. Hier fehlen also nur noch 300 000 000 Zeilen bis zu einer Milliarde Zeilen. Das würde für Ihren Rechner eine sehr, sehr große Herausforderung darstellen.

Um die Anforderung etwas geringer zu halten, sehen Sie in der **INSERT**-Anweisung in Listing 18.3 eine **TOP**-, **LIMIT**- und **FIRST ROWS ONLY**-Variante, die jeweils um einen Kommentar ergänzt wird. Diese Varianten dienen dazu, die Zeilen zu begrenzen, die von der Unterabfrage zurückgegeben werden. Falls erforderlich, können Sie natürlich die Begrenzung erweitern, um die Leistungssteigerung von z. B. **SELECT**-Abfragen mit **WHERE**-Klauseln noch besser erkennen zu können. Meine Empfehlung lautet an dieser Stelle jedoch, Ihrem Rechner nicht zu viel zuzumuten, und maximal 5 000 000 Zeilen in die Tabelle *kreditinstitutneu* einzufügen.

Ein Einfügevorgang mit einer sehr großen Anzahl von Zeilen wird Ihren Rechner stark einschränken oder gar zum Absturz bringen. Beachten Sie diesbezüglich bitte meine Empfehlung. Ich gehe an dieser Stelle davon aus, dass Ihr verwendeter Rechner ein gewisses Maß an Leistungsfähigkeit aufweist. Sollten Sie mit sehr alter Hardware arbeiten, reduzieren Sie die Anzahl der Zeilen nochmals.

Wenn Sie die Zeilen mit der INSERT-Anweisung aus Listing 18.3 eingefügt haben, können wir zu Abschnitt 18.4 übergehen, in dem wir einen Index für eine Tabelle anlegen werden.

18.4 Einen Index für eine Tabelle anlegen

Bevor wir die Tabelle *kreditinstitutneu* mit einem Index ausstatten, werden wir eine Abfrage formulieren, in der wir die Datensätze eines Kreditinstituts mit der Bankleitzahl 37050198 ermitteln.

Achtung: Da wir die Zeilen aus der Abfrage aus Listing 18.3 nur ausschnittsweise eingefügt haben, kann es sein, dass diese Bankleitzahl nicht in der Tabelle *kreditinstitutneu* vorhanden ist. Prüfen Sie daher zunächst, ob diese Bankleitzahl überhaupt existiert. Falls nicht, führen Sie mit einer SELECT-Abfrage ohne WHERE-Klausel eine Abfrage durch, in der die ersten zehn Zeilen zurückgegeben werden. Notieren Sie eine dieser Zahlen, und verwenden Sie sie in den folgenden Beispielen weiter.

Kommen wir nun aber zur Abfrage in Listing 18.4:

```
SELECT
    *
FROM
    kreditinstitutneu
WHERE
    bankleitzahl=37050198;
```

Listing 18.4 Gefilterte Abfrage auf die Tabelle »kreditinstitut« ohne Index

Als Ergebnis liefert Ihnen die Datenbank den Datensatz zurück, den Sie in Tabelle 18.1 sehen. Diese Abfrage benötigt auf einer MySQL-Datenbank bei der ersten Durchführung einige Sekunden, um das Ergebnis zu präsentieren.

bankid	bankleitzahl	bezeichnung	plz	ort
4360	37050198	Sparkasse KölnBonn	50667	Köln

Tabelle 18.1 Ergebnis einer SELECT-Abfrage, die in einer WHERE-Klausel auf Gleichheit mit der Bankleitzahl 37050198 prüft

Wenn Sie die Abfrage aus Listing 18.4 erneut ausführen, erscheint das Ergebnis jedoch sofort. Der Grund dafür ist, dass die MySQL-Datenbank die Abfrage sowie die dazugehörige Ergebnistabelle in einem *Cache* speichert. Führen Sie exakt dieselbe Abfrage mehrmals durch, wird einfach das Ergebnis aus dem Cache geholt und angezeigt. Das geht natürlich sehr schnell. Grundsätzlich ist dieses Verhalten sehr zu begrüßen. In diesem Beispiel sorgt es jedoch dafür, dass ich Ihnen die Vorteile eines Index nicht sehr gut darstellen kann.

Um dennoch die Vorteile eines Index deutlich zu machen, verwenden wir hier ausnahmsweise eine für die MySQL-Datenbank leicht modifizierte Abfrage. Vor dem *-Auswahloperator notieren wir hierzu **SQL_NO_CACHE**, um auf den internen Cache bei der Abfrage zu verzichten.

```
SELECT
  SQL_NO_CACHE *
FROM
  kreditinstitutneu
WHERE
  bankleitzahl=37050198;
```

Listing 18.5 Gefilterte Abfrage auf die Tabelle »kreditinstitut« ohne Index

Die MySQL-Datenbank benötigt für diese Abfrage ein paar Sekunden. Genug, um Ihnen die Vorteile eines Index zu erläutern.

Die PostgreSQL-Datenbank benötigt konstant etwa eine Sekunde, um die Abfrage aus Listing 18.4 durchzuführen. Das reicht uns an dieser Stelle ebenfalls aus.

Wenn Sie eine MS-SQL-Server-Datenbank verwenden, so führen Sie stets vor der Ausführung einer Abfrage die Anweisung **DBCC DROPCLEANBUFFERS** aus Listing 18.6 aus, um den Puffer bzw. den Cache zu leeren.

```
DBCC DROPCLEANBUFFERS;
```

Listing 18.6 Puffer einer MS-SQL-Server-Datenbank bereinigen

Die Datenbank benötigt, wenn der Puffer geleert wurde, für die Abfrage aus Listing 18.4 ebenfalls ein paar Sekunden. Auch das reicht aus, um Ihnen die Vorteile eines Index auf einer Tabelle aufzuzeigen.

Jetzt legen Sie mit der **CREATE INDEX**-Anweisung Listing 18.7 einen Index auf die Spalte *bankleitzahl* der Tabelle *kreditinstitutneu* an. Die Anlage des Index dauert auf meinem Rechner für eine MySQL-Datenbank etwa 30 Sekunden.

```
CREATE INDEX
  index_bankleitzahl
ON
  kreditinstitutneu (bankleitzahl);
```

Listing 18.7 Ein Index wird auf die Spalte »bankleitzahl« der Tabelle »kreditinstitut3« definiert.

Gleich im Anschluss daran führen Sie die SELECT-Abfrage noch einmal aus. Prüfen Sie zunächst, ob Sie den Cache Ihrer Datenbank ausschalten müssen. Die Leser, die eine PostgreSQL-Datenbank verwenden, müssen nichts weiter unternehmen, um das Ergebnis replizierbar zu machen. Wenn Sie eine MS-SQL-Server-Datenbank verwenden, müssen Sie die Anweisung aus Listing 18.6 vor der Ausführung der SELECT-Anweisung aus Listing 18.4 ausführen, um ein replizierbares Ergebnis zu erhalten. Wer eine MySQL-Datenbank verwendet, nicht den leicht modifizierten Aufruf aus Listing 18.5.

Für alle drei Datenbanken gilt, dass Sie nun deutlich schneller an das Ergebnis der Abfragen gelangen.

18.5 Einen Index über mehrere Spalten anlegen

Wie bereits in der Syntax in Listing 18.1 und Listing 18.2 dargestellt, können Sie einen Index auch über mehrere Spalten einer Tabelle anlegen. Im Folgenden erstellen wir für die Tabelle *arbeitszeit* einen Index. Dieser soll die Spalten *jahr*, *monat*, *tag* und *mitarbeiterid* indexieren.

Wenn Sie einen Index über die Spaltenwerte der Spalten *jahr*, *monat*, *tag* und *mitarbeiterid* anlegen, wird der Index in einer baumartigen Struktur angelegt. Die Spaltenwerte aus der spalte *jahr* verweisen auf Spaltenwerte der Spalte *monat*, die Spaltenwerte der Spalte *monat* wiederum verweisen auf die Spaltenwerte der Spalte *tag*. Um die Monate für ein bestimmtes Jahr in einer WHERE-Klausel zu ermitteln, sucht die Datenbank im Index zunächst nach dem betreffenden Jahr. Wenn dieser Spaltenwert gefunden wurde, sucht sie nach dem Spaltenwert des Monats, der durch die Indexstruktur dem Jahr zugewiesen ist.

Über mehrere Spalten lassen sich durch eine derartige Index-Struktur sehr schnell Daten abfragen.

In unserem Beispiel nutzen wir einen eindeutigen Index, den wir mit dem Schlüsselwort UNIQUE festlegen. Wenn Sie einen eindeutigen Index nutzen, muss sichergestellt sein, dass die Spaltenwerte, über die er erstellt wird, nicht mehrfach vorkommen. Existieren in einer Spalte, über die ein eindeutiger Index angelegt werden soll, Spaltenwerte mehrfach, so kann kein eindeutiger Index angelegt werden.

Die Syntax des Aufrufs sehen Sie in Listing 18.8:

```
CREATE UNIQUE INDEX index_arbeitszeit
ON arbeitszeit (jahr,monat,tag,mitarbeiterid);
```

Listing 18.8 Einen eindeutigen Index über mehrere Spalten erstellen

> **UNIQUE oder einen mehrdeutigen Index verwenden?**
>
> Welcher Index auf Spalten einer Tabelle angewendet wird, hängt davon ab, ob die jeweiligen Spalten gleiche Spaltenwerte enthalten oder nicht. Ob das der Fall sein darf, hängt davon ab, wie Sie eine Tabelle modelliert haben. Bei einer Tabelle, die produktiv genutzt wird, müssen Sie also zuerst überprüfen, ob die Spaltenwerte einer Spalte oder auch mehrerer Spalten in Kombination miteinander gleiche Werte enthalten können.
>
> Um zu prüfen, ob die Spalten einer produktiven Tabelle nur eindeutige Spaltenwerte enthalten, können Sie eine einfache Abfrage nutzen, in der Sie eine **GROUP BY**-Klausel in Kombination mit einer **HAVING**-Klausel für die betreffende Spalte anwenden:
>
> ```
> SELECT spalte FROM tabelle GROUP BY spalte
> HAVING COUNT(spalte)>1;
> ```
>
> Diese Prüfabfrage kann verwendet werden, um produktiv genutzte Daten zu analysieren. Das Ergebnis der Analyse wird benutzt, um abzuleiten, dass ein eindeutiger (**UNIQUE**) oder mehrdeutiger Index erstellt werden kann.
>
> Beachten Sie an dieser Stelle das Wort »kann«. Entscheidend ist, wie eine Spalte im Modell definiert und letztendlich mit der **CREATE TABLE**-Anweisung umgesetzt wurde. Bevor Sie einen eindeutigen oder mehrdeutigen Index anlegen, ist also immer zu prüfen, wie die jeweiligen Spalten im Modell festgelegt wurden.
>
> Wenn eine oder mehrere Spalten in einer **CREATE TABLE**-Anweisung mit einem **UNIQUE**-Constraint versehen wurden, kann ein **UNIQUE**-Index auf Spalten angewendet werden. In Abschnitt 4.5.2 haben Sie die **UNIQUE**-Einschränkung im Zusammenhang mit der **CREATE TABLE**-Anweisung bereits kennengelernt. Sie stellt sicher, dass nur Zeilen eingefügt werden dürfen, wenn die Spaltenwerte einer Spalte, für die eine **UNIQUE**-Einschränkung festgelegt wurde, auch eindeutig sind.

Natürlich können Sie den Index auch mit einer **SELECT**-Abfrage nutzen. In Listing 18.9 sehen Sie eine **SELECT**-Abfrage mit einer **WHERE**-Klausel:

```
SELECT
  *
FROM
  arbeitszeit
WHERE
  jahr=2012
  AND
  monat=7
  AND
  tag=2
```

```
AND
mitarbeiterid=4;
```

Listing 18.9 In einer SELECT-Abfrage einen Index über mehrere Spalten nutzen

In der WHERE-Klausel werden mehrere Bedingungen mit einem AND-Operator logisch verknüpft. Die Spalten, die hier ausgewertet werden, wurden exakt in der Reihenfolge auch als Index hinterlegt.

Als Ergebnis liefert Ihnen die Datenbank exakt eine Zeile zurück, die Sie hier in Tabelle 18.2 sehen.

arbeitszeit	arbeitstag	jahr	monat	tag	anzahlstunden	mitarbeiterid
3	2012-07-02	2012	7	2	8	4

Tabelle 18.2 Ergebnis für eine SELECT-Abfrage, deren WHERE-Klausel auf einen Index zugreift

Egal, welche der hier behandelten Datenbanken Sie verwenden – sie nutzen alle den zuvor angelegten Index, um die Abfrage durchzuführen.

Die Verwendung des Index durch eine Datenbank funktioniert wie folgt: Die Datenbank sucht im Index zuerst nach Merkmalen, die dem Jahr 2012 entsprechen. Damit hat sie schon ihre erste Eingrenzung vorgenommen. Innerhalb dieser Ergebnisliste aus dem Index wird jetzt geprüft, welche Datensätze mit monat=7 hinterlegt sind. Es folgen schließlich der Tag und die Mitarbeiter-ID, die innerhalb des Index ausgewertet werden.

Sie können sich so eine Auswertung eines Index wie einen Baum vorstellen. Stellen Sie sich einfach vor, Ihr Ziel ist einer der vielen abzweigenden Äste. Sie springen vom Stamm zu immer kleiner und feiner verzweigenden Ästen, bis Sie am Ziel angelangt sind.

18.6 Den Index einer Tabelle löschen

Wenn Sie bestimmte SELECT-Abfragen nicht mehr benötigen, die auf einen Index zugreifen, so können Sie ihn auch wieder mit einer DROP INDEX-Anweisung löschen.

[!] **Achtung!**
Bevor Sie einen Index löschen, stellen Sie stets sicher, dass er in keiner Abfrage mehr verwendet wird.

Denken Sie immer daran, dass, wenn Sie einen Index anlegen, auch Speicherplatz für die Indextabelle benötigt wird. Sollte ein Index nicht mehr benötigt werden, ist es tatsächlich ratsam, ihn wieder zu löschen. In Listing 18.10 sehen Sie die Syntax, die zum Löschen eines Index für die hier behandelten Datenbanken angewendet werden kann:

```
/* MySQL- und MS-SQL-Server */
DROP INDEX indexname ON tabellenname;
/* PostgreSQL */
DROP INDEX indexname;
```

Listing 18.10 Syntax zum Löschen eines Index

Den zuvor erstellten Index mit der Bezeichnung *index_bankleitzahl* werden wir gemäß der Syntax aus Listing 18.10 nun wieder löschen. Zuerst zeige ich Ihnen, wie Sie den Index aus einer MySQL- oder MS-SQL-Server-Datenbank wieder entfernen:

```
DROP INDEX index_bankleitzahl ON kreditinstitut3;
```

Listing 18.11 Einen Index in einer MySQL- oder MS-SQL-Server-Datenbank löschen

Die Leser, die eine PostgreSQL-Datenbank verwenden, nutzen hingegen die Anweisung aus Listing 18.12, um einen Index zu entfernen:

```
DROP INDEX index_bankleitzahl;
```

Listing 18.12 Einen Index auf einer PostgreSQL-Datenbank löschen

In diesem Abschnitt habe ich Ihnen gezeigt, wie Sie einen Index, den Sie über eine oder mehrere Spalten einer Tabelle angelegt haben, entfernen können. Im nächsten Abschnitt erfahren Sie, weshalb es sinnvoll ist, einen Index für eine Fremdschlüsselspalte zu erstellen.

18.7 Fremdschlüsselspalten indexieren

Wenn Tabellen in Beziehung zu anderen Tabellen stehen, ist es sinnvoll, bereits während der Tabellenerstellung die Fremdschlüsselspalten, die wiederum auf Primärschlüsselspalten referenzieren, mit einem Index auszustatten. Eine MySQL-Datenbank erlaubt es, Spalten, die in einer **CREATE TABLE**-Anweisung definiert werden, auf Tabellenebene direkt mit einem Index auszustatten.

In einer CREATE TABLE-Anweisung für Spalten einen Index festlegen

MySQL- und MS-SQL-Server-Datenbanken erlauben es bereits während der Tabellenerstellung, ausgewählte Spalten mit einem Index zu versehen. Die PostgreSQL-

> Datenbank verfügt nicht über diese Option. Hier müssen Sie nach der Tabellenerstellung für ausgewählte Spalten (z. B. Fremdschlüsselspalten) einen Index festlegen.
>
> Wenn der Index nicht bereits während der Tabellenerstellung mit einer **CREATE TABLE**-Anweisung erstellt werden soll, können Sie die Anweisungen **CREATE TABLE** und **CREATE INDEX** einfach hintereinander ausführen.

In Kapitel 8 haben Sie Tabellen mit **CREATE TABLE**-Anweisungen erstellt, die in Beziehung zueinander stehen. Wie Sie Zeilen aus Tabellen mit einem **INNER JOIN** verbunden abfragen, haben Sie in Abschnitt 9.2 erfahren. Wenn Beziehungen zwischen Tabellen existieren und Sie eine **SELECT**-Abfrage mit einem **INNER JOIN** auf die Tabellen ausführen, werden in der **ON**-Klausel die beteiligten Schlüsselwerte (Primär- und Fremdschlüsselwerte) auf Gleichheit verglichen. Auch hier gilt also, dass die Datenbank Spaltenwerte einer Tabelle jeweils mit Spaltenwerten einer anderen Tabelle vergleichen muss, um die Zeilen der beteiligten Tabellen zu verbinden. Als Beispiel sehen wir uns zwei Tabellen an, in der Bestellungen von Kunden verwaltet werden.

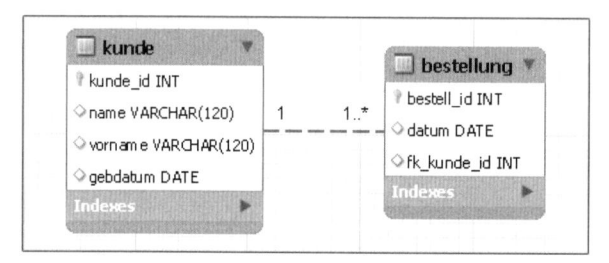

Abbildung 18.3 Die Tabellen »kunde« und »bestellung«

Im Modell sehen Sie, dass die Spalte *fk_kunde_id* aus der Tabelle *bestellung* auf die Spalte *kunde_id* der Tabelle *kunde* referenziert. Wenn die Tabelle *bestellung* mehrere Millionen Zeilen enthält, die allesamt auf Tausende von Kunden referenzieren, kann eine Abfrage mit einem **JOIN** länger dauern. Die Spalte *kunde_id* der Tabelle *kunde* ist nicht kritisch. Die Spalte wurde im Modell als Primärschlüsselspalte definiert. Für eine Primärschlüsselspalte einer Tabelle wird automatisch ein Index erstellt.

Problematisch ist an dieser Stelle die Spalte *fk_kunde_id* der Tabelle *bestellung*, deren Fremdschlüsselwerte auf die Primärschlüsselwerte der Tabelle *kunde* referenzieren. Diese Fremdschlüsselspalte *fk_kunde_id* ist nicht mit einem Index versehen. Eine Abfrage wie in Listing 18.13 mit einer **ON**-Klausel, in der die Spaltenwerte der Spalte *fk_kunde_id* der Tabelle *bestellung* mit den Spaltenwerten der Spalte *kunde_id* der Tabelle *kunde* auf Gleichheit geprüft werden, könnte also schon einmal etwas länger dauern.

18.7 Fremdschlüsselspalten indexieren

```sql
SELECT k.name, b.bestell_id FROM kunde k
INNER JOIN bestellung b
ON k.kunde_id=b.fk_kunde_id;
```

Listing 18.13 Tabellen mit einem JOIN verbunden abfragen

Als Nächstes sehen wir uns die erforderlichen CREATE TABLE-Anweisungen an, mit denen wir die Tabellen *kunde* und *bestellung* auf der Datenbank anlegen. Das meiste kennen Sie bereits.

Listing 18.14 hält für Sie also nichts Neues bereit. Es handelt sich um eine CREATE TABLE-Anweisung, mit der wir die Tabelle *kunde*, die eine starke Entität repräsentiert, erstellen. Erwähnenswert ist hier lediglich, dass die Primärschlüsseleinschränkung für die Spalte *kunde_id* auf Tabellenebene festgelegt wurde.

```sql
CREATE TABLE kunde (
  kunde_id INT NOT NULL,
  name VARCHAR(120),
  vorname CHAR(120),
  gebdatum DATE,
  PRIMARY KEY (kunde_id)
);
```

Listing 18.14 Die Tabelle »kunde« wird mit einer CREATE TABLE-Anweisung erstellt.

In Listing 18.15 gibt es hingegen etwas Neues zu entdecken: In Zeile 6 der CREATE TABLE-Anweisung für die Tabelle *bestellung* sehen Sie, dass hier mit dem Schlüsselwort INDEX ein Index festgelegt wird. Hinter dem Schlüsselwort INDEX wird der Name des zu erstellenden Index angegeben. Für den zu erstellenden Index habe ich hier den Namen *fk_kunde_id_index* gewählt. Zu Letzt geben Sie in Klammern die Spalte an, für die ein Index erstellt werden soll. Hier handelt es sich um die Spalte *fk_kunde_id*, die als Fremdschlüsselspalte auf die Spalte *kunde_id* der Tabelle *kunde* referenziert.

```sql
CREATE TABLE bestellung (
  bestell_id INT,
  datum DATE,
  fk_kunde_id INT,
  PRIMARY KEY (bestell_id),
  INDEX fk_kunde_id_index (fk_kunde_id),
  CONSTRAINT fk_kunde_id FOREIGN KEY (fk_kunde_id)
    REFERENCES kunde (kunde_id)
);
```

Listing 18.15 Die Tabelle »bestellung« mit einer CREATE TABLE-Anweisung erstellen

Wenn Sie in der CREATE TABLE-Anweisung keinen Index festlegen wollen, können Sie immer alternativ nach der CREATE TABLE-Anweisung eine CREATE INDEX-Anweisung aufrufen, um für die Fremdschlüsselspalte einen Index festzulegen. Listing 18.16 enthält eine CREATE INDEX-Anweisung, die Sie einfach hinter der CREATE TABLE-Anweisung für die Tabelle *bestellung* ausführen, um für die Spalte *fk_kunde_id* einen Index zu erstellen.

```
CREATE INDEX
    fk_kunde_id_index
ON
    bestellung (fk_kunde_id);
```

Listing 18.16 Explizit einen Index für eine Fremdschlüsselspalte festlegen

[*] **Zusammenfassung: Spalten von Tabellen indexieren**

Die Performance von SELECT-Abfragen können Sie durch die Indexierung von Spalten erheblich steigern. Alle Anweisungen, die in Kombination mit einer WHERE-Klausel arbeiten, profitieren von einem solchen Index

Wird ein JOIN beliebigen Typs (bis auf den CROSS JOIN) verwendet, so ist es sinnvoll, die Fremdschlüsselspalte, die auf die Primärschlüsselspalte referenziert, zu indexieren. In der ON-Klausel eines JOINs wird wie in einer WHERE-Klausel eine Bedingung auf Gleichheit von Primärschlüsselwerten und Fremdschlüsselwerten ausgewertet. Eine Primärschlüsselspalte wird automatisch indiziert. Die Fremdschlüsselspalte sollte entweder bereits während der Tabellenerstellung mit einer CREATE TABLE-Anweisung (wenn dies von dem Datenbanksystem unterstützt wird) oder manuell mit einem CREATE INDEX-Befehl ausgestattet werden, um die Geschwindigkeit mit einem JOIN zu erhöhen.

Ein Index wird mit der CREATE INDEX-Anweisung erstellt. Einer Tabelle wird dann eine Struktur (eine weitere Tabelle) zugeordnet, die den Index enthält. Ein Index kann über eine oder mehrere Spalten einer Tabelle gebildet werden.

Die hier betrachteten Indexarten bieten die Möglichkeiten, einen Index über Spalten mit eindeutigen Spaltenwerten oder über Spalten mit nicht eindeutigen Spaltenwerten anzulegen. Ein eindeutiger Index wird mit dem Schlüsselwort UNIQUE angelegt.

Wenn ein Index nicht mehr erforderlich ist, weil z. B. eine SELECT-Abfrage, die auf einen Index zugreift, keine Verwendung mehr findet, so können Sie ihn mit der Anweisung DROP INDEX entfernen.

18.8 Übungen zum Thema »Index«

Übung 1
In dieser Übung ist es unser Ziel, die Abfragegeschwindigkeit für die Arbeitszeiten der Mitarbeiter zu erhöhen. Um die Anforderung zu erfüllen, legen Sie für die Spalte *mitarbeiterid* der Tabelle *arbeitszeit* einen einfachen Index mit der Bezeichnung *index_arbeitszeit_mitarbeiter* an.

Übung 2
Die folgende Anforderung hat zum Ziel, die Zeit für die Abfrage der Kreditinstitute zu minimieren. Diese Abfrage verwendet in der **WHERE**-Klausel die Spalten *ort* und *plz* und prüft diese auf Gleichheit mit einem Ort bzw. einer Postleitzahl. Die beiden Bedingungen müssen beide erfüllt sein, damit es die Datensätze in die Ergebnisliste schaffen.

Im Listing 18.17 sehen Sie die Abfrage, deren Abfragezeit zu optimieren ist:

```
SELECT * FROM kreditinstitutneu WHERE ort='Berlin' AND plz=10789;
```

Listing 18.17 SELECT-Abfrage, deren Abfragezeit zu optimieren ist.

Beachten Sie auch in dieser Übung, dass es gegebenenfalls erforderlich ist, einen Ort und eine Postleitzahl aus der Tabelle *kreditinstitutneu* zu ermitteln. Nutzen Sie auch hier eine **SELECT**-Anweisung, in der Sie die Anzahl der zurückgegebenen Zeilen auf 10 eingrenzen.

Um das Ziel zu erreichen, soll ein Index über die Spalten *ort* und *plz* der Tabelle *kreditinstitutneu* erstellt werden. Der Index soll den Namen *index_plzort* erhalten.

Übung 3
Entfernen Sie die soeben erstellten Indexe *index_arbeitszeit* und *index_plzort* wieder.

Übung 4
In Abbildung 18.4 wurde das Modell aus Abbildung 18.3 um eine weitere Tabelle erweitert. Es handelt sich um die Tabelle *bestellposition*. Die Tabelle *bestellposition* enthält wiederum eine Fremdschlüsselspalte *fk_bestellung_id*, die auf die Primärschlüsselspalte *bestell_id* der Tabelle *bestellung* referenziert. In Abschnitt 18.7 haben Sie erfahren, dass es sinnvoll ist, Fremdschlüsselspalten einer Tabelle, wenn es Ihr Datenbanksystem (MySQL- und MS-SQL-Server) erlaubt, direkt in der **CREATE TABLE**-Anweisung mit einem Index auszustatten. Erstellen Sie in dieser Übung abhängig von

Ihrem verwendeten Datenbanksystem die Tabelle *bestellposition*, wie es im Modell aus Abbildung 18.4 dargestellt ist. Stellen Sie sicher, dass Sie die Fremdschlüsselspalte mit einem Index versehen.

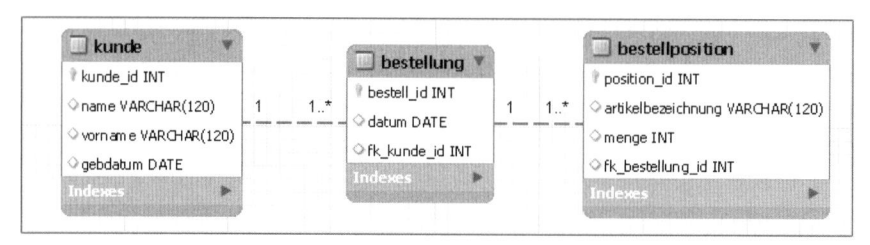

Abbildung 18.4 Die Tabelle »bestellung« in Beziehung zur Tabelle »bestellposition« setzen

Lösung zu Übung 1

```
CREATE INDEX
  index_arbeitszeit_mitarbeiter
ON
  arbeitszeit (mitarbeiterid);
```

Listing 18.18 Einen einfachen Index anlegen

Lösung zu Übung 2

```
CREATE INDEX
  index_plzort
ON
  kreditinstitutneu (ort,plz);
```

Listing 18.19 Einen Index über mehrere Spalten anlegen

Lösung zu Übung 3

```
DROP INDEX index_arbeitzeit ON kreditinstitut3;
DROP INDEX index_plzort ON kreditinstitut3;
```

Listing 18.20 Einen Index entfernen (MySQL- und MS-SQL-Server)

```
DROP INDEX index_arbeitzeit;
DROP INDEX index_plzort;
```

Listing 18.21 Einen Index entfernen (PostgreSQL)

Lösung zu Übung 4

```
CREATE TABLE bestellposition(
  position_id INTEGER,
  artikelbezeichnung VARCHAR(120),
  menge INTEGER,
  fk_bestellung_id INTEGER,
  PRIMARY KEY (position_id),
  INDEX fk_bestellung_id_index (fk_bestellung_id),
  CONSTRAINT fk_bestellung_id FOREIGN KEY (fk_bestellung_id)
    REFERENCES bestellung (bestell_id)
);
```

Listing 18.22 Eine Fremdschlüsselspalte einer Tabelle während der Tabellenerstellung mit einem Index versehen (MySQL- und MS-SQL-Server)

```
CREATE TABLE bestellposition(
  position_id INTEGER,
  artikelbezeichnung VARCHAR(120),
  menge INTEGER,
  fk_bestellung_id INTEGER,
  PRIMARY KEY (position_id),
  CONSTRAINT fk_bestellung_id FOREIGN KEY (fk_bestellung_id)
    REFERENCES bestellung (bestell_id)
);

CREATE INDEX
  fk_bestellung_id_index
ON
  bestellposition (fk_bestellung_id);
```

Listing 18.23 Eine Fremdschlüsselspalte nach der Tabellenerstellung mit einem Index ausstatten (PostgreSQL)

Index

_ (Platzhalter) 80
% (Platzhalter) 79
|| 452
1:1-Beziehung 291
1:n-Beziehung 293

A

Abfrage
   korrelierende 536
   nicht korrelierende 543
Abhängigkeit
   transitive 317
   voll funktionale 315
ACID-Prinzip 418
Administratorberechtigung 40
Aggregationsoperation 512
Algebra, boolesche 101
Alias 139
ALL 253, 260, 549
AND (Logik) 101
AND NOT (Logik) 108
Änderungsanomalie 310
Anforderungskatalog 279
ANY 549
AS 140
ASC 125
Asterisk 56
Atomar 312
Attribut 281
   atomares 312
   optionales 287
   Pflichtattribute 287
   Wertebereich 285
Ausdruck 430
   auswerten 430
   evaluieren 430
Ausfallsicherheit 415
Auto-Inkrement-Schlüssel 213
AVG 520

B

Basic Latin 190
Batch-Datei 41
BCNF → Boyce-Codd-Normalform

Bedingungen verknüpfen
   AND NOT-Operator 109
   AND-Operator 102
   Kombinationen 112
   OR NOT-Operator 111
   OR-Operator 106
   Vorrang 113
Bedingungslogik 469
BEGIN 420
BETWEEN 75
Beziehung 392
   aufheben 404
   Verhältnismäßigkeit 290
   zwischen Objekten 280
BIGINT 185
Binärsystem 182
Boolesche Algebra 101
Boyce-Codd-Normalform 309
B-Tree-Index 584

C

Cache 588
CASE 469
case insensitive 55
CAST 197
CHAR 192
CHAR_LENGTH 458
CHARINDEX 459
CHECK 227, 241
Codd, Edgar F. 20
Collation 123
COMMIT 420
Connection 43
CONSTRAINTS 219
COUNT 513, 514
CREATE DATABASE 325
CREATE INDEX 589
CREATE TABLE 181, 204, 206
CREATE VIEW 560
CROSS JOIN 370
CURRENT_DATE 478
CURRENT_TIME 478
CURRENT_TIMESTAMP 478

601

D

DATE	188
DATE_ADD	504
DATE_FORMAT	482
DATE_SUB	504
DATEADD	506

Daten
- aus einer Tabelle abfragen 17
- in eine Tabelle einfügen 17
- in einer Tabelle aktualisieren 18
- in einer Tabelle löschen 18

Datenbank
- erstellen (MySQL) 326
- modellieren 279
- MySQL 326

Datenbankabfragesprache 17
Datenbankbenutzer, Administrator 40
Datenbankmodell 279
Datenbanksystem 20
- kommerzielle Anbieter 20
- Open-Source-Vertreter 20
- relationales 20

Datenmodell 325
Datensätze 18
- sortieren 123

Datentyp
- BIGINT 185
- CHAR 192
- DATE 188
- DATETIME 188
- Datum und Zeit 188
- DECIMAL 188
- Fixkomma 187
- Fließkomma 187
- ganze Zahlen 185
- INT 185
- MEDIUMINT 185
- NUMERIC 188
- rationale Zahlen 187
- SIGNED 186
- SMALLINT 185
- TIME 188
- TIMESTAMP 188
- TINYINT 185
- Überblick 181
- umwandeln 197
- UNSIGNED 186
- VARCHAR 192
- YEAR 188
- Zeichenketten 190

DATEPART	499
DATETIME	188
Datum	188

- Berichtsdatum 480
- einfügen 479
- formatieren 482

Datumsangabe
- berechnen 502
- berechnen (mit MS SQL Server) 506
- berechnen (mit MySQL) 503
- berechnen (mit PostgreSQL) 505
- extrahieren 497
- formatieren (MS SQL Server) 492
- formatieren (MySQL) 482
- formatieren (PostgreSQL) 487

Datumsformat 477, 478
- UTC 477

Datumswert	67
DBCC DROPCLEANBUFFERS	589
DECIMAL	188
DEFAULT	225
DEFAULT CHARACTER	326
DELETE	172
View	574
Denormalisierung	319
DESC	125, 126
Differenzmenge	249, 256, 269
Disjunktion	105
DISTINCT	144, 145, 258, 515
Domain	285
Drei-Werte-Logik	90
DROP INDEX	592
DROP TABLE	209
DROP VIEW	580
Dualsystem	182

E

Einfüge-, Änderungs- und Lösch-
 anomalien 310
Einfügeanomalie 310
Einschränkungen
- Spalten 219
- Tabelle 234

ELSE	470, 474
END	471

Entität
- 1 : 1-Beziehung 291
- 1 : n-Beziehung 293
- Attribute 281
- Beziehungen 289

Entität (Forts.)
  Beziehungen zwischen Entitäten 288
  Definition 280
  Fremdschlüssel 292
  identifizieren 281
  in Beziehung 289
  Kardinalität 290
  m : n-Beziehung 295
  Pflichtattribute 287
  Schlüsselattribut 282
  Schlüsselattribute 283
  Schlüsselkandidat 283
  Selbstverweis 298
  starke und schwache Entitäten 299
  Wertebereich wählen 285
Entity-Relationship-Diagramm-Editor 303
Entity-Relationship-Modell 280
  Krähenfuß-Notation 293
Entity-Relationship-Notation 281
Ergebnis
  filtern 436
  sortieren 437
Ergebniszeilen einschränken 120
EXCEPT 255, 256, 269
Existenzprüfung 554
EXISTS 554
Explizite Typkonvertierung 198
Expression 430
EXTRACT 497

F

FETCH 120, 121
FOR 450
Foreign Key → Fremdschlüssel
FORMAT 492
Fremdschlüssel 292
FROM 54, 450
FULL OUTER JOIN 362, 365
Funktion 443
  Textwerte 444
  verschachtelte 464

G

GROUP BY 511, 514
  AVG 520
  COUNT 514
  DISTINCT 515
  HAVING 528
  MAX 521

GROUP BY (Forts.)
  MIN 522
  nach zwei oder mehr Spalten
    gruppieren 531
  NULL-Werte 523
  SUM 518

H

HAVING 528
Hochkommata 62

I

IBM DB2 20
Implizite Typkonvertierung 200
IN 86
Index 583
  anlegen 588
  B-Tree-Index 584
  CREATE INDEX 589
  DBCC DROPCLEANBUFFERS 589
  DROP INDEX 592
  eindeutiger 590
  Fremdschlüsselspalten indizieren 593
  löschen 592
  mehrere Spalten 590
  MS SQL Server 589
  MySQL 589
  SQL_NO_CACHE 589
  Syntax 585
  UNIQUE 590
information_schema 155
INNER JOIN 353, 354
  mehrere Tabellen 372
  Schlüsselvergleich 382
INSERT 150
  View 569
Installation 24
INT 185
International Organization for
  Standardization → ISO
INTERSECT 254, 255, 266
INTERVAL 505
INTO 151
IS NOT NULL 93
IS NULL 92
ISO 20, 21
ISO 8601 .... 64, 67, 189, 478
ISO/IEC 9075-1 21

603

J

JOIN
- gleichnamige Spalten 374
- INNER JOIN 353
- LEFT OUTER JOIN 353
- ohne Schlüsselvergleich verbinden 382
- ON 355
- RIGHT OUTER JOIN 353
- SELF JOIN 379
- Tabellenaliasse 377

K

Kardinalität 290, 303
Kommandozeile 40
Kommentar 47
Konjunktion 101
Konsistenz 417
Konstante
- abfragen 137
- Übersicht 136

Konvertierungsfunktionen 197
Korrelation 536
Krähenfuß-Notation 293
Künstlicher Schlüssel
→ Schlüsselattribut

L

Latin 1 Supplement 190
Leerzeichen filtern 446
LEFT OUTER JOIN 353, 356
LIKE 79
LIMIT 120, 121
Local Instance 43
Logische Verknüpfung 100
Löschanomalie 310
LOWER 445

M

m : n-Beziehung 295
MariaDB 20, 21
Mathematischer Operator 429
- Ergebnis filtern 436
- Ergebnis sortieren 437
- Potenz 460
- Quadratwurzel 462

MAX 521
MEDIUMINT 185

Mehrwertigkeit 314
Menge
- Differenzmenge 249
- Schnittmenge 249
- Vereinigungsmenge 249

Mengenlehre 20
Mengenoperation 249, 257
- ORDER BY 275
- WHERE 272

Microsoft SQL Server 20
Microsoft SQL Server Management Studio 304
MIN 522
Modulo-Operator 436
MySQL
- Datenbank erstellen 326
- Dokumentation 21
- FULL OUTER JOIN 365

MySQL Workbench 25, 45
- SQL-Anweisungen eingeben 44

MySQL-Datenbank
- installieren 24
- Pfad ergänzen 34
- Übungsdatenbank 40
- Übungsdatenbank unter Windows importieren 41
- unterstützte Betriebssysteme 21

N

Normalform 309
- dritte 317
- erste 312
- zweite 315

Normalisierung 309
NOT 72
NOT BETWEEN 75
NOT EXISTS 555
NOT IN 86
NOT LIKE 85
NOT NULL 219, 220
NULL 89, 220
NULL-Wert 88, 92
- Gruppierung 523

NUMERIC 188

O

ON 355
ON DELETE CASCADE 397
ON UPDATE CASCADE 340, 395

Operator
- 429
* 429
/ 429
% 429
+ 429
Optimierung (Datenmodelle) 309
OR (Logik) 101, 105
OR NOT (Logik) 110
Oracle DB 20
Oracle MySQL 20
ORDER BY 124, 275, 472
  View 565

P

PATH 34
Pattern 482
Performance 583
Pflichtattribut 287
Pflichtfeld 219
pgAdmin III Client 304
Plausibilitätsprüfung 227
POSITION 459
PostgreSQL 20
Potenz 460
POWER 460
Primärschlüssel 150, 210
  hochzählen 213
  Kombination 236
  Tabellenebene 234
Projektion 54

Q

Quadratwurzel 462

R

Redundanz 309
Referentielle Integrität 302, 337, 417
Relationales Datenbankmodell 20
Reservierte Schlüsselwörter 216
Restwert 435
RIGHT OUTER JOIN 353, 359
ROLLBACK 421
root (Nutzer) 28, 40

S

Schema 155
Schlüsselattribut 282, 283, 284
Schlüsselbeziehung
  aufheben 404
  erstellen 392
Schlüsselkandidat 283
Schlüsselvergleich 382
Schlüsselwert 168
Schnittmenge 249, 254, 266
SELECT 53, 54, 470
  einschränken 120
SELECT ... FROM 54
SELECT-Abfrage 18
Selektion 59
SELF JOIN 379
Service 28
SET 161, 326
Sicht → View
Skalarabfrage 544
Skalarfunktion 443
  für Zahlenwerte 457
  LOWER 445
  SUBSTRING 450
  TRIM 446
  UPPER 446
  Verketten von Spaltenwerten 452
SMALLINT 185
SOME 549
Sonderzeichen 123
Sortieren 123
  ASC 125
  DESC 125
  mehrere Spalten 127
  nach Datumswerten 129
  nach numerischen Spaltenwerten 128
  nicht definierte Werte 130
  Richtung 125
Sortierreihenfolge 472
Spalte 53
  alle Spalten abfragen 56
  alle Werte ändern 165
  auf NULL prüfen 92
  CHECK 227
  CONSTRAINTS 219
  einem Alias zuordnen 140
  fehlende Spaltenwerte 88
  Gleichheit 62
  Intervall 75
  LIKE 79

Spalte (Forts.)
    mehrere Spalten gruppieren 531
    mehrere Spalten sortieren 127
    mehrere Werte einer Zeile ändern 163
    mehrere Zeilen gleichzeitig ändern 164
    Mengenzugehörigkeit prüfen 86
    mit Alias versehen 140
    mit explizierter Angabe einfügen 151
    nach Datumswerten sortieren 129
    nach numerischen Werten sortieren 128
    NOT NULL 219
    NOT-Operator 72
    NULL-Zuweisung 167
    ohne Angabe einfügen 154
    Schlüsselwert ändern 168
    Spaltenauswahl abfragen 54
    Standardwert 225
    Ungleichheit 65
    UNIQUE 222
    Unterschiede 68, 70
    Werte ändern 161
    Werte vergleichen 94
Spaltenwert
    addieren 431
    dividieren 434
    ermitteln 19
    gruppieren 511
    multiplizieren 433
    Restwert berechnen 435
    subtrahieren 432
SQL 17
    Begriff 17
    Geschichte 19
    Grundlagen 17
SQL_NO_CACHE 589
SQL-Anweisung
    ALL 253, 260, 549
    AND 101
    AND NOT 108
    ANY 549
    AS 140
    ASC 125
    Asterisk 56
    BETWEEN 75
    CASE 469, 470, 471
    case insensitive 55
    CAST 197
    CREATE DATABASE 325, 326
    CREATE INDEX 589
    CREATE TABLE 181, 204
    CREATE VIEW 560

SQL-Anweisung (Forts.)
    CROSS JOIN 370
    DEFAULT CHARACTER 326
    DELETE 172
    DESC 126
    DISTINCT 144, 145, 258
    DROP INDEX 592
    DROP TABLE 209
    DROP VIEW 580
    ELSE 470
    END 471
    EXCEPT 255, 269
    EXISTS 554
    FETCH 120, 121
    FROM 54
    FULL OUTER JOIN 362
    GROUP BY 514
    Hochkommata 62
    IN 86
    INNER JOIN 354
    INSERT 150
    INTERSECT 255, 266
    INTO 151
    IS NOT NULL 93
    IS NULL 92
    kommentieren 47
    LEFT OUTER JOIN 356
    LIKE 79
    LIMIT 121
    NOT 72
    NOT BETWEEN 75
    NOT EXISTS 555
    NOT IN 86
    NOT LIKE 85
    ON DELETE CASCADE 397
    ON UPDATE CASCADE 395
    OR 101
    OR NOT 110
    ORDER BY 124
    RIGHT OUTER JOIN 359
    SELECT 53, 54
    SELECT ... FROM 54
    SELF JOIN 379
    SET 161, 326
    SOME 549
    speichern 47
    TOP 121
    TRUNCATE 177
    UNION 251
    UNIQUE 222
    UPDATE 160

SQL-Anweisung (Forts.)
   VALUES 151
   WHEN 470
   WHERE 58, 59
SQL-Dialekt 22
SQL-Standard
   ISO/IEC 9075-1 21
SQL-Vergleichsoperator
   BETWEEN 75
   Gleichheit 62
   größer/gleich 70
   kleiner/gleich 68
   LIKE 79
   Mengenzugehörigkeit 86
   NOT 72
   NULL-Value 88, 92
   Spaltenwerte vergleichen 94
   Übersicht 59
   Ungleichheit 65
SQRT 462
Standardwert 225
Stellvertreterzeichen 56
String 190
Structured Query Language → SQL
Subquery 535
   korrelierende Abfragen 535, 536
   nicht korrelierende 543
SUBSTRING 450
SUM 518
Surrogatschlüssel 284
Systemumgebungsvariable 34

T

Tabelle
   1:1-Beziehung 329
   1:n-Beziehung 331
   CHECK 241
   Definition 17, 19
   Einschränkungen 234
   Elemente 19
   erstellen 204
   filtern 58
   Hauptfunktionen 17
   löschen 209
   Primärschlüssel erstellen 210
   reservierte Schlüsselwörter 216
   Spalte 18
   Spalten 53
   Spalten abfragen 54

Tabelle (Forts.)
   Struktur 18
   UNIQUE 238
   Zeile 18
   Zielstruktur 204
Tabelle erstellen
   Auto-Inkrement-Schlüssel 213
   CHECK 227, 241
   CREATE TABLE 204
   DEFAULT 225
   Einschränkung 219, 220, 222, 225,
                                           227, 234, 238, 241
   NOT NULL 219
   NULL 220
   PRIMARY KEY 207, 211
   UNIQUE 222, 238
Tabellenalias, JOIN 377
THEN 474
TIME 188
TIMESTAMP 188
TINYINT 185
TO_CHAR 487
TOP 120, 121
Transaktion 415
   ACID-Prinzip 418
   atomare 416
   Atomicity 418
   BEGIN 420
   COMMIT 420
   Consistency 418
   dauerhafte 417
   Durability 418
   Isolation 418
   isoliert ausführen 417, 423
   Konsistenz 417
   read committed 425
   read uncommitted 425
   repeatable read 425
   ROLLBACK 421
   serializable 425
   Snapshot 425
Transaktionsprinzip 418
Transitive Abhängigkeit 317
Translation Mode 491
TRIM 446
TRUNCATE 177
Typkonvertierung 198
   explizite 198
   implizite 200

U

Übungsdatenbank
    anlegen 40
    importieren 40
    Voraussetzungen für den Import 40
UML-Notation 303
UNICODE 190
UNION 250, 251, 258
    ALL 253, 260
    DISTINCT 258, 260
    mit WHERE filtern 272
UNIQUE 222, 238
Unterabfrage 535
    korrelierende 536
    nicht korrelierende 543
    Vergleichsoperatoren 549
UPDATE 160
    View 572
UPPER 446
UTC 477
UTF-8 190

V

VALUES 151
VARCHAR 192
Vereinigungsmenge 249, 250
    ORDER BY 275
Vergleichsoperator 549
Verknüpfung, logische 100
View 155, 559
    allgemein 559
    anlegen 560
    CREATE OR REPLACE 581
    DELETE 574
    Einschränkungen 576
    entfernen 580
    ersetzen 580
    INSERT 569
    ORDER BY 565
    sortieren 565
    UPDATE 572
Virtuelle Tabelle 559

W

Wahrheitstabelle 101
Wertebereich 185, 285
WHEN 470, 474
WHERE 58, 59
    Mengenoperationen 272
Windows PATH-Variable 34

Y

YEAR 188

Z

Zahlenwert, Funktionen 457
Zeichenkette 63, 190
    Länge ermitteln 458
    Position 459
Zeile
    löschen 173
    mehrere Zeilen löschen 174
    UPDATE 160
    verbinden 353, 379
Zeit 188
    einfügen 479
    formatieren 482
Zeit und Datum 477
    CURRENT_DATE 478
    CURRENT_TIME 478
    CURRENT_TIMESTAMP 478
    DATE_ADD 504
    DATE_FORMAT 482
    DATE_SUB 504
    DATEADD 506
    DATEPART 499
    EXTRACT 497
    FORMAT 492
    INTERVAL 505
    MS SQL Server 492, 499, 506
    MySQL 482, 497, 504
    PostgreSQL 487, 497, 505
    Skalarfunktionen 478
    TO_CHAR 487
Zeitangabe berechnen 502
Zeitstempel einfügen 479
Zielstruktur 204